È ARRIVATO UN BAMBINO

guida completa per crescerlo

da 0 a 3 anni

GRIBAUDO

La petit Larousse des enfants 0-3 ans
© Larousse 2010
ISBN : 978-2-03-584-940-3

© 2011 Edizioni GRIBAUDO srl
Via Natale Battaglia, 12 - 20127 Milano
www.edizionigribaudo.it - e-mail: info@gribaudo.it

Traduzione e cambio lingua:
Franca Pauli e Dario Colombo (DECODE)

Stampato in Spagna

Prima edizione 2011 - ISBN 978-88-580-0375-6

Tutti i diritti sono riservati, in Italia e all'estero, per tutti i Paesi. Nessuna parte di questo libro può essere riprodotta, memorizzata o trasmessa con qualsiasi mezzo o in qualsiasi forma (fotomeccanica, fotocopia, elettronica, chimica, su disco o altro, compresi cinema, radio, televisione) senza autorizzazione scritta da parte dell'editore. In ogni caso di riproduzione abusiva si procederà d'ufficio a norma di legge.

Illustrazione a pag. 207 Laurent Blondel.

Fotografie: Peggy Herbeau, eccetto: pag. 31 © S. Villeger/Hoa-Qui/Eyedea Presse/T; pag. 33 © Anne-Sophie Bost; pag. 35 © Masterfile; pag. 37 © Maraï; pag. 41 © C. Lyttle/Zefa/Corbis; pagg. 43 e 44 - 7 foto © Anne-Sophie Bost; pag. 47 © Masterfile; pag. 49 - 3 foto © Anne-Sophie Bost; pag. 59 © ER Productions/Corbis; pag. 63 © Masterfile; pag. 71 © MBL/Ruth Jenkinson/BSIP/T; pag. 86 © Michael A. Keller/Zefa/Corbis; pag. 97 © Masterfile; pag. 99 - 3 foto © Anne-Sophie Bost; pag. 101 © Masterfile; pag. 102 - 3 foto © Anne-Sophie Bost; pag. 104 © Anne-Sophie Bost; pagg. 106 e 107 - 4 foto © Anne-Sophie Bost; pag. 109 © Ryan McVay/Getty Images; pag. 114 © Masterfile; pag. 123 - 2 foto © Archives Larousse/T; pagg. 127 e 128 - 3 foto © Anne-Sophie Bost; pag. 133 © Masterfile; pag. 135 © Ariel Skelley/Corbis; pag. 137 © Masterfile; pag. 140 © Masterfile; pag. 149 © Creasource/Corbis; pag. 153 © MBL/Ian Hooton/BSIP/T; pag. 155 © Masterfile; pag. 157 © Masterfile; pag. 159 © Chabruken/Getty Images; pag. 167 © Kablonk ! RM/Masterfile; pag. 171 © Frédéric Cirou/Getty Images; pag. 177 © Jose Oto/BSIP; pag. 179 © Paul Mitchell/MBPL/BSIP; pag. 181 © Ravonison. Chartie/LA/BSIP; pag. 185 © Paul Morris/Corbis; pag. 193 - 3 foto © Archives Larousse/T; pag. 203 © Benelux/Corbis; pag. 205 © Jose Luis Pelaez, Inc. Corbis; pag. 207 © Tetra/BSIP; pag. 215 © MASTERFILE France; pag. 220 © Alexander Scott/Corbis; pag. 223 © Jim Craigmyle/Corbis; pag. 231 © Ghislain e Marie David di Lossy/Getty Images; pag. 233 © Rafal Strzechowski/BSIP; pag. 239 © Arnaud Brunet/Gamma/Eyedea Presse; pag. 243 © Lissac/BSIP; pag. 247 © Sot/Getty Images; pag. 248 © SPL/Cosmos; pag. 251 © Ian Hooton/MBPL/BSIP; pag. 253 © Maraï; pag. 257 © Norbert Schaefer/Corbis; pag. 261 © Digital Vision/Getty Images; pag. 263 © John Slater/Getty Images; pag. 265 © Jose Oto/BSIP; pag. 268 © George Wellmans/Masterfile; pag. 271 © Masterfile; pag. 275 © Ariel Skelley/Corbis; pag. 279 © Peter Reali/Masterfile; pag. 283 © Michael Keller/Corbis; pag. 287 © Nick Cole/MBPL/BSIP; pag. 289 © Lemoine/BSIP; pag. 293 g © Guillaume/BSIP; pag. 293 d © Guillaume/BSIP; pag. 295 © Masterfile; pag. 297 © Ariel Kelley/Corbis; pag. 299 © A. Green/Corbis; pag. 305 © Jamie Grill/Getty Images; pag. 307 © Roy Morsch/Corbis; pag. 309 © Masterfile; pag. 315 © Masterfile; pag. 323 © Lance Nelson/Corbis; pag. 327 © Krasnig/BSIP; pag. 331 © Mika/Corbis; pag. 333 © Maraï; pag. 335 © Steve Prezant/Masterfile; pag. 337 © Heide Benser/Corbis; pag. 339 © Masterfile; pag. 343 © Jochen Tack/Docstock/BSIP/T; pag. 351 © Boucharlat/BSIP; pag. 353 © Hardas/BSIP; pag. 355 © Wil & Deni Mcintyre/BSIP; pag. 363 © Maraï; pag. 365 © WIN-Initiative/Getty Images; pag. 367 © Steven Peters/Getty Images; pag. 369 © Masterfile; pag. 375 © KG-Photography/Corbis; pag. 376 © Bryan Allen/Corbis; pag. 383 © Maraï; pag. 391 © H. Benser/Corbis; pag. 399 © Baptiste Lignel/T; pag. 401 © George Shelley/Masterfile; pag. 402 © Maraï; pag. 407 © Lemoine/BSIP.

La presente opera è stata realizzata sotto la direzione della
Dottoressa Véronique Gagey,
pediatra

Consulenti scientifici:
Professor Jacques Schmitz,
Primario di pediatria (Ospedale Necker - Enfants malades)

Dottoressa Jacky Israël,
pediatra neonatale

con la collaborazione di:
Autori
D.ssa Bérengère Beauquier-Maccotta,
pedopsichiatra

Christine Berteaux,
consulente per l'allattamento

D.ssa Valentine Brousse,
pediatra

Valérie Le Dastumer,
presidente dell'associazione Jumeaux et Plus, *Dipartimento Alta Senna*

D.ssa Dominique Decant-Paoli,
pedopsichiatra, psicanalista (La parola al bambino)

D.ssa Pascaline de Dreuzy,
pediatra

Dr. Jean-François Magny,
pediatra neonatale

Christophe Quillien,
giornalista (Dalla parte del papà)

Dr. Laurence Robel,
pratico ospedaliero, pedopsichiatra

Dr. Hervé Sitbon,
psichiatra

Hanno collaborato alla stesura dei testi:
Élisabeth Andréani, Véronique Blocquaux, Charlotte Bourgeois, Pierre Chavot, Marie de Combarieu, Françoise Maitre, Sophie Senart

L'editore ringrazia in particolar modo:
Fabrice Garau, *psicologo clinico, psicanalista*

Dr. André Helman, *medico omeopata*

Claudia Kohn, *osteopata*

Benoît Le Goedec, *ostetrico*

Quest'opera è stata realizzata con la massima cura e attenzione, ma, data l'estensione dei temi trattati, potrebbe comunque contenere qualche imprecisione. L'editore non risponde pertanto di eventuali imprecisioni né delle conseguenze di eventuali interpretazioni errate del contenuto dell'opera.

Prefazione

Allevare un bambino è una responsabilità entusiasmante che tuttavia suscita una serie di interrogativi. Nell'arco dei primi mesi di vita, l'attenzione dei genitori si concentra sulle questioni inerenti la nutrizione: lo sto nutrendo a sufficienza? Come dovrei reagire quando piange? Che fare quando si sveglia di notte? Una volta che la vita quotidiana insieme al piccolo raggiunge un certo equilibrio, si giunge a una nuova fase, la quale, a sua volta, pone una nuova serie di interrogativi, oltre al bisogno di avere spesso conferma che tutto stia procedendo per il meglio. Inoltre, più il bimbo cresce, più i genitori si preoccupano del suo comportamento nei loro confronti loro e nei confronti altrui: come evitare i capricci? È possibile farsi obbedire senza mostrarsi severi? È consigliabile rispondere a tutte le sue sollecitazioni? Non è troppo timido? Tutte queste domande, tra le tante, riflettono la naturale volontà di mamme e papà di portare a buon fine la loro missione educativa…

La salute del bambino non si limita alla dimensione fisica e a una crescita regolare, ma si manifesta anche nell'armonia del suo sviluppo psicologico e affettivo. Coscienti dell'importanza della propria missione, i genitori non sanno sempre come esercitare il proprio ruolo o a chi rivolgersi per chiedere consiglio. Alcuni metodi che proponevano le generazioni passate suscitano in loro una certa diffidenza. Quest'opera è stata realizzata da un team di pediatri, psicologi e dietologi, tutti specialisti di grande esperienza e genitori al tempo stesso, che hanno cercato di trasmettere la loro conoscenza del bambino con accuratezza, buon senso ed empatia, evitando di limitarsi ad impartire istruzioni o cedere alle mode del momento.

Lo sviluppo del bambino in ogni senso del termine occupa un ruolo essenziale in queste pagine. Affrontando uno per uno tutti gli aspetti concreti della vita quotidiana e l'essenziale evoluzione in ogni età, i temi trattati nei vari capitoli sono di natura innanzitutto pratica: sonno, alimentazione, crescita, salute, vita di gruppo… Tutto ciò che distingue la salute dalla malattia viene indicato con estrema chiarezza. I genitori troveranno qui anche le risposte alle questioni più essenziali: come trovare un equilibrio per favorire le libertà del bambino pur mantenendo anche la propria? Come aiutarlo a costruire la sua personalità esercitando comunque l'autorità sufficiente a non fare di lui un egocentrico viziato? Come aiutarlo a progredire in base alle sue capacità?

Quest'opera è rivolta a tutti i genitori, senza eccezione alcuna, e tratta anche le eventuali difficoltà proprie delle famiglie monogenitoriali o allargate. Affronta, inoltre, i particolari aspetti della vita con i gemelli o con i bambini adottati, nonché le problematiche specifiche dei bambini prematuri, diversamente abili o malati.

Aiutare il proprio bambino a crescere, a procedere con fiducia verso la progressiva autonomia è un'avventura appassionante, benché a volte difficile. L'intento degli autori è offrire un'opera capace di fornire dati certi che aiutino i genitori a comprendere il più chiaramente possibile il proprio bambino e trovare il proprio modo personale di accompagnarlo. Solo così *Il Piccolo Larousse del bambino da 0 a 3 anni* avrà raggiunto il suo fine: sostenere i genitori per favorire lo sviluppo armonioso del bambino.

Prof. Jacques Schmitz

Indice

Primo mese   14

- Il vostro neonato 16
- Cinque sensi per aprirsi al mondo 18
- Le basi della sicurezza affettiva 20
- Il pianto, un autentico linguaggio 22
- Allattare al seno 26
- Allattare artificialmente 30
- Preparare e dare il biberon 32
- Come dorme il neonato? 36
- Scegliere un buon medico 38
- Il bilancio di salute del primo mese 40
- Cambiare il pannolino 42
- Bagnetto e toilette 46
- I più comuni disturbi del lattante 50
- L'organizzazione della cameretta 54
- Limitare la stanchezza 56
- Vivere con i gemelli 58
- Vivere ogni giorno con il bambino prematuro 60
- Le prime uscite 62
- Per il papà, la giornata al ritmo del bambino 64
- La nascita di due genitori 66
- Diventare madre 68
- Diventare padre 70
- «Benvenuto, fratellino!» 72

Secondo mese   74

- I progressi del vostro bambino 76
- Ciuccio o pollice? 78
- Comunicare con il vostro bambino 80
- Capirlo quando piange 82
- L'allattamento nell'arco della giornata 84
- Dormire in sicurezza 88
- Le vaccinazioni 92
- Che fare in caso di febbre? 94
- Organizzare bene la toilette 96
- Massaggiare il piccolo 98
- Vestire il bambino 100
- Alcuni consigli per tenere in braccio il bambino 104
- La sicurezza in automobile 108
- Genitori si diventa 110
- Nutrire, un forte gesto simbolico 114

Terzo mese — 116

- I progressi del vostro bambino 118
- Alla scoperta delle manine 120
- Allattamento e ripresa del lavoro 122
- Notti serene 124
- Curare i piccoli disturbi di orecchio, naso e gola 126
- Riprendere la vita professionale 130
- Affidare ad altri il proprio bambino ... 132
- Imparare a separarsi con serenità 136
- L'importanza del padre 138
- Suddividere i compiti 140

Quarto mese — 142

- I progressi del vostro bambino 144
- Dialogare con il bambino 146
- Aiutarlo ad addormentarsi da solo 148
- Le vaccinazioni consigliate 150
- Il ricorso alle cure alternative 152
- La puericultura e i suoi strumenti 154
- Accogliere un bambino adottato 158
- Un adattamento più o meno facile per il bambino 162
- I "nuovi padri" 164
- Da coppia a famiglia 166

Quinto mese — 168

- I progressi del vostro bambino 170
- Come cresce giorno per giorno 172
- E se salta qualche notte? 174
- Il buon uso degli antibiotici 176
- In vacanza con il bambino 178
- Il legame con i nonni 180
- È necessario separare i gemelli? 184

Dal sesto al nono mese — 186

- I progressi del votro bambino 188
- I primi spostamenti 192
- Verso l'indipendenza 194
- L'ansia da separazione 196
- Lo svezzamento 200
- Dorme come i grandi 204
- Il primo dentino 206
- Alleviare il dolore 208
- Le allergie 210
- Una vita più regolare 212
- Bagnetto e toilette 214
- Le prime misure di sicurezza 216
- Quali attività proporgli? 218
- Ruoli differenziati 220

Dal nono al dodicesimo mese   222

- I progressi del vostro bambino 224
- Aiutarlo a imparare a parlare 226
- La scoperta di nuovi sapori 228
- L'organizzazione dei pasti 230
- Il bilancio di salute del nono mese 232
- Come trattare i principali disturbi della salute 234
- Il percorso medico del bambino prematuro 236
- Se il bambino deve essere ricoverato 238
- Le relazioni tra fratelli e sorelle 240
- Più sicurezza in casa 242
- Papà e mamma, a ciascuno il suo stile! 246
- L'autorità e la definizione dei limiti .. 248

Da 1 anno a 18 mesi   250

- I progressi del vostro bambino 252
- Parlare e farsi capire 254
- I primi passi 256
- Scegliere con cura i suoi giocattoli ... 260
- Verso un'alimentazione "adulta" 264
- Dare un buon ritmo al sonno 268

- Come impara a crescere dormendo ... 270
- L'età delle prime "bue" 272
- Sicurezza in giardino 274
- Il periodo dei "no"! 276
- Affrontare le crisi di rabbia 278

Dai 18 ai 24 mesi   280

- I progressi del vostro bambino 282
- I giochi per crescere 284
- I capricci dell'appetito 286
- Il rifiuto di dormire e i risvegli notturni 288
- Le malattie più comuni 290
- La cura dei dentini 292
- La gelosia, una reazione naturale 294
- Tra bambini 296
- Il bambino capriccioso 298

Dai 24 ai 30 mesi   300

- I progressi del vostro bambino 302
- Dalle paroline alle prime frasi 304
- A scuola adesso? 308
- I giochi per diventare grande 310
- Immaginare, creare, scoprire... 312
- Le attività culturali 314

- Insegnare il gusto di "mangiare bene" 316
- Il bilancio di salute dei primi 2 anni 318
- Tenersi pulito 320
- Il corpo e la natura 322
- Per il papà: mantenere la relazione ... 324
- Se i genitori si separano 326
- Aspettando un fratellino 328

Dai 30 mesi ai 3 anni   330

- I progressi del vostro bambino 332
- «Non mi obbedisce!» 334
- Il sonno: i ritmi e le condizioni da rispettare 336
- Un animale da compagnia 338
- Diversi tipi di famiglia 340
- Il bambino nato con procreazione assistita 342
- Crescere un bambino adottato 344
- I casi di handicap o malattia cronica 346
- Il particolare caso dell'autismo 350
- Quale tipo di scuola scegliere? 354

I 3 anni   356

- I progressi del vostro bambino 358
- Si esprime meglio ogni giorno 360
- Sempre più autonomo 362
- Incoraggiare l'autodisciplina 364
- L'inserimento alla scuola materna 366
- Apprendere e comprendere 368
- La vita alla scuola materna 370
- La corretta alimentazione del bimbo .. 372
- Curare efficacemente il sovrappeso 374
- A proposito di sonno: le difficoltà passeggere 376
- Il bambino in buona salute 378
- Principali sintomi e malattie 380
- Il rifugio in un mondo immaginario 382
- Giochi, attività stimolanti e divertenti 384
- Televisione e computer 388
- Corpo e spirito: un tutt'uno 390
- La scoperta del sesso 392
- Il complesso di Edipo 396
- Dalla parte del padre: dare fiducia al proprio bambino 398
- Dalla parte del padre: a proposito di identità sessuale 400
- Affrontare le questioni più complesse 402
- Rivolgersi a uno specialista in caso di difficoltà 404

Indice per argomenti

Sviluppo

- Il vostro neonato 16
- Cinque sensi per aprirsi al mondo 18
- I progressi del vostro bambino ....
  - secondo mese 76
  - terzo mese 118
  - quarto mese 144
  - quinto mese 170
  - dal sesto al nono mese 188
  - dal nono al dodicesimo mese 224
  - da 1 anno ai 18 mesi 252
  - dai 18 ai 24 mesi 282
  - dai 24 ai 30 mesi 302
  - dai 30 mesi ai 3 anni 332
  - 3 anni 358
- Ciuccio o pollice? 78
- Alla scoperta delle manine 120
- Un adattamento più o meno facile per il bambino 162
- Come cresce giorno per giorno 172
- I primi spostamenti 192
- Verso l'indipendenza 194
- L'ansia da separazione 196
- Una vita più regolare 212
- I primi passi 256
- Il periodo dei "no"! 276
- Affrontare le crisi di rabbia 278
- Il bambino capriccioso 298
- «Non mi obbedisce!» 334
- Tenersi pulito 320
- Il corpo e la natura 322
- Sempre più autonomo 362
- Il rifugio in un mondo immaginario 382
- Corpo e spirito: un tutt'uno 390
- La scoperta del sesso 392
- Il complesso di Edipo 396

Comunicazione

- Il pianto, un autentico linguaggio 22
- Comunicare con il vostro bambino 80
- Capirlo quando piange 82
- Dialogare con il bambino 146
- Parlare e farsi capire 254
- Tra bambini 296
- Dalle paroline alle prime frasi 304
- Si esprime meglio ogni giorno 360

Sonno

- Come dorme il neonato? 36
- Dormire in sicurezza 88
- Notti serene 124
- Aiutarlo ad addormentarsi da solo 148
- E se salta qualche notte? 174
- Dorme come i grandi 204
- Dare un buon ritmo al sonno 268
- Come impara a crescere dormendo.... 270
- Rifiuto di dormire
  e risvegli notturni 288
- Il sonno: i ritmi e le condizioni
  da rispettare 336
- A proposito di sonno:
  le difficoltà passeggere 376

Alimentazione

- Allattare al seno 26
- Allattare artificialmente 30
- Preparare e dare il biberon 32
- L'allattamento nell'arco della giornata.. 84
- Allattamento e ripresa del lavoro 122
- Lo svezzamento 200
- La scoperta di nuovi sapori 228
- L'organizzazione dei pasti 230
- Verso un'alimentazione "adulta" 264
- I capricci dell'appetito 286
- Insegnare il gusto
  di "mangiare bene" 316
- La corretta alimentazione
  del bimbo 372
- Curare efficacemente
  il sovrappeso 374

Cure frequenti

- Cambiare il pannolino 42
- Bagnetto e toilette .... 46 e 214
- Organizzare bene la toilette 96
- Massaggiare il piccolo 98
- Vestire il bambino 100
- L'età delle prime "bue" 272

Controlli medici

- Scegliere un buon medico 38
- Il bilancio di salute del primo mese 40
- I più comuni disturbi del lattante 50
- Le vaccinazioni 92
- Cosa fare in caso di febbre? 94
- Curare i piccoli disturbi
  di orecchio, naso e gola 126
- Le vaccinazioni consigliate 150

- Il ricorso alle cure alternative............... 152
- Il buon uso degli antibiotici 176
- Il primo dentino............................... 206
- Alleviare il dolore............................ 208
- Le allergie 210
- Il bilancio di salute del nono mese 232
- Come trattare i disturbi
  più comuni .... 234 e 290
- Il percorso medico
  del bambino prematuro................ 236
- Se il bambino deve
  essere ricoverato..................... 238
- L'età delle prime "bue".................... 272
- La cura dei dentini 292
- Il bilancio di salute del secondo anno .. 318
- I casi di handicap o malattia cronica ... 346
- Il bambino in buona salute 378
- Principali sintomi e malattie 380
- Rivolgersi a uno specialista
  in caso di difficoltà 404

Vita pratica quotidiana

- L'organizzazione della cameretta......... 54
- Limitare la stanchezza..................... 56
- Vivere con i gemelli....................... 58
- Vivere ogni giorno
  con il bambino prematuro 60

- Le prime uscite 62
- Vestire il bambino......................... 100
- Alcuni consigli per tenere
  in braccio il bambino 104
- La sicurezza in automobile............... 108
- Affidare ad altri il proprio bambino... 132
- La puericultura e i suoi strumenti...... 154
- In vacanza con il bambino 178
- Le prime misure di sicurezza 216
- Più sicurezza in casa 242
- Sicurezza in giardino 274
- Un animale da compagnia................. 338

Divertimenti

- Quali attività proporgli?................. 218
- Scegliere con cura i suoi giocattoli... 260
- I giochi da costruire 284
- I giochi per crescere 310
- Immaginare, creare, scoprire... 312
- Le attività culturali........................ 314
- Giochi, attività stimolanti
  e divertenti............................. 384
- Televisione e computer................... 388

Scuola

- A scuola adesso?........................... 308
- L'inserimento alla scuola materna...... 366

- Apprendere e comprendere 368
- La vita alla scuola materna 370

Genitori

- Le basi della sicurezza affettiva 20
- La nascita di due genitori 66
- Diventare madre 68
- Diventare padre 70
- Genitori si diventa 110
- Nutrire, un forte gesto simbolico 114
- Riprendere la vita professionale 130
- Imparare e separarsi con serenità 136
- Ruoli differenziati 220
- Papà e mamma, a ciascuno il suo stile! 246
- Affrontare le crisi di rabbia 278
- «Non mi obbedisce!» 334
- Incoraggiare l'autodisciplina 364
- Affrontare le questioni più complesse 402

Dalla parte del papà

- La giornata al ritmo del bambino 64
- L'importanza del padre 138
- Suddividere i compiti 140
- I "nuovi padri" 164

- Mantenere la relazione 324
- Dare fiducia al proprio bambino 398
- A proposito di identità sessuale 400

Famiglia

- Vivere con i gemelli 58
- Accogliere un bambino adottato 158
- Un adattamento più o meno facile per il bambino 162
- Da coppia a famiglia 166
- Il legame con i nonni 180
- Se i genitori si separano 326
- Aspettando un fratellino 328
- Diversi tipi di famiglia 340
- Il bambino nato con procreazione assistita 342
- Crescere un bambino adottato 344
- I casi di handicap o malattia cronica ... 346
- Il particolare caso dell'autismo 350
- Quale tipo di scuola scegliere? 354

Fratelli

- «Benvenuto, fratellino!» 72
- È necessario separare i gemelli? 184
- Le relazioni tra fratelli e sorelle 240
- La gelosia, una reazione naturale 294
- Aspettando un fratellino 328

Primo mese

- Il vostro neonato
- Cinque sensi per aprirsi al mondo
- Le basi della sicurezza affettiva
- Il pianto, un autentico linguaggio
- Allattare al seno
- Allattare artificialmente
- Preparare e dare il biberon
- Come dorme il neonato?
- Scegliere un buon medico
- Il bilancio di salute del primo mese
- Cambiare il pannolino
- Bagnetto e toilette
- I più comuni disturbi del lattante
- L'organizzazione della cameretta
- Limitare la stanchezza
- Vivere con i gemelli
- Vivere ogni giorno con il bambino prematuro
- Le prime uscite
- Per il papà, la giornata al ritmo del bambino
- La nascita di due genitori
- Diventare madre • Diventare padre
- «Benvenuto, fratellino!»

Il vostro neonato

I neonati sono raramente come li immaginavano i genitori e la felicità si mescola allo stupore davanti a una piccola creatura ancora tutta stropicciata. Peso e statura variano molto da un neonato all'altro. Sarà molto meglio controllare la curva di crescita del vostro bambino.

Ritratto di un neonato

Sono tre i dati che consentono di valutare lo sviluppo di un bebè: la statura, il peso – sempre rapportato alla statura – e la circonferenza cranica.

IL PESO • Alla nascita il neonato pesa tra i 2,5 e i 4 kg, per un peso medio intorno ai 3,5 kg. Poi, durante i primi giorni di vita, cala tra il 5% e il 10% del suo peso, per recuperarlo rapidamente e crescere da 20 a 30g al giorno, nel primo mese.

LA STATURA • Alla nascita il neonato misura tra i 46 e i 55 cm (50 cm in media). Se le si confronta con quelle dei bambini più grandi o degli adulti, le gambe del neonato sono proporzionalmente più corte rispetto alla testa e alle braccia. Questo è assolutamente normale e le gambe si allungheranno gradualmente con la crescita generale, in armonia con il resto del corpo.

LA CIRCONFERENZA CRANICA • Le ossa del cranio non sono saldate tra loro alla nascita, il che permette al cervello di continuare a svilupparsi. Alla nascita la circonferenza cranica è compresa tra i 33 e i 38 centimetri.

Attenzione!

Frequente, generalmente banale, è l'ittero neonatale (il bambino presenta un colorito giallastro) si manifesta generalmente uno o due giorni dopo la nascita per scomparire entro la quarta settimana. Richiede controllo medico (vedi pag. 436).

> "Ho sempre paura di toccare la testolina di mia figlia: la zona della fontanella sembra così fragile! A volte la vedo pulsare e mi fa impressione."

LA FONTANELLA

Questo tessuto molle – in realtà ce ne sono due, la fontanella anteriore e quella posteriore – è più robusto di quanto non sembri. Le sue membrane sono sufficientemente solide da resistere perfino alla prova delle dita di fratelli o sorelle più curiosi (anche se questo è comunque un gesto da non incoraggiare!). Le aperture nel cranio che esse ricoprono, là dove le ossa non sono ancora saldate tra loro, svolgono due funzioni molto importanti. Durante la nascita, permettono alla testa del bambino di modellarsi per passare attraverso il bacino, il che sarebbe impossibile se il cranio fosse interamente saldato. Successivamente, rendono possibile lo spettacolare sviluppo del cervello nell'arco del primo anno di vita. Se le fontanelle si chiudessero prematuramente (il che accade di rado), la testa potrebbe in seguito deformarsi.
La fontanella anteriore, la più grande delle due, si trova al culmine della testa. A forma di rombo, può misurare circa 5 cm di larghezza. Comincia a chiudersi intorno ai 6 mesi di età per saldarsi completamente verso i 18 mesi. Questa fontanella è generalmente piana, ma può anche rigonfiarsi un po' quando il bambino piange. Nei bambini che hanno capelli radi, la membrana lascia intravedere le pulsazioni cerebrali (cosa del tutto normale). Meno percettibile, invece, è la fontanella posteriore, un'apertura di forma triangolare situata sul retro del capo, larga meno di 1,3 cm.
Normalmente essa si richiude completamente entro i 3 mesi di età.

→ Venire al mondo è un grande shock per il neonato, seguito però dal grande e immediato attaccamento che crea con i genitori.

COME CONTROLLARE LA CRESCITA DEL BAMBINO?

- **La crescita e lo sviluppo del bambino obbediscono a criteri piuttosto precisi, sebbene ognuno possieda caratteristiche morfologiche proprie.** La crescita si valuta comparando, visita dopo visita, le misure di cui il medico prende regolarmente nota: la statura, il peso e la circonferenza cranica. Questi dati vengono riportati in un grafico in base a cui si traccia una curva di crescita, che deve necessariamente essere regolare e rimanere entro la media.
- I bambini crescono e si irrobustiscono ognuno secondo il suo ritmo e non esiste una vera e propria "norma". Esiste però una gamma di valori nella quale rientra il **95% della popolazione**.
- Le misure parziali non hanno mai valore. Anche se avete l'impressione che il vostro bambino mangi poco o che sia più piccolo dei suoi coetanei, non dovete assolutamente preoccuparvi se la sua curva di crescita in termini di peso e statura è comunque regolare.
- **D'altro canto, un rallentamento protratto (o anche una crescita eccessiva) della crescita in statura o un'interruzione dell'andamento della curva ponderale (o, al contrario, un aumento eccessivo) devono essere segnalati al pediatra.**
- Conoscere il vostro bambino è importante perché, prendendo coscienza delle sue prerogative, riuscirete a controllare meglio la sua crescita e sarete maggiormente in grado di individuare la causa di un eventuale problema.

Cinque sensi per aprirsi al mondo

Olfatto, tatto, gusto, udito, vista: attraverso i cinque sensi, il vostro bambino scopre poco a poco ciò che lo circonda. È in primo luogo il dialogo con i genitori a stimolare i suoi sensi, prima ancora che si apra pienamente la sua capacità di esplorazione. Prima di poter "agire", ha bisogno di "essere", ossia di esistere agli occhi della sua mamma e del suo papà.

Mille sensazioni nuove

Alla nascita l'irruzione nel mondo esterno è una vera e propria aggressione, per il nuovo nato. Il piccolo scopre nuove sensazioni decisamente sgradevoli: la fame, il passaggio dal caldo al freddo, il disagio fisico di non essere tenuto in braccio o avvolto… Queste sensazioni fisiche sono per lui strane quanto tutto ciò che vede, sente e percepisce intorno a sé. Il bambino vive in un mondo fatto di sensazioni, alcune sgradevoli come la fame, altre piacevoli come l'essere nutrito.

IL BISOGNO DI SENTIRSI AL SICURO • Durante il primo mese di vita, non sa adattarsi al nuovo spazio se non grazie alla presenza dei genitori. Solo le vostre risposte ai suoi bisogni – nutrirlo, cambiarlo, riscaldarlo… – lo fanno sentire al sicuro. Senza una comunicazione che stimoli tutti i suoi sensi e che agisca sul suo sviluppo, il bambino non riuscirebbe mai ad adattarsi all'ambiente che lo circonda. Non dimentichiamo che in questo momento tutto è per lui motivo di stupore. I suoi soli punti di riferimento sono gli odori, i suoni e i gusti che ha conosciuto prima di nascere: il calore del vostro contatto, il vostro odore, la vostra voce e quella del papà, un certo gusto nel latte se viene nutrito al seno, l'ambiente sonoro al quale si è abituato già nel ventre materno…

Ora riceve una moltitudine di nuove informazioni che provengono dal suo corpo o dall'esterno. I suoi sensi sono già molto efficaci, fatta eccezione per la vista. Riconosce alcuni odori, distingue i sapori, sente bene (e i rumori forti lo spaventano!) e la sua pelle è sensibilissima al tatto. Non riesce ancora, però, a interpretare nulla.

Mamma e papà, suo unico universo

Il vostro bambino dipende totalmente da voi. Il cucciolo d'uomo è l'essere vivente più immaturo, alla nascita: non riesce a fare niente da solo, ha bisogno di voi per i suoi bisogni primari e per sentirsi al sicuro. Più voi risponderete ai suoi bisogni, più lui e voi stessi vi sentirete al sicuro. Anche se non riuscirete a comprendere sempre il motivo del suo pianto, prendetelo in braccio senza esitare e dategli da bere a richiesta, e vedrete che il piccolo riuscirà ad adattarsi al mondo esterno. Il bambino cresce grazie alle vostre cure, ma il vostro ascolto e il vostro amore contribuiranno al suo sviluppo tanto quanto il latte che lo nutre. Senza una presenza amorevole, il bambino vive in realtà in un mondo spaventoso e incomprensibile. È l'amore che riceve a sorreggerlo, sostenerlo e a permettergli di interessarsi poco a poco a ciò che lo circonda. Donald W. Winnicott, pediatra e psicanalista inglese (1896-1971), affermò che «il neonato esiste esclusivamente nei legami affettivi che intesse intorno a sé», ma dice anche che la madre «è sufficientemente brava» anche quando, il più delle volte, dubita di sé. Nei primi tempi lo amate, non avete occhi che per lui anche quando vi trovate in compagnia di parenti o amici. Voi siete tutto il suo

---

Che cosa vede il neonato?

Il bebè vede i suoi genitori, ma riconosce solo le forme più semplici e le figure più contrastate. All'inizio, distingue i contorni del viso; verso le sei settimane di vita, ne percepisce anche i particolari. È difficile separare la vista propriamente detta dalla percezione d'insieme che il bambino ha di voi.

Attenzione!

L'iride del neonato è molto sensibile alle variazioni luminose e alla luce forte. Bisogna quindi proteggerlo da un'illuminazione troppo violenta, dai flash (tenete la macchina fotografica almeno a un metro di distanza) e, ovviamente, dal sole.

→ Alla nascita, il neonato parte alla scoperta di un mondo sconosciuto. Tutto ciò che percepisce gli dà un senso di piacere o di dispiacere. Ogni gesto, poppata, ogni momento di dialogo è intenso.

universo. Anche quando piange o si dimostra insoddisfatto, sono i momenti in cui si trova in relazione con voi a creare la continuità con la sua vita prenatale: i momenti che gli permettono di costruire se stesso e di acquisire la sicurezza che si dice "di base", indispensabile ad affrontare, una a una, le difficoltà che troverà lungo il suo cammino.

Mimica e sorrisi

Dalla nascita, mamme e papà si rivolgono al loro bambino in momenti di intensa comunicazione come l'allattamento, il cambio o il bagnetto. La risposta del bebè si legge già nel suo sguardo. I neonati fissano tipicamente la mamma "con gli occhi negli occhi". Già nei primi giorni di vita, il piccolo sa tirar fuori la lingua quando noi lo facciamo a lui e talvolta sa già sorridere e sostenere lo sguardo. A volte sembra così attento... ma riesce a concentrarsi completamente solo nei momenti di tranquillità (vedi pag. 91) che seguono la poppata.

Il vostro sguardo, il vostro odore, il contatto con il vostro corpo, la vostra capacità di "esserci" (a sua disposizione) gli parlano quanto la vostra voce e tutto questo è per lui qualcosa di indispensabile. Passati i primi mesi, questi scambi divengono sempre più frequenti e intensi. Ogni volta che può, il bambino cerca a suo modo di imitare i movimenti del vostro viso. La sua smorfia di soddisfazione o il suo primo sorriso – che compare tra la terza e la sesta settimana – sono già tentativi di comunicare attraverso la mimica facciale.

Le basi della sicurezza affettiva

Fin dalla nascita il bebè riconosce la mamma e si rivolge totalmente a lei, mentre lei ha a volte bisogno di qualche tempo per stabilire legami forti con il suo piccolo. Molto rapidamente, però, questa relazione d'amore si intensificherà e mamma e bambino saranno sempre più affiatati tra loro.

Il risveglio dell'amore materno

Alcune donne sono pervase da un formidabile slancio, quasi da una forma di meraviglia, tanto si sentono pronte a dare e ricevere tutto l'amore del mondo al loro bebè… Vivono un vero e proprio "colpo di fulmine" per il loro piccolo.

Per altre, invece, l'attaccamento materno sopravviene in modo meno spontaneo. Alcune passano una fase di delusione o un forte senso di estraneità rispetto al bambino, il più delle volte temporanei: non lo riconoscono e non trovano alcuna somiglianza né con sé né con il padre. Il figlio che immaginavano è diventato un bambino assolutamente reale e, inevitabilmente, la madre deve dimenticare l'immagine che si era fatta di lui. Più i fantasmi sono vaghi, minore sarà il rischio di delusione e più rapida l'accettazione del bambino quale realmente è.

Gran parte delle mamme vede i propri sentimenti evolvere nei tre giorni successivi alla nascita e vede crescere l'affetto per il proprio bambino. Più una madre si dimostrerà aperta e curiosa verso il suo piccolo, più rapidamente il legame tra loro sarà rafforzato.

UN BISOGNO VITALE DI CONTATTO • In un certo senso, sarà il vostro stesso bambino a spingervi ad amarlo intensamente. Totalmente dipendente da voi, cercherà in tutti i modi di farvi sapere quanto voi siate indispensabili al suo benessere. Voi siete al centro della sua vita e lui cercherà di dimostrarvelo. Gli psicanalisti della scuola del pediatra inglese John Bowlby (1907-1990) parlano di una "pulsione d'attaccamento" essenziale alla sopravvivenza del bambino.

Questa va oltre la soddisfazione dei bisogni primari, come per esempio mangiare, e comprende un forte bisogno di contatto fisico e psichico, come essere in braccio alla mamma, ascoltare la sua voce, sentire il suo odore… Il neonato può trovare il mondo inquietante perché per lui tutto è nuovo: la luce, le sensazioni di freddo e caldo, perfino il fatto di andare di corpo o avere fame! Quando lo tenete in braccio, sentite bene fino a che punto la vostra presenza lo rassicuri. Di rimando, provate anche voi un'emozione intensa, un grande amore, anche se sentire la sua dipendenza pressoché totale può talvolta fare paura.

L'identità del neonato

Per sicurezza, per accertarvi di rientrare a casa con il vostro neonato e non con quello di un'altra mamma, il personale del reparto maternità applica un braccialetto di identità al polso del vostro bambino già in sala parto; il piccolo lo terrà fino al momento di lasciare l'ospedale.

La "tenera follia delle madri"

Rispondere ai bisogni del neonato è teoricamente molto semplice: ha fame, ha male al pancino, ha freddo, si sente solo… e vuole che questa condizione cessi. Nella pratica fare questo è nettamente meno facile, in quanto il pianto del bambino non è mai corredato da un foglietto di istruzioni. Ogni mamma impara perciò, più o meno rapidamente, a decodificare il pianto del suo piccolo e, se ci riflettiamo, questa capacità ha qualcosa di sorprendente. Lo psicanalista inglese Donald Winnicott spiega questo fenomeno solo in parte… Egli descrive lo stato psichico della madre dopo la nascita paragonandola a una condizione di "follia".

La mamma dimostra un'incredibile tolleranza alle esigenze del bebè e soddisfa ben poco se stessa, di rimando. Un ruttino, uno sguardo, i bisognini… Evidentemente lei si pone quasi al suo livello, al prezzo di staccarsi talvolta dalla realtà. Questo stato può essere però benefico, in quanto le permette di entrare nell'universo del suo bambino e di rispondere al meglio alle sue esigenze.

Il bisogno di sentirsi al sicuro

Certamente vi accadrà di non essere sempre in grado di capire ciò che il vostro bambino vi chiede e farete fatica a interpretare tutti i segnali che vi invia. L'essenziale è comunque che nei momenti di stress lui possa trovare conforto fra le vostre braccia. Ogni volta che risponde-

La maggior parte delle mamme prova presto un vero e proprio "colpo di fulmine" per il proprio bambino. Questo le rende particolarmente ricettive ai bisogni e alle domande del piccolo.

> "Ho dovuto subire un taglio cesareo d'urgenza e sono quindi stata separata dal mio bambino, prima di poter veramente stabilire un contatto con lui. Questo può intaccare la nostra relazione futura?"

I LEGAMI AFFETTIVI

Stabilire legami affettivi fin dalla nascita è un concetto che ha fatto il suo tempo e non ha più motivo di essere considerato. La teoria avanzata per la prima volta negli anni '70, secondo cui la relazione tra madre e bambino sarebbe migliore nei casi in cui essi trascorrano 16 ore a stretto contatto entro le prime 24 ore di vita non è stata effettivamente confermata né dalle ricerche né nella pratica. Questa teoria ha però presentato alcuni vantaggi indiscutibili. Per esempio, ha fatto sì che i reparti maternità incoraggiassero i genitori a tenere i loro piccoli in braccio fin dalla nascita, per cullarli e coccolarli da 10 minuti fino a un'ora o più, piuttosto che consegnarli direttamente all'infermiera una volta tagliato il cordone ombelicale. Questo incontro dà effettivamente alla madre, al padre e al bambino la possibilità di stabilire un primo contatto fisico. L'inconveniente delle madri che non hanno la possibilità di tenere in braccio il loro piccolo subito dopo la nascita (a causa di un parto cesareo d'urgenza o di un parto vaginale difficile) è che queste hanno l'impressione di aver perso il loro primo contatto ravvicinato con il loro bambino.

I neonati usano già tutti i loro sensi: sono capaci di stabilire un contatto visivo e perfino di riconoscere la voce della madre, sono vigili anche subito dopo la nascita, il che fa di questo momento l'occasione ideale per un primo "contatto ufficiale". Essendo però sommersi da una moltitudine di sensazioni nuove dovute al nuovo ambiente, l'eventuale mancanza di questo contatto, ove ciò sia necessario, non sarà determinante per la futura relazione con i genitori.

I momenti che seguono la nascita sono certamente importanti, ma non più delle ore, i giorni, le settimane e gli anni che passerete insieme al vostro bambino. Essi segnano semplicemente l'inizio di un processo lungo e complesso che porterà entrambi a conoscersi e ad amarsi. Questo può certamente cominciare nelle ore che seguono lo nascita, attraverso un'incubatrice o, perfino più tardi, al momento del rientro a casa.

rete alle sue chiamate, non soddisferete solo un bisogno immediato, ma gli darete conferma del fatto che non piange a vuoto, che può contare su di voi e che il suo malessere passerà presto.

Un bambino ha incessante bisogno di essere confortato fino al momento in cui, più tardi, forte della certezza del vostro amore e protezione, troverà in sé sufficiente fiducia per diventare gradualmente più autonomo.

Il pianto, un autentico linguaggio

Nei primi due mesi di vita, i neonati piangono generalmente più spesso sia a causa di un disagio fisico sia senza una ragione apparente, in ogni caso mai per capriccio. Non riuscire a comprendere tutti i lamenti del piccolo è del tutto normale e non dovrete quindi preoccuparvi. Il bambino dipende ancora totalmente da voi e spesso è sufficiente prenderlo in braccio per calmarlo, se non sta piangendo per fame.

L'espressione del malessere

Nell'adulto, il pianto è associato al dolore e alla sofferenza. Molte madri percepiscono realmente questo "male" quando sentono piangere forte il loro bambino ed è normale che il pianto di un neonato che tocchi così intimamente la madre arrivi anche a renderg025lo insopportabile. È però raro che il pianto di un neonato esprima in realtà vero dolore. Più spesso il piccolo esprime semplicemente un malessere o un disagio che può essere fisico, come per esempio la fame, o psichico. In entrambi i casi, ha comunque bisogno di voi e ha a disposizione solo lo strumento del pianto per dirvi che c'è qualcosa che non va. In questo senso si tratta di un autentico linguaggio che riuscirete poco a poco a decodificare. Provate a immaginare come sarebbe difficile occuparsi di un bebè che non piangesse mai! Non avreste alcuna possibilità di sapere che cosa possa veramente disturbarlo…

Vero o Falso?
Prendere spesso in braccio il bambino può trasmettergli cattive abitudini.

Falso. Non date ascolto a chi vi dirà che il neonato può "abituarsi male" se i genitori lo consolano quando piange. Si tratta di un falso mito. Al contrario, durante i primi mesi di vita gli si deve trasmettere una grande sicurezza emotiva affinché acquisica poco a poco la capacità di sopportare anche eventuali momenti di difficoltà.

DA UN BAMBINO A UN ALTRO • Alcuni bambini piangono più di altri. Il temperamento di ognuno gioca in questo un ruolo fondamentale. Alcuni sono più sensibili a ciò che li circonda e reagiscono al minimo stimolo. Un neonato così può, per esempio, trasalire e piangere al minimo rumore, mentre, nella stessa situazione, il suo fratello maggiore sarebbe rimasto tranquillo. A ogni età la capacità di resistere alle aggressioni esterne o a uno stato di malessere varia da un individuo all'altro. Queste differenze sono percepibili fin dai primi giorni di vita.
È anche in questo senso che ogni bambino può dirsi unico. Non dimenticate mai che, attraverso il pianto, il bambino dà una serie di indicazioni che vi permetteranno di conoscerlo sempre meglio. Vi adatterete al vostro bambino e al suo carattere e lui modulerà le sue reazioni in funzione delle vostre.

FAVORIRE IL CONTATTO FISICO

- **La pelle è un organo sensoriale estremamente importante per il neonato e per il lattante.** Toccare un bebè significa non solo entrare in contatto con lui, ma anche dargli un "contenitore": per imparare a conoscere l'ambiente esterno, il piccolo ha bisogno di sentirsi tenuto e contenuto. A voi piace tenerlo vicino e riempirlo di baci e coccole e lui adora riceverli.

- **Se siete particolarmente sensibili, potrete naturalmente tenerlo anche sulla pelle nuda.** Un contatto così intimo è rassicurante e piacevole per il bebè, specialmente appena dopo la nascita e durante i primi giorno che la seguono (e riuscirete anche a capire meglio i suoi bisogni). Addosso alla sua mamma, il neonato si sente protetto, al caldo, riconosce il suo odore e il battito del suo cuore. Ma questi momenti sono preziosi solo se non risultano imbarazzanti per mamma o papà.

- **In ogni caso, nel primo anno di età il bimbo ha bisogno di sentirsi contenuto per entrare in relazione con il prossimo in momenti particolarmente difficili.** Poco a poco, usando solo la voce riuscirete a prenderlo in braccio meno improvvisamente e meno spesso.

→ La voce, lo sguardo dei genitori e il contatto con il loro corpo permettono al neonato di costruire progressivamente le sue relazioni con il prossimo.

Durante le prime settimane

Le proteste dei neonati segnalano solitamente un disagio di tipo fisico: fame, difficoltà a fare un ruttino o a espellere del gas, difficoltà a respirare quando il nasino andrebbe pulito, il contatto con il pannolino sporco, il semplice fatto di essere nudo, un rumore improvviso… Individuerete ben presto l'origine di questi pianti e troverete il modo giusto per rispondere, a costo di cominciare procedendo per tentativi.

Altri tipi di pianto resteranno invece più misteriosi. Anche se non saprete mai veramente che cosa disturbi o preoccupi il vostro bambino, basterà comunque prenderlo in braccio perché si tranquillizzi. Il neonato ha sempre un grande bisogno di essere rassicurato, poco importa che voi comprendiate sempre il perché del suo malessere… non è sempre possibile capirlo.

LE PAROLA AL BEBÈ

Quando mi sento male, non riesco ad addormentarmi o non mi sento molto bene, prendimi in braccio e tienimi con te, anche se stai già facendo qualcos'altro! Io così sentirò che ti muovi, che parli e che mi culli, mentre tengo il mio faccino appoggiato su di te. Mi sento al sicuro, mi sembra di tornare a quando ero nel tuo pancione e ritrovo tutti i suoni che ricordo e mi sono familiari! Quando mi tieni in braccio mi tranquillizzo, mi riconosco e mi sento protetto e al sicuro.

Durante i primi mesi non bisogna mai far mancare le coccole al bambino. Prenderlo in braccio per qualche minuto quando piange e provvedere a tutti i suoi bisogni non solo non faranno di lui un bambino "viziato", ma lo renderanno più felice, gli daranno più fiducia in se stesso e, nel tempo, faranno sì che pianga meno spesso ed esiga meno attenzione.

Tuttavia, siate comunque realisti: non sarete mai sempre in grado di prenderlo in braccio ogni volta che si metterà a piangere e, in alcuni momenti, dovrete per forza fare una pausa durante una sua crisi di pianto.

La "crisi" di fine giornata

Succede, nelle prime settimane di vita del bebè, che ogni sera o nelle prime ore della notte, si metta a piangere con insistenza. Si rigira e mostra tutti i segni di un grande malessere anche se è pulito, dissetato, ha fatto il ruttino e non è troppo vestito... Si tratta di uno stato frequente e passeggero che corrisponde a un risveglio improvviso (vedi pag. 91) e scompare verso i tre mesi.

In passato si attribuivano questi pianti alla cosiddetta "paura della notte". Oggi alcuni pediatri ritengono, invece, che si tratti di uno stato di eccitazione legato agli stimoli ricevuti durante la giornata. Una volta raggiunto il suo limite, il bambino ha bisogno di scaricare in qualche modo la tensione accumulata durante il giorno e cerca quindi di sfogarsi in qualche modo.

UN MOMENTO CRITICO • Queste crisi di pianto hanno durata variabile, ma possono arrivare anche alle due ore ed essere veramente snervanti. Più riuscirete a sdrammatizzare, più aiuterete il vostro bambino a passare questo momento così delicato. Poppate, coccole, carillon, un bagnetto se è amante dell'acqua... potete tentare diversi metodi, ma non esiste una soluzione miracolosa. In linea di principio, è consigliabile non cercare di sollecitarlo o distrarlo troppo durante le crisi: se reclamerete la sua attenzione, non riuscirà mai a rilassarsi!

PRIVILEGIATE IL CONTATTO FISICO • È spesso il contatto con il vostro corpo o con quello del papà (che ha spesso un potere più rilassante di quello della mamma perché di solito accetta più facilmente di non capire l'origine del pianto), in un ambiente calmo, ad avere l'effetto migliore. Anche se non riuscirà a placarlo in modo definitivo, voi gli comunicherete il fatto che lo capite e che accettate il suo malessere.

Se, invece, vi sentite angosciati da questi pianti, le crisi aumenteranno perché il bambino risentirà di riflesso della vostra ansia: in questo caso sarà meglio mettere il piccolo nella sua culla e rimanere vicino a lui o, se se ne presenta l'occasione, affidarlo alle braccia di una persona più serena.

NULLA RIESCE A CALMARLO! • Davanti a un pianto persistente, capita che molti genitori soffrano di un senso di impotenza molto sgradevole e pensano, a torto, di non essere all'altezza del compito. Forse riuscirete a rimanere più calmi accettando l'idea che il pianto non debba per forza cessare.

Sarete senza dubbio più sereni se considererete il fatto che, a tutte le età, le lacrime possono servire anche solo a scaricare tensione ed emozioni accumulate.

Sapete bene che, in particolari situazioni, lasciar piangere qualcuno è un gesto più affettuoso del voler consolare a tutti i costi. Certamente i pianti dei neonati sono difficili da sopportare e la situazione può rivelarsi ben più penosa per voi che per il piccolo. Accettare il pianto implica talvolta una riflessione su se stessi...

MAI SCUOTERE IL BAMBINO!

- **Ogni anno molti piccoli tra i 5 e i 6 mesi sono vittime della cosiddetta "sindrome del bambino scosso".** I bambini (60%) ne sono più toccati delle bambine.
- **Il gesto di scuoterli, ossia di tenerlo per le ascelle agitandoli avanti e indietro,** è spesso causato dall'incapacità di sopportare i pianti ripetuti; questo succede soprattutto nei casi di grande stanchezza.
- **Le conseguenze neurologiche possono essere molto gravi:** un ematoma può provocare la paralisi o un ritardo nello sviluppo psicomotorio, variabili secondo i casi, ma il 10% dei bambini ne muore e **meno di un bambino su quattro ne esce illeso.**
- **Non bisogna quindi mai scuotere i bambini piccoli,** soprattutto i neonati e i lattanti sotto i 6 mesi.
- **Dovete informare di questo chi vi è vicino ed eventuali babysitter.** Il comportamento del bebè che viene scosso cambia: in caso di qualunque forma di sospetto, non esitate a chiedere immediatamente aiuto!
- **Se il bambino piange,** indipendentemente dal vostro stato o di quello della persona che sta con il piccolo, la cosa migliore è dargli il ciuccio, accarezzarlo, fargli fare una passeggiata, raccontargli una storia o cantargli una ninna-nanna.
- **Se vi prende il nervosismo al punto di avere difficoltà a controllarvi,** mettete il bambino nel suo lettino e allontanatevi giusto il tempo necessario a ritrovare la calma.
- **Se sentite veramente la rabbia salire e il pericolo di gesti violenti e incontrollabili,** chiamate immediatamente una persona di fiducia che possa aiutarvi fino a che non avrete ripreso il controllo di voi stessi.

Allattare al seno

I giorni che si trascorrono in maternità sono l'occasione ideale per imparare ad attaccare il bambino al seno, perché allattare richiede una certa tecnica e un po' di allenamento. Approfittate di questo soggiorno per condividere le vostre domande e le vostre preoccupazioni con il personale medico, in modo da rientrare a casa con un buon bagaglio di risposte.

Colostro e latte materno

Prima dell'effettiva montata lattea, intorno al terzo giorno dal parto, sarà il colostro – liquido giallastro, denso e scarso – il solo nutrimento del vostro bambino.

IL COLOSTRO • Questo autentico concentrato di latte risponde al meglio ai primi bisogni del vostro bambino. Fortemente lassativo, facilita l'eliminazione rapida del meconio (le prime feci del neonato) anche per limitare il rischio di ittero neonatale. Molto ricco in grassi, zuccheri, sale e proteine, consente al bebè di evitare il rischio di ipoglicemia (l'abbassamento del tasso di zuccheri nel sangue) e disidratazione.

Il colostro è preziosissimo per la salute del bambino anche perché rappresenta il suo primo strumento di difesa dai microbi. Esso contiene, infatti, una forte concentrazione di sostanze dal potere antinfettivo chiamate "IgA secretorie" che stimolano inoltre lo sviluppo del sistema immunitario. In questo modo, non solo il vostro bambino sarà meglio protetto da eventuali infezioni, ma costruirà più rapidamente un'efficace difesa immunitarie.

IL LATTE MATERNO • Favorendo una buona digestione, il latte materno si adatta perfettamente alle esigenze del bebè nato a termine come del prematuro, settimana dopo settimana, nell'arco di tutta la durata dell'allattamento. All'inizio della poppata il latte è chiaro, ricco d'acqua e di lattosio. In questa fase svolge una funzione primariamente idratante (latte "acquoso") per ispessirsi in seguito e diventare il ben più nutriente latte "cremoso" (con una quantità di materia grassa quattro volte superiore). Per questo motivo, è preferibile attaccare il piccolo prima a un seno e poi all'altro, alternandoli.

La composizione del latte materno cambia in ogni donna e varia anche da un giorno all'altro, perfino secondo le ore del giorno. Il tenore di materie grasse aumenta tra le 6 e le 10 del mattino ed è superiore nelle ore diurne rispetto a quelle notturne. Sempre alla temperatura ideale e asettico, il latte può variare di gusto secondo l'alimentazione della madre.

Il ritmo delle poppate

Il ritmo si calcola a partire dall'inizio della poppata fino alla fine della seguente. In questo modo, se passano due ore tra due poppate, considerando che una poppata dura circa 40 minuti, il ritmo corrisponde a 2 ore e 40 minuti e non a 2 ore. Potete annotare l'ora d'inizio di ogni poppata per vostro riferimento.

I vantaggi dell'allattamento

L'allattamento presenta numerosi vantaggi sia per la madre sia per il bambino. Nel breve termine fornisce al piccolo gli anticorpi che lo difendono da molte infezioni e riduce sensibilmente i rischi di patologia gastrointestinale (diarrea), delle vie respiratorie (bronchite), di otite e rinofaringite. Il ferro che contiene è inoltre facilmente assimilabile.

Per quanto riguarda la madre, l'allattamento previene il rischio di emorragia conseguente al parto in quanto facilita la retrazione dell'utero mediante contrazioni (dette anche "morsi"), che aumentano per effetto degli ormoni (tra cui l'ossitocina) che controllano la lattazione. L'allattamento produce anche effetti benefici nel lungo termine: riduce il rischio di allergie, obesità e diabete giovanile nel bambino e, nella madre, l'allattamento prolungato riduce il rischio di tumore alla mammella.

Cominciare ad allattare

Spesso, quando comincia ad allattare, la madre riceve consigli contraddittori che possono disorientarla non poco. Ecco alcuni consigli pratici che vi permetteranno di capire se il bambino è ben allattato e se il vostro latte è sufficiente, in breve per capire se tutto procede per il meglio.

SI IMPARA IN DUE • Non perdete mai di vista il fatto che l'allattamento si fa in due. Alcune donne si preparano molto bene ad allattare, ma le prime poppate non si svolgono comunque come previsto. Anche il piccolo ha la sua parte di responsabilità in questo! Può avere difficoltà ad attaccarsi al seno, può innervosirsi eccetera. Siete entrambi in fase di apprendimento e vi ci vorrà qualche giorno per ingranare.

I PRIMI GESTI • Appena venuto al mondo, nella prima ventina di ore di vita, il vostro bambino è molto stanco: molto spesso si addormenta… e voi fate lo stesso! Ha bisogno di riprendere le forze, perché la nascita è stata una vera sfida fisica che gli ha fatto consumare molte energie. Il seno però deve essere stimolato spesso per favorire la montata lattea. Il numero di poppate e l'efficacia della stimolazione nei primi giorni condizionano la produzione di latte per tutta la durata dell'allattamento. Non esitate a invitare gentilmente il bambino ad allattare usando qualche piccola astuzia.

- Tenetelo vicino a voi: il vostro odore e il contatto con la vostra pelle risveglieranno in lui il desiderio di allattare.
- Osservatelo per riconoscere i primi segni di disponibilità ad attaccarsi al seno. I rapidi movimenti degli occhi segnalano che è in fase di sonno leggero (l'allattamento durante il sonno profondo non funziona!); il movimento delle labbra e della lingua, il portarsi le manine alla bocca, il verso di suzione e i movimenti del corpo sono tutti segnali che vi fanno capire che il bambino desidera allattare.

Soltanto come ultimo tentativo, quando sarà veramente affamato, il piccolo si metterà a urlare e a quel punto dovrete calmarlo, altrimenti non riuscirebbe ad allattare correttamente.

> " Prima del parto avevo voglia di allattare ed ero assolutamente convinta dei vantaggi dell'allattamento, ma le prime poppate mi hanno un po' scoraggiata. "

NON COLPEVOLIZZATEVI!

Ci si può convincere dei benefici dell'allattamento se ci si prepara nel corso delle ultime settimane e se lo si affronta con la massima serenità, prevedendo anche eventuali momenti di sconforto, cosa del tutto normale. La fatica del parto, l'eventuale episiotomia, un bambino che fa fatica ad attaccarsi al seno, la depressione post-partum, la confusione emotiva: tutte queste condizioni possono sommarsi, a volte, fino a compromettere la vostra decisione di allattare al seno.
Non esitate a condividere i vostri dubbi con il personale della maternità, con il vostro partner, un'amica, con chiunque goda della vostra fiducia. L'importante è evitare la delusione di "non riuscirci". Rivedete con l'ostetrica la posizione in cui allattate, ponete tutte le domande che vi passano per la mente e, se siete più inclini alle lacrime che al sorriso, non colpevolizzatevi mai! Alla fine, anche se può comunque essere una scelta difficile, potrete decidere di rinunciare…

LA MONTATA LATTEA

> **La montata lattea ha luogo tra il secondo e il terzo giorno successivo il parto.** La produzione di latte diviene più importante per adattarsi al crescente fabbisogno del bambino (il suo stomaco, che riusciva a contenere tra i 5 e i 7 ml di latte al giorno alla nascita, dopo tre giorni può contenerne 30 ml!).
> **I seni possono essere molto tesi, turgidi e qualche volte doloranti.** Non usate mai il paracapezzoli se non indossate anche il reggiseno perché non farebbe che aggravare la situazione, continuando a stimolare la secrezione. Questa sensazione di dolore non durerà a lungo: le poppate andranno a equilibrare la produzione del latte.
> **Per evitare le macchie dovute a eventuali perdite di latte, usate le coppette assorbilatte** (in cotone, non plastificate, tengono il capezzolo asciutto, impedendo che la pelle si maceri).
> **Se avete latte in eccesso,** informatevi presso il reparto maternità per sapere se potete donarne una parte al lactarium locale.

• Nel corso della poppata, proponete entrambi i seni e quindi tenete il bambino in posizione verticale appoggiandolo sulla vostra spalla (per aiutarlo a fare il ruttino, se serve), accarezzategli i piedini, il viso, non coprendolo troppo, e quindi cambiate lato.

Attaccarlo al seno

È essenziale sapere come attaccare correttamente il bambino al seno, perché le ragadi e altri disturbi tipici derivano in gran parte da un problema di suzione (vedi sotto).

SAPER OFFRIRE IL SENO • Mettetevi comode, sedute in posizione rilassata. Aiutatevi con dei cuscini o poggiatesta da sistemare sotto il sedere, sotto al bambino e dietro la vostra schiena per non dovervi chinare troppo verso di lui.

Il corpicino del bambino deve appoggiare bene sul vostro. Il suo orecchio, la spalla e l'anca dovranno trovarsi lungo la stessa linea, in modo da evitare torsioni. Il naso e il mento saranno a contatto con il seno e il pancino appoggerà bene contro di voi (immaginate che, se foste nudi, i vostri due ombelichi si toccherebbero).

Per facilitare le cose, offrite il seno con una mano tenendolo in una posizione a "C", ossia tenendo il pollice al di sopra del seno e le altre dita unite intorno all'areola. Ora il vostro bambino dovrà aprire bene la bocca (come se sbadigliasse). Potete aiutarlo dicendogli «Apri!» (in poco tempo vedrete che risponderà a questo segnale), accarezzandogli leggermente il labbro inferiore con il capezzolo o abbassandogli il mento per le dita. A questo punto portate rapidamente il bambino al seno aiutandovi con il braccio che lo sostiene. Dovrà prendere quanto più possibile il capezzolo in bocca, areola compresa, e il capezzolo dovrà arrivare sul fondo del palato.

IPERSENSIBILITÀ • Durante i primi giorni di allattamento, il seno può diventare particolarmente sensibile. Durante la poppata il bambino succhia con una forza formidabile e non dovrete meravigliarvi se vi sentirete tirate, a volte anche con dolore.

BIBERON, TETTARELLE E PARACAPEZZOLI • Evitate l'uso di biberon e tettarelle che possano disturbare la suzione del piccolo ed evitate i paracapezzoli che tappano i pori dei dotti lattiferi provocando dolore al seno e al capezzolo e costringono il bambino ad assumere una posizione scorretta al seno, molto difficile da correggere in seguito.

Il ruttino è necessario?

Un neonato correttamente accomodato al seno non ha solitamente bisogno di fare il ruttino dopo la poppata: i seni non contengono aria. Se il piccolo beve avidamente o disordinatamente, può comunque ingurgitarne e avere quindi bisogno di espellerla con un ruttino. Interrompete pure la poppata, fategli fare il ruttino e offritegli nuovamente il seno. Questo non gli rovinerà l'appetito, ma lo migliorerà, visto che si sentirà più a suo agio.

La posizione corretta per allattare

DISTESA SUL FIANCO • Questa posizione particolarmente rilassante è consigliata nei casi in cui la cicatrice da episiotomia o taglio cesareo sia ancora dolorante o se preferite rimanere a letto durante la notte o comunque riposare. Distendetevi sul fianco con la coscia ben raccolta e appoggiata su un cuscino. Poggiate la testa su un guanciale affinché la nuca possa essere ben distesa. Il bambino sarà vicino a voi nel letto, con la bocca all'altezza del capezzolo, il viso girato verso il seno e il ventre contro il vostro. Potrete sistemare un cuscino dietro la schiena del piccolo per evitare che rotoli sul fianco.

SEDUTA SUL DIVANO • Usate possibilmente un cuscino per allattamento imbottito di microsfere, che vi consentirà di accomodarvi al meglio, oppure più cuscini.

Sedetevi bene indietro sul divano, in modo da sostenere il busto senza sforzo (all'occorrenza, aggiungete un cuscino dietro la schiena), tenendo le gambe sollevate. Appoggiate il bambino sul cuscino da allattamento nell'in-

Il ruolo degli ormoni essenziali

La lattazione è avviata e governata dall'ipofisi, che secerne due ormoni essenziali alla produzione del latte materno: l'ossitocina e la prolattina.

L'OSSITOCINA
Provoca una serie di contrazioni alveolari che spingono il latte nei dotti lattiferi, che va poi ad accumularsi nei seni lattiferi situati dietro il capezzolo e l'areola. Il tasso di ossitocina aumenta attaccando il bambino al seno. Nel corso della poppata, la mamma percepisce le scariche di ossitocina che attivano anche una serie di contrazioni uterine. Durante le prime settimane di allattamento, questi picchi ormonali possono prodursi anche per l'effetto di fattori emozionali (per esempio in reazione al pianto del bambino) e attivare, di riflesso, secrezioni anarchiche, dette "fughe di latte". Al contrario, situazioni di particolare stress, stati dolorosi o ansia possono inibire l'azione dei riflessi secretori.

LA PROLATTINA
Questo ormone attiva la produzione di latte nelle cellule alveolari a partire dal sangue. Il tasso di prolattina, in particolare, aumenta durante la gravidanza e se ne secerne in quantità superiore dal momento in cui si comincia ad attaccare il bambino al seno. Vero "ormone della maternità", ha un ruolo calmante, ed è in grado di provocare una sensazione di distensione dopo ogni poppata.

cavo delle vostre braccia, tenendo il suo pancino contro il vostro corpo e il suo viso davanti al seno.

SEDUTA SU UNA SEDIA • Tenete i piedi sollevati usando un piccolo sgabello o un grosso cuscino e portando le ginocchia al di sopra delle anche oppure accavallate le gambe. All'occorrenza fate scivolare un cuscino tra lo schienale e la parte alta della schiena per non dovervi chinare troppo sul bambino. A questo punto appoggerete il piccolo nell'incavo del vostro braccio, all'altezza del seno e su un cuscino, con tutto il suo corpo contro il vostro. Il braccio del bambino si troverà così tutto contro di voi, sotto il vostro braccio.

Il giusto svolgimento della poppata

Per assicurarvi che il vostro bambino allatti correttamente, verificate che le sue labbra siano ben rivoltate verso l'esterno, quando si appoggia sul seno. La lingua è tutta in avanti e fa da imbuto sul seno (ricoprendo la gengiva inferiore). Le tempie pulsano al ritmo della suzione e, quando deglutisce, si notano dei movimenti nella parte sotto l'orecchio (con l'alternanza regolare di circa due suzioni per una deglutizione). Non si devono sentire schiocchi né vedere le guance sgonfiarsi. Voi non dovete sentire alcun dolore (se non un po' di sensibilità durante i primi giorni). Il bebè è calmo durante la poppata e appare sazio una volta conclusa.

Se voi o il piccolo vi sentirete scomodi, correggete la posizione ogni volta che ne sentite il bisogno. Non staccate il bambino tirandolo indietro: con la forza con cui succhia potrebbe farvi male! Piuttosto fate scivolare il vostro dito mignolo nella fessura delle labbra: lui aprirà la bocca d'istinto e voi potrete tranquillamente risistemarvi al meglio.

Trovare il giusto ritmo

Il momento della poppata è un'occasione di scambio privilegiato tra mamma e bambino. Voi dovreste essere rilassate e la presenza di altre persone potrebbe rappresentare un disturbo. Il vostro bebè ha anche lui bisogno di calma, soprattutto nei primi giorni.

QUANTO DURA? • Per riuscire a capire il vostro bambino e comprendere i suoi bisogni, cercate di dimenticarvi l'orologio e osservate solo lui. Non esiste una durata "normale" di poppata al seno. Essa può variare dai 10 ai 40 minuti, senza tuttavia superare i 45 o 60 minuti, tutto dipende dalla qualità della suzione e dal flusso del latte. Si può imparare a riconoscere una suzione efficace: i primi movimenti sono molto rapidi e ne seguono altri ampi che lasciano sentire il rumore della deglutizione regolare dopo uno, due movi-

➡ Il reggiseno da allattamento è più comodo nei primi tre mesi, quando i seni sono più pesanti.

menti. Al termine della poppata, le pause tra una suzione e la seguente saranno sempre più lunghe.

Per quanto riguarda voi, potreste sentire un forte desiderio di dormire o una sensazione di forte sete. Durante ogni poppata, quindi, tenete a portata di mano un bicchiere d'acqua.

QUALE FREQUENZA? • Nel tempo il ritmo della poppata si stabilizzerà: all'inizio il lattante tenderà ad addormentarsi prima di essere totalmente sazio e, poco dopo, chiederà nuovamente il seno.

La situazione si stabilizzerà gradualmente tra gli otto e i 12 pasti al giorno, poco dopo il rientro a casa (una poppata ogni due o tre ore). Inizialmente offrite entrambi i seni a ogni poppata, anche se vi sembra che il piccolo si ritiri o si stia addormentando.

Allattare artificialmente

Avete deciso di dare il biberon al vostro bambino perché la cosa vi risulta più comoda. In questo momento così intimo, l'essenziale è sentirsi bene, rilassate e in armonia con il proprio piccolo come anche con voi stesse. Il vostro bambino percepirà innanzitutto il vostro benessere, il piacere che provate nel nutrirlo e l'amore con il quale compiete questo gesto.

Le qualità di latte artificiale

I latti artificiali, elaborati sul modello del latte materno generalmente a partire da latte vaccino, sono soggetti a una regolamentazione precisa e rigorosa che ne garantisce le qualità nutrizionali e sanitarie per assicurare al vostro bambino buona salute e crescita armoniosa. Essi non hanno tuttavia tutte le qualità del latte materno, in quanto non contengono gli anticorpi che proteggono il piccolo da alcune infezioni.

Come il latte materno, possono costituire l'unico alimento del bambino almeno fino al sesto mese, anche se è comunque consigliabile continuare con un latte di proseguimento fino al primo anno di età. Il latte vaccino non adattato è venti volte meno ricco in ferro rispetto a quello artificiale, tre volte meno ricco in acido linoleico ed è, inoltre, troppo ricco in proteine.

I latti artificiali sono essenzialmente usati in polvere, il che permette un dosaggio accurato. Esistono anche latti artificiali liquidi, disponibili in brik e normalmente destinati ai bambini oltre il quarto mese di età, a un prezzo però solitamente più alto di quello del latte in polvere. I latti artificiali sono generalmente reperibili in farmacia o nei centri commerciali, dove sono generalmente più convenienti.

Scegliere il latte più adatto

Esistono vari tipi di latte per ogni età del bambino e una serie di latti artificiali con proprietà particolari.

I LATTI ADATTATI • Sono studiati per le esigenze del bambino dalla nascita ai 5-6 mesi, per tutto il periodo durante il quale si alimenta solo di latte. Noti anche come "latti per lattanti", sono molto simili a quello materno.

I LATTI DI PROSEGUIMENTO • Sono destinati ai bambini che mangiano almeno un pasto completo al giorno senza

SCEGLIERE UNA BUONA TETTARELLA

- **A volte è necessario fare una o due prove prima di trovare la tettarella che meglio si adatta al bambino.** In commercio ne esistono in due materiali: caucciù (scure) e silicone (trasparenti).
- **Le tettarelle in caucciù sono morbide, ma si rovinano più velocemente e resistono meno alla sterilizzazione.** Hanno un aspetto rugoso e possono lasciare in bocca un leggero retrogusto.
- **Quelle in silicone sono più rigide e si induriscono più facilmente con la sterilizzazione, ma hanno una superficie più liscia e sono inodori.**
- **Esistono tettarelle dette "a flusso variabile",** che presentano all'estremità una fessura che permette di scegliere fra tre velocità, e altre **"a flusso unico"** con due o tre fori di grandezza variabile secondo l'età del bambino. Ogni tipo di tettarella esiste nella misura per i primi mesi e per il proseguimento.
- **Ne esistono tre forme: a punta tonda detta "a ciliegia" o anatomica,** che riprende la forma del capezzolo, e con valvola, per regolare l'ingresso dell'aria e il flusso del latte. Oggi ogni casa ne produce in modelli particolari, frutto delle ricerche più avanzate. L'obiettivo è di offrire ai neonati una tettarella con una morfologia che rispetti la sua cavità orale. Scegliete quella che vi sembra più adatta: se il vostro bambino ci si trova bene, non cambiatela, altrimenti provate un altro modello.
- **Ricordatevi di assicurarvi che le tettarelle siano compatibili con i vostri biberon.**

Per tutto il tempo della poppata tenete il biberon inclinato quanto basta affinché la tettarella sia ben riempita di latte.

QUANDO CAMBIARE LATTE? • Al reparto maternità, il personale medico vi ha offerto biberon già preparati, pronti per l'uso, con un latte che il vostro bambino ha provato per almeno una settimana. Una volta tornati a casa, di norma continuerete con lo stesso tipo di latte.

Se, dopo qualche giorno, vi sembrerà che il bambino non lo tolleri, consultate il vostro pediatra, il quale vi consiglierà un'alternativa. Se lo giudicherà necessario, potrà anche consigliarvi un latte con proprietà particolari. Per esempio, se il bambino soffre di coliche, potrà orientarvi verso un latte acidificato o meno ricco in lattosio. Nel caso di rigurgiti (in cui espelle piccole quantità di latte dopo il pasto), vi indicherà un latte antirigurgito, più denso e ricco in caseina. Se il piccolo è costipato, vi consiglierà un latte più ricco in proteine solubili che mantenga le feci più idratate.

Esistono anche latti ipoallergenici in grado di ridurre il rischio di allergia, destinati ai bambini con particolare terreno allergico (almeno un soggetto allergico tra genitori, fratelli o sorelle).

La scelta del biberon

Durante i primi sei mesi, il biberon deve presentare innanzitutto segni di gradazione precisi e leggibili, in modo tale da consentirvi di dosare l'acqua senza difficoltà e valutare la quantità bevuta. Evitate quindi, inizialmente, i biberon decorati ai quali comunque il bambino presterà attenzione solo più avanti. Per quanto riguarda il formato, quello da 240 ml è ideale.

I biberon in plastica sono infrangibili, ma rischiano di opacizzarsi con le frequenti sterilizzazioni. Quelli in vetro sono più facili da lavare e resistono meglio alla sterilizzazione, ma diventano pericolosi quando il bambino comincia a tenerli da solo, intorno ai 6 mesi, perché potrebbero cadere.

Il biberon classico è di forma cilindrica; quello di forma triangolare è di più facile pulizia e, essendo più stabile, non rotola. I modelli angolati – inclinati di 30° – permettono di dare il biberon con comodità ed evitano che il bambino inghiotta aria (la tettarella è sempre piena). Esistono biberon ergonomici che vengono afferrati più facilmente dai bambini più grandi.

Per comodità, inizialmente, vi serviranno tra i 4 e i 6 biberon. Prima di acquistarli, assicuratevi che la forma del biberon permetta un facile lavaggio con lo scovolino e che si adatti al vostro metodo di sterilizzazione e di riscaldamento del latte. Per essere sicuri di eliminare ogni eventuale rischio di tossicità dovuto alla composizione della plastica, non usate mai biberon rovinati (rinnovateli spesso), evitate di lavarli in lavastoviglie e non riscaldateli nel forno a microonde.

latte, ossia dai 6 mesi in poi, mai prima dei 5, e sono meno simili al latte materno.

I LATTI PER LA CRESCITA • Sono adatti ai bambini dal primo al terzo anno di età. In particolare, i latti per la crescita sono arricchiti in ferro e in generale più adatti al fabbisogno nutritivo del piccolo di quanto non sia il latte vaccino comunemente usato.

Preparare e dare il biberon

Di norma il biberon lo preparate voi o il vostro compagno e forse, come molte altre mamme, vi state chiedendo se il piccolo è nutrito a sufficienza o meno. Ricordate che il vostro bambino sa bene come comunicarvi quando è sazio o quando vuole mangiare ancora e, se vi rimangono dei dubbi, il vostro pediatra vi potrà consigliarvi in proposito.

Preparare il latte

Prima di cominciare ricordatevi di lavarvi le mani con molta cura. Versate nel biberon la quantità d'acqua indicata dal vostro pediatra: del rubinetto o di bottiglia (liscia, di fonte o minerale, ma comunque adatta ai lattanti). Riscaldate il biberon a bagnomaria o nello scaldabiberon (non usate il forno a microonde: non è pericoloso, ma riscalda troppo velocemente) prima di aggiungere il latte in polvere, che si scioglierà meglio nell'acqua già tiepida.

Una volta scaldata l'acqua, aggiungete i misurini, ben rasi e senza polvere in eccesso. Rispettate sempre questa regola d'oro: un misurino di latte per 30 ml d'acqua. A questo punto chiudete il biberon con il tappo e agitatelo energicamente in modo da mescolare bene il latte ed evitare la formazione di grumi. Per completare l'operazione, applicate la tettarella facendo attenzione a non avvitarla troppo a fondo e versate una goccia di latte sul polso per verificarne la giusta temperatura prima di offrire il biberon al bambino.

Attenzione, non preparateli in anticipo!

Il biberon deve essere bevuto appena fatto. Non lo preparate mai in anticipo: nel giro di poche ore diventerebbe un'autentica coltura batterica! Se siete fuori casa o per la notte, potete tenere pronta dell'acqua tiepida in un biberon sterile, ma dovrete aggiungere il latte in polvere solo all'ultimo. In ogni caso, non date mai l'avanzo dell'ultimo biberon!

Quanti biberon?

Inizialmente date il biberon a richiesta anziché secondo un orario preciso, sempre rispettando però un intervallo di tre ore tra una poppata e l'altra, il tempo necessario alla digestione. I primi biberon vengono quindi dati senza troppa regolarità, sia nei tempi sia nella quantità. Alcuni neonati bevono biberon da 10 g, altri da 40 g. Ci vorrà qualche giorno di allenamento, prima che il piccolo trovi il suo giusto ritmo.

OSSERVARE LE SUE REAZIONI • Un neonato di un mese assume sei pasti al giorno, spesso anche durante la notte. Solitamente, il migliore indicatore è il suo atteggiamento generale: se non finisce il biberon, vuol dire che la dose è eccessiva; se invece beve fino all'ultima goccia, potrete offrirgliene di più.

Non forzate mai il piccolo a finire il biberon, se non lo finisce nel giro di un quarto d'ora: evidentemente non ha fame. Idealmente, è comunque preferibile offrirgli troppo latte che troppo poco.

Se reclama il biberon durante la notte significa che non ha ancora sufficienti riserve per arrivare al giorno dopo. L'orario del biberon della notte cambierà progressivamente, fino a coincidere con quello del primo del mattino. Analogamente, il passaggio da sei a cinque o perfino quattro pasti al giorno avverrà naturalmente: il pediatra vi indicherà in quali proporzioni aumentare le dosi per ogni pasto.

QUANTO LATTE?

- **Le quantità giornaliere richieste variano per ogni bambino,** tenendo presente che l'importante è che la sua curva ponderale evolva regolarmente e che non arrivi a piangere per la fame.
- **A titolo indicativo, nel primo mese si danno tra i 6 e i 7 biberon da 90 ml e, in seguito,** tra i 6 e i 7 biberon da 120 ml, per arrivare ai 150 ml nel terzo mese. Al quarto mese i bambini bevono spesso 5 biberon da 180 ml o 4 da 210 ml. Dopo il sesto mese, cominciando a diversificare i pasti, si offrono comunque almeno 500 ml di latte al giorno ripartiti in 2 o 3 biberon, fino al primo anno di età.
- **Questi dosaggi sono da intendere come indicazioni da adattare poi in base all'appetito del piccolo, all'evoluzione della sua crescita e al suo ritmo di assunzione dei pasti.**

Come sterilizzare i biberon?

Ricordiamo innanzitutto che la sterilizzazione non è indispensabile quando il biberon si pulisce con cura e alla fine di ogni poppata.

Esistono tre modi per sterilizzare il biberon (la sterilizzazione nel forno a microonde è pratica, ma da evitare). Indipendentemente dal metodo che utilizzerete, lavatevi sempre prima le mani con cura ed eseguite tutta la procedura di sterilizzazione e asciugatura su un piano di lavoro perfettamente pulito.

LA STERILIZZAZIONE A FREDDO
In una vaschetta di plastica si possono trattare fino a sei biberon con relative tettarelle e sterilizzarli con una sola pastiglia effervescente per sterilizzazione a freddo, in 30 minuti. Si tratta di un metodo pratico quando si è in viaggio, perché è l'unico metodo che non richiede fonti energetiche, ma potrebbe rimanere un vago gusto di cloro.

LA STERILIZZAZIONE ELETTRICA
Uno sterilizzatore elettrico consente di trattare fino a nove biberon alla volta (un investimento interessante per chi ha dei gemelli). Per quanto rapido (sterilizza in 10/15 minuti), rimane tuttavia il sistema più ingombrante e costoso.

LA STERILIZZAZIONE PER EBOLLIZIONE
Esistono in commercio recipienti speciali, ma una pentola capace svolge la stessa funzione. Nell'acqua bollente, le tettarelle si sterilizzano in 10 secondi e i biberon in 30. Si tratta del sistema meno costoso, anche se è comunque poco pratico: usate sempre una pinza metallica per estrarre i biberon e le tettarelle dall'acqua, altrimenti vi scotterete le dita!

> "Se la lasciassi fare, mia figlia berrebbe tutto il giorno. Come posso capire quando darle il latte e quando smettere?"

COME CAPIRE SE IL LATTE NEL BIBERON È TROPPO O TROPPO POCO?

A differenza dei bambini allattati al seno, quelli allattati artificialmente possono bere troppo o troppo poco latte, poiché il volume ingerito è determinato dai genitori su consiglio medico. Se sua figlia è di buon umore, in salute e cresce in modo regolare, significa che i suoi bisogni nutrizionali sono soddisfatti. Attenzione, però, perché potrebbe anche bere troppo latte, soprattutto se il biberon è sempre a disposizione e continuamente riempito da genitori a volte troppo generosi.

Il consumo eccessivo di latte artificiale potrebbe farla ingrassare eccessivamente (il che, com'è dimostrato, può anche favorire il sovrappeso in età adulta). Questo può anche causare ulteriori problemi: se il vostro piccolo rigurgita più del normale e soffre di dolori addominali (che dimostra tirando le gambe contro il pancino dopo la poppata) o aumenta troppo di peso, significa che forse beve troppo latte.

Il vostro pediatra o medico di fiducia potrà mostrarvi quale dovrebbe essere la sua corretta curva ponderale e quale quantità (indicativa) di latte offrirgli a ogni pasto.

Se la bambina sembra bere troppo, provate a offrirle meno latte e toglietele il biberon appena vi sembra sazia, anziché stimolarla a bere ancora. Durante la poppata, fatele fare spesso il ruttino per alleviare eventuali dolori addominali.

Chiedete al medico se potete darle occasionalmente un piccolo biberon d'acqua (per dissetarla senza rimpinzarla).

Sua figlia potrebbe anche avere più bisogno di succhiare che di bere: alcuni bambini succhiano effettivamente più di altri. Se fosse questo il caso, provi anche a ricorrere a un ciuccio nei due mesi a venire per soddisfare il suo bisogno di succhiare o ad aiutarla a succhiarsi le dita o il pollice.

Come sistemarsi?

Nutrire il proprio bambino è sempre un momento speciale, un piacere per entrambi. All'inizio potreste scoprirvi un po' maldestra/o, ma il vostro piccolo sentirà comunque tutta l'attenzione che gli dedicate. Molto presto, una volta che i gesti saranno divenuti spontanei, potrete godervi pienamente questo momento così intimo. Da qui, l'importanza di sistemarvi entrambi ben comodi.

IN POSIZIONE COMODA • Prendetevi il tempo che serve ad accomodarvi bene, con calma, in posizione semi-seduta. Appoggiate il piccolo sulle vostre ginocchia in posizione semi-verticale, né troppo chinato né troppo eretto, e accomodatelo nell'incavo del vostro braccio con il viso verso di voi. Appoggiate il braccio che lo sostiene su un cuscino o sul bracciolo della poltrona. Lasciate libero il braccio del bambino di andare alla scoperta del biberon. Fate attenzione che il nasino sia ben distanziato e respiri liberamente.

Affinché il piccolo ingoi meno aria possibile, la tettarella deve essere sempre ben riempita di latte: tenete quindi il biberon sempre ben inclinato e afferratelo anche saldamente, non muovendolo per facilitare la suzione. Ogni bambino beve secondo il suo ritmo, con o senza pause e più o meno velocemente. Se il vostro piccolo beve molto rapidamente, toglietegli pure il biberon con delicatezza per evitare che si ingozzi.

IL RUTTINO DEL NEONATO

› Se allattate il vostro bambino al biberon, non potrete evitare il rituale del "ruttino".

› **Potete far fare il ruttino al bambino a fine biberon o uno a metà pasto** poi riprendere e fargliene fare un secondo a fine pasto. Il piccolo si sentirà così più comodo e l'eventuale reflusso sarà meno frequente. Quando sente il bisogno di ruttare e non ci riesce, il bambino si agita, fa le smorfie e cerca di manifestare il suo malessere gemendo.

› Se il ruttino non arriva:
• appoggiate il bambino con il pancino sulla vostra spalla e picchiettategli delicatamente ma rapidamente la schiena, massaggiandolo;
• provate a strofinare delicatamente ma rapidamente la parte bassa della schiena (tenendolo in posizione seduta);
• se il ruttino tarda ancora a lungo, non mettetelo ancora a nanna: finirebbe per piangere per manifestarvi il suo malessere e dovreste comunque riprenderlo in braccio e aspettare il ruttino.

> " Mia figlia rigurgita spesso dopo ogni poppata e mi chiedo se sia nutrita a sufficienza. "

I RIGURGITI

Anche se sua figlia sembra sputare tutto il latte che beve, non accade proprio così. Quello che a lei sembra un pasto completo, in realtà è probabilmente solo un cucchiaio da minestra o due mescolato a muco e saliva. Il rigurgito è molto frequente tra i lattanti e non deve solitamente destare preoccupazione.

Gran parte dei bambini rigurgita di tanto in tanto, mentre alcuni lo fanno a ogni pasto. Nei neonati, il fenomeno si spiega spesso con l'immaturità dello sfintere tra esofago e stomaco o un eccesso di muco da scaricare. Quando il bambino diventa più grande, il rigurgito si produce quando il latte si mescola a una piccola quantità d'aria che risale con un ruttino. I neonati sputano talvolta anche quando hanno bevuto troppo. Il latte rigurgitato è pressoché intatto, quando non arriva a passare l'esofago prima di risalire, ma se raggiunge lo stomaco, si presenta cagliato e di odore acido. Esistono pochi trattamenti efficaci contro il rigurgito, ma si può diminuire la quantità d'aria ingerita che contribuisce a causarlo.

Tenete il piccolo il più eretto possibile durante la poppata e subito dopo. Accertatevi che la tettarella non sia troppo grande né troppo piccola. Il biberon deve essere inclinato in modo che la tettarella sia ben piena di latte e non d'aria. Ricordate di far fare un ruttino al bambino nel corso del pasto, senza aspettare di terminarlo, altrimenti un unico rutto più forte rischierebbe di provocare un rigurgito importante.

Se sua figlia, invece, è predisposta al rigurgito, lo farà comunque. In gran parte dei casi, i rigurgiti diminuiscono quando il bambino impara a stare seduto, ma alcuni piccoli continuano ad avere rigurgiti maleodoranti fino al primo anno di età. Alcuni tipi di rigurgito possono però segnalare un problema. Consultate il vostro medico, se i rigurgiti si associano a sintomi quali: un peso insufficiente, conati di vomito, scarso appetito, dolori o tosse cronica, se il rigurgito ha un volume importante, se il reflusso ha colore bruno o verde e si proietta fino a un metro di distanza (vomito a getto). In questi casi potrebbe trattarsi di un problema anatomico.

Il neonato riconosce rapidamente il padre per il modo in cui lo tiene in braccio e gli dà il biberon.

La manutenzione dei biberon

Subito dopo il pasto, lavate accuratamente il biberon con acqua e sapone e pulitelo bene aiutandovi con uno scovolino che dovrete usare anche sulla ghiera e sul tappo. Risciacquate con acqua calda e lasciate il biberon appoggiato a testa in giù su carta assorbente finchè non sarà completamente asciutto.

Aiutandovi con uno scovolino più piccolo, fate lo stesso con la tettarella, che va sempre separata dalla ghiera. Se li lavate entrambi in lavastoviglie, ripassateli in acqua calda per eliminare eventuali tracce di detersivo.

STERILIZZARE, SÌ O NO? • La sterilizzazione non è obbligatoria, ma, se non la si pratica, è imperativo osservare alcune rigorose regole igieniche: avere sempre la mani pulitissime quando si maneggia il biberon; lavare il biberon e la tettarella appena il bambino ha finito di mangiare, senza aspettare più di mezz'ora; asciugare sempre accuratamente il tutto con carta asciugatutto.

Probabilmente vi sentirete più tranquilli se deciderete di sterilizzare i biberon. Potrete sterilizzarli per i primi tre mesi di vita del piccolo, ma il periodo di sterilizzazione dipende anche dalla sua resistenza ai microbi: se il piccolo è malato (bronchiolite, gastroenterite), sarà preferibile proseguirla, o riprenderla per il momento, se era stata precedentemente sospesa.

IL SINGHIOZZO NEL NEONATO

> Alcuni bebè non nascono con il singhiozzo, bensì lo portano con sé fin dal grembo materno. Se, ancor prima di nascere, il vostro bambino ha spesso il singhiozzo, probabilmente continuerà ad averlo frequentemente durante i primi mesi di vita.

> Talvolta forte e persistente, il singhiozzo preoccupa molti genitori. Non preoccupatevi, però, il vostro piccolo non sta soffrendo. Si tratta solo di una brusca contrazione del diaframma accompagnata dal caratteristico suono involontario.

> Contrariamente al singhiozzo negli adulti, quello nel neonato non ha cause note, ma le teorie in merito sono molte. Secondo alcuni, si tratterebbe di un tipico riflesso del lattante, ma nell'adulto rimane, provocato, per esempio, da una risata; secondo altri, sarebbe causato dall'assunzione troppo rapida del latte (materno o artificiale) che stimolerebbe il diaframma nel passaggio dall'esofago allo stomaco.

> Se il singhiozzo compare durante la poppata, **fate una pausa e tenete il bambino ben diritto per facilitare il ruttino.**

PER AIUTARLO A DIGERIRE BENE • Dopo la poppata, tenete il bambino ben diritto per un momento per aiutarlo a fare il ruttino. Se tarda a venire, potrete picchiettare delicatamente sulla schiena. Se il piccolo si agita durante la poppata, è segno che probabilmente deve fare un ruttino.

Una volta liberatosi, riprenderà il pasto. Non preoccupatevi se, dopo mangiato, rigurgita un po' di latte: ha semplicemente bevuto troppo o troppo avidamente. Ricordate anche che, fino all'età di un mese, i neonati non possono tenere da soli il biberon perché potrebbero soffocarsi.

Come dorme il neonato?

I neonati dormono tantissimo e questo è essenziale per la loro salute. Nei primi mesi, il loro sonno frammentario può disturbare il vostro, ma non avrete altra scelta se non quella di adattarvici. L'alternanza di sonno e veglia dipende dall'orologio fisiologico e dai bisogni nutrizionali del bambino. Se saprete rispettare i suoi ritmi, sarà più facile in seguito aiutarlo a regolare il suo ritmo di sonno e ad abituarlo alle prime notti di sonno ininterrotto.

Un ritmo da rispettare

Per il neonato il sonno è un fattore essenziale di sviluppo fisico e mentale. Mentre dorme, secerne l'ormone della crescita e memorizza le sensazioni e i fatti accaduti durante le ore di veglia. In breve, il sonno gli è indispensabile…

Durante la prima settimana di vita, gran parte dei neonati arriva a dormire tra le 20 e le 23 ore al giorno e, in seguito, fino al primo mese, tra le 17 e le 20 ore. Alcuni bambini, tuttavia, dormono meno (o perfino di più) già dalla nascita rispetto ad altri, ma senza che questo ne influenzi la crescita.

CICLI DIVERSI • Fino al quarto mese, il neonato alterna cicli di sonno profondo a cicli di sonno attivo; ognuno di questi dura circa 45 minuti. Concatenando cicli successivi, è in grado di dormire diverse ore di seguito. Durante il sonno profondo, dorme tenendo i pugnetti chiusi, senza mostrare alcun segno di agitazione, ma i muscoli sono tonici ed è difficile svegliarlo.

Durante il sonno attivo, invece, il piccolo è più sensibile al rumore. Il viso è più espressivo, gli occhi si muovono dietro le palpebre semiaperte, piedi e mani fanno piccoli movimenti, la respirazione è irregolare, con pause che durano anche 10 secondi. Avrete l'impressione che si svegli da un momento all'altro, ma, nonostante le apparenze, sta dormendo e non è bene prenderlo in braccio!

SONNO RUMOROSO • Accade spesso che i genitori tendano a correre alla culla anche al minimo rumore. Anche se per buona volontà, così rischiano talvolta di svegliare il piccolo. Se non si ha esperienza, infatti, è facile confondere il sonno attivo con lo stato di veglia.
Se prenderete in braccio il bambino proprio in quel momento, farà poi fatica a riaddormentarsi. Non confondere il comportamento tipico del bambino sveglio con quello del sonno attivo farà un'importante differenza nel corso delle prime settimane: che pianga o sia del tutto calmo, risponderebbe sempre e comunque ai vostri sorrisi e vi guarderebbe diritto negli occhi.

Distinguere il giorno dalla notte?

Il sonno del neonato è ancora immaturo, i suoi bisogni alimentari sono irregolari e prendere un ritmo regolare giorno/notte può risultargli difficile. Si sveglia ogni 3 o 4 ore e vive in base a un ritmo di 25 ore detto "ultradiano". Da quando comincia a dormire tra le 6 e le 8 ore filate, il suo orologio interno si regola gradualmente sul ritmo degli adulti. Pian piano memorizzerà le attività più consuete e riuscirà a distinguere il giorno dalla notte. Affinché questo adattamento avvenga velocemente, potrete ricorrere a qualche accorgimento…

ALCUNE SOLUZIONI DA EVITARE

> Se il bambino avesse difficoltà ad addormentarsi da solo o quando si sveglia di notte, esiste una serie di soluzioni che vanno assolutamente bandite e altre, più comode nel breve termine, comunque sconsigliate da molti pediatri.

> **I sonniferi e gli sciroppi.** Non esistono medicinali adatti a far dormire un neonato. I sonniferi possono danneggiare il suo sviluppo cerebrale. Gli sciroppi contenenti antistaminici (che curano le manifestazioni allergiche) o neurolettici e benzodiazepine (tranquillanti) **non sono consigliabili e da considerarsi alla stregua di droghe vietate e pericolose.**

> **Il ciuccio sistematico.** Può essere utilizzato per addormentarsi, in alcune occasioni, ma darlo al bambino in modo sistematico per non farlo piangere non è una buona soluzione. Se non trova subito l'oggetto del suo desiderio, il piccolo così abituato rischia di avere gravi difficoltà a riaddormentarsi tra una fase di sonno e la successiva, perché non avrà imparato ad addormentarsi senza un aiuto esterno.

Aiutare il neonato a regolare il suo ritmo di sonno è essenziale per il suo sviluppo fisico e mentale.

POPPATE DIURNE, POPPATE NOTTURNE • Le poppate notturne si svolgono in un ambiente di norma più silenzioso. Il vostro bambino è meno stimolato dai rumori del giorno, dalle voci, dalla musica…
Voi siete assonnati e ben felici di tornare a letto appena il piccolo avrà fatto il suo ruttino e tutto ciò è più che normale. Conviene perciò che la poppata notturna si svolga in penombra e che poi il bimbo sia cullato per un tempo più breve rispetto a quanto avviene di giorno.

REGOLARITÀ PRIMA DI TUTTO • La regolarità delle attività diurne va anch'essa a favorire il sonno notturno. Da quando il bambino comincia a rimanere sveglio più a lungo, comincerà anche ad abituarsi ai vari avvenimenti che accadono intorno a lui: i pasti, le uscite quotidiane, il bagnetto, i cambi di pannolino con la mamma e il papà... più le sue giornate saranno cadenzate in modo regolare, più gli risulterà facile inserirsi nei ritmi del tempo degli adulti.

SI SVEGLIA PERCHÉ HA FAME? • Il neonato si sveglia spesso. Non avendo molte riserve, ha bisogno di essere allattato di frequente, ma non si sveglia sempre per questa ragione. A volte non è la fame a farlo piangere, anche se il piacere di bere un po' di latte lo calma. L'alimentazione a richiesta permette di tranquillizzare il neonato e di rispettare il suo ritmo.

Fino al primo mese, i bambini dormono raramente più di tre ore di seguito e, al momento del risveglio, hanno fame, sia di giorno sia di notte. A questa età hanno bisogno di bere sei volte al giorno e anche di più, e se lo allattate, sarà lui a fissare il numero delle poppate. Dovrete solo aspettare 2 o 3 ore tra un pasto e l'altro per dargli il tempo di digerire bene l'ultimo. Se piangerà nelle ore tra un pasto e l'altro, potrete cercare di calmarlo prendendolo in braccio senza però nutrirlo. Non lasciatelo comunque dormire oltre 5 o 6 ore senza allattarlo.

In quale posizione metterlo in culla?

Per i neonati bisogna evitare la posizione a pancia in giù. Potrete sdraiare il piccolo supino o sul fianco, appoggiandolo su un cuscino ergonomico che lo tenga in posizione. La soluzione ideale è alternare le posizioni durante la giornata; lasciare che il piccolo giri la testa sempre dallo stesso lato è causa di fenomeni di plagiocefalia (appiattimento di una regione del cranio).

Scegliere un buon medico

Alla nascita e nei primi giorni di vita, il vostro bambino è oggetto di un controllo molto attento ed è sottoposto a numerosi esami che ne valutano il grado di salute e le capacità generali. In seguito, per tutta l'infanzia e in adolescenza, i controlli medici periodici consentiranno di assicurare il suo buono stato fisico e di valutare il suo grado di sviluppo. La vostra dedizione e vigilanza saranno essenziali ad assicurare a vostro figlio una crescita regolare e il mantenimento dello stato di buona salute.

Una scelta essenziale fondata sulla fiducia

Qualche giorno dopo il rientro a casa dopo la nascita, dovrete accompagnare il vostro bebè dal medico per un primo controllo. Potrete tornare dal pediatra del reparto maternità, scegliere un medico di base abituato ai pazienti più piccoli, un pediatra privato o rivolgervi a un centro di assistenza all'infanzia e alla maternità.

Indipendentemente dalla vostra scelta, per la quale potrete avvalervi del consiglio dei vostri cari o del personale medico del reparto maternità, il medico prescelto dovrà essere ben più di uno specialista dell'infanzia, ma un partner di cui possiate fidarvi totalmente. Come in ogni altro rapporto umano, dovrete percepire una certa affinità fondata su valori educativi condivisi e una visione simile del ruolo di ognuno. Questa relazione vi permetterà di comprendere chiaramente l'evolversi delle esigenze del vostro bambino, di porre tutte le domande che vi preoccupano senza il timore di essere giudicati e di seguire tranquillamente i suoi consigli, per esempio in fatto di alimentazione.

Prendetevi il tempo che vi servirà a scegliere il medico che seguirà il vostro bambino. Se con un dottore non scatta una particolare simpatia, provatene pure un altro perché è comunque preferibile che sia la stessa persona a seguire il paziente con regolarità, nel tempo.

La scelta del pediatra

Dopo l'iscrizione del bambino al Servizio Sanitario Nazionale, potrete scegliere il pediatra, che lo seguirà fino ai 14 anni, con visite in ambulatorio o a domicilio, prescrizione di farmaci, analisi e visite, rilascio di certificati e proposte di eventuali ricoveri. Sarà sufficiente recarsi alla propria ASL e scegliere tra la lista dei pediatri disponibili nella propria aria territoriale, portando con sé l'autocertificazione dei genitori relativa alla nascita del bambino.

Altri criteri

A queste considerazioni di ordine "umano", essenziali per il futuro benessere del vostro piccolo, si aggiunge una

---

CAMBIARE MEDICO?

- Sebbene la vostra scelta non sia irrevocabile – potete sempre cambiare medico senza dare spiegazioni – **è una decisione da non prendere alla leggera**.
- **Il medico perfetto non esiste** (come non esiste il genitore perfetto) e possono nascere divergenze anche nelle migliori collaborazioni. Se però avrete l'impressione che queste differenze nuocciano alla relazione, provate a discuterne con il medico stesso, prima di cambiarlo. **Potreste scoprire che la causa del disaccordo è più un'incomprensione** che una reale divergenza su come curare il bambino. In questo caso sarà sempre possibile ripartire su nuove basi anche con lo stesso medico.
- Se, invece, il medico che avete scelto non corrisponde affatto alle vostre attese, cominciate a cercarne uno che vi soddisfi di più.
- **Per evitare che nel frattempo il bimbo non abbia un medico di riferimento, durante le ricerche non lasciate il primo medico prima di averlo sostituito.**
- Una volta fatta la nuova scelta, **assicuratevi che la cartella clinica del bambino sia rapidamente trasferita al nuovo studio.**

Le varie possibilità

Per alcuni genitori, il modo di esercitare può essere ancora più importante del medico di per sé. Davanti a voi avete, in effetti, una serie di possibilità: il pediatra del reparto maternità, il medico di base o un ambulatorio medico vicino a casa, un pediatra privato o che operi presso un centro di assistenza alla maternità e all'infanzia. Come fare questa scelta?

LO STUDIO MEDICO SINGOLO

Durante le vacanze e nei giorni di ferie, i medici che esercitano da soli incaricano un sostituto. Il vantaggio di questo sistema è che permette al medico di stabilire una relazione ravvicinata con ciascuno dei suoi pazienti. L'inconveniente, invece, è che il dottore potrebbe non essere disponibile a ogni chiamata e ogni giorno, 365 giorni l'anno. Potrebbe ricevere solo su appuntamento o a orari prestabiliti (eccetto le chiamate d'urgenza) ed è generalmente raggiungibile telefonicamente. Oltre a questo, durante il suo periodo di ferie affida i suoi pazienti al suo sostituto che, evidentemente, li conosce meno bene.
Se sceglierete questo tipo di servizio, chiedetegli chi lo sostituirà in sua assenza e assicuratevi che, in caso d'urgenza, la cartella clinica del vostro bambino sia comunque sempre consultabile.

LO STUDIO MEDICO ASSOCIATO

A volte due medici valgono più di uno. Quando uno è fuori per le visite o assente, l'altro è presente in studio. Se vi capita di vederli a turno, data la frequenza delle visite del primo anno, vi conoscerete comunque tutti bene. In generale, i due medici condivideranno la stessa visione medica in fatto di pratica e di mestiere e avranno opinioni concordi sulla maggior parte dei casi più importanti anche se, talvolta, potranno avere comunque opinioni diverse. Se da una parte può confondere il fatto di ricevere indicazioni diverse, ci sono casi in cui poter avere due diversi approcci a un problema particolarmente delicato può rivelarsi molto utile (quando, per esempio, uno dei due non sembra in grado di risolvere i problemi di sonno del vostro bambino, probabilmente ci arriverà l'altro).

Prima di scegliere questa possibilità, è consigliabile porsi questa domanda: vi è possibile prendere un appuntamento con il medico che preferite? Se la risposta è no e la preferenza è netta, rischierete di avere metà delle visite con un medico che non vi va a genio e, anche se potrete fissare un appuntamento con quello preferito tra i due, quando il bambino sarà malato dovrete per forza rivolgervi a quello disponibile.

serie di criteri più pratici: la vicinanza a casa, importante nell'evenienza di visite urgenti o frequenti (primo anno), e la disponibilità per le visite a domicilio o il sabato.

LA PRIMA VISITA • Ecco alcuni consigli per la vostra prima visita. Cercate di andarci in coppia per potervi poi scambiare le reciproche impressioni: ognuno dei genitori potrebbe accompagnare poi da solo il bambino. Se l'attesa in ambulatorio sarà troppo lunga, vorrà dire che il medico è stracarico d'impegni oppure che dedica tutto il tempo che ci vuole a ogni bambino. Nel primo caso, cercate di sapere se il dottore è vittima del proprio successo o se tende ad accumulare le pratiche mediche (il che non è mai un buon segno). Quanto tempo dedica in media a ogni visita? Chiedetegli se ha pazienti già adolescenti: se la risposta è sì, sarà un segno di fedeltà e fiducia. Valutate anche la sua disponibilità: come si comporta in caso d'urgenza, le visite sono sempre e solo per appuntamento?

I BILANCI DI SALUTE • Il medico prescelto assicurerà al vostro bambino un percorso medico personalizzato, controllandone il corretto sviluppo. Sono previsti al 1°, 2°, 3°, 4°, 6° e 9° mese, poi a un anno, a 18 mesi, infine uno all'anno dal compimento dei 2 fino ai 14 anni. I bilanci completano le visite regolari con controlli di routine (evoluzione fisica e psicomotoria, peso e statura, reazioni a determinati stimoli), consigli specifici (sonno, alimentazione) e prescrizioni (eventuali integratori vitaminici).

LA MEDICINA DOLCE

› Sempre più genitori si interessano alle varie alternative alla medicina tradizionale.

› Se vorrete avere accesso a terapie dolci a complemento dei trattamenti prescritti dal vostro medico di base, **informatevi in anticipo perché il numero dei praticanti delle varie medicine alternative aumenta al ritmo della domanda e chi le esercita non ha sempre una formazione né una qualificazione adeguata** e le cure che prescrive, a voi e al vostro bambino, potrebbero essere inappropriate.

› **Chiedete consiglio ad altri genitori e al vostro medico** (il quale potrebbe, in alcuni casi, indicarvi uno specialista qualificato).

› **Chiedete sempre l'importo dell'onorario prima di ogni consultazione,** perché le terapie alternative raramente sono coperte dall'assicurazione sanitaria.

Il bilancio di salute del primo mese

Entro gli otto giorni dopo la nascita è previsto il primo controllo medico. Questa visita è uno degli esami che probabilmente attenderete con più impazienza, in un momento in cui le domande che vi ponete su vostro figlio sembrano talvolta infinite.

Impostare il percorso con il medico di base

A ogni visita il medico controlla lo sviluppo fisico e psicomotorio del bambino. Lo pesa, ne misura la statura e la circonferenza cranica e valuta le sue reazioni rispetto a una serie di stimoli, in base all'età; annota anche le informazioni riguardanti il regime alimentare e, se necessario, prescrive degli integratori vitaminici. Al momento opportuno, eseguirà anche le vaccinazioni di rito. L'insieme di queste informazioni è raccolto nel libretto sanitario personale del bambino.

Il medico che ha in cura il vostro piccolo è l'interlocutore ideale per rispondere alle vostre domande e, in generale, per rassicurarvi. Interpellatelo senza esitazioni ogni volta che avete un problema o che qualcosa vi preoccupa, anche se i fatti in questione non sono strettamente inerenti al campo medico (per esempio, hanno a che fare con il piano relazionale).

Pensateci!
Tra una visita medica e la seguente, è di certo una buona abitudine annotare progressivamente su un taccuino tutte le domande che vi vengono in mente ma che non giustificherebbero una telefonata al medico, per non rischiare di dimenticarvene durante la visita, magari distratte dall'eventuale pianto del bambino.

Il controllo della prima settimana

Nei primi otto giorni che seguono la nascita, il bambino viene esaminato in modo particolarmente approfondito: capacità motorie, respiratorie e sensoriali, salute neurologica (tono, riflesso di marcia automatica), organi genitali, articolazioni (in particolare le anche), curva ponderale, circonferenza cranica (volume cerebrale), stato del cordone... Questo esame ha generalmente luogo subito prima dell'uscita dal reparto maternità.

IL LIBRETTO SANITARIO

- **Il libretto sanitario è un documento** che viene consegnato dalla ASL al momento della scelta del pediatra. Affinché il bambino sia seguito correttamente, **esso deve essere regolarmente compilato** dai medici che lo visiteranno, in occasione delle visite periodiche, di eventuali altri esami clinici specifici e delle vaccinazioni.
- **Il libretto sanitario del bambino raccoglie la sua intera storia medica.** In esso si registrano gli esami specifici o di routine, i valori di controllo quali il peso, la statura e la circonferenza cranica, i dati rilevati durante le varie visite, le vaccinazioni, eventuali terapie, ricoveri e interventi chirurgici e l'anamnesi familiare.
- **È indispensabile tenerlo con cura** (si consiglia di rivestirlo, perché dovrà durare diversi anni) **e portarlo con voi a ogni visita medica.**
- **Il libretto sanitario vi sarà richiesto anche in occasione delle visite mediche scolastiche e per le attività di svago** (colonia estiva ecc.).
- **Se dovrete affidare vostro figlio ad altri per diversi giorni,** mettete in valigia anche il libretto.
- **Annotate le vostre coordinate e ogni altro numero utile,** compreso quello del vostro ambulatorio medico di riferimento, oltre ai dati della guardia medica (118, vigili del fuoco, centro regionale antiveleni). Potrete anche aggiungere il numero del Pronto Soccorso Pediatrico dell'ospedale più vicino.
- **Il libretto sanitario include anche il calendario delle vaccinazioni.** Per un buon percorso vaccinale, a ogni vaccinazione dovrete registrare la data dell'iniezione e le informazioni riguardanti il vaccino stesso (n. del lotto, validità ecc.)

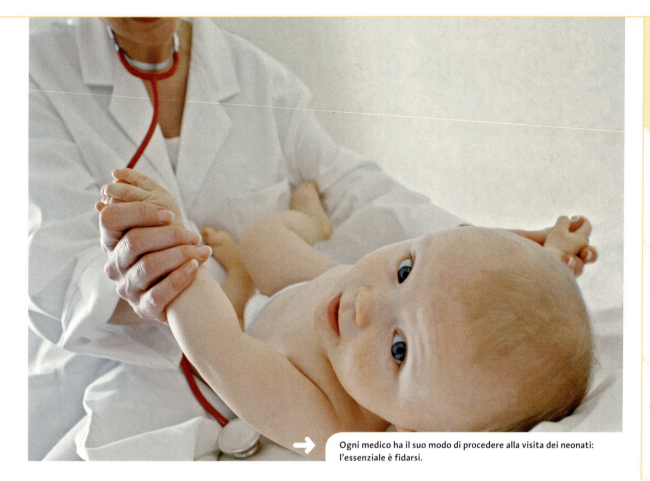

Ogni medico ha il suo modo di procedere alla visita dei neonati: l'essenziale è fidarsi.

Durante l'incontro, il pediatra fornisce diversi consigli circa la cura del cordone e la frequenza delle poppate o dei biberon e prescrive la vitamina D, essenziale per fissare il calcio nelle ossa e prevenire il rachitismo. La vitamina D è poco presente nel latte (sia materno sia artificiale) e la quantità che ne produce l'organismo è insufficiente nel lattante, soprattutto se poco esposto al sole (la sintesi della vitamina D da parte dell'organismo avviene per effetto del sole e, nei bambini, la superficie cutanea esposta è ridotta). Per questo motivo, il vostro bambino ne assumerà in dosi quotidiane nel corso del primo anno di vita e, più avanti, due volte l'anno e ogni primavera.

La quantità di calcio apportata con l'alimentazione (latte, latticini e altri alimenti) è, invece, sufficiente.

Se il vostro bambino è nutrito esclusivamente al seno, gli sarà somministrato un integratore di vitamina K una volta la settimana, per via orale. Se, invece, è allattato artificialmente, non gli sarà prescritta alcuna integrazione poiché sia il latte vaccino sia i latti artificiali ne contengono a sufficienza.

LE CRISI VAGALI NEL NEONATO

- Si tratta di un disturbo causato **dal malfunzionamento del nervo vago, che regola il ritmo cardiaco.** Il reflusso gastro-esofageo è un fenomeno generalmente legato a questo disturbo.
- Note anche come "sindromi vagali", **provocano un intenso pallore.** Il neonato rimane assolutamente immobile, muto e tiene lo sguardo fisso.
- **Se compare, dovrete cercare di mantenere la calma e semplicemente cercare di svegliare il piccolo finché riprenderà coscienza. Non scuotetelo per nessun motivo!** Le conseguenze potrebbero essere ben più gravi di quelle della crisi.
- **In seguito sarà necessario un controllo medico per individuare la causa specifica del malessere,** con esami complementari ove necessari, e la prescrizione di un trattamento. Informate il medico nel modo più preciso possibile su quanto è accaduto, in ogni dettaglio.

Cambiare il pannolino

Ogni cosa si impara con la pratica, ma i prodotti da usare, quelli da evitare e i metodi per prevenire le irritazioni cutanee non sono questione di intuito. Ecco alcuni consigli pratici… una volta che voi e il vostro piccolo sarete a vostro agio, potrete ancor meglio apprezzare questo appuntamento così speciale. Nulla impedirà al papà di pensarci lui, almeno di tanto in tanto, per lasciare alla mamma un po' di tranquillità.

Un piacere per entrambi

Il cambio e il bagnetto sono momenti particolarmente importanti di intimità e dialogo e la loro dimensione affettiva va ben oltre la perfezione di questo o quel gesto. Sono l'occasione ideale per comunicare con il piccolo attraverso gli sguardi, le carezze e le parole. Mentre lui vi guarda e vi ascolta, respira anche il vostro odore e si sente avvolto dalle vostre mani.

Proprio come nei primi istanti di veglia dopo la poppata, si tratta di momenti di comunicazione privilegiata che ogni mamma e ogni papà vive a modo proprio. Ciò che importa è sempre ascoltare il linguaggio non verbale del piccolo. Più sarete attenti alle reazioni del vostro bambino, più saprete trovare i movimenti più adatti a lui. Sentendolo irrigidirsi o distendersi, saprete quando è disturbato e quando è tranquillo e vi adatterete di conseguenza, per esempio eseguendo certi gesti più o meno velocemente, o cercando altri modi di procedere.

Quando e come cambiarlo?

Anche se ha solo bagnato il pannolino, è indispensabile cambiarlo subito. Ogni volta che sentite un odore sospetto, non aspettate di vederlo scomodo o che ve lo chieda piangendo. Presto diventerete un'esperta nel cambio. I vestitini con l'apertura in mezzo alle gambe vi faciliteranno l'operazione ed eviteranno che il piccolo soffra il freddo durante il cambio.

SCEGLIERE IL PANNOLINO • I pannolini usa e getta sono la soluzione più pratica. Ne esistono di varie misure per adattarsi al peso del bambino (la misura è indicata sulla confezione). Sempre più marche propongono pannolini per bimba e per bimbo (il cuscinetto assorbente è posto più in alto per i maschietti).
La denominazione "giorno" e "notte", invece, indica un diverso potere assorbente. La cosa migliore è provare marche diverse per collaudarne le prestazioni. Se il vostro bambino rivelerà una reazione allergica al pannolino, potrete usare anche i pannolini lavabili (vedi riquadro a pag. 45) o quelli speciali in cotone idrofilo (a fascia o mutandina) che si trovano in farmacia.

METTETEVI COMODI • Potrete organizzare il fasciatoio in camera da letto o in bagno, secondo lo spazio che avete a disposizione. L'importante sarà avere la possibilità di cambiare il bambino senza mai perderlo d'occhio, tenendo a portata di mano tutto il materiale necessario al cambio (pannolini, detergente, soluzione fisiologica, cotone ecc.), soprattutto se il tavolo non ha una fascia di sicurezza.

Esistono naturalmente fasciatoi appositamente studiati su cui sarà sufficiente disporre un materassino leggero e disporre tutto il materiale occorrente, ma potrete anche usare un comò o un tavolo che avete già. In entrambi i casi, la cosa più importante è innanzitutto che il mobile sia abbastanza alto da evitarvi di dovervi chinare troppo (dovrete cambiare spesso il bambino e per almeno tutto il primo anno!).

Attenzione!

La testa del neonato costituisce quasi un quarto della sua misura totale. Il neonato non ha la forza di tenerla diritta e, per questo, dovrete sempre sostenerlo correttamente fino ai primi sei mesi di vita.

La pulizia dei genitali e del culetto

Assicuratevi di avere tutto il materiale necessario a portata di mano per non dovervi mai allontanare dal vostro bambino. Lavatevi le mani e distendetelo su una salvietta pulita. Sia per i bimbi che per le bimbe, cominciate sempre dai genitali e proseguite con il culetto, sollevando le gambe tenendole con una mano. Con l'altra insaponate le cosce e le natiche, usando del cotone o un guanto, e quindi sciacquate e asciugate senza strofinare. Se utilizzerete un latte detergente, asciugatelo con un fazzoletto di carta.

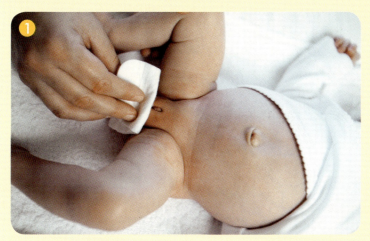

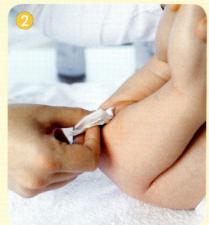

① ② **Femminucce**

Ricordate di pulire bene tra le pieghe dei genitali e delle labbra, procedendo sempre verso il basso (per evitare la trasmissione di germi dall'ano alla vulva), distendendo bene la pelle.

Terminate con il culetto, procedendo come indicato sopra, e quindi sciacquate e asciugate con cura.

③ ④ **Maschietti**

Pulite delicatamente il pene, i testicoli e la piega delle natiche. Non abbassate mai la pelle del glande e sciacquate bene usando un altro batuffolo di cotone. Terminate con il culetto, che poi sciacquerete e asciugherete con cura.

Non preoccupatevi se noterete un rigonfiamento sulla punta del pene e una secrezione biancastra sul prepuzio. Non si tratta di pus, ma di un'emissione della mucosa sottostante che si può curare con un prodotto antisettico da applicare con una garza.

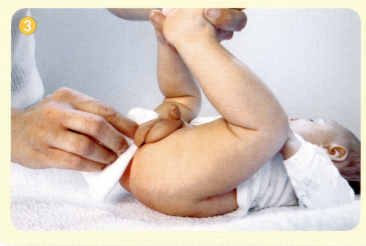

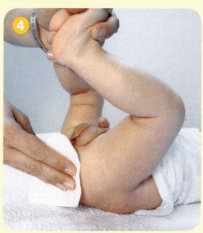

Cambiare il pannolino

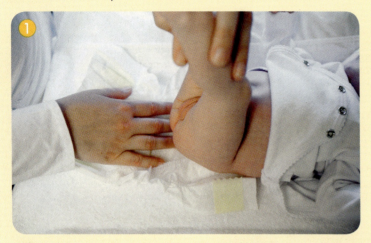

Durante I primi sei mesi, i neonati devono essere cambiati circa sei volte al giorno. Quando sentite un odore sospetto, non esitate a cambiare il bebè senza aspettare che si senta scomodo e che ve lo chieda piangendo.

① Mettere il pannolino
Il piccolo è disteso supino sul fasciatoio, il culetto e i genitali sono puliti e asciutti. Sollevate il culetto e fate scivolare sotto la metà del pannolino munita di adesivi. Assicuratevi che il piccolo sia ben posizionato al centro del pannolino.

② Ripiegare
Far passare l'altra metà del pannolino in mezzo alle gambe (la parte anteriore e posteriore del pannolino devono allinearsi alla stessa altezza, ossia approssimativamente in vita). Se il cordone ombelicale non si è ancora staccato, ripiegate il bordo del pannolino per lasciarlo esposto all'aria.

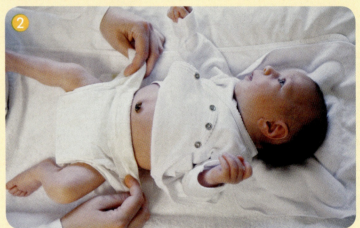

③ Chiudere il pannolino
Scollate la protezione delle fascette adesive e fissatele bene per evitare fuoriuscite dai lati, ma senza stringere troppo.

Pulire con cura

Dopo aver tolto il pannolino e pulito sommariamente il culetto – dall'alto verso il basso usando un batuffolo di cotone (o con i bordi del pannolino stesso) – procedete lavando più accuratamente le natiche e i genitali (vedi pag. 43). Per fare questo, l'ideale è usare del cotone, acqua tiepida e sapone neutro o un gel ipoallergenico per poi risciacquare.

Potrete usare anche un guanto da sostituire spesso. Per quanto molto pratiche, le salviette usa e getta devono essere limitate all'uso occasionale (per esempio in viaggio), poiché contengono creme a base di latte che potrebbero irritare la pelle se usare troppo di frequente, il che avviene con tutti i prodotti a base di latte. Un'alta concentrazione di crema sulla pelle del culetto sempre chiuso nel pannolino, infatti, favorisce le irritazioni.

Dopo ogni lavaggio, la regola d'oro vuole che si asciughi bene la pelle in tutte le sue pieghe, tamponando e mai strofinando (e usando, per esempio, un fazzoletto di carta). Fino a che il moncone ombelicale non si è ancora ben cicatrizzato, non copritelo e ripiegate bene il pannolino sotto a esso, prima di fissare le linguette adesive ai lati. Non stringere oltre a quanto necessario a impedire eventuali fuoriuscite.

ALCUNE PRECAUZIONI PER I GENITALI • Nelle bambine, la vulva deve essere sempre bene insaponata e sciacquata dall'alto verso il basso (l'ano), distendendo bene la pelle. Questa precauzione, che vale a tutte le età, previene ogni eventuale infezione. I genitali dei maschietti devono essere puliti molto delicatamente. Oggi tutti gli specialisti concordano sul fatto che il prepuzio, ossia la pelle che ricopre il glande, non debba mai essere abbassato. Con la crescita dei genitali e le erezioni, esso si distenderà naturalmente. Né il papà né la mamma devono, quindi, mai scoprire il glande.

NUOVI PANNOLINI LAVABILI?

> Del tutto diversi da quelli di altri tempi, i **pannolini lavabili** che si trovano oggi in commercio offrono la massima comodità ai culetti più delicati.
> Sono composti di tre elementi:
- **un panno lavabile in tessuto** che svolge l'azione assorbente;
- **una mutandina protettiva impermeabile**, in alcuni modelli integrata nel panno. La stessa mutandina può essere riutilizzata più volte di seguito (a condizione che non sia bagnata):
- **un velo di protezione** usa e getta che trattiene le feci e che si getta direttamente nel wc o nelle immondizie. **Questo permette di eliminare facilmente i pannolini sporchi prima di fare il bucato.**
- In cotone o canapa bio, **questi pannolini lavabili rispettano l'ambiente e generano certamente meno rifiuti rispetto ai pannolini monouso.** Se volete essere ecologici fino in fondo, potrete usare anche uno dei tanti detersivi biodegradabili in commercio.
- **Anche se ciò richiede un investimento iniziale importante, i pannolini lavabili** sono complessivamente meno cari di quelli monouso.

Nel caso di eritema da pannolino

La pelle del neonato è molto sensibile e le natiche sono in contatto permanente con il pannolino, il che può farle riscaldare eccessivamente. Esse sono oltretutto aggredite dalle feci, dalle urine e dai batteri e tutto questo è spesso fonte di irritazioni più o meno gravi. Tenere la pelle sempre pulita e asciutta, eliminare ogni possibile prodotto allergenico o grasso, non stringere troppo il pannolino e scegliere un abbigliamento comodo possono limitare significativamente il rischio di arrossamento. Se ciò non fosse sufficiente, potrete anche provare a utilizzare i pannolini in cotone idrofilo (a fascia o a mutandina) reperibili in farmacia.

In caso di irritazione grave (eritema da pannolino), però, il piccolo si sentirà comunque più a suo agio se potrà restare il più possibile con il culetto scoperto. L'uso di una pomata cicatrizzante (in farmacia) accelererà certamente la guarigione, ma è sconsigliabile l'uso di creme a titolo preventivo. Se comparissero piccole lesioni con fenomeni di trasudamento, consultate il medico..

Attenzione!

Gli antibiotici favoriscono l'eritema da pannolino. Se è in corso una terapia antibiotica, chiedete consiglio al vostro medico e fate ancora più attenzione alla pulizia durante il cambio.

Bagnetto e toilette

Potrete fare il bagnetto al vostro bambino tutti i giorni, anche se non dovete farlo per forza. Se dorme profondamente o voi siete troppo stanchi, può essere tranquillamente rimandato all'indomani. Solo i cambi di pannolino e la disinfezione dell'ombelico, nelle prime due settimane, e, più avanti, la pulizia del viso sono cure da eseguire quotidianamente.

Orari regolari?

L'ora del cambio non ha una particolare importanza, ma una certa regolarità negli orari rassicura il vostro bambino e lo aiuta, giorno dopo giorno, ad acquisire un sistema di riferimenti. Il bagnetto serale aiuta alcuni lattanti ad addormentarsi, ma non deve per forza essere sistematico per tutti. Il momento ideale sarà sempre quello più comodo per voi e per il vostro bambino. Il bagnetto può seguire il pasto senza dare problemi. Se il piccolo è molto affamato, invece, non lo gradirà affatto!

La nozione di piacere riveste una grande importanza, per lui come per voi. Se avete già ripreso il lavoro, la pulizia quotidiana sarà un momento di dialogo e contatto che aspetterete con impazienza e ciò vale sia per le mamme sia per i papà, che sempre più spesso fanno il bagnetto al loro piccolo con grande piacere!

Alcuni preparativi

I preparativi per il bagnetto sono minimi. Basterà accertarsi che il bagno sia ben riscaldato (intorno ai 22 °C) poiché i piccoli si raffreddano molto rapidamente. Con un rapido colpo d'occhio, controllate che tutto il materiale per lavarlo e vestirlo sia a portata di mano. Non bisogna lasciare il bimbo da solo sul fasciatoio o sulla vasca nemmeno per un secondo.

Quando è tutto pronto, non resterà che riempire la vaschetta con acqua tiepida (37 °C) e, con la pratica, vedrete quale quantità d'acqua preferisce il vostro bambino: alcuni amano galleggiare leggermente, ad altri, invece, ciò non piace affatto. Per precauzione, prima di immergere il piccolo, verificate sempre la temperatura dell'acqua con un termometro da bagno o, se avete più esperienza, con il dorso della mano o il gomito.

Come procedere?

Durante le prime settimane, il bagnetto non deve durate troppo a lungo poiché il piccolo si raffredda molto rapidamente. Cinque minuti e non di più gli daranno il tempo di sguazzare un po' e rilassarsi. Crescendo, avrà voglia di fare bagnetti sempre più lunghi.

INSAPONARE E SCIACQUARE • Prima del bagnetto, pulite sempre il culetto del piccolo come indicato per il cambio del pannolino (vedi pag. 43) per non sporcare l'acqua. Spesso, inizialmente, tenderete a insaponarlo ancora sul fasciatoio per poi sciacquarlo nel bagnetto, come probabilmente vi avranno insegnato al reparto maternità. Presto però, acquisendo maggiore esperienza, potrete insaponarlo direttamente nel bagnetto, cosa per lui certamente più piacevole. Per far questo potrete usare un

LA CURA DEL CORDONE OMBELICALE

- Alla nascita, il cordone ombelicale viene tagliato a una lunghezza di alcuni centimetri. **In gran parte dei casi, il moncone rimane sull'ombelico per poi seccarsi e cadere spontaneamente entro il 15° giorno di vita.**
- Nell'attesa, è importante disinfettarlo più volte al giorno.
- **Non temete di fare del male al vostro piccolo, non sente nulla!**
- **Applicate una soluzione antisettica indolore** cominciando dai contorni e quindi cambiate la garza (o il rotolino) per pulire bene il moncone.
- **A questo punto potrete lasciarlo all'aria, come si consiglia di fare in gran parte dei reparti maternità, oppure ricoprirlo con una compressa sterile.**
- Accade talvolta che, nonostante le vostre cure, il cordone non cada entro il 15° giorno. **Può arrossarsi, trasudare, emettere un odore sgradevole e presentare perfino un'ernia. In ognuno di questi casi, consultate il medico.**
- **Una volta staccato il cordone, invece, un piccolo rigonfiamento dell'ombelico è del tutto innocuo.** Si tratta di un'ernia che scomparirà gradualmente ed è inutile cercare di ridurla premendo l'ombelico del piccolo.

Il momento della toilette e del bagnetto è per il piccolo un'occasione speciale per scoprire tante nuove sensazioni.

guanto, una salviettina o, ancora meglio, le vostre mani. L'importante è che voi passiate bene tutte le piccole pieghe della pelle: in mezzo alle dita, dietro le orecchie ecc. curando attentamente ogni parte del suo corpo. Durante il risciacquo, fate attenzione a eliminare ogni traccia di sapone ed evitate di spruzzare l'acqua sul viso del piccolo: i suoi occhi sono ancora molto delicati.

SOSTENERE NUCA E SPALLE • Durante le prime settimane molte mamme lamentano il fatto di non avere ancora l'abilità necessaria a sollevare il bambino, metterlo nel bagnetto e sostenerlo nell'acqua.

Il punto più difficile, infatti, è proprio sostenere correttamente la testa e la nuca. Quando lo solleverete per metterlo in acqua, mettete con delicatezza una mano sul culetto e l'altra sotto la nuca. In questo modo sarà

Attenzione!

Aspettate di far uscire il piccolo dalla vasca - e dalla stanza da bagno - prima di scaricare l'acqua del bagnetto. Con il rumore dello scarico e dei tubi si corre il rischio di spaventarlo!

> "Mio figlio comincia a urlare appena lo metto nella vaschetta e non ho più voglia di fargli il bagnetto ogni giorno. Gli fa male non farlo?"

NON GLI PIACE L'ACQUA?

Spesso si pensa che tutti i neonati amino l'acqua. È vero che molti di loro amano fare il bagnetto, perché ritrovarsi in questo liquido tiepido ricorda loro la vita prenatale nel grembo della mamma, ma alcuni bebè devono invece abituarsi al bagno e hanno bisogno di essere rassicurati dalla voce e dai gesti di mamma o papà.
Se il vostro piccolo piange non appena lo immergete in acqua, cercate di sciacquarlo velocemente per non prolungare troppo il suo disagio. Potrete anche provare posizioni alternative, come per esempio quella seduta, o fare ogni tanto il bagno con lui per aiutarlo ad abituarsi. La sola condizione importante è che l'altro genitore sia vicino alla vasca, pronto ad asciugare il piccolo non appena il bagno è terminato. Aspettando che il vostro bambino scopra il piacere del bagno, potrete farglielo a giorni alterni, lavandogli solo il viso, il cuoio capelluto, il collo, le mani e il culetto.

seduto più comodo di quanto non sarebbe se lo teneste dalle ascelle. Una volta nell'acqua, sostenetegli la testa con il braccio, tenendo una mano sotto l'ascella e, con l'altra, insaponatelo. Quando riuscirà a tenere da solo la testa diritta, potrete girarlo sul pancino tenendolo dal petto.

NIENTE SHAMPOO • La testa del bambino deve essere trattata come il resto del corpo. Lavatela con un sapone neutro o un prodotto ipoallergenico. Gli shampoo, anche quelli presentati come "per bebè", sono vietati fino al quarto mese. Lo stesso vale per l'asciugacapelli, che potrebbe scottare il bambino. Per prevenire la crosta lattea, invece, potrete massaggiare il cuoio capelluto con la mano insaponata. Non abbiate paura di toccare le fontanelle: sono morbide ma solide (vedi pag. 16).

L'uscita dal bagnetto

Avvolgete subito il vostro bambino in un asciugamani o nel suo accappatoio in modo da non fargli prendere freddo; per una questione di igiene, dovrà avere la sua biancheria personale. Asciugatelo tamponando delicatamente, senza però strofinare: cominciate dalla testa e passate tutte le pieghe del corpo, sotto le ascelle, il culetto, dietro le ginocchia...

Le cure dopo il bagno

Eccovi ora il bambino lavato e ben asciugato, che probabilmente si dimena felice sul fasciatoio. Se volete, potrete applicare una crema o un latte idratante, ma questo è necessario solo per i bambini con pelle particolarmente secca, normalmente non serve.
Se il piccolo ha meno di dieci giorni di vita e il cordone ombelicale non si è ancora staccato, questo è il momento ideale per medicarlo (vedi pag. 46). Se, invece, si è già staccato, dovrete solo mettergli il pannolino pulito e rivestirlo.
Tutte le cure del viso, degli occhi, delle orecchie e del nasino verranno subito dopo.

NON GLI PIACE! • Le cure del viso e soprattutto degli occhi potranno far protestare il vostro bambino. L'unica soluzione sarà rassicurarlo con la voce e accarezzarlo con la mano che avete libera. Potete anche avvertirlo che forse gli darete un po' di fastidio, che lo sapete, ma che tutto finirà presto. Anche se lui non capisce ancora le vostre parole, percepirà chiaramenete il vostro tentativo di tranquillizzarlo.

ATTENZIONE ALLE PIEGHE DELLA PELLE! • Del cotone imbibito d'acqua minerale o soluzione fisiologica è ideale per la pulizia del viso del vostro piccolo. Prestate attenzione alle pieghine più nascoste del collo e dietro alle orecchie, dove spesso compaiono piccole lesioni trasudanti e crostose che cicatrizzano molto rapidamente applicando una soluzione essiccante e antisettica.

PARTICOLARE DELICATEZZA PER GLI OCCHI! • Nei primi mesi gli occhi del bambino devono essere puliti quotidianamente. La pulizia dell'interno delle orecchie è inutile, ma necessaria per il padiglione e i bordi dell'orecchio.
Il nasino deve essere liberato dalla polvere, dal muco e dalle crosticine che possono ostacolare la respirazione, poiché il neonato non sa respirare con la bocca durante le prime settimane, anche se spesso se ne libera starnutendo. Tutte le cure del viso sono descritte qui a fianco.

POSSO PROFUMARLO? • Alcune mamme desiderano terminare la toilette con un colpetto di spazzola e una goccia d'acqua di colonia (senza alcol!), da applicare sui vestiti e mai sulla pelle! Ma la cosa è totalmente facoltativa...

La cura del viso

① Gli occhi

Passate delicatamente sull'occhio una compressa di garza sterile imbibita d'acqua minerale o soluzione fisiologica, procedendo dall'angolo interno, vicino al naso, verso l'esterno. Per l'altro occhio usate sempre una compressa nuova.

Se l'occhio lacrima o secerne del muco giallastro che s'incolla alla palpebra, consultate il medico: il canale lacrimale potrebbe essere ostruito da una sottile membrana. Non è niente di grave, ma è un disturbo che richiede una cura specifica.

② L'orecchio

Arrotolate un pezzetto di cotone imbibito d'acqua minerale o soluzione fisiologica (non usate mai i bastoncini ovattati!). Girate delicatamente sul fianco la testa del piccolo e pulite il padiglione auricolare, passando bene dentro a tutte le pieghe.

Attenzione: limitatevi all'entrata del condotto auricolare, perché altrimenti rischiereste di spingere il cerume verso il timpano e provocare la formazione di un tappo.

Per l'altro orecchio, usate un nuovo pezzetto di cotone.

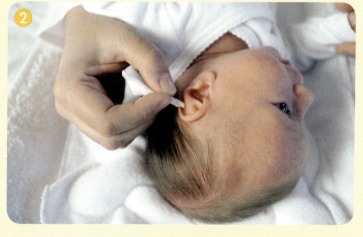

③ Il nasino

Arrotolate un pezzetto di cotone umettato di soluzione fisiologica e passatene delicatamente un'estremità all'ingresso delle narici, facendo attenzione a non premere troppo. Per umidificare la mucosa nasale potrete anche applicare qualche goccia di soluzione fisiologica in ogni narice. L'importante è rimuovere tutte le crosticine che possono ostacolare la respirazione, soprattutto prima della poppata.

I più comuni disturbi del lattante

Durante la gravidanza, il feto riceve mediante la placenta gli anticorpi che lo proteggono dalle malattie di cui può soffrire la madre. Il bambino allattato al seno riceve gli anticorpi contenuti nel latte materno, ma questa difesa non è sufficiente: il piccolo dovrà comunque costruirsi una propria immunità ed, entrando in contatto con una vasta gamma di microbi, comincerà autonomamente ad attivare il suo sistema immunitario personale.

Dai sintomi alla malattia

Negli adulti come nei bambini, ogni malattia si traduce in sintomi che vanno a toccare uno o più organi. I sintomi servono a segnalare un problema e richiedono un consiglio medico per individuare la patologia in questione e il trattamento più opportuno.

I sintomi più comuni sono la febbre, i disturbi digestivi (diarrea, vomito, inappetenza...), le difficoltà respiratorie (tosse, congestione...) e i disturbi comportamentali (stanchezza, sonnolenza o, al contrario, irritazione o agitazione inconsueta, disturbi del sonno, pianto persistente).

Inizialmente potreste tendere a preoccuparvi al minimo segno e chiedere spesso consiglio al vostro medico. Gradualmente imparerete però a distinguere un malessere passeggero da un disturbo che, invece, richiede decisamente una visita. Tenete conto che episodi di febbre, vomito e diarrea che non scompaiano nelle 24 ore senza segni di miglioramento dovrebbero essere sempre sottoposti al medico, poiché il rischio di disidratazione nei lattanti è effettivo.

Attenzione!
Se avete la sensazione che il vostro piccolo non stia bene (cambio comportamentale) nonostante l'apparente assenza di sintomi, rivolgetevi comunque al vostro medico o, almeno, avvertitelo con una telefonata.

Dolori intestinali

Durante il primo mese, la digestione può provocare nel bambino dolori addominali e brevi episodi diarroici, senza conseguenze. Sarà sufficiente appoggiare il piccolo sul pancino e tenerlo in braccio massaggiandolo delicatamente. Se continuerà a bere, crescere e dormire, non avrete motivo di preoccuparvi, ma non esitate a consultare il medico nel caso in cui compaiano sintomi paralleli (inappetenza, diarrea, vomito, febbre o costipazione che perdurino oltre due giorni).

La diarrea

I criteri per valutare una scarica diarroica sono la consistenza e la frequenza. Generalmente la diarrea segnala un'infezione (rinofaringite, otite, gastroenterite...). Nel lattante, se la diarrea si limita a qualche episodio di feci liquide al giorno, può trattarsi di intolleranza al latte artificiale, che verrà corretto con un latte curativo per un periodo che definirete con il pediatra.

CHE COSA FARE? • Il grande pericolo che può derivare dalla diarrea è la disidratazione. Se le feci sono molto liquide e frequenti, è necessario reidratare il neonato somministrandogli una soluzione reidratante reperibile in farmacia (in quantità non superiore ai 20 ml) ogni 10 minuti. Tutto deve tornare normale entro 24-48 ore. Nel caso di diarrea accertata, soprattutto se accompagnata da febbre alta, vomito o un'alterazione dello stato generale, consultate il medico. L'eventuale presenza di sangue nelle feci deve anch'essa essere comunicata al pediatra.

Rigurgiti e vomito

Non confondete mai il vomito con il rigurgito, una piccola quantità di latte che il lattante rimette subito dopo la poppata o il biberon, che è del tutto normale, indolore e innocua (vedi pag. 34).

Se il rigetto di latte sopravviene a distanza di tempo dalla poppata ed è abbondante, si può parlare di vomito (vedi reflusso gastroesofageo pagg. 52-53). Quando tutto si svolge normalmente, gli alimenti passano attraverso la bocca e vengono eliminati dall'ano, dopo essere stati scomposti e trattati durante il processo digestivo enzimatico. Gli episodi di vomito indicano il malfunzionamento di questo meccanismo e sono di norma benigni. Il colore, la consistenza, la frequenza e l'intensità devono tuttavia essere osservati, tenendo anche conto di ogni eventuale sintomo associato (diarrea, febbre, assenza di feci, eruttazioni rumorose e frequenti…) o cambiamenti nelle abitudini del bambino (per esempio, il passaggio dal latte materno a quello di proseguimento).

Lo stomaco è provvisto di un orifizio (piloro) che comunica con l'intestino. In alcuni casi può essere troppo spesso e impedire così la discesa degli alimenti, provocando vomito: affamato, il vostro piccolo mangia avidamente, ma non trattiene nulla. Si tratta, in questo caso, di "stenosi del piloro".

CHE FARE? • Non date nulla al vostro bambino, se non acqua o una soluzione reidratante, senza prima aver avuto indicazioni dal vostro medico. Consultatelo se il vomito è continuo e abbondante, perché potrebbe mettere a rischio l'idratazione del bambino, e se compaiono altri sintomi, in particolare un'alterazione dello stato generale del piccolo.

La disidratazione

Un'esposizione eccessiva al sole, una febbre tenace o, soprattutto, frequenti episodi di diarrea e/o vomito richiedono particolare attenzione poiché possono essere causa di disidratazione talvolta gravissima. La disidratazione si

I problemi della pelle

La pelle del vostro bambino, barriera naturale a protezione dell'interno del corpo, è un eccellente rivelatore dello stato di salute. Molto sensibile, essa reagisce a ogni aggressione, sia essa interna o esterna. I foruncoli presentano caratteristiche che permettono di individuarne l'origine: localizzazione, evoluzione, estensione di un eventuale arrossamento (febbre, prurito…).

PORPORA, VOGLIE, ACNE…
Alla nascita, il viso del neonato può presentare segni di porpora, macchioline violacee dovute all'energia consumata per uscire dal ventre materno. Se, più tardi, dovesse comparire un altro episodio di porpora, soprattutto se accompagnata da febbre e senso di affaticamento, sarà opportuno consultare immediatamente il medico, perché potrebbe sospettarsi un caso di meningite.

I primi giorni, il vostro bambino potrebbe presentare alcune macchie rosa o rosse sulle guance, dovute a malformazioni dei vasi sanguigni. Si distinguono i nevi flammei che, rosati e localizzati sul viso, scompaiono dopo il primo anno; la voglia di fragola, sempre sul viso, che richiede un controllo medico anche se compare tra i 6 e i 7 anni di età; la macchia a vino-porto, dai toni violacei, considerata un'anomalia estetica, che può essere curata con trattamenti al laser già in adolescenza.

Il piccolo potrebbe anche presentare segni di acne neonatale, con macchioline rosse disseminate su tutto il viso che scompaiono applicando un antisettico e un buon idratante cutaneo. Ricordatevi di non usare detersivi e/o ammorbidenti troppo forti per il bucato, che rendono più sensibile la pelle del neonato.

ACNE, ERITEMA DA PANNOLINO, CROSTA LATTEA, MUGHETTO…
Nelle settimane e nei mesi che seguono la nascita, il vostro bambino potrà andare soggetto a disturbi cutanei benigni e facili da curare. L'acne del lattante si manifesta con puntini bianchi su sfondo rosso che compaiono a ondate su viso e petto, a partire dalla quarta settimana. Non è necessario alcun trattamento particolare.

L'eritema da pannolino provoca l'arrossamento delle natiche a causa del contatto con feci e urine. Un'igiene rigorosa, un trattamento antisettico e l'applicazione di una pomata specifica lo guariscono facilmente.

Le pieghe del collo, delle ascelle e intorno all'ano possono anch'esse essere sede di arrossamento: pulite e asciugate con cura e applicate una crema cicatrizzante. Nonostante la pulizia, la crosta lattea può talvolta persistere: sarà sufficiente applicare una pomata grassa ogni sera e risciacquarla la mattina. La crosta si ammorbidirà e si staccherà facilmente pettinando il piccolo.

Il mughetto (micosi orale) o le afte orali richiedono, invece, la cura del medico. Se il bimbo non vuole più mangiare, potrebbe trattarsi di una stomatite, infiammazione della mucosa orale di origine virale, a volte legata a un herpes che richiede un trattamento specifico. Oltre a questi disturbi, ogni altra eventuale manifestazione cutanea deve essere segnalata al medico.

manifesta con una perdita di peso rapida e significativa, superiore al 5% del peso totale.

Oltre al dimagrimento, la disidratazione causa apatia o iperattività, il rifiuto tramite vomito di qualsiasi alimento, secchezza delle fauci e delle mucose, occhiaie, urine poco frequenti e scure, senso di affaticamento; la pelle rimane piegata se la si pizzica delicatamente, la fontanella anteriore risulta depressa.

COSA FARE? • Esiste una soluzione reidratante, reperibile in farmacia, contenente zucchero e sali minerali, che permette di reidratare il bambino per via orale. Deve essere somministrata in piccole gocce, con un intervallo di 10 minuti circa.

È fondamentale tenere sotto controllo la perdita di peso del bambino. Oltre al 5% di perdita, il parere del medico è assolutamente richiesto: egli deciderà se è necessario un ricovero per reidratare più adeguatamente il bambino mediante perfusione (l'acqua rappresenta l'80% del peso del lattante). Se il piccolo ha perso improvvisamente il 10% del suo peso complessivo, dovrete rivolgervi urgentemente al pronto soccorso.

La costipazione

La costipazione è generalmente segno di uno scompenso passeggero del transito intestinale. Ogni bambino, tuttavia, come ogni lattante, possiede un ritmo proprio. Fin dai primi mesi, cercate di osservare quello di vostro figlio, poiché l'assenza di feci per due o tre giorni, o la comparsa di feci dure seguite da feci molli, non significa necessariamente che sia costipato. La costipazione viene oggettivamente accertata quando il bambino non evacua per più giorni di seguito e, quando finalmente ci riesce, emette feci dure che gli impongono un grande sforzo, generalmente doloroso.

CHE COSA FARE? • Imparare a gestire la costipazione richiede un consiglio medico preventivo e, se il caso si presenta, la sua opinione soprattutto sull'uso di lassativi. La visita medica è necessaria se il piccolo appare sofferente o se la costipazione si associa a un'intolleranza alimentare: se vomita appena mangiato, potrebbe soffrire di un'occlusione intestinale.

Se si tratta di un episodio isolato (e senza altri sintomi associati), preparate il biberon con un tipo di acqua che favorisca il transito intestinale e non cambiate il tipo di latte senza prima aver consultato il vostro medico. Se invece allattate al seno, bevete voi in abbondanza questo tipo di acqua e cercate di mangiare molta frutta e verdura e, in generale, cibi che contengano molte fibre (per esempio, le prugne).

LA LUSSAZIONE DELL'ANCA

▸ **Nei primi giorni di vita, il pediatra procede a un esame attento delle anche del bambino allo scopo di escludere un'eventuale lussazione,** ossia l'uscita della testa del femore dalla sua sede nel bacino, disturbo grave che compromette l'abilità motoria.
▸ Per fare questo, egli flette, divarica e gira la gamba **e se nota un dislivello (scatto) all'altezza dell'anca, talvolta accompagnato da uno scroscio articolare, richiede un'ecografia,** che a quest'età è un esame più affidabile della radiografia. A partire dal quarto mese, si potrà eventualmente eseguire una radiografia per confermare o meno la diagnosi.
▸ Esistono alcuni fattori di rischio: antecedenti familiari, torcicollo alla nascita, parto podalico, posizione anormale dei piedi, origine geografica.
▸ **Il trattamento classico consiste nel consolidare la posizione della testa femorale nella sua sede** (cotile), mantenendo le gambe flesse e divaricate per un periodo dai 3 ai 5 mesi, generalmente con l'ausilio di un tutore chiamato "imbragatura".

La gastroenterite

Generalmente di origine virale, la gastroenterite è un'infezione che colpisce lo stomaco e l'intestino. Invasiva e contagiosa, temuta dai genitori, è comunque un disturbo benigno che comporta, come rischio massimo, solo la disidratazione del bambino. La gastroenterite non dura mai più di due o tre giorni. Si caratterizza per diarrea, inappetenza, nausea e talvolta vomito e febbre.

CHE COSA FARE? • Seguite il consiglio del medico per la diarrea, il vomito e la disidratazione (vedi pagg. 50-52).

Il reflusso gastroesofageo

Se vostro figlio rigurgita più volte al giorno con cadenza regolare, piange dopo la poppata o il biberon o ha frequenti eruttazioni dolorose per diversi minuti dopo i pasti, senza dubbio soffre di reflusso gastroesofageo, problema puramente meccanico legato alla cattiva occlusione dell'orifizio che collega l'esofago allo stomaco (cardias). Questo disturbo scompare intorno al primo anno di età, talvolta anche prima, quando l'alimentazione comincia a diversificarsi e il bambino sa stare seduto. Il reflusso può essere evidente (vomito) o interno, se rimane all'altezza dell'esofago, che viene quindi irritato dagli acidi gastrici. In questo caso è doloroso e il bambino lo segnala piangendo. Può anche accompagnarsi a tosse secca e rauca, soprattutto quando il bambino è in posizione distesa.

CHE COSA FARE? • Per prevenire il reflusso, il medico vi consiglierà un latte specifico e vi dirà di sollevare il lettino del bambino dalla parte della testiera. Se il trattamento si rivelasse inefficace, potrebbe trattarsi di un caso di esofagite, infiammazione dell'esofago che richiede un trattamento medico specifico.

L'ernia

L'ernia è una fessura nei muscoli che circondano gli organi dell'addome, che quindi possono passare la barriera muscolare e formare un rigonfiamento. Il neonato e il lattante possono essere affetti da tre tipi di ernia: l'ernia ombelicale (ombelico), inguinale e, nelle bambine, l'ernia ovarica (pube, in prossimità delle grandi labbra).

CHE COSA FARE? • Bisogna consultare il medico, l'unico in grado di diagnosticare un'ernia e indicarvi come controllarla e trattarla. L'ernia ombelicale si riassorbe generalmente verso i tre o quattro anni, quando la muscolatura addominale si rinforza. In rari casi, può essere necessaria una piccola operazione. L'intervento chirurgico può essere previsto nei casi di ernia inguinale (a partire dai sei mesi, in assenza di complicazioni) e di ernia ovarica.

La pertosse

Di 'origine batterica, la pertosse è oggi un disturbo poco diffuso, ma è importante che venga diagnosticata poiché è una malattia grave. I più colpiti da pertosse sono i lattanti che, infatti, devono essere vaccinati (vedi pagg. 92-93). La pertosse si manifesta con una rinofaringite associata a febbre leggera o bronchite. Si caratterizza per una tosse intensa e rauca, soprattutto durante la notte, persistente al punto di provocare vomito e sensazione di soffocamento.

CHE COSA FARE? • Ai primi sintomi, consultate il medico. Indipendentemente dalla vaccinazione, di solito si prescrive un trattamento antibiotico specifico contro la tosse.

L'OMEOPATIA E I DISTURBI DIGESTIVI NEL PRIMO ANNO DI ETÀ

Disturbi	Descrizione dei sintomi	Rimedi
SINGHIOZZO ED ERUTTAZIONI	• Singhiozzo • Rigurgito (secondo i sintomi)	• *Teucrium marum* • *Arsenicum album, Asa foetida, Bryonia alba, Bismuthum, Cadmium sulfuratum, Zincum metallicum*
COSTIPAZIONE E DIARREA	• Costipazione in corso di allattamento al seno • Costipazione del neonato • Diarrea associata a intolleranza al lattosio • Diarrea con dolore bruciante all'ano che si manifesta nel neonato allattato al seno. • Diarrea calda, giallo-verdastra, fetida e accompagnata da coliche, frequente durante la dentizione	• *Alumina, Apis mellifica, Bryonia alba, Nux vomica, Opium, Veratrum album* • *Crocus sativus, Nux vomica, Opium, Sulfur, Zincum metallicum* • *Aethusa cynapium* • *Arundo mauritanica* • *Chamomilla vulgaris*
COLICHE	• Coliche neonatali: il bambino si piega in due • Coliche neonatali: il bambino soffre di crampi addominali	• *Colocynthis* • *Cuprum metallicum*

L'organizzazione della cameretta

Organizzare e decorare la cameretta del bambino è spesso un progetto molto gradevole, ma alcuni aspetti pratici non sono devono essere trascurati. Calma e comodità per lui, manutenzione facile per voi… senza dimenticare la sicurezza! Considerate che molto presto il vostro piccolo comincerà a spostarsi gattonando e sarà bene avere uno spazio in cui poterlo lasciare libero di muoversi e giocare liberamente e senza alcun pericolo.

Uno spazio tutto per lui

Per dormire bene ogni bambino ha bisogno di un ambiente tranquillo. Durante le prime settimane di vita del piccolo, potreste avere il desiderio di tenerlo vicino a voi. Tenere la culla nella vostra stanza da letto, però, può essere naturalmente solo una soluzione transitoria sia per voi sia per il piccolo. Ogni vostro minimo movimento potrebbe svegliarlo e, nel tempo, lui troverà sempre più difficile addormentarsi senza di voi. Per questo è consigliabile predisporre subito, o al più tardi entro il sesto mese, un suo spazio personale, a costo di separare la stanza usando una tenda, se abitate in uno spazio piccolo.

Ricordate che, molto rapidamente, vostro figlio comincerà a scoprire l'ambiente che lo circonda. Diventa più sensibile a ciò che è intorno a lui e in particolare alle decorazioni e ai mobili della sua cameretta. Addormentarsi e svegliarsi sempre nello stesso ambiente familiare lo rassicura e gli fa bene e crescendo avrà sempre più bisogno di questi riferimenti.

La calma prima di tutto

Un leggero rumore di fondo, una musica tranquilla o una conversazione pacifica non impediscono certo al bambino di addormentarsi. I rumori violenti, aumenti improvvisi del volume della televisione o il clacson delle automobili invece lo svegliano. L'ideale è che la camera si trovi in una zona tranquilla della casa. Se non ce ne fosse una, delle finestre a doppi vetri possono risolvere il problema.

DECORAZIONI E RIVESTIMENTI • La decorazione dipenderà dal vostro gusto: toni aciduli o pastello, mobili originali o sobri, tutto è possibile. Ricordate sempre la sicurezza e l'aspetto pratico, però: evitate i materiali fragili, quelli che si sporcano facilmente e soprattutto i mobili poco stabili. Alcuni materiali sono più facili da mantenere in ordine: carta da parati e pitture lavabili, pavimento in laminato o parquet vetrificato. La moquette e i tappeti isolano bene la camera, se è tendenzialmente fredda, ma sono sconsigliati se in famiglia ci sono casi di allergia. Le piastrelle, invece, saranno molto fredde per il piccolo, quando comincerà a spostarsi da solo.

GIROTONDI E PELUCHE • Giocattoli e decorazioni fanno anch'essi parte dell'allestimento. Nelle prime settimane, anche se la sua vista è ancora imprecisa, il piccolo amerà contemplare i girotondi appesi al soffitto. Sarà comodo per voi poterli spostare di tanto in tanto, perché a volte stimolano anche troppo il piccolo. I peluche e i sonaglini possono rimanere sul comò, senza invadere il lettino. Sono sconsigliate le "palestrine" fissate sopra al lettino, poiché non aiutano certo il piccolo ad addormentarsi, a differenza dei carillon. Il lettino è il luogo dove il bambino dorme e non quello in cui gioca.

Temperatura, ventilazione e luminosità

Uno degli aspetti più importanti da tener presente è la temperatura della camera, ideale quando rientra tra i 18 e i 20 °C. Gli spazi molto esposti al sole, per esempio in un sottotetto o davanti a una vetrata, sono da evitare. Secondo lo stesso principio, il lettino (o la culla) deve essere lontano da fonti di calore e dalle finestre. Per migliorare la qualità dell'aria, è buona norma arieggiare quotidianamente la camera per almeno 10 minuti, anche d'inverno.

L'interfono, facoltativo

Se la vostra camera è distante da quella del bimbo, un interfono è utile. Negli appartamenti con spazi più ridotti, però, non c'è il rischio che la mamma non senta il pianto del piccolo e questo apparecchio potrebbe invece generare apprensione, rendendo udibile anche il minimo suono. Si ha così la tentazione continua di entrare nella cameretta per assicurarsi che vada tutto bene, con il rischio di svegliare il bambino.

SERVE UN UMIDIFICATORE? • Se l'aria dell'ambiente è molto asciutta perché la casa è riscaldata con radiatori elettrici, un umidificatore può essere utile. Esistono però anche buone soluzioni alternative: si può appoggiare al radiatore una bacinella piena d'acqua o stendere la biancheria del piccolo ad asciugare nella cameretta, rimedio antiestetico ma efficace.

LA QUESTIONE DELL'ILLUMINAZIONE • Di notte è importante mantenere la cameretta a un buon grado di oscurità usando doppie tende, tapparelle o imposte, ove necessario. Creando il buio nella stanza la sera, aiuterete il vostro bambino a distinguere gradualmente il giorno dalla notte.

Se la poppata e il cambio notturno si svolgono nella cameretta, troverete comoda una fonte di luce regolabile o la presenza di un abat-jour con una lampadina a bassa potenza. Più avanti, una lampadina notturna farà sentire il piccolo più tranquillo se dovesse svegliarsi in piena notte.

Il comfort aiuta il sonno

CESTA O CULLA • La cesta ha una durata limitata. Può essere un bel regalo da chiedere ai parenti ed è concepita specificamente per la taglia del neonato. Essendo molto leggera, potrete trasportarla facilmente da una camera all'altra. Meno maneggevole, la culla diviene comunque inutilizzabile intorno al terzo mese circa, ma la sua funzione a dondolo – che comunque può essere bloccata quando serve – conquista molte mamme. Culle e ceste devono comunque essere stabili e avere un fondo piatto e rigido.

IL LETTINO • Il lettino del bambino è il mobile più importante che acquisterete. Esso deve essere sicuro e comodo, pratico e robusto (dovrà non solo resistere nei due o tre anni in cui il vostro piccolo ci dormirà, ma potrà anche servire alle sorelle o fratelli che potrebbero venire poi).

Esistono essenzialmente due tipi di lettino. I lettini standard hanno uno o due lati scorrevoli, pratici quando si prende il piccolo dalla culla, con altezza della rete spesso regolabile (da 1 a 4 livelli). Alcuni modelli possono anche essere muniti di un cassetto inferiore per tenere i teli e la biancheria del piccolo.

I cosiddetti lettini "trasformabili" (o "evolutivi") servono, in teoria, dalla nascita all'adolescenza (se ci arrivano!), trasformandosi da culla a lettino e poi a letto normale.

Nella scelta del lettino, accertatevi che rispetti tutte le norme di sicurezza: le sbarre devono essere spaziate tra loro tra 4,5 e 6,5 cm, l'altezza interna minima deve essere pari a 60 cm, con rete in posizione bassa. Assicuratevi che il meccanismo di blocco per la sponda(e) del lettino sia sicuro, che la laccatura o verniciatura non sia pericolosa – con eventuali scaglie o scrostature – e che gli angoli siano bene arrotondati.

È preferibile optare per un lettino con rete metallica (che sostiene meglio, rispetto alle doghe in legno, le capriole del piccolo), regolabile e abbassabile man mano che il bambino cresce, dotato di ruote (con sistema di bloccaggio) per la mobilità e una protezione sulla sponda affinché il piccolo non possa rosicchiare il legno.

Non utilizzate lettini che abbiano più di 10 anni (e soprattutto quelli fabbricati negli anni '70 o anche più recentemente). Potrebbero avere un particolare fascino o un valore sentimentale, ma non rispondono alle norme di sicurezza attuali e avere, per esempio, sbarre troppo distanziate tra loro, un'altezza insufficiente, essere dipinti con vernici al piombo, scheggiarsi…

MATERASSO E BIANCHERIA • Il materasso deve essere di misura adatta alla culla o al letto e deve riempirlo su tutti i lati. I materassi di qualità sono robusti, molto spessi e non presentano né gobbe né cunette. Per proteggerlo, usate un rivestimento in cotone, piuttosto che una traversa in plastica, che lasci traspirare. Fino ai 18 mesi d'età, i cuscini vanno banditi, ma sotto la testa del piccolo potrete appoggiare una piccola federa di cotone per proteggere il materasso nel caso rigurgitasse.

I pediatri sconsigliano le traverse in tessuto e le coperte in cui il bambino potrebbe impigliarsi. A quest'età un copripigiamino, il cosiddetto "sacco", più o meno caldo secondo la stagione, è la soluzione migliore. Non preoccupatevi: il vostro piccolo sarà abbastanza coperto!

UNA QUESTIONE DI SICUREZZA

> Per evitare di dover riorganizzare lo spazio dopo qualche mese, è meglio prevedere in anticipo le future abilità del vostro bambino. Verso i 4 mesi sarà capace di aggrapparsi e tirarsi con le manine e, passati i 6 mesi, cercherà di alzarsi cercando un appoggio. A titolo preventivo, potrete prendere alcune precauzioni:
> Non montate scaffali sopra o di fianco al lettino.
> Posizionate il lettino lontano dalla finestra affinché il piccolo non possa aggrapparsi alle tende, e lontano dal comò o da eventuali tubature esposte su cui potrebbe scottarsi.
> Fissate al muro tutti i mobili non evidentemente stabili.
> Bandite gli abat-jour e ogni oggetto potenzialmente pericoloso entro il raggio di 1 metro da terra fin da quando il bambino è in grado di gattonare e gioca per terra nella cameretta.
> Se avete un cane o un gatto, installate, ove necessario, un cancelletto che impedisca che entri nella cameretta.

Limitare la stanchezza

Tra tutti gli inconvenienti che seguono il parto, la stanchezza rimane la prima preoccupazione per gran parte delle mamme. Non è sempre facile riuscire a riposarsi bene quando il bambino non dorme tutta la notte e le poppate interrompono spesso il sonno. E non esistono soluzioni miracolose. Riuscire a riposarvi v'imporrà uno sforzo di volontà, un buon grado di organizzazione e… di ridimensionare le vostre esigenze.

Compensare la mancanza di sonno

Cercate di recuperare il sonno quanto più possibile durante il giorno. Per quanto possa sembrare assurdo (tra bucati, cucina e mille altre cose da fare) e poco realistico (soprattutto se si ha anche un bambino che comincia a camminare o figli più grandi che vi chiedono aiuto per i compiti), provate a dormire quando dorme il bambino, anche solo per una breve siesta. A volte un mini-sonno di 15 minuti può ritemprarvi in maniera sorprendente. Se non riuscite a fare un riposino, provate almeno a sdraiarvi, senza cercare di sbrigare le faccende, che possono aspettare. Se la poppata notturna cade verso le 2 del mattino, non tornate a letto troppo tardi e cercate di completare un ciclo di sonno il più possibile completo prima che il piccolo si svegli nuovamente.

Puntate al pareggio!

Salvo allattare al seno, non c'è nulla che il padre non possa fare bene come la madre. Tuttavia spesso accade che le mamme, anche giovani, non lascino al padre alcuna occasione di occuparsi del piccolo – o che lo critichino aspramente quando ci prova – per cui anche i papà più volenterosi finiscono per rinunciare…

Mangiare correttamente e fare movimento

Naturalmente sarete molto occupate a nutrire il vostro bambino (e, se allattate, avrete senza dubbio l'impressione di non fare altro che quello). Non trascurate, però, la vostra personale alimentazione (ancor più importante se allattate al seno). Cercate di piluccare spesso – perché no? in fondo i neogenitori hanno poco tempo per preparare pasti completi – con spuntini variati e quindi equilibrati. Tenete sempre a portata di mano i cibi giusti per soddisfare i piccoli appetiti fuori pasto e coprire così il vostro fabbisogno essenziale.

L'affaticamento post-parto è dovuto alla mancanza di riposo, ma potrebbe aggravarsi in seguito alla mancanza di attività fisica e all'aria aperta. Provate a uscire una volta al giorno con il vostro piccolo (in particolare nei momenti di sonnolenza del pomeriggio). Se il tempo è brutto, potrete andare in un centro commerciale o a visitare un museo.

Suddividere al massimo i compiti

Fate un elenco di tutto quello che dovete fare – per il bambino e le faccende domestiche – e suddividete equamente i compiti tra voi e il vostro partner. Tenete conto della sua disponibilità di tempo (se lavora durante il giorno, dovrà ovviamente fare la sua parte il mattino presto e la sera), delle sue preferenze e competenze, sapendo che il solo modo di fare una cosa correttamente è farla regolarmente…

Se non allattate al seno, date il biberon della notte a turno: così dormirete bene almeno una notte su due. Detto questo, anche se allattate al seno, il papà potrà approfittare dell'occasione per alzarsi e cambiare il pannolino, prima o dopo la poppata. Un'altra idea: se terrete la culla vicina al

Attenzione!

Prendetevi cura della vostra schiena. Per sollevare un peso, abbassatevi piegando le ginocchia. Regolate bene il marsupio: dovete poter abbracciare la testa del piccolo senza chinarvi. Per allattare, usate dei cuscini per allentare la tensione muscolare.

letto (solo per i primi mesi), non dovrete alzarvi per prendere il piccolo e allattarlo. Inoltre, una volta ben consolidato il ritmo delle poppate, nulla v'impedirà di tirare in anticipo un biberon del vostro latte e chiedere al papà che lo dia al piccolo durante la notte, mentre voi recuperate un po' di sonno…

Rallentare le visite a casa

Per ritagliarvi del tempo per il riposo, avrete talvolta bisogno di rallentare le visite o di rimandarle, sopratutto se vi sentite ancora troppo stanche. Sarà meglio vedere i vostri cari quando vi sentirete in condizione di apprezzare la loro presenza. Anche il vostro bambino ha bisogno di calma e ha ancora tutto il tempo per fare conoscenza, poco a poco, con parenti e amici. Potrete eventualmente approfittare dei momenti in cui il papà è presente in casa per riceverli, soprattutto se desiderate allattare in intimità quando siete sole.

Farsi aiutare

Anche se metterete tutta la vostra energia e capacità organizzativa, a volte vi sentirete esaurite. Non esitate assolutamente a chiedere aiuto! Un aiuto domestico può essere molto utile e potete chiederlo anche a chi vi è vicino. Piuttosto che andare a fare la spesa, chiedete a chi viene in visita di andare a prendere quello che vi serve o usate Internet (alcuni negozi consegnano a domicilio). Se avete anche un figlio più grande, affidatelo ogni giorno a qualcuno con cui sta volentieri.

Fin dai primi giorni, fidatevi del papa: sarà in grado di occuparsi del bambino bene quanto voi!

SE SIETE SOLA(O)

> Sia che voi siate una mamma (o papà) single, per scelta o a causa di una separazione, o che viviate soli per un lungo periodo o solo fino al ritorno del vostro partner (per esempio, se si trova temporaneamente all'estero), essere un genitore solo, e magari unica fonte di reddito per il vostro bambino, significa avere almeno il doppio di lavoro, responsabilità e difficoltà da affrontare.

> **Potreste anche sentirvi sole(i) quando** vedete altri genitori in coppia prendersi cura del loro piccolo: basta vedere un papà che ripiega il passeggino mentre la mamma sale in autobus…

> **A volte la solitudine può pesare molto, in particolare alle 2 del mattino, quando camminate avanti e indietro già da un'ora e mezza con il bimbo urlante in braccio** e non avete nessuno a cui chiedere il cambio. Può essere anche irritante leggere riviste e libri (come questo) che, tra i vari consigli per alleggerire il lavoro delle giovani mamme, consigliano loro di "appoggiarsi al papà". Il punto è che per alleggerire il fardello di una giovane mamma single non ci sono consigli veramente facili da seguire. I buoni consigli che riceverete vi saranno quindi doppiamente utili.

> Esistono molti siti web che propongono aiuto ai genitori single, per esempio www.genitorisoli.it, www.momsanddads.it e www.vitadasingle.net.

Vivere con i gemelli

Ogni neonato porta nella coppia, o nella famiglia, sempre un grande sconvolgimento, seguito da un riassestamento. Se i neonati in arrivo sono due, la vita può davvero essere completamente rivoluzionata! E che dire delle famiglia che hanno già altri figli? Il segreto sarà organizzarsi con cura e per tempo.

Progettare per organizzarsi al meglio

Ancor più che per l'arrivo di un solo bambino, è importante pensare in anticipo come organizzarsi per i gemelli. Ciò non significa che questo programma andrà poi seguito alla lettera, ma partire con anticipo anche solo sognando e ipotizzando, raccogliendo idee e prendendo decisioni più concrete, vi aiuterà ad avere un atteggiamento più reattivo quando sarà il momento.

Organizzare l'arrivo dei gemelli significa gestire un momento che, ammettiamolo, è quantomeno fuori dall'ordinario. Questa doppia nascita vi imporrà senza dubbio di organizzare la casa in modo particolare. L'importante è che si progetti il tutto riflettendo con calma e che questo nuovo assetto non sia percepito da voi genitori e dagli altri figli, se ce ne sono, come una rinuncia.

Accettare l'idea di non essere la famiglia perfetta

La chiave del successo sta nell'accettare l'aiuto di chi potrà darvene. In particolare, dovrete rinunciare all'idea che la madre potrà fare tutto da sola.

LAVORI DOMESTICI IN SECONDO PIANO • Le pulizie e i pranzetti possono aspettare! Ci sono cose più essenziali: dare a ognuno la possibilità di ritrovare un proprio spazio, per esempio. Al fratello maggiore, se ce n'è uno, che perde il suo stato di figlio unico e si trova a doversi confrontare con i fratelli "invasori"… Alla madre, che prova un amore senza limiti, ma che deve ripartire il suo tempo tra tutto e tutti. Al papà, che è un sostegno così importante… Alla donna, che dovrebbe in teoria riuscire a trovare anche qualche momento per sé. E, infine, alla coppia, i cui rari momenti d'intimità finiscono per essere riservati in gran parte al sonno. L'esaurimento psicofisico è la grande minaccia che incombe su queste famiglie che, improvvisamente, diventano numerose.

IL CONTRIBUTO DEL PADRE • In un simile contesto, il padre è tenuto a garantire le stesse funzioni della madre, comprese quelle notturne. Al termine del congedo paterno, si trova spesso combattuto tra il desiderio di assecondare il più possibile la sua compagna e la necessità d'essere efficiente nel lavoro. Uscire di casa gli dà una boccata d'ossigeno, ma è già così stanco che trova difficile raggiungere l'efficienza che per altri è normale. Questa situazione può diventare destabilizzante per la famiglia, in un momento in cui la sicurezza finanziaria è percepita come indispensabile; ciò prova la necessità di circondarsi di persone che possano dare aiuto e sostegno.

ACCETTARE L'IDEA DI AVERE BISOGNO DEGLI ALTRI • Nel caso di parto gemellare, l'assistenza sanitaria può coprire, del tutto o in parte, le spese riguardanti la degenza ospedaliera e le prime settimane di vita. Questo servizio viene erogato con importi e modalità diverse da regione a regione; può riguardare anche l'acquisto di generi indispensabili (per esempio latte in polvere).

Inoltre, in questo caso viene prolungato il periodo di congedo parentale, in modo che la madre e il padre possano dedicarsi maggiormente alla crescita dei gemelli senza avere problemi sul posto di lavoro.

Un posto per i fratelli maggiori

Quando una famiglia ha già uno o più figli, è impossibile dedicarsi completamente ai gemelli. La vita continua come prima, ma con due creaturine in più, dolcissime ma che richiedono molto tempo. Per la mamma, che ha sempre l'impressione che quel che fa per i fratelli maggiori tolga tempo ai piccoli e viceversa, non è sempre facile.

> **Prendete appunti!**
> Chi dei due ha preso il biberon per ultimo? Chi ha fatto il bagnetto ieri? Se non annoterete tutto su una lavagna, vi confonderete di sicuro. Controllate regolarmente anche i libretti sanitari dei vostri gemelli. Potrà succedere che solo uno dei due debba seguire cure specifiche e potreste dimenticarvene…

Il ritmo delle giornate del neonato è molto diverso da quello di un bambino di tre anni e più. Gran parte delle mamme di bambini singoli, rispetto a quelle dei gemelli, riesce solitamente a gestire le faccende e le attività del maggiore e i biberon del piccolo insieme. Con i gemelli, invece, questo è del tutto impossibile. Le uscite con due bambini sono una tale impresa ed esigono una tale quantità d'energia che nelle prime settimane dovrete spesso organizzarvi altrimenti.

A orari o a richiesta?

L'allattamento a orari si può declinare in molti e diversi modi. Nella sua forma più rigida, consiste nello svegliare i bambini contemporaneamente a un'ora prefissata per allattarli insieme. In questo caso, il loro ritmo personale e le loro esigenze individuali vengono del tutto ignorati. Ogni evento della vita quotidiana è vissuto da uno al ritmo dell'altro. Per quanto pratico, questo tipo di regime ha la conseguenza di generare un concetto di maternità che non favorirà in seguito l'autonomia di ognuno dei bambini rispetto al gemello.

L'allattamento a orari regolari può, tuttavia, assumere una forma più flessibile che potremmo chiamare "a orari relativi". In base a questo principio, il secondo bambino viene svegliato solo una volta conclusa la poppata del primo, quando si è pienamente disponibili solo per lui. In questo modo ci si può occupare di ognuno dei piccoli singolarmente, raggruppando le varie operazioni da svolgere in fasi per non essere continuamente interrotti durante la giornata e soprattutto durante la notte! Rimane però un inconveniente: anche se l'ora dell'allattamento del primo gemellino può variare nell'arco della giornata, il ritmo biologico dell'altro non è rispettato. Alcuni genitori usano questa tecnica di pianificazione, in chiave assoluta o relativa, solo per la notte per riuscire a ritagliarsi qualche ora di sonno in più.

ALLATTARE A RICHIESTA? • È immaginabile allattare a richiesta due gemelli come si fa con un bambino singolo? In questo caso, ciascuno dei piccoli richiede la poppata ogni volta che ha fame. A volte, entrambi la richiedono insieme e possono essere allattati contemporaneamente. In gran parte dei casi, l'allattamento non seguirebbe quindi un orario preciso.

Questo sistema può rivelarsi molto gratificante per le mamme che temerebbero altrimenti di non riuscire ad accontentare entrambi i piccoli. Possono passare lunghi momenti con ogni bambino e capire presto quali risorse di energia e tempo saranno in grado di dedicare complessivamente. Per riuscire a sostenere una simile organizzazione è però necessario essere molto disponibili. Bisogna accettare di non poter arrivare a fare molto al di fuori di

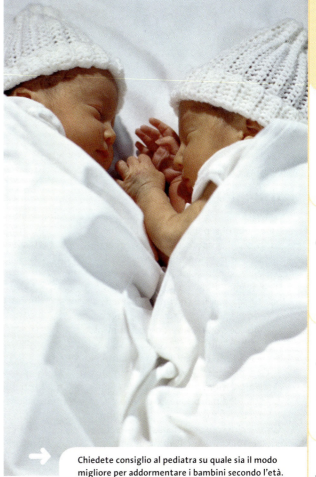

Chiedete consiglio al pediatra su quale sia il modo migliore per addormentare i bambini secondo l'età.

quest'attività così speciale, anche se ripetitiva. Le mamme di salute fragile e particolarmente cagionevole o particolarmente provate dal parto potrebbero trovare molto difficile sostenere un tale ritmo, soprattutto di notte, finendo per sentirsi totalmente estenuate.

ADATTARSI AI BAMBINI • L'obiettivo dell'allattamento a orari regolari è quello di evitare l'esaurimento della madre. Questi limiti si stabiliscono, da una parte, per il desiderio di riconoscere a ogni bambino un proprio posto e, dall'altra, in base alle reazioni dei piccoli alle situazioni che sono loro proposte. Per esempio, poniamo che la soluzione che avevate scelto in gravidanza si riveli in pratica sfavorevole sia per la madre sia per i gemelli. Anche se è importante riflettere su queste questioni già prima della nascita, saranno i vostri figli a mostrarvi il percorso più opportuno verso un nuovo equilibrio familiare.

Vivere ogni giorno con il bambino prematuro

Le giornate di un bambino prematuro si svolgono come quelle di un bambino nato a termine. Sarà necessario solamente dargli un'alimentazione più ricca, proteggere i suoi piccoli polmoni da fumo, aggressioni virali e polvere e, mediante opportuni controlli pediatrici specializzati, assicurarsi che il suo sviluppo proceda correttamente.

Finalmente a casa!

Eccovi di ritorno a casa con il vostro piccolo. Ancor più di altri, forse sarete un po' preoccupati, soprattutto se state uscendo da un periodo difficile e il bambino vi sembra ancora molto fragile. Eppure il suo stato di salute gli consente già di stare in casa, con la sua famiglia. Fidatevi della decisione dei medici: non correrebbero mai il rischio di dimetterlo troppo presto!

Finalmente ora potete condividere la vita di ogni giorno con il vostro piccolo, con tutte le emozioni, le gioie e i pensieri che verranno. Naturalmente ci saranno alcune precauzioni da prendere, ma ricordate che vostro figlio è un bambino come tutti gli altri!

Anche se sarete talvolta più attenti a lui di quanto non sareste se fosse nato a termine, anche se avrete la tendenza a rivolgervi più spesso al pediatra, vostro figlio non dovrà affrontare necessariamente più difficoltà degli altri. Per crescere bene, come tutti i bambini, avrà innanzitutto bisogno della vostra fiducia nelle sue capacità.

Attenzione!

Non è mai il caso di fare confronti tra neonati, soprattutto quando si tratta di bambini prematuri. Paragonare lo sviluppo di vostro figlio a quello di un altro può portare solo a preoccupazioni e frustrazioni del tutto inutili.

Organizzare e gestire una cameretta sana

I bambini nati prematuramente sono sempre più esposti degli altri al rischio di asma. Ciò implica il rispetto alla lettera delle raccomandazioni che valgono per tutti i neonati: non fumare in casa, arieggiare quotidianamente i locali, passare regolarmente l'aspirapolvere soprattutto se avete pavimenti in moquette, non tenere pupazzi di peluche nella culla.

La scelta del lettino e dei suoi accessori è estremamente importante: un buon materasso e niente piumini, coperte o guanciali. La posizione sul pancino è vietata, salvo diversa indicazione medica.

Un'alimentazione più ricca

Essendo nati prima di aver completato il normale ciclo di crescita, ai bambini prematuri è riservata una particolare alimentazione integrata. Anche se sono molto piccoli, riusciranno a recuperare, crescendo e irrobustendosi più rapidamente dei loro coetanei. Per prima cosa, la circonferenza cranica raggiungerà presto i valori della media, poi seguirà il peso e, in seguito, la statura.

Questa evoluzione è registrata dal medico su una curva detta "di recupero", che può essere più o meno rapida secondo quando è nato il piccolo, se alla 34ª o alla 24ª settimana, per esempio. Al compimento del primo anno di età, il 90% dei bambini nati prematuri presenta misure equivalenti a quelle di quelli nati a termine.

In pratica, sarà sufficiente seguire le indicazioni fornite all'uscita dall'ospedale e, in seguito, quelle date dal pediatra. Se allattate al seno, potrà essere necessario integrare le poppate al seno con due biberon di latte arricchito specifico per i prematuri. Se allattate artificialmente, invece, userete esclusivamente questo tipo di latte fino al raggiungimento dei 3 kg di peso.

I contatti con l'esterno

Nessuno vi chiederà di privare il piccolo dei contatti con l'esterno. Come ogni neonato, anche lui ha bisogno di scoprire il mondo che lo circonda, ma il suo apparato respiratorio per ora è ancora fragile. Anche se completamente formati, i suoi polmoni sono particolarmente sensibili alle aggressioni dall'esterno (fumo, polvere, inquinamento, virus). Tutte le precauzioni consigliate dai medici mirano a ridurre al massimo i due principali rischi: le infezioni, che potrebbero avere poi complicazioni, e l'asma.

I provvedimenti dovranno essere modulati sulla storia medica del bambino. Se è nato dopo la 33ª settimana di amenorrea e non è soggetto a respirazione assistita, ha una resistenza quasi pari a quella di un piccolo nato a termine. Se, invece, ha avuto bisogno di ventilazione assistita, sarà fondamentale proteggere il suo apparato respiratorio da ogni possibile rischio di aggressione. Trascorse le prime due settimane, non ci sarà più motivo di preoccuparsi.

Quando rivolgersi al medico?

Nei primi 12 mesi consulterete il medico piuttosto spesso, quando il bambino ha la febbre, la tosse o se cambia inaspettatamente il suo comportamento (dorme più del solito o rifiuta di mangiare, per esempio). I disturbi descritti qui di seguito sono più frequenti nei bambini prematuri.

PREVENIRE L'ASMA • I sintomi dell'equivalente asmatico sono la tosse secca notturna, il senso d'affanno quando il piccolo allatta o è sotto sforzo e il caratteristico fischio. Trattandoli tempestivamente, si evita spesso che il bambino contragga l'asma in modo definitivo.

IL REFLUSSO GASTROESOFAGEO • È normale che il neonato rigurgiti un po' di latte entro l'ora che segue il biberon. Se, però, il piccolo rigurgita anche in seguito o durante il sonno e in modo ripetuto, sarà necessario avvertire il medico. Il reflusso gastroesofageo può cessare spontaneamente tra i 6 e i 9 mesi d'età, ma la terapia evita un'eventuale irritazione dell'esofago o dei polmoni.

IN CASO DI ERNIA INGUINALE • L'ernia inguinale si manifesta, nelle bambine, con una bolla all'altezza dell'ano e, nei maschietti, con un ingrossamento di un testicolo. Questo disturbo richiede una piccola operazione. Per le bambine bisogna consultare urgentemente il medico, non oltre le 48 ore. Per i maschi la cosa è meno urgente, a meno che l'ernia non sia dura e rossa o il bambino vomiti. Con questi sintomi, dovrete recarvi d'urgenza all'ospedale.

Un percorso medico particolare

Almeno durante il primo anno di vita, il bambino prematuro è seguito da uno staff medico specializzato. Il percorso inizia del tutto naturalmente, all'uscita dall'ospedale, quando il medico del reparto di neonatologia fissa per voi un primo appuntamento e quindi un secondo e così via, fino a che ce ne sarà l'esigenza. La durata e la frequenza del percorso variano per ogni bambino, secondo il grado di prematurità e i problemi riscontrati durante le prime settimane di vita.

L'IMPORTANZA DEL DÉPISTAGE • Oltre al controllo dell'apparato respiratorio, l'osservazione degli ex-prematuri consente di analizzare la mobilità degli arti, e quindi la capacità motoria, e in seguito l'evoluzione del linguaggio e tutto quanto concerne la motricità fine.

PREMATURI E GRANDI PREMATURI

- **I bambini nati pretermine non sono tutti prematuri.** I medici usano quest'aggettivo solo per individuare chi nasce prima della 37ª settimana di amenorrea.
- **Non bisogna nemmeno confondere i prematuri con i grandi prematuri,** poiché lo stato di salute e di maturità fisiologica di un bambino nato alla 36ª settimana non è comparabile con quelli di un bambino nato alla 26ª.
- **Se nasce tra la 32ª e la 36ª settimana,** il bambino si sviluppa – salvo in casi eccezionali – senza problemi particolari e il rischio di conseguenze negli anni a venire è veramente minimo.
- **Se nasce tra la 28ª e la 31ª settimana,** la situazione è più delicata, soprattutto durante le prime settimane. Potrebbero insorgere alcune complicazioni e il controllo medico sarà più rigoroso. La maggior parte di questi bambini cresce comunque senza andare incontro a disturbi gravi.
- **Se nasce tra la 24ª e la 27ª settimana,** la sopravvivenza nel corso delle prime settimane è più aleatoria e talvolta sopravvengono difficoltà sul piano psicomotorio. Alcuni di questi bambini staranno bene, altri avranno bisogno di un aiuto sistematico, per esempio nel momento in cui cominceranno a camminare.

Le prime uscite

Potete uscire con il vostro piccolo già dalla prima settimana, ma non preoccupatevi: come in ogni cosa, l'importante è agire con prudenza e buon senso. Nella scelta di un marsupio, una carrozzina o un passeggino dovrete tenere conto sia della comodità del bambino sia del vostro modo di vivere.

Passo dopo passo nel primo mese di vita

Se il vostro bambino è nato a termine, potrete andare a passeggiare con lui fin dalle prime settimane, salvo nelle giornate molto calde o molto fredde. Effettivamente, nulla a questo proposito è di regola "obbligatorio", né uscire ogni giorno, né rimanere chiusi in casa. Se siete troppo stanche per uscire durante le prime due settimane, arieggiate bene quotidianamente la vostra casa e provate a uscire con il vostro piccolo giusto per comprare il pane o il giornale.

Per cominciare, è importante preparare con cura l'uscita. Scegliete un luogo calmo che conoscete bene e non allontanatevi troppo da casa né per troppo tempo. Se l'idea di essere sole vi mette un po' in ansia, chiedete al papà o a un'amica di accompagnarvi. Poco per volta vi abituerete e andare a passeggio con il vostro bambino diventerà un vero piacere.

Il momento migliore per uscire

D'inverno scegliete le ore più soleggiate, coprite molto bene il piccolo, senza mai dimenticare un bel berrettino caldo. La sua temperatura corporea dipende da quella esterna, poiché i suoi centri di regolazione termica non sono ancora funzionanti. D'estate uscite preferibilmente nelle prime ore del mattino o nel tardo pomeriggio. Evitate il troppo sole, o addirittura il rischio d'insolazione, proteggendo il bambino dai raggi solari diretti (ombrello e cappellino) e non lasciatelo mai nella carrozzina con la calottina parasole sollevata. Parcheggiatela all'ombra con la calottina abbassata per assicurare la massima aerazione e ricordate che l'ombra si sposta!

Scegliete parchi, giardini e spazi verdi. Mezz'ora o un'ora di passeggiata al giorno sono sufficienti, di norma. Programmate le uscite per integrarle al meglio nel ritmo complessivo della giornata e possibilmente nei momenti in cui il piccolo è più rilassato, affinché anche lui si goda al massimo ciò che lo circonda. A volte uscirete anche per calmarlo e aiutarlo ad addormentarsi: il dondolio del marsupio o della carrozzina può essere molto efficace.

Portarlo con la fascia?

Alcuni pediatri consigliano di non utilizzare la fascia prima dei 2 o 3 mesi d'età. Essa vi consente di portare il piccolo sul davanti, sul fianco o anche sulla schiena e di sostenerlo mentre allatta. Si può anche usare un semplice telo di tessuto resistente, basta che sia di misura sufficiente.

Il marsupio, all'inizio ventrale

Il marsupio è sempre più diffuso tra i nuovi genitori. Meno ingombrante di un passeggino o una carrozzina, si adatta alle vostre esigenze e all'età del bambino. Al piccolo piace essere portato a spasso come un cucciolo di canguro, bene al caldo, cullato al ritmo dei vostri passi, con l'orecchio appoggiato sul vostro cuore.

Il marsupio è sconsigliato prima del secondo mese compiuto: è preferibile aspettare che il bambino abbia sviluppato quel po' di muscolatura dorsale necessaria a tenere la testolina diritta. Tutti i marsupi sono concepiti per tenere il piccolo rivolto verso di voi, ma alcuni permettono anche di tenerlo nell'altro senso. Con la schiena verso di voi, potrà, a partire dal terzo o quarto mese, osservare meglio il mondo intorno a sé.

Scegliete un marsupio con bretelle larghe e una buona chiusura. Fate attenzione a sistemare il bambino ben comodo: il marsupio deve essere regolabile sull'imbragatura per accomodare bene la seduta secondo l'età. Perché sia corretta, dovrete poter abbracciare la parte alta della testa del piccolo senza dovervi chinare. Deve prevedere anche un poggiatesta rigido che aiuti il bambino a sostenersi diritto o una guaina di supporto all'altezza delle spalle.

Per evitare un eccessivo sforzo per la colonna vertebrale, cercate di non usarlo per più di un'ora di seguito oppure scegliete un modello, certo più costoso, dotato anche di sostegno lombare. Anche la schiena del piccolo ha bisogno di essere protetta, quindi evitate sempre e comunque di usare il marsupio troppo a lungo. Il marsupio dorsale con armatura, invece, potrà essere usato dal nono mese in poi.

Quando fa caldo, scegliete il parco o un giardino e proteggete sempre il piccolo dal sole.

Carrozzina o passeggino?

Oggi non dobbiamo più scegliere tra la carrozzina, più comoda per i primi mesi, e il passeggino, molto pratico fino ai tre anni circa. Esistono ora modelli funzionali e trasformabili che associano i vantaggi di entrambi. Potrete, per esempio, combinare il telaio del passeggino, leggero e pieghevole, alla scocca della carrozzina, montando più avanti il seggiolino del passeggino. La scocca della carrozzina permette al piccolo di stare disteso supino e lo tiene al riparo dal freddo e dai gas di scarico delle automobili.

Se sceglierete il seggiolino del passeggino, invece, assicuratevi che sia comodo, regolato in posizione bene allungata nelle varie inclinazioni. L'ovetto conviene solo per piccoli tragitti e stanca presto il bambino.

La scelta tra questi tipi di seduta dipenderà essenzialmente dal contesto in cui vivete: secondo l'ambiente – città o campagna, per esempio – preferirete la leggerezza e la maneggevolezza alla solidità e alle buone sospensioni. In ogni caso, fate molta attenzione ai freni e al sistema di piegatura (dovete poter ripiegare il tutto senza dovervi chinare).

LA BORSA "SPECIALE PASSEGGIATA"

> Con il bambino, non uscite da casa a mani vuote. Se il tempo cambia improvvisamente o un inconveniente vi impedisce di rientrare a casa all'ora prevista, potrebbe diventare un problema... **per uscire in tutta tranquillità, portate sempre con voi alcune cose essenziali:**
- se non allattate al seno, un biberon di acqua calda in un astuccio termico, con la dose di latte in polvere in un barattolo a parte,
- un biberon di acqua,
- un bavaglino,
- una borsetta di pannolini,
- del cotone e un po' di crema o delle salviettine umidificate,
- dei fazzoletti di carta,
- un golfino supplementare,
- un berrettino o cappellino,
- uno spuntino o una bibita per voi!
- un cellulare, che è sempre meglio avere con sé...

Per il papà, la giornata al ritmo del bebè

Il vostro bambino è arrivato e, con lui, la stanchezza, le prime notti in bianco, ma anche tutte le emozioni e la gioia che solo la vita insieme a un bebè può portare... Questa fase di adattamento non supera di norma il primo mese: appena il piccolo comincerà a dormire notti intere, riuscirete a tornare a un ritmo di vita più riposante.

Un nuovo scenario

La vita di ogni giorno non è più la stessa, da quando arriva un figlio. Se si tratta del vostro primogenito e prima eravate abituati a un'intensa vita sociale, durante le prime settimane le vostre abitudini saranno totalmente rivoluzionate. I tempi in cui non dovevate preoccuparvi di orari o alzatacce e dovevate solo pensare a tenere duro fino al fine settimana per concedervi un po' di riposo rigeneratore sono finiti, almeno in questa fase. Ora le lunghe mattine passate a dormire sono solo un ricordo.

La paternità (e la maternità) implica non solo nuove responsabilità, ma anche nuovi orari. Alcuni giovani padri faticano talvolta ad accettare serenamente questa nuova scansione del loro tempo. Non è sempre facile passare da uno stile di vita basato sulla libertà personale a una vita che gravita interamente intorno alle esigenze di un neonato. Voi e la vostra compagna dovrete imparare a vivere secondo un ritmo che non vi appartiene ancora, almeno durante i primi mesi. Se verrete incontro al vostro piccolo e vi inserirete bene nella nuova vita di famiglia, le difficoltà quotidiane potranno anche pesare in alcuni momenti, ma si alterneranno a momenti di grande gioia. Se rinuncerete al minimo ostacolo, i cambiamenti verranno comunque, ma saranno senza dubbio più difficili da gestire.

Quelle notti "a singhiozzo"

La vita di un neonato si snoda lungo una serie di appuntamenti rituali e immancabili: la poppata, il bagnetto, la nanna e poi ancora la poppata ecc. Non spetta al piccolo adattarsi al vostro ritmo di adulto, ma certamente a voi rispettare i suoi bisogni fisiologici. Nei primi tempi, i nuovi padri sono entusiasti della nuova vita, ma poi arriva la stanchezza... Tanto vale accettarla, perché durerà per diversi mesi e la sera desidererete una sola cosa: andare a letto e addormentarvi.

UN PERIODO TRANSITORIO • Tutto questo comunque passerà. Già dopo le prime settimane troverete anche voi il vostro ritmo. Dopo tutto, ci si abitua presto ad alzarsi la notte, a costo di andare a dormire più presto la sera. Certamente quelle prime notti "a singhiozzo" saranno presto solo un lontano ricordo che vi farà sorridere. Pazienza, dunque... Molti bambini arrivano a dormire una notte intera intorno al terzo mese e la gran parte comunque entro il sesto. Da quel momento in poi, voi e la vostra compagna riuscirete a ritrovare il vostro nuovo equilibrio.

MOMENTI UNICI • Ricordate che queste prime settimane sono un'esperienza unica. Le uscite in coppia e la

IL CONGEDO DI PATERNITÀ

- **In Italia i padri possono richiedere un congedo parentale facoltativo, oltre ai 3 giorni seguenti la nascita,** che però vengono concessi dal datore di lavoro a seconda del tipo di contratto.
- **È sicuramente interessante e costruttivo fermarsi un momento, nei giorni che seguono il rientro a casa della mamma e del bambino.** Ritrovare un po' di intimità insieme alla vostra amata, prendere il vostro posto accanto al bambino, organizzare insieme questa nuova vita ecc. sarà più naturale, se per un periodo sarete a casa a tempo pieno.
- **Ne approfitterete per distendervi un po',** l'emozione è più forte di quanto si creda e si manifesta anche a scoppio ritardato.
- **Se i vostri impegni professionali ve lo permettono, conviene sicuramente approfittare del congedo di paternità nel mese che segue la nascita.** Più passano le settimane, più potrà essere difficile inserirsi nella relazione tra la mamma e il bambino, soprattutto se questa ha la tendenza a renderla esclusiva.

Il congedo di paternità consente spesso ai padri di sentirsi da subito al proprio posto nella famiglia.

ma la vita con un neonato non è fatta solo di notti insonni. La scoperta di questo bambino e di come cambia giorno per giorno vi riempirà di emozioni che andranno anche ad arricchire la vostra relazione di coppia. Se saprete andare oltre lo scompiglio della dimensione quotidiana, vi vedrete l'un l'altro sotto una nuova luce. Con il suo atteggiamento verso il bambino, la vostra compagna svelerà nuovi lati della sua personalità e così voi.

Sotto gli occhi degli altri

Lo avete notato? La gente non vi guarda più come un tempo. Al lavoro, nel vostro condominio o nella vostra cerchia di amici, la gente guarda voi e la vostra compagna in modo diverso. Gli sguardi si fanno sempre più complici, ammirati e bonari. Alcuni vorrebbero certo essere al vostro posto per rivivere tutte le emozioni che accompagnano l'inizio della paternità. Alcuni sembrano dirvi: «Benvenuto nel club, ora sei dei nostri!» facendovi capire che siete entrati in una nuova fase. Alcuni sorrideranno del vostro stato di lieve euforia, tra l'esaurito e l'entusiasta, divertiti dal vedervi volare sulla vostra nuvola personale. La nascita di vostro figlio ha determinato in voi un autentico cambio di stato.

PADRI ORGOGLIOSI • A questo punto non siete più solo un marito, un fidanzato o un convivente: ora siete un padre, un nuovo ruolo anche socialmente gratificante. Per chi avesse avuto in passato la spiacevole impressione di non essere preso sul serio, d'ora in poi le cose cambieranno. Inizialmente, il padre è il più felice degli uomini, si sente invulnerabile e nulla può fermarlo.

Allo stesso tempo, questo nuovo stato può portare un po' di confusione interiore e, dopo i primi momenti di euforia, alcuni neopadri potrebbero sentirsi assaliti da una quantità di domande esistenziali. Non preoccupatevi, è normale che accada…

Spalleggiarsi l'un l'altro

Anche se inevitabile, la stanchezza è cattiva consigliera quando si ha che fare con un neonato: può portare impazienza, nervosismo e impulsività, sia per le mamme sia per i papà. Se uno dei due genitori ne sente il bisogno, è importante sapere di poter contare su un momento di relax e spalleggiarsi l'un l'altro. A volte basta poco per staccare un po' e recuperare: uscire a camminare o isolarsi un istante, per esempio. Con un po' di organizzazione riuscirete, in un modo o nell'altro, a ritagliarvi queste pause: momenti di riposo che, per quanto brevi, saranno per voi due, e perfino per voi tre, estremamente salutari.

vita sociale sono solo in sospeso per il tempo necessario al piccolo di crescere un po' e ai nuovi legami di consolidarsi. Lungo la strada troverete sempre nuovi riferimenti, ma non perdetevi le emozioni che solo queste prime settimane sanno offrire, perché non potrete più tornare indietro. La vita di famiglia vi riserverà altre gioie, ma non avranno questa qualità così particolare.

E LA RELAZIONE DI COPPIA? • Certo l'arrivo di un bambino manda a rotoli l'equilibrio precedente della coppia,

La nascita di due genitori

La nascita non è solo la venuta al mondo di una nuova creatura, ma anche il momento in cui un uomo e una donna diventano genitori. L'incontro con il bambino non corrisponde mai esattamente alle attese, né tantomeno ritrovarsi di colpo mamma o papà… Per quanto vi sentiste preparati all'evento, la realtà è sempre diversa e implica una serie di adattamenti.

Un passaggio che fa crescere

Non è cosa da poco passare dalla condizione di figlio dei propri genitori a quella di padre o madre. La nascita del primogenito è ben di più di un semplice "lieto evento". Essa implica sempre una trasformazione personale, un'obbligatoria spinta a crescere. Ognuno si trova davanti a un passaggio nel suo percorso personale, una dimensione psicologica denominata con il termine "genitorialità". Anche se, per diventare genitore, ciascuno segue il cammino della propria storia, nulla sarà mai come prima.

Fatto di una continua alternanza di momenti di rottura e di ripresa, il percorso è piuttosto complesso ed è normale che si accompagni talvolta a momenti di difficoltà, che è sempre bene esprimere e accettare per non rischiare l'isolamento. Nelle settimane e nei mesi che seguiranno, ognuno troverà i suoi riferimenti, per scoprirsi padre, o madre, soprattutto nel dialogo con il proprio figlio.

Genitore sognato, genitore reale

Già prima di incontrare la persona con cui si farà famiglia, in ognuno matura l'idea di avere dei figli, un giorno. Perfino i bambini di quattro anni giocano a fare la mamma o il papà, anche se questa idea, più tardi, si allontana momentaneamente. Poi l'adulto iscrive o meno questa aspirazione nella visione della propria vita, si costruisce una storia coerente, almeno ai propri occhi, e, con questa, dà un significato a ciò che lo circonda, che gli permette di agire e di proiettarsi nell'avvenire. Talvolta profondamente radicato, il desiderio di diventare genitore può sottendere in parte al sentimento stesso di esistere. Per ciascuno, questa storia, che comprende un contenuto proprio e personale, è del tutto unica.

Che cos'è la paternità?

Padre e madre hanno, ciascuno, un particolare modo di essere con il proprio bambino. Il termine "paternità" indica la relazione del padre con il figlio, ciò che il padre fa per suo figlio (rassicurarlo, cullarlo, coccolarlo ecc.) e la maniera unica che ha di farlo (per esempio, il papà ha un tocco diverso da quello della mamma, differenza che il bambino percepisce), ma anche ciò che il bambino fa per il padre (per esempio, risveglia in lui il suo lato più sensibile).

UNO SCOMPENSO NORMALE • C'è sempre uno scompenso tra il desiderio di un figlio e la realtà del vivere con il proprio figlio. Lo stesso accade tra il desiderio personale di creare una famiglia e la famiglia reale che si costruisce. Le aspirazioni iniziali evolvono in funzione dei fatti. Tra il figlio sperato e quello reale, con la sua richiesta di amore e cure, ogni padre, o madre, trova poi un equilibrio e diventa un genitore "sufficientemente buono", secondo l'espressione dello psichiatra infantile inglese Donald W. Winnicott. Può accadere, però, che l'adattamento sia più delicato: per esempio, quando il figlio desiderato è visto come una seconda possibilità o la realizzazione di un sogno mancato.

ESSERE GENITORE PER IL PROPRIO FIGLIO • Nell'evoluzione di ognuno, la capacità di lasciare volontariamente il proprio posto al figlio significa di per sé diventare genitori. Il punto è mettersi a disposizione del figlio, proteggerlo e guidarlo lungo un cammino che non è il proprio. Questo stato d'animo si acquisisce poco a poco, ma alcune persone trovano più difficile fare davvero dono di sé. In questo senso, diventare genitori significa sviluppare e integrare nella propria personalità la funzione parentale, la capacità di essere per il proprio figlio.

Un percorso diverso per l'uomo e per la donna

Per entrambi i genitori, i nove mesi che precedono la nascita sono un'occasione per prepararsi ad accogliere e amare il piccolo che sta per arrivare. Questo cammino, che sarà più o meno lungo, non è però uguale per l'uomo e per la donna.

Nel percorso che va dal desiderio di un figlio alla realtà della vita quotidiana con il bambino reale, il padre e la madre devono acquisire, ciascuno secondo il suo ritmo, la caratteristica di "genitorialità".

UN FIGLIO NEL CORPO • Per nove mesi, la futura madre vive le trasformazioni del suo corpo, percepisce i movimenti del feto e il suo modo di reagire. Ella interpreta tutto ciò che sente e potrà dire, per esempio, che il piccolo è "calmo" o "agitato", il che è del tutto soggettivo. Di fatto, l'idea che la madre si fa del suo bambino si basa più sulle sue sensazioni che sulle sue aspirazioni di madre.

Poi arriva il parto… Il bambino esce dal suo corpo e diventa una persona a sé. Può essere che, nei primi istanti, non riesca a vedere in questo neonato il bambino che si era immaginato? Può arrivare perfino a provare un senso di estraneità? Nei primi giorni, la madre si sente spesso travolta dalle molteplici esigenze del bambino e questo può scatenare una serie di tensioni interiori, nonostante questa nascita segni in un modo o nell'altro il raggiungimento delle sue attese. La madre si adatterà ora a questo bambino in particolare, a questa persona reale, e svilupperà con lui una nuova relazione cercando di rispondere al meglio alle sue esigenze.

UN FIGLIO NELLA MENTE • Per l'uomo lo scenario è del tutto diverso. È dalla donna che apprende la notizia di aspettare un figlio e tramite lei riconosce la sua paternità. Si pensa che il futuro padre non abbia alcuna percezione fisica dell'esperienza, ma il 10-15% degli uomini prova disturbi simili a quelle delle compagne incinte (nausea, aumento di peso, mal di schiena…), fenomeno noto con il nome di "covata". Partecipare alla prima ecografia, cercare un contatto con il feto attraverso il pancione, recente disciplina nota come aptonomia, aiuta l'uomo a sentirsi padre già prima della nascita. Può accadere che sia già l'orgoglio della fecondazione, in quanto atto virile, a marcare lo stato di paternità.

Di fatto ogni uomo comincia a sentirsi padre in momenti diversi. Prima della nascita, il padre si preoccupa soprattutto delle questioni materiali e delle nuove responsabilità. Il cammino che lo porterà veramente a suo figlio è relativamente più lungo di quello della madre, sebbene anche qui ognuno abbia il proprio ritmo.

Diventare madre

Subito dopo il parto, la mamma che per la prima volta tiene in braccio il suo bambino può provare un'ampia gamma di sensazioni, tra cui anche un senso di vuoto. In realtà, però, è già pronta a creare un nuovo legame con il neonato e lo fa solitamente molto presto, confrontandosi talvolta anche con sentimenti contrastanti.

Uno stato emotivo propizio

Fin dal termine della gravidanza, si instaura nella donna uno stato psichico particolare che si prolunga per qualche tempo dopo la nascita: la madre si concentra principalmente sul suo bambino ed è totalmente a sua disposizione. Grazie a questo suo interesse esclusivo, la madre riesce a mettersi più facilmente "nei panni" del bambino, comprende e si adatta a lui con più sensibilità. Come sostanzialmente dice lo psichiatra infantile inglese Donald W. Winnicott, il bambino non esiste in sé, non è dissociabile dalle braccia che lo sorreggono e dalle cure materne che gli sono prodigate. Questa fusione madre-bambino che avviene durante le prime settimane è del tutto appropriata. Per la sua stabilità e affidabilità, potrebbe perfino favorire nel bambino un precoce sentimento di autocoscienza.

Giorno dopo giorno, il mutuo riconoscimento si fortifica. Attraverso la gioia del dialogo e le reazioni di benessere in risposta alle cure, la donna si sente rassicurata e riesce a sentirsi realmente madre di suo figlio. La ricchezza della relazione con il suo piccolo la aiuta a forgiare una nuova immagine di sé e le consente di superare il grande sconvolgimento della prima maternità.

Bando ai fantasmi del passato

I primi mesi, non sono propriamente un periodo di riposo. Ci si può sentire impotenti di fronte a un pianto persistente e, dopo aver provato di tutto, può essere che si guardi al piccolo con meno tenerezza. I sentimenti contrastanti, però, fanno parte della relazione con il bambino e non hanno alcuna conseguenza negativa. Il timore di non essere all'altezza o la fatica dovuta ai ritmi imposti dal bambino spiegano facilmente un tale stato d'animo.

UN'INFLUENZA LONTANA? • Accade talvolta che entri in gioco anche un malessere latente legato all'esperienza della propria prima infanzia. Sentimenti che si pensavano svaniti possono essere rievocati dai comportamenti più normali del bambino. Per esempio, alcune mamme si sentono improvvisamente rattristate se il loro piccolo, durante

→ Già nelle prime settimane che seguono la nascita, la madre intreccia con il bambino una rete di legami privilegiati.

un "dialogo" con loro, gira lo sguardo perché percepiscono questo gesto come un rifiuto, mentre probabilmente il bambino ha solo bisogno di dormire. Questo tipo di interpretazione è spesso causato dall'irruzione di un passato a tratti doloroso. Se non ne è consapevole, la relazione con il piccolo potrebbe risentirne.

INCONTRARE IL BAMBINO REALE • Diventando madre, in ogni donna riaffiora parte del proprio passato affettivo. La comunicazione con il bambino è influenzata da ciò che lei ha vissuto con i suoi genitori, fratelli o sorelle. Questo può essere positivo, se la madre ripete i gesti d'amore che i suoi genitori hanno avuto per lei, ma ricordiamo che il sentire della bambina che è stata non corrisponde naturalmente al sentire di suo figlio.

Una vita a "doppia corsia"

Ogni giovane madre ha bisogno di trascorrere con il bambino un periodo in una sorta di "bozzolo" per trovare nuovi riferimenti e assaporare questo nuovo incontro. Questa fase ha durata variabile, secondo l'orientamento e le possibilità economiche individuali. Riprendere il lavoro, rimanere a casa… ogni situazione comporta degli inconvenienti.

Scegliere di riprendere o interrompere la vita professionale è una questione molto personale. Se la madre intende conservare la sua attività professionale, dovrà decidere presto come farlo. Talvolta si sentirà in colpa perché deve affidare ad altri il suo bambino o proverà un senso di rivalità per la baby-sitter: è molto difficile accettare che il proprio piccolo passi "con l'altra" i migliori momenti della giornata.

Quando invece la madre rimane a casa per prendersi cura dei figli, dovrà affrontare un certo senso d'isolamento che può essere compensato, per esempio, frequentando altre mamme. Può anche manifestarsi un senso di regressione che può portare la madre a invidiare il suo compagno che continua il suo lavoro all'esterno, mentre lei ha l'impressione di perdere una parte della sua libertà, così assorbita dal ciclo ripetitivo dell'accudire il bambino.

Una volta che le abitudini e i ritmi si stabilizzano, l'agitazione frenetica del primo periodo lascia però spazio al grande senso di calma della routine… e così alla monotonia. La prima ed essenziale cosa da fare è riconoscere che nessuno (uomo o donna che sia) può vivere esclusivamente per e con il proprio bambino. Ci sono infiniti modi di combattere questo isolamento e la mancanza di stimoli intellettuali. Avere un'attività professionale part-time può migliorare questo equilibrio, anche se non è una soluzione sempre facile da realizzare.

BABY BLUES E DEPRESSIONE POST-PARTUM

> **Nel corso delle prime settimane, il terreno su cui aviene l'incontro con il bambino può essere alterato dal cosiddetto *baby blues*:** la madre si sente particolarmente fragile e scoppia in lacrime per un nonnulla, ma si tratta per fortuna di uno stato d'animo transitorio.

> **Differisce dall'effettiva depressione post-parto, ben più grave, che sopravviene diversi mesi dopo la nascita nel 10% delle donne.** Solo recentemente si è cominciato a prendere in considerazione e a trattare la depressione postnatale, un disturbo rimasto a lungo sconosciuto al pubblico e poco studiato dai medici. Fortunatamente le cose sono cambiate e oggi la medicina tiene conto e cura regolarmente la depressione postnatale in modo efficace. Grazie a una migliore formazione, i medici ora ricercano i fattori di rischio già in gravidanza e riescono a individuarne gli eventuali sintomi subito dopo il parto, trattandoli in maniera rapida, efficace e sicura.

> **I segni più evidenti sono la mancanza di entusiasmo, il rallentamento del pensiero e dei gesti e un generale stato d'ansia.**

> **Questa depressione può manifestarsi anche in modo più discreto e tradursi in uno stato d'irritabilità persistente o nella comparsa di emicrania o dolori addominali che al medico risultano inspiegabili.**

> **Le madri non sempre segnalano questo malessere,** in contrasto con l'idea di una maternità consapevole e positiva. Esse si sentono incompetenti di fronte al bambino, il che limita di fatto le loro autentiche capacità di madre.

> **Nei casi in cui la madre non ne parla, starà al compagno reagire e invitarla a rivolgersi al medico senza rimandare.**

> **I servizi sociali locali e i centri di assistenza alla maternità e all'infanzia possono orientare i genitori verso l'aiuto più opportuno e dispongono, in alcuni casi, di staff multidisciplinari che comprendono medici e psicologi.**

> **Se sospettate di soffrire di *baby blues* o di depressione post-partum, non esitate a chiedere aiuto e ricercate subito informazioni presso:**
> • **Centri di assistenza per la maternità e l'infanzia** della vostra zona;
> • **Federazione Nazionale Collegi Ostetriche** (www.fnco.it);
> • **Osservatorio Nazionale per la Salute della Donna** (www.depresssionepostpartum.it).

Diventare padre

Forte del riconoscimento sociale che gli si manifesta alla nascita del bambino, oggi l'uomo si riconosce solitamente più volentieri nella sua nuova identità di padre. In ogni famiglia, però, il padre si sente coinvolto nei bisogni immediati del bambino in modi e momenti diversi.

L'influenza di chi è accanto

Il padre è colui che dà il proprio nome al bambino e che lo inserisce in una discendenza e un'appartenenza culturale e sociale. Potremmo dire che è colui che lo proietta da subito nel futuro. Diventare padre significa innanzitutto tessere legami fra diverse generazioni. Spesso l'uomo si inserisce in questo ruolo in funzione della sua storia familiare, in cui lui stesso sceglie di porsi in quanto elemento di rottura o di continuità. In questo, egli subisce anche un'influenza sociale, che oggi tende a valorizzare una determinata immagine della paternità. Il risveglio del suo sentimento paterno di fronte alle esigenze del bambino e la mediazione della sua compagna, che lo inviterà o meno a impegnarsi in questo senso, lo spingeranno a modellare il suo personale atteggiamento nei confronti del figlio.

Il modello tradizionale

Nella famiglia tradizionale, il padre si sente coinvolto in quanto padre solo quando il figlio comincia a lasciare l'ambito materno, non prima dei tre anni d'età e spesso non prima dell'ingresso alle scuole elementari. Il figlio diventa allora un compagno che lui guida verso l'apertura nei confronti del prossimo, alla scoperta del mondo. I padri che oggi scelgono di ispirarsi a questo modello adottano una serie di precetti rigidi: «Il padre deve essere distante e autoritario…», «Il padre deve essere assente da casa e provvedere al mantenimento economico e deve lasciare all'onnipotenza materna il governo del focolare…».

Questo tipo di padre affida alla madre il lattante, quando piange, e non cerca di calmarlo, come non aiuta spontaneamente la sua compagna quando le è accanto.

UNA FIGURA IN EVOLUZIONE • Per lungo tempo l'uomo si è limitato a svolgere due funzioni: quella di primo sostegno alla madre e quella di separatore naturale della coppia madre-figlio. Certo, questi due aspetti della paternità rimangono di importanza cruciale. Rivestire questo ruolo di terzo, soprattutto proteggendo l'unità madre-figlio dal rischio di una deriva fusionale, facilita l'autonomia e lo sviluppo della personalità del bambino.

Tuttavia, per svolgere questa funzione simbolica il padre arriva talvolta ad assumere una posizione distante, quasi evitante, rispetto al figlio; alcuni padri possono trovarsi più a proprio agio in veste di garante dell'autorità, prendendo le distanze dai sentimenti cosiddetti più "femminili", che implicano un minore investimento emotivo. La vicinanza affettiva al bambino procura comunque grandi gioie e ogni padre può farne l'esperienza curandolo, dialogando e giocando con lui.

Padri più coinvolti

Nelle famiglie che adottano invece un modello paritario, il padre dimostra più sovente la tendenza ad avvicinarsi al piccolo. Comunque lo manifesti, egli si interessa al figlio e cerca di stabilire con lui una relazione personale da subito. Ciò facendo, diviene dall'inizio un partner per il suo bambino e crea con lui un legame profondo. La paternità qui è vissuta anche come forma di autorealizzazione.

Alcuni uomini cercano già un contatto con il feto non appena il grembo della compagna comincia a crescere. Altri si sentono coinvolti dalla nascita in poi o un poco più tardi, partecipando alla vita quotidiana del bambino. Gran parte dei padri che hanno investito in queste esperienze ne sono soddisfatti e le trovano «emotivamente esaltanti, intellettualmente appaganti e moralmente preziose», come le definisce lo psicologo Jean Le Camus. Senza dubbio, se la disponibilità o il desiderio mancano già dai primi tempi, è sempre possibile scegliere il percorso parallelo della "paternalità". Diventando attore del quotidiano familiare, il padre scopre e sviluppa i suoi sentimenti paterni, aiutato in questo anche dalle risposte del piccolo.

A suo agio ma diverso con il bebè

Dare il biberon, fare il bagnetto o cambiare il bambino sono gesti oggi comunemente condivisi, ma i due genitori non sono per questo intercambiabili. Il padre non è un "mammo" e si definisce come "genitore di sesso maschile" e, per impegnarsi in questo, ha ancora bisogno che la società lo incoraggi a farlo.

I dialoghi con il neonato avvengono durante il bagnetto e le poppate, ma anche nei giochi e nei momenti di coccole.

Occuparsi del piccolo lo obbliga a ritrovare in se stesso gli elementi femminili abbandonati un tempo, il che non è facile. Da piccolo, il maschio ha dovuto affrancarsi dalla sua iniziale identificazione con la madre e rinunciare per questo al desiderio di portare un figlio, arrivando a dover accantonare una sensibilità giudicata troppo femminile. Gli uomini che accettano la propria parte femminile o che danno un significato chiaramente maschile alla relazione con il figlio si lasceranno andare alle proprie emozioni.

A CIASCUNO IL SUO STILE • Ogni padre troverà un suo modo personale di esprimere il suo amore, l'essenziale sarà tessere legami e non necessariamente diventare un esperto di pannolini e biberon. Il padre non equivarrà mai alla madre, poiché il genitore di ciascun sesso ha uno stile ben preciso anche nei piccoli gesti quotidiani. Il padre "precoce" conosce anche il legittimo piacere degli scambi affettuosi e, in questo, non vede una minaccia per la sua virilità.

> " Passo lunghe giornate in ufficio, mentre la mia compagna rimane a casa a badare alla nostra bambina. Non mi dispiace darle una mano durante il weekend, ma faccio fatica ad accettare che lei pretenda il mio aiuto anche durante la settimana, in particolare in piena notte. "

UN FARDELLO INGIUSTO?

La sua opinione coincide con quella di molti altri uomini la cui compagna non lavora fuori casa. In realtà, però, in ciò che lei considera un fardello non c'è nulla di ingiusto.
Provi a riflettere su questo punto. La sua giornata di lavoro ha una durata ben precisa, mentre occuparsi di un neonato è un compito 24 ore su 24.
Ciò significa che la sua compagna lavora il suo stesso numero di ore, alle quali si aggiungerebbero, senza il suo aiuto nelle faccende di casa, 14 o 16 ore da svolgere mentre lei è invece a riposo. La giornata della mamma è impegnativa come minimo quanto la sua, tanto sul piano fisico quanto su quello emotivo (ancor più se allatta al seno).
Certo lei si alza presto al mattino per andare a lavorare, ma lei fa lo stesso, con la differenza che non può staccare per un caffè o per la pausa pranzo. Occuparsi della vostra bambina è anche per lei certamente un'esperienza imperdibile.
Nelle passate generazioni, pochi uomini hanno avuto l'occasione di trascorrere del tempo con i loro piccoli. Appartenendo a una generazione più consapevole e libera, invece, oggi lei ha l'opportunità senza precedenti di imparare a conoscere sua figlia fin da subito. Forse si perderà il telegiornale della sera o la palestra prima di cena, ma scoprirà che occuparsi di sua figlia è anche un'ottima pratica antistress. Niente di meglio per distrarla da un problema o dal pensiero di un lavoro difficile che cinguettare all'unisono con lei mentre le cambia il pannolino o la guarda ridere e sgambettare nel bagnetto o la culla dolcemente per farla addormentare.
La prossima volta che cercherà di calmare il pianto della sua piccola, si ricordi che i suoi sforzi troveranno presto una ricompensa. Inizialmente le potrà dedicare sorrisi e versetti, poi un «pa-pà» ansimante quando lei apparirà alla porta, poi un ditino puntato sulla guancia perché il suo bacino faccia passare una "bua"…

«Benvenuto, fratellino!»

L'arrivo a casa di un neonato è un grande evento cui il primogenito resterà strettamente legato. Anche in questo caso, potrete facilitare questi primi momenti della vita in famiglia adottando alcuni semplici princìpi. Vi sono molti modi di dimostrare al figlio maggiore la stessa attenzione che riserverete al piccolo e fargli capire che voi genitori sarete sempre lì per lui. Sarà bene consigliare anche agli ospiti, parenti e amici di adottare lo stesso atteggiamento.

Organizzare il ritorno a casa

Quando il maggiore scoprirà il nuovo fratellino, o sorellina, chiamate subito il piccolo con il suo nome e non usate nomignoli. Così lo aiuterete a percepire il nuovo arrivato già come persona e non come una sorta di oggetto.

LIMITARE LE VISITE • Nei primi tempi, limitate il numero delle visite, per la vostra salute e nell'interesse del fratellino maggiore. Anche se con le migliori intenzioni, gli ospiti tendono a parlare incessantemente del nuovo arrivato, quasi ignorando il fratellino maggiore. Avvertite nonni, zii e amici in anticipo e chiedete loro di moderare le effusioni al piccolo e dare più attenzione al primogenito. Alcuni ospiti avranno la sensibilità di portare un regalino al fratellino maggiore, ma se per diversi giorni vedrete arrivare solo regali per il neonato e nulla per il maggiore, chiedete a uno dei nonni o al papà di portare un pensierino anche per lui. Se l'afflusso di regali fosse veramente eccessivo, mettete da parte quelli che lui non ha notato.

Limitare le visite nelle prime settimane presenta anche altri vantaggi: vi consente di avere il tempo di recuperare e tessere preziosi legami tra i nuovi membri della famiglia.

FATE ATTENZIONE • Dedicate molta attenzione al vostro primogenito, soprattutto durante i primi giorni. Per esempio, attaccate i suoi disegni sul frigo; se sta imparando a tenersi pulito, complimentatevi con lui ogni volta che chiede il vasino; sedetevi accanto a lui e leggetegli una storia (la poppata è un momento ideale per questo); siate generosi con i complimenti e avari con i rimproveri.

Cercate di non estasiarvi eccessivamente davanti alla culla, ma non cadete nemmeno nell'errore opposto, evitando deliberatamente di manifestare il vostro affetto al nuovo arrivato davanti al fratellino maggiore. Associateli invece quanto più possibile ogni volta che parlate del piccolo: «Guarda che manine minuscole! Anche le tue erano così piccole...».

Se il primogenito va ancora alla scuola materna e chiede di rimanere a casa per qualche giorno, accontentatelo. Questo gli darà conferma del fatto che voi non cercate di stare sole con il piccolo, dando anche a lui l'occasione di legarsi al fratellino o alla sorellina e di abituarsi alla sua presenza. La durata di queste "vacanze" andrà fissata in anticipo affinché lui non si aspetti di poter rimanere a casa indefinitamente.

Un libro per capire?

Per un bambino che sta per diventare fratello maggiore, un libro illustrato può valere più di mille spiegazioni da parte dei genitori. Concepiti proprio per l'età di vostro figlio, molti libri spiegano in modo realistico (ma adatto ai bambini) come potrà essere la nuova vita insieme al fratellino.

PER LE FAMIGLIE NUMEROSE

- **Se avete già figli più grandi,** eccovi alcuni consigli molto pratici per gettare le basi della vostra nuova organizzazione di famiglia numerosa.
- **La mattina, fate possibilmente accompagnare i figli più grandi a scuola, o all'asilo,** dal papà o da un vicino di casa.
- **Cercate di far sì che i vostri figli mangino spesso alla mensa scolastica.** Se sono più piccoli, chiedete alla mamma o alla nonna di un compagno di scuola di invitarli a pranzo una o due volte la settimana.
- **Andate a prenderli all'uscita da scuola solo nel pomeriggio.** Per il piccolo sarà un'occasione per uscire e voi così rimarrete in contatto anche con la realtà della scuola.

Al contrario, non obbligate il vostro primogenito a rimanere a casa se, invece, preferisce andare a scuola. Si vede che ha bisogno di stare fuori, in un ambiente in cui non ci sono neonati e dove può trovare altri oggetti di suo interesse.

Per favorire i legami

È anche importante lasciare che il vostro bambino sia libero di interessarsi o no al fratellino ed esprimere i propri sentimenti al riguardo, qualsiasi essi siano. Quando invece non esprime liberamente i suoi sentimenti negativi, è bene incoraggiarlo a farlo. Potrete, per esempio, confidargli che anche voi vi sentite a volte confuse: «Sai com'è… io voglio tanto bene al tuo fratellino, ma certe volte non mi piace proprio dovermi svegliare di notte per dargli la pappa!». Oppure raccontate o leggete storie che parlino di bambini più grandi che provano sentimenti contrastanti rispetto al fratellino minore. O, ancora, se anche voi eravate primogeniti nella vostra famiglia d'origine, raccontategli la vostra reazione alla nascita di vostro fratello.

Per favorire la relazione, lasciate pure che il bambino prenda in braccio il piccolo, anche se vi sembra un po' maldestro. Certamente non li lascerete soli insieme, ma, anche se è piccolo, anche lui potrà toccare il bebè e aiutarvi a occuparvene in vari modi.

Il vostro atteggiamento gli farà capire che confidate in lui e lui sarà molto orgoglioso se gli farete i complimenti anche davanti ad altri.

Se si torna indietro

A tratti, il primogenito tenderà ad adottare atteggiamenti tipici del piccolo o manifesterà una sorta di regressione in fatto di proprietà di linguaggio o d'indipendenza. Con un po' di pazienza da parte vostra, però, tutto rientrerà presto nella normalità. Il primogenito imparerà ad aprirsi e a crescere anche attraverso queste piccole regressioni.

Anche gli adulti si sorprendono a volte a invidiare l'esistenza semplice del neonato: «Questa sì che è vita!», sospirano davanti al piccolo addormentato nella carrozzina. Provate a immaginare un bambino piccolo, magari appena uscito dal passeggino, che deve cominciare a imparare, una per una, tutte le innumerevoli responsabilità legate al crescere… non c'è da stupirsi se gli viene voglia di tornare indietro!

In un momento così delicato, non spingete mai il vostro primogenito a "fare il grande", ma coccolatelo ogni volta che lo desidera, anche se questo fa sì che, per un periodo, dovrete occuparvi di due "bebè" allo stesso tempo. Non lo rimproverate quando fa i capricci, anche

Lasciate che il fratello maggiore tocchi il piccolo e che esprima liberamente i sentimenti che prova per lui.

se vi fa innervosire quando vuole anche lui il latte nel biberon o si fa la pipì addosso.

Incoraggiatelo piuttosto a comportarsi per l'età che ha e congratulatevi con lui quando si dimostra maturo. Esprimere questo tipo di lodi davanti ad altri ne amplifica i benefici. Non perdete occasione per far notare al vostro figlio maggiore tutte le cose formidabili che può fare (e che non può fare il piccolo): mangiare il gelato alle feste di compleanno, andare sullo scivolo al parco o in pizzeria con mamma e papà…

Mentre il piccolo dorme, preparate dei dolci insieme a lui, chiedetegli aiuto e coinvolgetelo quando andate a fare la spesa o magari portatelo al cinema mentre il fratellino è con la baby-sitter, e vedrete che non tarderà a capire i vantaggi di essere primogenito e si lascerà dietro il bambino che era.

Secondo mese

- I progressi del vostro bambino
- Ciuccio o pollice?
- Comunicare con il vostro bambino
- Capirlo quando piange
- L'allattamento nell'arco della giornata
- Dormire in sicurezza
- Le vaccinazioni
- Che fare in caso di febbre?
- Organizzare bene per la toilette
- Massaggiare il piccolo
- Vestire il tuo bambino
- Alcuni consigli per tenere in braccio il bambino
- La sicurezza in automobile
- Genitori si diventa
- Nutrire, un gesto fortemente simbolico

I progressi del vostro bambino

Tutti i bambini compiono progressi nel corso del loro sviluppo, ma ciascuno segue il proprio ritmo. Le informazioni che diamo in queste pagine sono quindi solo indicative, poiché ciascun bambino ha una propria dinamica di crescita.

A ciascuno il suo ritmo

Se i progressi del vostro bambino non corrispondono alle informazioni che troverete in queste pagine, non preoccupatevi. Lo sviluppo si svolge per tappe successive e se ne deve tenere conto nella valutazione dei progressi. Sappiate che il vostro bambino svilupperà determinate capacità, tanto più facilmente, quante più saranno le occasioni per "allenarsi". Se la vostra preoccupazione persiste, consultate il pediatra o il medico che saprà rassicurarvi.

Di norma i prematuri raggiungono queste fasi di sviluppo a un'età più avanzata rispetto ai bimbi nati a termine. Nel valutare i progressi, si deve tenere conto di questo ritardo. Per esempio, un bambino nato di 32 settimane, all'età di due mesi si trova allo stesso stadio di sviluppo di un piccolo nato a termine dell'età di un mese.

> **A quale mese corrisponde?**
>
> Il capitolo sul primo mese tratta della vita del bambino dalla nascita al compimento del suo primo mese. Il capitolo sul secondo mese comprende tutto quello che c'è sapere sul bambino dal primo fino al compimento del secondo mese, e così via.

Il primo vero sorriso

Durante il secondo mese si verificano grandi cambiamenti. Il bambino è sempre più attivo e sveglio, dorme un po' meno e risponde di più ai vostri stimoli. E anche molto meno irritabile e le crisi di pianto si fanno più rare.

Anche voi siete cambiati: così impacciati nei primi giorni, ora avete preso confidenza con il bambino e lo nutrite (anche la notte!), gli fate fare il ruttino, il bagnetto e gli cambiate il pannolino senza più alcuna difficoltà.

Nonostante tutto, ciò non vorrà dire che non avete più preoccupazioni di sorta... Anche se la vita insieme al bambino assume un carattere di routine, le crisi di pianto e i piccoli disturbi possono suscitare ancora dei dubbi (e frequenti telefonate al medico!). Contemporaneamente alla crescita del bambino, aumenterà anche la vostra fiducia e presto vi sentirete meglio preparati per far fronte alle sfide quotidiane.

Può darsi che questo vi aiuterà a capire che in questo mese vi attende la prima ricompensa a tutte le notti passate in bianco: il primo vero sorriso del vostro bambino! Partiamo dal presupposto che, dalla quinta settimana, il bambino è in grado di sorridere intenzionalmente in risposta al vostro sorriso. Prima di quel momento, i suoi sorrisi sono solamente un riflesso che si manifesta nella maggior parte dei casi durante il sonno.

Sostenete la testolina

Le due zone che impiegano più tempo per svilupparsi a livello muscolare sono la schiena e la nuca. Infatti, l'ipertonia degli arti decresce dal basso verso l'alto, e il tono della colonna vertebrale aumenta dall'alto verso il basso. Fin dalla nascita, si può tenere il bambino nella cosiddetta posizione di "apertura al mondo": una delle mani lo sostiene da sotto il culetto, l'altra lo sostiene dal torace, rivolto all'esterno (all'opposto della posizione verso la mamma).

> " Mio figlio ha cinque settimane e avrei sperato di vederlo fare già i primi sorrisi, ma non è ancora successo."
>
> ### SORRISI VERI O FALSI?
>
> Anche alcuni neonati, anche se sani e felici, cominciano a sorridere non prima delle sei, sette settimane. Riconoscerete il suo vero primo sorriso quando il piccolo sorriderà con tutto il viso e non solamente con la bocca. I neonati non sorridono anche perché non sono pronti a farlo e lo saranno prima se voi parlerete e giocherete con loro e li coccolerete spesso. Sorridete e parlate spesso con vostro figlio e presto lui risponderà con un sorriso!

La presenza di un fratellino o di una sorellina che gioca con il neonato e lo coccola favorisce spesso la comparsa dei primi sorrisi.

Fino a quando il bambino non ha raggiunto i due mesi ha bisogno tuttavia che gli sosteniate voi la testolina, quando lo sollevate per prenderlo in braccio, altrimenti questa potrebbe cadere in avanti o all'indietro.

Una volta che lo avrete appoggiato su di voi, ben sostenuto dalle vostre mani o dall'incavo del vostro braccio, il bambino sarà più disposto a elargirvi molti grandi sorrisi. Anche se ormai avrete preso confidenza e fargli il bagnetto vi risulta facile, fate molta attenzione al modo in cui lo sostenete soprattutto quando lo immergete nell'acqua (vedi pag. 47).

Sappiate che solo verso i quattro mesi il vostro bambino sarà in grado di tenere la testa diritta per alcuni secondi dalla posizione verticale.

Una maggiore sensibilità al rumore

Durante il secondo mese il bambino reagisce facilmente al rumore e ai suoni in genere. Fategli sentire voi il suo sonaglino, se lui non sa ancora tenerlo in mano! Il coordinamento tra vista e udito si svilupperà in seguito, quando il piccolo imparerà a girare la testa nella direzione del rumore che sente. Evitate i giocattoli che potrebbero essere dannosi per il suo udito e non avvicinateli mai alle sue piccole orecchie, anche se non sono particolarmente rumorosi.

Il vostro bebè comincerà anche a emettere i primi suoni, dirà "arr", "agg" e ogni altra combinazione di vocali e consonanti soprattutto gutturali.

Ciuccio o pollice?

Molti neonati succhiano già il pollice in fase prenatale e non lo fanno più alla nascita, ma ritrovano spontaneamente questo gesto alcune settimane più tardi. Se preferite che il vostro bambino usi un ciuccio, sarà opportuno rispettare alcune semplici regole.

Un riflesso di suzione più o meno sviluppato

L'istinto di suzione farà sì che il bambino inizi a succhiarsi il pollice verso il secondo o terzo mese, o anche più tardi. Se però gli offrirete un ciuccio prima che trovi il pollice, lui ci si abituerà e non succhierà più il dito.

Per alcuni neonati, il gesto di "succhiare il pollice" si traduce anche nel succhiare un lato della mano o l'indice e il medio (in tal caso è meglio aiutare il bambino a trovare il pollice), gesto assolutamente naturale. Alcuni neonati hanno un riflesso di suzione molto forte che, se soddisfatto, dà loro piacere e un senso di tranquillità che spesso li aiuta ad addormentarsi senza piangere.

L'influenza del seno o del biberon

Si è appurato che i bambini nutriti al seno hanno un riflesso di suzione meno pronunciato rispetto a quelli allattati al biberon, poiché i primi hanno quotidianamente tempi di alimentazione piuttosto lunghi, mentre i secondi devono soddisfare il loro istinto di suzione anche al di fuori dei pasti.

È probabile, inoltre, che rispetto a chi allatta artificialmente, le mamme che allattano al seno tendano a offrirlo più spesso a richiesta come forma di "supplemento di coccole" (che dura solo qualche minuto), utile proprio quanto un ciuccio! Accade spesso che il bambino si succhi il pollice anche dopo lo svezzamento. In questo caso, esso rappresenta un buon mezzo per far fronte a situazioni difficili, alla stanchezza e soprattutto ai primi distacchi.

Un sostituto affettivo

Se utilizzato in modo sistematico per calmare il bambino a scapito degli scambi o contatti affettivi, il ciuccio svolgerà un ruolo che non è il suo per diventare l'oggetto con cui il bambino cura ogni malessere, talvolta per anni, a scapito del linguaggio.

Se i genitori riescono a valutare il momento in cui è utile, tutto andrà bene, ma il giudizio sull'eventuale nervosismo e sulla necessità del bambino di succhiare è soggettivo! Non date il ciuccio al vostro bimbo appena comincia a piangere, senza prima cercare di sapere perchè e riservatelo possibilmente a momenti precisi.

Se allattate al seno e non volete che il piccolo succhi il pollice, aspettate finché l'allattamento sarà bene impostato e poi provate a proporgli il ciuccio, nel caso manifesti un riflesso di suzione ulteriore.

In ogni caso, ricordate che nulla potrà sostituire le vostre braccia, la vostra voce, e la vostra presenza, anche se potrebbe non essere facile, durante i primi mesi...

Attenzione!

Per evitare il rischio di strangolamento, non legate il ciuccio al collo del bambino! Quando sarà più grande, potrà usare le speciali spillette che si fissano sui vestiti per avere il ciuccio sempre a portata di mano.

IL PARERE MEDICO

- I dentisti preferiscono il ciuccio piuttosto che il pollice, perché deforma meno il palato, anche se, in entrambi i casi, l'entità dell'eventuale deformazione dipende essenzialmente da quanto il bambino li succhia.
- A condizione di rispettare certe regole, sarà comunque più facile buttare via un ciuccio piuttosto che impedire al bambino di succhiarsi il pollice senza la sua partecipazione attiva.
- Il pollice resta tuttavia una soluzione più personale, che lascia il bambino libero di decidere o meno se succhiare per tranquillizzarsi. Anche quando non riesce ancora ad afferrarlo, riesce già a portarsi da solo il dito alla bocca. Inizialmente il ciuccio viene sempre dato dai genitori.
- Tutti i ciucci devono essere puliti frequentemente (con acqua e sapone) e sterilizzati di tanto in tanto.
- Tenete sempre a disposizione più ciucci, tutti in perfetto stato.

Non lasciate che il vostro bambino dorma con il ciuccio, altrimenti si abituerà a un movimento di suzione permanente.

> " Il mio bambino piange per ore, durante il pomeriggio. Dovrei dargli il ciuccio per consolarlo? "

QUANDO DARE IL CIUCCIO?

È facile, funziona subito, rassicura molti bambini e ferma il pianto meglio della ninna nanna. Ma il ciuccio è veramente la panacea dei genitori sfiniti? Probabilmente no. Per quanto possa rivelarsi pratico nei primi tempi (o addirittura indispensabile se il vostro bambino ha un gran bisogno di succhiare, ma non è ancora in grado di portare il dito alla bocca), l'uso del ciuccio presenta però alcuni inconvenienti. Dare il ciuccio troppo presto può creare inconvenienti all'allattamento materno poiché il bambino può confondere il ciuccio con il seno. Non è consigliabile adottare il ciuccio fino a che l'allattamento non sia bene avviato. Non lo date al vostro piccolo se notate che non sta prendendo peso a sufficienza o se non succhia abbastanza, poiché il ciuccio lo soddisferebbe, facendogli perdere interesse per la mammella.

Il ciuccio può essere un buon aiuto se, dopo averlo allattato, l'unica cosa che calma il vostro bambino è cantargli una canzoncina o spingere la carrozzina avanti e indietro per ore. Può però diventare anche una cattiva abitudine se lo darete sistematicamente al piccolo e quello che all'inizio era la consolazione del bambino, alla fine diventa la vostra. Il genitore bene intenzionato dà il ciuccio per assicurarsi che il bambino possa soddisfare il suo naturale riflesso di suzione, ma comincerà presto a darglielo anche quando lo vedrà nervoso.

La notte il ciuccio può diventare un problema perché può impedire al piccolo di addormentarsi da solo. Se lo perde durante il sonno, probabilmente si sveglia e non riesce a riaddormentarsi perché non ha ancora imparato a riprendere sonno senza un aiuto e voi dovrete alzarvi per rimettergli il ciuccio in bocca. Utilizzato temporaneamente per soddisfare il naturale istinto di suzione del bambino quando giunge al massimo, il ciuccio è innocuo e può aiutare i genitori come anche il bebè a superare un momento difficile. Utilizzato per lunghi periodi, può generare una dipendenza sia per il bambino sia per i genitori.

Scegliere bene il ciuccio

Esistono diverse misure di ciuccio; fatevi consigliare e assicuratevi che il ciuccio si adatti bene alla bocca e quindi alla dentizione del piccolo. Scegliete preferibilmente un ciuccio in silicone e sostituitelo regolarmente.

Comunicare con il vostro bambino

Il neonato rivela molto presto grandi capacità sensoriali. È capace di girare la testa nella direzione di una voce e di distinguere quella di sua madre tra altre voci femminili. Sa seguire con gli occhi un viso e guardare con attenzione chi si occupa di lui.

Un'attrazione reciproca

I bambini sono per natura socievoli e apprezzano la compagnia delle persone che comunicano loro attenzione e affetto. Da parte loro, gli adulti tendono per natura ad andare incontro a questi teneri esserini per offrire loro le premure necessarie. Tutto, nel nuovo nato, stimola il nostro interesse: il suo viso tondo e fine, i suoi capelli morbidi, le sue mani così piccole... Quanto prima il bambino manifesta il suo benessere ogni volta che le sue richieste trovano una risposta e per la felicità dei genitori, che possono constatare le capacità di reazione del proprio bambino.

Una risposta intuitiva

Seguite il vostro intuito: lasciatevi guidare dal vostro istinto perché sarà la migliore guida per occuparvi del vostro bambino. La psichiatra Mechthild Papousek e il pediatra Hanus Papousek definiscono "genitorialità intuitiva" i comportamenti di cui i genitori non sono propriamente coscienti, ma che sono comunque particolarmente appropriati poiché stimolano il bambino e si adattano alle sue possibilità.

Con il bambino svilupperete quindi un vostro stile, inventando un vostro modo di tenerlo in braccio e metterlo a suo agio, di parlargli, guardarlo e toccarlo. I suoi gesti e il suo atteggiamento si adatteranno man mano che si svilupperà la comprensione reciproca e vi sentirete di fare quello che riterrete più opportuno, il che è una sensazione sicuramente gratificante.

SCAMBI SINCRONIZZATI • La mamma percepisce dentro di sé il suo bambino e si identifica con lui per rispondergli al meglio. Essa distingue i momenti in cui il bambino vuole essere sollecitato da quelli in cui, al contrario, ha bisogno di calmarsi e di non essere più stimolato in alcun modo. Essa si sincronizza quindi con il suo bambino, per rispettare al meglio i suoi ritmi.

Poco a poco, ciascuno diviene per l'altro sempre più prevedibile. Per esempio, quando il bambino sorride e si mostra disponibile, la mamma sorride come a prolungare il sorriso del suo piccolo. Al contrario, se non riesce a prestare attenzione e si chiude, lei si allontana per un po'. Un

> " Certi genitori sembrano conoscere una lingua speciale per parlare al bambino. Io non so che cosa dire al mio bambino, che ha sei settimane, e quando cerco di farlo, mi sento completamente stupido e temo che la mia timidezza possa rallentare il suo sviluppo."

PARLARE IN "BAMBINESE"?

Sono ancora piccoli, non sanno ancora rispondere e, inoltre, la maggior parte dei nuovi genitori è un po' intimidita dal neonato. La lingua "bambinese" che a loro sembra così ridicola, mentre per altri genitori è cosa naturale, li lascia senza voce e li fa sentire in colpa per il loro silenzio imbarazzato.
Il vostro bambino imparerà a parlare, anche se voi non imparerete mai a parlare in "bambinese". La sua padronanza linguistica, però, si svilupperà più rapidamente soprattutto se voi lo aiuterete a comunicare molto presto. I bambini che non comunicano non solo subiscono ritardi nel campo del linguaggio, ma anche in altre aree di crescita, anche se ciò accade raramente.
I genitori che non si sentono a loro agio con il "bambinese" comunicano comunque con il neonato coccolandolo, consolandolo e cantandogli la ninna nanna o commentando quello che fa.
I genitori trasmettono la loro lingua sia parlando fra loro sia parlando con il loro piccolo. Il bambino apprende sia da un dialogo che riesce a comprendere sia da una conversazione alla quale partecipa solo come spettatore.
Non c'è il rischio che il vostro bambino passi il suo primo anno in compagnia di un genitore silenzioso e non dovrete, quindi, sentirvi in obbligo di parlare "bambinese" con lui, se non è il vostro forte, ma parlategli piuttosto il più spesso possibile. Cominciate quando siete soli con lui, così poi non vi sentirete inibiti dalla presenza di altri adulti.

osservatore esterno potrebbe avere l'impressione che i due parlino la stessa lingua.

SENSIBILE AI SUONI • Il bambino è molto interessato a tutti i suoni emessi dalla sua bocca. Le voci dei genitori lo avvolgono e gli danno un senso di sicurezza quanto l'essere tenuto in braccio. Dopo essersi rivolto a voi con uno sguardo, verso il secondo mese il bambino emette i primi versi gutturali e suoni in cui predominano sempre le vocali ("a" ed "e"): «arr», «aee»… Il suo primo balbettio è un gioco e un dialogo al tempo stesso. Il vostro bambino farfuglia sia per puro piacere sia per rispondere a voi. Anche qui, come nei gesti e negli sguardi, s'instaura una reciprocità. Comincia a sorridere spontaneamente per dimostrare il suo benessere, la gioia di rivedere suo padre la sera… vi associa dei suoni e il suo viso diviene sempre più espressivo.

Inizialmente il vostro bambino è sensibile soprattutto all'intonazione (dolce o potente) e la vostra voce può tranquillizzarlo o stimolarlo. Il piccolo capisce perfettamente la natura del messaggio, vale a dire se voi siete ben disposti nei suoi riguardi o meno, anche se non afferra ancora le parole nel senso letterale del termine.

PROVA EMOZIONI?

- Oltre al linguaggio, **il bambino percepisce molto bene i suoi sentimenti e l'atmosfera emotiva attorno a lui: l'allegria, la tristezza, la collera…**
- **Egli non interpreta nulla, ma riconosce tutto a livello irrazionale.** Quello che la madre e il suo bambino si comunicano a vicenda appartiene senza dubbio alle emozioni più intime della persona.
- **La madre trasmette al suo bambino, suo malgrado, molto di quello che prova** perché non può controllare tutto quello che circola in questa comunicazione. Non è il caso di sentirsi in colpa se si è in crisi e non se ne può più di sentir piangere il bambino…
- **È certamente importante evitare, ove possibile, parole o gesti bruschi nei riguardi del bambino.** Nulla di grave se per una volta mancherete di tatto o vi mostrerete un po' meno disponibili del solito: **il bambino si forma in funzione della relazione di fondo madre-figlio e non sui piccoli incidenti della giornata.**

➜ Durante la fase di lento risveglio, il neonato scopre il mondo che lo circonda con grandi occhi aperti e sguardo vigile.

Capirlo quando piange

Gradualmente il vostro bambino piangerà sempre meno e voi vi sentirete sempre meno disorientati quando piangerà. Quando lo conoscerete meglio, avrete più fiducia in voi stessi e ciò vi permetterà di rassicurarlo più facilmente.

Un'evoluzione sempre più sensibile

Generalmente il neonato piange meno spesso dopo il secondo o terzo mese d'età, ma, all'inizio del secondo mese, i genitori si sentono di solito già più sicuri e sono in grado di calmarlo. Ha così inizio un nuovo periodo… i momenti di veglia agitata si vanno attenuando. I ritmi sonno-pasti diventano più regolari. I disturbi digestivi si fanno più rari.

Conoscendo sempre meglio il vostro bambino, capirete più facilmente i motivi del suo pianto. Capirete se piange per un disagio fisico o se cerca di esprimere un malessere emotivo. Di conseguenza, vi sarà più facile adeguare le vostre reazioni secondo il motivo del pianto: fame, stanchezza, difficoltà ad addormentarsi o disagio per una presenza sconosciuta.

> **Niente sciroppi né sonniferi!**
> Non esistono farmaci adatti a far dormire i bambini! I sonniferi rischiano di compromettere lo sviluppo del cervello e gli sciroppi contenenti antistaminici, neurolettici e benzodiazepine (tranquillanti), non sono più ammessi per i bambini.

IL POTERE RASSICURANTE DEL PADRE

- In alcune circostanze, i padri riescono a tranquillizzare meglio delle madri il pianto del neonato. Quando il bambino sta piangendo già da un po' e la mamma non sa più che cosa fare, il papà prova ad addormentarlo.
- Questa sua particolare capacità si basa sulla relativa distanza fra lui e il bambino, poiché egli accetta più facilmente di non capire il pianto. I neonati, infatti, fanno più fatica a tranquillizzarsi quando sentono che l'adulto è ansioso o angosciato.
- La mamma è spesso più influenzata dal pianto del bambino e, suo malgrado, può trasmettergli il suo personale stato d'ansia e non riuscire, quindi, a calmarlo. Desiderando solo di essere rassicurato senza che nulla gli sia chiesto in cambio, il bambino si sentirà forse più a suo agio sentendo la voce e le braccia di una persona più rilassata: il suo papà.

Rassicurarlo altrimenti?

Più il vostro bambino cresce e più sarà in grado di affrontare situazioni per lui spiacevoli. Ovviamente avrà sempre bisogno di essere rassicurato. Presto potrete tranquillizzarlo in vari modi: con il suono della voce, lo sguardo, con la vostra presenza, ma senza prenderlo subito in braccio. Di fronte a certi suoi pianti, i vostri tempi di reazione potranno allungarsi e il piccolo imparerà a calmarsi anche senza il vostro aiuto diretto.

È ammalato?

I genitori si chiedono spesso se le lacrime del proprio piccolo non possano essere motivate da un dolore fisico, da una malattia. Nelle prime settimane questo può diventare un dubbio angosciante, perché non è facile distinguere i diversi tipi di pianto. A qualsiasi età, il principale segno di allarme è il perdurare di comportamenti insoliti. In caso di dubbio, non esitate a contattare il vostro medico di fiducia.

PRIMA DEI DUE MESI • Il vostro bambino sta poco bene o è ammalato e continua a piangere qualsiasi cosa voi facciate. Un pianto che dura più a lungo del solito può essere un primo segnale. Se associato alla mancanza di appetito, a un pallore inconsueto, tosse, difficoltà respiratorie, vomito, diarrea o febbre, chiamate subito il medico. Durante i primi due mesi, tutte le infezioni possono avere conseguenze gravi: è meglio chiamare il medico per un nonnulla piuttosto che correre un rischio eccessivo.

DOPO I DUE MESI • Le mamme riconoscono spesso la tonalità particolarmente acuta del pianto di dolore. L'altro punto di riferimento è la febbre, soprattutto se associata a uno dei sintomi citati sopra. La prima volta che si manifesta una malattia infantile, solitamente i genitori consultano subito il medico. Più tardi impareranno a valutare da soli quando la visita del medico può attendere.

Quando piange, talvolta è sufficiente che il neonato ritrovi un contatto fisico e senta una voce per sentirsi subito rassicurato.

Perché piange?

Il pianto è l'unica forma di comunicazione che il bambino ha a disposizione, ma questo non significa che voi possiate sapere sempre che cosa lui stia cercando di dirvi. Non preoccupatevi per questo, eccovi alcuni trucchi che potranno aiutarvi a capire che cosa significhino veramente questi suoi lamenti, pianti e strilli.

HA FAME
Pianto breve e basso che diventa sempre più acuto e si ripete ritmicamente con tono supplicante (come se vi dicesse: «Per favore, dammi da mangiare!»): solitamente significa proprio che il bambino ha fame. I pianti da fame sono spesso preceduti da alcuni altri segnali inconfondibili da parte del piccolo che schiocca le labbra o si succhia un dito. Se riconoscete questi segnali, potrete evitare molti pianti se prenderete in braccio il piccolo per allattarlo o dargli subito il biberon.

È STANCO
Comincia con un balbettio (come se il bambino cercasse di parlare con voi) e si trasforma poi in uno stato di agitazione generale quando l'attenzione che il bambino richiede tarda ad arrivare, lasciando il posto a un pianto di decisa indignazione («Perché non mi guardi?»), alternato a gemiti («Che cosa devo fare per avere una coccola?»). Questo tipo di pianto del bambino infastidito cesserà non appena lo prenderete in braccio.

È MALATO
Questo tipo di pianto ha spesso, invece, un suono debole e nasale, più grave di quello del pianto di dolore o di stanchezza, come se il bambino non avesse più nemmeno l'energia necessaria per gridare più forte di così. Si accompagna in genere ad altri segnali di malattia (febbre e/o diarrea), o da cambiamenti nel comportamento (per esempio, poca energia, rifiuto di mangiare). Questo tipo di pianto è il più triste e quello che colpisce di più i genitori.

HA IMPROVVISAMENTE MALE DA QUALCHE PARTE
Questo pianto inizia bruscamente (in genere è provocato da uno stimolo ben preciso). Forte e prolungato, ognuno di questi lamenti dura alcuni secondi e lascia il bambino senza fiato. È seguito da una lunga pausa durante la quale prende fiato e si prepara a un'altra serie di pianti che ricominciano con urli acuti e prolungati.

È SFINITO O A DISAGIO
Un pianto fatto di gemiti continui, nasali e intensi che indicano generalmente che il bambino è stanco fino all'esasperazione (come se vi dicesse: «Lasciami dormire, per favore!», «Cambiami il pannolino!» o «Non vedi che sono stufo di stare seduto su questo seggiolino scomodo?»).

L'allattamento nell'arco della giornata

Una volta che avrete adottato gradualmente un ritmo di allattamento regolare, potrete godervi appieno questi preziosi momenti insieme al vostro bambino. A volte succede però che il cammino incontri qualche ostacolo; alcuni consigli pratici vi permetteranno di rimediare facilmente alla maggior parte degli inconvenienti.

Le esigenze del bambino

Un bambino in salute, che abbia una buona capacità di suzione, troverà naturalmente il ritmo che lo soddisfi al meglio. Il neonato allatta mediamente dalle 8 alle 10 volte al giorno, addirittura 12 volte nei suoi primi giorni di vita. La quantità di latte che ingerisce dipende dalla frequenza delle poppate e dall'efficacia della suzione. Considerate che, all'inizio, poppate brevi e frequenti stimoleranno più a lungo la produzione del latte, rispetto a poppate lunghe e più rare.

Dopo qualche tempo il seno sarà meno gonfio e meno teso. Questa distensione indica che la produzione di latte si è adattata ai bisogni del bambino. Per essere certi che la suzione sia efficace, verificate che il bambino bagni da 5 a 6 pannolini e vada di corpo da 2 a 5 volte al giorno; la quantità di feci può diminuire a partire dalle 6 settimane ed è abbastanza normale.

NON HO ABBASTANZA LATTE... • Il timore di non avere abbastanza latte o di produrre un latte di scarsa qualità è comune fra le mamme ed è spesso ingiustificato. Ricordate che, generalmente, l'allattamento al seno obbedisce alla legge della domanda e dell'offerta: più il bambino succhia, più la produzione di latte aumenta; meno succhia, meno latte avrete! Per aumentare la produzione di latte, potrete:
• attaccare frequentemente il bambino al seno (la frequenza è un fattore molto più determinante della durata della poppata);
• portare paracapezzoli da allattamento che stimolano la mammella;
• adattare l'alimentazione e bere molta acqua.

UN BIBERON DI AGGIUNTA SE IL BAMBINO NON CRESCE ABBASTANZA?

- Si raccomanda talvolta di dare al piccolo un biberon di aggiunta se si nota che il bambino non cresce abbastanza con il solo latte materno.
- La mamma è spesso confusa al riguardo. Da un lato sente dire che un biberon in questo contesto potrebbe danneggiare la sua capacità di allattare. Dall'altro, il medico dice che, se non nutre meglio il bambino dandogli un'aggiunta di latte artificiale, le conseguenze per il bambino potrebbero essere gravi.
- La difficoltà di prendere peso per i neonati allattati solo al seno è frequente ma passeggera. **È importante cominciare sempre dal seno per stimolare la lattazione e poi proporre il supplemento.**

Nella maggior parte dei casi, quando la lattazione è ben avviata e il bambino segue una buona dinamica di crescita, i supplementi possono essere eliminati.

• **Con ogni probabilità, il vostro bambino accetterà il biberon senza problemi e, anzi, lo vuoterà avidamente.** Per abituarcisi, ha però bisogno di un po' di tempo. Qualche consiglio vi aiuterà a convincerlo più in fretta.
• **Per il primo tentativo, aspettate che il bambino abbia fame** (ma non al punto di urlare) e sia di buon umore.
• **Fatelo dare da qualcuno che non sia la mamma.** Il primo biberon sarà accettato più facilmente dal bambino, se gli viene dato da qualcun altro, piuttosto che dalla mamma che non deve rimanere nella stessa stanza, per non correre il rischio che protesti.
• **La mamma deve nascondere il seno.** Il piccolo ha, infatti, un olfatto molto sviluppato che lo porta a cercare istintivamente il seno. Se è la mamma a offrire questo primo biberon, dovrà nasconderlo per facilitare l'operazione. Cercate di distrarre il bambino con un sottofondo musicale, un giocattolo o un altro passatempo, anche se un'eccessiva distrazione rischia di portarlo a giocare piuttosto che a bere.
• **Scegliete una buona tettarella.** Se il bambino rifiuta la tettarella con apparente disapprovazione, provate un altro tipo di tettarella.

Durante l'allattamento, la madre secerne endorfine (gli ormoni della felicità), che tranquillizzano e rilassano.

- Adattate la posizione di allattamento alla situazione, tenendo il bambino al seno il più verticalmente possibile: posizionatelo, per esempio, a cavallo sulle ginocchia oppure tenete la testolina più alta del seno e allattate stando distese.
- Ritirate il seno se il getto è troppo forte, pulite con una spugnetta il latte o raccoglietelo, se necessario, in un recipiente. Riattaccate il bambino al seno quando il latte ha smesso di sgorgare.
- Fate frequenti pause per permettergli di fare il ruttino.

La prima cosa da fare sarà ridurre la stimolazione mammaria; offrite solo un seno per volta a ogni poppata, non portate paracapezzoli, tirate il latte solo per alleviare la tensione ed evitare una congestione. Soprattutto non disperate perché questo problema passa con il tempo: il bambino imparerà a controllare il flusso del latte, il suo fabbisogno aumenterà e la vostra produzione si adeguerà di conseguenza!

Una buona igiene di vita

L'allattamento non è faticoso di per sé, ma implica il rispetto di una certa igiene personale.

NUTRIRSI BENE • L'alimentazione è importante per voi come per il vostro bambino. Produrre circa 800 ml di latte al giorno richiede energia: non è quindi un buon momento per mettersi a dieta. All'inizio dell'allattamento potrete avere a volte una fame da lupo; per evitare il più possibile gli spuntini fuori pasto, preparate pasti molto equilibrati. Fate particolare attenzione:
- al calcio, perché la crescita del bambino non venga fatta a spese delle sue ossa; si consigliano 3 o 4 tipi di latticini al giorno.

... TROPPO LATTE ? • Questo problema, nettamente meno frequente del precedente, può facilmente trasformare l'allattamento in una vera e propria prova di combattimento per la mamma! Il bambino quasi soffoca per la pressione del latte, tossisce, sputa quello che gli va di traverso... e si mette a urlare disperato! Può anche fare molti ruttini, soffrire di coliche e produrre feci verdi, perché, a ogni poppata, ingerisce molta aria.

Attenzione!

Non prendete mai farmaci senza avvertire prima il medico: alcune sostanze passano nel latte materno! Eliminate tutte le bibite alcoliche, compreso il vino la birra (che, come si sa, non ha mai aumentato la produzione di latte!).

- al ferro, per ricostruire le vostre riserve dopo il parto; privilegiate la carne, il pesce e le uova;
- ai lipidi, per il cervello del bambino che continua a crescere; arricchirete il vostro latte con acidi grassi essenziali, come variante alle sostanze grasse;
- alle bibite, per restare bene idratate e favorire la lattazione; bevete un bicchiere d'acqua prima di ogni poppata.

Potrebbe succedere che il bambino non apprezzi il gusto forte che qualche alimento conferisce al vostro latte o che voi lo digeriate con difficoltà, gonfiandovi di gas (è il caso per esempio di cipolle, cavoli, asparagi o dei piatti piccanti, da non consumare durante la gravidanza). Evitate il caffè e il tè, perché la caffeina e la teina passano nel latte.

Eliminate infine alcuni alimenti particolari che possono diminuire la produzione del latte, come il prezzemolo, la menta, la salvia e il rabarbaro. Al contrario, potrete consumare in abbondanza tutto ciò che stimola la produzione del latte: l'anice verde, il cumino, il finocchio o l'essenza di verbena delle Indie.

RIPOSATEVI! • La fatica può essere all'origine di un'eventuale insufficienza di latte. Anche se non è ovviamente facile, soprattutto se avete anche altri figli, cercate di concedervi qualche momento di riposo seguendo il ritmo del

> ## ALLATTAMENTO E CONTRACCEZIONE
>
> ▸ **L'allattamento non costituisce in alcun caso un metodo di contraccezione di per** sé e potreste ritrovarvi presto di nuovo incinta anche se allattate, ancor prima del ritorno delle mestruazioni. Alcuni metodi di contraccezione possono essere utilizzati anche durante l'allattamento, altri sono assolutamente da sconsigliare.
> ▸ **I metodi naturali di controllo** (Billings ecc.): sono più difficili da utilizzare durante l'allattamento, prima del ritorno delle mestruazioni.
> ▸ **I contraccettivi locali** (spermicidi, preservativi, diaframma ecc.): possono essere utilizzati da soli o in associazione tra loro.
> ▸ **I contraccettivi ormonali:** solo i progestativi sono considerati compatibili con l'allattamento, ma possono diminuire la lattazione, per cui si raccomanda di iniziare a utilizzarli solamente dopo le prime otto settimane di allattamento. In alcune donne, il dosaggio di estrogeni abbassa drasticamente la lattazione, per cui questi contraccettivi dovrebbero essere evitati durante l'allattamento.
> ▸ **La spirale:** alcuni medici si rifiutano di applicarla alle donne che allattano, a causa dell'elevato rischio di espulsione, che però diminuisce fra le quattro e le sei settimane dopo il parto.

L'allattamento non comporta fatica per la madre, se gode di una corretta alimentazione.

vostro bambino. Cercate, per esempio, di dormire mentre lo allattate stando in posizione distesa: facile, soprattutto se avete anche altri figli, cercate di concedervi qualche momento di riposo seguendo il ritmo del vostro bambino. Cercate, per esempio, di dormire mentre lo allattate stando in posizione distesa: dopo la poppata potrete addormentarvi e recuperare un po'.

Disturbi e complicazioni

Anche se vi sarete preparate bene all'allattamento, talvolta potreste incontrare piccoli disturbi o complicazioni. Le coppette paracapezzoli possono contribuire a creare problemi nell'allattamento e aggravare molto rapidamente la situazione. Evitate, quindi, di utilizzarle.

La cattiva postura è spesso all'origine di alcuni disturbi; chiedere pure consiglio al medico, in caso di dubbio.

L'IPERSENSIBILITÀ DELLE MAMMELLE
I capezzoli sono spesso molto doloranti, soprattutto nei primi tempi dell'allattamento. Questo disagio può essere legato al fatto che il bambino non tiene correttamente in bocca l'insieme del capezzolo e l'areola. Dedicate il tempo che serve ad attaccare il bambino al seno in modo corretto (vedi pag. 28).

In generale, questa ipersensibilità diminuisce gradualmente, a mano a mano che la mamma e il bambino imparano la tecnica corretta per allattare.

LE RAGADI
Possono essere dovute a una posizione non corretta del bambino al seno durante l'allattamento, alla pelle che rimane troppo umida (saliva) o che si secca troppo rapidamente (usate l'asciugacapelli), o ancora a certi detergenti o creme che sensibilizzano troppo la pelle. Il capezzolo allora si irrita e può screpolarsi, formando dei tagli simili a crepe, che arrivano anche a sanguinare.

Per guarire le ragadi, controllate intanto la vostra posizione di allattamento e quella del bambino rispetto al seno (vedi pag. 28), asciugate delicatamente i capezzoli dopo ogni poppata, senza strofinare (tamponate con carta assorbente o un panno morbido) per eliminare ogni possibile fattore d'irritazione. Se lo desiderate, potrete anche proteggere i capezzoli con una crema a base di lanolina anidra purificata e portare delle coppette assorbilatte per aerare le ragadi e aiutare la cicatrizzazione. Per prevenire o limitare le ragadi, potrete mettere qualche goccia di latte materno sulla mammella dopo aver asciugato la saliva del bambino.

L'INGORGO MAMMARIO
L'ingorgo è un fenomeno transitorio dovuto a un eccessivo afflusso di latte. Può comparire generalmente fra il 13º e il 15º giorno dopo la montata lattea e quando il ritmo delle poppate non è ancora regolare.

Se trattato tempestivamente, può durare fra le 12 e le 48 ore al massimo. Per sbloccare l'ingorgo mammario, attaccate il bambino al seno quanto più spesso vi è possibile. Più frequenti saranno le poppate, più velocemente si risolverà il problema dell'ingorgo. I seni saranno molto tesi e il latte uscirà con difficoltà. Massaggiate delicatamente, premendo sul torace verso i capezzoli con movimenti circolari (insistendo un po' sui punti più dolorosi) per drenare il seno e stimolare il riflesso di espulsione.

Se le areole sono dure e il bambino non riesce a prendere correttamente il capezzolo, potrete anche spremere un po' di latte (manualmente o con l'aiuto di un tiralatte) per rilassare un po' il seno.

Docce e impacchi caldi (con guanti di spugna) sono anche molto efficaci e consigliabili prima del massaggio poiché favoriscono lo svuotamento del seno. Una volta che il seno è ben rilassato, applicate invece un panno freddo che vi aiuterà a ridurre l'edema e il dolore. Attenzione: non usate le coppette paracapezzoli, perché porterebbero un nuovo ingorgo mammario per sovrastimolazione. In caso di febbre, parlate con il vostro medico, che potrà prescrivervi dell'aspirina. La continuazione dell'allattamento costituisce la parte essenziale del trattamento dell'ingorgo e delle sue complicazioni.

LA LINFANGITE O MASTITE
È un'infiammazione della ghiandola mammaria che si può contrarre durante l'allattamento; si manifesta con una zona rossa e dolente che compare sul seno e si presenta tesa, accompagnata da febbre che può superare i 39°C., dovuto all'ostruzione di un dotto lattifero. La mamma risente degli stessi sintomi dell'influenza. È assolutamente necessario coricarsi, bere molto e attaccare spesso il bambino al seno per sbloccare il dotto. Se il dolore diventa troppo forte, si può alleviare prendendo dell'aspirina.

I fattori predisponenti sono l'affaticamento e lo stress e, per favorire la guarigione, è assolutamente necessario il riposo assoluto. Consultate uno specialista di allattamento che vi aiuterà a individuare altre eventuali cause di linfangite per evitare episodi recidivi o complicazioni.

> " Queste posizioni di allattamento devono essere corrette perché potrebbero diventare la principale causa di complicazioni, peraltro facili da curare."

L'ASCESSO AL SENO
Attenzione, una linfangite mal curata può degenerare in un ascesso, una linfangite molto grave con flusso di pus che spesso richiede un tempestivo intervento chirurgico (drenaggio del seno) con terapia antibiotica e un periodo di riposo. L'allattamento può proseguire dal lato del seno non colpito. L'ascesso al seno è un problema grave, ma fortunatamente questi sono casi estremamente rari.

Dormire in sicurezza

All'inizio del secondo mese, il neonato passa ancora la maggior parte del suo tempo a dormire, per una media di 19 ore al giorno. Affinché le trascorra nelle migliori condizioni e voi genitori siate sereni mentre dorme, ci sono alcune regole da rispettare.

Favorire il sonno

Che il vostro bambino sia o non sia un dormiglione, ecco alcuni consigli che mirano a ricreare in parte il benessere del ventre materno e potranno aiutarvi a migliorare la qualità del suo sonno.

UN LETTINO CONFORTEVOLE • Nelle prime settimane di vita, molti neonati si sentono annegare in un letto troppo grande e gridano se li coricate in mezzo al materasso. Se il bambino non vi sembrerà a suo agio nel lettino, per il primo mese tenetelo nella culla, nella cesta o nella scocca della carrozzina, dove lo spazio ridotto richiama i mesi trascorsi nel ventre materno. Per aumentare il senso di sicurezza, infilatelo anche nel suo piumino a sacco.

TEMPERATURA CONTROLLATA • La temperatura della camera deve essere compresa fra i 18 e i 20 °C. Il sonno potrebbe essere disturbato, se il bambino ha troppo caldo o troppo freddo.

MOVIMENTI RASSICURANTI • Nel ventre materno, il feto è più attivo quando la madre è a riposo. Se si alza e si muove, si calma perché cullato dal movimento. Anche più tardi, il movimento sarà rilassante. Cullare o dondolare il bambino contribuisce al suo benessere e al suo riposo.

Troppi sonnellini?

I bambini tendono a dormire molto, spesso più di quanto non sia neppure necessario, con due effetti collaterali. Da un lato prendono l'abitudine ai brevi sonni (un quarto d'ora fino al negozio all'angolo...), piuttosto che un riposo lungo nel lettino. Dall'altra, tanto meglio si riposano durante il giorno, tanto meno dormono la notte. Se il vostro bambino si addormenta quando lo mettete sul seggiolino o nel marsupio, cercate di limitarne l'uso.

PREVENIRE LA MORTE IMPROVVISA DEL LATTANTE

› La sindrome della morte improvvisa del lattante è il **decesso improvviso di un neonato in buona salute durante il primo anno di vita; l'età di massimo rischio si colloca fra il terzo e il sesto mese.**

› La sindrome della morte improvvisa del neonato non è causata dal vomito, da un incidente o malattie minori, non è causata dalla vaccinazione e non è contagiosa.

› Oggi i ricercatori sono convinti che, nonostante i bambini che ne sono colpiti sembrino in buona salute, presenta tuttavia una sindrome predisponente sconosciuta. Si ipotizza che il centro cerebrale deputato al risveglio, ancora immaturo nel lattante, non si attivi in caso di disturbo o arresto respiratorio. Per altri, la morte improvvisa potrebbe essere causata da deficienza cardiaca.

› Alcune precauzioni possono prevenire questo grave pericolo:

• Il tabacco (eccitante cardiaco) aumenta il rischio di morte improvvisa. Esso deve essere vietato prima, durante e dopo la gravidanza. Non si deve mai fumare vicino al bambino, né in casa né in automobile!

• Il **bambino deve assolutamente dormire su un materasso compatto, coricato supino o sul fianco.** Questa posizione ha drasticamente diminuito il numero dei decessi improvvisi (che ha registrato un calo del 70% all'inizio degli anni '90) poiché dormendo sul ventre o su un materasso troppo morbido, il bambino respira male e gli manca l'aria necessaria a regolare il suo equilibrio termico.

• **Il bambino non deve essere troppo coperto** e dormire in una camera a temperatura media (18-20 °C), senza piumone o cuscino. Se necessario, collocate nella camera un umidificatore.

• **Curate adeguatamente il bambino quando ha il raffreddore,** soprattutto liberandogli il nasino con qualche goccia di soluzione fisiologica (non sa respirare con la bocca).

UN LUOGO CALMO • I neonati dormono meglio in una stanza a parte, non perché la vostra presenza li disturbi, ma perché sarete meno tentati di prenderli in braccio al minimo gemito, interrompendo inutilmente il loro sonno. Se non siete in grado di trattenervi dal prenderlo in braccio al minimo sussulto, fatelo dormire nella sua cameretta. Rimarrete comunque a portata d'orecchio per sentire il suo pianto prima che si tramuti in urla disperate o, meglio ancora, usate un interfono (vedi pag. 54).

Attenzione: è possibile confondere il sonno paradosso (REM) con lo stato di veglia (vedi pag. 91). Il bambino pare agitato, apre gli occhi, sorride o piagnucola, sempre dormendo, ma, se lo prendete con voi, avrà difficoltà a riaddormentarsi. Prima di prenderlo, attendete che si mostri veramente sveglio.

IL RITUALE • Quando il vostro bambino si addormenta mentre allatta al seno o succhia il biberon, il rituale di addormentamento potrebbe sembrare superfluo, ma non è mai troppo presto per cominciare e, all'età di 6 mesi, dovrà essere quotidiano. Il bagnetto seguito da momenti di gioco tranquillo sul vostro letto, una filastrocca o una ninna nanna possono calmare o addirittura addormentare il piccolo. Il seno o il biberon possono concludere il rituale o venire anche prima per i bambini che sanno già addormentarsi da soli.

IL RIPOSO DURANTE LA GIORNATA • Certi genitori pensano di risolvere il problema del sonno notturno tenendo il loro bambino sveglio a lungo durante il giorno, anche quando vorrebbe dormire. Si tratta di un grave errore (sebbene sia buona norma anche limitare la durata dei riposini diurni per mantenere la differenza giorno-notte), perché il bambino molto stanco ha un sonno più irregolare rispetto al bambino ben riposato.

> "Certi genitori fanno dormire il bambino nel loro letto. Con nostra figlia, che si sveglia spesso la notte, mi sembra che tale sistemazione permetta a tutti di dormire meglio e più a lungo."

IL BAMBINO CHE DORME NEL LETTO DEI GENITORI

I fautori del sonno condiviso sostengono che esso rafforza i legami familiari e permette di allattare e confortare meglio il bambino. Non tutti gli specialisti concordano su questa pratica, largamente diffusa oltreoceano. La camera dei genitori deve rimanere il loro luogo d'intimità e il bambino ha bisogno di questa separazione per costruirsi una personalità indipendente.
Il letto dei genitori può essere un luogo d'incontro e di crescita familiare solo occasionalmente; potrete tenerci il piccolo per allattarlo o dargli il biberon, se ciò risulta più confortevole alla mamma. Dormire in più persone nello stesso letto può rivelarsi, invece, pericoloso.
Per garantire la sicurezza del bambino nel letto dei genitori, sono necessarie particolari precauzioni. Il materasso deve essere compatto (no ai materassi in materiale espanso o ad acqua) e si deve utilizzare un coprimaterasso di misura corretta. Evitate i piumoni. Il piccolo non deve rischiare di rimanere imprigionato nelle lenzuola (lo spazio fra gli elementi della testiera del letto non deve oltrepassare i 6 cm di larghezza e non deve esserci uno spazio fra i materassi e la struttura del letto). Non mettete mai il bambino su un letto appoggiato contro una parete (potrebbe scivolare fra letto e muro e rimanere imprigionato) o da cui potrebbe cadere (può accadere anche a un neonato).
Non fatelo mai dormire con un genitore che d'abitudine dorme profondamente o che ha bevuto alcolici o prende sonniferi. Non fatelo mai dormire a fianco di un altro neonato. Non fumate mai e non lasciate che qualcuno fumi nel letto, ciò può aumentare il rischio di sindrome della morte improvvisa (oltre che d'incendio).
Il modo migliore per tenere il bambino vicino a voi in sicurezza, è quello di mettere il suo lettino vicino al vostro, anche se questa situazione deve essere comunque temporanea.

Attenzione!

Quando affidate il vostro bambino ad altri (baby sitter, nonni o amici), assicuratevi sempre che chi se ne prenderà cura comprenda bene che deve dormire in posizione supina.

> " Ieri pomeriggio ho scoperto il mio bambino assolutamente immobile e bluastro nel suo lettino. Presa dal panico, l'ho afferrato e lui ha ripreso subito a respirare. Il medico vuole ricoverarlo per una serie di esami…"

I CONTROLLI DOPO UN MALESSERE

È stata un'esperienza terrificante, ma per certi versi è meglio che sia accaduto. Non solo il vostro bambino ne è uscito, ma questo fatto ha messo in guardia voi e il medico sui rischi di recidiva, aumentando la vostra capacità di affrontare una situazione del genere, nel caso ritorni. A titolo preventivo, il suo medico le raccomanda giustamente un ricovero per esami. Il suo bambino ha subìto un grave malessere, ma ciò non significa che questo porti necessariamente la sindrome di morte improvvisa e che si trovi in pericolo. Per precauzione e per determinare la causa di questo episodio di apnea, l'ospedale condurrà un'indagine che comprenderà il controllo dell'anamnesi, l'auscultazione, alcuni esami ed eventualmente il monitoraggio per individuare il rischio di altri episodi di apnea prolungata. Tale indagine viene eseguita anche su un bambino che non abbia avuto episodi di apnea, ma che abbia un fratello o una sorella caduto vittima della sindrome di morte improvvisa del lattante.
Se gli esami non portano a conclusioni specifiche, il medico potrà indirizzarvi a un Centro specializzato. L'indagine permette talvolta di individuare una causa semplice, un'infezione, convulsioni o un'occlusione delle vie respiratorie, che possono essere trattate per eliminare i rischi di recidiva.
Se la causa però rimane indefinita o si individuano problemi polmonari o cardiaci che potrebbero aumentare il rischio di sindrome di morte improvvisa, il medico potrà raccomandare di monitorare a domicilio la respirazione e/o il ritmo cardiaco del bambino. Non lasciate però che questo episodio, il ricovero in ospedale o il monitoraggio, diventino fonte d'angoscia! Anche se il vostro bambino è probabilmente in buona salute, rischiereste di farne un "paziente" e questo potrebbe interferire anche con la sua crescita e il suo sviluppo. Se il monitoraggio aumenta la preoccupazione in famiglia piuttosto che ridurla, chiedete aiuto al vostro medico o a una persona qualificata, ma non smettete di usarlo.

I sei stati di coscienza

Il comportamento del neonato è più complesso di quanto possa sembrare e si può suddividere in sei stati di coscienza.

LA VEGLIA CALMA
Nello stato di veglia calma, i bambini si muovono raramente. Essi concentrano tutta la propria energia sull'osservazione (con i loro grandi occhi aperti) e sull'ascolto. Questo stato è il momento ideale per comunicare con il vostro bambino. Il neonato passa circa due ore e mezza al giorno in questo stato.

LA VEGLIA ATTIVA
Quando i bambini sono in questo stato, muovono le braccia e le gambe ed emettono talvolta piccoli suoni. Anche se guardano un po' dappertutto, si concentrano più sugli oggetti che sulle persone. I bambini sono spesso in questo stato prima di mangiare.

IL PIANTO
È certamente lo stato più caratteristico del neonato. I neonati gridano quando hanno fame, quando si sentono a disagio o si annoiano perché qualcuno non dà loro sufficiente attenzione o se si sentono semplicemente infelici.

LA SONNOLENZA
I bambini sono in questo stato quando si svegliano o si addormentano per un istante. Fanno dei movimenti e delle smorfie adorabili ma bizzarre (espressione di disappunto, per esempio), le palpebre sono abbassate e gli occhi sembrano distaccati.

IL SONNO CALMO
Il volto del bambino è rilassato, le palpebre chiuse. I movimenti del corpo sono rari e si limitano a piccoli sussulti o movimenti della bocca. La respirazione è molto regolare. I periodi di sonno calmo si alternano con periodi di sonno attivo ogni 30 minuti.

IL SONNO ATTIVO
I bambini sono in questo stato (molto più riposati di quanto non sembri) per metà del tempo che trascorrono dormendo. Anche se chiusi, gli occhi si muovono spesso dietro le palpebre con guizzi veloci. La respirazione è irregolare, il bambino fa perfino qualche movimento di suzione, mastica a vuoto e addirittura sorride. Le braccia e le gambe possono muoversi in ogni senso.

Le vaccinazioni

Vaccinare il vostro bambino è essenziale per la salute sua e degli altri. Questo atto di salute pubblica salva migliaia di vite ogni anno, e quindi è importante programmarlo già ora per il terzo mese. Le controindicazioni ai vaccini sono pochissime (il deficit immunitario, per esempio). La vaccinazione ha permesso di sradicare malattie come il vaiolo e di ridurne altre (la poliomielite sta scomparendo) e di limitare la diffusione di altre (tubercolosi).

In che cosa consiste la vaccinazione?

La vaccinazione consiste nell'introdurre nell'organismo del bambino, in tutto o in parte, il microrganismo incriminato (virus o batterio), vivo o parzialmente neutralizzato, che, senza provocare la malattia, obbliga l'organismo a difendersi e a produrre anticorpi. Nel tempo, con la mediazione di cellule specifiche (linfociti T), l'organismo conserva in memoria questo sistema di difesa e risponde all'eventuale attacco, per un periodo variabile secondo il vaccino, che in alcuni casi richiede un richiamo. Le cellule del vaccino inviano l'informazione ad altre cellule, i linfociti B, che producono gli anticorpi.

La vaccinazione può provocare una reazione, che non raggiungerà mai quella della malattia. Si tratta solitamente un po' di febbre che, a seconda del vaccino, può essere più o meno elevata e si manifesta poco dopo l'iniezione.

Vero o falso?
Il vaccino aumenta il rischio di sindrome di morte improvvisa del lattante

Falso. La scienza ha provato che non c'è relazione tra la vaccinazione contro difterite, tetano, pertosse e polio e un rischio grave di morte improvvisa del lattante.

Quando e come vaccinare vostro figlio

Il bambino non può essere vaccinato se non è in perfetta salute. Dobbiamo quindi evitare i momenti in cui ha la febbre o è convalescente (dopo la varicella, per esempio) o è vittima di un episodio allergico. Il medico vi saprà consigliare il momento più opportuno, che dipende anche dal calendario delle vaccinazioni (vedi tabella a pag. 93).

Le vaccinazioni si eseguono presso il pediatra o il medico di base, oppure presso le strutture del Servizio Sanitario Nazionale.

In Italia sono obbligatorie nell'infanzia le vaccinazioni per prevenire tetano e difterite (DT), poliomielite (OPV), epatite virale B (HB); raccomandate contro morbillo, parotite e rosolia (MMR), infezioni da *Haemophilus influenzae* b (Hib), pertosse (DTP se associata ad antidifterica-tetanica, aP se singola).

I primi vaccini

La vaccinazione contro difterite, tetano, pertosse e poliomielite viene somministrata in tre iniezioni e consigliato al 3°, 5° e 11° mese (vedi calendario delle vaccinazioni a fianco). La vaccinazione contro queste malattie, che possono avere conseguenze gravi o addirittura mortali, è fondamentale. La vaccinazione ha quasi eliminato la poliomielite, un morbo molto temuto in passato.

LA DIFTERITE • Sebbene rarissima, la difterite è una malattia grave che giustifica la vaccinazione, obbligatoria in Italia dal 1939. Provocata da un batterio, è molto contagiosa (per via aerea). L'irritazione della gola diventa tonsillite e blocca la respirazione. I sintomi sono una leggera febbre con segni di paralisi. L'unica difesa dalla difterite è il vaccino.

E PER IL BAMBINO PREMATURO?

- Il bambino prematuro, più di ogni altro, deve essere vaccinato senza rimandare come da calendario.
- Per precauzione, il medico ne prescrive altre, quali:
  - il vaccino **antipneumococco**;
  - il vaccino **antinfluenzale** durante i primi due inverni (si consiglia spesso anche ai genitori di farsi vaccinare);
  - il vaccino destinato a **proteggere dalla bronchiolite da VRS** (talvolta riservato ai grandi prematuri, è prescritto dal pediatra ospedaliero).

TETANO • Questa grave malattia infettiva è provocata da un bacillo presente nella terra. La malattia si manifesta immediatamente con contrazioni muscolari dolorose, in particolare al viso. Ne possono essere infettate solo le persone non vaccinate. La vaccinazione contro questa malattia in Italia è obbligatoria.

POLIOMIELITE • Causata da un virus, si contrae bevendo acqua sporca. Rarissima in Italia grazie alla vaccinazione obbligatoria, si manifesta con sintomi di tonsillite, rinofaringite o gastroenterite. In alcuni casi imprevedibili, il virus passa nel sangue e raggiunge il sistema nervoso. Colpisce il midollo spinale e provoca paralisi dolorose degli arti, più o meno estese, e talvolta provoca difficoltà nella deglutizione o turbe respiratorie.

PERTOSSE • È una malattia contagiosa causata da un batterio *(Bordetella pertussis)*. Si manifesta con tosse intensa alternata a momenti di apnea che affaticano molto il neonato.

LE REAZIONI? • Circa un terzo dei bambini vaccinati possono presentare reazioni modeste nel punto dell'iniezione, talune con un arrossamento o indurimento locale anche doloroso, generalmente nei 2 giorni che seguono l'iniezione. Alcuni piccoli sono agitati, perdono l'appetito per qualche ora o addirittura per 1 o 2 giorni e possono avere un po' di febbre. Queste reazioni si manifestano più spesso alla seconda o terza iniezione, raramente alla prima.

Reazioni più gravi, per esempio una temperatura superiore ai 40°C, sono del tutto insolite. In rari casi, il bambino piange a lungo (per tre ore o più).

Più insolite ancora sono le convulsioni, che possono essere provocate non tanto dal vaccino, quanto dalla febbre molto alta che talvolta le accompagna. È stato dimostrato comunque che queste convulsioni febbrili sono di natura benigna e non comportano danni duraturi.

Ciò nonostante, rivolgetevi al vostro medico se il vostro bambino manifesta uno di questi sintomi nelle 2 ore che seguono l'iniezione:
• febbre alta (superiore ai 40 °C);
• pianto continuo per più di tre ore; convulsioni (soprassalti o sguardo fisso), generalmente dovute alla febbre;
• convulsioni o alterazioni della coscienza gravi nelle 7 ore seguenti l'iniezione;
• reazioni allergiche: gonfiore alla bocca, al viso o alla gola; difficoltà di respirazione; eruzioni immediate;
• apatia, assenza di reazione agli stimoli, sonnolenza eccessiva.

Chiamare subito il medico è molto importante per la salute del vostro bambino. Gli permetterà anche di comunicare la presenza di queste reazioni alle autorità sanitarie (Servizio Sanitario Nazionale).

La raccolta e il trattamento di queste informazioni a livello nazionale consentono, infatti, di ridurre i rischi legati alla vaccinazione.

SE IL BAMBINO È MALATO? • La maggior parte dei medici rinvia la vaccinazione. Alcuni rimandano il primo gruppo di vaccinazioni in caso di raffreddore moderato, ma ciò non è sempre ritenuto necessario; il rischio è che il bambino risulti immunizzato solo in modo imparziale.

Per quanto riguarda i richiami, molti bambini frequentano la scuola materna o hanno fratelli o sorelle soggetti a frequenti raffreddori, soprattutto nella stagione invernale e trovare una data per la vaccinazione si rivela spesso praticamente impossibile. In genere non si ritiene necessario rimandare l'iniezione per una febbre di modesta entità, un mal d'orecchi o per la maggior parte dei disturbi gastrointestinali.

CALENDARIO DELLE VACCINAZIONI

Età	Vaccinazioni
3 mesi	• difterite*, tetano*, pertosse*, poliomielite*, epatite virale B* + *Haemophilus influenzae* b
5 mesi	• difterite*, tetano*, pertosse*, poliomielite*, epatite virale B* + *Haemophilus influenzae* b (2ª iniezione)
11 mesi	• difterite*, tetano*, pertosse*, poliomielite*, epatite virale B* + *Haemophilus influenzae* b (3ª iniezione)
12-15 mesi	• morbillo, parotite, rosolia (1ª iniezione)
5-6 anni	• difterite*, tetano*, pertosse* (1° richiamo); morbillo, parotite, rosolia (2ª iniezione); poliomielite*
11 anni (solo per le femmine)	• *Papillomavirus*
15-16 anni	• Richiamo difterite*, tetano*

* Vaccini obbligatori, i restanti sono consigliati.

Che fare in caso di febbre?

La febbre non è una vera e propria malattia: è un avvertimento che solitamente ci segnala un'infezione. L'organismo reagisce a un'aggressione di natura virale o batterica. Per questo motivo, la febbre non deve mai essere sottovalutata.

Febbre o febbricola?

La temperatura corporea media del bambino è pari a 37 °C, come negli adulti, circa 36,5-37 °C il mattino e 37-37,5 °C, la sera. Diversamente dagli adulti, i bambini hanno una regolazione ancora imperfetta della temperatura corporea. Da qui l'importanza di coprirli bene quando fa freddo o evitare di vestirli troppo quando fa caldo. Si parla di febbre quando la temperatura corporea supera i 38 °C. Fra i 37,5 e i 38 °C si parla di "febbricola". I piccoli che non sudano né rabbrividiscono devono essere aiutati ad abbassare rapidamente la temperatura con mezzi fisici o somministrando un medicinale.

Misurare la temperatura

Il mezzo migliore per sapere se il vostro bambino ha la febbre è quello di misurare la temperatura. Si può farlo in diversi modi: con un termometro rettale, molto affidabile, oppure auricolare (tirate delicatamente il padiglione auricolare del bambino e inserite delicatamente il puntale dell'apparecchio nel condotto uditivo, inclinandolo obliquamente in avanti). Quest'ultimo sistema ha il vantaggio di essere molto rapido (alcuni secondi), ma è più caro. Se non avete urgenza, potrete misurare la temperatura sotto l'ascella. In questo caso, per avere la temperatura esatta, dovrete aumentare il risultato di 0,5 °C.

I primi gesti

Innanzitutto non coprite particolarmente il bambino, se ha la febbre. Lasciategli solamente la biancheria di cotone, togliete le coperte e controllate che la camera non sia troppo riscaldata. Fateglie bere regolarmente piccole quantità di acqua. Potete fargli un bagnetto a una temperatura inferiore di 2 °C rispetto alla sua temperatura corporea, tenendolo in acqua per 10, 15 minuti.

Assolutamente da evitare!

Non coprite mai il bambino con un asciugamano o un panno umido! Ciò impedirebbe la dissipazione del calore attraverso la pelle. Non tentate mai di curare una febbre con il digiuno! La febbre richiede anzi un aumento di apporto calorico: il bambino ha bisogno di più calorie quando ha la febbre!

Salvo controindicazioni mediche conosciute, somministrategli un farmaco antipiretico (antifebbre) nel giusto dosaggio e a intervalli regolari fino a raggiungere la temperatura normale. La febbre nell'80-90% dei bambini è dovuta a infezioni virali che guariscono spontaneamente.

Oggi la maggior parte dei medici consiglia di trattare questo tipo di febbre nel bambino solo quando la temperatura supera i 38 °C (misurazione rettale), somministrando del paracetamolo, in modo che si senta meglio e riesca a dormire. Se ne può dare una dose da 15 mg per chilogrammo di peso corporeo ogni 6 ore. Questi farmaci agiscono generalmente entro 20-30 minuti che seguono l'assunzione (in forma orale o in supposte). L'ibuprofene non è adatto ai bambini sotto i 6 mesi, l'aspirina non deve essere mai somministrata senza consiglio medico.

Le infezioni batteriche vengono trattate generalmente con antibiotici, con un conseguente abbassamento della temperatura corporea. A seconda della malattia, dell'antibiotico scelto, del grado di malessere del bambino e della

Attenzione!

Non utilizzate i termometri a mercurio, pericolosi e inquinanti, di cui è proibita la vendita dal 1999. Per controllare la temperatura del vostro bambino, non sentitegli le manine, ma piuttosto il pancino o il collo.

temperatura misurata, il medico prescriverà un trattamento contemporaneo con antibiotici e antipiretici (antifebbre).

Quando rivolgersi al medico?

Potrebbe anche succedere che il vostro bambino abbia spesso la febbre. Per tranquillizzarvi, chiedete consiglio al vostro pediatra fin dalla prima volta. Se la febbre scende per effetto dei farmaci, non dura oltre le 24-48 ore e non è accompagnata da altri sintomi, è inutile avvertire il medico.

Se invece dura di più, aumenta e persiste nonostante il trattamento, sarà meglio chiamarlo. Se lo riterrà opportuno, vi riceverà. La visita d'urgenza è giustificata se il bambino ha meno di 2 mesi e, senza dubbio, se manifesta anche perdita di coscienza, rifiuto di mangiare, eruzioni cutanee, peggioramento dello stato generale, antecedenti di convulsioni.

Come capire che è urgente

Ecco un elenco delle principali ragioni che, quando il vostro bambino ha la febbre, impongono una visita d'urgenza:
• Secondo l'età del bambino e il livello della febbre.
- Il bambino ha meno di 2 mesi e una temperatura rettale superiore ai 38 °C.
- Il bambino ha più di 2 mesi e una temperatura rettale superiore ai 40 °C.
• Altri motivi legati a sintomi specifici che devono mettervi in guardia.
- Il bambino manifesta per la prima volta le convulsioni (rigidità del corpo, occhi che girano, movimenti a scatti delle membra).
- La nuca appare rigida e resiste quando cercate di spostare la testa verso il torace.
- Il bambino piange e non si calma quando lo consolate (e non ha evidenze di coliche), manifesta dolore quando lo si tocca o lo si sposta oppure geme, è apatico o tiene il corpo a peso morto.
- Sono comparse delle macchie rosse sulla pelle, ovunque esse siano.
- Il bambino ha difficoltà respiratorie, anche dopo che gli avete liberato il nasino.
• Altre circostanze specifiche che richiedono una visita d'urgenza.
- La febbre interviene dopo l'esposizione a una fonte di calore, come in pieno sole d'estate o in un'automobile surriscaldata, d'inverno; è possibile che si tratti di un colpo di calore, che richiede un immediato trattamento d'urgenza.
- Un aumento improvviso della temperatura che si manifesta in un bambino con febbre moderata, che è troppo coperto o è stato avvolto in troppe coperte. Deve essere trattato come per il colpo di calore.
- Il pediatra che ha in cura il vostro bambino si sia in precedenza raccomandato esplicitamente di essere avvertito ai primi eventuali segni di febbre.

Infine, se nessuna di queste situazioni si verifica, ma sentite che qualcosa non va, non esitate a consultarlo presto e comunque.

NEL CASO DI CONVULSIONI FEBBRILI

> Una febbre elevata provoca talvolta episodi di convulsioni nei neonati e negli adolescenti, in generale nella fase iniziale.
> Le convulsioni febbrili del neonato sono in generale brevi, di pochi minuti (da 3 a 5).
> Nei bambini si ha spesso una perdita di coscienza durante lo spasmo, con un ritorno alla coscienza che non richiede generalmente aiuto esterno. Dopo le convulsioni, il bambino vuole spesso addormentarsi.
> Anche se le convulsioni febbrili preoccupano molto i genitori, i medici oggi ritengono che, se di breve durata, non rappresentano un pericolo e non lasciano alcun deficit neurologico residuo. Recenti studi hanno dimostrato che i bambini che manifestano convulsioni febbrili brevi non soffrono poi di alcuna conseguenza neurologica o mentale.
> Per i bambini che hanno già manifestato una volta queste convulsioni, il rischio di recidiva è superiore del 30-40% e non esiste trattamento in grado di ridurre questo rischio.
> Nel caso di convulsioni, mantenetevi calmi (ricordatevi che non sono pericolose) e adottate i provvedimenti che vi indichiamo.
> Tenete il bambino in braccio, senza stringerlo, o distendetelo su un letto o una superficie morbida, sul fianco, possibilmente con la testa più bassa del resto del corpo.
> Non dategli niente da mangiare e toglietegli qualsiasi eventuale oggetto dalla bocca (il ciuccio, per esempio).
> Chiamate il medico al termine delle convulsioni (se durano più di 5 minuti, chiamate la Guardia Medica o il 118).
> Se non riuscite a contattare il vostro medico o la Guardia Medica e se il bambino ha un'età superiore ai 6 mesi (le convulsioni si verificano generalmente dopo questa età), potete tentare di abbassare la temperatura con paracetamolo o ibuprofene, in attesa del soccorso (durante le convulsioni usate solamente supposte).
> Potete rinfrescare il bambino con una spugna. Non fategli il bagnetto per abbassare la febbre poiché, nel caso si verificassero altre convulsioni, potrebbe andargli di traverso dell'acqua con pericolo di annegamento.

Organizzare bene la toilette

Lavare e cambiare il bambino sono operazioni che richiedono una buona attrezzatura e una perfetta organizzazione, anche perché sono gesti che ripeterete per mesi. Per farlo nella massima sicurezza, dovrete avere a portata di mano tutto quello che serve.

Tutto per il cambio del pannolino

Bando alle tavole di legno improvvisate o appoggiate sui bordi della vasca da bagno! Esistono in commercio fasciatoi molto economici. La loro caratteristica è quella di evitare ai genitori di farsi venire il mal di schiena. Da qui a quando il vostro piccolo festeggerà il suo primo compleanno, avrete cambiato circa 2.500 pannolini! Tenete in mente questo numero, quando penserete a come sistemare un posto adatto a svolgere questo compito, uno spazio pratico, sicuro e facile da pulire.

Non solo un accessorio!

Per facilitare l'eliminazione dei pannolini usati, potete acquistare una pattumiera speciale che imballa individualmente ed ermeticamente i pannolini in un sacchetto di plastica, per evitare i cattivi odori. Durante i primi mesi dovrete gettarne almeno sei al giorno…

IL BEAUTY-CASE

- È pratico raccogliere in una borsa tutti i prodotti di base per lavare o rinfrescare il bambino.
- Potrete tenerci il cotone, i prodotti di pulizia abituali (sapone neutro, gel ipoallergenico o latte detergente), ed eventualmente un latte idratante o una crema emolliente (idratante), se ha la pelle secca ed, eventualmente, una crema contro l'eritema da pannolino.
- Tra gli elementi indispensabili, una spazzola per capelli molto morbida (il pettine è troppo duro al contatto) e delle forbicine con le punte arrotondate.
- Pensate anche al termometro, alcune fialette di soluzione fisiologica e a una boccetta di olio di mandorle dolci, se volete massaggiare il vostro bambino dopo il bagno.
- Anche se la cosa vi tenta, non usate acqua di colonia se il bambino non ha ancora almeno 6 mesi. Evitate assolutamente i prodotti contenenti parabeni.
- Se partite da casa anche per un breve soggiorno, aggiungete anche delle compresse di garza e un antisettico locale.

FASCIATOIO O CASSETTIERA? • Se prevedete di acquistare un fasciatoio, avrete due opzioni: il fasciatoio semplice o la "cassettiera-fasciatoio".

Il fasciatoio dovrà essere robusto, con piedini stabili, bordo di protezione ed eventualmente cinghia di sicurezza, un materassino lavabile, un posto per sistemare i pannolini e un altro per i prodotti per la cura del bambino, tutto fuori dalla sua portata.

L'altro modello, la cassettiera-fasciatoio, è dotato di un grande ripiano con una parte apribile che contiene un materassino. Se sceglierete questa soluzione, non appoggiate il bambino sulla ribalta esterna, perché così rischiereste di squilibrare l'intero mobile. Come per il fasciatoio semplice, scegliete un mobile solido con cinghia di sicurezza, materassino lavabile e ripiani pratici per i pannolini, le salviette detergenti, le creme e gli altri prodotti per la cura del bambino.

Se scegliete il fasciatoio, sistematelo accanto alla cassettiera o all'armadio in cui tenete gli abiti del bambino.

SE MANCA LO SPAZIO • Scegliete un fasciatoio che si ripieghi a scatto sul muro dopo ogni cambio. In mancanza di un mobile specifico, potrete procurarvi un fasciatoio da appoggiare a un supporto fisso che potrà essere un tavolino o un mobiletto. Controllate che questo sia alla giusta altezza per voi, o eventualmente per chi altro cambierà il piccolo, e che il materasso non scivoli dal ripiano quando il bambino sgambetta durante il cambio.

Preparare e fare il bagnetto

IL LAVABO E IL SEGGIOLINO DA BAGNO • Durante i primi giorni, la cosa più semplice sarà fare il bagnetto al vostro bambino nel lavabo del bagno, se è sufficientemente grande. Per la maggior parte dei neonati, il momento del bagnetto diventa da subito molto speciale. Nella scelta della vaschetta tenete anche conto dello spazio totale a vostra disposizione e alla situazione generale della stanza,

All'uscita dal bagno, avvolgete il bambino in un ampio asciugamano di spugna o in un piccolo accappatoio con cappuccio.

anche perché il rituale del bagnetto si ripeterà in futuro con grande frequenza.

Tra le varie soluzioni c'è anche il bagnetto gonfiabile: molto facile da trasportare, è pratico per coloro che devono adattarsi a spazi ristretti, ma è anche piuttosto delicato.

La vaschetta di plastica dura è certamente più solida. Nei primi tempi potrete tenerla appoggiata su un supporto (evitando che possa inclinarsi), ma non offre particolari vantaggi, se non è munita di un foro di scarico.

Se la giudicate ingombrante, potete scegliere un fasciatoio da bagno, pieghevole o rigido, in plastica o tessuto spugnoso, nel quale il bambino rimane semi sdraiato; alcuni modelli dispongono anche di ventose che permettono di fissarlo nella vasca da bagno. Attenzione: il seggiolino da bagno non è adatto ai bambini di meno di un mese d'età.

Troverete infine anche i semplici materassini da bagno su cui il bambino può galleggiare a lungo nell'acqua e le piccole amache che riproducono la forma del corpo.

BAGNETTO SICURO • Non riempite troppo il bagnetto: il bambino deve avere la testa bene al di sopra dell'acqua. Se lo fate nel lavabo o nella vasca grande, fate attenzione ai rubinetti per non correre il rischio di urtarci contro. L'ideale è utilizzare delle protezioni imbottite.

Non usate le spugne perché sono dei veri e propri ricettacoli di microbi; per insaponare il piccolo usate semplicemente le vostre mani.

LA PAROLA AL BEBÈ

Tienimi al caldo quando mi togli i vestiti e fai piano! Non mi sento a mio agio quando mi scopri la pelle perché è da poco che ho lasciato il calore del tuo grembo e sono ancora un po' a disagio! Mi piace quando mi avvolgi con teli tiepidi e morbidi, in cui posso muovermi come voglio. Quando mi metti in acqua, mi diverto e mi rilasso insieme, mi sveglio e ti guardo. Dopo il bagnetto, se mi tieni sulla tua pelle morbida e calda che respira con me e mi culli un po', io mi addormenterò con piacere.

Massaggiare il piccolo

I massaggi fanno bene ai bambini, così come i contatti tattili, o pelle contro pelle con i suoi genitori. In alcune culture, il massaggio fa parte integrante delle cure riservate al neonato, ma non è un obbligo: il vostro bambino non soffrirà assolutamente se preferirete piuttosto cullarlo o tenerlo semplicemente vicino a voi.

Un momento di piacere e di dialogo

Quando il bambino è molto piccolo, i massaggi hanno soprattutto un valore affettivo. Non sentitevi dunque in colpa se non cederete alla tendenza del momento. Questo tipo di contatto è valido solo se lo si desidera e se il bambino, dalla sua reazione, mostra di trarne piacere.

> " Ho sentito dire che i massaggi fanno bene ai neonati. Devo massaggiare anch'io mio figlio?"
>
> ### PERCHÉ MASSAGGIARE IL BEBÈ?
>
> Il massaggio era un tempo riservato solo agli adulti, ma oggi si pratica abitualmente anche sui neonati. Già da alcuni anni si è dimostrato che i bambini prematuri beneficiano molto dei massaggi terapeutici. Crescono più velocemente, dormono e respirano meglio e si dimostrano più svegli.
> Oggi è evidente che il massaggio giova anche ai neonati già in buona salute, per diversi motivi. È provato che essere tenuti vicini o abbracciati dai propri genitori rafforza i legami affettivi.
> Gli effetti terapeutici del massaggio sono molteplici: consente di rinforzare il sistema immunitario, stimola lo sviluppo muscolare e la crescita, allevia le coliche, il mal di denti e i dolori addominali, migliora i cicli del sonno, stimola l'apparato circolatorio e respiratorio, diminuisce il livello degli ormoni dello stress (anche i bebè possono essere stressati).
> Il contatto affettuoso (sotto forma di massaggio o semplicemente un momento fra le vostre braccia) diminuisce efficacemente le eventuali tendenze aggressive del bambino.
> E i benefici non sono solo riservati al piccolo: massaggiare il figlio rilassa anche i genitori e può alleviare i sintomi della depressione postnatale.

LE GIUSTE CONDIZIONI • Accertatevi in anticipo che la temperatura nella stanza sia sufficiente (tra i 22 e i 25 °C) e spalmatevi le mani con un olio a base di mandorla dolce o con un latte idratante. Non usate mai un olio essenziale, anche se molto diluito, a meno che non vi sia stato raccomandato da un professionista sanitario qualificato.

L'obiettivo di un buon massaggio è quello di condividere entrambi un momento piacevole, anche se è evidente che ci si deve fermare se il bambino appare teso, manifesta malessere o stanchezza…

Scegliete un momento di tranquillità. Il massaggio non avrà l'effetto desiderato se il telefono suona, la cena brucia o avete due cesti di biancheria da stirare che vi aspettano. Scegliete un momento in cui non rischiate di essere interrotti e in cui vi sentite completamente disponibili.

Scegliete anche un momento in cui il bambino è calmo. Non massaggiatelo se ha fame o ha appena mangiato (disturbereste la digestione). Il momento ideale è subito dopo il bagno perché ha già iniziato a rilassarsi (a meno che non detesti il bagno). Potrete farlo anche prima di un momento di gioco, quando sarà più grande, perché si è constatato che dopo il massaggio i bambini si concentrano più facilmente.

Create un'atmosfera rilassante. Abbassate le luci per ridurre il livello di stimolazione e favorire il rilassamento e, se lo desiderate, mettete una musica dolce in sottofondo.

COME PROCEDERE • Esistono diversi libri che insegnano come si massaggia il neonato secondo vari metodi. Voi potrete comunque massaggiarlo anche solo seguendo il vostro istinto e fargli un massaggio che è più che altro una serie di carezze, evitando il trattamento tonificante.

Mettetevi sul pavimento o su un letto e appoggiate il bambino sulle ginocchia o fra le vostre gambe divaricate. Stendete sotto un asciugamani, una coperta o un cuscino coperto con un asciugamani. Riscaldate un po' di olio per neonati, vegetale o latte idratante sul palmo delle mani e iniziate il massaggio.

Le regole di base sono le stesse che valgono per gli adulti: iniziate dai piedi e risalite dolcemente, procedendo sempre dalle estremità verso il cuore, mentre, per il pancino, procedete in senso antiorario.

Alcuni metodi per massaggiare il vostro bambino

① Le spalle e il tronco

Sdraiate il bambino sulla schiena, spalmatevi un po' di olio per bambini sulle mani e quindi massaggiate lentamente le spalle e la parte alta delle braccia, procedendo avanti e indietro. A questo punto, fate scorrere più volte le mani dalle ascelle verso l'inguine.

Il massaggio del tronco si può eseguire con movimenti incrociati, con una mano sulla spalla destra che si muove verso l'anca sinistra e viceversa.

② Le braccia e le mani

Per le braccia, potete formare un anello con le mani e scivolare verso l'estremità. Un'altra tecnica consiste nel tenere fermo il polso con una mano e salire e scendere con l'altra.

Massaggiate infine il palmo della mano con il pollice e terminate tirando dolcemente ciascun dito dal palmo verso l'esterno.

③ Le gambe e i piedi

Per massaggiare gli arti inferiori, è più comodo utilizzare entrambe le mani: mentre una mano chiude la coscia, l'altra scivola verso la caviglia.

Non dimenticate la pianta dei piedi, su cui le sensazioni del massaggio sono molto piacevoli. Partite dal tallone e procedete verso le dita del piede con piccoli movimenti circolari con il pollice.

Vestire il bambino

La scelta dei vestitini per il bambino merita grande attenzione. Il piccolo deve sentirsi sempre comodo nei movimenti e non avere né troppo caldo, né troppo freddo. Preferite sempre abiti facili da indossare, perché altrimenti vestire il piccolo può diventare un incubo.

La borsa del bambino

Il primo obiettivo dei vestitini è proteggere il piccolo dal freddo pur consentendogli di muoversi in completa libertà. La vostra scelta dovrà basarsi, quindi, sul clima del periodo in cui il piccolo trascorre le sue prime settimane. Si ha sempre la tendenza a coprire troppo i neonati, quindi tenete presente questa regola: d'inverno, fino ai 3 mesi, potete fargli indossare uno strato in più rispetto a voi.

ATTENZIONE AI NASTRINI! • Gli abitini che troverete in negozio sono specificamente concepiti per i neonati, ma fate attenzione quando vi sarà offerta la camiciola dello zio Paolo o il berrettino della cugina Luisa: è sconsigliato vestirlo con abbigliamento decorato con nastrini che, anche se così piccolo, potrebbe tirare rischiando perfino di strozzarsi.

Sarete molto più tranquilli con chiusure a bottoni automatici o velcro che con fiocchetti che si annodano o spille da balia cosiddette "di sicurezza".

TESSUTI NON IRRITANTI • Per la comodità del bambino, scegliete sempre tessuti soffici e non irritanti: cotone, spugna o tessuti sintetici che non dovrete stirare. Questi ultimi due tipi di tessuto dovranno essere alla base del guardaroba del bambino. Potrete anche usare abitini in lana, ma fate attenzione a quella a pelo lungo che il piccolo potrebbe, giocandoci, strappare, mettere in bocca e infine inghiottire.

Alcuni recenti studi hanno dimostrato che è preferibile evitare di fare indossare al bambino abiti di colori scuri, poiché più un tessuto è scuro, più implica l'uso di sostanze chimiche potenzialmente nocive.

La pelle del lattante è sottile e di conseguenza facilmente irritabile. È, infatti, preferibile lavare tutti i suoi vestitini con sapone di Marsiglia o detersivi specificamente concepiti per i neonati (in vendita nei centri commerciali e in farmacia), evitando sempre l'ammorbidente. Queste raccomandazioni valgono anche per qualsiasi tessuto entri comunque in contatto con il bambino: salviette o asciugamani, teli, bavaglini, peluche eccetera.

Quanti vestitini?

Nei negozi troverete completini molto carini per il vostro bambino che vi tenteranno molto, ma ricordate che, durante i primi mesi, la comodità del vostro bambino viene prima di tutto. La cosa migliore sarà fargli indossare un body e una tutina.

Siccome crescerà molto rapidamente, è inutile preparare una gran quantità di vestiti; sicuramente, riceverete dei regali e sarà meglio completare il guardaroba a mano a mano, senza rischiare di trovarvi con 12

> ### Comodo per la notte
> I genitori meno esperti non sanno bene come coprire il piccolo per la notte. Se la camera è ben riscaldata (19 °C circa), infilategli un pigiamino e mettetelo nel piumino a sacco, se è inverno; nelle mezze stagioni basterà il pigiamino mentre con il caldo estivo lasciatelo pure solo con il body.

> ### QUALE MISURA SCEGLIERE
>
> - Ecco una regola di base che vi guiderà nell'acquisto: **il piccolo deve sentirsi a suo agio** e poter sgambettare liberamente; sarà preferibile acquistare abitini abbastanza ampi, mai aderenti.
> - **Non comprate troppi vestitini in anticipo** (soprattutto durante i primi mesi).
> - La tabella delle corrispondenze qui sotto vi aiuterà a orientarvi per capire le indicazioni delle etichette in funzione della taglia del vostro bambino.
>
> | Statura del bambino | Taglia indicata sul vestitino |
> |---|---|
> | da 48 a 56 cm | 1 mese |
> | da 57 a 65 cm | 3 mesi |
> | da 66 a 72 cm | 6 mesi |
> | da 73 a 77 cm | 12 mesi |
> | da 78 a 81 cm | 18 mesi |
> | da 82 a 89 cm | 2 anni |

La tutina permette al neonato di sgambettare in libertà, tenendo comunque i piedini coperti.

salopette, tutte taglia 6 mesi. Se il vostro piccolo è di peso e statura media alla nascita, arriverete alla taglia 3 mesi prima di quanto pensiate.

In seguito, sceglierete la taglia in base al suo ritmo di crescita e alla sua morfologia. È quindi preferibile osservare sempre come il bambino cresce e s'irrobustisce e non comprare con troppo anticipo perché rischiereste di non riuscire a soddisfare le sue esigenze in base alla stagione.

I BODY • Durante le prime settimane, vi basteranno tra i 6 e i 10 body in cotone, a maniche corte o lunghe, secondo la stagione. I body muniti di apertura sul davanti sono sicuramente i più pratici soprattutto perché evitano il disagio di dover manipolare la testa del bambino. A partire dal 3° mese, potrete scegliere quelli con scollo all'americana.

Non dimenticate il bavaglino!

Per evitare di cambiare il vostro piccolo ogni volta che rigurgita, ricordate sempre di mettergli un bavaglino o una salvietta durante e dopo la poppata, soprattutto se lo allattate con il biberon.

Vestire facilmente il bambino

① Infilare il body

Aprite bene lo scollo del body con le mani prima di infilarlo sulla testolina del piccolo. Fatela passare tenendo l'apertura più ampia possibile e cercando di non tirare sulle orecchie o sul nasino. Il momento in cui la testa del piccolo rimane coperta potrebbe farlo sentire a disagio: trasformatelo in un momento di gioco facendo «cucù», o dicendo «dov'è la mamma (o il papà)?».

Sia con il body sia con la canottiera, fate sempre passare le vostre mani nelle maniche che gli state infilando andando a cercare le sue piuttosto che cercare di spingere le sue braccine morbide nella manica del vestitino.

② ③ Mettergli i pantaloncini

Allargate la parte bassa dei pantaloncini e infilate una mano nell'estremità di una delle gambe. Afferrate delicatamente i piedini con la mano e svolgete il pantalone tenendo la gambe abbastanza in alto così che il piccolo non possa ritirarla per sgambettare. Fate lo stesso dall'altra parte.

Tenendolo dai piedini, sollevate il culetto e fate salire i pantaloncini fino in vita.

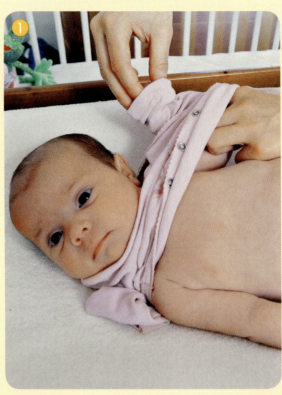

Quando uscite con il vostro bambino, copritegli la testolina con un berretto o un cappuccio, se fa freddo.

quotidiano a diventare meno penoso, sia per voi sia per il vostro piccolo.

Vestite il bambino mettendolo disteso su una superficie piana, un fasciatoio, un letto o un materasso e procuratevi anche qualcosa che possa distrarlo, per aiutarvi durante il cambio.

SCEGLIERE CON CURA I VESTITINI • Scegliete abitini che si infilino e si sfilino con facilità. Preferite gli scolli ampi o dotati di chiusura lampo o con bottoncini a pressione. Questo tipo di chiusura sul cavallo facilita molto il cambio del pannolino. Attenzione: quando chiudete o aprite una chiusura lampo, allontanate l'abito dal corpo del piccolo per evitare di pizzicargli la pelle!

Scegliete maniche ampie e abitini con poche chiusure (soprattutto sulla schiena). I vestitini in tessuto elastico o in maglia sono generalmente più facili da infilare.

UN MOMENTO DI DIALOGO • Considerate anche il cambio dei vestiti come un'occasione di dialogo con il vostro bambino. Sussurrategli allegramente delle paroline (commentando, per esempio, le cose che state facendo) per aiutarlo a distrarsi: così dimenticherà la parte disagevole di questo momento e collaborerà più volentieri con voi. Trasformate il cambio in un gioco d'apprendimento che lo diverta e lo stimoli. Scandite i vostri commenti con bacini e coccole (un bacino per ogni manina e ogni piedino che esce dalla manica o dalla gamba dei pantaloni) per divertirvi entrambi ancora di più.

TUTINE E SIMILI • Vi servirà anche una decina di tutine in tessuto di spugna: sono elastiche e non premono quindi sul pancino e lasciano il piccolo libero di sgambettare in libertà, avendo però i piedini ben coperti. Durante la stagione invernale, aggiungete anche un paio di babbucce o di calzettoni, che infilerete sopra la tutina; 4 paia saranno ampiamente sufficienti.

Il vostro bambino dovrà anche avere 2 o 3 golfini (in cotone o in lana morbida o pile, secondo la temperatura della stagione), un giubbottino con chiusura a cerniera lampo sul davanti per le uscite e 2 piumini a sacco (uno dei quali di ricambio nel caso di "incidente").

Come organizzarsi?

Vestire e svestire il bambino può rivelarsi una vera sfida, con le sue braccine morbide, le gambe ostinatamente piegate, la testolina sempre più grande dello scollo di gran parte dei vestitini e il suo disagio a stare nudo. Esistono però dei metodi che possono aiutare questo compito

MANTENERE IL GUARDAROBA

- **Lavate sistematicamente i vestitini nuovi prima di farli indossare al vostro piccolo.**
- **Eliminate le etichette della misura e dei consigli per il lavaggio, tagliandole a filo** (ma ricordatevi le informazioni indicate!), perché a contatto con la pelle potrebbero facilmente irritarla.
- **Tenete un cesto della biancheria appositamente per il piccolo** per evitare di mescolare i suoi indumenti con quelli del resto della famiglia; così limiterete anche ogni possibile rischio di contagio. Per lo stesso motivo, fate un bucato a parte solo con i suoi vestitini.
- **Utilizzate un detersivo ipoallergenico o il sapone di Marsiglia.**
- **Evitate gli ammorbidenti che sono spesso portatori di agenti allergenici per il lattante.**
- **Lavate preferibilmente a mano i capi più delicati** (in particolare quelli in lana).

Alcuni consigli per tenere in braccio il bambino

I neonati non sono fragili come può sembrare e l'eventuale goffaggine dei genitori dei primi giorni non porta ad alcuna conseguenza. Con la testolina e il culetto ben sostenuti, si sentirà però più a suo agio e meglio accolto tra le vostre braccia. Eccovi alcuni consigli per tenere correttamente in braccio il vostro piccolo fin dalla nascita e nei mesi che seguiranno. In questo modo, proteggerete anche la vostra schiena da un carico eccessivo.

Un addestramento necessario

Per chi non ha mai portato in braccio un neonato, la prima esperienza può rivelarsi piuttosto difficile e può esserlo anche per il piccolo. Dopo essere stato dolcemente avvolto nel ventre materno per nove mesi, il piccolo potrebbe percepire il vostro gesto di alzarlo dal letto o sollevarlo in aria per riadagiarlo sul fasciatoio come uno shock.

Se non sosterrete correttamente la testolina e il collo, il piccolo potrebbe provare la terribile sensazione di precipitare, attivando il riflesso di sussulto. È molto importante tenere correttamente il piccolo per ragioni di sicurezza, ma anche per la sua comodità.

Troverete presto la vostra personale tecnica per tenere il vostro bambino, che sarà piacevole per lui come per voi, e tenerlo in braccio sarà un gesto completamente naturale. Mentre farete il bucato o la spesa al supermercato, il vostro piccolo si appoggerà su una spalla o sulle vostre braccia per sentirsi al sicuro come quando si trovava nel ventre materno.

Prendere in braccio il bambino

Quando prendete in braccio il vostro bambino, cercate di trasmettergli un senso di sicurezza. Evitare ad ogni costo di tenerlo dalla parte alta del corpo o dalle ascelle con le gambe penzoloni nel vuoto. È sempre consigliabile sostenerlo dal culetto, tenendo la vostra mano tra le sue gambe, perché è la posizione migliore per lui.

Per alzare il piccolo dal suo lettino o prenderlo in braccio per sollevarlo dal fasciatoio, mettete una mano sotto il culetto, in mezzo alle gambe, e l'altra dietro la nuca: la testolina si troverà così sul prolungamento della colonna vertebrale. Per sollevarlo, alzate la mano che si trova sotto al culetto (tutto il braccio deve partecipare al movimento), sostenendo la testa del piccolo con l'altra. Vedrete così che il piccolo tenderà a raddrizzarsi, con la testa ben diritta, completamente a suo agio e appoggiatelo poi nell'incavo del vostro braccio.

Tenere in braccio il bambino

Perché il piccolo si distenda completamente sul vostro braccio, la testolina deve essere tenuta sul prolungamento della colonna vertebrale (vedi a fianco) e dovete aiutarlo a

→ Per prendere in braccio il bambino sdraiato supino, mettete una mano sotto il culetto, in mezzo alle gambe, e l'altra dietro la nuca e e sollevatelo da sotto il culetto, mantenendo il sostegno della testolina.

sostenere il peso del suo corpo, sorreggendolo dal culetto. In questo modo, dopo aver sollevato il piccolo come descritto sopra, accomodatelo in modo che la schiena poggi su uno dei vostri avambracci, con la testolina rannicchiata nell'incavo del gomito. Ponete l'altra mano sotto il culetto per sostenerlo in posizione seduta per tenerlo così in una posizione molto rassicurante.

Le varie posizioni

Esistono principalmente quattro modi di tenere in braccio un bambino: due sull'avambraccio e due appoggiandolo sul petto (vedi pag. 107). I due modi di tenere il piccolo sull'avambraccio sono entrambi molto comodi:

Un buon sostegno

Indipendentemente dalla posizione che adottate per tenere in braccio il bambino e ciò che state facendo (passeggiare, preparare il biberon, o farlo addormentare), cercate sempre di tenerlo ben fermo e appoggiato sul vostro corpo, perché il neonato ama sentirsi sostenuto e al sicuro.

la posizione dorsale, più classica, è comoda per far uscire il piccolo dalla culla o fargli fare una passeggiata; la posizione cavalcioni con il piccolo appoggiato sull'avambraccio permette anche di calmarlo, soprattutto se soffre di coliche. Potete portare il piccolo anche rannicchiato contro il petto, rivolto verso di voi. Così il bambino si sente molto più a suo agio, rassicurato dal vostro odore e dalla vicinanza al vostro corpo. Questa è una posizione ideale anche per le coccole e per addormentarlo. Quando è sveglio, accomodatelo con la sua schiena contro di voi, sorreggendolo con una mano sotto il culetto e l'altra davanti a lui, sul petto o sui piedi. Tenete presente che, prima dei 3 mesi d'età, questa posizione lo stancherà abbastanza rapidamente.

Tenerlo in braccio senza caricare la schiena

Ai neogenitori non serve fare palestra: portare in braccio un bebè in piena crescita con tanto di borsa per il cambio è più che sufficiente. Se questo sviluppa, da un lato, la muscolatura, può anche provocare dolori al collo, alle braccia, ai polsi, alle dita, alle spalle e alla schiena dei genitori — soprattutto quando non hanno familiarità con le tecniche da adottare. Eccovi qualche trucco che vi aiuterà a prevenire l'affaticamento.

PERDETE PESO, SE NECESSARIO, E SVILUPPATE LA MUSCOLATURA

Se non siete ancora riuscite a eliminare i chili accumulati durante la gravidanza, è arrivato il momento di farlo, con gradualità. Un eccesso di peso affatica inutilmente la vostra schiena. Fate regolarmente un po' di ginnastica, privilegiando gli esercizi che rafforzano gli addominali (a sostegno della schiena) e la muscolatura delle braccia.

SISTEMATEVI BENE PER ALLATTARE

Tenetevi diritte e fate attenzione che la schiena sia ben sostenuta. Se, sedute sul divano, non vi sentite sufficientemente sorrette, usate un cuscino dietro la schiena. Prendete un altro cuscino (o appoggiatevi sul bracciolo del divano) e adagiatevi il braccio che sostiene il bambino durante l'allattamento. Non accavallate mai le gambe.

CERCATE DI NON CHINARVI

In questo periodo sollevate spesso il bambino, il passeggino, il seggiolino... e vi chinate spesso (per raccogliere oggetti ecc.), molto più di quanto non facevate prima. L'importante è farlo correttamente: per sollevare il vostro bambino, caricate il peso sulle vostre braccia e sulle gambe, ma non sulla schiena (flettete leggermente le ginocchia in modo che siano le gambe a dare l'impulso). Fate lo stesso per chinarvi: non piegatevi in due facendo perno sul punto vita, ma piegate le ginocchia divaricando prima i piedi per la larghezza del bacino.

ATTENZIONE AL MATERASSO!

Se dormite su un materasso morbido, aggiungete sotto una tavola rigida. L'affossamento del materasso fa molto male alla schiena. Sdraiatevi supine o sul fianco, tenedo le gambe piegate.

STATE DIRITTI

Per sedervi, per camminare o per distendervi, ricordate sempre di stringere i glutei facendo rientrare la pancia ("basculamento del bacino") e tenete le spalle all'indietro anziché lasciarle ricadere in avanti.

ATTENZIONE ALLE REGOLAZIONI!

Regolate la carrozzina o il passeggino in modo da tenere i polsi alla giusta altezza. Se fossero ancora troppo bassi, cercate comunque di prolungarli. Se la borsa del piccolo vi pesa sulla spalla, cambiate braccio o portatela nell'incavo del gomito o scegliete uno zaino.

Non portate sempre il piccolo dallo stesso lato del corpo. Se piange, anziché cullarlo in braccio, tenetelo un po' nel seggiolino a dondolo. Usate un marsupio o una fascia (quello che vi sembrerà più comodo per la vostra schiena), che vi consentono di riposare le braccia.

> " Quando cerco di sistemare il piccolo addormentato nel suo lettino, ho sempre paura che si svegli perché, in effetti, è quello che succede il più delle volte. "

SISTEMARE IL BIMBO NEL LETTINO QUANDO È GIÀ ADDORMENTATO

Finalmente dorme – vi sembra di averlo cullato per ore e sentite tutte le braccia contratte. Vi alzate lentamente dalla sedia e vi dirigete piano verso il lettino trattenendo il respiro e non muovendo un muscolo se non quelli indispensabili. Ora lo avvicinate al del letto e comincia la delicatissima discesa verso il materasso. Lo appoggiate una frazione di secondo troppo presto e così, improvvisamente, il bambino si sveglia. Girando la testa da una parte all'altra, sbuffando e gemendo, comincia a singhiozzare sempre più forte. Ci manca poco che anche voi vi mettiate a piangere, ma lo riprendete in braccio e ricominciate da zero. Questa scena si ripete in quasi tutte le famiglie. Una delle soluzioni al problema consiste nel regolare l'altezza della testata del letto per avere un appoggio nella fase delicata della discesa del piccolo sul materasso. Se avete braccia particolarmente forti, sarete forse in grado di distendere il piccolo su un materasso basso senza dover scalare il letto o rischiare di appoggiarlo troppo presto. Potreste trovare forse più semplice, però, sollevare la testiera all'altezza massima (a 30 cm dal bordo) se il lettino lo consente. Lo riabbasserete quando il piccolo sarà in grado di stare seduto. Durante le prime settimane, potrete tenere il bambino in una culla, una cesta o nella navetta della carrozzina: lì sarà molto più facile sistemarlo. Pensate anche alla possibilità di allattarlo tenendolo in poltrona o su un divano da cui poi alzarvi facilmente, senza disturbarlo. Allattatelo e cullatelo tenendolo in braccio, il che vi permetterà di sistemarlo poi più agevolmente per farlo dormire. Se il piccolo si addormenta troppo presto sul braccio sbagliato, cambiate delicatamente lato e cullatelo o allattatelo ancora un po' prima di provare ad adagiarlo. Anche quando si sente a suo agio in braccio, abbassarlo anche da un'altezza di 2 o 3 cm può farlo sussultare e svegliarlo. Tenetelo nell'incavo del braccio, con la schiena rannicchiata e la mano sotto di lui fino a quando toccherà il materasso. Tenete la mano su di lui per qualche istante e picchiettatelo dolcemente se ricomincia a muoversi.

Tenere bene in braccio il bimbo

① **Sull'avambraccio, in posizione dorsale**

Questa classica posizione vi permetterà di passeggiare liberamente con il piccolo per il tempo necessario ad addormentarlo.

② **Sull'avambraccio, in posizione ventrale**

Cavalcioni sull'avambraccio, il bambino potrà rilassarsi totalmente e perfino addormentarsi. Apprezzerà particolarmente questa posizione nel caso di coliche addominali.

③ **Accovacciato sul petto**

Questa posizione molto comune favorisce particolarmente le coccole; tutto rannicchiato, il bambino si rilassa e si sente vicino al vostro corpo.

④ **Con la schiena appoggiata sul petto**

Questa posizione è ideale durante le fasi del risveglio, ma risulta presto stanchevole per il bambino.

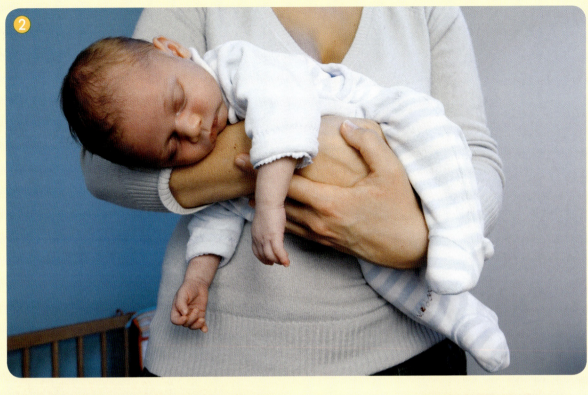

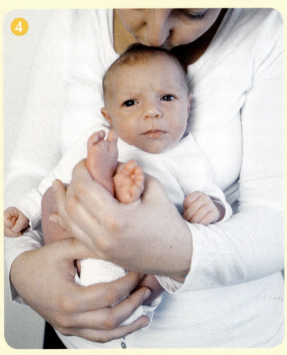

107

La sicurezza in automobile

Per spostarsi in macchina con il bambino è indispensabile disporre di un seggiolino adatto. La sua sicurezza è di assoluta priorità e l'aspetto del comfort non va mai sottovalutato. L'obiettivo è fare degli spostamenti in automobile un momento gradevole per tutti.

Le regole di base

Circolare in macchina con il bambino è facile, ma ci sono alcune regole da rispettare legate all'età e alla sua capacità di stare seduto.

Fino ai 10 kg di peso, ossia tra la nascita e il nono mese d'età circa, i neonati devono viaggiare seduti sul seggiolino orientato contro il senso di marcia (gruppo "o" delle norme di sicurezza europee). Prima del compimento dell'anno, la colonna vertebrale e il collo del piccolo non sono, infatti, sufficientemente forti da resistere a eventuali movimenti bruschi da accelerazione (come nel caso d'incidente, per quanto lieve possa essere).

Nel seggiolino con le spalle al senso di marcia, il bambino è semi-disteso all'interno di una sorta di guscio e mantenuto in posizione da un'imbragatura munita di una cinghia chiusa sul petto. Il seggiolino è bloccato nei tre punti d'ancoraggio della cintura di sicurezza, sul sedile posteriore o anteriore dell'automobile. Non potrete installarlo sul sedile del passeggero se l'automobile è dotata di airbag, a meno che questo non possa essere disattivato. I bambini sotto i 10 kg di peso possono viaggiare anche nel baby-pullman.

Dal baby-pullman al seggiolino

I diversi tipi di seggiolino qui descritti esistono anche nella versione trasformabile da usare, di volta in volta, come passeggino, carrozzina o seggiolino per l'auto. Questo tipo di attrezzatura può essere conveniente, ma è anche poco pratica perché deve essere rimontata ogni volta che risalite in macchina.

IL BABY-PULLMAN • Raccomandato fino ai 4 mesi d'età, è la sistemazione più comoda per il piccolo per i lunghi tragitti, poiché la posizione distesa protegge la schiena e la nuca, che non hanno ancora una muscolatura ben formata. Considerato meno sicuro e pratico del seggiolino rivolto contro il senso di marcia, sta quasi scomparendo.

Sistemate il baby-pullman perpendicolare al sedile (parallelo allo schienale), fissatelo ai punti d'ancoraggio delle cinture di sicurezza e accertatevi che il sedile non si muova. Se lo monterete sul sedile del passeggero, assicuratevi che l'airbag corrispondente sia disattivato. Orientate la testa del bambino sul lato opposto alla portiera più vicina e, soprattutto, chiudete bene la fascia di protezione.

L'OVETTO • Potrete anche optare per l'ovetto, che si può regolare in diverse inclinazioni. Con il suo scafo rigido, sarà più comodo da estrarre dalla macchina e da trasportare. Potrete sistemarlo sul sedile anteriore (solo se l'auto è dotata di airbag disattivabile) o su quello posteriore.

Il bambino deve essere ben chiuso nell'imbragatura e fissato, contrario al senso di marcia, mediante cinture di sicurezza. In caso di urto, sarà protetto dal guscio dell'ovetto e non correrà il rischio di essere catapultato in avanti.

Il sistema Isofix

Ancora oggi, due terzi dei seggiolini per auto non sono fissati correttamente. Il sistema Isofix previsto dalle norme internazionali attualmente in vigore (l'etichetta indica l'omologazione europea 44/03ECE), è obbligatorio su tutti i nuovi modelli di veicolo già dal febbraio 2006. Di facile installazione, prevede un punto d'ancoraggio che elimina ogni rischio di basculamento in avanti del seggiolino e segnala eventuali chiusure difettose.

Attenzione!

Ricordate sempre di eliminare qualsiasi oggetto dal lunotto del veicolo: in caso d'incidente potrebbero cadere sul piccolo e ferirlo! Quando il bambino è seduto sul seggiolino, usate anche un cuscino poggiatesta (gonfiabile o in spugna).

Montato con le spalle al senso di marcia, l'ovetto è raccomandato per i bambini fino ai 9 mesi d'età circa.

Abituate il piccolo al seggiolino già dalle prime uscite e lui lo accetterà più facilmente anche in seguito. I bambini che viaggiano sicuri nel loro seggiolino sono anche più calmi durante il tragitto.

Regolate bene l'imbragatura sulle spalle del piccolo. Sull'ovetto montato con le spalle al senso di marcia, deve stare all'altezza delle spalle o a quello subito sotto; la fibbia dell'imbragatura al petto deve trovarsi all'altezza delle ascelle. Assicuratevi che le cinghiette siano ben piatte, non attorcigliate e sufficientemente tese, in modo da non far passare più di due dita tra le cinghie e la clavicola del bambino. Verificate, nel foglio d'istruzioni del seggiolino, le raccomandazioni riguardanti la posizione della maniglia di trasporto durante il tragitto.

Fate indossare al piccolo vestiti che lascino passare facilmente la cinghia. Sui finestrini posteriori, montate anche delle tendine parasole per proteggerlo dai raggi solari diretti. Se non ne avete, potrete sistemare una salvietta umida, possibilmente di colore scuro, fissandola sulla parte alta del finestrino.

IL SEGGIOLINO • A partire dai 9 mesi circa, quando il vostro bambino sarà in grado di stare seduto più a lungo, potrete farlo viaggiare in un seggiolino montato nel senso di marcia. Come l'ovetto, si fissa in corrispondenza dei punti d'ancoraggio delle cinture di sicurezza.

Sistemare il bambino nel seggiolino

Accomodate il piccolo nel seggiolino e accertatevi che sia ben tenuto dalle cinture. Ogni volta che vi sposterete in auto – per una gita in campagna, un breve spostamento o solo per parcheggiare – il vostro bambino dovrà comunque essere assolutamente sicuro. Anche se non abitate lontano (la maggior parte degli incidenti avviene entro un raggio di 40 km dalla propria casa e non, come si potrebbe pensare, in autostrada) e anche se guidate piano. Anche se avete messo la vostra cintura di sicurezza e tenete il bambino in braccio (in caso d'incidente, potrebbe essere schiacciato dal peso del vostro corpo o scivolarvi dalle braccia e probabilmente essere scagliato fuori, oltre il parabrezza) e anche se siete molto prudenti.

ASSOLUTAMENTE DA EVITARE

> Ecco l'elenco delle cose che dovrete assolutamente evitare viaggiando in automobile con il vostro bambino, in particolare per i lunghi tragitti:

> **Le grandi partenze in strade sovraffollate e nelle ore di forte esposizione al sole** (magari procedendo con i finestrini abbassati) perché il piccolo si disidrata molto rapidamente.

> **Le ore più a rischio di traffico e incolonnamenti:** il piccolo ama il dondolio della macchina e il paesaggio che gli sfila davanti e spesso piange quando la macchina si ferma.

> **Aprire completamente i finestrini** perché il bambino si troverebbe in piena corrente d'aria e potrebbe essere colpito da insetti, polvere ecc.

> **Fumare, soprattutto** nell'esiguo spazio dell'automobile. Se dovete assolutamente fumare una sigaretta, fate una pausa: anche con il finestrino aperto, il fumo si diffonde rapidamente all'interno dell'abitacolo.

> **Sostare in pieno sole:** bisogna sempre evitarlo, anche se il piccolo è in vostra compagnia.

> **Lasciare il bambino da solo nella vettura:** non fatelo mai, nemmeno per pochi minuti.

> **Cambiare improvvisamente le abitudini del piccolo:** anche in viaggio, continuate a nutrirlo alle ore consuete e lasciate che dorma a sufficienza.

Genitori si diventa

Spesso il padre e la madre percepiscono chiaramente come sia il caso di comportarsi con il bambino. Quando però si presenta una difficoltà, cosa che può accadere a ognuno, la guida del proprio istinto può dare la svolta necessaria. La scienza non ha ancora esplorato del tutto la crescita infantile, tanto vale, a volte, farsi guidare solo dal cuore!

Esigenze sociali più forti che in passato

I genitori che vissero all'inizio del ventesimo secolo sarebbero senza dubbio perplessi di fronte a tutte le questioni che si pongono i genitori di oggi. Ciò significa che questi sono da considerare meno dotati dei loro antenati? Assolutamente no! I genitori di oggi hanno solo esigenze individuali diverse e, allo stesso tempo, sono molto meno inquadrati rispetto, per esempio, ai loro nonni. Il contesto è cambiato in modo radicale.

Innanzitutto i giovani genitori sono oggi affrancati dalla "tutela" delle generazioni precedenti e la società nel senso più ampio del termine non impone più veri e propri modelli prestabiliti. Anzi, incoraggiata dai più recenti studi scientifici, essa pone in maniera piuttosto decisa una nuova esigenza: mostrare molto presto al bambino il rispetto che è dovuto a qualsiasi essere umano, per garantire il suo benessere e il suo corretto sviluppo.

Chiedete consiglio!

In occasione delle visite mediche, non esitate a parlare di ciò che vi preoccupa. I vostri dubbi servono a individuare eventuali problemi che potrebbero rallentare lo sviluppo intellettuale o fisico di vostro figlio. A ogni visita, prendete appunti per essere sicuri di non dimenticare niente.

Al bambino oggi si attribuisce maggiore dignità, e i genitori gli riconoscono un posto centrale nella propria vita. Concepito più avanti negli anni, investito di una carica affettiva molto forte, è immaginato come un essere perfetto, il che implica che il padre e la madre cercano di essere altrettanto! Nella maggior parte dei casi, i genitori cercano quindi di fare del loro meglio...

Tra "il bambino per sé" e "il bambino per lui"

Che cosa si augura ogni genitore, in fondo, per il proprio bambino? Innanzitutto che sia felice e in buona salute. Il suo desiderio è che "riesca", che abbia buoni risultati a scuola, che impari ad affrontare sfide e avversità, che sia socievole, che abbia degli amici... ma tutti questi sono desideri accessori, che acquisteranno più o meno importanza secondo la famiglia. È evidente che più si ha un'idea precisa di come ci s'immagina il proprio figlio, più il percorso rischia di comportare degli ostacoli. Talvolta, infatti, i genitori si pongono standard troppo elevati e il bambino, che li percepisce molto chiaramente, si ritrova investito di un ruolo troppo oneroso per le sue giovani spalle.

ADATTARSI AL BAMBINO? Nulla di più normale dell'avere delle attese rispetto al proprio bambino, tutti i genitori ne hanno, ma è importante anche sapersi regolare. In molti campi, la vostra possibilità d'intervento sarà limitata se non nulla. La velocità alla quale vostro figlio supererà le grandi tappe del suo sviluppo (camminare, parlare, tenersi pulito), per esempio, non dipenderà assolutamente da voi, né potrete tanto meno frenare il piccolo se tenderà a progredire più rapidamente della media.

Analogamente, non sarà assolutamente possibile andare contro il suo temperamento e sarà, per esempio, uno sforzo vano obbligare una bambina molto timida a giocare con bambini che non conosce per niente.

Attenzione!

Durante i primi mesi, non stimolate troppo la sua attenzione! I pediatri ritengono che il bambino sia capace d'interagire con gli adulti solamente per il 30% delle sue ore di veglia. Quando sarà più grande, potrete stimolarlo più di frequente, facendo sempre attenzione a non stancarlo.

L'IMPORTANZA DEI PRIMI ANNI

> **Vostro figlio si ricorderà poche cose dei suoi prima anni di vita, ma esse avranno sempre un impatto importantissimo sulla sua vita.** Ciò che vostro figlio farà durante questi anni – in particolare i pasti, il sonno, il pianto e i giochi – sarà vitale per la sua riuscita futura a scuola, nella carriera o nelle sue relazioni con il prossimo? Come può un periodo della vita neonatale essere così critico per lo sviluppo dell'essere umano che diventerà un giorno? La risposta è complessa e in continua evoluzione.

> Il sistema nervoso umano comprende circa 100 miliardi di neuroni che stabiliscono tra loro continue connessioni. Le ricerche dimostrano che le **connessioni che si stabiliscono nel corso dei primi anni di vita sono fondamentali per l'apprendimento.**

> Ogni volta che voi toccate, tenete in braccio, coccolate o portate a spasso il vostro bambino con amore e attenzione (tutte cose che sicuramente voi fate), favorite la formazione di connessioni nel suo cervello. Leggendo a voce alta, parlando, cantando e guardandolo negli occhi o chiacchierando con lui, gli fornite sempre nuovi stimoli.

> **Grazie al vostro atteggiamento positivo, gli insegnate comportamenti sociali ed emotivi che stimoleranno il suo sviluppo intellettuale.** Più un bambino si sente socialmente ed emotivamente aperto, più possibilità avrà di sentirsi motivato nell'apprendimento e a raccogliere nuove sfide con entusiasmo e senza il timore di fallire.

> **I bambini i cui bisogni di base sono correttamente soddisfatti durante la prima e la seconda infanzia** (nutriti quando hanno fame, cambiati quando sono bagnati, presi in braccio quando hanno bisogno di essere rassicurati) **sviluppano una grande fiducia nei genitori e nel prossimo in genere.** Si è osservato che i bambini allevati in un contesto stimolante hanno una più grande capacità di adattamento a scuola e sono più portati a relazioni sociali positive.

> Aiutando il vostro bambino a controllare le sue pulsioni e il suo comportamento già durante i primi anni di vita (spiegandogli che non deve mordere le cose, per esempio, non strappare i giocattoli dalle mani degli altri bambini ecc.), **gli insegnerete il controllo di sé.** I bambini che recepiscono (e automaticamente rispettano) limiti giusti e adatti alla loro età sono generalmente meno ansiosi, capricciosi e impulsivi e ricorrono meno spesso alla violenza nella risoluzione dei conflitti. Saranno anche più portati all'apprendimento intellettuale grazie alle solide fondamenta psichiche dategli dai genitori.

> Incoraggiare lo sviluppo intellettuale di un bambino non significa tuttavia saturarlo di attività che lo portano allo sfinimento. Per non passare il confine tra una buona interazione genitoriale e un eccessivo interventismo, tenete sempre d'occhio le sue reazioni.

In breve, i genitori non possono plasmare il proprio figlio, ma semplicemente adattarsi a lui come lui si adatta a loro.

I LIMITI DA RISPETTARE • Quando vi sentirete un po' delusi nelle vostre attese, provate a osservare le cose con un po' di distanza e ponetevi sinceramente questa domanda: «Sto agendo veramente per il suo bene, per la sua crescita oppure sto cercando quello che io voglio attraverso lui, quello che credo sia bene per me, quello che andrà a mio vantaggio?». Questa domanda potrà aiutarvi ad accettare e affrontare meglio le varie situazioni. Riconoscere che questo bambino è una persona a tutti gli effetti – quindi differente da voi e di cui non potete fare ciò che vi pare – non significa affatto abdicare alle vostre responsabilità di genitori, anzi.

Una funzione educativa da reinventare

Le madri, e oggi anche i padri, si sentono generalmente a proprio agio per tutto ciò che concerne i bisogni essenziali del loro bimbo. È più in materia di educazione che si pongono dubbi e domande poiché trovare i giusti riferimenti non è facile. Come evitare che diventi capriccioso? Come farsi obbedire? Come insegnargli il rispetto per il prossimo? I genitori ascoltano e leggono varie teorie secondo cui la severità d'altri tempi non è più di moda, ma non hanno per nulla il desiderio, giustamente, di avere un figlio o una figlia che detti legge in casa... Basandoci sull'esperienza di alcuni pediatri, non è raro però che dei genitori si trovino letteralmente travolti dal figlio, che invece avrebbe solo bisogno di trovare limiti chiari attorno a sé. Dare riferimenti a un bambino non vuol dire umiliarlo.

AIUTARE IL BAMBINO A CRESCERE • I principi essenziali si fondano sul rispetto della personalità e sull'ascolto del bambino. Tuttavia si impone una precisazione: ascoltare il piccolo non significa soddisfare tutte le sue domande e i suoi desideri, al contrario. Vuol dire essere attenti a ciò che lui esprime attraverso le sue reazioni. Può non essere semplice, a volte, quando si tratta di una questione emotiva delicata che implichi una particolare riflessione e può accadere facilmente che si riconoscano al bambino capacità o facoltà intellettuali che non sono ancora possibili alla sua età o, al contrario, di sottovalutare le sue competenze...

ALCUNI RIFERIMENTI • Che cosa riesce a capire? Quali sono i suoi reali bisogni? Come percepisce ciò che lo circonda? Gli autori di quest'opera, specialisti dell'infanzia, affrontano queste e altre domande, secondo le varie età del bambino. Certo, sono indicazioni che non risolvono l'intera casistica, ma vanno considerate come riferimenti. La maniera in cui vi occuperete del vostro bambino, lo accompagnerete nel suo percorso, rimarrà comunque molto personale. I valori che

I genitori possono chiedere consiglio ai propri cari o al medico, ma devono anche sapersi fidare del proprio intuito e del buon senso nell'educazione del proprio figlio e nell'organizzazione della proprio vita familiare.

gli trasmetterete non potranno che essere solo quelli cui aderite più sinceramente. Per cominciare, può essere utile farvi alcune domande su voi stessi, sul modo in cui state diventando genitori e sulla famiglia che state costruendo, d'ora in poi, insieme a lui.

Interazioni complesse

Se i genitori influiscono sul comportamento del bambino, il piccolo, da parte sua, contribuisce anche a "creare" il suo genitore, facendogli vivere relazioni ed emozioni che lo trasformano. Ognuno si rapporta all'altro con le proprie attese e il proprio temperamento e il bambino, come i genitori, si adatta. È un'interazione permanente che comincia già dalle prime settimane di vita.

Ogni bambino svela, fin dalla nascita, un insieme di tratti che gli appartengono esclusivamente: può essere più o meno incline al pianto, calmarsi più o meno facilmente, essere molto o poco sensibile al disagio fisico…

Un bambino che sopporti bene gli stimoli dall'esterno non chiede le stesse attenzioni di un bambino che reagisce sensibilmente a tutto ciò che lo circonda. Accettare il "bambino reale" significa anche rispettare questi tratti personali, il che non è sempre facile… Naturalmente, una madre di carattere tendenzialmente timoroso proverà un senso di empatia per il suo bambino se, per esempio, sussulta al minimo rumore, mentre una madre determinata ed energica si sentirà a suo agio con un piccolo deciso e tonico.

Da parte sua, il bambino costruirà se stesso in modo differente, a seconda di come viene accettato il suo comportamento, con piacere o senso d'irritazione. Il temperamento della madre e del bambino possono trovarsi, di fatto, più o meno in armonia, il che facilita o complica il processo di adattamento. I genitori e il bambino non possono però trovarsi costantemente in uno stato di adattamento e, a mano a mano che il piccolo crescerà, diventerà assolutamente necessario trovare un equilibrio stabile tra i bisogni degli uni e dell'altro.

Nutrire, un forte gesto simbolico

Prendersi cura del nutrimento del proprio bambino riveste un'importanza tutta particolare nella vita della madre, come anche per il nuovo padre. A questa azione così frequente durante la giornata si associa una forte dimensione simbolica. Se per la madre la propensione a nutrire è naturale, non è sempre così per il padre.

Madre nutrice, padre nutritore?

Nutrire il proprio bambino è naturalmente un atto pregno di un valore simbolico per il primo, senza dubbio, nel quale la madre si impegna totalmente sia che allatti al seno sia al biberon. La funzione paterna non passa necessariamente attraverso questa fase. Alcuni uomini si proiettano da subito nella relazione con il loro piccolo attraverso un modello di "papà nutritore" e si immaginano da subito a dargli il biberon, ma questo non rappresenta sempre e necessariamente un precedente essenziale nello sviluppo del proprio ruolo paterno.

Coloro che hanno già esperienza paterna sanno, d'altronde, che il gesto non si colloca propriamente su questo terreno. Alcuni padri "debuttanti" possono avere la tendenza a conferire al nutrimento e al gesto di nutrire il proprio bambino un valore eccessivamente affettivo. Altri, convinti a priori di una propria incapacità in materia, si ritireranno. Su questo punto, rimane quindi da individuare quale sia la giusta via di mezzo...

Qual è il posto del padre?

Alcuni padri si sentono a disagio nell'affrontare serenamente e partecipare al gesto di allattare. Questo fa sì, talvolta, che arrivino a interrogarsi su quale sia il loro posto nella cura del bambino e quale sia il posto che la madre lascia loro, specialmente durante i primi mesi. Alcuni si sentono relegati in posizione subalterna e temono di essere esclusi dalla stretta relazione che s'instaura, dopo la nascita, tra madre e figlio. Si immaginano già messi da parte e considerati meri spettatori. Pensano di non servire a nulla e si sentono inutili, quasi vagamente colpevoli all'idea di lasciare che la madre si arrangi da sola.

Sotto la pressione sociale dell'evoluzione del concetto di padre, che lo spinge ad assumere una parte attiva in tutti i gesti quotidiani che riguardano il bambino, arriva talvolta a percepirli con un senso di disagio poiché li interpreta, a torto, come forma di esclusione. Da qui la volontà di alcuni padri di affermare la propria presenza sforzandosi a ogni costo di dare il biberon al bambino.

Alcuni padri si sentono perfettamente a proprio agio con il biberon, ma nutrire il piccolo rimane ancora, per altri, un gesto prettamente materno.

PARTECIPARE A MODO PROPRIO • Non c'è niente di male se un padre non dà il biberon al suo bambino, indipendentemente dalle ragioni che causano il suo rifiuto: se la mamma allatta al seno o lui è spesso assente al momento del biberon o, più semplicemente, se non manifesta il desiderio di prendere questo impegno.

In ogni caso, non dovrà sentirsi escluso o incompetente. Non è necessariamente dando il biberon che il padre troverà più facilmente il suo posto in seno alla relazione familiare che si instaura tra lui, la madre e il bambino. Esiste una quantità di altri modi di partecipare e giocare un ruolo importante per suo figlio: calmarlo quando piange, fargli il bagnetto, scambiare con lui sguardi e sorrisi, stargli vicino quando si sveglia o durante le visite dal pediatra ecc.

Non farne una questione di principio

Non allattare non riduce il papà a un ruolo di testimone passivo e non dare il biberon non vuol dire che egli sia passivo al momento del pasto. In queste due situazioni, nulla impedisce al padre di fare, a modo suo, semplicemente dando il piccolo in braccio alla mamma e, dopo la poppata, cullandolo un po' per farlo addormentare. Nonostante il ruolo crescente che i padri rivestono nel quotidiano dei propri figli, nutrirli rimane forse ancora una funzione prettamente materna, almeno durante i primi mesi di vita. Che sia perché la mamma allatta al seno o perché il papà non si sente a proprio agio con il biberon, ciò che importa è non vedere la cosa come un problema e farne una questione di principio…

UN PADRE GELOSO?

> Accade che il padre provi un senso di gelosia più o meno consapevole già durante la gravidanza della compagna: da un lato, perché non può condividere con lei le sensazioni e lo stato di portare in sé il bambino, dall'altro perché la donna diviene oggetto di tutte le attenzioni dei propri cari.
> Una volta nato il bambino, alcuni padri si sentono anche a disagio come può sentirsi un primogenito alla nascita del fratellino.
> Istintivamente **tendono a contestare l'intimità del bambino con la madre** e manifestano anche una certa difficoltà a trovare un proprio posto nella famiglia.
> **In questi casi è bene che la madre agisca in veste di mediatrice tra il bambino e il padre.** Ne beneficerà senza dubbio anche lei di rimando, trovando il sostegno emotivo di cui ha tanto bisogno.

> *Per quanto terribile ciò possa apparire, mi rendo conto di sentirmi gelosa del tempo che il mio compagno passa con nostra figlia.*

QUANDO LA GELOSIA È DELLA MADRE

Agli occhi di un osservatore esterno, non c'è niente di più toccante della storia d'amore che sboccia tra un padre e il suo bambino. Dal punto di vista della madre, però, questa storia può essere vissuta come una vera e propria minaccia, quando, per esempio, la giovane donna non si è mai trovata a dover condividere l'affetto del suo compagno e, soprattutto, dopo quei nove mesi in cui si è trovata al centro delle sue attenzioni.

Forse la sua gelosia si calmerà spontaneamente una volta che la dinamica familiare avrà trovato un nuovo equilibrio. Nel frattempo, ecco alcuni consigli su come cercare di superare questo momento critico. Innanzitutto stia serena! Dica a se stessa che ciò che prova ora è una sensazione comune, banale e più che normale. I suoi sentimenti non hanno niente di meschino, egoista o disdicevole. Bando ai sensi di colpa, stia tranquilla!

Dica anche a se stessa che in fondo è una fortuna vivere con un uomo così desideroso di passare il suo tempo con il figlio. Ne approfitti per fare qualcosa per sé. Guardi con occhio benevolo questo attaccamento che sta crescendo tra il papà e la bimba e cerchi, anzi, di incoraggiarlo. I legami che state tessendo oggi dureranno per tutta la vita. Faciliteranno il passaggio attraverso eventuali periodi critici per vostra figlia (il secondo anno, l'adolescenza).

Partecipate! Certo, dovrà lasciare che condividano dei momenti insieme da soli, ma un terzo complice sarà comunque il benvenuto. Si unisca pure a loro, si butti insieme a loro sul lettone quando il papà racconta una storia alla piccola ed esprimete sinceramente ciò che provate. Per l'entusiasmo e la gioia di scoprire la vostra piccola, il suo compagno non si rende conto, forse, che la sta in qualche modo escludendo: forse è perfino convinto di aiutarla! Parli con lui senza aggredirlo né obbligarlo a mettersi sulla difensiva. Sia lì per lui! Non può chiedere al suo compagno di dedicarle più attenzioni se la cosa non è reciproca. È sicura di non avere anche lei votato la totalità del suo tempo, della sua energia e del suo affetto alla vostra bambina lasciando fuori il papà, anche se involontariamente?

Terzo mese

- I progressi del vostro bambino
- Alla scoperta delle manine
- Allattamento e ripresa del lavoro
- Notti serene
- Curare i piccoli disturbi di orecchio, naso e gola
- Riprendere la vita professionale
- Affidare ad altri il vostro bambino
- Imparare e a separarsi con serenità
- L'importanza del padre
- Suddividere i compiti

I progressi del vostro bambino

Da questo mese in poi, il vostro bambino comincerà a scoprire che ci sono altre cose nella vita oltre a mangiare, dormire e piangere! Il suo orizzonte e suoi centri di interesse si amplieranno fino ad arrivare oltre ai suoi bisogni alimentari. Per esempio, a questa età comincerà a scoprire le sue manine, il giocattolo più affascinante mai inventato.

I sensi si attivano

A 3 mesi, il bambino vede tutto quello che lo circonda e la sua capacità di adattamento funziona alla perfezione. Comunica con i suoi genitori usando gesti, sorrisi, risatine e una lunga serie di piccoli versi, così piacevoli da essere la prima ricompensa agli sforzi del mestiere di genitori.

A volte emette anche gridolini di piacere combinando vocali e consonanti (del tipo "arr"), gorgoglia con la bocca e segue con gli occhi gli oggetti tenuti a 15 cm dal suo viso, fino a un angolo di 180° (da una parte all'altra), senza mai smettere di guardarli. Il suo campo visivo si amplia poco a poco; la vista del biberon e del viso di uno dei suoi genitori gli provoca un'immediata reazione. Il progressivo sviluppo della sua retina gli permette una migliore percezione dei colori (il rosso e il verde, in particolare).

Tono e mobilità

Avrete sicuramente notato che il vostro piccolo, disteso supino, si muove agitando braccia e gambe in un modo che può apparire disordinato agli occhi dell'adulto. È ciò che i pediatri chiamano "tono attivo".

UNA GRANDE VIVACITÀ • Questi movimenti non rispondono a un'intenzione particolare e non sono segno di nervosismo. È il modo in cui il vostro bambino si allena per aumentare il tono muscolare e andare alla scoperta del proprio corpo. In questo, alcuni bambini sono più attivi di altri. Verso i 3 mesi di età, il piccolo comincerà anche a gesticolare quando si sente di buon umore.

Questa piccola creatura, così abbandonata quando dorme profondamente, dà invece l'impressione, quando comincia a muoversi, di grande vivacità. Passato il 2° mese, impara poco a poco a tendere completamente gli arti e a inarcare la schiena. Entro la fine del 3° mese, arriverà sicuramente a sollevare la testa di 45° stando disteso sul pancino, a sorreggere la testa verticalmente, a tenerla lungo l'asse del corpo quando la solleva e a rigirarsi sulla schiena. Probabilmente sarà abbastanza tonico da riuscire a sollevare anche il petto, alzandosi su un braccio quando è disteso sul pancino.

SAPERLO STIMOLARE • I bambini che rimangono immobili perché tenuti spesso nella fascia o nell'ovetto, hanno poche occasioni per essere fisicamente attivi. Quelli che non vengono mai distesi sul pancino durante la giornata (cosa da fare sempre sotto sorveglianza!), impareranno più tardi a sollevare la testa e le spalle o a rigirarsi sul fianco. Sarà per questo consigliabile cambiare spesso la posizione,

E la nanna?

Il neonato di 3 mesi gioca più a lungo nel corso della giornata e comincia a dormire più a lungo durante la notte, anche se potrà succedere ancora che si svegli per reclamare il seno o il biberon. Dovrete attendere il 4° mese di età perché arrivi finalmente a dormire una notte intera.

IL CORRETTO USO DEL TRANSAT

> Sedere il vostro bambino su un transat (seggiolino da casa) è comodo perché vi permette di fare i lavori di casa tenendolo sempre d'occhio. Da lì, lui può guardarvi e seguire i vostri spostamenti. Trascorsi i primi mesi, il piccolo scoprirà anche il piacere di giocare in modo autonomo stando disteso sul tappeto.

> Per la scelta del transat, preferite i modelli inclinabili a schienale piatto: il piccolo sarà meno infossato in una posizione che, durante i primi mesi, non gli farebbe bene. Tutti i modelli di seggiolini a forma ovoidale che si usano in automobile sono sconsigliati a casa.

> Per sicurezza, non mettete mai il piccolo nel transat appoggiato su un mobile, o comunque in alto, e chiudete sempre le cinturine affinché non scivoli.

> Il bambino non riesce ancora a stare seduto da solo a lungo senza stancarsi: se lo vedete affacciarsi o mettersi di traverso, spostatelo subito dal transat senza aspettare che si metta a piangere.

Fino al 5 o 6° mese, il bambino preferisce stare sdraiato supino anche da sveglio per guardarsi intorno, sgambettare e scoprire i suoi piedini.

durante le ore di veglia, per aumentare le sue capacità motorie. Di tanto in tanto, stimolate il suo sviluppo fisico mettendolo a sedere, facendogli fare l'aeroplano, sostenendolo correttamente (il che gli permette di esercitare i muscoli delle braccia e delle gambe) o facendolo "cavalcare" sulle vostre ginocchia, disteso sul pancino.

Invitatelo anche a girarsi sul fianco, appoggiando un oggetto per lui interessante di fianco a lui, mentre si trova disteso sul pancino o sulla schiena. Se si rigira solo di poco, aiutatelo delicatamente a completare il movimento.

SUPINO O A PANCIA IN GIÙ? • Durante le ore di veglia, il vostro bambino preferisce generalmente stare sdraiato supino. Anche se favorevole per dare sollievo in caso di coliche, la posizione a pancia in giù gli offre senza dubbio un minore grado di libertà, ora che non sa ancora gattonare. Potrete metterlo in questa posizione di tanto in tanto, rimanendo sempre vicino a lui, ma non troppo a lungo.

SOSTEGNO DELLA TESTA • Verso i tre mesi, il bambino riesce generalmente a sostenere da solo la testa, quando lo tenete seduto in braccio, ma questo esercizio gli risulta un po' stancante. Dopo un quarto d'ora circa, la posizione potrebbe essere troppo faticosa e rivelarsi scomoda, e potrebbe mettersi a piangere.

Un'evoluzione che varia da un bambino all'altro

Tutti i bambini passano attraverso una serie di tappe, nel corso del loro sviluppo. Ciascuno, tuttavia, evolve a un ritmo assolutamente personale. Buone attitudini motorie, un corpo ben sviluppato e una buona forma fisica sono il frutto di un'alimentazione equilibrata, corrette cure quotidiane e frequenti opportunità per allenarsi. Il vostro bambino svilupperà più facilmente le abilità che avrà l'occasione di esercitare. Per esempio, ciò che riesce a fare stando appoggiato sul pancino non potrà essere imparato se non avrà l'occasione di esercitarsi.

Se la crescita del vostro piccolo vi preoccupa, consultate il vostro pediatra. In ogni caso, è consigliabile portarlo dal medico per un controllo mensile fino all'età di sei mesi, tenendo il suo libretto sanitario personale sempre aggiornato con cura, per controllare regolarmente la sua curva di crescita che prova l'evoluzione del peso e della statura.

Generalmente i bambini prematuri superano ciascuna di queste tappe con un certo ritardo rispetto ai bambini nati a termine, ma le raggiungono spesso prima in proporzione alla loro età reale (l'età che avrebbero se fossero nati a termine).

Alla scoperta delle manine

Fin dalla nascita, il bambino ha un senso di presa molto forte, ma finora ha mosso le manine ancora solo in maniera casuale. Verso il terzo mese, vedrete che comincia a osservarsi le manine, a cercare di batterle e a giocarci.

Dalle mani alla bocca

Prima ancora di imparare a usare le manine per afferrare gli oggetti, il bambino li scopre facendone esperienza attraverso la bocca: niente di più naturale che mettere le dita in questo meraviglioso organo di senso! Quasi tutti i bambini piccoli si succhiano le dita, prima o poi, nel corso del primo anno; molti piccoli prendono questa abitudine già nel ventre materno. È del tutto normale: la bocca del lattante è un organo essenziale non solo per mangiare, ma anche per esplorare e procurarsi piacere. La prima volta, la mano può trovare il percorso fino alla bocca solo per caso, ma il piccolo impara ben presto che mettersi le dita in bocca gli procura sensazioni piacevoli e comincia a succhiarsele regolarmente. Molti bambini adocchiano già il pollice (forse perché ha un gusto migliore…), altri, invece, continuano a succhiarsi uno o due dita o, talvolta, il pugnetto.

Il grasping reflex

Il vostro bambino ha sicuramente ancora il riflesso di prensione palmare (o "grasping reflex") che forse avrete notato già alla nascita: toccandogli il palmo della mano, le sue dita afferrano istintivamente le vostre. La presa del neonato può essere così forte da permettergli di sollevare tutto il peso del suo corpo (non fate però questa prova!). Molti non sanno che anche le dita dei piedini cercano istintivamente di aggrapparsi, quando gli si accarezza la pianta.

Una gran varietà di oggetti facili da afferrare e manipolare che non richiedano particolare destrezza. I piccoli non prendono solitamente ciò che offriamo loro frontalmente, ma piuttosto ciò che gli presentiamo dai lati. Date al piccolo molte opportunità di "prendere mano" con gli oggetti.

AFFERRARE GLI OGGETTI • Finché non sa afferrare gli oggetti, per il bambino i giocattoli non hanno un particolare interesse. Contempla i suoi animali di peluche, segue con gli occhi una cosa che si muove, si interessa a un giocattolo musicale o scopre diverse sensazioni sul suo tappeto-gioco, ma, generalmente, oggetti e giocattoli non attirano la sua attenzione se non fanno leva sulla sfera sensoriale. Solitamente verso i 3 mesi di età il bambino comincia a tenere in mano i giocattoli e a battere le manine sulla sua palestra-gioco e, verso i 4 mesi, arriva ad afferrarla. Potrete allora proporgli vari giocattoli che soddisferanno la sua curiosità e favoriranno l'attività ludica.

Un impiego inizialmente impreciso

Il vostro piccolo guarda le sue mani che si muovono, le batte una sull'altra e ci gioca. Le osserva con grande attenzione perché ne è affascinato. In un secondo tempo cercherà di prendere, o almeno di toccare, gli oggetti alla sua portata. Inizialmente, non ha la nozione delle distanze né dei volumi e spesso procede per tentativi. Quando riesce ad afferrare un cucchiaio, per esempio, lo prende con tutta la mano insieme e non con le dita. Nel tempo acquisirà una maggiore abilità, soprattutto oltre i cinque o sei mesi di età.

Imparare a controllarsi meglio

Aiutate il bambino a controllare meglio i movimenti, lasciando la massima libertà alle sue manine. Proponetegli

Attenzione!

I giocattoli di peluche e in tessuto sono veri e propri ricettacoli di microbi (batteri e acari)! Lavateli regolarmente usando anche una parte di candeggina. Prima di acquistarli, leggete attentamente i consigli per il lavaggio.

I PRIMI GIOCATTOLI • Le due piccole impugnature poste ai lati dei sonaglini permettono al bambino di passarselo da una mano all'altra: un'importante abilità da acquisire. I giochi che il piccolo può portare alla bocca lo aiuteranno ad alleviare il dolore che potrebbe provare con la dentizione.

Sulla palestra-gioco (da fissare anche a lettino, carrozzina o box) potrà afferrare, tirare e far girare le forme o batterci sopra. Attenzione ai modelli con cordicelle oltre i 15 cm di lunghezza. Quando il bambino riuscirà a stare seduto da solo, non usatela più.

I tappeti-gioco, invece, suscitano ogni sorta di movimento delle mani. Per qualche tempo, il vostro bambino non riuscirà a manipolare intenzionalmente gli accessori del tappeto, ma ci arriverà talvolta anche in modo accidentale. Oltre a incoraggiarlo a schiacciare e toccare i vari elementi e farli girare, questi tappeti gli permettono anche di scoprire la relazione tra causa ed effetto.

Il tatto, il senso per esplorare il mondo

Attraverso il tatto il bambino impara a distinguere la pelle morbida della mamma dal tessuto del suo pupazzetto, scopre la meravigliosa sensazione di accarezzare un orso di peluche e quella meno piacevole di accarezzare una spazzola. Cosa ancor più importante, grazie a questo senso egli sa di essere amato, un messaggio che gli trasmettete ogni volta che gli fate il bagnetto, che lo cambiate, lo nutrite, lo tenete in braccio o lo cullate.

Potrete ampliare il campo delle sue esperienze proponendogli giocattoli con superfici diverse: un orso molto soffice, un peluche con pelo più rado, grossi cubi di legno o altri in spugna sintetica, una ciotola di legno ruvido e una in metallo lucido e così via.

→ Grazie al tatto, il neonato recepisce un gran numero di messaggi da parte di chi si occupa di lui.

Allattamento e ripresa del lavoro

Non esistono particolari regole per quanto riguarda la durata dell'allattamento. L'età dello svezzamento dipende spesso da influenze culturali e di quali aiuti pubblici le mamme possono beneficiare (informazione, aiuto diretto…). Spesso, tuttavia, la durata dell'allattamento è semplicemente funzionale alla ripresa dell'attività professionale della madre.

Il vantaggio dello svezzamento parziale

Quando l'allattamento si è regolarizzato, l'età dello svezzamento può essere determinata secondo il momento del rientro al lavoro. Ricordate che è sempre possibile svezzare il bambino solo parzialmente, se vorrete continuare ad allattare. Per esempio, potrete continuare a dargli le poppate del mattino e della sera, mentre durante il giorno potrà bere dei biberon di latte artificiale o del vostro, che potrete tirare e conservare perché gli sia dato in seguito.

La svezzamento parziale permette alle mamme di vivere più facilmente i primi momenti di separazione, alla ripresa del lavoro. Il piacere di ritrovare questi momenti di intimità a ogni poppata del mattino e della sera si coniuga al ritorno all'attività e alla vita sociale. Se avrete la possibilità di lavorare part-time (quattro o cinque mezze giornate la settimana), almeno nella fase iniziale della ripresa, continuare l'allattamento sarà ancora più facile.

Come organizzarsi?

TIRARE IL LATTE • Se deciderete di tirare il vostro latte per cominciare uno svezzamento parziale o perché il vostro piccolo continui a essere nutrito con il vostro latte anche in vostra assenza, dovrete imparare a farlo correttamente (vedi pag. 123) e a conservarlo con cura. Cominciate circa 15 giorni prima della ripresa del lavoro. Tirate il latte regolarmente (ogni tre ore, la frequenza varierà in seguito) per mantenere una buona lattazione.

È comodo il tiralatte elettrico reperibile in farmacia su prescrizione medica.

CON IL LATTE ARTIFICIALE • Se farete dare al piccolo dei biberon di latte artificiale in vostra assenza, non servirà organizzarsi con particolare anticipo. Più tempo voi allatterete il bambino, più la lattazione proseguirà senza difficoltà. I bambini nutriti al seno talvolta rifiutano di bere dal biberon poiché la suzione dalla tettarella funziona in modo diverso da quella del capezzolo. Inoltre, quando la mamma presenta loro il biberon, i piccoli non capiscono affatto che cosa ci si aspetti che facciano.

IL PRIMO BIBERON • Per quanto possibile, organizzatevi perché il primo biberon venga offerto da una persona che non siate voi – il papà o la baby-sitter, per esempio – e in vostra assenza. In questo modo il bambino lo accetterà certo più volentieri. Informatevi bene anche al momento dell'acquisto dei biberon: alcune marche sono più adatte di altre ai bambini allattati al seno. Comunque andranno le cose, state pur tranquille che i bambini finiscono, dopo tutti i tentativi più o meno infruttuosi, per accettare il

CONSERVARE IL LATTE MATERNO

▸ Se tirate il latte per avviare lo svezzamento parziale, dovrete rispettare alcune regole che vi garantiranno che il vostro latte sia conservato correttamente.

• **A temperatura ambiente:** 12 ore tra i 27 e i 32 °C per il colostro (nei 6 giorni che seguono il parto); 24 ore a 15 °C, 10 ore tra i 19 e i 22 °C, 6 ore a 25 °C per il latte maturo.

• **In frigorifero:** 8 ore tra 0 e 4 °C; 15 giorni tra -5 e 0 °C (scomparto ghiaccio/freezer).

• **In congelatore:** 4 mesi a -10 °C (scomparto congelatore del frigo); 6 mesi a -19 °C (congelatore ***). Per la conservazione del latte fresco, usate recipienti in plastica o sacchetti speciali reperibili in farmacia. Non è indispensabile sterilizzarlo prima del consumo; nella maggior parte dei casi sono sufficienti un lavaggio e un risciacquo accurato.

▸ **Il latte deve essere sempre maneggiato con le mani pulite e non deve mai essere riscaldato nel forno a microonde né bollito** per non ridurne le proprietà nutritive. Per scaldarlo a 37 °C tenetelo sotto il getto dell'acqua calda del rubinetto. Può avere un aspetto grumoso e il colore può andare tra il bianco e il beige.

▸ **Discutete chiaramente tutti i procedimenti con la persona che si occuperà del vostro bambino** e prendete accordi precisi, un passo fondamentale da compiere se intendete continuare a dare il vostro latte al piccolo.

Il tiralatte

① Il tiralatte manuale

Il tiralatte è leggero e facile da trasportare. È utile per tirare il latte in modo occasionale, per esempio quando dovete assentarvi per qualche ora. Se, invece, volete tirare il latte regolarmente, è più efficace il tiralatte elettrico.

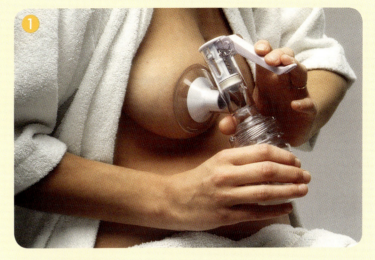

② Il tiralatte elettrico

Il tiralatte elettrico è molto utile alle mamme che tirano regolarmente il proprio latte perché venga poi dato al bambino in loro assenza (per esempio, alla ripresa del lavoro). Questo apparecchio deve essere usato obbligatoriamente anche per i bambini prematuri o ricoverati in ospedale.

Per questi bambini, fin dai primi giorni di nascita, stimolate la montata lattea utilizzando il tiralatte ogni 3 ore durante il giorno. Più avanti, una volta regolarizzatasi la lattazione, adeguerete le estrazioni alla richiesta del bambino.

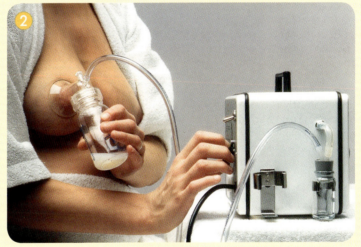

biberon. Per quanto riguarda la scelta del latte artificiale da dare al vostro bambino, chiedete anche l'opinione del vostro pediatra.

I SENI SI ADATTANO • Nel giro di qualche giorno, i vostri seni si adatteranno al nuovo ritmo di poppate e potrebbe accadere che, 3 o 4 giorni più tardi, a fine giornata vi ritroviate i seni gonfi e molto tesi con qualche perdita di latte. Per evitare che macchi i vestiti, inserite nuovamente le coppette assorbilatte nel reggiseno. Nel giro di poco tempo, i seni produrranno solo la quantità di latte di cui il vostro bambino avrà bisogno. I giorni in cui non lavorerete potrete, a vostra discrezione, sia continuare con il biberon durante il giorno, sia continuare unicamente al seno.

Prepararsi gradualmente allo svezzamento completo

Quando interromperete l'allattamento, lo svezzamento dovrà essere il più graduale possibile, di modo che non sia vissuto con difficoltà per voi e per il vostro bimbo. Eliminate una poppata al giorno ogni 5-7 giorni e la vostra produzione di latte diminuirà gradualmente senza disagi. La poppata della sera e quella del mattino, che potranno essere continuate più a lungo, dovranno essere eliminate per ultime.

Tenete conto che, a svezzamento terminato, la ghiandola mammaria ha bisogno di circa 3 settimane per ritornare allo stato precedente l'allattamento.

Notti serene

Le ore di sonno del vostro bambino cominciano gradualmente a ridursi, ma ha comunque ancora bisogno di essere coccolato, per addormentarsi. Più tardi comincerà a dormire notti intere e voi potrete organizzarvi per vivere al meglio la separazione dal piccolo. Questo è il momento ideale per cercare di non farlo più dormire nella vostra camera, se ancora lo facesse.

Segni premonitori

Quando il bimbo comincia a dormire una mezz'ora o un'ora in più tra una poppata e l'altra, è generalmente il momento di eliminarne una. Progressivamente, il numero delle poppate andrà così diminuendo. Un bambino oltre i 4 kg di peso può dormire dalle 6 alle 8 ore di seguito senza mangiare. O almeno, le sue riserve glielo permetterebbero…

Questo varia tuttavia secondo i bambini e, prima dei 5 kg e quindi verso i 3 mesi, il bambino comincerà a dormire notti intere; le sue ore di sonno totali passeranno, poco a poco, dalle 15 alle 18 ore.

Primi rituali

Il bambino vuole sempre compagnia, per addormentarsi. Da quando comincia a dormire notti intere, avviate degli appuntamenti "rituali" dopo l'ultima poppata della giornata, per aiutarlo nella separazione necessaria ad addormentarsi. Per esempio, dopo il cambio del pannolino, mettetegli il pigiamino e adagiatelo nel suo letto, tirate le tende, auguurategli la buona notte con paroline rassicuranti e spegnete la luce.

Più cresce, più questo momento di transizione con voi sarà determinante. Ogni azione ripetuta giorno per giorno diventerà presto un fattore di attivazione del sonno. Per questo motivo, è indispensabile rispettare sempre lo stesso identico rituale. Cercate di riepilogare gli elementi che vi sembrano favorire l'addormentamento del vostro bambino e fate in modo che siano facili da riprodurre, ma anche che siano per lui fonte di piacere: un bagnetto caldo, una canzoncina o dei giochi nel bagnetto, un breve massaggio, delle filastrocche, una storia eccetera.

Lasciare la camera dei genitori

Durante i primi mesi, quando il bebè passa tanto tempo a nutrirsi quanto ne passa a dormire e le notti sono una successione confusa di poppate, cambi, ninne nanne e brevi periodi di sonno, tenere il proprio piccolo a portata di braccio si rivela sempre molto comodo.

Il momento migliore per procedere alla separazione è probabilmente quando il piccolo non avrà più bisogno di allattare spesso durante la notte (ossia tra il 2° e il 4° mese). Da quel momento in poi, condividere la vostra stanza da letto con lui potrebbe creare alcuni problemi.

MENO SONNO PER IL BEBÈ • Passando la notte intera con il proprio bambino nella stessa camera, i genitori sono tentati di prenderlo in braccio ogni volta che si lamenta appena, con il rischio di interrompere i suoi corretti cicli di sonno. I bambini fanno sempre un po' di rumore mentre dormono e, in gran parte dei casi, si riaddormentano senza difficoltà nei minuti che seguono. Se lo prenderete in braccio al minimo rumore, rischierete di svegliarlo involontariamente. Inoltre, durante le fasi di sonno leggero, i vostri spostamenti potrebbero svegliarlo, anche se camminerete in punta di piedi o entrerete furtivamente nel vostro letto senza fare alcun rumore.

MENO SONNO PER I GENITORI • Se prenderete spesso in braccio il piccolo di notte, perderete anche voi ore di riposo. Anche resistendo alla tentazione, starete sicuramente svegli in attesa di eventuali pianti o lamenti. I suoi

Attenzione!

Quando, la sera, il vostro bambino è molto stanco ed è ora di andare a nanna, manifesta alcuni segni che bisogna imparare a riconoscere: si stropiccia gli occhi, si tocca le orecchie, sbadiglia, brontola e piange…

movimenti vi faranno perdere notti intere di sonno ed è risaputo che i neonati hanno un sonno piuttosto agitato.

MENO RAPPORTI AMOROSI • Ovviamente, siete sicuri (o almeno lo sperate) che il vostro bambino stia dormendo, quando cominciate a fare l'amore, ma riuscite a sentirvi veramente liberi con un piccolo amico in camera così vicino (che respira rumorosamente, muove la testolina o fa i suoi versetti durante il sonno)? Potrete, s'intende, evitare questa situazione scegliendo un altro luogo per i vostri incontri amorosi (e se apriste il divano-letto?).

UNA SEPARAZIONE PIÙ GRADUALE? • Condividere a lungo la vostra stanza da letto con il vostro bambino può rendere la separazione più problematica quando dovrà abituarsi a dormire da solo nella sua cameretta. Non tutti i bambini dovranno affrontare questa difficoltà: una volta pronti, alcuni dormono da soli come se l'avessero fatto da sempre.

SPAZIO INSUFFICIENTE • Avere una stanza a parte non è, però, sempre possibile. Se vivete in un monolocale o in una casa molto piccola anche con altri figli, suddividere la camera diventa l'unica soluzione possibile. Se questo è il vostro caso, potrete montare un paravento o una tenda spessa sospesa a un cavo d'acciaio in mezzo alla camera o lasciare la camera al piccolo e trasferirvi sul divano del salotto. Oppure: riservate a lui un angolo del salotto e finite il film o la discussione della serata in camera vostra.

I primi mesi può essere più difficile impedire che il bambino si addormenti allattando che non svegliarlo spostandolo nel lettino.

> " La mia bambina si addormenta sempre allattando; è una cattiva abitudine che dovrei correggere fin d'ora? "

METTERE A NANNA IL BAMBINO QUANDO È GIÀ ADDORMENTATO

In teoria, è un'ottima idea: mettere a nanna un bambino ancora sveglio prima che abbia sonno affinché, in seguito, quando sarà già svezzato, impari più facilmente ad addormentarsi da solo, senza il conforto del seno o del biberon.
In pratica, tuttavia, tenere sveglio il bambino mentre sta allattando oppure come anche non svegliarlo mentre lo mettete a nanna non sono cose così facili da fare, come sanno bene le mamme che ci hanno provato. Per tenere sveglia la sua bambina durante la poppata non c'è molto che potrà fare. È sicura di non volerla lasciar dormire? Per insegnarle ad addormentarsi senza il conforto del suo seno (oppure del biberon), aspetti che cresca ancora un po' – tra i 4 e i 9 mesi – e che allatti meno spesso. Se questa sua abitudine tenderà a persistere, le sarà più facile intervenire solo una volta completato lo svezzamento. Ogni volta che se ne presenterà l'occasione, comunque, potrà provare a metterla ancora sveglia nel suo lettino, se dà qualche segno di sonnolenza e potrà aiutarla ad addormentarsi cullandola o cantandole una canzoncina (sempre tenendo ben presente di non insistere mai al punto di farla addormentare troppo profondamente).

Curare i piccoli disturbi di orecchio, naso e gola

I disturbi della regione otorinolaringea e dei bronchi sono tra i più frequenti nel neonato, anche se sono spesso facili da curare e senza conseguenze. Quando è leggera, la malattia del bambino colpisce talvolta più i genitori che il bambino stesso, soprattutto la prima volta che compare. Un po' alla volta, imparerete a non farvi prendere dal panico e a valutarne i sintomi.

Raffreddore e rinofaringite

Infiammazione della mucosa nasale, il raffreddore è frequente fin dalla più tenera età ed è anche chiamato "rinite". In genere di entità banale e durata variabile, si accompagna a uno scolo nasale chiaro, talvolta denso.

La rinofaringite è una rinite che ha subito una complicazione; sopravviene spesso in occasione dei cambi di stagione (autunno-inverno, primavera-estate) e si traduce in episodi di febbre e tosse secca e poi grassa, con colpi di tosse distanziati tra loro, più forte al mattino e alla sera

CHE COSA FARE? • Il neonato respira solo con il naso e le sue vie nasali devono essere sempre liberate (vedi a fianco):
- con soluzione fisiologica, che funziona da antisettico;
- con una pompetta aspiramuco, se il naso è chiuso;
- somministrandogli dei medicinali, se lo scolo nasale è purulento;
- sollevando leggermente la testiera del letto per facilitare lo scolo e impedire a questo di andare a infettare altre zone della regione otorinolaringea.

Le abitazioni di oggi hanno solitamente un buon grado di isolamento e favoriscono, durante la stagione invernale, l'accumulo e la proliferazione dei microbi. Arieggiare quindi le stanze ogni giorno per almeno 20 minuti.

QUANDO CONSULTARE IL MEDICO? • Fissate un appuntamento ai primi segni di raffreddore o di rinofaringite; tenete conto anche in futuro dei consigli ricevuti e fate lo stesso nel caso compaiano altri sintomi (febbre persistente che resiste oltre 24 ore al trattamento, intensificazione della tosse, diarrea e/o vomito, alterazione dello stato generale, urla e/o pianti di dolore).

Vero o falso?
Non fare il bagnetto al bimbo quando ha il raffreddore.

Falso. Al contrario, il calore e l'umidità del bagno gli fanno bene e gli liberano il nasino. Fate però attenzione che non prenda freddo quando lo fate uscire dall'acqua e lo vestite.

L'otite

L'otite è un'infezione frequente e dolorosa. Può derivare da un semplice raffreddore perché la regione ORL è costituita da una rete di canali comunicanti tra loro. È imperativo, in questo caso, individuarne i primi sintomi: il bambino è inconsolabile, ha i timpani infettati, un raffreddore persistente e può avere anche la febbre.

CHE COSA FARE? • Consultate il medico fin dai primi sintomi e fategli controllare i timpani anche a trattamento finito. L'otite acuta è trattata con antibiotici. L'otite sierosa, invece, forma un liquido nella zona posteriore al timpano che provoca la temporanea perdita dell'udito. Si cura con antinfiammatori spesso integrati da antibiotici. Se frequente, l'otite richiede l'ablazione delle adenoidi.

PARACENTESI E AGHI CANNULA • La paracentesi è oggi più rara di un tempo grazie al ricorso ad antibiotici più mirati. Si pratica in caso di otite persistente, acuta o sierosa; è un'incisione del timpano che evacua la materia purulenta. Queste otiti possono sfociare nella cosiddetta "sordità da trasmissione". La paracentesi può essere eseguita inserendo nel timpano minuscoli drenaggi (aghi cannula) che assicurano l'aerazione dell'orecchio medio per evitare il rischio di infezione (vengono poi espulsi spontaneamente pochi mesi più tardi).

La laringite

Più impressionante che pericolosa, la laringite acuta sottoglottica è un'infiammazione della laringe, la quale, restrin-

Pulire il naso a un bambino raffreddato

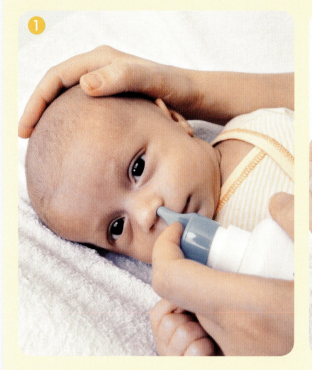

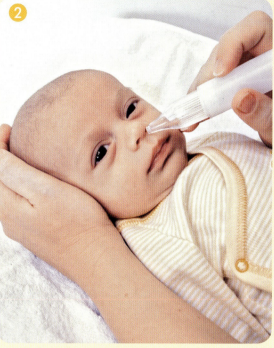

① Pulire le narici
Distendere il vostro bambino spiegandogli ciò che state per fare. Pulite innanzitutto ogni narice usando la soluzione fisiologica in fialette e del cotone o direttamente instillandola mediante un nebulizzatore. In questo caso, non spingete troppo l'imboccatura e lasciatela in prossimità dell'apertura della narice.

② La pompetta aspiramuco
La pompetta aspiramuco si compone di un'imboccatura usa e getta montata su un tubicino collegato, a sua volta, a un imbuto. Girate delicatamente la testa del bimbo su un fianco tenendola ferma. Inserite l'imbuto all'ingresso della narice, senza premere. Aspirate e ripetete l'operazione per l'altra narice. Gettate l'imboccatura utilizzata.

gendosi, provoca un disturbo respiratorio e una tosse talvolta parossistica. La tosse è secca e "abbaiante", la gola dolente, la respirazione difficile e fischiante. Inspirando, si produce un rumore rauco e crescente, percepibile nella zona sotto lo sterno. Il bambino può anche avere la febbre.

CHE COSA FARE? • Se il vostro bambino non ha la febbre, un latte caldo con miele (dolcificante) e una goccia di limone (antisettico) può bastare a calmarlo. Potrete anche tenere vicino a lui un recipiente d'acqua calda o umidificare l'aria della camera facendo evaporare un po' d'acqua. Il piccolo dovrà essere tenuto in posizione seduta. Consultate il medico soprattutto in caso di feb-

bre e/o laringite recidivante. Gli antinfiammatori a base di corticoidi, potenti ed efficaci in meno di un'ora, sono utili se la crisi tarda a passare. Gli antibiotici non sono, invece, sempre necessari.

La tosse

La tosse è una manifestazione di difesa dell'apparato respiratorio. All'interno dei polmoni, i bronchi sono ricoperti da ciglia minuscule che ne assicurano la pulizia attivando la tosse per espellere le particelle ingerite (polvere, batteri) ed eventuali secrezioni

La tosse può essere causata da un'irritazione della gola o da un'infezione. Essa può essere ripetuta (i cosiddetti "accessi di tosse") o intermittente e comparire di giorno (diurna), di notte (notturna) oppure quando il bambino è disteso o in alcune particolari stagioni dell'anno. Può essere rauca o "abbaiante" (proprio simile all'abbaiare dei cani). Può anche essere secca, irritante o grassa.

CHE COSA FARE? • La tosse è una reazione di difesa naturale dell'organismo che non va necessariamente combattuta. Il medico vi indicherà se è opportuno dare al piccolo uno sciroppo o se potrebbe essere utile sottoporlo a una serie di sedute di kinesiterapia respiratoria (se i bronchi, molto intasati, disturbano la respirazione).

Bronchite e bronchiolite

LA BRONCHITE • Generalmente di origine virale, la bronchite consiste in un intasamento dei bronchi associato a tosse grassa. Richiede un controllo medico. Il pediatra potrà prescrivere il trattamento più opportuno e vi consiglierà di sollevare la testiera del lettino del piccolo. Pensate anche a tenere la sua cameretta ben umidificata e a fargli dei bagnetti caldi. Nei piccolissimi, l'antibiotico può essere dato per evitare il rischio di sovrainfezione batterica.

Per somministrare un medicinale con l'ausilio di una pipetta, spingete sul pistone molto gradualmente perché i neonati tendono a succhiare la pipetta e rigettano poi un po' di prodotto insieme alla saliva.

L'APPARATO RESPIRATORIO

- Naso tappato o che cola, tosse, ronzii auricolari, espettorazione: questi disturbi di origine virale o batterica sono normali, in determinati periodi dell'anno, sia per gli adulti sia per i bambini.
- Favoriti da fattori quali il tabacco, l'inquinamento e la predisposizione allergica (acari, pollini…), questi disturbi colpiscono le due regioni (superiore e inferiore) dell'apparato respiratorio e rappresentano la causa più frequente di consultazione medica.
- Il naso, le orecchie, la bocca, la faringe e la laringe formano la regione superiore, o ORL (otorinolaringoiatrica). Le malattie più frequenti della regione ORL sono il raffreddore, la rinofaringite, la laringite, l'angina (rara prima di un anno di età) e l'otite.
- I bronchi e i polmoni costituiscono, invece, la parte inferiore dell'apparato respiratorio. I bronchi sono i condotti che trasportano l'aria agli alveoli polmonari che, a loro volta, comunicano con il sangue, realizzando così lo scambio tra l'anidride carbonica che verrà espirata e l'ossigeno appena inspirato. La bronchiolite e la bronchite sono i più frequenti disturbi dell'apparato respiratorio inferiore.

LA BRONCHIOLITE • I neonati non hanno ancora il riflesso della tosse, svuotare il naso o sputare per espellere le secrezioni nasali o bronchiali. Questo risulta evidente nel caso di bronchiolite, malattia dovuta a un virus che restringe i bronchioli (piccoli bronchi distali o terminali che portano agli alveoli polmonari): l'aria inspirata fa fatica a essere espirata, il che porta al caratteristico sibilo durante l'espirazione. I casi di bronchiolite sono sempre più frequenti e preoccupano spesso i genitori. Si differenzia dall'asma, anche se hanno alcuni sintomi comuni: una tosse parossistica più o meno secca e rauca. Il vostro piccolo respira con il "fischietto" e cerca di riempire i polmoni soprattutto tirando in dentro il pancino. Può avere una leggera febbre e il naso colante (rinite chiara).

CHE COSA FARE? • Fate visitare il bambino al pediatra. Nel frattempo, dategli spesso da bere, controllate l'alimentazione e il colorito del piccolo, liberategli il nasino con soluzione fisiologica e una pompetta aspiramuco.

La kinesiterapia respiratoria, impressionante ma innocua e molto efficace, può essere applicata ai bambini tra un mese e 2 anni di età. Essa è necessaria quando il piccolo non mangia volentieri, vomita muco ed è disturbato da accessi di tosse. Può essere associata anche a un trattamento ad aerosol (inalazione).

Come somministrare i medicinali?

Indipendentemente dal tipo di medicinali da somministrare al bambino, le regole che è imperativo osservare sono due: bando all'automedicazione e rispetto assoluto per le prescrizioni di dosaggio.

LEGGETE IL FOGLIETTO • È indispensabile leggere attentamente il foglietto illustrativo di ogni medicinale, anche se prescritto dal medico. Se il farmacista non l'ha già fatto, copiate sulla scatola del prodotto la posologia prescritta (fatevela confermare in caso di dubbio, se la scrittura del medico non è abbastanza chiara). Verificate le controindicazioni. Rispettate le modalità di conservazione.

Nel caso di riutilizzo del prodotto, controllate sempre prima la data di scadenza sulla confezione.

LA PIPETTA • Per somministrare un medicinale con la pipetta, sdraiate il piccolo, per esempio sul fasciatoio. Riempite la pipetta graduata aspirando la soluzione dal flacone e inseritela nella bocca del bambino senza spingerla in fondo per non rischiare di farlo vomitare e spingete piano sul pistone.

LA SUPPOSTA • Affinché le supposte siano più facili da somministrare, tenetele prima al fresco (nel ripiano basso del frigo). Distendete il piccolo supino, ripiegategli le gambe e trattenetele in posizione per le caviglie. Inserite delicatamente la supposta e quindi chiudete piano le natiche per aiutarlo a trattenerla.

IN OMEOPATIA • Quando un bambino allattato al seno deve seguire un trattamento omeopatico (se ha il raffreddore, per esempio), sarà la madre a prendere il rimedio in ragione di 6 dosi al giorno per farlo passare nel latte materno.

Per i bambini allattati al biberon, il rimedio deve essere diluito in un piccolo biberon d'acqua e somministrato a sorsi nell'arco della giornata. Tra un'assunzione e l'altra, conservate il biberon in frigorifero; prima di dare la nuova dose, agitatelo energicamente.

PARACETAMOLO O IBUPROFENE?

- Esistono in commercio un gran di numero di antalgici e antipiretici, ma solo due sono adatti ai bambini piccoli: il paracetamolo e l'ibuprofene (venduti con diversi nomi commerciali).
- L'aspirina (acido acetilsalicilico) è vivamente sconsigliata da quando si è scoperto che la sua somministrazione per il trattamento di infezioni virali quali febbre, varicella o disturbi respiratori aumenta il rischio di contrarre la sindrome di Reye, malattia rara le cui cause rimangono a oggi ancora sconosciute. L'uso dell'aspirina è dunque da prescrivere solo previa indicazione medica specifica.
- Il paracetamolo e l'ibuprofene si rivelano molto efficaci per alleviare i dolori e abbassare la febbre, ma agiscono ciascuno in modo diverso e presentano diversi effetti collaterali, rari se il prodotto è somministrato secondo le corrette modalità.
- Da quando è stato commercializzato l'ibuprofene in forma liquida, molti pediatri hanno cominciato a raccomandarlo per il suo potere leggermente superiore al paracetamolo. Non deve essere somministrato ai bambini sotto i 6 mesi e da vietare assolutamente se il bambino è disidratato, vomita in modo continuo o soffre di dolori addominali.
- Infine, l'ibuprofene è controindicato in caso di varicella.
- Alcuni pediatri consigliano di alternare il paracetamolo e l'ibuprofene nel trattamento della febbre infantile, ma la maggior parte di loro concordano nello sconsigliare questa pratica. L'efficacia di ogni medicamento, infatti, è ridotta dalla frequenza dell'assunzione e, se il bambino sopporta male il trattamento, il medicinale responsabile del disturbo sarà più difficile da individuare.

Fate sempre attenzione a osservare il dosaggio raccomandato e gli orari ai quali si consiglia di somministrare il nuovo medicinale e seguite le istruzioni fornite dal fabbricante o dal medico. Una volta terminato il trattamento, assicuratevi che il prodotto (come ogni altro), sia al di fuori della portata del bambino o di eventuali fratellini.

Riprendere la vita professionale

Per molte donne, la questione non si pone affatto. A causa di numerosi vincoli (finanziari, sociali, professionali), non hanno altra scelta se non tornare a lavorare dopo la nascita del figlio(i), riuscendo magari a scegliere solo quando farlo. Altre donne devono invece affrontare una decisione difficile.

Opinioni contrastanti

Gli specialisti dello sviluppo infantile non concordano pienamente sulla questione, il che, ancora una volta, non facilita il mestiere di madre. Alcuni ritengono che non dia alcun problema (e che dia anzi qualche vantaggio) se la madre ritorna al lavoro e affida il piccolo a un centro per l'infanzia, un asilo nido o una baby-sitter. Altri, invece, sono fermamente convinti che il fatto che entrambi i genitori lavorino espone il piccolo a rischi non trascurabili e consigliano alle madri di rimanere a casa, almeno per mezza giornata, finché il bambino avrà compiuto i 3 anni.

STUDI POCO COSTRUTTIVI • Nemmeno la ricerca ha apportato chiarezza, d'altronde. Gli studi condotti portano a conclusioni contraddittorie, innanzitutto perché difficili da valutare: come misurare l'impatto, su un bambino, del fatto che la madre lavora fuori casa? O che rimanga a casa? Quali effetti valutare? Come quantificarli? Ve ne sono alcuni che siamo in grado di prevedere? Vedremo comparire dei problemi e a che punto dell'età adulta?

Inoltre, nessuno studio affronta il problema in modo esauriente. La carenza di prove evidenti dei vantaggi (o dei rischi) potenziali per il bambino dell'avere una madre che lavora fuori casa lascia tutto il peso della decisione al buon senso dei genitori.

Come chiarire le proprie scelte?

Se rifletterete su questo punto, ponetevi le questioni che riportiamo qui di seguito: vi aiuteranno di sicuro a chiarire le vostre scelte. Anche se siete assolutamente sicure di riprendere la vostra attività professionale, ponetevele comunque e forse vi renderete conto che quella che vivete come un'assenza di scelta è comunque ciò che si addice di più alla situazione.

> **Attenzione alla coppia!**
> Spesso, ciò che veramente risente della stanchezza in una famiglia con figli piccoli ed entrambi i genitori al lavoro è la relazione di coppia. Se deciderete di tornare al lavoro, considerate che anche quella relazione avrà bisogno di essere nutrita.

QUALI PRIORITÀ? • Riflettete bene su che cosa sia più importante per voi. Annotate su un foglio le vostre priorità alla rinfusa, come vi vengono in mente (famiglia, bambino, carriera, sicurezza finanziaria, comodità, vacanze, studio…) e poi classificatele in ordine di importanza. Il vostro elenco non avrà probabilmente niente a che vedere con quello della vicina di casa o delle vostre colleghe di lavoro. Una volta stabilite le priorità, chiedetevi quale sia il miglior mezzo per soddisfarle, sempre in ordine di importanza: rimanere a casa o tornare al lavoro?

CHE SITUAZIONE FINANZIARIA AVETE? • Se sceglierete di non lavorare, questo potrebbe compromettere la sopravvivenza economica delle vostra famiglia o significherebbe che dovrete semplicemente ridurre un po' gli extra? Avete modo di contenere le spese in modo che l'assenza del vostro salario non si faccia sentire troppo? Se tornerete a lavorare, avete pensato alle spese che ne deriveranno (trasporto, baby-sitter…)? In acuni casi, sommando tutte le spese risulta chiaro che tornare al lavoro non è poi così economicamente interessante.

CHE COSA VI CONVIENE? • Vi piacerebbe veramente rimanere a casa con il bambino? Oppure vi stresserebbe e vi renderebbe impazienti? Sareste in grado di lasciare a casa le preoccupazioni legate al bambino, andando al lavoro, e quelle sul versante del lavoro sapreste abbandonarle arrivando a casa? La vostra difficoltà a suddividere le varie attività della vostra vita vi impedirebbe di dare il meglio di voi, al lavoro come anche a casa? Vi immaginate facile affidare vostro figlio a qualcun altro? Avete per caso l'impressione che nessuno al di fuori di voi saprebbe occuparsene come si deve? Oppure avete la certezza di poter contare su una persona (o una struttura) adatta a sostituirvi durante l'orario di lavoro?

Che effetto vi fa l'idea di rischiare di perdervi qualche tappa importante nella crescita? La prima volta che il piccolo scoppierà a ridere, riuscirà a stare seduto o a gattonare per la prima volta e comincerà ad arrampicarsi o perfino a fare i primi passi... Se sarete al lavoro in quel momento, credete che vi darà fastidio sentirvelo raccontare da altri? Potrebbe ingelosirvi il legame che il vostro piccolo tesserà con la persona che se ne occuperà? Ricordate che la maggior parte delle madri che lavorano riesce a stabilire legami solidi con il proprio figlio tanto quanto le mamme a tempo pieno. Poco importa che il vostro piccolo si senta molto vicino alla sua tata: nessuno potrà comunque prendere il vostro posto nel suo cuore.

QUANTA ENERGIA AVETE? • Dovrete essere in forma in tutti i sensi, sia fisico sia mentale, per alzarvi la mattina con il piccolo, prepararvi, andare al lavoro per tutto il giorno e poi tornare ad affrontare le sue esigenze, quelle del vostro compagno e della casa (anche se fare la mamma a tempo pieno richiede comunque molta energia). D'altro canto, molte donne – in particolare quelle che amano profondamente il proprio lavoro – trovano rinvigorenti le ore trascorse fuori casa: questa tregua all'esterno permette loro di rientrare la sera con energia rinnovata per riprendere l'attività materna e domestica.

Se non avete un lavoro troppo stressante, potrete gestire facilmente entrambe le attività allo stesso tempo. Se, invece, il vostro lavoro e il vostro bambino vi costringono a vivere sotto pressione, non rischiate di trovarvi nell'incapacità di affrontare l'uno e l'altro, giorno dopo giorno...
Se tornerete al lavoro, potrete contare sull'aiuto del vostro compagno (o di altri)? Avete modo di usufruire di un aiuto esterno per recuperare le pulizie rimaste indietro o comunque ridurne l'entità?

CHE GRADO DI FLESSIBILITÀ HA IL VOSTRO LAVORO? • Potrete prendervi un permesso se il vostro bmbo è malato o arrivare più tardi o uscire prima nel caso di una chiamata d'urgenza da casa? Sareste obbligate a lavorare fino a tardi, durante i fine settimana o a viaggiare con frequenza?

In che misura il fatto di non riprendere subito il vostro lavoro rischierebbe di compromettere la vostra carriera? Tenerla in sospeso per un po' può ritardare il vostro avanzamento una volta reintegrate nel mondo del lavoro? Se pensate che sia così, sareste pronte a questo sacrificio? Se sceglierete di trascorrere qualche anno a casa, avrete qualche modo per tenere il contatto con il vostro ambiente professionale senza dovervi impegnare a tempo pieno?

ESISTE UN COMPROMESSO POSSIBILE? • Probabilmente non riuscirete a stare dietro a tutto senza rimetterci la salute, ma potrete forse vincere sui due fronti riflettendo e trovando un compromesso originale.

Qualunque sia la vostra scelta, probabilmente implicherà una parte di sacrificio. Anche se decisa a rimanere a casa, vi rimarrà un pizzico di rimpianto (se non di più) quando, per esempio, vi troverete a chiacchierare con le vostre ex-colleghe. Al contrario, nonostante l'entusiasmo con il quale riprenderete a lavorare, se questa sarà la vostra scelta, avrete un po' di rimorso quando incrocerete per la strada le mamme con i loro bebè a passeggiare nella piazza, mentre state correndo al lavoro.

Forti dubbi

I dubbi sono del tutto normali e dovrete imparare a conviverci. Tuttavia, se cominceranno a moltiplicarsi e a invadere la vostra vita al punto da farvi sentire insoddisfatte, è giunto il momento di rivedere la decisione. Una decisione che poteva sembrare giusta in teoria potrebbe rivelarsi completamente fuori luogo una volta messa in pratica, nel qual caso non esitate a tornarci sopra e cambiare programma, se ciò è possibile.

Quando poi le cose non sono così idilliache come speravate, ricordate che i bambini che ricevono la loro dose di amore e di attenzione hanno grandi capacità di adattamento. Diventeranno senza dubbio degli adulti felici ed equilibrati, sia che la madre sia rimasta a casa sia che si sia realizzata professionalmente.

QUANDO RIPRENDERE IL LAVORO?

> L'ideale sarebbe riprendere il lavoro quando vi sentirete pronte a farlo, che siano 3 o 6 mesi o un anno dalla nascita del vostro piccolo, dovreste essere sempre voi a deciderlo In ogni caso, come sappiamo, le cose non sono sempre così semplici come sembrano.

> Se ne avete la possibilità, gli specialisti consigliano di aspettare di aver stabilito l'"attaccamento" o il "legame" materno con il piccolo e che vi sentiate sicure delle vostre competenze di madre. Stabilire un legame può richiedere 3 mesi come 5 o 6.

> Anche se non ne hanno particolarmente voglia, molte donne ritrovano la loro attività professionale alla scadenza del congedo di maternità, circa 12 settimane dopo la nascita.

> Anche se è possibile prolungare il periodo con la maternità facoltativa (con retribuzione ridotta) o con qualche giorno o settimana di ferie, la "separazione" potrà sembrare sempre e comunque troppo precoce.

> Potrete forse trovare una soluzione alternativa. Oggi molte donne scelgono il part-time fino al terzo anno di età del bambino. Informatevi sui vostri diritti in materia!

Affidare ad altri il proprio bambino

Il primo criterio di scelta è spesso molto personale: se alcuni genitori preferiscono affidare il proprio figlio sempre a una stessa persona, altri preferiscono il gruppo. La vostra decisione dipenderà anche dall'offerta locale (che cosa vi offre il vostro comune di residenza), dai vostri orari e dal budget di cui disponete.

Una scelta molto personale

Affidare il proprio bambino a qualcuno per la prima volta può crearvi una certa apprensione.
Talvolta la mamma può preoccuparsi, più o meno consapevolmente, che il suo piccolo si affezioni più alla persona che ha scelto per accudirlo che a lei. Anche se ancora piccolissimi, tuttavia, i bambini sono perfettamente in grado di distinguere la mamma dal papà e dalle altre persone con cui si relazionano. È molto importante, comunque, che il vostro bambino riceva l'affetto che chiunque si prenderà cura di lui saprà trasmettergli. Dovrà essere ben accudito, sentirsi sicuro e sapere che voi vi fidate della persona a cui lo affidate.
Così potrà esprimersi e stare bene senza nulla togliere all'immenso amore che prova per voi.

> **Fate attenzione**
> Qualsiasi tipo di assistenza sceglierete per vostro figlio, osservate la sua risposta: se ha sbalzi di umore, un forte attaccamento e la sua agitazione non dipende dalla dentizione o da una malattia, provate a capire che cosa stia succedendo: forse c'è qualcosa da cambiare!

PORSI LE GIUSTE DOMANDE • Prima di separarvi, prendetevi il tempo di interrogarvi su che cosa conti per voi, per vostro figlio, suo padre e i fratelli, se ce ne sono. Naturalmente, arriverete così a trovare la formula che risponde al meglio alla vostra situazione.
Una cosa è fuori discussione: dovrete sicuramente pensarci con il giusto anticipo e iscrivervi o prendere un accordo scritto. Comunque andranno le cose, sarà preferibile cercare, e trovare, una soluzione di lungo termine in modo da non dover cambiare la persona di riferimento ogni tre mesi o giù di lì. Siete in due ad avere bisogno di stabilità in questa nuova organizzazione della vostra vita: voi e il vostro bambino.

Gli asili nido

Accolgono bambini tra i 3 mesi e i 3 anni di età, generalmente dal lunedì al venerdì e con un orario variabile, comunque di norma tra le 7.30 e le 18.00.
I requisiti necessari per l'ammissione alle strutture pubbliche sono stabiliti dai regolamenti di ogni Comune. D'altronde, più i posti sono rari, più le condizioni per accedervi devono essere specifiche. Anche la vicinanza al luogo di domicilio è un fatto di selezione poiché si dà la precedenza alle famiglie che risiedono nello stesso Comune.

INFORMARSI CON MOLTO ANTICIPO • Oggi gli asili nido sono molto ricercati: sarà consigliabile informarsi già all'inizio della gravidanza – in alcune città, già quando si comincia a pensare di avere un figlio – per essere poi pronti a formalizzare l'iscrizione, che solitamente avviene al 6° mese di gravidanza.

PERSONALE QUALIFICATO • Gli asili nido possono essere comunali o privati. Tutto il personale ha un diploma specifico: maturità socio-psico-pedagogica; dirigente di comu-

---

LE PRATICHE BUROCRATICHE

- L'assunzione di una baby-sitter vi trasforma in un'imprenditrice.
- Dovrete compilare il modulo di assunzione di collaboratori domestici che fornisce l'INPS e pagare i contributi salariali con cadenza trimestrale. Anche per questo, **contattate l'INPS di zona**.
- Dovrete anche firmare un contratto di lavoro e le buste paga. Anche per queste formalità, meglio appoggiarsi alla sede INPS di riferimento. Se potete permettervelo, affidate la gestione della burocrazia a uno studio del lavoro, risparmierete tempo ed eviterete errori che potrebbero portare delle sanzioni.
- Le spese di baby-sitting, compresi i contributi, sono in parte detraibili.

Il miglior modo per immaginare come si svolgerà la giornata del vostro bambino è discuterne con il personale e fare visita ai locali dell'asilo, preferibilmente durante la giornata, nelle ore di piena attività.

nità infantile; maestra di asilo; operatore dei servizi sociali; assistente di comunità infantile; maturità magistrale; tecnico dei servizi sociali; master per la formazione della prima infanzia; titolo universitario pedagogico.

Vi possono essere accolti da un minimo di 19 a un massimo di 50 bambini; il numero di addetti varia in proporzione a quello dei bambini. Gli asili nido devono offrire un ambiente accogliente per i bambini (materiale adeguato, staff di professionisti abituati a interagire con i bambini), e prevedere locali anche per il personale e per i genitori.

Gli asili familiari

Consistono in una rete di assistenti materne che accolgono presso il proprio domicilio, debitamente attrez-

Attenzione!

Se la persona che accudisce il vostro bambino a casa non può venire o decide di interrompere bruscamente il suo contratto, non avrete la possibilità di un ricambio automatico.

zato, uno o più bambini di età compresa tra i 3 mesi e i 3 anni. Sono coordinate da una direttrice, di solito infermiera puericultrice con diploma statale.

UN IMPEGNO DI TRE PARTI • Il fatto di far parte di una rete offre alla maestra d'asilo la possibilità di far partecipare i bambini che accudisce anche ad attività collettive, a contatto cn altri bambini.
Questo tipo di asilo offre i vantaggi di una mini-collettività e, allo stesso tempo, quelli dell'accudimento personale diretto. Il contratto di lavoro viene stipulato tra i genitori, la direttrice dell'asilo e la maestra per definire le modalità del servizio (orari, pasti ecc.).

Gli asili cooperativi

Si tratta di associazioni di genitori che gestiscono strutture simili agli asili nido, ma solitamente più piccole.
Gli asili cooperativi sottostanno alle stesse norme degli asili nido comunali e quindi ai regolamenti relativi al numero di bambini che accolgono, all'inquadramento, ai locali, al controllo sanitario eccetera.
I genitori – coordinati da uno o più specialisti della prima infanzia – seguono a turno i bambini e gestiscono l'attività dell'asilo. Questo formula richiede quindi un notevole investimento personale da parte dei genitori, la cui partecipazione finanziaria si stabilisce in base al loro reddito specifico.

LA PAROLA AL BEBÈ

Ma dove mi trovo?!
Non sono nel solito posto, là dove di solito mi addormento e poi mi sveglio, dove mangio e faccio il riposino, dove conosco tutti e ormai so cosa sta per succedere perché tutto si ripete uguale. Non sono d'accordo e mi metterò a piangere! All'inizio pensavo che fosse un posto nuovo da esplorare, ma adesso non voglio restare qui senza di te! Dimmelo, cantamelo tu con la tua voce che poi tornerai e soprattutto fai in fretta! Non so più cosa sta per succedere e ho tanta paura!

L'affidamento a una levatrice

La levatrice, oggi definita ostetrica ma detta anche "tata", è un'assistente professionista che opera in modo indipendente. È specializzata nell'assistenza alle donne prima, durante e subito dopo il parto, ma può anche essere una figura di riferimento nell'allevamento dei neonati e dei bambini in età pediatrica. Se optate per questa soluzione, cominciate le ricerche con opportuno anticipo rispetto alla vostra ripresa del lavoro per poter maturare una buona scelta. Per maggiori informazioni, consultate il sito della Federazione Nazionale Collegi Ostetriche (www.fnco.it).

UN SERVIZIO PIUTTOSTO FLESSIBILE • Gli orari di custodia possono essere concordati, il bambino può essere generalmente accolto anche quando è malato e il prezzo è solitamente negoziabile. Tutti questi punti dovranno essere discussi in dettaglio e accettati dalla persona scelta prima della firma del contratto insieme alla questione delle ferie pagate, le date festive e il compenso di eventuali ore di straordinario. Questo tipo di affidamento è il più costoso anche perché non è calcolato in base al reddito familiare.

La "tata" a domicilio

È il tipo di affidamento che molte mamme sognano: evita al bambino di essere svegliato presto al mattino, di uscire al freddo nella stagione invernale e solleva i genitori dal percorso asilo-casa o tata-casa due volte al giorno. Inoltre, anche se la baby-sitter sarà assunta per occuparsi del piccolo, potrete anche negoziare qualche lavoro di casa o qualche uscita per la spesa. Altro elemento positivo: il bambino è accudito a casa anche quando è malato.

UNA SCELTA DELICATA • Le tate a domicilio, tuttavia, non hanno obbligatoriamente una formazione specifica ed è quindi indispensabile esaminarne diverse, prima di decidere e, soprattutto, assumerne una che abbia già una buona esperienza dei vari compiti con i bambini piccoli.
L'affidamento a casa rimane sicuramente una soluzione costosa, ma si può anche organizzare un affidamento condiviso con un'altra famiglia di vicini per ridurre le spese.
La tata a domicilio può essere assunta per un massimo di 50 ore settimanali, salvo accordi preventivi alla firma del contratto. Come per le ostetriche riconosciute, è sempre preferibile concordare preventivamente gli orari, i periodi di ferie e i giorni liberi.

Quale che sia il tipo di affidamento che sceglierete, il ritorno alla vita professionale richiederà certo una riorganizzazione.

UNA RAGAZZA ALLA PARI • Generalmente la ragazza alla pari proviene da un Paese straniero. Fornisce un servizio di baby-sitting per alcune ore al giorno, in cambio voi le date vitto e alloggio e un indennizzo mensile da concordare. Saltuariamente potrà anche lavorare per voi la sera e potrà darvi una mano nelle vostre faccende di casa. Sarà nel nostro Paese per frequentare un corso di studio, quindi non potrete chiederle alcun servizio durante le ore scolastiche.

L'affidamento a un parente

Naturalmente, può essere una soluzione interessante quella di affidare il proprio bambino ai nonni come anche a una sorella o a un'amica, o comunque a una persona vicina in cui riponiate la più completa fiducia. In questo la caso la fiducia è solitamente automatica, ma, nel tempo, questa soluzione potrebbe rivelarsi non del tutto positiva. Innanzitutto, per la persona che accudisce il bimbo si tratta di un enorme impegno, soprattutto se è quotidiano e, in secondo luogo, è più difficile, se vi è un disaccordo, rimproverare un parente prossimo e non retribuito.

La cosa può creare tensioni di cui il piccolo potrebbe risentire ed è quindi spesso preferibile rivolgersi alla famiglia solo saltuariamente, per esempio quando il bambino è malato o la tata è assente.

QUANDO IL PICCOLO È MALATO

- A nessuno piace vedere il proprio bimbo malato, ma i genitori che lavorano temono in particolare i primi segni di febbre o gastroenterite perché sanno che **occuparsi di un bambino malato pone una serie di problemi, a cominciare dal fatto di sapere chi se ne occuperà e dove questo avverrà.**
- Ricordiamoci che **gli asili non accettano sempre i bambini malati,** soprattutto se di diarrea, vomito o febbre alta.
- Alcune ostetriche accettano i bambini malati, ma non sempre, soprattutto se accudiscono più bambini.

- Idealmente, uno dei genitori dovrebbe potersi assentare dal lavoro per curare direttamente il piccolo. Come sa chiunque sia stato malato durante l'infanzia, non c'è niente di più rassicurante di sapere di avere la mamma o il papà vicini ad asciugarvi la fronte febbricitante e a prendersi cura di voi con le loro mani affettuose.
- Se ciò non è possibile, la cosa migliore è una baby-sitter di fiducia o un parente su cui potete contare, che possa venire a casa a prendersi cura del piccolo.

- Alcune levatrici propongono un servizio di assistenza ai bambini malati in cui il piccolo può ritrovarsi in un ambiente che conosce, insieme a visi che gli sono familiari e che alleviano il suo malessere. I servizi si moltiplicano per cercare di rispondere a una domanda molto forte. Se il bambino non conosce la persone che si occuperanno di lui, dovrà abituarsi a uno sconosciuto oltre che a un nuovo ambiente, e dovrà farlo in un momento in cui non è certo nello stato migliore per affrontare un compito del genere.

Imparare a separarsi con serenità

Per diverse settimane, o mesi, avete vissuto tanti momenti in simbiosi con il vostro bambino, ma sapere che presto dovrete riprendere la vostra vita professionale e lasciare che scopra il mondo anche senza di voi sarà un momento delicato, che sarà bene preparare con cura affinché avvenga serenamente.

Sapersi preparare

La ripresa del lavoro non tarda ad arrivare: è legittimo se vi sentirete travolte da una serie di domande, con il desiderio di rimandare talvolta la vostra scelta in merito, e provando qualche senso di colpa all'idea di affidare ad altri il vostro bambino. In breve, tutti questi sentimenti che si affollano all'approssimarsi del giorno X sono del tutto normali. Affinché tutto si svolga serenamente, non dovrete far altro che preparare voi stesse e il vostro bambino.

Prima dell'inserimento all'asilo o presso una tata, imparate ad allontanarvi un po' dal vostro piccolo di tanto in tanto, lasciandolo al papà o ad altra persona di fiducia. Anche se solo per poche ore, questo vi eviterà che l'ingresso all'asilo diventi per entrambi il primo vero distacco. Parlate al bambino di questa prossima separazione e spiegategli che dovrete riprendere il vostro lavoro, che comunque non lo abbandonerete mai e che avete trovato una persona di cui vi fidate che si occuperà di lui in vostra assenza.

IL PERIODO DI ADATTAMENTO • Gli asili e le ostetriche propongono di norma un periodo di adattamento che può durate una o due settimane, raramente meno di tre giorni. Durante questa fase, voi rimarrete sul posto con il bambino e scoprirete con lui questo suo nuovo universo, discutendo con le persone che se ne prenderanno cura. Il vostro piccolo percepirà l'interesse che voi investirete in questo suo cambiamento di vita e, poco a poco, la durata della vostra presenza accanto a lui si ridurrà fino a che sarà pronto a passare la sua prima giornata senza di voi.

Al momento della separazione

Sarà sempre preferibile piuttosto svegliarlo un po' più presto anziché "depositarlo" frettolosamente perché siete già in ritardo per il lavoro. Prendete tutto il tempo che vi serve per scambiare qualche parola con la maestra o la tata e portate con voi un oggetto a cui il piccolo tiene particolarmente o il suo pupazzetto preferito. Potrete anche lasciargli un fazzolettino spruzzato con qualche goccia del vostro profumo.

> " Vorremmo passare una serata da soli, ma non ci fidiamo a lasciare il bambino alla baby-sitter. "

AFFIDARE IL BAMBINO PER LA PRIMA VOLTA

Non aspettate di doverlo fare per forza per andare a lavorare. Cominciate fin d'ora ad affidare ogni tanto il piccolo a una baby-sitter e uscite senza rimandare troppo a lungo. Ci saranno momenti in cui avrete voglia di trascorrere qualche momento da soli o in coppia e abituare fin d'ora il bambino a stare ogni tanto con una baby-sitter è un aspetto importante per la sua crescita. Prima lo farete, meglio sarà per entrambi. A 2 o 3 mesi, il bambino riconosce i suoi genitori, ma essere lontani dai suoi occhi vuol dire essere anche lontani dai suoi pensieri. Dal momento che i loro bisogni sono soddisfatti, i neonati si accontentano solitamente di essere con qualcuno che si occupi di loro.
Verso i 9 mesi (e a volte prima), cominciano a sentire, invece, l'angoscia del distacco o il timore degli sconosciuti. Per questo, il vostro bambino ora ha l'età ideale per abituarsi a stare con una baby-sitter e per voi è il momento ideale per un po' di distrazione.
Inizialmente farete solo qualche breve uscita e, se siete ancora in fase di allattamento, la cena dovrà inserirsi tra una poppata e l'altra. Dedicate, invece, il tempo necessario a preparare la baby-sitter a occuparsi bene del bambino. La prima sera che uscirete, chiedetele di arrivare a casa vostra con un'ora d'anticipo per informarla accuratamente circa le sue abitudini e le sue esigenze per consentire loro di fare conoscenza prima della vostra uscita. In questo modo, anche la baby-sitter si troverà più a suo agio.

Cominciare ad affidare il bambino ai nonni può essere un buon modo per vivere le prime brevi separazioni senza preoccupazioni.

SAPER ANDARE • Se, da una parte, è inutile prolungare l'addio, è anche sbagliato scappare via senza avergli detto bene «A più tardi» o «A stasera». Il vostro piccolo ha bisogno di capire che ve ne state andando e che tornerete. Se si metterà a piangere, rassicuratelo e ditegli che passerà una bella giornata. Una cosa è certa: dovrete essere voi stesse convinte per riuscire a trasmettere al piccolo un senso di fiducia e serenità.

Non temete però di confessare, a vostro figlio ma soprattutto a voi stesse, che separarsi è molto difficile. Anche se cercherete di nascondere la tristezza, di certo non potrete fare a meno di provarla. Raccontate al vostro bambino, per esempio, che porterete sempre con voi una sua foto. La presenza del papà potrà aiutarvi molto al momento di dirgli «Arrivederci!». Sarà sicuramente meglio per voi, quando dovrete alla fine uscire dalla porta se lui sarà con voi a consolarvi. Infine, se il vostro bambino è affidato a una tata, concordate l'ora in cui potrete tornare a riprenderlo.

Per concludere, quando telefonerete, ditele di spiegare al piccolo che avete chiamato e che presto andrete a riabbracciarlo. Lui capirà che si tratta di voi.

Tempo di ritrovarsi

La giornata è finita e voi tornate dal vostro bambino. Anche questo è un momento molto importante! Anche qui, prendetevi del tempo per sentire dalla maestra o dalla tata come si è svolta la giornata, quali fatti o gesti particolare ha fatto il piccolo, se ha pianto, riso o fatto progressi. Anche il bambino percepirà l'armonia che sta alla base del vostro rapporto.

Questi momenti di scambio verbale creano anche le basi di un clima di fiducia con la persona che si occupa del piccolo e questa fiducia sarà positiva per tutti: per voi che vi sentirete sempre più serene e a vostro agio, per il piccolo che percepirà una sorta di complicità tra le sue persone di riferimento e, infine, per la maestra o la tata che si sentirà apprezzata per ciò che fa.

Una volta rientrati a casa, raccontate pure al vostro bambino com'è andata la vostra giornata di lavoro e dedicategli un momento per giocare e chiacchierare insieme. Questi momenti speciali gli permetteranno di capire che il suo nuovo ritmo di vita non ha cambiato niente nella relazione che ha con voi.

L'importanza del padre

I giovani padri si chiedono spesso: "Sarò all'altezza?", "Sarà questa la cosa più giusta da fare?", "Quale figura rappresenterò per mio figlio?". Come le mamme, anche loro supereranno i dubbi e le inquietudini grazie al dialogo quotidiano con il loro bambino. Non esiste un solo modo di essere padre ed è normale procedere a volte per tentativi, prima di sentirsi a proprio agio.

Il pensiero di "fare bene"

Il giovane padre si preoccupa spesso di sentirsi in grado di giocare bene il suo ruolo. Oggi, infatti, il pensiero delle prestazioni invade tutti gli aspetti della vita quotidiana, proprio come accade nel mondo del lavoro. Certo, la pressione sociale sui padri è comunque minore di quella che grava sulle madri: tenute a essere contemporaneamente delle "buone madri", donne realizzate ed efficienti nel lavoro, si trovano spesso in una posizione piuttosto scomoda.

Nonostante l'evoluzione della mentalità, i padri sono ancora esposti a minori pressioni al di fuori dell'ambito professionale. Senza dubbio questo è un retaggio di una tradizione secondo la quale la missione consiste, innanzitutto, a provvedere alla famiglia.

Un massaggio benefico per entrambi

Recenti ricerche hanno dimostrato che le mani del padre hanno un benefico effetto sullo sviluppo del bambino. I massaggi fatti dal padre possono ridurre i problemi del sonno e della digestione del piccolo. I padri che imparano a massaggiare il bambino abbassano così anche il proprio livello di stress, hanno più fiducia in se stessi e stabiliscono con lui una relazione più profonda.

Molti padri sentono tuttavia il desiderio di dimostrarsi "all'altezza" e obbligati a impegnarsi anche in questo. Senza a volte nemmeno sapere in che cosa consiste precisamente questo obbligo...

Domande legittime

«Farò ciò che mi spetta?» E si chiede: «Che cosa significa "fare ciò che mi spetta"?». Alcuni si appoggiano ai consigli di amici e parenti, altri si documentano leggendo libri e riviste per trovare consigli pratici e suggerimenti intelligenti. Altri ancora curiosano nella stampa femminile nella segreta speranza di rubare qualche consiglio, perché le domande non mancano. Che cosa fare quando il bambino piange? Non c'è il rischio di fargli del male prendendolo in braccio? Possono fare il bagno con lui e fino a che età possono farlo? Sono tante le domande che assillano i giovani padri, che spesso non osano aprirsi ai consigli di chi è vicino a loro. E in questo sbagliano perché si tratta di domande legittime che non devono suscitare ironia ma tenerezza.

PARLARNE INSIEME • La cosa più semplice è sempre discuterne con la propria compagna, che sta anche lei scoprendo il suo nuovo ruolo. Parlarne senza nascondere nessuno dei propri dubbi, sia per il padre sia per la madre, è già un primo passo sulla via del benessere familiare. Per l'uno come per l'altra non ci sono prestazioni da fornire né modelli da seguire ciecamente. Tutto il fascino del "mestiere" di genitore consiste nell'inventare e trovare le proprie soluzioni, e commettere qualche errore o mancanza è cosa normale. Nessuno conosce la ricetta del padre o della madre perfetta: l'importante è amare il proprio bambino e dedicargli tutta la propria attenzione.

Attenzione!

I figli dei fumatori si ammalano più spesso rispetto a quelli dei non fumatori. Se non siete ancora riusciti a smettere, chiedete aiuto al vostro medico curante o iscrivetevi a un corso apposito.

Nonostante il timore di non essere all'altezza, il padre riesce a tessere con suo figlio una relazione del tutto unica.

Un aiuto efficace in casa

I primi sei mesi di vita del bambino non richiedono esclusivamente la competenza della madre; in questo anzi il padre ha un ruolo essenziale. Egli contribuisce, innanzitutto, a favorire la serenità dell'ambiente familiare e crea un'atmosfera di sostegno per la madre e per il piccolo durante tutto il periodo. Fin dal rientro dall'ospedale, egli può cercare di rispondere alle attese della madre e di fare in modo che la quotidianità sia meno onerosa nelle settimane a venire. Tenendo conto della condizione della sua compagna e del suo legittimo bisogno di rimettersi in forze dopo il parto, spetta a lui assumersi l'onere di alcuni compiti per sollevarla quanto più possibile dal peso, almeno, delle faccende domestiche.

Il padre tuttavia non sarà solo lì per sostenere la madre: sarà anche una figura essenziale nella relazione familiare che si sta gradualmente costruendo.

Il dialogo con il bambino

Anche se, dopo i nove mesi trascorsi nel ventre materno, il piccolo potrebbe sembrare inizialmente più rassicurato dalla madre che dal padre, sì affezionerà comunque presto e intensamente a chiunque gli voglia sinceramente bene. Esistono, per il padre, diversi modi di favorire la creazione di un legame con il proprio figlio. Durante le prime settimane, questa relazione passa attraverso i gesti concreti dei pasti, dei cambi e del bagnetto.

Se tuttavia non vi impegnerete già in queste cure fondamentali, potrete rispondere alle sue esigenze effettive cullandolo per calmarlo o scambiando con lui sorrisi e coccole. Se gli manifesterete il vostro amore e sarete curioso, anche lui vi dedicherà i suoi gesti d'affetto. Poco importa come voi esprimerete la vostra presenza di padre quando sarete con lui. Alcuni hanno un po' timore di questa relazione già sul nascere. Si sentono a disagio davanti a dei sentimenti sconosciuti mai provati prima. Per questo, la relazione di vicinanza anche fisica contribuirà a rassicurare il bambino e a costruire il legame paterno.

Distendere il legame tra mamma e bambino

Quando desiderate occuparvi di più del vostro piccolo, ma da parte della madre percepite una certa reticenza, insistete pure e ditele che il contatto fisico è benefico per voi come per il bambino. Gran parte dei pediatri ritengono che i neonati crescano meglio sul piano psicomotorio se vengono presi spesso in braccio, cullati e curati in diversi modi, le cose di cui beneficiano tutti i bambini che hanno frequenti contatti con entrambi i genitori.

Se la vostra compagna si dovesse comportare come se il piccolo fosse di sua proprietà, sarà essenziale che voi la aiutiate a stabilire una relazione meno esclusiva con vostro figlio. Legittima nelle prime settimane che seguono la nascita, questo senso di "fusione" tra madre e bambino non deve però prolungarsi oltre. Sarà con il dialogo con il piccolo che il padre giocherà per natura il suo ruolo di "separatore" e occuperà il posto che gli spetta, accanto al bambino.

Suddividere i compiti

Certo, la madre è in prima linea nell'allattamento del bambino, ma, se lo desidera, il padre ha la possibilità di partecipare anche a questo. Dopo i primi mesi, quando il piccolo non sarà più solamente allattato al seno, entrambi potranno prendersi cura di questa funzione essenziale, ognuno a modo proprio.

Ambientarsi quando la mamma allatta

Durante i primi giorni, una volta ben consolidato l'allattamento, tutti si meraviglieranno di un tale grado di intimità: la madre, naturalmente, conserva in questo modo una stretta prossimità fisica con il piccolo, mentre il papà è certo ancora un po' scosso dall'evento della nascita. Qualche settimana più tardi, tuttavia, il padre potrebbe sentirsi a disagio rispetto a questo prolungamento naturale del legame fisico che la madre mantiene con il bambino.

QUANDO IL PADRE SI SENTE ESCLUSO • Forse alcuni padri trovano che questa relazione si stia prolungando un po' troppo? Si sentono vagamente fuori gioco e provano la sensazione diffusa che la madre gli stia "rubando" il figlio. Anche senza arrivare a questo, la situazione può comunque arrivare a diventare pesante.

Accade che alcuni padri (anche se non ne parlano) trovino che l'allattamento elimini la dimensione erotica del seno, mentre altri provino la sensazione opposta. Ma questo eventuale senso di essere escluso, che non si manifesta per tutti, proviene comunque da un errore nella prospettiva.

UN AIUTO AFFETTIVO • In realtà, ciò che importa è che il padre rispetti innanzitutto ciò che accade tra la madre e il bimbo. Egli dovrà capire che l'allattamento non durerà sempre. Nel corso delle settimane, troverà naturalmente il suo posto nel quadro di questa nuova relazione a tre. Quindi, abbia pazienza… Durante questa fase, peraltro breve, dovrà accettare la normale e necessaria intimità che si crea tra la madre e il bambino nel corso delle poppate.

Il suo posto non deve esserne diminuito, ma si colloca un po' distante da quello: egli dovrà aiutare la mamma, portarle sostegno soprattutto durante la notte (vedi pag. 141) e, infine, confortarla nel suo ruolo di madre. Proprio come il padre, anche lei è in fase di apprendimento e lo sguardo fiducioso e amorevole del suo compagno riveste per lei una grande importanza… Ciò è importante anche ai fini del buon svolgimento dell'allattamento. Infatti, se la madre prevede uno svezzamento parziale al momento del suo rientro al lavoro, avrà sicuramente bisogno del sostegno del suo compagno nella gestione dei primi biberon.

➡ **Nel corso dei mesi il padre saprà trovare il proprio modo per partecipare ai vari compiti della vita quotidiana.**

Operazione biberon? Non così facile...

È un gesto che hanno visto ripetere spesso dalla mamma... Si sono spesso convinti che non sia poi così complicato e vogliono dare una mano alla loro compagna. Oggi sempre più papà decidono di dare il biberon al piccolo, quando sono a casa. Dopo tutto, perché non farlo? Certo, bisogna trovare la giusta posizione e il giusto ritmo, mostrarsi attenti al piccolo e mantenersi concentrati; non lasciarsi distrarre né farlo in modo meccanico. Un compito anche arduo, a volte!

Accade allora che alcuni padri si lascino prendere dall'impazienza, ed eccoli subito in preda ai dubbi, soprattutto quando il piccolo reagisce più favorevolmente alla mamma. E quindi? Sono veramente incapaci di fare le cose per bene? In realtà il padre e la madre devono riconoscere di non essere uguali perfino davanti al biberon. Per essere più precisi, non hanno lo stesso modo di fare!

Adattarsi al ritmo del bambino

I gesti maschili sono generalmente più rapidi e bruschi, laddove il bambino ha bisogno di regolarità e delicatezza. L'uomo si dimostra il più delle volte meno consapevole di questo e spesso può trovare difficile adattarsi al ritmo del proprio bambino.

Naturalmente la mamma potrà aiutarlo a trovare un suo ritmo e a imparare le tecniche più giuste, ma non è sempre così semplice... Sovente succede anche che il papà si innervosisca, come se la cosa stentasse a funzionare, il che non aiuta la situazione. In ogni caso, ciò non significa che egli sia incapace di dedicarsi a questa operazione tanto delicata.

PERSEVERARE E NON MOLLARE • Se le cose non funzionano subito, è importante che il papà non si arrenda e non si colpevolizzi. Dovrà invece perseverare pazientemente finché non prenderà confidenza con il biberon e, se non ci riuscirà, potrà comunque, alla fine, passare la mano. In questo campo è veramente inutile innervosirsi.

ANCHE IL BEBÈ HA LE SUE PREFERENZE • Bisogna talvolta che il padre accetti l'idea che il piccolo possa preferire di essere allattato dalla mamma. Dopo tutto, è già un individuo in tutto e per tutto, con desideri e preferenze tutte sue, che anche alla sua giovane età può fare le proprie scelte! Si esprime come può, con il pianto e il linguaggio del corpo, e la sua reticenza ad accettare il biberon stando in braccio al suo papà non può essere nient'altro che la manifestazione della sua scelta... senza dubbio temporanea, ma che bisogna accettare.

Il passaggio del bambino agli alimenti solidi

Crescendo, il bambino diventa sempre più autonomo rispetto al cibo. Dal momento in cui passa dal latte agli alimenti solidi, i genitori possono comunque continuare a dargli la pappa. Il confine tra la parte materna e quella paterna si attenua fino a scomparire nel giro di pochi mesi. Il padre non ha più alcuna ragione di sentirsi al margine e darà da mangiare al suo bambino affermando la sua diversità e il suo carattere, i suoi gesti, il tono della sua voce, tutti diversi da quelli della madre.

DIFFERENZE SPECIFICHE • Generalmente la mamma passa volentieri più tempo con il piccolo durante i pasti, si dimostra più dolce e il bambino tende a cercare il suo appoggio che lo fa sentire al sicuro. Il padre, da parte sua, privilegia di solito l'efficacia e una certa rapidità, anche se deve talvolta fare attenzione a non correre troppo o a fare i gesti necessari in modo meccanico. In modo particolare, non deve mai dimenticare di tenere il suo sguardo agli occhi del piccolo, ciò che contribuisce a dare molta più serenità al gesto.

DIFFERENZE DA VALORIZZARE • Lungi dal cercare di cancellare queste differenze, il padre dovrà sforzarsi anzi di riconoscerle e valorizzarle, conservando la sua impronta maschile anche, con molta naturalezza, nella maniera di nutrire il suo piccolo.

Questa differenza di approccio si rivela strutturante poiché contribuisce a permettere al bambino di distinguere i due genitori anche in un atto frequente e condiviso del suo quotidiano come il pasto.

SPALLEGGIARSI DURANTE LA NOTTE

› **Anche se la mamma allatta al seno, nulla impedirà al papà di darle una mano, quando serve.** Alzarsi la notte per andare a prendere il piccolo che chiama perché ha fame, per esempio.

› **Il papà può anche aiutare la mamma a mettersi comoda e rimanere vicino a lei,** nell'evenienza in cui le servisse qualcosa.

› Piuttosto che riaddormentarsi mentre lei allatta, **il papà può anche, una volta terminata la poppata, aiutare il piccolo a riaddormentarsi e rimetterlo nel lettino.** Il prolungamento della poppata notturna è una fase importante in cui il padre gioca un ruolo veramente determinante perché consente alla madre di riprendere un po' il fiato.

Quarto mese

- I progressi del vostro bambino
- Dialogare con il vostro bambino
- Aiutarlo ad addormentarsi da solo
- Le vaccinazioni consigliate
- Il ricorso alle cure alternative
- La puericultura e i suoi strumenti
- Accogliere un bambino adottato
- Un adattamento più o meno facile per il bambino
- I "nuovi padri"
- Da coppia a famiglia

I progressi del vostro bambino

Durante questo mese, il piccolo è "tutto sorrisi" e probabilmente lo siete anche voi. Ora il bambino entra in quella che potremmo definire "l'età d'oro" della prima infanzia, una sequenza di meravigliosi mesi in cui il buon umore regna tutto il giorno e il sonno si regola gradualmente durante la notte.

L'inizio della socialità

Socievoli e curiosi, desiderosi di chiacchierare, guardare il mondo muoversi intorno a sé e affascinare tutti, i bambini a questa età sono innegabilmente adorabili e stare con loro è di certo una pura delizia. Il piccolo sorride spesso e un po' a tutti, con un sorriso che si definisce "non selettivo", ossia non diretto a una persona in particolare: più che altro un gesto che ha imparato a riconoscere (solo verso i 6 mesi imparerà a scegliere di non sorridere). I suoi sorrisi esprimono ogni sorta di emozione e sono il frutto di un apprendimento per imitazione cui seguirà, più tardi, un significato per ogni tipo di sorriso.

Il piccolo ride molto volentieri e gioisce per ogni tipo di stimolo sensoriale (solletico, pizzicotti, rumori fatti con la bocca ecc.). Anche la vostra sincera risata lo fa, di riflesso, molto felice.

Sappiate che, fino all'età di 4 o 5 mesi, il bambino non si annoia mai. Va alla scoperta di manine e piedini, sgambetta, si stupisce di tutto e cerca di capire tutto. Attenzione, però: per fare questo ha anche bisogno di calma, quindi non sollecitatelo troppo con stimoli troppo frequenti.

Che cosa ha imparato a fare?

Durante il 4° mese, il bambino impara solitamente a sollevare completamente la testa dalla posizione a pancia in giù (i bambini che trascorrono parte del tempo sul pancino, sempre sotto sorveglianza, ci arrivano più facilmente). Impara anche a girare la testa da un lato e a seguire ininterrottamente, con gli occhi, un oggetto che gli si mostra a 15 cm dal viso, lungo un arco di 180°, ossia da un lato all'altro del campo visivo.
Alcuni bambini arrivano già a tenere la testa diritta per alcuni secondi in posizione verticale, a sollevare il busto appoggiandosi sul vostro avambraccio, ad avvicinarsi a un sonaglino che offrite alla sua portata, a tendere il braccino per prendere un oggetto e a emettere gridolini di gioia.

Neonato o lattante?

Non è facile riuscire a identificare quando un "neonato" diventa un "lattante" e fino a quando si possa chiamarlo così. Il Dizionario Medico Larousse definisce "neonato" il bambino dalla nascita fino al compimento del 1° mese e, in seguito, "lattante" fino al 2° anno di età.

Il sonno è meno frammentario

Non esistono delle norme che regolano le ore di sonno di un bambino, ma la tendenza è chiara: il vostro piccolo rimane sveglio sempre più a lungo durante il giorno. Al 4° mese, la ripartizione del tempo tra sonno e veglia del bambino evolve verso la regolarità. Quando ha tra le 6 e le 8 settimane, il neonato fa circa 4 riposini al giorno, il che corrisponde a circa 6 ore di sonno suddivise tra 2 o 3 "siestre" e un riposino più lungo di circa 2 ore.

Dal 4° mese in poi, invece, il sonno si riduce generalmente a 3 riposini al giorno, distribuiti su una breve nanna mattutina e una più lunga pomeridiana, più un'altra breve a fine giornata.

Attenzione!

Lo strabismo congenito compare tra il 4° e il 6° mese. Esso viene considerato come la prima causa di perdita visiva monolaterale nei bambini piccoli e va tenuta sotto controllo da subito...

Nelle ore di veglia, il bambino di 4 mesi manifesta le sue emozioni con frequenti sorrisi, ma i suoi sono ancora sorrisi detti "non selettivi".

Voglia di alzarsi in piedi

Può accadere che, a questa età, alcuni bambini manifestino il sincero desiderio di stare in piedi, solitamente sulle ginocchia dei genitori. È divertente, è un cambiamento di postura entusiasmante ed è anche un ottimo modo di sviluppare la muscolatura. Contrariamente a quanto spesso si pensa, ciò non deforma assolutamente le gambe dei piccoli.

D'altro canto, è importante non forzare mai il bambino ad alzarsi in piedi; dovrà essere pronto a scoprire questa nuova posizione prima di aiutarlo a farlo, sempre senza insistere troppo. Un bambino lasciato crescere al suo ritmo personale sarà più felice e in buona salute rispetto a uno cui i genitori tentano di dare il proprio ritmo. I piccoli sanno meglio di chiunque altro ciò che sono pronti a fare.

Lo stesso vale per la locomozione: il piccolo di questa età non si sposta ancora da solo (il che significa che resterà circa dove si trova: approfittatene finché dura perché, nei mesi che seguiranno, la vostra vigilanza dovrà raddoppiare).

Dialogare con il bambino

Come si stabilisce una relazione con il proprio bambino? E come potrà lui appoggiarsi a queste relazioni per "costruire" se stesso in quanto individuo? Sono tante le domande appassionanti e trovano tutte naturalmente risposta nel dialogo spontaneo con il piccolo. Comunicare con il proprio bambino vuol dire stargli vicino.

Interazioni essenziali

Crescendo e sviluppandosi, il bebè che poi diventa bambino costruisce poco a poco il suo mondo interiore. In questo campo, il dialogo con i genitori gioca un ruolo essenziale. Certo, ogni individuo ha le proprie capacità ed eredita biologicamente e geneticamente un temperamento o particolari tratti del carattere, ma non esiste un determinismo così inesorabile. Gli specialisti dell'infanzia sanno molto bene, anzi, che in questa fase lo sviluppo è regolato anche dalle interazioni con l'ambiente e le persone vicine.

UN BISOGNO MOLTO PRECOCE • Comunicare è un bisogno fondamentale per il bambino come per i suoi genitori, che si esprime molto precocemente. Già nel ventre materno, il piccolo manifesta la sua presenza con i movimenti e i genitori gli rispondono con carezze e usando la voce. Più tardi, alla nascita, il piccolo si mostra subito e spontaneamente pronto a legarsi a chi gli è vicino. Ha la capacità di sollecitare l'attenzione nei suoi confronti gridando, piangendo e con tutta una serie di gesti. Rispondendo a questi richiami, i genitori alimentano la comunicazione con lui. La disponibilità psicologica della madre nelle prime settimane la pone già in un particolare stato in cui riesce a decifrare e a rispondere a gran parte delle attese del piccolo. Alcune madri, per esempio, si svegliano subito prima che il bambino cominci a piangere...

Stare con lui è già comunicare

Tra i genitori e il bambino, la comunicazione e i contatti sono intensi. Il neonato vive in un universo nel quale predominano le sensazioni: attraverso il tatto, la vista, l'udito e l'olfatto, egli fa esperienza della sua relazione con il prossimo e delle proprie emozioni. La maniera in cui viene tenuto in braccio è già in sé una forma di comunicazione. Senza pensarci, la madre e il padre adottano la posizione più comoda per sé e per il piccolo: il tono del bimbo e quello delle braccia dei genitori si adattano reciprocamente.

MUSICA PER DUE • Attraverso la parola, i genitori accompagnano spontaneamente anche i gesti e le attese del neonato. Più ancora che con le parole, è con la melodia della

---

SAPER DOSARE GLI STIMOLI

- Durante i vostri momenti affettuosi insieme, il piccolo può dirvi che è stanco girando la testa per interrompere lo sguardo e piangendo se voi insistete. Siate sempre attenti a queste reazioni!
- I bambini mal sopportano di essere sempre stimolati nell'attenzione, hanno bisogno di calma e di sentirvi vicini piuttosto che di essere continuamente sollecitati.
- In quest'ottica, fate attenzione a proteggere la tranquillità del vostro piccolo quando avete ospiti ed evitate di cercare a tutti i costi di fare bella figura. I momenti di veglia calma sono molto brevi, raramente superano la decina di minuti per ogni ciclo di sonno, e coincidono generalmente con il benessere che segue la poppata. Con il passare del tempo, i momenti propizi si moltiplicheranno e si allungheranno progressivamente.
- Parlate sempre al vostro piccolo, per esempio durante il cambio o la poppata, ma non inondatelo di parole! È importante anche saperlo ascoltare. Come tutte le relazioni a due, anche questo è uno scambio.
- Passata l'età dei 2 mesi, il piccolo cerca volontariamente il contatto con voi. Non sopravvalutate, però, le sue capacità, per ora. Anche a 4 o 5 mesi, il lattante può stancarsi di sorrisi, giochi e carezze e ha ancora bisogno di momenti in cui niente e nessuno lo sollecita, se non lui stesso.

voce e il ritmo della frase che il piccolo realizza, poco a poco, la condivisione emozionale.

Nasce così una sorta di duetto musicale in cui il piccolo percepisce ogni risposta alle sue azioni. Attraverso questo scambio quotidiano, riuscirà a costruire se stesso in quanto persona e in quanto individuo, e arriverà a farlo soltanto in relazione con gli altri.

INTERAZIONI REALI • Poco a poco, le abilità del bambino si sviluppano e i suoi versi, che durante i primi giorni hanno tonalità relativamente uniformi, assumono progressivamente toni diversi secondo ciò che vogliono esprimere. I genitori possono allora distinguere il pianto di fatica da quello di fame o di scomodità, per esempio.

Nel dialogo con chi gli è vicino, il bambino non è passivo e manifesta le sue potenzialità e il suo temperamento più o meno pacifico. Per questo possiamo dire che si tratta realmente dell'instaurarsi di una nuova relazione "co-creata" da genitori e bambino.

Giocare, un piacere per tutti

Anche giocare insieme è qualcosa che fa parte di questa "costruzione" del bambino in quanto persona e della relazione genitori/figlio. Giocare con il piccolo non è un'azione codificata. I genitori devono trovare un modo di relazionarsi in modo ludico in cui si sentano a proprio agio. Il solo principio è quello del piacere per entrambe le parti. Il gioco permette al bambino di esprimere nuove emozioni e la nozione di sorpresa, in questo, è molto importante. Per esempio, nel semplice gioco del "bubu settete!", le scoperte di un viso o di un oggetto nascosto si succedono in maniera ripetitiva.

Giocano con il vostro bambino condividerete con lui momenti di piacere ed emozioni.

Aiutarlo ad addormentarsi da solo

Molti bambini cominciano a dormire una notte intera dal 4° mese in poi (la maggioranza prima dei 6 mesi). Diventa ora importante capire come si sente più a suo agio per addormentarsi e aiutarlo a farlo da solo, preferibilmente nel suo lettino.

Un'evoluzione lenta e spontanea

Nelle prime settimane, il neonato si addormenta generalmente piuttosto in fretta, dopo la poppata e il ruttino, anche se dovesse piangere un po'. Egli passa spontaneamente dalla veglia al sonno, accoccolato nel calore delle vostre braccia. La questione di addormentarsi o meno in vostra presenza non si pone prima del momento in cui comincia a dormire una notte intera. Da allora in poi, cercate di farlo addormentare meno spesso tenendolo in braccio e più spesso nel suo lettino. Ciò sarà più o meno facile secondo i bambini e la capacità dei genitori di accettare un'eventuale e breve fase di pianto.

Talvolta il piccolo si addormenterà molto bene se accompagnato da una musica dolce, dopo essere stato messo a nanna con gesti e parole carezzevoli; in ogni caso, se il pianto sarà intenso, lo riprenderete in braccio per cullarlo ancora. Nel tempo le vostre parole potranno sostituire le coccole. Fin dai 3 o 4 mesi, il bambino può già addormentarsi da solo, con l'eventuale aiuto del pollice. Più avrete fiducia nelle sue capacità, più lo aiuterete in questo senso.

Il lettino è fatto per dormire

Se volete che il piccolo si addormenti facilmente nel lettino dovrete far sì che lo identifichi come il luogo in cui si fa la nanna e non in cui si gioca. Troppo stimolanti, i sonaglini che si appendono al lettino non lo aiuterebbero a dormire; potrete montare piuttosto un piccolo carillon.

Creare un momento di calma

Se desiderate che il vostro bambino si addormenti più facilmente, dovrete cercare di distinguere chiaramente i momenti di veglia e gioco da quelli in cui è bene favorire il riposo. Quando si avvicina l'ora di andare a nanna, è bene non stimolare la sua attenzione, ma anzi favorire la calma. La voce della mamma tranquillizza il bebè agitato, ma, al contrario, lo sollecita se sta per addormentarsi, soprattutto se si rivolge a lui.

Il piccolo affetto da coliche addominali o reflusso gastroesofageo spesso non ha una buona qualità di sonno. Se il medico gli prescrive un trattamento, seguite rigorosamente le sue raccomandazioni e non mettetelo a nanna subito dopo la poppata, ma aspettate il tempo necessario a far agire il medicinale.

Resistere al pianto

Una volta messo a nanna nel lettino, il vostro bambino spesso piange un po', ma questo può essere soltanto il suo modo di addormentarsi. Provate a non riprenderlo subito in braccio e lasciatelo invece un po' solo. Se il pianto aumenta, appoggiate una mano su di lui per rassicurarlo e sussurrategli qualche parolina o una ninna nanna, per fargli capire che è ora di dormire. Non si parla mai troppo ai bambini e, se il tono della vostra voce è calmo, se voi stessi state bene e siete in sintonia con ciò che dite, l'effetto sarà rassicurante.

Tutti questi consigli valgono ancor più per i risvegli notturni. Se il vostro piccolo si mette a piangere di notte, assicuratevi intanto che sia tutto a posto, che non abbia caldo e che non sia da cambiare. Se saprete resistere alla tentazione di cullarlo subito, gli darete il tempo e la possibilità

Attenzione!

Se il vostro bambino dorme ancora in culla, è arrivato il momento di metterlo in un lettino. Per la sua comodità e sicurezza, scegliete un lettino conforme alle norme in vigore (vedi pag. 55).

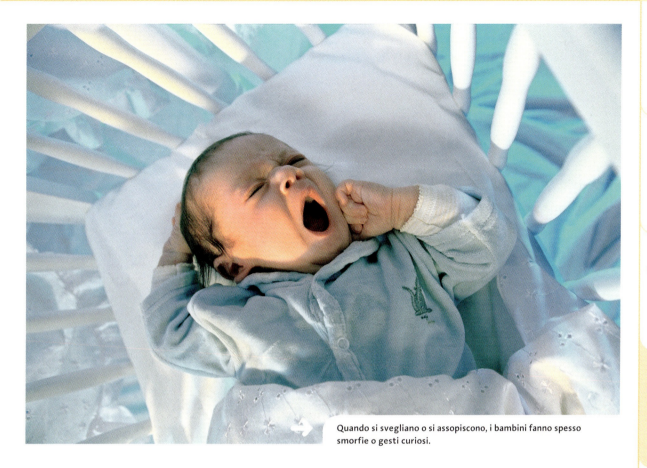

Quando si svegliano o si assopiscono, i bambini fanno spesso smorfie o gesti curiosi.

di riaddormentarsi da solo, consentendogli di conquistare gradualmente la sua autonomia.

Una notte intera senza mangiare?

Di notte non è facile sapere quando il bambino ha ancora bisogno di mangiare o quando chiede solo un po' di conforto. In generale, alla fine del 4° mese i piccoli allattati artificialmente non hanno più bisogno del pasto notturno, mentre quelli allattati al seno possono richiederlo ancora.

Se il vostro bambino sembra saziarsi rapidamente, succhia il seno senza veramente bere o non finisce il biberon, ha più bisogno di coccole che di nutrimento. In questo caso, cercate di riaddormentarlo con gesti e paroline, ma non allattatelo: lo aiuterete così, poco a poco, a saltare la poppata notturna. Se la mamma nutre il suo piccolo ogni volta che si muove o emette il minimo lamento, lui continuerà a reclamare il latte anche fino ai 5 o 6 mesi. Se, invece, è convinta che sia arrivato il momento di passare alla fase successiva, se ne convincerà presto anche il piccolo.

LE CREME DI CEREALI

- Verso il 4° mese è possibile cominciare ad aggiungere al latte delle piccole quantità di crema di riso o cereali, anche se non è indispensabile farlo.
- Si utilizzano solitamente nell'ultimo biberon della sera per saziare meglio il piccolo in vista della notte. Grazie all'amido che contengono, un glucide di lenta digestione, assicurano un maggiore senso di sazietà e migliorano la digestione del latte, permettendo al bambino di sperimentare anche una nuova consistenza.
- Tra il 4° e il 6° mese, è consigliabile usare gli sfarinati istantanei senza glutine a base di riso o mais, senza zuccheri aggiunti. Dopo il 6° mese si potranno scegliere anche gli sfarinati aromatizzati (miele, caramello, frutta).
- Le quantità dipendono dall'età del bambino: chiedete consiglio al vostro pediatra.

Le vaccinazioni consigliate

Oltre alle vaccinazioni obbligatorie, alcune altre possono essere raccomandate per la prevenzione di malattie che potrebbero tornare a diffondersi (rosolia, tubercolosi) o che, seppure rarissime, sono troppo gravi per essere ignorate.

La tubercolosi

Questa malattia infettiva e contagiosa è ricomparsa in Italia a causa dell'aumento della resistenza ad alcuni trattamenti del batterio responsabile, il bacillo di Koch. Si riconosce da sintomi quali disturbi respiratori che permangono per oltre 15 giorni, tosse, febbre e senso di affaticamento. Il mezzo di prevenzione è il BCG, o bacillo di Calmette e Guérin, un bacillo tubercolare attenuato o reso inoffensivo artificialmente. Questa vaccinazione è fortemente raccomandata ai bambini di età inferiore ai 5 anni, con test tubercolinico negativo e più esposti al rischio (situazioni precarie, possibilità di contagio in ambienti a rischio ecc.).

Meningite e otite da *Haemophilus influenzae* di tipo b

L'*Haemophilus influenzae* di tipo b, o bacillo di Pfeiffer, è un batterio che provoca, nel neonato e nel bambino, un'ampia gamma di infezioni gravi tra le quali l'otite e soprattutto la meningite, che possono anche avere conseguenze neurologiche (vedi pag. 381). La vaccinazione è consigliata e praticata in tre iniezioni (vedi pagg. 92-93).

Epatite B

Il virus dell'epatite B provoca una malattia epatica (cirrosi) che può cronicizzare e portare in seguito al cancro del fegato. Sospettato un tempo di favorire la comparsa della sclerosi a placche, il vaccino contro l'epatite B rimane tuttora controverso, ma alcuni studi hanno dimostrato che esso non comporta alcun rischio per il lattante (né per i bambini prima del 13° anno di età). È più efficace se somministrato nel corso dell'infanzia piuttosto che in adolescenza. In Italia la vaccinazione è obbligatoria e va somministrata in 3 iniezioni (vedi tabella a pag. 93).

Morbillo, parotite, rosolia

Il morbillo, la parotite e la rosolia sono classificati tra le malattie infantili (vedi pag. 290), ma il loro carattere apparentemente benigno può ingannare. Possono avere, infatti, ripercussioni a livello cerebrale (rosolia) fino a 10, anche 20 anni dopo l'infezione. La vaccinazione contro la rosolia permette di sopprimere il rischio, per la donna gravida, di contrarre la malattia, che porta a gravi malformazioni fetali. Il vaccino (MMR) è somministrato in 2 iniezioni: la prima a 12-15 mesi e il richiamo a 5-6 anni.

COME FUNZIONA?

- **La vaccinazione si basa su questo principio:** se si espone l'organismo a germi uccisi o attenuati (sotto forma di vaccino) o ai veleni che essi producono (tossine) resi inoffensivi mediante calore o trattamenti chimici, **esso produce gli stessi anticorpi che avrebbe sviluppato contraendo la malattia.**
- Una volta dotati di questa particolare memoria propria del sistema immunitario, in caso di attacco questi anticorpi "riconoscono" i germi corrispondenti e li distruggono.
- Potreste pensare che, se tutti gli altri bambini sono vaccinati, il vostro non potrà ammalarsi, ma ciò non è vero. Innanzitutto c'è il rischio che altri genitori pensino la stessa cosa, il che significherebbe che nemmeno i loro figli sarebbero vaccinati, e questo potrebbe favorire il rischio di ritorno di una malattia peraltro facile da prevenire.
- D'altra parte, **i bambini non vaccinati espongono al rischio anche i bambini vaccinati** (i vaccini sono efficaci per il 90% circa e, più la percentuale degli individui immunizzati è rilevante, minore è il rischio di contagio).
- Infine, **i bambini non vaccinati possono contrarre la pertosse, per esempio, tramite i bambini non vaccinati e perfino attraverso gli adulti.**

I falsi miti sulle vaccinazioni

La maggior parte dei timori che suscitano i vaccini, per quanto del tutto comprensibili, sono infondati. I numerosi falsi miti in circolazione non devono convincervi a non vaccinare il vostro bambino, quando verrà il momento, secondo le indicazioni del vostro medico.

I VACCINI POLIVALENTI
Alcuni studi hanno dimostrato che i vaccini sono efficaci e sicuri anche se somministrati contemporaneamente. Molti vaccini polivalenti sono somministrati normalmente già da diversi anni (ROR, DTCP). Esiste oggi un vaccino polivalente detto DTCPH che associa la vaccinazione DTCP e quella contro l'*Haemophilus influenzae* in un'unica iniezione, con il vantaggio di diminuire il numero di punture necessarie.

IL DOLORE DELL'INIEZIONE
Il dolore provocato dall'iniezione è momentaneo e non rilevante in confronto alla sofferenza che deriverebbe dalle malattie da cui ci si immunizza. È dimostrato che i bambini tenuti in braccio da un genitore e distratti durante l'iniezione piangono meno e che quelli allattati immediatamente dopo o perfino durante l'iniezione manifestano di soffrire meno. Chiedete al vostro medico se potrete dare al piccolo dell'acqua zuccherata durante l'iniezione, o applicate una pomata anestetica un'ora prima della vaccinazione.

IL VANTAGGIO DEI RICHIAMI
Una sola iniezione di un vaccino non offre una protezione sufficiente. Lo schema vaccinale basato su iniezioni successive è stato elaborato in base agli studi che hanno permesso di stabilire come raggiungere la protezione ottimale. Per i vaccini da iniettare in momenti diversi, ricordatevi di fare tutti i richiami al vostro bambino affinché sia perfettamente immunizzato.

RISCHI AUMENTATI RISPETTO AD ALTRE MALATTIE
Non esiste prova del fatto che i vaccini polivalenti aumentino il rischio di contrarre il diabete e le malattie infettive o di altro tipo. A tutt'oggi non si è dimostrato, comunque, alcun legame tra i vaccini polivalenti e malattie allergiche quali l'asma.

LA POSSIBILITÀ DI EVITARLE
Alcuni genitori pensano, a torto, che se tutti gli altri bambini sono vaccinati, il loro non possa ammalarsi. Questo ragionamento non ha fondamento per vari motivi (vedi riquadro a pag. 150).

> " Il mio pediatra mi assicura che la vaccinazione non presenta alcun rischio per mia figlia, ma ho sentito parlare della possibilità di reazioni… "

RISCHI E BENEFICI DEI VACCINI

Per la maggior parte dei bambini, i benefici della vaccinazione continuano a prevalere notevolmente sui rischi. Fino a non molto tempo fa, in Italia, la principale causa dei decessi infantili era rappresentata da malattie infettive quali la difterite, la febbre tifoide e il vaiolo. Il morbillo e la pertosse erano talmente diffusi che tutti i bambini erano a rischio d'infezione. Migliaia di bambini morivano a causa di queste malattie o ne portavano le conseguenze per il resto della vita. I genitori temevano l'arrivo dell'estate e le epidemie di poliomielite che sembravano accompagnarla invariabilmente, uccidendo o menomando un gran numero di bambini.
Oggigiorno il vaiolo è stato ufficialmente sradicato, la difterite e la febbre tifoide sono rarissime. Solo una piccola percentuale di bambini ha contratto recentemente il morbillo o la pertosse. La poliomielite è divenuta rara in Italia grazie alla vaccinazione obbligatoria e i bambini rischiano più la vita per l'eventuale mancanza di sicurezza in automobile che a causa di malattia contagiose. Tuttavia, come è evidente che i vaccini salvano migliaia di vite ogni anno, è anche vero che non sono ancora perfetti. Mentre la maggior parte dei bambini presenta reazioni contenute ad alcuni vaccini, altri si ammalano e alcuni – in casi molto rari – gravemente. Nonostante questo, la protezione così acquisita contro le malattie gravi prevale sicuramente rispetto ai nefasti ma limitati effetti collaterali della vaccinazione, salvo che per i bambini ad alto rischio. Per quanto minimi siano questi rischi, si potranno ridurre ulteriormente prendendo alcune precauzioni che renderanno più sicura l'operazione. Se la vaccinazione vi preoccupa, parlatene con il vostro medico. Fate in modo che esamini a fondo il vostro bambino prima di vaccinarlo, per individuare un'eventuale malattia in fase di sviluppo che non si sia ancora manifestata. Se il bambino risulterà malato, l'iniezione sarà rimandata. Osservate attentamente il vostro piccolo nelle 48, o meglio ancora nelle 72, ore che seguono la vaccinazione e informate immediatamente il vostro medico di ogni eventuale reazione grave.

Il ricorso alle cure alternative

L'omeopatia, l'osteopatia e l'aptonomia, molto meno conosciuta, raccolgono oggi il consenso di sempre più genitori di neonati. Ormai anche molti medici e pediatri sono favorevoli al ricorso alle terapie alternative a complemento della medicina classica o con un percorso parallelo.

L'omeopatia

Nella prevenzione, come pure nella terapia, l'omeopatia privilegia un approccio globale e personale al bambino e, per questo, sempre più genitori scelgono di adottarla in maniera saltuaria o sistematica.

UNA TERAPIA ADATTA AL BAMBINO • Le caratteristiche dei rimedi omeopatici li rendono particolarmente facili e sicuri nell'impiego da parte dei genitori. Infatti, grazie al loro gusto zuccherino e alle piccole dimensioni, i granuli e i globuli sono bene accetti ai bambini. Anche le altre preparazioni omeopatiche (sciroppi, gocce, pomate e supposte) sono ugualmente facili da somministrare. La diluizione del principio attivo rende il medicinale omeopatico atossico anche nel caso il bambino ne ingerisca accidentalmente una quantità veramente eccessiva, quasi un tubetto intero di prodotto.

COME SOMMINISTRARE UN RIMEDIO OMEOPATICO • Per i bambini allattati al seno, i rimedi sono assunti dalla madre in ragione di 6 dosi al giorno poiché passa nel latte. Per i bambini allattati artificialmente, si diluisce il rimedio in un piccolo biberon d'acqua e se ne somministrano alcune gocce nell'arco della giornata. Prima di dare al bambino ogni dose, agitate energicamente il biberon e conservatelo in frigo. Dai 3 anni in poi, invece, i granuli si somministrano mettendoli sotto la lingua del piccolo e insegnandogli a lasciarli sciogliere in bocca.

L'osteopatia

La pratica dell'osteopatia, pur con alcune cautele, è sempre più diffusa. Il successo che registra in diversi campi e la sua non intrusività spiegano la conquista di numerosi adepti sia tra i genitori sia tra i medici.

DA UNA VISIONE, UNA TERAPIA • Il campo di applicazione dell'osteopatia è molto ampio e non si limita al trattamento di un disturbo della schiena o di un dolore articolare. Si fonda sullo studio approfondito della fisiologia del corpo umano per arrivare a conoscere con precisione la modalità di funzionamento del corpo sano. Essa individua il modo in cui i muscoli e lo scheletro si relazionano con i principali organi del corpo.

Le patologie che l'osteopata è in grado di trattare sono quelle che si manifestano in una disfunzione del corpo, che possono essere di origine traumatica (una caduta, un incidente, un trauma), psicoemotiva (un distacco, un lutto, una fonte di angoscia) o chimica (un'intossicazione). L'osteopatia non tratta le malattie infettive.

UNA MEDICINA COMPLEMENTARE • Molti genitori consultano l'osteopata perché insoddisfatti delle terapie classiche. L'osteopatia non entra però in gioco come vera e propria alternativa, bensì come terapia complementare alla medicina classica.

Per trattare il vostro neonato, o bambino, l'osteopata opera sempre nell'ambito del percorso medico obbligatorio. Una prima visita presso l'osteopata può essere fissata idealmente entro il 3° mese per verificare la buona salute del bambino e individuare eventuali problemi; sarà anche un'occasione per aprire una cartella osteopatica che accompagnerà vostro figlio per il resto della sua vita.

E L'AUTOMEDICAZIONE?

> In linea di principio, dovrete portare sempre il vostro bambino dal medico, quando è malato. Il ricorso all'automedicazione è normalmente da evitare, anche se siete abituati a curarvi da soli con l'omeopatia.

> Per i piccoli disturbi non gravi (traumi lievi, lividi, punture d'insetto ecc.) potrete però dare voi direttamente al piccolo qualche cura che non richieda prescrizione medica. In questo caso si raccomanda di rivolgersi a una farmacia di famiglia che abbia anche un reparto omeopatico, e che, conoscendo il "terreno familiare", sia in grado di consigliare al meglio ogni membro della famiglia.

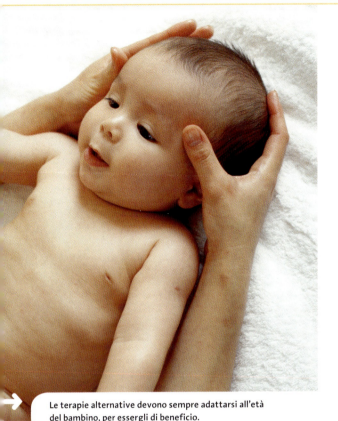

Le terapie alternative devono sempre adattarsi all'età del bambino, per essergli di beneficio.

L'aptonomia

L'aptonomia non è una tecnica ma un'esperienza concreta del nostro modo di essere con gli altri. Essa ha lo scopo di arricchire la vita affettiva di ognuno, migliorando le nostre relazioni con i nostri cari, permettendoci di comprendere più chiaramente i loro sentimenti e le loro emozioni. Si basa innanzitutto sul contatto tattile, ma anche sul dialogo e la discussione tra l'accompagnatore e i genitori.

LA PERCEZIONE DEL BAMBINO • I nostri gesti e il contatto con gli altri obbediscono a una serie di riflessi, talvolta poco rispettosi di chi ci è vicino. I gesti hanno un ruolo base nella relazione tra ogni genitore e il proprio figlio anche quando è piccolo e sono contatti molto frequenti e ripetuti: le coccole, il cambio del pannolino, la toilette e il cambio dei vestitini, i pasti, i giochi. Il contatto tattile provoca sempre emozioni profonde e i piccoli sono dominati dalle emozioni, ma non sono capaci di gestirle, possono arrivare a esserne travolti e hanno bisogno di essere rassicurati.

Anche quando il bambino è molto piccolo, i genitori dovrebbero capire e percepire ciò che il bambino cerca di dire loro, ciò che gli piace ed è bene per lui.

Aprirsi realmente al proprio bambino ed essere sempre presenti a lui consente di comprendere e percepire i suoi sentimenti e le sue emozioni, rispondendovi nel modo più giusto. Il bambino è così riconosciuto nell'unicità del suo essere, dei suoi ritmi, di sentimenti e bisogni, e si sente amato teneramente, rispettato e libero di andare incontro alla vita, sostenuto dalla fiducia che gli viene dai suoi genitori.

UN SOSTEGNO ALLA PERSONALITÀ • L'aptonomia mira a sostenere i genitori nella loro missione educativa (ri)dando loro fiducia nelle proprie facoltà di comprendere il bambino. Quando la relazione genitori-figlio si rivela difficile, l'aptonomia propone sedute individuali di sostegno ai genitori. Quando, invece, non si notano difficoltà relazionali tra il bambino e i genitori, questi imparano semplicemente un modo particolare di essere con lui, in contatto con lui, di tenerlo in braccio e giocare con lui quando è sveglio. Durante le sedute, i genitori dedicano un po' di tempo a cercare di capire il senso e percepire l'effetto dei loro gesti nei confronti del bambino e la loro corrispondenza con ciò che essi vogliono trasmettergli: un contatto più tenero, rassicurante e affettuoso.

Il bambino che riceve questa sicurezza affettiva dai suoi genitori ne beneficerà in particolar modo durante il gioco nelle ore di veglia e di "verticalità". In questi momenti, i genitori tengono il piccolo in posizione eretta, come se fosse in piedi, un gesto importante per farlo sentire più presente, aperto e contento di dialogare con chi gli è intorno.

Le sedute sono tenute da un professionista che opera nel campo dell'infanzia e specializzato in aptonomia. Il numero di sedute e il loro andamento variano a seconda delle esigenze dei genitori e del bambino. Esse possono essere, infatti, per un solo genitore, per entrambi o riguardare solo il bambino.

> **Attenzione!**
> Se il vostro bambino è seguito da un medico omeopata, informate di questo il medico di base o il pediatra di riferimento. Ognuno di loro deve essere informato dei trattamenti prescritti al piccolo.

La puericultura e i suoi strumenti

Al momento della nascita del bambino, avrete certamente già acquistato o noleggiato culla, carrozzina, passeggino, marsupio, baby-pullman, vaschetta da bagno eccetera. A mano a mano che il bambino crescerà, dovrete poi procurarvi altri accessori. Anche se non strettamente indispensabili, sono comunque consigliati e potrete prenderli in prestito o acquistarli appositamente. Considerate anche il fatto che sono piuttosto ingombranti.

Il dondolo

Per alcuni genitori, di tutti i vari accessori per il bebè il dondolo è uno degli acquisti più utili. Esso è, infatti, quasi miracoloso quando si tratta di calmare un bambino irrequieto perché, cullandolo, si sostituisce per un attimo alle braccia dei genitori. Alcuni bambini, però, non amano questo movimento che, anzi, non li calma per niente. Prima dell'acquisto, fate una prova con il diretto interessato, a casa di amici o già in negozio. Esistono anche dondoli portatili e particolarmente leggeri.

ATTENZIONE ALLA SICUREZZA! • Nella scelta del dondolo, verificate che abbia un telaio robusto, una base stabile, cinghiette di sicurezza, superfici lisce (senza angoli sporgenti o cerniere in cui si possano pizzicare le dita o piccole parti che possano rompersi), uno schienale inclinabile, un pannello di attività per tenerlo occupato, velocità regolabili, un motorino o meccanismo silenzioso e, infine, che sia facile da usare. Assicuratevi che il dondolo che acquistate non sia pericoloso per i bambini sotto le 6 settimane (alcuni potrebbero esserlo) e smettete di usarlo quando il bambino raggiunge i 7-9 kg di peso (verificate con attenzione le indicazioni del fabbricante).

Non lasciate mai il bambino da solo quando è seduto sul dondolo. Limitate anche il tempo che ci trascorre, soprattutto a velocità elevata: alcuni bambini possono avere le vertigini se dondolati troppo a lungo!

Per il viaggio

IL LETTINO DA VIAGGIO • Se viaggiate spesso in luoghi in cui non c'è un lettino adatto (conforme alle norme di sicurezza), il lettino a ombrello è un utile acquisto. Più piccolo degli altri, si ripiega facilmente e sta comodamente nel baule dell'auto. Ce ne sono in legno, plastica o con sponde in rete; verificate solo che sia facile da piegare e da trasportare. Chiuso, può essere a tracolla o da portare sulla schiena, con materassino-fasciatoio integrato. Potrete anche adattare a questo uso una comunissima borsa (sacca da ginnastica, zainetto o borsone a mano).

LA BORSA PER IL CAMBIO • Potrete viaggiare con il bambino, ma senza una borsa per il cambio non riuscirete ad andare molto lontano. Se allattate il bambino con il biberon, scegliete una borsa con tasca termoisolante per biberon. Pensate anche alla sua statura e non dimenticate tutto quello che dovrete portare. Una borsa che contenga solo un pannolino e un biberon è inutile, ma anche un borsone enorme non farà al caso vostro. Scegliete un modello in materiale impermeabile e con molte tasche capienti (per dividere bene i pannolini dai biberon e dai vari alimenti).

Il seggiolone

Potrete usarlo da quando il vostro bambino mangerà gli omogeneizzati (tra il 4° e il 6° mese) e saprà stare seduto in braccio o nel transat regolato in posizione semi-seduta. Il seggiolone non vi servirà finché il piccolo non mangia

> **Attenzione!**
> Non lasciate mai il vostro bambino da solo sul seggiolino da bagno! I bambini possono scivolare sott'acqua in un istante, giusto il tempo di prendere un asciugamani o rispondere al telefono.

Scegliere un buon seggiolone per il vostro bambino non basta: dovrete organizzarvi bene con ciò che serve a rendere il pasto un momento piacevole per tutti.

ancora cibi solidi (generalmente verso i 6 mesi; i bambini che cominciano a mangiarne prima possono essere nutriti seduti nel transat). In seguito, però, come il lettino e il seggiolino per l'auto, il seggiolone diventa indispensabile. Ne esistono modelli con diverse caratteristiche: regolazione in altezza, dell'inclinazione (molto pratica per i bambini sotto i 6 mesi), pieghevoli per essere riposti in piccoli spazi.

LA SICUREZZA PRIMA DI TUTTO • Nella scelta del seggiolone, verificate che sia conforme alle norme di sicurezza, che abbia una seduta comoda e stabile, un tavolino facile da regolare con una sola mano, un vassoio proteggischizzi, uno schienale sufficientemente alto per sostenere la testolina del bambino e un'imbottitura comoda. Assicuratevi che abbia anche un'imbragatura di sicurezza, una fascetta mediana sul cavallo perché il piccolo non scivoli, un sistema di bloccaggio se il seggiolone è pieghevole, bordi arrotondati ed eventualmente rotelle frenate.

FACILE DA PULIRE • Non trascurate il fatto che il seggiolone deve essere facile da pulire (seduta in plastica o vinile, tavolino in plastica). Esistono numerosi modelli di seggiolone in legno particolarmente preziosi e decorati a mano (peraltro piuttosto costosi) per i genitori più attenti allo stile, che, tuttavia, possono rivelarsi meno pratici, soprattutto quando il bambino comincia a "ridecorarli" con la mela grattugiata o la banana schiacciata.

Il rialzo-sedia

Il rialzo-sedia da tavolo è una seduta in plastica che può essere fissata sopra una sedia normale. Molti rialzi sono di altezza regolabile e alcuni sono dotati di un tavolino mobile.

Esiste anche nella versione che si può fissare direttamente al tavolo, ma questo modello presenta talvolta problemi di sicurezza. Il bambino può, infatti, riuscire a staccarlo dal tavolo puntando i piedini e non si adatta, tra l'altro, a tutti i tavoli.

Assicuratevi che questa seduta sia comoda, facilmente trasportabile, robusta, dotata di cinghiette di sicurezza per impedire che il bambino cada e, possibilmente, con un tavolino mobile e un sistema di bloccaggio anticaduta.

> *Mio figlio adora stare nel dondolo, potrebbe passarci delle ore. Per quanto tempo posso lasciarcelo*

IL GIUSTO USO DEL DONDOLO

Per lei sarà sicuramente un piacere guardare il suo bambino nel dondolo, visto che ama starci. Il dondolo lo distrae mentre lei è indaffarata in cucina, lo accoglie mentre le sue mani sono occupate altrove e lo calma quando nient'altro sembrerebbe riuscirci.

Tuttavia, se da una parte diverte e rassicura il suo bambino dandogli conforto, esso presenta anche qualche inconveniente. Trascorrere troppo tempo nel dondolo gli impedisce, per esempio, di allenare alcune capacità motorie importanti come strisciare, gattonare e aggrapparsi a ciò che gli sta intorno e rischia, inoltre, di diminuire il tempo che lei trascorre con lui, riducendo i vostri contatti, sia fisici (quando lo tenete in braccio e lo cullate) che emotivi (quando gioca con voi). Utilizzi quindi pure il dondolo, ma con moderazione. Da una parte, limiti le sedute a 30 minuti, 2 volte al giorno; dall'altra, monti il dondolo nella camera in cui vi trovate e tenga il contatto con il suo piccolo mentre si dondola, per esempio facendogli "cucù" da dietro il canovaccio mentre prepara la cena, cantandogli una canzoncina mentre scarica le e-mail o prendendolo in braccio mentre parla al telefono. Se si addormenta sul dondolo, lo sposti nel suo letto prima che si addormenti completamente per evitare che la testa gli ricada in avanti, ma anche per insegnargli a farlo senza essere cullato. Consideri tutti gli aspetti inerenti alla sicurezza:
• chiuda sempre le cinghiette per evitargli di cadere;
• non lo lasci mai solo;
• appoggi il dondolo a una distanza della lunghezza di un suo braccio (minimo) dagli oggetti che il bimbo potrebbe afferrare (tende, lampade a piantana, fili) e lontano da oggetti pericolosi (prese di corrente, forno, utensili taglienti);
• lo monti distante da pareti, armadi e da qualsiasi altro oggetto sul quale si potrebbe appoggiare con i piedini con il rischio di capovolgersi.
Quando il suo bambino avrà raggiunto il peso massimo raccomandato dal fabbricante, generalmente tra i 7 e 9 chili, sarà il momento di smettere di usare il dondolo.

NON PRIMA DEI 9 MESI • Il rialzo-sedia è molto utile quando vi trovate da amici o in un ristorante che non ha già un seggiolone, perché altrimenti dovreste tenere il piccolo in braccio. Questo tipo di seduta risulterà anche molto pratico quando il piccolo vorrà unirsi a voi a tavola, ma non sarà ancora in grado di stare seduto come i grandi: da quando cominciano a camminare, e talvolta anche prima, i bambini non vogliono più restare confinati nello stretto spazio del seggiolone e preferiscono la maggiore libertà del rialzo.

Il seggiolino da bagno

Quando il bambino diventa troppo grande per la sua vaschetta da bagno, ma prima che possa stare comodo nella vasca grande, il seggiolino da bagno si rivela di grande praticità. Anche se ben seduto, il bambino può scivolare in vasca anche improvvisamente. Sebbene ciò non sia sempre necessariamente pericoloso di per sé, può però insinuare nel piccolo la paura del bagno.

Se utilizzate un seggiolino da bagno, accertatevi che sia munito di ventose in caucciù che permettano di fissarlo stabilmente sul fondo della vasca. Alcuni seggiolini sono dotati di un cuscinetto in gommapiuma che impedisce al piccolo di scivolare. Se il vostro non ne ha uno, avrete lo stesso effetto se lavandolo indossate un guanto o usate una salviettina. Sostituite il guanto o la salvietta ogni volta per evitare la proliferazione di germi nel tessuto bagnato. Se il vostro seggiolino, invece, ha il cuscinetto, fatelo asciugare bene dopo il bagno sempre per lo stesso motivo.

Il box

Dai 4 mesi in poi, il vostro bambino si abituerà facilmente a stare nel box, che terrete in una delle stanze comuni della casa. Questo piccolo recinto rappresenta per lui una sorta di palestra ginnica assolutamente sicura, un luogo adatto alla sua taglia e alle sue capacità in cui muoversi liberamente (non deve essere una prigione!); vi consentirà di badare alle vostre faccende senza preoccuparvi mentre il piccolo gioca da solo (tra i 6 mesi e un anno). Per contro, quando comincerà a spostarsi, non vorrà più stare a lungo nel box. Se comincia a spostarlo camminandoci dentro, significa che è ora di smettere di usarlo.

I box sono generalmente di forma rettangolare, con un fondo, sponde in legno (o in rete) e montanti che si bloccano e si sbloccano per ripiegarlo (muniti di sicura). Molti box si ripiegano per diventare un rettangolo piatto e si ripongono poi in un sacco di custodia. Alcuni modelli sono anche dotati di parasole (utile se mettete il box all'esterno); altri servono anche da lettino pieghevole da viaggio. I box muniti di sponde in legno sono spesso preferibili perché il

Dondolo, box, girello ecc. permettono al bambino di scoprire, in modi diversi, ciò che lo circonda.

I cancelletti di sicurezza

Fin da quando il vostro bambino comincia a gattonare (o a strisciare o spostarsi in qualsiasi altro modo), dovrete installare dei cancelletti di sicurezza in tutti i punti della casa in cui potrebbe esserci un pericolo (una porta che si apre su una camera pericolosa per il bambino, la parte alta o bassa di una scala eccetera).

DUE TIPI • Il cancelletto che si fissa a pressione è composto da due pannelli scorrevoli che si regolano sulla misura della porta grazie a un sistema di pressione a muro. Questo tipo di cancelletto non deve essere usato all'inizio di una scala.

Un'altra possibilità è la barriera avvitata al muro, che resiste a spinte più forti rispetto a quella a pressione. Questo tipo di cancelletto ha in genere una piccola porta a cerniere munita di una maniglia che permette di bloccarla.

Se prevedete di acquistare un cancelletto di sicurezza, verificate che sia conforme alle norme di sicurezza in vigore, che la sua larghezza regolabile si adatti a tutti i tipi di apertura (porte e scale), che sia robusto e che la distanza tra le sbarre (se ce ne sono) non superi i 6 centimetri. Assicuratevi anche che si possa aprire con una mano sola e che sia facile da bloccare e sbloccare sulla porta (altrimenti rischiereste di non poterla chiudere). Non installatela su una vecchia porta a soffietto, perché non sarebbe per niente sicura.

Il girello

Generalmente i pediatri sconsigliano il girello, ma, sebbene in passato abbiano causato frequenti cadute, oggi sono molto più stabili e adatti ai bambini. Purtroppo, però, non lasciano che il bambino eserciti gli sforzi muscolari che lo preparano a camminare, e lo privano del piacere di sperimentare le proprie capacità direttamente. Inoltre, nel girello il bambino può toccare di tutto in uno stadio in cui è difficile fargli capire il concetto di rifiuto. Se sceglierete comunque di acquistarlo, fate attenzione a non lasciare mai il vostro piccolo nel girello troppo a lungo e non lasciatelo mai da solo.

Dal momento in cui il bambino riuscirà, in un modo o nell'altro, a spostarsi – aggrappandosi o tenendosi ai mobili di casa – non utilizzatelo più e stimolate sempre il suo desiderio di esplorare l'ambiente circostante. Restando nel girello, non solo non imparerebbe prima a camminare, ma il suo uso prolungato rischierebbe di generare una sorte di "confusione nell'apprendimento delle abilità motorie" (simile alla confusione seno-tettarella), perché camminare nel girello e camminare sulle proprie gambe sono azioni che richiedono movimenti del tutto diversi.

bambino può aggrapparsi più facilmente alle sbarre e guardarci attraverso.

CONFORME ALLE NORME DI SICUREZZA • Nella scelta del box, verificate che sia conforme alle norme di sicurezza in vigore (NF S 54-010 ed EN 12 227). Preferite quelli con sponde in legno (con sbarre distanziate di 6 cm al massimo) a quelli a rete a maglie fini per evitare che il bambino si impigli, per esempio, con un bottone. Dovrà prevedere anche un tappetino estraibile e lavabile, un'imbottitura robusta che non si sposti facilmente, cerniere coperte, un meccanismo di piegatura a prova di bambino con montaggio e smontaggio rapido, ed essere di facile trasporto.

Accogliere un bambino adottato

Dopo un'attesa più o meno lunga, trovarvi improvvisamente con un figlio potrebbe prendervi in contropiede, anche perché la pratica di affidamento del bambino ai nuovi genitori avviene piuttosto in fretta. Tornando a casa vi troverete catapultati in una nuova vita e dovrete trovare qualche momento per scoprirvi a vicenda e creare i primi legami affettivi gli uni con l'altro.

Un arrivo tanto improvviso quanto atteso

L'arrivo di un bambino adottato è sempre uno shock. I genitori non sono mai veramente pronti a vivere un cambiamento così improvviso. L'attesa dura anni interminabili e, improvvisamente, un giorno, i futuri padre e madre vengono a sapere che il bambino sta per arrivare... I genitori adottivi generalmente non acquistano né preparano nulla in anticipo, a volte anche per scaramanzia o perché non conoscono la data di arrivo del bambino.

Questa situazione è diversa da quella del bambino atteso per 9 mesi, poiché il figlio adottivo si aspetta indefinitamente. La lenta preparazione interiore della gravidanza, l'emergere graduale di un particolare stato mentale e il sentire il piccolo dentro di sé sono punti d'appoggio di cui la madre adottiva non può purtroppo beneficiare. In un certo senso, essa avrà solo pochi giorni per compiere un cammino che normalmente si svolge in 9 mesi e, quando finalmente il bambino arriva, i genitori sono immancabilmente travolti da un vortice emotivo difficile da gestire.

Un'ondata di emozioni

Anche quando tengono finalmente il piccolo fra le braccia, i genitori fanno ancora fatica a capire che la lunga attesa è terminata. Il bambino però è realmente con loro, con tutto il suo enorme bisogno di affetto. Fare conoscenza con lui, trovare le parole e l'approccio che sappia calmarlo e vedere la propria quotidianità e gli orari sconvolti radicalmente non sono cose facili. Non c'è da stupirsi, quindi, se talvolta la serenità dei genitori lascia il posto a uno stato di ansia o sovreccitazione.

Molti genitori adottivi hanno l'impressione di essere travolti da un'onda anomala, nei giorni che seguono il primo incontro. Questa sorta di "tsunami emotivo" è però un fatto benefico che vi apre il cuore e vi consente di accogliere al meglio il bambino. Proprio accettando questo particolare stato d'animo e lasciandovi andare senza alcuna resistenza che riuscirete a vivere pienamente questo incontro. In qualche modo, la vostra stanchezza emotiva favorirà la capacità d'ascolto rispetto al vostro bambino. Ora è il momento di tranquillizzarvi, di esprimere il vostro amore, abituarvi al piccolo e consentire a lui di abituarsi a voi. Per la famiglia è una nuova vita che comincia, con un necessario periodo di adattamento.

Cosa prescrive il diritto del lavoro?

Il congedo per adozione riguarda i lavoratori dipendenti e può essere richiesto da uno dei genitori o ripartito tra la madre e il padre. La sua durata massima è di 5 mesi, ed è utilizzabile anche prima dell'arrivo del minore se si tratta di adozione internazionale che richiede dei viaggi all'estero. Può essere fruito in qualunque momento, fino al 18° anno del minore. In caso di affidamento, il congedo è di 3 mesi, da utilizzare entro 5 mesi dall'arrivo del minore in famiglia.

Aiutare il bambino a tranquillizzarsi

Questo incontro è sconvolgente tanto per voi quanto per il bimbo. Anche lui deve scoprire voi e ha un enorme bisogno di essere rassicurato, ancor più se è passato attraverso la custodia di persone diverse. Anche se ha già ricevuto affetto, la sua vita fino a questo momento è stata comunque segnata dall'instabilità. Indipendentemente dalla sua età, aiutatelo a capire che è finalmente arrivato a destinazione e che ha finalmente trovato un papà e una mamma che lo amano davvero.

L'IMPORTANZA DELLE PAROLE • Innanzitutto potrete dirgli, con le parole e con tutto il vostro cuore: «Noi ti abbiamo adottato, siamo qui per te, tu puoi fidarti di noi e non hai più niente da temere... è meraviglioso incontrarti!».

Secondo il tipo di passato che ha avuto il bambino, il compito di dargli un senso di sicurezza interiore sarà più o meno facile e immediato. Alcuni bambini passano un percorso estenuante, prima di incontrare i genitori adottivi e sono ansiosi, piangono molto e non comunicano bene. Passeranno molti mesi prima che integri nella sua mente l'idea che voi non lo abbandonerete mai e, in questo saranno le

Sia nelle famiglie naturali sia in quelle adottive, l'amore della mamma e del papà per il bambino cresce con il tempo e i legami affettivi cominciano a tessersi già fin dai primi contatti.

vostre parole, le vostre cure, l'ascolto, la pazienza e, in generale, il vostro atteggiamento complessivo ad aiutarlo.

CREARE L'ATMOSFERA • Più riuscirete ad avere fiducia nelle vostre capacità di genitori, più sarete in grado di trasmettere serenità al vostro bambino. A pochi mesi come a 2 anni, il piccolo è molto sensibile all'atmosfera emotiva che lo circonda. L'ansia altrui lo inquieta e la serenità e la calma lo tranquillizzano. Anche se per tutti questi anni d'attesa avete dubitato della vostra futura competenza di genitori (questo è spesso il caso in cui la decisione di adottare è conseguenza della sterilità), convincetevi fin d'ora che saprete essere buoni genitori e che agirete in maniera adeguata come ogni altro genitore. Abbiate fiducia!

Un neonato, non ha alcuna ragione di rifiutare l'amore che gli viene dato, anche perché ne ha un disperato bisogno. La sola domanda che non riesce, ma vorrebbe porre è: "Questa volta sarà per sempre?". Se sarete certi di voi stessi, riuscirete a rassicurare lui che, tra le vostre braccia, troverà un riparo pieno di amore e conforto.

DOVE INFORMARSI?

> **Per raccogliere informazioni, cercate di contattare, innanzitutto, altri genitori adottivi.** Fate le vostre domande a coppie che abbiano già adottato dei bambini in tenera età e condividete le vostre preoccupazioni, chiedete quali problemi abbiano incontrato e le soluzioni che hanno trovato.

> **Partecipate a qualche seduta di un gruppo di sostegno ai genitori adottivi:** la vostra organizzazione per l'adozione di riferimento, il vostro medico (o, se siete credenti, un rappresentante della vostra religione) potranno mettervi in contatto con genitori o gruppi disponibili a condividere con voi le loro esperienze.

> **Troverete anche molte informazioni utili sui siti web qui indicati:**
> - www.commissioneadozioni.it
> - www.leradicieleali.com

La visita dal pediatra

Sono diverse le ragioni che motivano una visita dal pediatra durante la settimana che segue l'arrivo del bimbo, anche se è già stato sottoposto a una visita medica prima dell'adozione, come prescritto dalla legge. Innanzitutto questa consultazione servirà a rassicurarvi e ad affrontare più serenamente l'eventuale preoccupazione dei vostri cari e la fatidica domanda: «Siete sicuri che sia tutto a posto?».

Il pediatra esaminerà lo stato di salute del bambino e, secondo il Paese di origine, verificherà l'eventuale assenza di carenze alimentari o di parassitosi e, al minimo dubbio, gli prescriverà una serie di esami complementari. Questa visita darà anche a voi genitori la sensazione di aver fatto quanto necessario per partire su basi stabili.

NON ESITATE A CHIEDERE! • La prima visita medica è anche molto utile per chiarire con il medico ogni dubbio che potreste avere circa le esigenze del vostro bambino: a che ora metterlo a nanna? Possiamo portarlo in viaggio con noi? Come so di dargli da mangiare a sufficienza? È normale che non si tenga ancora pulito? Se il vostro bambino è un lattante o ha già più di un anno, vi serviranno diverse informazioni pratiche circa l'alimentazione, l'igiene, il sonno ecc. Sapendo che tutto questo non è un dato scontato, capirete che è del tutto normale sentirsi un po' disorientati, soprattutto se non avete già altri bambini, come accade, di norma, a qualsiasi genitore.

> " Alcuni dei nostri amici sapevano che avremmo adottato presto un bambino. Ora che la nostra bimba Inès è arrivata, dovremo dirlo a tutti i nostri conoscenti. Non sono però sicura di sapere bene come farlo. "

ANNUNCIARLO ALLA FAMIGLIA E AGLI AMICI

Sia quando si adotta un bambino, sia quando lo si mette al mondo, il modo consueto con cui i genitori annunciano la buona novella è l'invio di un biglietto a parenti e amici o addirittura pubblicando un annuncio sul giornale locale. Starà a voi scegliere come fare. Potrete certamente precisare che si tratta di un bambino adottato, ma non siete ovviamente obbligati a farlo. Di fatto, siete assolutamente liberi di presentare il bambino come fareste per qualsiasi altro parente. Se si tratta di un neonato, potreste sentirvi parte anche della sua nascita. Se il bambino ha già qualche mese, invece, annunciate così il suo arrivo: «Siamo lieti di annunciarvi l'arrivo di Inès» oppure «Siamo lieti di annunciarvi che Inès fa già parte della nostra famiglia (che così s'ingrandisce)». Soprattutto, ricordatevi sempre di aggiungere una foto del bambino: questo varrà più di mille parole! Parlandone con i vostri conoscenti, chiamatelo pure "il nostro bambino" o "il mio bambino". Per riferirvi alle persone che l'hanno concepito, usate l'espressione "genitori biologici" oppure "di nascita" piuttosto che "veri genitori" o "genitori naturali". I suoi genitori siete voi. Più vi sentirete pronunciare queste parole, meglio voi e i vostri conoscenti saprete accettare questa realtà. Se avete già dei figli biologici, non avrete alcuna difficoltà a chiamarli i "vostri figli" e lo stesso faranno gli altri.

Quando la famiglia ha anche dei figli biologici

I genitori che hanno già una famiglia biologica motivano talvolta la scelta di adottare un bambino con diverse ragioni. Alcuni desiderano aiutare un bambino abbandonato dalla famiglia d'origine. Altri, che non sono riusciti ad avere la desiderata famiglia numerosa, scelgono l'adozione come alternativa. È importante, allora, che queste famiglie elaborino quella sorta di lutto rappresentato dal pensiero dei bambini che non sono riusciti a concepire, per evitare che il bambino adottato diventi un bambino "sostitutivo".

Altri, infine, già appagati dall'aver avuto dei figli, decidono di adottare un bambino malato o disabile per assicurargli un futuro migliore. In questa situazione molto particolare che testimonia una grande generosità, i genitori matureranno con calma la propria decisione anche discutendola con lo staff medico che prenderà poi in cura il bambino.

AVVICINARLO AGLI ALTRI BAMBINI • La situazione può sembrare più semplice quando le persone che adottano sono già genitori; dovranno comunque elaborare questo progetto insieme ai loro figli biologici affinché tutto il gruppo dei fratelli accetti di buon cuore il nuovo arrivato. In seguito dovranno continuare a mostrarsi altrettanto disponibili verso i figli biologici per non destabilizzare l'equilibrio familiare: il rischio è, infatti, quello di insinuare una forma di rivalità per eccesso di compassione nei confronti del bambino adottato. Sarà anche necessario evitare che i figli biologici tendano a isolare il bambino perché "diverso" e che il bambino adottato si collochi in posizione di vittima.

Coinvolgendo i propri figli in questa decisione così particolare, i genitori adottivi limiteranno ogni rischio e potranno sperare di far sbocciare, nella serenità e nel rispetto di ognuno, un progetto che gli sopravviverà. Ogni bambino adottato attraversa una crisi d'identità, spesso difficile da superare sia per loro stessi sia per i genitori. Il gruppo dei fratelli faciliterà questa transizione oltre la crisi, se sarà pronto a farlo e se avrà veramente accettato il fratello, o sorella, adottato.

Rispettare il suo passato

Al momento dell'incontro con il vostro bambino, riceverete alcune informazioni riguardo il suo passato, spesso esigue. Talvolta, davanti alle domande che vi saranno poste da parenti e amici, avrete la tendenza a inventarvene alcune poiché voi stessi avrete il bisogno, in un certo senso, di ricostruire una storia che, invece, vi sfugge.

Nel rispetto del suo passato e della volontà di proteggere il bambino, l'deale sarà rimanere in posizione neutrale. La cosa migliore sarà rispondere: «Non saprei…» ogni volta che sarà necessario, quasi a moderare la curiosità altrui, perché ogni vostra parola rischierebbe di ritornare un giorno al bambino, probabilmente distorta.

Un giorno lui stesso vi chiederà notizie circa il suo periodo precedente l'adozione e voi cercherete di dargli le informazioni di cui disponete, senza interpretarle. Tenete sempre ben presente l'idea che il vostro ruolo non è quello di ricostruire la sua storia, ma di trasmettergliela per quel poco che ne sapete.

La ripresa del lavoro

Spesso il periodo di maternità è troppo breve perché voi e il bambino riusciate a trovare i riferimenti che vi servono per sentirvi a vostro agio e sicuri in questa nuova vita di famiglia. Se sentite che il bambino è ancora molto ansioso, potrà essere il caso di ritardare un poco la ripresa del lavoro, se ciò vi è possibile. Possono servire talvolta anche alcuni mesi per rassicurare appieno il bambino e rafforzare i legami. L'ideale sarebbe riprendere il lavoro solo una volta che l'attaccamento tra voi e lui si è consolidato.

La prima separazione sarà per voi un momento doloroso, come per ogni genitore, e il vostro bambino piangerà, come ogni figlio. Questa nuova situazione lo aiuterà a comprendere che voi comunque ritornate sempre e che non c'è nulla da temere, come talvolta alcune madri invece pensano.

Quale che sia il momento della ripresa del lavoro, cercate di rendere questo passaggio meno delicato affidando il bambino sempre alla stessa persona. Il bambino adottato dimostra spesso una sensibilità maggiore davanti ai cambiamenti e ha bisogno di una maggiore regolarità e più punti di riferimento. Sarà necessario spiegargli chiaramente che voi ritornerete da lui la sera e, soprattutto, che voi non usciate di soppiatto per nascondere la vostra preoccupazione. Non sarà un male se il bambino vedrà la vostra difficoltà a lasciarlo, se riuscirete a spiegargliene il motivo.

Analogamente, al ritorno a casa, sarà bene dirgli: «Vedi, tu non volevi che io uscissi da casa, ma adesso sono tornato!». E non temete che si affezioni più alla sua tata che a voi. Anche se è piccolo, saprà distinguere chiaramente la differenza tra la mamma, il papà e tutti gli altri.

PER I BAMBINI ORIGINARI DI PAESI STRANIERI

▶ **Oggi si adottano bambini originari di Paesi spesso sprovvisti delle più elementari strutture sanitarie.** Se da un lato incontrano le stesse difficoltà dei genitori di bambini nati o adottati nel nostro paese, **vi sono alcuni problemi inerenti l'adozione in Paesi stranieri cui il medico abituale non ha modo di rispondere.**

▶ **Alcuni pediatri si sono specializzati in questo tipo di adozione e** hanno una vasta esperienza circa gli eventuali problemi medici, emotivi o delle questioni inerenti la crescita e il comportamento che spesso toccano i bambini nati in questi contesti (in particolare nei Paesi in via di sviluppo).

▶ **Già prima dell'adozione, essi possono dunque informare i futuri genitori circa la situazione sanitaria del Paese in cui adotteranno** (ove queste informazioni siano disponibili) e circa le possibili ripercussioni sulla salute del bambino.

▶ Essendo questi dati spesso non disponibili o insufficienti, i pediatri specializzati in adozione offrono anche le cure adatte, soprattutto poiché conoscono i dati medi nazionali relativi a eventuali problemi specifici del Paese d'origine del bambino.

▶ Se la maggior parte dei genitori adottivi non ha bisogno di consultare questo tipo di specialisti, altri (e soprattutto quelli che hanno un motivo specifico per preoccuparsi della salute del loro bambino) lo troveranno, invece, molto utile. Gli specialisti possono condurre una serie di analisi mirate: AIDS, epatite, sifilide; diagnosi di eventuali malformazioni o conseguenze della malnutrizione; valutazioni neurologiche e psicologiche.

Un'adattamento più o meno facile per il bambino

Se i genitori influiscono sul comportamento del bambino, egli dal canto suo contribuisce a "creare" i propri genitori facendo loro vivere una relazione ed emozioni che li trasformano. Ognuno si rapporta all'altro con le proprie attese e il proprio temperamento e il bambino, come i suoi genitori, si adatta a tutto ciò in un'interazione permanente.

Processi complessi

Ogni bambino svela, fin dalla nascita, un insieme di tratti che gli appartengono esclusivamente: può essere più o meno incline al pianto, calmarsi più o meno facilmente, essere molto o poco sensibile al disagio fisico…
Un bambino che sopporti bene gli stimoli dall'esterno non chiede le stesse attenzioni di uno che reagisce sensibilmente a tutto ciò che lo circonda. Accettare il "bambino reale" significa rispettare questi tratti personali, non sempre facile…
Naturalmente, una madre di carattere tendenzialmente timoroso proverà un senso di empatia per il suo bambino se, per esempio, sussulta al minimo rumore, mentre una madre determinata ed energica si sentirà a suo agio con un piccolo che ha un atteggiamento deciso e tonico.
Da parte sua, il bambino costruirà se stesso in modo differente, secondo come viene accettato il suo comportamento, con piacere o senso d'irritazione. Il temperamento della madre e del bambino possono trovarsi, di fatto, più o meno in armonia, il che va a facilitare o complicare il processo di adattamento. I genitori e il bambino non possono però trovarsi sempre in uno stato di adattamento e, a mano a mano che il bimbo crescerà, diventerà assolutamente necessario trovare un equilibrio tra i bisogni di entrambi

Tre tipi di temperamento

Gli psicologi infantili Stella Chess e Alexander Thomas sono stati i primi a interessarsi (negli anni '60) allo studio del temperamento, dalla prima infanzia all'età adulta. Osservando le reazioni dei bambini fin dai 3 mesi di età, hanno distinto tre tipi di temperamento infantile.

Il bambino "brontolone"

Anziché sorridere e balbettare paroline, alcuni bambini sembrano avere un carattere meno facile degli altri. Anche se non dipende dai genitori, può diventare per loro un problema, poiché trovano spesso difficile affiatarsi con lui, arrivando perfino a rifiutarlo. Se nulla sembra soddisfarlo, senza che ciò sia motivato da una ragione medica, adoperatevi per coccolarlo e pazientate; un giorno, quando avrà appreso nuovi modi di esprimersi, quella sua aria greve certo scomparirà.

"FACILI", "DIFFICILI" E "LENTI A SCALDARSI" • Il bambino "facile" è in genere di buon umore, reagisce positivamente alle novità, tende a essere regolare e si adatta facilmente al suo ambiente. Il bambino "difficile", invece, dimostra sentimenti intensi e un atteggiamento non prevedibile. Si adatta lentamente al mondo esterno e reagisce negativamente alle novità. Il bambino "lento a scaldarsi" si dimostra anch'esso disturbato da qualsiasi situazione di novità, ma reagisce in modo più uniforme e sereno.
Quando il bambino non è associato al temperamento "facile", le capacità di ascolto e di comprensione dei genitori sono certamente messe più alla prova: devono talvolta fare molta attenzione alle sue reazioni fisiche, alle sue espressioni, saper

Attenzione!

Quando parlate al vostro bambino o di lui con altre persone, fate attenzione a ciò che dite, perché lui vi capisce già e potrebbe essere influenzato dai vostri giudizi sul suo carattere e dai confronti con altri bambini.

comprendere quando è teso o nervoso, attendere che sia pronto prima di sollecitarlo o accettare la sua esigenza di piangere per scaricare la tensione. All'occorrenza, però, il pediatra aiuterà i genitori a interpretare i comportamenti del bambino e a trovare le risposte più adatte.

UN DATO IN EVOLUZIONE • Il bambino però non apparterrà a un temperamento particolare per sempre e potrà presentarne uno diverso secondo l'età. Alcuni tratti caratteriali potranno attenuarsi crescendo, mentre altri si accentueranno. Per esempio, un bambino molto piccolo può contare sulla fiducia dei suoi genitori, se questi rispettano i suoi timori o sanno rassicurarlo circa le sue capacità. Al contrario, lo stesso bambino tenderà a chiudersi se si sente troppo protetto. Il temperamento evolve, quindi, anche in funzione delle reazioni delle persone vicine al bambino.

La forza e l'attaccamento

Pur legandosi a entrambi i genitori, la madre rimane una figura principale nell'attaccamento poiché generalmente dedica al bambino più tempo rispetto al padre. Lo psicanalista John Bowlby e la psicologa Mary Ainsworth hanno cercato di valutare il tipo di attaccamento del bambino nei confronti della madre all'età di un anno. Per fare questo hanno studiato il modo in cui entrambi si ritrovano dopo brevi momenti di separazione.

L'ATTACCAMENTO SICURO • Il bambino dimostra che la madre gli manca accogliendola al suo ritorno tendendole le braccia ed entrambi si abbracciano affettuosamente. Quando è rassicurato, il bambino si separa spontaneamente dalla madre. Si parla di attaccamento sicuro quando tutto si svolge come se il bambino dimostrasse di sapere di poter contare sulla madre che gli fornisce, quindi, una "base di sicurezza". Questo scenario è il marchio caratteristico delle interazioni armoniose: sensibile ai suoi segnali e reattiva in maniera tenera e attenta, la madre riesce ad aiutare suo figlio a sviluppare la giusta sicurezza interiore.

L'ATTACCAMENTO AMBIVALENTE • Il bambino è preoccupato dall'assenza della madre, ma al suo ritorno adotta un atteggiamento contraddittorio: da una parte mostra di cercare il contatto con lei, ma allo stesso tempo rifiuta l'approccio. Questo comportamento produce una certa tensione nella relazione, obbligando la madre a reazioni spesso esplicite. In questo caso, la madre fatica ad adattarsi armoniosamente al figlio, che rimane per lei imprevedibile.

L'ATTACCAMENTO EVITANTE • Nell'attaccamento evitante, il bambino non piange al momento della separazione e focalizza la sua attenzione sui giochi. Al ritorno della madre, la ignora o la evita e cerca di scappare se lei cerca di prenderlo in braccio. In questo caso, la madre dimostra spesso un'avversione per il contatto fisico con il suo bambino e reagisce sfavorevolmente quando il bambino cerca di dimostrare il suo affetto. Una madre di questo tipo evita i gesti di tenerezza quasi a manifestare un senso di repulsione quando il figlio, invece, prende l'iniziativa.

Nulla è definitivo

La qualità dell'attaccamento tra madre e bimbo è legata alla sensibilità con la quale la madre cura il proprio figlio durante i primi mesi di vita. Se lei sa procurare al bambino un'esperienza gratificante e rassicurante, faciliterà le sue relazioni con il prossimo e favorirà sensibilmente la socializzazione durante il periodo scolare. Sembra che il tipo di attaccamento che la madre stabilisce con il suo bambino dipenda in grande misura da quanto lei ha potuto sperimentare, a sua volta, con la propria madre. Gli stessi comportamenti si trasmettono di generazione in generazione, ma è sempre possibile prendere la distanza da un'eredità che si giudica ingombrante, evitando di riprodurla pedissequamente.

Resta inteso che, anche nei casi più difficili, nulla è definitivo. La psicologia sostiene però che il tipo di relazione che si stabilisce tra la madre e il bambino entro il primo anno di vita tende a perdurare, ma è comunque sempre possibile far evolvere la situazione, eventualmente anche con l'aiuto di un terapeuta.

L'INTERPRETAZIONE DELLA MADRE

> Le madri danno un valore al comportamento del proprio bambino in funzione di elementi molto soggettivi, basandosi, tra l'altro, sulla propria storia e sui propri valori.

> Esse tendono ad attribuirgli pensieri che probabilmente non gli appartengono, ma che tuttavia lo orientano nella stessa direzione. Questo processo comincia già in gravidanza, quando la madre dice, per esempio, a proposito del bambino che sente crescere in sé: «È un bambino energico!». Più tardi, se la madre desidera vedere nel suo bambino una persona molto attiva, porrà l'accento soprattutto sui suoi comportamenti che vanno in quella direzione e darà soddisfazione al bambino solo in questo senso.

> I bambini tendono, in una certa misura, a conformarsi ai desideri della madre, ma sarebbe eccessivo pensare che la madre possa arrivare a plasmare il suo bambino.

I "nuovi padri"

In passato le cose erano più semplici e vigeva uno schema secondo cui la madre rimaneva a casa a occuparsi dei figli. Il padre, invece, agiva fuori e affrontava il mondo esterno. Oggi i ruoli e le attività dei due genitori non sono più definiti come nello schema tradizionale e l'importanza del padre coinvolto nella vita quotidiana del bambino non lascia più spazio al dubbio.

Padri sempre più coinvolti

Un tempo, i ruoli di ciascuno in seno alla famiglia erano chiaramente definiti e distinti. Alla madre spettava il compito di nutrire, lavare, curare e vestire i bambini e il padre non se ne occupava mai. Lei era considerata materna e femminile "per natura". In questo quadro, il padre poteva al massimo giocare con i suoi bambini e invitarli ad aprirsi al mondo.

Oggi, invece, gli uomini si occupano regolarmente delle questioni quotidiane della famiglia. Anche se la madre continua a seguire la maggior parte delle faccende domestiche, il padre è sempre più coinvolto nella cura del bambino: gli prepara la pappa, gli dà da mangiare, gli fa il bagnetto e lo veste. Il padre è presente in tutte le fasi dell'educazione del bambino senza tuttavia percepirsi in contrasto con la propria condizione sociale. Certo, rimangono ancora dei progressi da fare e non si può spazzar via in poco tempo un retaggio di pregiudizi e abitudini ancora presenti in alcuni comportamenti, ma si può dire che i padri di oggi siano comunque sulla buona strada.

UN'EVOLUZIONE GRADUALE • Secondo i più recenti sondaggi sulla gestione familiare e sulla suddivisione dei compiti in seno alla coppia, la "parità domestica" non è ancora compiuta, nonostante l'enorme aumento di compiti e di responsabilità a carico delle donne, ma circa il 60% dei padri collabora attivamente nella cura dei bambini.

Un altro elemento interessante è che, quando il padre si impegna più della madre, la donna continua comunque a seguire la parte essenziale dei compiti quotidiani (preparare i pasti e vestire e mettere a dormire i bambini, in particolare), mentre il padre si occupa essenzialmente nelle attività di gioco e intrattenimento.

Infine, i padri hanno ancora la tendenza a relazionarsi più con i figli maschi che con le bambine, favorendo così la trasmissione di comportamenti tendenzialmente sessisti.

Le gioie della paternità

Oggi i padri riconoscono che allevare i propri figli non solo è benefico per loro, ma anche necessario al proprio equilibrio personale. Non esitano più ad affermare che questo impegno è essenziale alla relazione con i propri figli quanto al loro sviluppo personale e percepiscono il bisogno di sentirli più presenti nella propria vita. In questo non hanno l'impressione di esprimere una parte cosiddetta "femminile" della loro personalità e, anzi, si sentono pienamente padri e maschili in ogni loro gesto.

I nuovi padri hanno preso coscienza della ricchezza, delle emozioni e degli insegnamenti che vengono dall'educare giorno per giorno i propri figli. Mostrarsi teneri, attenti, affettuosi e sensibili alla loro salute e al loro equilibrio non significa essere effemminati, ma svolgere il giusto ruolo di padre.

FATE SPAZIO AL PAPÀ!

- Per tutto quello che riguarda la crescita del bambino, il padre conta tanto quanto la madre. I lattanti e i bambini molto piccoli che giocano regolarmente con il papà avranno una relazione più aperta e fiduciosa con gli altri nell'adolescenza, come pure nell'età adulta.
- È anche vero che l'atteggiamento del padre è spesso attento, sensibile e positivo: parla al bambino ponendolo sul suo stesso piano, preferisce l'incoraggiamento alla critica e propone attività adatte e stimolanti.
- La qualità del gioco con il padre è, inoltre, un fattore importante nella costruzione del benessere sociale e affettivo futuro del bambino, in particolar modo durante l'adolescenza.
- Analogamente, i bambini crescono meglio quando la madre non pretende l'esclusività dall'attaccamento. I bambini che, entro i 5 anni, hanno tessuto con il padre un solido legame affettivo, si dimostrano più sicuri di sé e meglio integrati socialmente e a scuola. Per questi e molti altri motivi, ogni anno si celebra con piacere la Festa del Papà!

→ La qualità dei momenti di gioco trascorsi insieme al papà favorisce nel bambino la costruzione di relazioni basate sulla fiducia negli altri.

Un modello sociale contraddittorio?

La società tende a valorizzare i padri che si sentono coinvolti dal bimbo e si impegnano nella relazione con lui. Si dà ormai per scontato che l'uomo, come la donna, debba conciliare gli imperativi professionali con la disponibilità verso i propri cari e lo sviluppo della propria coscienza interiore. Ciò può non essere indolore poiché ci si attende sempre, implicitamente, da un uomo che si impegni energicamente nel lavoro e, soprattutto se è laureato, che "faccia carriera". In molte aziende, l'uomo è ancora guardato con sospetto se richiede il congedo di paternità, se chiede un permesso per curare un figlio malato o se non accetta un cambio di orario per tutelare la propria vita familiare. Nonostante queste pressioni, il congedo di paternità si sta lentamente diffondendo anche in Italia.

Come le madri, i padri di oggi devono confrontarsi anche con i problemi che derivano da una vita "a doppia corsia" e modelli sociali molto difficili da conciliare tra loro.

Da coppia a famiglia

Dopo la nascita del primo figlio, la coppia deve trovare un nuovo equilibrio. A questo punto, all'amore reciproco tra due persone si aggiunge l'impegno dell'associazione di due genitori che implica sempre un certo adattamento. Solitamente, passati i primi mesi, l'"alleanza familiare" può dirsi stabilita: nel gioco a tre tra padre, madre e bambino, ognuno ha trovato la propria collocazione rispetto agli altri due.

La collaborazione tra genitori

Sentirsi a proprio agio nel ruolo di genitore non è sufficiente: sarà necessario anche sapersi adeguare all'altro per creare ciò che lo psicanalista Salvador Minuchin chiama "cogenitorialità". Essere genitore non significa operare ognuno dal proprio punto di vista, ma esserlo insieme sostenendosi vicendevolmente nei vari interventi rispetto al bambino e soprattutto gestendo insieme i momenti più delicati. Il bambino certamente beneficia più di ogni altro di questa educazione condivisa e, grazie a ciò, socializza più facilmente durante l'età scolare.

UNA RELAZIONE TRIANGOLARE • Le basi di questa associazione vengono gettate spesso già in gravidanza, durante i dialoghi sul bambino che verrà e sul ruolo di genitori. In seguito, dopo la nascita, ciascuno comincia a trovare riferimenti propri. La famiglia si costruisce allora su una relazione detta "triangolare", in cui ciascuno intrattiene legami affettivi con gli altri due elementi.

Quando tutto va per il meglio, il padre e la madre hanno, ciascuno, una relazione individuale con il bambino, ma si riservano anche momenti di intimità, non sollecitano incessantemente il bambino e non fanno di lui l'unico perno nella loro relazione. Nella comunicazione che vede tutti e tre riuniti e nelle relazioni a due, il padre, la madre e il bambino hanno ciascuno il proprio ruolo e godono di una certa dose di libertà. Si ritiene che, per il bambino di 3 mesi, le relazioni familiari presentino solitamente un profilo che rimarrà almeno per il resto del primo anno.

Ripensare alla ripartizione dei singoli ruoli?

Le prime settimane in tre sono generalmente un periodo costellato da imprevisti. Durante la gravidanza, molte coppie si trovano a sognare una famiglia che funzioni su base egalitaria, in cui ciascuno si occupa indistintamente del bambino. Trovandosi poi nella situazione reale, molti si sentono più orientati a relazioni di stampo tradizionale in cui la madre passa gran parte del suo tempo con il bambino e si interessa alla vita all'interno della casa; il padre rientra dopo il lavoro, è aggiornato sulle novità della giornata da ciascuno e non è direttamente coinvolto nelle cure del bambino e nelle faccende domestiche. Questo potrebbe suscitare alcune tensioni in seno alla coppia, spesso accresciute dalla stanchezza e da un eccesso di emozioni.

LE VIRTÙ DEL DIALOGO • Instaurare un'organizzazione soddisfacente può richiedere un po' di tempo e una certa sensibilità. La destabilizzazione della coppia rappresentata dall'arrivo del bambino è naturale e dipende anche dalla natura e dalla qualità della relazione iniziale. Se i contrasti prendono il sopravvento e invadono la vostra relazione, cercate di riepilogare e discutere insieme ogni punto, prima che nasca il desiderio di allontanarsi. Il dialogo, in questo, è essenziale. Spesso sarà necessario rivedere con onestà il sistema familiare cui ciascuno sente di aderire più o meno espressamente per arrivare a un compromesso tra le posizioni più estreme, tra il tradizionale e l'egualitario.

Imparare a camminare insieme

Durante le prime settimane ognuno dovrà quindi imparare a gestire le proprie inevitabili tensioni per instaurare da subito il senso di cogenitorialità. Bisognerà che ciascuno dei partner accetti di lasciare che il compagno agisca anche intuitivamente, sostenendolo con benevolenza. Anche se questo atteggiamento necessiterà comunque di un adattamento, si accompagna sempre a momenti di grande gioia. L'intensità delle emozioni vissute, la sensazione di arricchirsi trasformandosi individualmente e insieme e semplicemente il fatto di essere d'accordo l'uno con l'altra permettono di superare lo stress e le difficoltà di questa nuova vita.

Certamente diventare genitori è un cammino che porta a un'evoluzione sia personale sia di coppia, ed entrambe

Quando il bambino ha 4 mesi, la vita di coppia è ancora essenzialmente organizzata in base ai suoi ritmi.

" Il mio compagno è molto più bravo di me a occuparsi dei nostri figli: li fa ridere, li calma, li culla per addormentarli... e io, improvvisamente, mi sento ansiosa e maldestra."

GELOSA DELLA BRAVURA DEL PAPÀ?

In questo nuovo ruolo, ogni genitore ha qualcosa da offrire al bambino e nessun contributo è da preferire a un altro, agli occhi del suo piccolo beneficiario. Alcuni genitori sono più dotati dal punto di vista del gioco e dell'intrattenimento, mentre altri si distinguono dal punto di vista pratico (allattare, fare il bagnetto e vestire il piccolo, per esempio). Altri ancora, come il suo compagno, sono naturalmente portati a stabilire una relazione diretta con il figlio.

Non è raro che uno dei genitori si dimostri un po' invidioso del talento del compagno ed è bene ammetterlo, se accade, senza lasciarsi divorare dalla gelosia. Dica piuttosto a se stessa che, anzi, questa è una fortuna! Molte donne, ancora oggi, lamentano il fatto che il loro compagno non si dà poi un gran daffare e spererebbero proprio in un sostegno simile. È una fortuna avere un partner che non solo fa volentieri più che la sua parte, ma la fa anche con piacere e abilità! Un padre che partecipa alla vita di famiglia solleva la madre da una parte del peso che grava sulle sue spalle e gli effetti benefici di questo suo intervento sul benessere del piccolo sono spettacolari.

Non abbia un atteggiamento sessista all'inverso! Questi *cliché* secondo cui le donne sarebbero "per natura" più dotate rispetto agli uomini nell'accudire i figli sono totalmente falsi. Alcuni genitori (di entrambi i sessi) hanno una particolare predisposizione alla relazione; altri, invece, devono impegnarsi molto per riuscire a stabilire un rapporto con il proprio bambino. Nel tempo e con la pratica, però, ogni genitore, padre o madre che sia, riuscirà a colmare la sua mancanza di predisposizione naturale o di esperienza.

Non perda la fiducia! Forse non si rende ancora conto di quanto sta già facendo per il suo bambino, sia in termini di quantità che di qualità. Il suo piccolo se ne rende conto, invece, molto bene e non potrebbe mai fare a meno di lei.

potranno essere raggiunte senza timori o difficoltà. Questa trasformazione non è altro che l'espressione della vita che procede nella ricerca di un equilibrio in cui due individui seguono un proprio processo evolutivo. Costruire relazioni familiari soddisfacenti e regolarle in base alle esigenze significa anche creare il contesto in cui crescere al meglio.

UN RAFFORZAMENTO DEI LEGAMI? • Durante le prime settimane, la vita di una giovane coppia di genitori è regolata sul ritmo biologico del bambino e la percezione del tempo si altera: tutto sembra passare più in fretta e a un ritmo che non è quello dell'adulto. Questa vita incentrata sul bambino aiuta a contenere tutti gli sconvolgimenti che ciascuno dei genitori sta vivendo, ma non si può pretendere che rimanga il solo vettore di sviluppo personale dei due e, ben presto, i genitori si augureranno di ritrovare e rinnovare anche la loro relazione uomo-donna. La relazione genitoriale non sostituisce in alcun modo il legame amoroso: al contrario, sarà proprio questo a rafforzarla...

Quinto mese

- I progressi del vostro bambino
- Come cresce giorno per giorno
- E se salta qualche notte?
- Il buon uso degli antibiotici
- In vacanza con il bambino
- Il legame con i nonni
- È necessario separare i gemelli?

I progressi del vostro bambino

Certamente ora pensate che le cose non potrebbero andare meglio e che il vostro bambino non possa essere più carino e adorabile di quanto non sia... Tuttavia d'ora in poi vivrete momenti di gioia sempre più forti. Nel corso di questo mese, la compagnia del vostro bambino sarà una fonte inesauribile di meraviglia.

Ogni giorno più attivo

Ora il vostro bambino scopre nuove attività quasi ogni giorno, non vuole mai smettere di dialogare con i suoi adulti preferiti (tra cui voi!) e, grazie alla sua maggiore capacità di attenzione (relativamente) più lunga, la relazione è molto più dinamica rispetto a solo un paio di settimane fa. In questo periodo, i genitori si sentono già più competenti e all'altezza del proprio ruolo e la fiducia si sostituisce gradualmente ai dubbi. Mentre finora erano il padre e la madre a guidare l'interazione, il bambino ora prende sempre più spesso l'iniziativa nelle sue "conversazioni" e questo riflette già una certa autonomia.

Veder sbocciare la sua personalità è un'esperienza entusiasmante, così come constatare il suo interesse crescente per il mondo che lo circonda. Il piccolo ora non si limita a osservare il mondo, ma cerca anche di toccarlo per esplorare le cose che gli si offrono e tutto ciò che riesce (e non potrebbe) portare alla bocca.

Le sue misure

Al 5° mese (o alla fine del 4°) il bambino pesa tra i 7,6 e i 9,2 kg, con una media di 7,6 kg per i maschietti e 7,1 kg per le bambine. Misura tra i 61 e i 72 cm (con medie rispettive di 66,5 e 65 cm) e ha una circonferenza cranica tra i 40 e i 46 cm (per una media di 43 cm).

Le nuove prodezze

Durante il 5° mese, il vostro bambino impara a tenere la testa diritta per qualche secondo, quando lo tenete in posizione verticale, e solleva ancor più in alto il busto, tenendosi sulle braccine quando è disteso sul pancino.

Il suo tono muscolare gli permette anche di rigirarsi rapidamente su un fianco, cercando anche di girarsi nuovamente (da posizione dorsale a ventrale) e riesce perfino a sostenere il suo peso sulle gambe. Preferisce di norma la posizione supina, che gli permette di osservare ciò che gli sta intorno, sgambettare e osservarsi i piedini. Il 5° mese è

> " Il nostro bambino ora è troppo grande e pesante per portarlo a passeggio nel marsupio ventrale. Il marsupio dorsale offre lo stesso grado di sicurezza?"

IL MARSUPIO DORSALE

Il marsupio dorsale (con telaio in plastica o metallo) è sconsigliato prima del 6° mese di età. Quando il piccolo riuscirà a stare seduto da solo, anche solo per poco, sarà pronto per il marsupio dorsale. Alcuni genitori lo trovano un modo comodo e pratico di portare in giro il bambino, altri lo ritengono ingombrante e lamentano perfino dolori muscolari, portandolo. Alcuni bambini sono entusiasti di stare a quell'altezza, altri ne sono spaventati perché si sentono instabili. Per sapere se fa al caso vostro, fatevene prestare uno o provatelo in negozio. Se deciderete di acquistarne uno, sceglietelo comprensivo anche della regolazione a terra, che facilita la sistemazione del bambino e il caricamento sulle spalle. Deve essere di materiale lavabile e avere cinghie o imbragatura di sicurezza che impediscano la caduta del bambino, bretelle ben imbottite, un sostegno lombare che serve a ripartire il peso sulle anche e una tasca capiente per tenere le cose del bambino (così non dovrete portare con voi anche la sacca del cambio).
Assicuratevi che il bambino sia sistemato correttamente. Questa posizione gli consente di fare molte cose: prendere i barattoli dagli scaffali del supermercato, far cadere vasi e oggetti alti o cogliere (e masticare) le foglie degli alberi. Dovrete imparare a stimare diversamente gli ingombri entrando in ascensore o passando da una porta, per esempio. Attenzione: quando portate il marsupio dorsale, abbassatevi sempre piegando le ginocchia (altrimenti rischierebbe di scivolare); ricordate anche che non si può utilizzare il marsupio facendo jogging o altre attività sportive o cucinando.

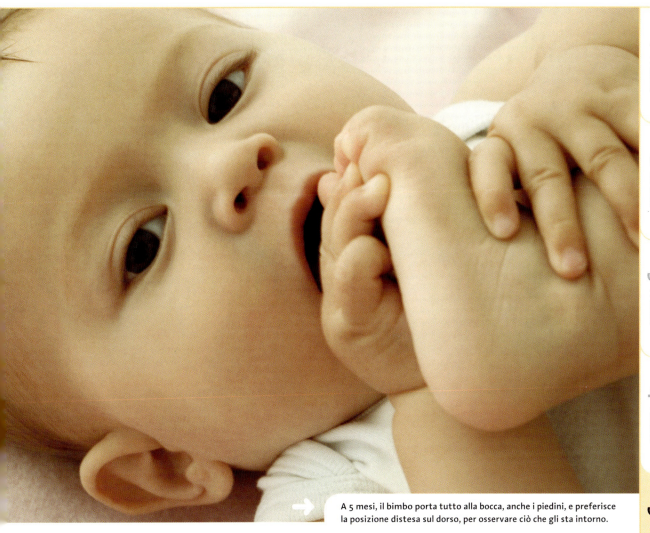

A 5 mesi, il bimbo porta tutto alla bocca, anche i piedini, e preferisce la posizione distesa sul dorso, per osservare ciò che gli sta intorno.

anche l'età in cui il bambino si diverte a fare il gioco dell'aeroplano insieme al suo papà.

Gridolini di gioia, sorrisi, vocalizzi ecc. sono diventati una cosa normale e il piccolo comincia a girarsi al suono di una voce, soprattutto se è quella della mamma.

Il primo dentino?

In linea di principio, il primo dente da latte – uno degli incisivi centrali della mandibola inferiore – spunta durante il 6° mese, ma può succedere che fori la gengiva già al 5°. L'eventuale precocità (come anche il ritardo) non ha nulla a che vedere con la crescita generale del bambino. Invece, se il piccolo mette i dentini da latte molto presto, tenderà a fare lo stesso anche per quelli definitivi.

Attenzione!

Ormai il vostro bambino sa passare dalla posizione supina a quella distesa sul pancino. Raddoppiate la vigilanza quando si trova sul fasciatoio: già a 5 mesi potrebbe cadere alla minima disattenzione da parte vostra!

Come cresce giorno per giorno

Forse sarete affascinati dal vedere con quale velocità cresce il vostro bambino A cinque mesi ha già stabilito con voi legami molto forti e si dimostra già curioso di ciò che gli sta intorno. Le sue abilità fisiche e mentali si sono sviluppate e sono collegate tra loro in modo indissolubile. La sua storia, finora, è tutta accanto a voi.

Impara e scopre ripetendo

Per il vostro bambino tutto è sensazione. Per esempio, verso i 3 mesi, muoveva un braccino portandolo davanti agli occhi, ma non sapeva che facesse parte del suo corpo e non capiva di essere egli stesso all'origine di quel movimento. Pian piano, ripetendo lo stesso gesto per centinaia di volte, arriva finalmente a comprendere di poter dirigere egli stesso il gioco e che quel braccino fa parte del suo corpo.

Se da un lato egli associa molto velocemente alcuni elementi (l'odore del latte, il seno della madre e il piacere che ne ricava, per esempio), numerose nuove sensazioni rimangono inizialmente senza significato. Il bambino cerca quindi di comprenderlo e, a forza di provare più volte la stessa sensazione, riesce a collegarla a un oggetto, una situazione o una persona.

Quanto pesa il suo cervello?

Anche se invisibile, l'evoluzione del cervello del bambino è sicuramente impressionante. Esso si sviluppa molto più rapidamente nell'età compresa tra la nascita e i 2 anni: il suo peso, per esempio, quadruplica per raggiungere il peso di circa 1,4 kg verso i 20 anni di età.

SPERIMENTARE CON CALMA • Gradualmente, il bambino non solo sentirà e percepirà, ma imparerà anche ad agire per ritrovare una particolare sensazione che ricorda. In quanto genitori, potrete aiutarlo ad acquisire questa vivacità garantendogli una vita regolare e calma in cui, giorno dopo giorno, le stesse attività e le stesse sensazioni tornano ciclicamente. Lo sviluppo intellettuale, legato a quello del sistema nervoso, avviene allora del tutto naturalmente e, poco a poco, il vostro piccolo manifesterà un crescente senso di curiosità. Non potrete tuttavia affrettare questo processo e, fino al 4° o 5° mese, sarà inutile sollecitare incessantemente la curiosità del bambino proponendogli sensazioni sempre nuove. Ciò che importa sarà rispondere ai suoi bisogni primari e dimostrargli costantemente il vostro affetto affinché possa aprirsi al mondo con un senso di sicurezza.

I BAMBINI HANNO MEMORIA?

- Lo sviluppo della memoria si lega in maniera molto diretta a quello del cervello. **Ben presto, il vostro bambino assorbirà tutto ciò che vede, anche senza averne consapevolezza.** Questo è già un primo senso di memoria in cui determinati fatti ripetuti quotidianamente si instaurano in lui in modo molto netto: il legame affettivo con la madre ne è un esempio.
- Già nel ventre materno, la memoria analogica (in cui uno stimolo dato ripetutamente forma un circuito neuronale specifico) **permette al feto di riconoscere una serie di stimoli** (odori, sapori, suoni). Questa costruzione procede nel neonato che così sa, per esempio, che la vista gli permette di scoprire gli oggetti che lo circondano.
- Il neonato non possiede, tuttavia, la memoria nel senso adulto del termine: non ricorda o ricorda molto poco. Un'equipe di ricercatori coordinata dalla psicologa Carolyn Rovee-Collier ha analizzato la durata di un ricordo di un bambino dimostrando che, all'età di 2 mesi, il bambino si ricorda per un giorno che è possibile muovere un pupazzetto appeso sulla culla usando il piedino. Un mese più tardi, un ricordo simile rimane in memoria per una settimana; a 6 mesi, per 2 o 3 settimane. Questo è solo un inizio... all'età di 2 o 3 anni il piccolo sarà in grado di tenere in memoria diversi ricordi che rimarranno anche negli anni a venire.
- **Prima di ricordarsi veramente un fatto, il bambino trattiene una traccia mnestica che gli permetterà, se regolarmente stimolato, di attivare una particolare percizione o azione identica.**

Nella relazione madre-bambino, le interazioni giocano un ruolo fondamentale nello sviluppo del cervello del bambino.

COLLEGARE LE SENSAZIONI • Immaginate, per esempio, di osservare una mela, un'azione che sollecita l'area cerebrale della vista e quelle dell'olfatto e del linguaggio e suscita in voi una serie di pensieri. Il vostro bambino, invece, percepisce la mela e forse ne apprezza il profumo; la vede, ma non la associa a queste due sensazioni (non sa nemmeno che cosa sia una mela!). Un giorno, però, quando ne avrà già assaggiata una e sarà abituato a vederle nel suo ambiente, potrà, con l'esperienza, collegare l'oggetto al suo odore o al gusto, il che creerà nuove connessioni cerebrali. Questo è solo un esempio, perché in realtà tutto ciò che accade contribuisce a sviluppare il suo cervello.

DIVERSE INTERAZIONI • Il cervello si sviluppa attraverso le relazioni con l'ambiente e la principale di queste è quella tra madre e bambino. I circuiti necessari a sviluppare il sistema nervoso centrale si creano esclusivamente a seguito di stimolazioni ripetute. Sarà in base alla relazione del bambino con i suoi cari che i suoi collegamenti si costruiranno gradualmente e che, a loro volta, andranno a favorire nuove acquisizioni. Le diverse funzioni cerebrali sono, infatti, il risultato di una lunga serie di sollecitazioni che permettono, di rimando, l'azione del soggetto: in questo caso, il bambino.

Ormai è noto che, nel caso di deficienze specifiche, altri circuiti possono attivarsi grazie a stimolazioni alternative nel corso di sedute riabilitative. Questo è molto incoraggiante quando alcune particolari funzioni sono compromesse al momento della nascita poiché, talvolta, oggi c'è la speranza di riattivarle sollecitando altre zone cerebrali.

UN PROGRESSIVO "CABLAGGIO" • I circuiti e le interazioni tra diverse cellule specializzate nell'ambito della stessa o di diverse zone del cervello divengono sempre più numerosi e complessi all'aumentare delle informazioni acquisite dal bambino. Al compimento del secondo anno di età, ogni neurone ha registrato fino a 10.000 contatti con i neuroni limitrofi e il bambino arriva ad avere chiare immagini mentali. A 5 mesi, invece, non è ancora in grado di rappresentarsi mentalmente un oggetto che non vede davanti a sé.

Lo sviluppo del cervello

Durante i primi 2 anni di vita del bambino, il cervello si sviluppa in modo formidabile e raddoppia di volume. Il bambino possiede, alla nascita, diversi miliardi di cellule cerebrali (neuroni), collegate tra loro da connettori detti sinapsi. La maggior parte di queste non è, tuttavia, ancora attivata e comincerà a funzionare regolarmente quando potrà trasmettere informazioni da una zona a un'altra del cervello, dopo essere stata stimolata. Il cervello è quindi, in qualche modo, una struttura che manca per ora di un sistema di "cablaggio".

Una piccola persona

Verso i 5-6 mesi, il bambino non accetta volentieri di rimanere da solo e non ama essere vestito o svestito. Bisognerà quindi sempre tenere conto del suo umore e della sua disponibilità ed essere delicati quando è il momento di imporgli qualsiasi cosa. Il tono delle vostre parole sarà sempre importante nel presentargli e fargli accettare eventuali limiti, ma anche per spiegargli che lo capite quando è a disagio. Più crescerà e più reagirà, più dovrete farvi rispettare, senza peraltro mai imporgli nulla con la forza.

E se salta qualche notte?

Dai 4 ai 6 mesi di età, la maggior parte dei bambini dorme dalle 6 alle 10 ore per notte, con 2 o 3 riposini diurni, il che corrisponde a un totale di 14-15 ore di sonno al giorno. Durante questo periodo, ogni bambino impara più o meno facilmente a dormire notti intere, ma al 6° mese dovrebbero farlo tutti.

Un rito ben consolidato

A partire dal 4° mese, il vostro bambino ha perfettamente coscienza del rituale che avete avviato per addormentarlo la sera. Se lo rispetterete e farete attenzione che il vostro bambino segua un buon ritmo diurno, scandito anche da qualche riposino, dormirà lunghe notti di 7-8 ore di seguito, senza alcun problema. Se non fosse il vostro caso, fate più attenzione alla situazione.

Addormentarsi e riaddormentarsi

Spesso, a questa età, il problema dipende dal fatto che il bambino non è stato abituato ad addormentarsi da solo: non sa come ritrovare il sonno, quando si sveglia durante la notte, e quindi chiede aiuto. Questo approccio dipende dal fatto che viene regolarmente addormentato in braccio alla mamma o nel letto dei genitori, o comunque insieme a loro, o se è ancora abituato alla poppata notturna (di cui non ha più bisogno).

ROMPERE CON LE CATTIVE ABITUDINI • I genitori possono provare progressivamente a instaurare nuove abitudini corrette seguendo alcuni consigli qui sotto, sapendo, però, che potrebbero inevitabilmente causare crisi di pianto anche violenti:
• Controllate che gli orari del riposino, dell'addormentamento e del risveglio siano sempre gli stessi, distribuendo questo nuovo orario su un periodo di una quindicina di giorni, per evitare un cambiamento troppo drastico.
• Rispettate lo stesso rituale ogni sera al momento della nanna, sistemando il bambino nel lettino ancora sveglio e riducete sempre di più il tempo della vostra presenza vicino a lui per arrivare a lasciare la cameretta dopo pochi minuti.
• Non prendetelo subito in braccio, quando si sveglia di notte, e non dategli da mangiare né da bere; lasciatelo piangere qualche minuto in più ogni volta, prima di entrare nella cameretta.
• Non fategli mai saltare un riposino pensando che dormirà meglio durante la notte, questo lo porterebbe a una carenza di sonno certamente dannosa per la sua salute.

Stimolarlo durante le ore di veglia

Il vostro bambino avrà ora un sonno più regolare se, durante le ore di veglia, potrà interessarsi a tutto ciò che accade intorno a lui. Se ne avete la possibilità, variate il più possibile il suo ambiente: non tenetelo sempre confinato nello stesso angolo, ma mettetelo, per esempio, seduto nel seggiolino e portatelo con voi quando vi spostate da una stanza all'altra. Parlategli, rispondete alle sue vocine, incoraggiatelo a giocare, a gattonare sul suo tappeto gioco e cambiatelo regolarmente di posizione.

UNA PASSEGGIATA AL GIORNO • Salvo nei giorni in cui il tempo è veramente brutto, portatelo sempre a fare una passeggiata e di fargli prendere un po' di luce e di sole. Molti genitori tendono a non uscire, temendo di non ritornare in tempo per l'ora del riposino. Se il piccolo si addormenta in carrozzina (o nel seggiolino dell'auto), considerate che anche quel sonnellino sarà rinvigorente quanto la nanna nel suo lettino. Ciò che importa sarà che il piccolo sia a letto la sera. Per quanto riguarda i riposini diurni, non sarà di certo un sonnellino in più a disturbargli il sonno.

Attenzione!

Non importa quale metodo sceglierete per addormentare il vostro bambino la sera; questo però dovrà essere collaudato per almeno 2 settimane. Provateli anche tutti, uno a uno, o sceglietene solo uno e progredite gradualmente.

Sospendere l'ultima poppata serale?

A partire dalla 6ª settimana potrete farlo tranquillamente se il piccolo è in perfetta salute e cresce normalmente e, soprattutto, se non si sveglia più spontaneamente per la poppata serale. I bambini oltre i 4 kg possono dormire dalle 6 alle 8 ore di seguito senza mangiare, o, almeno, le loro riserve glielo permetterebbero... Fino ai 5-6 mesi, però, alcuni bambini continuano a chiedere il seno o il biberon, anche se pesano oltre i 6 kg.

Se avete l'abitudine di svegliare il piccolo verso le 22.00 per allattarlo, è arrivato il momento di smettere di farlo perché questo potrebbe far sì che lui associ il sonno alla poppata e continuerebbe a svegliarsi anche quando non ha fame, soprattutto nella fase di sonno leggero. Se invece si sveglia spontaneamente, diminuite gradualmente la quantità di latte, cercate di farlo riaddormentare senza allattarlo e rimettetelo a nanna finché è ancora sveglio.

Scegliere il momento giusto

Il vostro bambino non deve subire più di un cambiamento o una fonte di stress per volta. Se è già a disagio – per un dentino, perché avete ripreso a lavorare, perché è malato o ha una nuova baby-sitter – aspettate che stia meglio, prima di affrontare il problema dei risvegli notturni. Considerate che i bambini che dormono tutta la notte possono comunque svegliarsi, di tanto in tanto, per effetto di un cambiamento d'abitudine (se questo è il vostro caso, rassicuratelo pure durante la notte). Il bambino potrebbe quindi svegliarsi comunque, la notte, anche dopo aver raggiunto un nuovo traguardo essenziale della sua crescita (gattonare o, più tardi, camminare, per esempio), poiché lo stress della novità nuoce temporaneamente al sonno.

Attenzione ai disaccordi di coppia!

Piuttosto spesso i coniugi si trovano in disaccordo circa la condotta da adottare nell'educazione del bambino. Il suo pianto, per esempio, urta la sensibilità di ognuno in misura diversa e le discussioni possono talvolta essere anche accese: dargli il ciuccio o lasciarlo piangere? Consolarlo appena si sveglia o aspettare un po'? Quando questi disaccordi suscitano tensioni eccessive, a volte il padre preferisce lasciare carta bianca alla sua compagna. Il timore di compromettere l'armonia di coppia finisce per sopprimere il desiderio, più che legittimo, del padre di esprimere la propria opinione, con effetti tuttavia dannosi. In situazioni estreme, mettere a nanna il bambino diventa compito esclusivo della madre, che poi finisce per addormentarsi con lui. In casi simili, è preferibile rivolgersi al medico per un consiglio.

> "Mio figlio si sveglia due volte a notte e si riaddormenta solo se lo allatto. Come dovrei comportarmi?"

COME RIADDORMENTARE IL PICCOLO

Signora, suo figlio continuerà a svegliarsi diverse volte a notte fino a che non avrà imparato a riaddormentarsi da solo. Aiutandolo con il seno, il biberon, il ciuccio o cullandolo e accarezzandolo, lei non farà altro che rimandare il momento in cui imparerà finalmente ad addormentarsi da solo. Questo momento potrebbe arrivare dopo che lei non vorrà o non riuscirà più a giocare ancora all'"omino della sabbia". Se deciderà che il momento è arrivato, entrambi riuscirete finalmente a dormire più a lungo. Dovrà, innanzitutto, abituarlo a rinunciare alle poppate notturne. Se il suo bambino si addormenta allattando o bevendo il biberon, cerchi di avviare un rito di preparazione alla nanna che preveda, per esempio, la poppata serale prima del bagnetto. In questo modo, potrà metterlo nel lettino ancora sveglio, il che è un buon inizio per consentirgli di imparare ad addormentarsi da solo.

In seguito starà a lei scegliere come insegnare a suo figlio a dormire la notte intera. Esamini tutte le possibilità, prima di decidere quale sarà la migliore per il sonno di tutta la famiglia. Potrebbe sembrare un metodo un po' brutale, ma – se i genitori sono ormai disperati e decisi a passare finalmente una buona notte di sonno – è consigliabile lasciar piangere il bambino, sistema che funziona immancabilmente. Benché alcuni raccomandino questo metodo già a partire dal 3° mese, è preferibile aspettare almeno il 6°. Se lei è assolutamente contraria a questo approccio, non lo provi nemmeno. Un metodo che va contro i princìpi dei genitori dà spesso scarsi risultati. Questo "allenamento" può essere anche graduale. La prima notte, accomodi il piccolo ancora sveglio nel suo lettino, lo accarezzi teneramente, gli sussurri: «Buona notte, tesoro!» e lasci la camera. Se comincerà a piangere, lo lasci fare per cinque minuti, poi torni nella cameretta, lo accarezzi e lo rassicuri nuovamente. Ripeta questo gesto ogni volta che il piccolo si mette a piangere, cercando di allungare i tempi in cui rimane solo di circa 5 minuti ogni volta che si riaddormenta. Il pianto diminuisce generalmente nel giro di 3 notti. Tra la 4ª e la 7ª notte non dovrebbe sentire più nulla, se non qualche versetto o lamento che non dura più di pochi minuti (non vada subito in camera, è importante!) seguito da un lungo silenzio.

Il buon uso degli antibiotici

Gli antibiotici sono sostanze che impediscono lo sviluppo e la moltiplicazione dei batteri. Indispensabili nel trattamento di alcune patologie infantili, devono essere somministrati solo previa prescrizione medica.

Che cos'è un antibiotico?

Esiste una decina di famiglie di antibiotici classificati in base alla formula chimica e il tipo di azione che esercitano sui batteri. Secondo la diagnosi, il medico ne prescrive una categoria specifica. Gli antibiotici sono spesso accusati di procurare uno stato generale di affaticamento e possibili allergie (eruzioni cutanee), ma la causa è spesso da cercare nella malattia stessa per cui vengono prescritti. Nonostante ciò, non dovrete stupirvi se il trattamento antibiotico provoca qualche episodio di diarrea. Questa reazione frequente è solo temporanea e dipende generalmente da uno squilibrio della flora batterica intestinale.

La resistenza agli antibiotici

L'aumento della resistenza agli antibiotici è un problema sempre più diffuso. Il loro impiego, infatti, ha permesso un significativo miglioramento dello stato di salute della popolazione grazie al trattamento efficace delle più gravi malattie infettive, ma il loro uso è allo stesso tempo all'origine di un'estesa selezione batterica che dà origine, a volte, a ceppi particolarmente resistenti.

E i farmaci generici?

Sempre più spesso, i farmaci antibiotici per uso pediatrico sono disponibili sotto forma di medicinali generici. Come tutti i prodotti generici, hanno la stessa efficacia dei medicinali originali, ma possono avere un gusto diverso, il che può essere utile per i bambini, soprattutto nel caso degli sciroppi.

Le prescrizioni superflue

La frequenza con cui si prescrivono antibiotici in Italia è superiore a quella di molti altri Paesi europei, senza però che ciò sia giustificato da una maggiore diffusione di patologie infettive. Ciò deve far pensare a un uso più ragionato di questa classe, peraltro indispensabile, di medicinali e a una maggiore informazione da parte dei genitori circa la necessità di limitarli.

GENITORI POCO INFORMATI • Spesso i genitori, spinti dalla preoccupazione o dalla mancanza di un'informazione corretta, esercitano una vera e propria "pressione di prescrizione" che porta all'assunzione troppo frequente di antibiotici per la cura di qualsiasi affezione febbrile, quando la maggior parte di queste (rinofaringite, bronchite e alcune forme di angina) è di origine virale e quindi trattabile con terapia antibiotica. La mancata prescrizione di antibiotici da parte del medico dopo la visita al bambino non deve mai essere interpretata come segno di superficialità o assunzione di rischi di sorta.

La vasta diffusione di terapie antibiotiche superflue è in parte responsabile della selezione di ceppi naturalmente resistenti e, quindi, della proliferazione di questi all'interno dello stesso organismo e perfino dell'ambiente in cui vive.

SPESSO INUTILI • Se, da una parte, gli antibiotici non sono efficaci nella terapia delle infezioni di origine virale, nemmeno le infezioni benigne ne giustificano la prescrizione. Tutte queste malattie guariscono spesso spontaneamente, contribuendo anche a rinforzare il sistema immunitario del bambino.

Attenzione!

Somministrate sempre al vostro bambino il suo medicinale antibiotico fino all'ultimo giorno prescritto, per evitare che l'infezione ricompaia, anche se i sintomi sono già scomparsi già nei primi giorni.

Potrete introdurre delicatamente alcuni medicinali liquidi nella bocca del bambino usando una piccola siringa.

DISTURBI DIGESTIVI E FEBBRE ALTA • Le infezioni otorinolaringee si manifestano spesso, nel lattante, con febbre, vomito o diarrea. In questi casi, consultate il medico poiché potrebbe trattarsi di otite o angina. Le infezioni di origine batterica richiedono certamente un trattamento antibiotico.

IL LIBRETTO SANITARIO • In linea di principio, il medico annota nel libretto sanitario tutti i medicinali prescritti al vostro bambino, la durata del trattamento e gli effetti collaterali osservati. Portate il libretto sanitario del vostro bambino a ogni visita affinché il medico possa registrare la terapia prescritta.

ATTENZIONE ALLE VACCINAZIONI! • Non dimenticate i richiami dei vaccini (vedi pag. 93), che proteggeranno il vostro bambino dalle malattie infettive.

EVITARE GLI ALLERGENI • Fate attenzione all'ambiente in cui vive il vostro bambino: i piumini e la polvere rendono il bambino più sensibile alle infezioni perché irritano le vie respiratorie.

COMBATTERE I FALSI MITI • Il bimbo trattato con antibiotici rimane comunque contagioso. Gli antibiotici non prevengono sempre eventuali complicazioni. Le mamme in terapia antibiotica possono continuare ad allattare, ma, per questioni di sicurezza, devono informare il medico.

Gli antibiotici non hanno alcun effetto diretto sulla febbre né sul dolore, ma se la febbre persiste, dovrete rivolgervi nuovamente al medico per verificare che l'antibiotico sia efficace per la malattia che è stata diagnosticata.

I princìpi generali da rispettare

SOLO SOTTO PRESCRIZIONE MEDICA • I genitori non devono mai somministrare antibiotici senza prescrizione medica (o con prescrizione antecedente o somministrando un medicinale prescritto per un fratello del bambino).

RACCOMANDAZIONI IMPORTANTI

> **Prima di somministrare un medicinale, controllate attentamente la posologia** e chiarite con il farmacista ogni eventuale dubbio, se ne avete, circa il dosaggio, gli orari di assunzione eccetera.
> **Non modificate mai la prescrizione medica.** Il trattamento deve essere seguito scrupolosamente, anche se i sintomi regrediscono o scompaiono. In generale, i germi responsabili dell'infezione vengono distrutti in 5-6 giorni.
> **Annotatevi sempre la data e l'ora** in cui avete somministrato il medicinale l'ultima volta. In questo modo non rischierete di dimenticarvi una dose o di darla una volta di troppo: nei lattanti, le molecole di un medicinale permangono nell'organismo più a lungo che nei bambini più grandi e negli adulti e il rischio di intossicazione è, quindi, maggiore.
> **Gli antibiotici comportano talvolta alcuni effetti indesiderati:** parlatene con il farmacista o informate il medico, se osservate qualche segno o comportamento anormale nel vostro bambino.
> **Se il piccolo è già trattato con un altro medicinale,** informatevi circa le possibili interazioni tra i due prodotti.
> **Non somministrate mai un farmaco aggiungendolo al biberon, salvo nei casi in cui ciò sia espressamente raccomandato** dal medico, perché, se il piccolo non lo beve completamente, non assorbirà l'intera dose.

In vacanza con il bambino

State organizzando un viaggio o programmando un periodo di vacanza? Se prendete le giuste precauzioni e create un ambiente calmo e stabile per il bambino, nulla vi impedisce di farlo...

Rispettare il ritmo del bambino

Durante il tragitto, come nel luogo di soggiorno, l'essenziale è preservare le abitudini consolidate a casa. La prima regola importante sarà che il vostro bambino possa dormire anche in viaggio. Preoccupatevi quindi che viaggi in posizione comoda ed evitate di svegliarlo troppo bruscamente. Nutritelo alle ore abituali e cambiatelo spesso, come fate a casa.

Quale mezzo di trasporto?

IN AUTOMOBILE • Ben sistemato sul suo seggiolino reclinabile, il vostro bambino non deve essere troppo vestito né esposto alle correnti d'aria. Più che mai, durante il viaggio fate una pausa ogni 2 ore circa e dategli regolarmente da bere, soprattutto d'estate. Durante la pausa, fatelo uscire dalla macchina perché prenda un po' d'aria e, se necessario, fate due passi con lui, quando saprà camminare.

IN TRENO • Portate con voi il necessario per sfamarlo, dissetarlo e cambiarlo e non dimenticate di portare con voi il suo giocattolo preferito. Spesso si sentirà più a suo agio in braccio a voi e apprezzerà anche un riposino nel baby pullman o nella navetta della carrozzina, ma questo vi costerà un biglietto supplementare, se utilizzerete il sedile accanto a voi. Lo stesso vale per i viaggi in aereo.

IN AEREO • Il bambino potrà prendere l'aereo fin dalle prime settimane. Per evitargli i dolori talvolta forti alle orecchie dovuti allo sbalzo di pressione, dategli da bere sia durante la fase di decollo sia in quella di atterraggio. In ogni modo, fatelo bere spesso perché l'aria all'interno della cabina è molto secca. Dargli il biberon o anche qualcosa da masticare lo farà inghiottire spesso, il che contribuirà a ridurre la pressione potenzialmente dolorosa e gli inevitabili pianti che accompagnerebbero il dolore. Se allattate al seno, cercate di bere molto anche voi.

Non dimenticate di portare, nel vostro bagaglio a mano, un golfino supplementare: la climatizzazione è sempre molto forte, in cabina.

Quale destinazione scegliere?

Se intendete recarvi all'estero, verificate prima con il vostro pediatra quali eventuali precauzioni dovrete prendere riguardo all'alimentazione, ai rischi di malattia e ai vaccini obbligatori compatibili con l'età del vostro bambino.

IN MONTAGNA • Preferite un'altitudine compresa tra i 1.000 e i 1.500 m: in alta montagna, il piccolo rischia di dormire con difficoltà. Durante le passeggiate, gli piacerà stare nel marsupio, se ha almeno 6 mesi. Fate attenzione che non abbia troppo caldo d'estate o troppo freddo d'inverno, perché i bambini non riescono a regolare bene la temperatura corporea. Nelle giornate soleggiate, proteggetelo con un cappellino che gli copra bene la testolina.

SE VI RECATE ALL'ESTERO

- Se volete portare all'estero vostro figlio, potete iscriverlo sul vostro passaporto, oppure richiederne uno individuale per il bimbo, o ancora dotarlo di una **Carta Bianca** (documento per l'espatrio di minori di 15 anni, valido per l'Europa). Informatevi presso il vostro comune di residenza o in Prefettura.
- Oggi la legislazione che governa il trasporto dei bambini è più che mai rigorosa. **Se vi recate all'estero da sola/o con il bambino**, probabilmente vi servirà un'autorizzazione scritta del vostro compagno – o di un'attestazione che certifichi la vostra autorità genitoriale o la tutela del minore. L'autorizzazione all'espatrio è sempre richiesta quando il bambino non è accompagnato dai genitori. Dati i tempi necessari per ottenere alcuni documenti, è consigliabile informarsi per tempo.
- **La legislazione varia secondo il Paese** (talvolta anche secondo la data d'ingresso e la frontiera d'accesso): **preparatevi, quindi, con opportuno anticipo.** Informatevi presso la compagnia aerea e la vostra agenzia di viaggio, oltre che presso il consolato o l'ambasciata del paese in cui intendete recarvi.

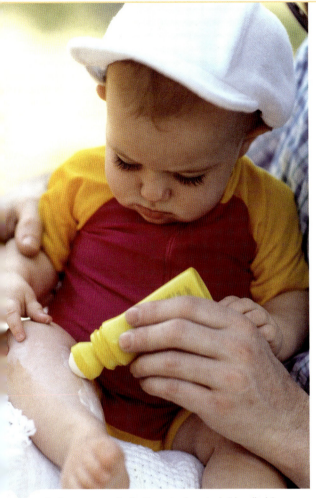

Anche se non esposta direttamente ai raggi solari, la pelle dei bambini deve essere ben protetta applicando un prodotto adatto.

Attenzione ai colpi di calore!

Ovunque andrete, dovrete evitare assolutamente di lasciare il vostro bambino troppo tempo al sole nello scompartimento del treno, nella macchina in sosta o nella carrozzina, anche con la calottina parasole. Durante il viaggio, portate sempre con voi dell'acqua e una soluzione reidratante. I primi segni di un colpo di calore sono insidiosi e difficili da individuare. Il bambino può mostrarsi semplicemente assonnato e debole, ma, in un secondo tempo, potrebbe presentare vomito e febbre alta. Se ciò accade, rivolgetevi urgentemente a un medico.

Il kit di pronto soccorso sempre a portata di mano

Portare sempre con voi cerotti e garze adesive, un antisettico, del paracetamolo o ibuprofene (e ogni altro medicinale prescritto o raccomandato dal medico), fasce elastiche da usare in caso di contusioni o distorsioni (se il bambino sa già camminare), un termometro ed eventualmente una pinzetta per togliere le spine. Per le gite in campagna, portate con voi un insetticida, una lozione alla calamina, un prodotto contro le punture d'insetto e un kit da usare in caso di puntura d'ape, se il vostro bambino è allergico. Durante il viaggio, tenete il kit a portata di mano per avere accesso ai medicinali, se necessario, e per proteggere i prodotti liquidi, che, nella stiva dell'aereo, potrebbero congelare. In aereo, non dimenticate di osservare le indicazioni relative al contenuto del vostro bagaglio a mano. Il kit deve essere sempre fuori dalla portata dei bambini più curiosi.

AL MARE • Bandite i soggiorni prolungati in spiaggia e proteggete dalla sabbia portata dal vento il nasino, la bocca e gli occhi del vostro piccolo. Evitate assolutamente di esporlo ai raggi diretti del sole. Anche sotto l'ombrellone, il bambino viene raggiunto dalla rifrazione dei raggi solari sulla sabbia. La calottina parasole della carrozzina o della culla non è sufficiente a proteggerlo. Copritegli la testolina e spalmategli una crema solare ad alto indice di protezione. Fategli indossare un body o una T-shirt a maniche lunghe.

IN CAMPAGNA • I consigli relativi al sole e alla temperatura valgono anche in campagna. Ricordatevi anche di proteggerlo dagli insetti (zanzare, vespe o zecche) e proteggete la carrozzina e la culla con una zanzariera. Nelle zone in cui si trovano vipere, controllate molto bene il vostro bambino quando è al sole, disteso su una coperta.

Attenzione!

Nelle giornate soleggiate, mettete sempre al vostro bambino un cappellino a tesa larga o con visiera, ma ricordate anche gli speciali occhiali da sole per bambini che lo proteggeranno dal riverbero del sole (sulla spiaggia e in montagna, in particolare).

Il legame con i nonni

I bambini del XXI secolo hanno la fortuna di avere nonni generalmente dinamici e in buona salute fino in tarda età e hanno la possibilità di stabilire con loro relazioni profonde e condividere momenti indimenticabili, in uno scambio tra generazioni diverse benefico per tutti.

Il bambino nella famiglia

Il piccolo impiega un po' di tempo prima di capire che i suoi genitori hanno anch'essi un papà e una mamma, che sono stati anch'essi bambini o che la nonna fu, un tempo, una ragazza. Prima dei 5 anni, queste nozioni sono per lui difficili da comprendere poiché non ha ancora il senso del trascorrere del tempo. Questo papà e questa mamma hanno avuto, quindi, anche loro dei genitori...

UNA COMPRENSIONE PROGRESSIVA • Anche se non riesce ancora a cogliere la rete dei legami di parentela, il piccolo riconosce comunque un posto importante ai nonni per l'amore che essi gli prodigano e per il legame che li unisce ai suoi genitori. Poco a poco, egli arriverà a comprendere che i suoi nonni e bisnonni sono anche la memoria storica della sua famiglia e i testimoni dell'infanzia dei suoi genitori. Gli albumi fotografici, i vecchi giocattoli e l'evocazione dei ricordi familiari gli permetteranno di collocarsi progressivamente nella successione delle generazioni. In particolare gli ascendenti lo aiuteranno a trovare il suo posto nella linea familiare.

Il rapporto con nonni e bisnonni

Oggi i bambini piccoli hanno spesso l'occasione di conoscere non solo i propri nonni, ma a volte anche uno dei bisnonni: questa è certamente una grande fortuna, poiché possono vivere relazioni molto diverse con ognuna di queste generazioni. Le relazioni non saranno però le stesse e nemmeno i comportamenti, sia da parte degli adulti sia del bambino.

Se, da una parte, una nonna cinquantenne sarà sempre pronta a giocare sul prato con il nipotino, la bisnonna preferirà senza dubbio raccontargli una storia. Ciascuno troverà, con il bambino, il tipo di relazione che più gli si addice.

A CIASCUNO IL SUO RUOLO • Spesso, quando la famiglia conta quattro generazioni, i bisnonni rimangono i testimoni delle tradizioni e della memoria familiare. Svolgono questo ruolo con grande piacere, anche perché alla loro età solitamente ci si appassiona nel raccontare i propri ricordi. I nonni sono generalmente ben lieti di ospitare i nipotini durante le vacanze, se ancora godono di buona salute e del dinamismo sufficiente a occuparsene piacevolmente e senza troppa fatica.

Il bambino, da parte sua, imparerà a comportarsi diversamente con ciascuno. È talvolta sorprendente vedere come un bambino piccolo riesca ad adottare un comportamento più tranquillo davanti a una persona molto anziana, naturalmente solo per un tempo limitato e a condizione che i suoi genitori gli abbiano spiegato perché è il caso di farlo.

Un affetto speciale per il bambino

Il ruolo dei genitori e quello dei nonni non sono assolutamente confrontabili, poiché le loro funzioni sono del tutto diverse. Salvo situazioni eccezionali, i nonni non hanno in carico l'educazione dei piccoli e non fanno essenzialmente altro che dar loro affetto e nutrire con loro una relazione privilegiata, godendosi la gioia di vederli crescere.

CONDIZIONI PARTICOLARI • Slegàti da ogni responsabilità educativa, meno preoccupati dal pensiero di operare le scelte più sagge, i nonni si concedono talvolta una certa indulgenza, anche quelli che furono molto severi con i figli. Tendono a prendere con maggior distacco e senso dell'umorismo le eventuali birbonate del piccolo, anche perché beneficiano delle condizioni più propizie

> **Attenzione alle critiche!**
>
> Né i genitori né i nonni devono mai esprimere davanti al bambino un eventuale disaccordo tra loro. Ciò implica che gli uni non giudichino il comportamento degli altri di fronte al bambino. Il piccolo potrebbe, infatti, essere disorientato dal sentire critiche dall'una o dall'altra parte.

a dimostrarsi disponibili e dar prova di infinita pazienza, visto che accolgono il nipotino solo saltuariamente e, perlopiù, nel tempo libero.

Il piccolo è sempre al centro della loro attenzione e ne è felicissimo! Ne deriva una relazione rilassata in cui i giochi e l'esplorazione occupano gran parte del tempo. I nonni amano far conoscere ai piccoli le loro passioni o i luoghi che apprezzano di più e i bambini, dal canto loro, imparano volentieri, si incuriosiscono e si divertono a farsi guidare.

UN ALTRO DIALOGO • Con il tempo i nonni diventano anche ottimi confidenti. Il bambino trova in loro un alleato familiare meno carico di responsabilità rispetto ai genitori. A sua volta, se ne sente meno dipendente, il che favorisce un'altra forma di dialogo.
Questa relazione privilegiata gli permette talvolta di confidare i suoi segreti e sentimenti che non rivelerebbe a nessun altro adulto. I nonni possono così dare un conforto reale ove il bambino debba affrontare un conflitto con i genitori o una situazione difficile.

Approcci diversi a beneficio del bambino

È assolutamente positivo che, in molti ambiti, l'atteggiamento dei nonni rispetto a vostro figlio sia diverso dal vostro e non sarà certo questo a disorientarlo. Al contrario, egli ci si adatterà e distinguerà le regole che vigono a casa dei nonni da quelle di casa propria. I vostri genitori lo lasciano guardare i cartoni animati prima di andare a letto, cosa che voi non fareste mai?
Nulla di grave: il piccolo comprenderà che questo prezioso privilegio riguarda solo le serate con i nonni. Certo, dopo due settimane con loro, mamma e papà dovranno talvolta ripristinare le giuste abitudini, ma ritroveranno un bambino che ha vissuto momenti formidabili di cui conserverà per sempre il piacevole ricordo.

UN APPORTO MOLTO COSTRUTTIVO • Spesso associati a momenti di vacanza e relax, i periodi trascorsi in compagnia dei nonni rappresentano una sorta di parentesi sempre molto utile a dare al piccolo nuovi riferimenti a cui ricollegarsi oggi e in futuro, anche se probabilmente sono diversi dai vostri.
Di là dalle abitudini quotidiane, la mentalità dei nonni è un particolare sistema di maniere di agire e pensare che il bambino può scoprire insieme a loro. Sarà anche appoggiandosi a valori e riferimenti alternativi come questi che egli riuscirà a costruire il suo mondo interiore e la sua personalità.

La relazione tra genitori e nonni

Se, da un lato, la relazione tra nonni e nipoti può dirsi stabile, i genitori, dal canto loro, criticano spesso i comportamenti dei nonni rispetto ai propri figli. Alcuni li trovano troppo permissivi o eccessivamente severi, oppure li accusano di applicare princìpi in contrasto con i propri. Alcune mamme si sentono offese se la propria madre dice al nipote: «Sei un maleducato!», proprio come faceva un tempo con loro. Altre si seccano se i nonni autorizzano la nipotina a dormire nel lettone. Alcuni padri non accettano che il figlio abbia un'educazione religiosa durante le vacanze e i nonni sanno bene che lui non sarebbe d'accordo... Ogni genitore dovrà definire i limiti entro i quali potrà accettare o meno la trasgressione dei suoi princìpi educativi o i valori che cerca di trasmettere al proprio figlio.

UN DIALOGO NECESSARIO • Tutto consisterà nel cercare di trovare il giusto equilibrio. Anche se i nonni devono poter godere di una certa libertà nella relazione con il bambino, a volte però sarà necessario trovare un momento per discutere con calma insieme a loro il rispetto di alcuni princìpi di base e chiedere loro di riconoscere maggiormente il vostro ruolo di genitori.

Nelle famiglie in cui il bambino vede i nonni solo saltuariamente, i genitori possono mostrarsi più accondiscendenti. Se, invece, i contatti sono quotidiani, sarà importante che genitori e nonni adottino lo stesso approccio, soprattutto nelle questioni fondamentali. In questo caso, quindi, eventuali scelte educative contrastanti potrebbero confondere profondamente il bambino, con conseguenze indesiderabili.

Attenzione!

Quando affiderete vostro figlio ai nonni (o a chiunque altro), consegnate loro il suo libretto sanitario e tutte le prescrizioni necessarie a un'eventuale terapia medica che il piccolo dovesse seguire.

Privilegiare il dialogo per limitare i contrasti

È evidente che le cose sono più semplici quando i nonni rispettano il vostro ruolo di genitori e sono convinti che le vostre scelte siano degne di stima tanto quanto le loro. In ogni famiglia, tuttavia, questi princìpi sono accettati più o meno chiaramente e, talvolta, i genitori devono chiedersi se non siano loro troppo rigidi al punto di rifiutare qualsiasi influenza sul bambino che non sia la loro. Altre volte, invece, sono i nonni a dover moderare il loro desiderio di dare consigli o far accettare il proprio punto di vista.

POSSIBILI RIVALITÀ • Spesso i disaccordi nascono da una rivalità latente tra madre e figlia o tra suocera e nuora, in cui ognuna cerca di provare all'altra di sapere meglio che cosa convenga al bambino. Questo tipo di situazione richiede, in effetti, che ciascuno rimanga al proprio posto e si risolve il più delle volte quando i genitori riescono ad avviare un dialogo sincero. Anche se si mostrano a volte invadenti, i nonni cercano generalmente di fare le cose per bene semplicemente per evitare ai propri figli gli errori commessi un tempo, ma spesso non si rendono conto di esagerare. In questi casi sarà bene farglielo notare con gentilezza.

Gli uni per gli altri: un chiaro bisogno reciproco

Al di là delle difficoltà che possono crearsi in ogni relazione familiare, si ritiene che nonni, genitori e nipoti abbiano veramente bisogno gli uni degli altri. Molto spesso il sostegno dei nonni è di grande aiuto e di conforto ai genitori, così presi nel vortice di un'intensa vita familiare e professionale. È rassicurante sapere di poter contare sui propri genitori e affidargli di tanto in tanto il proprio bambino.

Oltra all'aspetto finanziario, c'è una maggiore tranquillità emotiva quando i genitori sanno che il piccolo è seguito dalla nonna piuttosto che da una persona con cui la relazione è meno affettiva e i nonni, dal canto loro, lo fanno con vero piacere.

UN LEGAME CHE SI ARRICCHISCE • Quando tutto procede per il meglio tra le varie generazioni della famiglia, la relazione dei genitori con i nonni si arricchisce. Ognuno scopre l'altro sotto un'altra luce e in un nuovo ruolo. E quando c'è anche mutua approvazione, i legami familiari si rinnovano per il meglio.

> " I miei genitori vedono la nipotina più volte la settimana e cedono a tutti i suoi capricci. Voglio loro molto bene, ma non mi piace questo loro modo di viziarla. "

CHIARIRE I LIMITI

Viziare i nipotini può considerarsi un diritto inalienabile dei nonni? Certo, anche se in una certa misura. Loro hanno fatto il proprio dovere quando lei era piccolo e l'hanno svezzata dal suo amato biberon, combattendo con pazienza per metterla a nanna la sera, con tutto l'impegno che ciò richiede… Adesso è arrivato il suo turno, mentre loro possono ben dire di essersi guadagnato il diritto di viziare i propri nipotini. Tuttavia, anche se nel corso del primo anno la cosa non dovrebbe preoccupare, è comunque consigliabile stabilire alcune regole chiare fin dall'inizio.

Potrete dare più spazio ai nonni se non abitano troppo vicino a voi; quelli che vedono i nipotini solo raramente non corrono il pericolo di viziarli troppo e quindi lei potrà lasciar loro qualche occasione di farlo senza preoccuparsi troppo.

Se i nonni, invece, abitano molto vicino, se non addirittura accanto a voi, sarà preferibile che si adeguino alle vostre regole nella maggior parte delle occasioni. Non dovranno viziare eccessivamente il piccolo, altrimenti renderanno la vita, a voi e a lui, sinceramente insopportabile. Se il bambino riceve segnali contrastanti, potrebbe finire per sentirsi confuso e infelice e, inoltre, per imparare ben presto che le regole e i princìpi variano secondo il luogo e le situazioni.

Alcune regole genitoriali devono rimanere inviolabili e i nonni – che abitino vicino o lontano da voi – dovranno rispettarle anche se non le approvano. Ovviamente, se i nonni intendono, invece, rimanere fermi nei propri punti di vista, potrete cercare, di tanto in tanto, di trovare insieme un compromesso. Alcuni diritti dei nonni dovranno comunque essere rispettati: per esempio, la possibilità di fare regali più spesso di quanto i genitori riterrebbero opportuno. Se i nonni però dimostrano di non tenere conto delle vostre indicazioni, le ignorano o infrangono deliberatamente tutte le regole pattuite con voi, sarà importante discuterne apertamente, sempre cercando un dialogo comunque affettuoso e calmo. Dica loro che potrete essere più flessibili a proposito di certe questioni, ma che altre non sono negoziabili, ricordando loro che, da genitori, avevano anch'essi definito un loro sistema di regole e valori.

È necessario separare i gemelli?

La relazione gemellare ha, per i genitori, un valore particolare in quanto incontro fra tre persone che si legano in un'interazione reciproca. Come vivere questa relazione in ogni sua dimensione? C'è un sottile equilibrio che bisognerà sempre ricercare, soprattutto non trascurando il legame così particolare che esiste tra la madre e il suo bambino e non privando alcuno dei piccoli della relazione con il suo gemello, senza tuttavia renderli dipendenti l'uno dall'altro.

Una relazione a tre

La relazione che unisce la madre ai suoi gemelli è particolare poiché si stabilisce fra tre individui ed è essenziale che lei entri in relazione con ciascun bambino singolarmente, anche se ciò non significa che dovrà di regola occuparsi di un bambino per volta. Esistono diversi modi di stabilire un legame con ognuno dei bambini e di prendersi cura di entrambi allo stesso tempo.

A proposito delle madri di gemelli, Catherine Dolto, aptoterapeuta, parla di questa loro necessità e della capacità che possono sviluppare di essere presenti all'altro nello spazio, ma oltre il contatto fisico.

ALLATTARE UNO, PARLARE CON L'ALTRO • La mamma non può allattare uno dei bambini mentre tiene in braccio l'altro, quando piange, però può allattarne uno ed essere completamente in contatto con lui tenendolo sulle ginocchia mentre fa dondolare l'altro che, sazio anche se imbronciato, aspetta di fianco a lei. Questo dondolio potrà essere accompagnato da paroline dolci e così, mentre un gemello si culla nel contatto fisico con la madre e nel suo odore, l'altro sarà attirato dal suo sguardo che parlerà solo per lui.

NON LIMITARE I CONTATTI TRA I GEMELLI • Non è mai costruttivo cercare di limitare in qualche modo i contatti tra i gemelli, pensando che ciò possa renderli più indipendenti tra loro. Essi sono fratelli e sorelle quanto chiunque altro, in qualunque famiglia, e sono, per loro natura, spinti a comunicare tra loro. Per contro, è sempre importante che ognuno, in famiglia, mantenga il suo "ruolo". Sarà poi la madre a dare loro la necessaria base di sicurezza e a rispondere ai loro bisogni facendo passare la fame, consolandoli quando si sentono confusi e stanchi e distinguendoli immancabilmente l'uno dall'altro.

Mai al posto della madre

È indispensabile che sia la madre a dare a ciascun gemello il sentimento di sicurezza di cui ha bisogno. Per ognuno di loro, il rispettivo gemello non deve arrivare a svolgere un ruolo di conforto e rassicurazione. Se, durante i primi mesi, i gemelli dormono regolarmente nello stesso lettino, esiste il rischio che l'uno diventi una sorta di accessorio indispensabile per l'altro, assumendo così un ruolo di sostituto materno.

Un distacco necessario per ognuno

Tutti concordano sul fatto che, nel medio o lungo termine, la separazione deve però compiersi. Il punto sarà trovare il momento in cui essa può accadere più facilmente. È molto difficile rispondere a questa domanda in modo netto, ma si possono prendere in considerazione alcuni criteri di riflessione. Quando la madre si sente pronta a lasciare i bambini per qualche ora o qualche giorno – o per settimane o mesi, secondo il carattere – sarà possibile separare i gemelli, a condizione che conoscano bene la persona che si occupa di loro. Un gemello potrà stare a casa della zia, mentre l'altro starà con la nonna, per esempio. In questo modo sarà più facile, per i genitori, riuscire a trovare qualcuno che si prenda cura, di tanto in tanto, dei bambini: è risaputo che per quanto i gemelli suscitino sempre ammirazione, non suscitano grande entusiasmo quando si tratta di occuparsi di entrambi contemporaneamente.

ANCHE SOLO PER UNA PASSEGGIATA • Anche solo per una semplice passeggiata o per fare spese, la mamma può affidare a qualcuno uno dei bambini e dedicarsi interamente all'altro. Lui sarà al settimo cielo e a lei la vita sembrerà facilissima, quando scoprirà, per esempio, quanto sia maneggevole il passeggino singolo e si domanderà come sia possibile che le sue amiche che hanno un solo figlio siano sempre così stanche…

ALL'ASILO • Quando i bambini cominciano ad andare all'asilo (o sono affidati altrimenti: i genitori di gemelli

I gemelli sono spesso i migliori amici l'uno dell'altro, ma devono imparare a separarsi di tanto in tanto, anche se per brevi periodi, fin da piccoli.

hanno sempre priorità rispetto agli altri), la questione della separazione si porrà nuovamente. La risposta dipenderà dalla flessibilità della comunità in cui si dovranno inserirsi. Se l'approccio sarà rigido, non aperto a cambiamenti e con persone di riferimento del tutto distinte, sarà consigliabile lasciare i gemelli insieme. L'ideale sarà che rimangano nello stesso gruppo, ma che le scelte tra le diverse attività da svolgere li separino di tanto in tanto.

ALLA SCUOLA MATERNA • È opportuno separare i gemelli già nella classe dei piccoli o è meglio rimandare la separazione a un secondo momento? Se sì, a quando? Il primissimo ingresso a scuola è un grande traguardo che non tutti i bambini vivono con facilità. Perché, proprio in questa situazione, privare i gemelli dell'appoggio e della sicurezza che la presenza dell'altro rappresenta? Questo punto è oggetto di un ampio dibattito e le risposte sono tante quante sono gli specialisti. Nonostante questo, in generale si considera che la separazione dei gemelli debba essere compiuta prima dell'ingresso alle elementari, ma che deva avere luogo possibilmente prima per non accumulare troppi cambiamenti che potrebbero pesare al bambino. Con l'inizio della scuola elementare, tra l'altro, le valutazioni delle capacità del bambino diventano più formali e potrebbero diventare una costante fonte di confronto e rivalità tra i gemelli.

CHIEDERE CONSIGLIO • Ogni famiglia dovrà riflettere su quale sia la soluzione più adatta ai propri figli, consultare altre persone che conoscono i loro gemelli e li hanno visti crescere nella loro socialità (per esempio, il direttore dell'asilo nido o del centro infanzia) e discutere con il direttore della scuola circa l'organizzazione delle classi (la separazione potrebbe non essere sempre possibile).

Dal sesto al nono mese

- I progressi del vostro bambino
- I primi spostamenti
- Verso l'indipendenza
- L'ansia da separazione
- Lo svezzamento
- Dorme come i grandi
- Il primo dentino
- Alleviare il dolore
- Le allergie
- Una vita più regolare
- Bagnetto e toilette
- Le prime misure di sicurezza
- Quali attività proporgli?
- Ruoli differenziati

I progressi del vostro bambino

Appena 6 mesi fa tenevate in braccio un esserino totalmente inerme. Ora, invece, vivete con un bambino che prova già a spostarsi, tocca di tutto e forse mangia già stando seduto sul seggiolone. Comunica sempre meglio, capisce sempre più cose e compie velocemente progressi spettacolari.

Controlla meglio il suo corpo

Una settimana dopo l'altra, il vostro bambino sviluppa senza sosta nuove capacità motorie che gli aprono le porte a inedite scoperte. Dalla posizione distesa passa a quella seduta e quindi eretta, per imparare a camminare nel giro di qualche tempo. Il passaggio all'andamento "a quattro zampe" gli permetterà di andare alla conquista di uno spazio cui ha teso le braccia da diversi mesi. Da allora, egli comincia anche ad afferrare gli oggetti che trova intorno a sé.

IL CORPO È SEMPRE PIÙ TONICO • Non c'è alcun bisogno che i genitori insegnino qualcosa al bambino perché lui progredisca sul piano motorio e sperimenti da sé, poco a poco, nuove posizioni e sequenze di movimenti per arrivare poi a sedersi e spostarsi. Tutti i bambini fanno spontaneamente – e secondo il proprio ritmo – i movimenti che il corpo consente loro, anche se, sollecitati dal gioco, il processo si fa più rapido. Tenete conto che, per arrivare a sedersi, il piccolo deve avere già una buona muscolatura su cosce, addome e schiena. L'atto di rimanere in piedi per qualche secondo e cominciare a camminare implica, invece, altre condizioni fisiologiche.

La naturale curiosità è un ottimo stimolo per spostarsi o giocare da seduto, pertanto è inutile mettersi "a quattro zampe" per invitare il piccolo a fare lo stesso, forzarlo ad alzarsi in piedi quando non ne dimostra l'intenzione o incitarlo a camminare quando non riesce ancora a fare il primo passo. Ogni lattante raggiunge, al proprio ritmo, la maturità muscolare e neurologica necessaria a compiere i vari gesti. A parità di età, non tutti i bambini sono capaci delle stesse prodezze e ciò è del tutto normale. Alcuni sono fisicamente molto attivi, mentre altri sono più statici fino al primo anno e anche oltre...

OGNI BAMBINO HA IL SUO RITMO • Queste differenze tra un bambino e l'altro hanno essenzialmente origine costituzionale, ma dipendono anche dall'ambiente.

Talvolta il bambino progredisce allo stesso ritmo del padre o della madre o di uno dei nonni e, se il vostro primogenito sapeva quasi camminare a 1 anno e il vostro piccolo comincerà a camminare a 16 mesi, non preoccupatevi.

IL BAMBINO È UN TUTTO • Il fatto che un bambino raggiunga, più o meno rapidamente, una certa tonicità fisica non significa nulla del suo stato di salute, del suo sviluppo intellettuale né del suo grado di benessere e non ha alcuna incidenza sul suo avvenire. Il bambino è un tutto e ciò che importa è il suo sviluppo complessivo (psicomotorio): mai fissarsi su un fattore isolato, sia esso motorio o psichico!

La crescita non è una competizione agonistica e può svolgersi solo all'interno di una relazione affettiva che tenga conto delle capacità del bambino, senza forzarlo e rispettandone le attitudini. Si può stimolare il bambino con il gioco, senza peraltro essere ossessionati dai risultati, né perdersi in confronti con fratelli, sorelle o figli degli amici.

Bando ai giudizi!

Spesso usate, espressioni quali "è precoce" o "è un po' lento" inducono a un giudizio di valore che dovrebbe, invece, essere evitato. Tutti i dati relativi alle varie fasi evolutive secondo le diverse età indicati in questo libro sono valori medi e devono essere pertanto intesi come valori indicativi.

Attenzione!

Passare dalla posizione eretta a quella seduta non è facile! Verso l'8° mese, quando riuscirà a stare in piedi, insegnate al piccolo a sedersi piano, piegando le ginocchia per evitare di farlo bruscamente e non criticatelo se non impara subito!

Imparando a tenere la posizione seduta, il bambino scopre ogni cosa da una nuova prospettiva e cambia anche il suo punto di osservazione del mondo.

La posizione seduta

La posizione seduta sollecita la muscolatura dorsale e quella delle cosce e della nuca. Non stupisce quindi il fatto che, durante il primo mese, i bambini non riescano a mantenersi bene in equilibrio in questa posizione. Inizialmente, il lattante è in grado di stare semi-seduto in appoggio al corpo di un adulto. Verso i 3-4 mesi, comincia ad avere sufficiente muscolatura dorsale, tanto da tenersi in posizione seduta, poggiandosi a un cuscino, ma non molto a lungo.

IN APPOGGIO • Generalmente a 6 mesi riesce a stare seduto in appoggio, ma ha ancora difficoltà a stare in equilibrio e ha bisogno di essere ben sostenuto per poter usare le due manine per giocare. Verso questa età potrete tenerlo nel passeggino in posizione reclinata, ma solo verso gli 8-9 mesi potrà fare le sue passeggiate in posizione seduta. Verso il 9° mese potrà viaggiare in automobile nel seggiolino montato nel senso di marcia.

Se a 6 mesi sta volentieri disteso sul dorso, non forzatelo a stare seduto: è inutile imporgli la posizione seduta, se questa lo affatica!

SEDERSI DA SOLO? • Quant'è difficile! Da solo prova ad alzarsi da sdraiato e spesso ci riesce, quando gli tendete le mani, talvolta anche prima dei 6 mesi. Per sedersi da solo dovrà trovare la sua tecnica e questo può richiedere un tempo che varia da un bambino all'altro: alcuni ci arrivano a 8 mesi, altri verso l'anno.

BISOGNO DI SUCCHIARE GLI OGGETTI

- Verso i 7-8 mesi il bambino arriva a raccogliere un piccolo oggetto avvicinando il pollice a un altro dito. Dai 7 mesi in poi riesce anche a passarsi un oggetto da una mano all'altra.
- Da quando il bambino riesce ad afferrare un giocattolo, prova poi a portarlo alla bocca perché questo è il suo modo di osservarlo.
- Integrando il tatto, la suzione aiuta a identificare le qualità dell'oggetto: temperatura, consistenza, morbidezza eccetera.
- Questa fase permane ben oltre il 1° anno d'età, anche se succhiare e mordere esprimono, più tardi, anche un gesto di possesso più che di esplorazione.
- È quindi importantissimo fare attenzione agli oggetti che il bambino potrebbe inghiottire e non tenere mai oggetti piccoli e contundenti alla sua portata!

Per riuscirci, il bambino usa tutto il suo corpo girandosi, per esempio, su un fianco e aggrappandosi a un punto d'appoggio alla sua portata. Quando trova da solo la maniera più opportuna, applauditelo perché è stato molto bravo! È sempre meglio non intervenire quando prova e si impegna. Il bambino che prova a passare da solo dalla posizione distesa a quella seduta non può farsi male anche se ricade.

Gradualmente, comincerà da solo a stare in posizione senza un sostegno. Per mantenersi senza l'ausilio delle mani, dovrà aver già acquisito un certo equilibrio, il che richiede spesso più tempo che imparare a tenere diritte la testa e la schiena. Un giorno, però, lo vedrete seduto ad agitare orgogliosamente le manine, felice della sua nuova libertà! Potranno però trascorrere ancora diverse settimane prima che il piccolo si senta talmente a suo agio da riuscire anche a giocare in questa posizione.

Le prime sillabe

Tra i 6 e gli 8 mesi, il vostro bambino si divertirà ad associare i suoni tra loro, a formare le prime sillabe, a dare un nome agli oggetti e chiamarli per cercare di avvicinar. Queste prime sillabe, generalmente dei "ba", "da", "pa" o "ta" possono indicare ogni tipo di oggetto. Quando dirà per la prima volta "pa-pa", potrà pensare tanto alla madre quanto al padre: per lui, infatti, sarà molto più facile pronunciare consonanti dentali come la "p" o la "t" che non la "m" di mamma. Piangendo, invece, dirà spesso "ma-ma" già prima dell'ottavo mese!

Il dialogo

Dal 6° mese in poi, il bambino impara a esprimere sempre meglio la sua personalità. Adora chiacchierare con la mamma e il papà o chiunque altro si avvicini a lui. Presto i suoi discorsetti saranno scanditi anche da risatine adorabili.

Il gioco del "bubu settete" lo incanta, così come i sonaglini e qualsiasi oggetto faccia un bel suono. È sempre un grande esploratore e ora si interessa molto al vostro viso, come a uno dei suoi giochi preferiti (attenzione a occhiali, orecchini e capelli!).

UNA VERA CONDIVISIONE • Verso il 7° mese i primi legami affettivi sono già abbastanza forti perché il bambino riesca a distinguere tra i familiari e gli estranei. Verso l'8° mese manifesta questa sua capacità attraverso la sua "paura dell'estraneo", secondo la definizione della psicanalista americana René Spitz. Non si tratta tuttavia solo di una fase di diffidenza: il bambino manifesta anche un interesse crescente per il dialogo con gli altri, con cui ora può condividere le sue intenzioni o i suoi stati d'animo.

IL PIACERE DELLA SCOPERTA • Dopo avere vissuto un periodo in simbiosi con la sua mamma, a partire dai 5-6 mesi il bambino si dimostra interessato all'ambiente in senso più ampio. Durante la passeggiata quotidiana, osserva con grande attenzione ciò che lo circonda. Nel passeggino in posizione inclinata e poi in posizione seduta, non si affatica più e impara a conoscere i diversi luoghi che incontra. Dopo il primo anno di età, quando ormai cammina, le uscite richiederanno da parte vostra maggiore vigilanza per evitare che si faccia del male. Per ora, questi momenti di scoperta saranno per voi un puro piacere.

LA PAROLA AL BAMBINO

Io capisco immediatamente dai tuoi occhi o dal tono della tua voce, dolce o seria, se posso o non posso fare ciò che vorrei. A forza di tirare la coda del gatto, che mi piace tantissimo perché poi lo sento miagolare, ho capito che cosa intendi quando mi dici: «Questo no!». Quando mi alzo in piedi per arrampicarmi e muovermi nel box, ti vedo subito molto contenta di me, mi incoraggi e mi viene voglia di farlo ancora, ancora e ancora per vederti sorridere e ridere felice!

I primi spostamenti

Il bisogno di spostarsi compare in momenti diversi, secondo il tono muscolare e il temperamento del bimbo. Alcuni già prima dell'8° mese si arrampicano dappertutto nel salotto con vero piacere. Altri, invece, già più grandi, restano ancora per molto tempo sul tappeto o dove sono stati messi e cominceranno a spostarsi solo tra il 10° mese e il primo anno di età.

Strisciare o gattonare

Prima di riuscire a stare seduto, il bambino può cominciare molto presto a spostarsi rotolando su se stesso e poi strisciando, già dal 6°-8° mese anche molto rapidamente, per spostarsi da un punto all'altro della stanza. Più avanti, alcuni adotteranno una camminata classica a "quattro zampe", tra gli 8 mesi e il primo anno di età, mentre altri troveranno più comodo avanzare stando seduti. Gattonare è importante perché allena l'equilibrio e crea beneficio alla vista (coordinazione oculare), facendo guarire il falso strabismo.

UNA FASE PIÙ O MENO LUNGA • Anche se il vostro bambino manifesta una particolare passione per il movimento, non significa necessariamente che camminerà presto. Alcuni esperti "gattonatori" poco inclini ad alzarsi rischiano, infatti, di cadere poiché la loro tecnica non è ancora efficace... Alcuni bambini, invece, passano direttamente dalla posizione seduta alla stazione eretta, senza alcuna tappa intermedia. Alzarsi e camminare sono atti istintivi che ogni bambino compirà quando sarà il momento.

Cercare di alzarsi in piedi

Da qualche settimana il piccolo ama probabilmente stare in piedi, mentre vi sta in braccio, tenuto solo dalle ascelle: salta con i piedini e non smette mai e protesta vigorosamente se cercate di farlo sedere. Questo è il suo primo tentativo di alzarsi.

Già a 6 mesi adora alzarsi in piedi, quando è tenuto da sotto le braccia. Verso i 10 mesi e fino al primo anno di età, sarà capace di rimanere in piedi appoggiandosi a un mobile solo se messo da voi in quella posizione. Non potrà tuttavia arrivare ad alzarsi da solo se non avrà prima imparato a sedersi da solo e ci arriverà secondo i suoi tempi. Certamente avrà bisogno, durante i primi tempi, di un oggetto al quale aggrapparsi e utilizzerà qualsiasi cosa alla sua portata: la gamba di una sedia, le sbarre del box o, semplicemente, le gambe dei genitori. In questo momento dovrete essere molto attenti a tutto ciò che lo circonda e che potrebbe, per lui, rappresentare un pericolo (vedi pagg. 216-217).

> **"** Nostro figlio non sembra avere fretta di stare seduto da solo né di gattonare. Dovremmo preoccuparci?**"**
>
> ### RISPETTARE IL SUO RITMO
>
> Durante le varie visite, il medico controlla i progressi del bambino. Ogni piccolo ha un proprio ritmo di crescita: alcuni bambini sono più dinamici, mentre altri sono più chiacchieroni e concentrano la propria attenzione sul linguaggio. Alcune abilità (stare seduto, spostarsi, camminare) compaiono a età diverse che vanno prese a titolo indicativo e non hanno valore di norma; non avete, perciò, alcuna ragione di preoccuparvi!

I primi passi

Alzandosi per camminare, il bimbo raggiunge un traguardo importante. È però ancora instabile, la sua schiena si china in avanti, quando sta in piedi, e i suoi piedini sono divaricati per avere stabilità. Quando cercherà di fare i primi passi appoggiandosi contro un muro o con il vostro sostegno, la sua camminata sarà comunque maldestra e sbilanciata.

Quando, tenuto per le manine, riuscirà ad avanzare, ci vorranno settimane, se non 2 o 3 mesi, prima che riesca a coordinare i movimenti e camminare speditamente. L'ultimo traguardo sarà il controllo dell'equilibrio: il bimbo non riuscirà a camminare, se prima non saprà stare in piedi da solo e senza appoggio (come per la posizione seduta).

NON FORZATELO! • L'età in cui si comincia a camminare si colloca tra il primo anno e i 18 mesi di età (vedi pag. 256). Dipenderà dalla maturità muscolare e neurologica del bambino, dal suo peso e dal suo desiderio di farlo. Non dovrete forzarlo a camminare né tantomeno metterlo nel girello pensando che così si alleni a farlo...

Strisciare e alzarsi

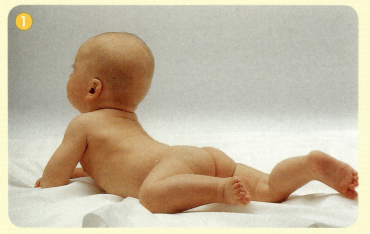

① Strisciare: tecniche diverse

La reptazione precede l'andamento "a quattro zampe". Non tutti i bimbi però procedono strisciando: alcuni si spostano rotolando su se stessi già dai 5 mesi di età. Ogni bambino ha, infatti, il proprio modo di spostarsi: sul pancino come se nuotasse; sui glutei, piegando le gambe come un nuotatore o come un granchio, appoggiato sulle ginocchia con il culetto in alto... Lasciate che il vostro bambino adotti la tecnica che più gli conviene per raggiungere lo scopo. Incoraggiate i suoi sforzi con il vostro sguardo attento e le vostre parole e non preoccupatevi se, talvolta, regredisce invece di avanzare...

② Ogni cosa diventa un appoggio

Ora che sa muoversi e spostarsi con i propri mezzi, il bambino adora esplorare lo spazio in cui vive. Sarà però il caso di fare attenzione a non dimenticare nulla per terra, salvo i suoi giocattoli o i suoi piccoli pezzi d'arredamento che lui userà come appoggio necessario per alzarsi. Non è cosa da trascurare: i muscoli dei glutei sono ancora piuttosto pesanti e il suo equilibrio instabile.

③ In ginocchio

In ginocchio, il bambino usa le manine per cercare un appoggio rialzato rispetto al pavimento e, quando lo trova, il suo campo visivo si modifica, ingrandendosi. Analogamente, quando si alza aggrappandosi alle sbarre del box o alle gambe di un tavolo, egli progredisce facendo ancora nuove scoperte. Non tarderà ad arrampicarsi anche sul divano e a tentare di scalare le sedie... voi lasciatelo fare, ma non perdetelo mai d'occhio!

Verso l'indipendenza

Acquisendo una maggiore autonomia di movimento, il vostro bambino costruisce anche, poco a poco, la sua personalità. Mese dopo mese, prende coscienza di due principali realtà legate una all'altra: il bambino è una persona distinta da voi e da ciò che lo circonda e oggetti e persone continuano a esistere quando lui non li vede. Dal momento di questa rivelazione, il bambino percepisce il timore di perdere i suoi oggetti o di doversi separare da voi...

Come si percepisce?

C'è un momento in cui il bimbo comincia a percepirsi quale essere distinto che segna un grande salto in avanti. Questa consapevolezza di sé arriva, però, a partire dal 6° mese. Nei primi mesi di vita, non ha coscienza dei confini che definiscono il suo corpo. Non ha idea di ciò che fa parte di lui né di ciò che appartiene agli altri. La sensazione del lenzuolo su cui riposa, il viso che vede davanti a sé, il gorgogliare del suo stomaco… tutto è un unico insieme di sensazioni.

IL RISVEGLIO DELLA CONSAPEVOLEZZA DEL SUO CORPO • Alcuni ricercatori ritengono però che il bambino, fin dalla nascita, sarebbe già dotato di una forma molto elementare di coscienza del proprio corpo. Si è osservato che il neonato non reagisce allo stesso modo, per esempio, se si appoggia un suo ditino o quello di un altro all'angolo della sua bocca. In qualche modo egli si riconosce grazie alle sensazioni prodotte dai muscoli e dalle articolazioni del suo corpo.

Saranno necessari diversi mesi prima che questa sensazione si evolva del tutto. Notate con quale sorpresa il vostro bimbo osserva ancora le sue manine all'età di 3 mesi, come se non gli appartenessero affatto. E, quando, due mesi più tardi, tende quelle stesse manine verso un cucchiaio con l'intenzione di prenderlo, è ancora lontano dal comprendere che esso esiste secondo i parametri dell'adulto.

Non è ancora capace di intenzioni

Spesso si sopravvaluta l'evoluzione del bimbo che ora vi sorride, vi guarda e sembra bere tutte le vostre parole. Nonostante queste sue sorprendenti capacità di dialogo e la rapidità di crescita, il vostro piccolo non è esattamente un bambino in miniatura. La consapevolezza di sé, in lui, in questa fase è ancora allo stato embrionale, anche se alcune sue reazioni sono effettivamente volontarie. Egli tende la mano verso il biberon perché l'ha già associato al piacere di mangiare, ma la sua intenzione non riesce ancora ad andare oltre questo punto. Non piange per capriccio poiché è incapace di una forma di pensiero tanto elaborata. Sorride e balbetta quando tutto va bene; piange quando qualche cosa lo disturba. Consolandolo, non rischierete di dargli delle "cattive abitudini", anche se, nel corso dei mesi, non interverrete più al primo richiamo per lasciargli il tempo di imparare a gestire da solo le varie situazioni.

INTERPRETAZIONI ADULTE • A volte si sentono mamme orgogliose dire: «Il mio bambino ha imparato presto a capire come avere ciò che vuole!». Il lattante è già in grado di esprimere ciò che prova e la madre lo soddisfa perché lo capisce. Tuttavia, non è ancora dotato di volontà e quindi incapace di "manipolare" la madre o "farla arrabbiare" poiché ciò supporrebbe un ragionamento che non può ancora fare. È vero che a 6 mesi ha già tutta una sua "persona sociale": sa reagire bene ai vostri stimoli e, guardandolo, si potrebbe pensare che risponda al suo interlocutore. Questa è, però, una visione adulta: in realtà, ora il bambino comincia appena a capire di non essere tutt'uno con la madre e, infatti, piange e si sente solo quando lei si allontana.

Attenzione!

Non esagerate con il gioco del «cucù»! Anche se divertente, può eccitare il bambino fino a spaventarlo, se dura troppo a lungo. Al minimo segno di disagio e nervosismo è meglio fermarsi.

La nascita di un individuo

Verso il 4°-5° mese, forse anche prima secondo alcuni ricercatori, il bambino avrebbe già una vaga coscienza del proprio corpo. In seguito, mentre cresce in lui questa coscienza di sé, comincerà a germogliare anche l'idea di essere una persona distinta dagli altri e di essere diverso da ciò che lo circonda, sia esso un oggetto o un essere umano. Questa presa di coscienza è naturalmente lenta e difficile da misurare e si manifesta generalmente verso il 6° mese.

UN MOMENTO DELICATO • Questo è un periodo piuttosto difficile per il bambino: piange se i genitori vanno via o se vede uno sconosciuto a cui non si è ancora abituato, e affronta le sue prime paure. Questo viaggio verso la coscienza di sé dura a lungo e non finisce certo prima del primo compleanno. Quando, verso i 18 mesi, riuscirà a riconoscersi in fotografia, si potrà finalmente dire che è stata raggiunta una tappa fondamentale.

QUALCHE PAURA • Quando comincerà a camminare, il piccolo scoprirà un lato nuovo di ciò che lo circonda e si confronterà con i propri limiti, anche urtando e cadendo per terra. Il suo desiderio di autonomia si accompagnerà, quindi, anche a momenti di frustrazione e angoscia.

Un nuovo rapporto con ciò che lo circonda

Forse un giorno noterete che il bimbo cerca con lo sguardo un particolare oggetto che vorrebbe prendere e che voi avete appositamente allontanato dalla sua portata. Questo sarà il segno che comincia a capire che gli oggetti esistono anche quando lui non riesce a vederli. Se nascondete sotto un lenzuolo il giocattolo di un lattante di 6 mesi, lui non reagisce: per lui, quell'oggetto non esiste più. Se, invece, lo rifate dopo i 6 mesi, il bambino sposterà il lenzuolo e, ritrovando il suo giocattolo, scoppierà a ridere di gioia.

LA PERMANENZA DELL'OGGETTO • Verso i 6 mesi, il bambino acquisisce la facoltà di ricordarsi piuttosto bene un oggetto per constatare se scompare e riesce perfino a cercarlo. Questa nuova tappa è denominata "permanenza dell'oggetto" dallo psicologo infantile Jean Piaget (1896-1980). Si tratta di una capacità primordiale, poiché indica che il bambino ha imparato a rappresentarsi mentalmente un oggetto che non è presente innanzi a lui.

Da questo momento in poi, tutti i giochi basati sul perdere e ritrovare (il famoso gioco del "cucù" o del "nascondino", per esempio) saranno un successo e aiuteranno il bimbo a sperimentare che un oggetto nascosto può ricomparire portandogli un grande senso di rassicurazione.

GETTA E LANCIA TUTTO, A RIPETIZIONE • Il vostro piccolo gioca sempre a perdere e trovare. Prende un oggetto, lo lancia, lo riprende, lo rilancia ancora più lontano e lo reclama se non è alla sua portata. Ripete incessantemente lo stesso gesto e voi ne siete testimoni...

Secondo il vostro grado di pazienza nelle varie situazioni, parteciperete più o meno volentieri e a lungo a questo suo gioco. In ogni caso, state pur certi che il vostro bambino non cerca, con questo, di mettervi alla prova: tutti i bambini si comportano così, intorno agli 8 mesi, e continuano a farlo fino a quando si convincono che l'oggetto esiste ed è reale. Il loro è solo un modo per imparare...

IL GIOCO DEL CUCÙ • Il vostro bambino adora giocare con voi a fare "cucù". Voi nascondete il viso tra le mani, spostate un po' le dita ed ecco che subito si mette a ridere felice. Un cuscino fa da schermo tra i vostri visi, lo spostate e... «Eccomi!», «Sono andata via!», «Eccomi ancora!». Il piccolo comprende così, poco a poco, che voi non potrete mai sparire completamente.

Tutti i giochi in cui farete finta di buttare via e riprendere qualcosa hanno la stessa funzione.

L'ESPERIENZA DELLO SPECCHIO

> Osservando il comportamento del bambino di fronte a uno specchio, alcuni ricercatori sono riusciti a capire come il piccolo acquisisce, poco a poco, la coscienza di essere una persona a sé.

> Descritta in particolare dallo psicologo Henri Wallon (1879-1962) e dallo psicanalista Jacques Lacan (1901-1981), **questa fase detta "stadio dello specchio" si svolge lungo diverse tappe.**

> **Verso i 5-6 mesi,** il bambino percepisce la sua immagine allo specchio, le sorride, ma non capisce ancora che è la sua. A 6 mesi, vedendo il padre o la madre riflessi nello specchio, li riconosce, ma si rivolge a loro pensando di vederli raddoppiati.

> **Verso gli 8-9 mesi,** egli si riconosce, ma tende la mano verso la propria immagine e si sorprende di non riuscire a toccarla. A volte arriva perfino a guardare nello specchio, se chiamato.

> **Verso i 12 mesi,** il piccolo capisce che lo specchio gli invia l'immagine raddoppiata degli oggetti che vi si riflettono e, in particolare, di lui stesso. Lo specchio per lui diventa un gioco: sorride a se stesso, fa le smorfie, tocca e lecca il vetro. Se vede riflessi la madre o il padre, li guarda per poi rivolgersi alla persona reale.

> **Verso i 18 mesi,** egli riconosce in fotografia se stesso e le persone a lui più vicine. Ormai ha segnato una nuova tappa fondamentale della sua evoluzione e possiede una coscienza globale del suo corpo: è consapevole di essere una persona distinta dalle altre e riesce a riconoscere le varie persone di famiglia.

L'ansia da separazione

Tra il 6° e il 9° mese il bambino capisce di essere autonomo da cose e persone intorno a sé e affronta il senso di perdita e separazione. Questa idea lo incuriosisce, lo preoccupa e può arrivare a disturbarlo fino al caso estremo di "ansia da separazione", in cui teme di perdere la madre e, in misura leggermente inferiore, il padre, i fratelli o le sorelle.

Piange quando non ci siete

Mentre il bambino attraversa le possibili ansie di questo periodo delicato, gli sarà difficile riuscire a giocare da solo o allontanarsi dai genitori per andare a dormire… in questo momento il linguaggio potrà aiutarvi a gestire bene la separazione. Mettete il bambino in una situazione di gioco, prima di lasciarlo nel suo box, e gestite il distacco serale adottando un rituale opportuno. Ogni nuova situazione merita spiegazioni, presentazioni e un progressivo adattamento che può realizzarsi solo con voi o con l'intermediazione di una persona conosciuta.

LA MADRE "OGGETTO D'AMORE" • Fino a oggi, il vostro bambino sorrideva a chiunque si mostrasse benevolo e interessato a lui. Oggi, invece, opera una distinzione molto netta tra le persone di famiglia e gli estranei. Quando uno sconosciuto lo prende in braccio, lui reagisce piangendo perché ha realmente paura.

Ciò è segno che sua madre è divenuta per lui l'"oggetto d'amore", come lo definisce la psicanalisi. Per lui, lei è unica e preferibile a chiunque e associa ogni viso che non conosce alla possibile assenza della madre. Il padre, i fratelli e le sorelle, invece, gli sono tanto più cari quanto più direttamente associati all'immagine della mamma.

PROVA NUOVI SENTIMENTI • Ora siete diventate per lui insostituibili, ma non siete sempre con lui e, per questo, il vostro bambino potrà talvolta provare addirittura un certo senso di aggressività nei vostri riguardi (e in quelli del padre). È proprio in questo momento che il bambino scopre quanto lo stesso oggetto, nella fattispecie la madre, possa essere fonte di piacere e di dispiacere a un tempo.

Questo sconvolgimento affettivo, tuttavia, è essenziale affinché egli impari a poco a poco a rassicurarsi da sé e a forgiare il proprio universo personale. In questo caso, voi potrete solamente aiutarlo temperando il suo senso d'angoscia.

L'importanza del vostro sguardo

Per il bambino, essere guardato quando esplora ciò che lo circonda conta ancor più che trovare, quando serve, il sostegno delle vostre mani. Ha bisogno che voi gli siate vicino per rassicurarlo e rispondere ai suoi richiami, lasciandolo però scoprire tutto ciò che riesce già a fare da solo.

COME RASSICURARLO? • Ci vorrà del tempo perché il bimbo comprenda che il distacco e la perdita non si equivalgono. Sarà dedicandogli gesti amorevoli e paroline dolci che voi, i suoi genitori, lo aiuterete e lo accompagnerete lungo questo suo cammino. Se lui vi sentirà disponibili e attenti, sia uscendo che rientrando a casa, sopporterà meglio la vostra assenza. Ogni volta che vi accingerete a uscire di casa, ancor più che in altre situazioni, spiegategli sempre che tornerete molto presto! Al ritorno, ricordatevi di dirgli che vi è mancato e ricapitolate con lui i principali fatti della sua giornata. Gradualmente si sentirà rassicurato dal vedervi rientrare ogni giorno, capirà che non lo abbandonerete mai e imparerà ad accettare il distacco, a giocare da solo e, verso i 18 mesi, a mostrarsi più fiducioso con gli altri. Questa evoluzione si nota osservando il modo in cui vi sta in braccio: mentre prima aveva la tendenza a rannicchiarsi contro di voi, a nascondere il viso e ripiegare le braccia, poco a poco starà sempre più eretto, girerà il viso verso l'esterno e tenderà le manine verso le persone intorno a lui.

Esplorare tutto con fiducia

Ci sono giorni in cui il vostro bambino vi reclama spesso, non riesce a calmarsi se voi non siete vicino a lui e chiede continuamente di essere coccolato. In altri momenti, riesce a giocare tranquillamente e attivamente da solo, tanto che vi sorprende osservare quanto stia diventando indipendente e tenda ad allontanarsi da voi. Alcune mamme, in questi casi, non resistono alla tentazione di manifestargli la loro presenza e parlano e giocano con lui. Chi è, fra i due, il più dipendente dall'altro?

UNA DANZA DI ANDATE E RITORNI • A meno di un anno, il bambino avvia già con la madre una sorta di danza, un movimento incessante di andate e ritorni che caratterizza i suoi rapporti con i due genitori. Per esempio, un bambino di 2 anni parte a esplorare i giardinetti, anche se non molto lontano, e, senza che la madre lo chiami, torna verso di lei per poi ripartire, ripetendo questo rituale più e più volte.

Il vostro bambino non ha ancora questo grado di autonomia, ma non è più così lontano dall'averla. Ha paura di perdervi, o la vostra assenza lo angoscia, ma quando si sente al sicuro, ama diventare lui stesso il protagonista di questi giochi e rituali.

L'ÀNCORA AFFETTIVA • Naturalmente voi siete il perno attorno al quale il piccolo gira per ritrovare sempre l'amore, la sicurezza e la fiducia che gli serve per ripartire... il vostro sguardo e la vostra attenzione gli sono essenziali a trovare l'audacia di portare a termine le sue esplorazioni. Rassicurato dalla vostra presenza e dal vostro assenso, prova anche un grande piacere a compiere da solo i vari progressi. Quest'amorevole fiducia che darete al vostro bambino sarà il più bel regalo che possiate fargli.

I pianti e la paura

Tra i 6 mesi e l'anno d'età, la paura diviene una delle principali cause di pianto del bambino, che si mette a urlare davanti a persone che non ritiene familiari, soprattutto se vogliono prenderlo in braccio. Più cosciente di sé, non ama essere toccato, se non ne ha voglia. In questo caso, qualche piccola formalità potrà essergli d'aiuto: presentategli la persona e aspettate, per esempio, che prenda un po' di confidenza! Le persone care e gli amici non tengono sempre conto dei suoi sentimenti; starà a voi moderare il loro entusiasmo.

IL DISTACCO • Il pianto può essere intenso, nel momento in cui vi separate dal vostro bimbo; talvolta basta lasciarlo solo un istante nel box perché si metta subito a urlare. I pianti al momento di andare a nanna sono anch'essi frequenti. In tutte queste situazioni, la paura è sempre la stessa: quella di perdervi. Il piccolo attraversa una fase in cui ogni separazione gli provoca un senso di angoscia, che corrisponde al periodo in cui prende coscienza del fatto di essere una persona distinta da voi e dagli altri.

Ogni volta che uscirete da casa senza di lui, sarà utile che gli spieghiate con convinzione che dovrà stare con un'altra persona, che comunque gli vuole bene, e che presto sarete di ritorno. Soprattutto avvertitelo sempre che state uscendo. Analogamente, al momento del ritorno, ditegli che ora resterete con lui. Sia che stiate uscendo per una serata tra amici o che lo lasciate per il weekend, la situazione sarà sempre delicata e sentirlo piangere vi farà male. Dovrete imparare a varcare la soglia e, come per addormentarlo, non mostrare esitazione. Se rientrerete un momento per ripartire 5 minuti dopo, non capirà il perché e piangerà ancora di più. Non sentitevi in colpa: si calmerà poco dopo la vostra partenza. Voi continuate a dargli fiducia!

CALMARLO CON LE PAROLE • Qualunque sia la causa del pianto, ora potrete rassicurarlo senza prenderlo in braccio, ma guardatelo chiaramente e con serenità: qualche parolina calmante e gesti rassicuranti come tenergli la manina hanno spesso l'effetto desiderato. Riuscirete così a trasmettere il messaggio essenziale, con la fermezza e la tenerezza del vostro tocco e del tono della vostra voce. Più avrete fiducia nella capacità del vostro bambino di affrontare situazioni nuove, comprese anche quelle spiacevoli, più crescerà con un senso di sicurezza e serenità.

L'importanza dell'orsacchiotto

Quando il bambino prende coscienza del distacco, molto spesso si lega emotivamente a un oggetto che sceglie a compensazione dell'assenza. Prende possesso di un oggetto esterno al suo corpo, che non è, per esempio, il pollice o la manina. Il pediatra e psicanalista inglese Donald Winnicott (1896-1971) designa la cosa prescelta come "oggetto transizionale". Spiega che l'amore del bambino per questo oggetto segna una linea di transizione tra il periodo in cui il bambino si sente tutt'uno con la madre e la fase successiva, in cui cessa di identificarsi con lei. Alcuni bambini non scelgono alcun oggetto transizionale e si accontentano di consolarsi con il pollice o il ciuccio.

Accade anche che un bambino che non dimostrava alcun particolare attaccamento a un oggetto, provi un improvviso bisogno di avere un orsacchiotto, o comunque un oggetto transizionale, se è chiamato a confrontarsi con una situazione nuova e inquietante (per esempio, un cambiamento di baby-sitter o di asilo, un trasloco...).

Attenzione!

I genitori (o le persone che li hanno in custodia) non devono mai prendere in giro o sgridare i bambini piccoli a proposito del loro orsacchiotto o pupazzo preferito né costringerli a separarsene. L'abbandono avverrà spontaneamente.

LA SCELTA DELL'OGGETTO • Il vostro bambino è più sensibile alla consistenza e all'odore di un oggetto che alle sue forme e perfino al suo colore. Senza che voi ne capiate il perché, potrà decidere di riversare tutto il suo amore su un pezzettino di tessuto informe, anche se dispone di un gran numero di peluche. Se questa è la sua scelta, non riuscirete mai a fargli amare qualcosa che non abbia eletto lui a "oggetto del cuore" perché considera questo suo "compagno" una sua creazione e non un vostro regalo.

Winnicott insiste sulla necessità di riconoscere a ogni bambino il diritto di "creare il mondo" da zero, dimostrando che l'oggetto transizionale è la prima espressione di quest'azione creativa e, pertanto, estremamente prezioso per il bambino e degno di tutto il vostro rispetto.

GIORNO DOPO GIORNO, CON L'ORSACCHIOTTO • Quando voi non sarete più sempre presenti perfino quando il piccolo si sveglierà di notte, l'orsacchiotto, invece, sarà lì a vegliare sul bambino al posto vostro. È anche nel vostro interesse, dunque, non dimenticare mai di prendere con voi l'orsacchiotto, o comunque "oggetto del cuore", prima di partire per il weekend, per esempio, altrimenti il piccolo potrebbe disperarsi in modo inconsolabile.

Su questo oggetto, il bimbo ha ogni diritto, anche quello di danneggiarlo: egli esprime, dal suo punto di vista, sia l'amore sia l'aggressività, cosa del tutto normale. Nel caso lo perdeste, non si troverà sempre facilmente un sostituto. Potrete offrirgli un oggetto simile, ma non sarà facile convincerlo e avrà bisogno di tempo per adottare il nuovo "amico". È anche per il suo inconfondibile odore che il suo "amico" riesce immancabilmente a rassicurarlo. Per questo è meglio non lavarlo spesso. Nel corso del tempo questo oggetto transizionale rimarrà del tutto insostituibile. Più tardi, una volta che la transizione sarà compiuta, il bambino lo lascerà spontaneamente e senza alcun rimpianto.

> **Attenzione!**
> Lasciate che il bimbo mangi da solo, se ne manifesta l'intenzione: probabilmente sente il bisogno di toccare e percepire gli alimenti. È il miglior modo per evitare conflitti futuri circa l'alimentazione e per lasciare che regoli il suo appetito.

> "La nostra bambina di 8 mesi è sempre stata aperta e socievole. Quando però i miei suoceri – con i quali adorava giocare fino a poco tempo fa – sono arrivati qui ieri, è scoppiata in lacrime ogni volta che hanno provato ad avvicinarla. Che cosa le prende?"

LA PAURA DELL'ESTRANEO

Anche se dimostra una marcata preferenza per mamma e papà, durante i primi mesi della sua vita il bambino che non ha ancora 6 mesi reagisce generalmente bene a gran parte degli adulti, poiché li considera tutti individui potenzialmente in grado di soddisfare i suoi bisogni. Il bambino tra gli 8 e i 9 mesi, invece, comincia a comprendere che la madre e il padre, ed eventualmente una o due altre persone, si occupano essenzialmente di lui. Per questo motivo, egli vuole sempre stare con queste persone e tenersi alla larga da chiunque potrebbe mettersi in mezzo. La paura dell'estraneo o l'ansia da separazione – termini impiegati per descrivere questo fenomeno – possono manifestarsi a partire dal 6° mese o più tardi. Questo timore può, tuttavia, scomparire rapidamente o permanere in forma più lieve fino al 1° anno di età e anche in seguito. Circa il 20% dei bambini non sviluppa mai questo tipo di paura (forse perché si adatta facilmente alle nuove situazioni) oppure questa passa talmente presto che non si ha il tempo di notarla. Se la vostra bambina manifesta realmente questo timore, non la spinga a essere socievole a tutti i costi! Avverta, invece, i suoi amici e i parenti che sta attraversando una fase di timidezza e che rischierebbero di spaventarla ulteriormente, se insistessero. Piuttosto che provare a farle una coccola o prenderla in braccio senza lasciare che si abitui a loro, consigli ai suoi suoceri di procedere con calma, sorridendole, parlandole e dandole qualche regalino, mentre sta seduta tranquillamente in braccio a lei. Alcuni bambini si mettono a piangere quando la madre non è accanto a loro, anche se sono accuditi dal padre o dalla nonna. Se questo fosse il suo caso, provi a limitare i momenti di separazione da sua figlia, possibilmente fino a che questa fase di "follia amorosa" per la mamma sarà passata. Se ciò non è possibile (perché, per esempio, lei lavora fuori casa), stia comunque vicino alla piccola e provi a riflettere anche sulla sua personale ansia da separazione.

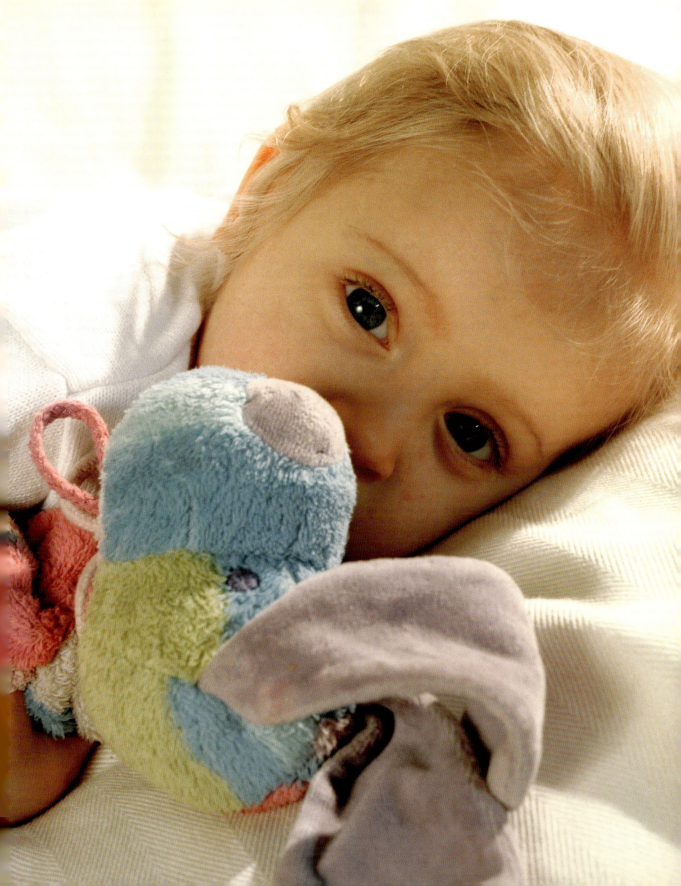

Lo svezzamento

A partire dal 6° mese, il latte non è più sufficiente a coprire i bisogni nutrizionali del bambino. D'ora in poi, dunque, introdurrete gradualmente nuovi alimenti nel suo menu quotidiano. La diversificazione è una tappa importante per la sua vita poiché gli permette di scoprire nuovi sapori, per lui spesso fonte di grande gioia.

Un'abitudine graduale

La diversificazione alimentare non deve cominciare né troppo precocemente (mai prima dei 4 mesi e preferibilmente a 6 mesi), né troppo rapidamente. Per non causare problemi digestivi dovuti all'insufficiente adattamento della flora intestinale del bambino, la diversificazione deve avvenire progressivamente. In linea di massima, introdurrete un alimento per volta, lasciando poi un intervallo di qualche giorno tra un cibo nuovo e il seguente.

Le quantità devono essere aumentate gradualmente, cominciando da piccole dosi. Questo svezzamento prudente deve rispettare i gusti del bambino e non essere mai imposto. L'obiettivo è fargli scoprire un nuovo tipo di alimentazione e un'ampia gamma di nuovi sapori. Se inizialmente non apprezzasse il cucchiaio e il suo contenuto, lo accetterà sicuramente in seguito. In ogni caso, non preoccupatevi: con il vostro latte è comunque sempre ben nutrito!

Latte, ancora latte!

La diversificazione non deve però essere completa, altrimenti rischierebbe di diminuire troppo drasticamente la quantità di latte nella dieta del bambino. Il latte rimane comunque l'alimento di base del lattante. Considerate che lo svezzamento ideale prevede comunque 500-750 ml di latte al giorno, fino all'età di un anno.

PERCHÉ DARE UN LATTE SPECIFICO? • I latti per la prima infanzia specifici per i lattanti (da 0 a 6 mesi) e i latti di proseguimento (da 6 mesi a 1 anno) derivano dal latte vaccino passando attraverso una serie di trasformazioni. Essi contengono meno proteine, più lipidi di origine vegetale e acidi grassi essenziali. Soggetti a una regolamentazione molto severa, contengono comunque un'identica quantità di minerali, ferro, oligoelementi e vitamine, in particolare di tipo D.

Il latte vaccino che si consuma normalmente non è adatto al bambino prima del compimento del 1° anno d'età. Esso è eccessivamente ricco in proteine e sali minerali e troppo povero in acidi grassi essenziali e ferro. Per questo motivo, è vivamente consigliabile dare al bambino un latte adatto alle sue esigenze, secondo l'età.

Latticini e formaggi

A partire dal 6°-8° mese, potrete proporre al vostro bambino alcuni latticini, che dovranno essere calcolati nella sua razione giornaliera di latte. Yogurt, formaggini, dessert cremosi, formaggi, c'è solo l'imbarazzo della scelta! In media, 125 ml di latte corrispondono a 100 g di formaggio fresco, 30 g di formaggio molle o quattro formaggini.

Se i latticini costituiscono la parte essenziale dell'apporto latteo nel lattante, sotto forma di dessert o formaggio, sarà preferibile scegliere formaggi freschi, formaggini o yogurt specifici per la prima infanzia (arricchiti in ferro e acidi grassi essenziali e con un ridotto apporto proteico).

NON ZUCCHERARE TROPPO • Se acquisterete prodotti non specifici per la prima infanzia, evitate di scegliere quelli che contengono aromi e zuccheri aggiunti. Per la maggior parte, questi contengono, infatti, il 12-15% di zuccheri aggiunti, che equivalgono a 3 zollette di zucchero. Se desi-

Attenzione!

Se riscaldate la pappa nel forno a microonde, verificate bene la temperatura dopo averla mescolata bene. Il recipiente potrebbe rimanere tiepido anche se la pappa è caldissima!

derate dolcificare i latticini, aggiungete un cucchiaino da caffè di gelatina di frutta o miele. Evitate le confetture che possono contenere residui di buccia o semi!

IL FORMAGGIO A FETTINE • Se piace al vostro bambino, potrete proporgli alcune fettine sottili di formaggio fresco, che potrà portare direttamente alla bocca, anche del tipo alle erbe, da mangiare con un po' di pane. Lasciatevi guidare dal suo gusto! Se voi amate i formaggi dal sapore forte, potrebbe apprezzarli anche lui. Tenetelo bene d'occhio mentre scopre questo nuovo gusto, per evitare che il formaggio gli vada di traverso.

Le verdure per educare ogni giorno il suo palato

A 6 mesi, le verdure non sono veramente indispensabili alla crescita del bambino. Tuttavia, è importante proporgliele già a quest'età per abituarlo a sapori variati e apportare fibre alla sua dieta.

Sotto forma di purea di verdure ben schiacciate, potrete fargliene gustare 1, 2 o 3 cucchiaini da caffè prima del biberon di mezzogiorno. Aumenterete poi gradualmente le quantità (dai 60 g a 6-7 mesi, ai 90-150 g a 8-9 mesi, per arrivare ai 120-200 g a 10-12 mesi), diminuendo proporzionalmente la dose di latte.

Potrete mescolare una verdura a un po' di patata lessa schiacciata per ottenere una purea morbida. Tra le varie verdure, potrete offrirgli fagiolini, pomodori (sbucciati e privati dei semi), zucchine, spinaci, bietole, rape rosse, carote, zucca, erbette, indivia, carciofi, funghi. Se non amerà particolarmente le puree di verdure al cucchiaio, potrete gradualmente mescolarli al biberon di latte.

E ANCHE QUALCHE VERDURA CRUDA • Più avanti, verso l'8° mese, abituate il vostro bambino anche alle verdure crude. Preparatele frullate prima dell'inizio del pasto: carota, cetriolo, pomodoro (sbucciato e privato dei semi) e avocado, per abituarlo anche a un nuovo tipo di presentazione. I pochi cucchiaini da caffè (2 o 3) che accetterà non rivestiranno una particolare importanza dal punto di vista nutrizionale, ma lo alleneranno ai cibi sani e faranno probabilmente di lui un amante degli antipasti...

I cereali per l'energia

Per proteggere l'intestino del vostro piccolo, prevedete sempre nella sua dieta delle miscele di cereali per la prima infanzia, istantanee, non lattee né zuccherate, prive di glutine, a base di riso o mais. Mescolate al latte nella propor-

Usando il cucchiaino, il piccolo può ora scoprire tantissimi nuovi sapori e varietà di pappe.

zione di 1 e quindi 2 cucchiai da caffè del primo biberon della giornata, esse aiuteranno il vostro bambino ad aspettare più facilmente il momento del pranzo, quando sarà già abituato al regime a 4 pasti al giorno. Inoltre, questi cereali faciliteranno il passaggio dal biberon alla pappa.

Dall'8° mese, potrete anche dargli in mano un biscottino: si divertirà un mondo a tenerlo in mano e a masticarlo! Proponetegli anche una fetta di pane piuttosto dura, ma, come per il biscotto, sotto il vostro sguardo attento!

SEMOLINO, PASTA E RISO • Potrete introdurli verso il 9°-10° mese, se il vostro bambino accetta già bene i cibi densi. Fate cuocere il semolino e la pasta come di solito; il riso deve essere molto cotto. Non salate l'acqua di cottura.

Potrete anche prepararli con un latte di proseguimento o perfino con il latte vaccino di consumo corrente.

La frutta per le vitamine

Ben matura, la frutta può essere proposta cruda o cotta, sotto forma di succo o di composta. Durante i primi tempi, evitate i frutti esotici e le fragole, che potrebbero causare allergie, e le bacche (lamponi e more), che contengono semi molto duri. Schiacciate all'ultimo momento (la frutta schiacciata o in succo non consumata fresca ha meno vitamina C) uno o due frutti con un po' di banana o mela come legante. Non aggiungete mai zucchero per aiutare il vostro bambino ad abituarsi ai sapori autentici.

I succhi di frutta, facoltativi

Non c'è niente di più sano per il bambino di un biberon di succo di frutta, non è vero? Invece no, questa idea così diffusa è in realtà falsa: i succhi di frutta non sono per nulla indispensabili, anzi. I bambini che bevono troppo succo – in particolare di mela – possono arrivare addirittura a soffrire di malnutrizione. Il succo di frutta (non particolarmente nutriente) sazia il bambino e gli toglie il desiderio del latte materno o del biberon. Il latte dovrà sempre rimanere alla base dell'alimentazione per tutto il 1° anno di età.

Un consumo eccessivo di succo di frutta può anche essere causa di diarrea e altri disturbi gastro-intestinali cronici, oltre che di carie dentaria (particolarmente frequente nei bambini che bevono il biberon di succo prima di andare a letto o ne bevono spesso durante la giornata).

L'IGIENE ALIMENTARE

- **Le intossicazioni alimentari del bambino sono tra gli incidenti domestici più frequenti in Italia** e sono anche tra i più facili da prevenire, come gli altri pericoli associati al mangiare (schegge di vetro nel cibo eccetera).
- **Lavatevi sempre accuratamente le mani prima di ogni pasto.**
- **Se toccate carne, selvaggina, pesce o uova crudi durante il pasto, lavatevi nuovamente le mani. Fate lo stesso se vi soffiate il naso o vi toccate la bocca.** Se, cucinando, casualmente vi procurate un taglio alla mano, proteggetelo subito con un cerotto.
- **Conservate i cereali e gli omogeneizzati chiusi in un luogo fresco e asciutto, a temperatura ambiente.**
- **Prima di aprire un vasetto di omogeneizzato, passate il coperchio sotto il rubinetto dell'acqua per assicurarvi che non abbia residui di sporco o di polvere. Verificate che il coperchio non sia bombato;** all'apertura, dovrete sentire chiaramente un "pop" che indica che, all'interno, il prodotto è stato ben conservato sotto vuoto (garanzia che il contenuto è integro e sano).

- **Se l'omogeneizzato risulta difficile da aprire, fate colare dell'acqua calda sul collo del vasetto o sollevate delicatamente un lato del coperchio facendo leva con l'apriscatole, fino al "pop". Non provate a rompere il coperchio,** perché potreste far cadere delle schegge di vetro nel contenuto del vasetto.
- **Usate solo un apriscatole perfettamente pulito. Gettatelo via se ha delle parti arrugginite.**
- **Non conservate mai gli avanzi di omogeneizzato per il pasto seguente:** la saliva del bambino (che arriva nel cibo tramite il cucchiaio che va dalla bocca al piatto) comincerà a "digerire" il cibo, rendendolo acquoso e avviando la proliferazione batterica.
- **Se non prevedete di finire il vasetto in un solo pasto, prelevatene la quantità desiderata con un cucchiaino pulito e depositatela** in un altro recipiente, richiudete accuratamente il coperchio e conservate il vasetto in frigo fino al prossimo impiego. Gettate gli avanzi di omogeneizzato entro i 2 giorni seguenti.
- **Non è necessario riscaldare la pappa** (gli adulti preferiscono di norma gli alimenti caldi, ma i bambini hanno gusti diversi). Se lo fate, scaldate solo la quantità che serve per un pasto e gettate subito gli avanzi di pappa riscaldata non consumata.
- **Se preparate in casa la pappa del bambino, gli strumenti e tutte le superfici di lavoro dovranno essere assolutamente puliti. Tenete al fresco i piatti freddi e al caldo quelli caldi. Ricordate che gi alimenti degradano più velocemente tra i 15 e i 50 °C.**
- **Date al vostro bambino solo alimenti pastorizzati: latte, succo di frutta, formaggio e latticini.**
- **Se il medico avrà autorizzato il consumo di uova, servitele ben cotte!** Le uova crude o alla coque possono ospitare il virus della salmonella.
- **Sbucciate la frutta e la verdura,** se non è biologica, e in ogni caso lavatela sempre con attenzione.
- **Se uscite di casa** con il bambino, portate sempre con voi dei vasetti nuovi di omogeneizzato. Se prevedete di rimanere fuori casa per un tempo più lungo di un'ora prima del pasto, tenete il cibo in una borsa termica con un paio di mattonelle refrigeranti.

A partire dall'8° mese, il bimbo riesce a masticare un biscotto prima infanzia o un crostino di pane, ma sempre sorvegliato attentamente.

DILUIZIONE • Si raccomanda di non dare il succo di frutta ai bambini prima del 6° mese. Più avanti, sarà preferibile evitarlo prima della nanna e limitarne la quantità durante la giornata (mai più di 120-180 ml al giorno fino ai 6 anni). Si consiglia di mescolare i succhi di frutta a pari volume di acqua per far sì che non ne beva una quantità eccessiva e per ridurre l'impatto sullo stomaco e sui dentini (abituate il piccolo fin dall'inizio a questa miscela, in modo che il gusto del succo diluito continui a piacergli anche in futuro).

QUALI SCEGLIERE? • La scelta dei succhi di frutta è anch'essa di grande importanza. Il succo d'uva irrita meno lo stomaco rispetto al classico succo di mela, soprattutto nei bambini che soffrono di coliche. Più tardi potrete scegliere un succo che apporti altri nutrienti oltre alle calorie, come il calcio o la vitamina C aggiunta, per esempio. Se il succo di frutta fresco ha un sapore troppo acido, scegliete un succo specifico per bambini, spesso più dolce.

Imparare a masticare

Più che la natura degli alimenti, l'aspetto più delicato dello svezzamento è l'evoluzione della consistenza degli alimenti, che deve concordare con lo sviluppo neurologico del bambino. Il ruolo della dentizione è secondario, in un primo tempo, poiché il passaggio dalla suzione alla masticazione è un vero addestramento che comincia già intorno ai 6 mesi, senza alcun rapporto con la presenza o meno dei dentini.

L'inizio della masticazione è il primo periodo di svolta nell'acquisizione dell'autonomia alimentare. La seconda tappa importante arriva verso il 12° mese, quando il bambino comincia a manifestare un evidente interesse per la consistenza degli alimenti.

Fin dall'apparizione dei primi dentini, si consiglia vivamente di abituare il bambino alle regole di base dell'igiene dentale (vedi pag. 207). Chiedete consiglio in farmacia o al vostro dentista.

Dorme come i grandi

Il vostro bambino è ormai assolutamente capace di dormire anche oltre 10 ore di seguito e, se ancora mostra qualche difficoltà ad addormentarsi da solo, è il caso di provare con un po' più di fermezza. Per assicurarvi che non perda altre notti di sonno, dovrete mantenere i rituali serali e una grande regolarità nelle attività diurne.

Ha ancora esigenze particolari

Il bambino ha sempre un grande bisogno di dormire, nella fase compresa tra i 6 mesi e il primo anno. Dorme ancora tra le 14 e le 16 ore al giorno, ma il suo ritmo è ora più regolare. Normalmente fa un lungo sonno di 11-12 ore e un paio di riposini durante la giornata: uno al mattino e l'altro, più lungo, nel pomeriggio. Verso il primo anno di età, per la maggior parte dei bambini il sonnellino del mattino diventa superfluo.

DUE RIPOSINI AL GIORNO • Prima d'ora, i due riposini rimangono comunque necessari, indipendentemente dalla durata. Ci sono giorni in cui il vostro bambino resta anche un po' sveglio, prima di addormentarsi. Lasciatelo in ogni caso nel suo lettino: anche se non dorme, si riposa comunque. Il fatto di sospendere i sonnellini non lo aiuta assolutamente ad addormentarsi più facilmente la sera, anzi...

UN RITMO DA RISPETTARE • La qualità del sonno del bambino dipende essenzialmente dalla regolarità dei suoi ritmi quotidiani, scanditi da pasti, uscite, bagnetto e giochi. È importante seguire ogni giorno approssimativamente gli stessi orari, sia per la nanna di sera, entro le 20.00-21.30, sia per i sonnellini. Sarete voi a dare il ritmo, ma senza aspettare che il piccolo dia eccessivi segni di stanchezza.

Il sonno rivelatore

Alcuni bambini sono più dormiglioni di altri già dalle prime settimane di vita... un bambino felice e in buona salute non dorme mai né troppo né troppo poco. Se è in forma e di buon umore, non c'è alcuna ragione di preoccuparsi. Se, invece, i suoi ritmi di sonno cambiano improvvisamente e notate da parte sua un atteggiamento inconsueto, sarà consigliabile fare particolare attenzione. Un maggior bisogno di dormire o, al contrario, un sonno disturbato sono spesso segno di malattia. Ha un po' di febbre? Se tutto procede bene dal punto di vista della salute, forse individuerete anche un cambiamento nel suo comportamento durante la veglia. Vi sembra triste? Gioca meno volentieri?

> " Metto sempre a dormire mio figlio in posizione supina, la sera. Siccome ora si gira da solo, vedo che preferisce dormire a pancia in giù. Mi preoccupa il pericolo di sindrome di morte improvvisa del lattante."

SI GIRA DURANTE LA NOTTE

Quando i bambini imparano a girarsi, è impossibile tenerli supini durante il sonno, se preferiscono la posizione ventrale. Tuttavia, da quando riescono a cambiare facilmente posizione, il rischio di morte improvvisa del lattante diminuisce sensibilmente. Non sono più esposti ad alcuni fattori di rischio poiché riescono a sollevare la testa rispetto al piano del lettino, sono più mobili e, in generale, più grandi. Le cause di morte improvvisa del lattante rimangono in gran parte sconosciute e sarà quindi prudente continuare a metterlo a letto in posizione supina fino al primo anno di età. Non si preoccupi, comunque, del cambiamento di posizione durante la notte. Per diminuire il rischio di morte improvvisa del lattante, corra il minor rischio possibile e controlli che il materasso del lettino sia stabile, non usi cuscini, coperte o piumini ed eviti ancora i peluche nel lettino. È assolutamente inutile riportarlo in posizione supina ogni volta che si gira sul pancino, rischierebbe solo di svegliarlo inutilmente.

Provate a capirne la ragione: il sonno può essere, in questo caso, un fattore rivelatore. Parlategli dolcemente – le parole rassicurano i bambini – e dategli più tempo. Se pensate sia il caso, discutete con la persona che si occupa di lui durante il giorno su quale potrebbe essere la causa. Non dimenticate, però, che il bambino è molto sensibile al suo ambiente e che se l'atmosfera è, per esempio, piuttosto tesa, ciò si ripercuoterà sul suo sonno, in un modo o nell'altro...

Per il bambino, la nanna è un grande momento di tenerezza che vuole condividere con i suoi genitori.

La separazione della sera

Generalmente, verso i 6 mesi di età o un po' più avanti, il lattante non si soddisfa più del breve rituale di preparazione alla nanna, che annuncia che è ora di dormire. Non è più sufficiente distenderlo delicatamente nel lettino sussurrandogli qualche parolina e lasciare la stanza dopo aver azionato il carillon musicale e spento la luce. Ora il bambino cerca di prolungare il più possibile questo momento con voi e, una volta che varcherete la soglia, si metterà a piangere, a volte anche intensamente. Il momento della separazione diventa ora più delicato, per lui come per voi.

UN TRAGUARDO DELICATO • Questo nuovo atteggiamento deriva dal fatto che il bambino ha preso coscienza dell'idea di separazione e sente la madre come "indispensabile" (vedi pag. 196): d'ora in poi, ogni volta che vi allontanate da lui, anche per poco, lui ha paura. Conosce la solitudine della notte e il disagio di addormentarsi da solo e ha bisogno di essere rassicurato e trascorrere un momento tranquillo con voi, prima di dormire. Dopo avergli augurato la buona notte, dovrete essere decisi, poiché sapete che ora è capace di addormentarsi da solo. Poco a poco, acquisirà la fiducia sufficiente per addormentarsi senza piangere.

RIMANETE UN PO' CON LUI • Ogni famiglia ha i suoi riti serali. Ciò che importa è sapersi separare da lui nel giusto modo e senza fretta. Questo momento di transizione può, per esempio, prevedere anche un momento di gioco tranquillo e una favola. Spiegategli che è ora di dormire, con qualche parola rassicurante – «mamma e papà sono qui vicino a te», «ora fai tanti bei sogni, a domani!» – senza dare segni di esitazione, uscendo dalla cameretta.
È assolutamente normale che il rito della nanna duri più di 5 minuti, ma non dovrà mai prolungarsi fino a un'ora! Se il piccolo ha già un pupazzo preferito, questo lo aiuterà ad addormentarsi e a superare il momento del distacco da voi (vedi pag. 197).

SE CONTINUA A PIANGERE • Una volta spenta la luce, dovrete resistere al suo pianto, anche se sentirete forte la voglia di ritornare da lui. Se il pianto diventa più forte e siete sicuri che nulla lo disturba, rassicuratelo solo con le parole, rimanendo al buio. Gradualmente, proverete a calmarlo a distanza. Ciò che veramente importa è che voi stessi siate convinti dell'efficacia di questa decisione. Se, ogni sera, adotterete lo stesso atteggiamento, addormentarsi e dormire diventerà sempre più facile. Dopo questa fase, il piccolo sarà già divenuto più autonomo.

Il primo dentino

L'eruzione del primo dentino è una tappa importante cui dedicherete probabilmente molta attenzione perché significa che il bambino cresce sano (e passerà progressivamente dall'alimentazione liquida a una miscela di alimenti solidi) e anche perché avrete sentito dire dai vostri amici che la dentizione è un periodo più o meno tranquillo, secondo i casi.

I primi denti da latte

Alla nascita, le mandibole del bambino racchiudono 20 dentini ancora non visibili (ma evidenti in radiografia) chiamati "germi dentari". I primi denti spuntano generalmente intorno al 6° mese: sono i due incisivi centrali della mandibola inferiore, seguiti dai due incisivi centrali di quella superiore. A volte, gli incisivi laterali compaiano per primi, dando ai bambini il caratteristico sorriso da diavoletto! Gli 8 incisivi spuntano in maniera regolare (uno al mese) o anche nel giro di pochi giorni: ogni bambino ha un ritmo che è impossibile prevedere.

La data di eruzione dei dentini da latte non ha particolare importanza né alcuna relazione con la crescita generale e, anche se il vostro bambino non ha ancora nemmeno un dente a 1 anno, non c'è alcun motivo di preoccuparsi.

Vero o falso?
Quando un dentino è pronto a spuntare, è consigliabile massaggiare la gengiva con uno zuccherino.
Falso.
Ciò aggraverebbe l'infiammazione della gengiva e quindi aumenterebbe il dolore

Attenzione!
L'eruzione dei primi dentini da latte non si accompagna necessariamente alla febbre. Se constatate che il vostro bambino ha un po' di temperatura (oltre i 38 °C), è il caso di assicurarsi che non soffra di un altro disturbo.

Quando i dentini premono

La comparsa di un dentino può causare un dolore intenso. I segni variano secondo i casi e quasi inesistenti per alcuni fortunati. Per gran parte del tempo, il bambino manifesterà la voglia di mordere o masticare gli oggetti. Spesso brontolando, si mette a piangere improvvisamente senza una ragione apparente. Le gengive sono gonfie e arrossate e si può osservare un lieve rialzo della temperatura (comunque entro i 38 °C), le guance sono arrossate, i glutei irritati, l'appetito scarso e talvolta le feci sono più molli del solito (un eventuale episodio di diarrea grave sarà quindi da associare ad altre cause).

CALMARE IL DOLORE • I modi per calmare il dolore sono essenzialmente tre, sempre tenendo conto che la vostra dolcezza e la comprensione sono indispensabili. Il primo è massaggiare la gengiva e dare al bambino un dentaruolo. Il secondo modo consiste nel somministrare sciroppi e altri rimedi calmanti. Il terzo prevede il ricorso al paracetamolo, per applicazione diretta o in soluzione bevibile (chiedete consiglio al vostro medico). Potrete anche ricorrere a un rimedio omeopatico (vedi pag. 463).

L'integrazione di fluoro

A 6 mesi il vostro bambino può assumere le dosi regolari di fluoro indicate dal vostro pediatra (in particolare per la prevenzione delle carie e in base all'apporto di fluoro nell'acqua che è abituato a bere). Il fluoro avrebbe un effetto positivo ai fini della riduzione della carie dentaria; può essere dato in gocce o piccole compresse da sciogliere in acqua.

Attenzione, però: un apporto eccessivo di fluoro può macchiare i dentini. Rispettate sempre le dosi prescritte!

Alcuni modelli di dentaruolo si possono tenere in congelatore: il sollievo che procura quando il piccolo lo preme sulle gengive è ancora maggior se è molto freddo.

I denti da latte

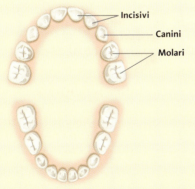

- Incisivi
- Canini
- Molari

I primi dentini (incisivi inferiori) spuntano di norma verso il 6° mese; la dentatura decidua, che comprende 20 denti, si completa entro il 2°-3° anno di età.

> " Mia figlia ha appena messo il primo dentino. Il medico mi consiglia di cominciare a spazzolarlo fin d'ora, ma a me sembra un po' strano... "

LAVARE GIÀ I DENTI AL BAMBINO?

Questi minuscoli dentini che causano tanto dolore prima di spuntare, e tanto entusiasmo quando finalmente bucano le gengive, sono destinati a scomparire. I primi dentini (da latte) cadranno entro i primi anni di scuola per essere sostituiti da quelli permanenti.

Ci sono molte diverse ragioni per prendersene cura dall'inizio, anche se sappiamo che non dureranno a lungo. Innanzitutto, "tengono il posto" ai denti permanenti e ogni complicazione ai primi dentini può avere conseguenze anche su quelli permanenti. Sua figlia avrà bisogno dei suoi dentini da latte per mordere e masticare comunque per diversi anni e, se questi sono rovinati, rischierà di masticare in modo errato. Infine, i denti sani sono anche importanti per lo sviluppo del linguaggio e per un fatto estetico, due punti essenziali alla fiducia in se stessi, anche nel bambino.

I primi dentini possono essere puliti con una compressa di garza o un guanto umido e pulito, uno spazzolino usa e getta a forma di dito appositamente studiato per questa funzione o un minuscolo spazzolino da denti morbido per neonati (che non abbia più di 3 file di setole) leggermente inumidito. Chieda consiglio in farmacia o al suo dentista.

Lavi o spazzoli i dentini dopo ogni pasto e prima di andare a dormire, ma lo faccia molto delicatamente. In questo stadio il dentifricio è inutile, ma potrà aromatizzare lo spazzolino con una minuscola quantità di dentifricio, se questo invoglia sua figlia a spazzolare i dentini. Alcuni usano un dentifricio privo di fluoro e adatto alla tenera età, perché molti bambini ne amano il gusto, ma lo inghiottono anziché sputarlo una volta terminato il lavaggio e rischierebbero di assumere un'eccessiva quantità di fluoro.

Se, da una parte, il lavaggio è essenziale all'igiene dentale di sua figlia, è anche importante assicurarle un buon apporto di calcio, fosforo, fluoro e altri minerali e vitamine (e soprattutto la vitamina C, che protegge le gengive). Limiti le caramelle al consumo occasionale e, possibilmente, spazzoli i dentini dopo che avrà terminato di succhiarne una.

Alleviare il dolore

La sofferenza non tocca solo gli adulti. Il lattante e perfino il feto sono già sensibili al dolore. Non potendo parlare, il loro modo di esprimersi e difendersi, in questa situazione, è piangere o assumere un atteggiamento che attiri la nostra attenzione, che deve sempre essere massima.

Tenere conto del dolore

Sembra impossibile, ma per lungo tempo gli specialisti sono stati convinti che i bambini non sentano dolore, adducendo il pretesto che il loro sistema nervoso è ancora in fase di sviluppo… ciò spiega il fatto che, fino in epoca recente, non esistessero farmaci antalgici pediatrici. Oggi, questo capitolo è per fortuna definitivamente chiuso: il dolore nel bambino è finalmente riconosciuto da tutti e sempre tenuto in considerazione. Oggi si sa, inoltre, che, se si prolunga nel tempo, al dolore fisico si aggiunge anche un malessere psicologico.

Individuare e identificare il dolore

Il dolore è facile da individuare quando è esterno, per esempio per un'ustione o una contusione, ma può essere difficile da svelare quando è interno, se si associa a un disturbo o uno stato patologico che si manifesta con vari sintomi.

In ogni caso, è sempre necessario osservare attentamente il comportamento del bambino: se si tocca spesso una stessa parte del corpo, se ha un appetito particolarmente scarso o succhia continuamente il pollice o il ciuccio, forse cerca di segnalarci che prova dolore.

Come comportarsi

Nessun tipo di dolore deve essere mai trascurato. Se notate un cambiamento nel comportamento del vostro bambino, rivolgetevi immediatamente al medico. Certamente il "male" identificato deve essere curato con i rimedi necessari, ma ciò non basta. Il vostro atteggiamento di genitore amorevole è tanto importante quanto la terapia. Il bambino ha bisogno di essere rassicurato, consolato e calmato, sia che provi poco o tanto dolore. Soprattutto, non dimostrategli mai la vostra preoccupazione poiché ne risentirebbe anche lui, preoccupandosi a sua volta. Prima, durante e dopo le cure, anche le più semplici, parlategli e ditegli che cosa state facendo con un tono di voce dolce e calma e avvertitelo che tutto andrà meglio, una volta che avrete terminato.

Attenzione alle sue reazioni!
L'intensità del dolore che il bambino percepisce non lo fa necessariamente piangere, anzi: più il dolore è intenso e insopportabile, più il piccolo si chiude in se stesso e smette di piangere e gridare. Un eventuale stato di prostrazione deve preoccupare ben più di qualsiasi gesto.

Trattare il dolore

Sul piano puramente medico, il dolore si tratta con medicinali antalgici o analgesici, come il paracetamolo, o antinfiammatori che danno sollievo nei casi più comuni (febbre, mal di denti ecc.), gli anestetici locali in forma di cerotto o iniezione sottocutanea o, in alcuni casi, peridurale. Gli antidolorifici più forti, come i derivati della morfina del tipo codeina (per i bambini che abbiano compiuto un anno di età), permettono di alleviare i dolori molto forti che resistono ai trattamenti di primo grado.

LE INIEZIONI • Il vostro bambino deve necessariamente passare la fase fastidiosa delle iniezioni, se non altro per le vaccinazioni, e sarà importante assisterlo prima, durante e dopo quest'esperienza. Innanzitutto spiegategli perché gli sarà fatta l'iniezione ed esattamente dove (chiaritevi in anticipo con il vostro medico). Non nascondetegli che potrà sentire un po' di male e descrivetegli la sensazione, forte ma breve. Durante l'iniezione, restategli vicino, dimostrate grande dolcezza e poi riconoscete il suo coraggio e premiatelo. Lui ne sarà orgoglioso e capirà che ha passato questo momento difficile per il suo bene e sarà sicuramente sensibile alla ricompensa che avrete scelto per lui. Esistono cerotti anestetici molto utili che si possono applicare dopo alcune iniezioni.

Il corretto uso dei medicinali

Non si possono prescrivere al lattante gli stessi farmaci che si usano normalmente per gli adulti. A ogni sintomo o malattia corrisponde una particolare terapia, che evolverà secondo l'età del paziente. La febbre, la diarrea o l'emicra-

Il bambino malato che deve subire una particolare terapia ha bisogno di una dose speciale di dolcezza per sentirsi rassicurato.

nia non possono essere trattate con gli stessi rimedi nel bambino e nell'adulto, che li tollera e li elimina in maniera completamente diversa.

Ciò che importa, dunque, è seguire sempre scrupolosamente le prescrizioni del medico e, soprattutto, evitare l'automedicazione.

DIVERSE FORME • Somministrare un farmaco a un bambino non è sempre cosa facile. Sappiate che, se il vostro pediatra vi consiglia una pomata piuttosto che una bustina da sciogliere in un liquido, la sua decisione è sempre ponderata e fondata.

Esistono quattro modi di somministrare i farmaci. L'applicazione cutanea è piuttosto semplice, salvo se il vostro bambino non riesce a stare fermo, il che può accadere dopo il 6° mese. Le supposte saranno più facili da usare se le terrete preventivamente al fresco: sollevate le gambe del bambino e tenetele alte, mettete la supposta e chiudete delicatamente le natiche per evitare che sia espulsa.

Attenzione a non introdurre la supposta dal verso sbagliato (seguite esattamente le istruzioni)!

Le gocce nasali sono piuttosto comode da somministrare. Per quelle auricolari, il bambino dovrà essere disteso su un fianco e rimanere in quella posizione per qualche istante. Per le gocce oftalmiche, dovrà stare disteso sul pancino con la testa girata su un fianco; versate le gocce nella fessura interna dell'occhio, con la palpebra bene aperta. L'imbuto del flaconcino non deve entrare in contatto con la pelle (per non contaminare il flacone). Asciugate le eventuali lacrime con una compressa sterile e non dimenticate di parlare sempre dolcemente al bambino.

Alcuni medicinali in soluzione bevibile possono essere mescolati nel biberon per nasconderne il gusto. Altri, invece, si somministrano con una piccola siringa a pistone per introdurre lentamente e delicatamente il liquido nella bocca del bambino. Avendo ancora il riflesso della suzione, potrebbe tendere a rifiutare il misurino dosatore.

Le allergie

L'allergia è una reazione di difesa estrema dell'organismo in risposta a particolari sostanze estranee chiamate "allergeni". Si manifesta con sintomi di varia natura, acuti o cronici, che toccano la pelle, i polmoni o l'apparato digerente.

Gli allergeni sono moltissimi

Le reazioni allergiche, e soprattutto quelle alimentari, toccano oggi sempre più bambini. Gli allergeni più comuni sono la polvere (acari), il polline, le piume e il pelo degli animali, ma anche alcuni medicinali, prodotti cosmetici e alimenti. L'allergia si manifesta con diversi sintomi, acuti o cronici: orticaria, eczema, edema, diarrea, vomito, tosse, rinite…

Diverse allergie scompaiono con il tempo (per esempio, quelle alimentari), ma alcuni bambini sviluppano un'ipersensibilità anche ad alcune delle sostanze presenti nell'ambiente, come la polvere, il polline o le cellule morte della pelle degli animali.

Vero o falso?

L'asma è una malattia allergica.

Falso. L'asma colpisce i bronchi e l'apparato respiratorio nel suo insieme, ma il rischio di asma nei soggetti allergici è più frequente. I soggetti asmatici, viceversa, hanno spesso problemi di allergia.

Alcuni alimenti "allergenici" non devono essere proposti ai bambini più piccoli, nei quali la barriera intestinale non è ancora formata (mai prima del 1° anno): le allergie più frequenti riguardano il latte vaccino, le uova, il pesce, le arachidi, la soia e il frumento. Nel bambino, le allergie più frequenti provengono dai prodotti di origine animale.

Se uno dei membri della famiglia (voi, il vostro compagno o altri figli) è un soggetto allergico, il bambino presenta più probabilmente anch'egli un terreno allergico. In questo caso, qualsiasi alimento che non sia il latte materno o artificiale ipoallergenico non dovrà essere introdotto prima del 6° mese, se non più tardi. Considerate comunque che il bambino può sviluppare un'allergia alimentare anche se non vi sono altri soggetti allergici in famiglia.

I diversi tipi di allergia

LE ALLERGIE CUTANEE • Si manifestano con orticaria, edema cutaneo o arrossamenti che possono essere dovuti all'applicazione di una pomata o all'assunzione di un medicinale o di un alimento. Questi segni si accompagnano a prurito più o meno intenso.

LE ALLERGIE RESPIRATORIE • Provocano febbre da fieno, rinite allergica, tosse spasmodica, sinusite cronica o asma. Gli allergeni più frequenti sono il polline, le piume e il pelo degli animali, la polvere di casa, i microbi e le muffe.

LE ALLERGIE ALIMENTARI • Durante lo svezzamento, alcuni nuovi alimenti introdotti nel menu del bambino possono provocare manifestazioni allergiche (eczema, orticaria, rinite, diarrea). Numerosi studi hanno anche dimostrato che lo svezzamento troppo precoce (prima del 4° mese) può provocare, in seguito, reazioni allergiche anche gravi. Il rischio di sensibilizzazione è, infatti, massimo durante i primi mesi di vita. Per questo motivo, i pediatri oggi consigliano di cominciare lo svezzamento più tardi, seguendo le esigenze del bambino.

LE FALSE ALLERGIE • Alcune reazioni (eruzioni cutanee, prurito, diarrea, ecc.) sono spesso attribuite erroneamente a un fattore allergico. La reazione a un alimento o sostanza non è mai da considerarsi necessariamente un'allergia. L'allergia apparente può rivelarsi, invece, una deficienza enzimatica (per esempio, i bambini che presentano una deficienza dell'enzima lattasi non riescono a digerire il lattosio – lo zucchero del latte – e tollerano male latte e latticini). I sintomi di un sistema digestivo immaturo, o anche un problema frequente quanto le coliche del lattante, sono talvolta diagnosticati erroneamente come manifestazioni allergiche.

Che cosa fare?

Se constatate che il vostro bambino è sensibile a una sostanza, un alimento o a una stagione come la primavera, è importante che procediate a un controllo medico a cura di un allergologo, da condurre sulla pelle del bambino usando dei *patch* (cerotti) o minuscole iniezioni. Applicate in questa forma, le sostanze sospette rivelano un'eventuale reazione allergica.

La diagnosi di un'allergia alimentare comporta l'avviamento di un regime esclusivo e vincolante, spesso anche difficile dal punto di vista gustativo; per questo motivo l'eventuale trattamento sarà avviato solo sulla base di una diagnosi certa. Nonostante questo, i patch test non sono sempre del tutto affidabili in fatto di allergie alimentari (si può anche provare una reazione positiva a un alimento, senza che però il vostro bambino manifesti reazioni quando lo mangia) e i test ematici (che ricercano gli anticorpi che contrastano degli allergeni alimentari) sono molto cari e comunque rimangono ancora poco affidabili, a questa età.

L'anamnesi familiare merita particolare attenzione. Quando si presenta una manifestazione allergica, è necessario rivolgersi al pediatra e seguire i suoi consigli. Soprattutto in caso di edema di Quincke, reazione importante (con grave disagio e disturbi respiratori ed edema laringeo) da trattare con urgenza.

Nel caso di un'eventuale crisi, l'uso di farmaci antistaminici e cortisonici permette di attenuare le reazioni allergiche.

Può comunque ipotizzarsi anche un trattamento di desensibilizzazione, per quanto lungo e impegnativo. Ove possibile, l'eliminazione degli allergeni potenziali è sempre imperativa.

PREVENIRE L'ALLERGIA AGLI ACARI

> **Gli acari sono responsabili delle allergie quasi nel 50% dei casi.** Questi minuscoli animaletti si nutrono di scaglie di pelle morta e producono escrementi fonte di allergie: la soluzione è, innanzitutto, sopprimere i loro ripari preferiti (moquette, peluche...). Queste misure preventive volte a minimizzare ogni rischio valgono anche per ogni altra fonte domestica di allergia:

- **pulite la casa in modo impeccabile:** eliminate i batuffoli di polvere, anche nei locali meno usati, e la muffa (stanza da bagno ecc.);
- **arieggiate i locali giornalmente;**
- **mantenete una temperatura ambiente di 19-20 °C** (gli acari si sviluppano meglio in ambienti caldi);
- **lavate regolarmente la biancheria personale e quella di casa;**
- **evitate tutto ciò che contiene piume e lana,** come coperte, cuscini e trapunte;
- **avvolgete materassi e cuscini in speciali buste anti acaro e limitate al massimo i peluche;**
- **eliminate tutti i materiali a rischio** (moquette e tappeti, doppie tende, tappezzeria) e sostituiteli con altri rivestimenti simili di facile manutenzione (parquet, piastrelle, pitture o carte murali, tende leggere).

> *"La mia compagna e io soffriamo di diverse allergie e temo che anche nostro figlio sarà un soggetto allergico."*

CASI PRECEDENTI IN FAMIGLIA

Se un bambino ha entrambi i genitori allergici è evidentemente più a rischio di chi li ha sani. Si tratta però di un fatto di probabilità, e il manifestarsi dell'allergia e la sua intensità restano comunque imprevedibili.
Il bambino diventa allergico a una sostanza quando il suo sistema immunitario si sensibilizza a esso, producendo i relativi anticorpi. La sensibilizzazione può prodursi al primo contatto con la sostanza o anche in seguito. Una volta sensibilizzato l'organismo, tuttavia, gli anticorpi entrano in azione ogni volta che la sostanza si presenta, causando un'ampia gamma di reazioni.
In presenza di precedenti allergici nella famiglia, si raccomandano alcune precauzioni.

- **Prolungare il più possibile l'allattamento al seno.** I bambini allattati artificialmente sono più suscettibili a sviluppare allergie alimentari rispetto a quelli nutriti al seno.
- **Ritardare lo svezzamento.** Oggi si ritiene che l'esposizione a un potenziale allergene debba essere ritardata poiché il rischio di sensibilizzazione nel bambino diminuisce nel tempo.
- **Introdurre gradualmente gli alimenti nuovi.** È sempre preferibile introdurre i nuovi alimenti uno dopo l'altro, ma è ancora più importante farlo nelle famiglie allergiche. Date il nuovo alimento ogni giorno per una settimana, prima di introdurne un altro. Nel caso di reazione, sospendete immediatamente il nuovo alimento e attendete qualche settimana prima di ripetere la prova: più tardi, lo stesso alimento potrebbe essere accettato senza problemi. Se ciò non succede, non cadete nell'eccesso opposto, interpretando il minimo segnale inconsueto come reazione allergica.
- **Cominciare con gli alimenti meno allergenici.** Avviate lo svezzamento usando farine a base di riso. L'orzo e l'avena sono generalmente consigliati prima del frumento e del mais. La maggior parte della frutta e della verdura non pone alcun problema particolare, ma è meglio attendere un po' prima di dare al piccolo i frutti rossi (bacche e fragole) e il pomodoro. Piselli e fagiolini possono essere introdotti più tardi. Gli alimenti più potenzialmente allergenici (nocciole, arachidi, cioccolato e alcuni tipi di spezie) saranno introdotti solo dopo il 3° anno di età.

Una vita più regolare

Dopo i giorni di totale dipendenza del neonato, i primi «no» e i primi «io», la vita con il bambino dai 6 ai 12 mesi è un vero piacere da ogni punto di vista. L'intera famiglia ha ora raggiunto un migliore equilibrio e la giornata del bambino si armonizza bene con quella degli adulti. Piange meno spesso, gioca più volentieri ed è di solito di buon umore!

Un periodo più calmo

Da quando il bambino dorme notti intere e mangia a orari regolari, tutto sembra più semplice. Dopo lo sconvolgimento dei primi mesi, poco a poco per la famiglia comincia una nuova vita. La coppia ritrova spesso l'intimità che era stata messa alla prova dalle frequenti notti in bianco e si concede più spesso qualche serata di relax e ritrova i piaceri e i desideri che aveva messo da parte ormai da qualche mese. Mamma e papà e gli eventuali fratelli e sorelle sono ora tutti affezionati al piccolo e abituati alla nuova condizione. Per tutti, ora comincia un periodo più rilassante…

MENO VINCOLI • Il bambino non è più il perno attorno al quale si organizza l'intera famiglia. Egli fa parte della famiglia allo stesso titolo degli altri e, progressivamente, la gestione del quotidiano tiene sempre più conto delle esigenze di ciascuno. Le vostre giornate sono certo molto piene, anche se non lavorate fuori casa, e ritrovate un ritmo meno stanchevole e più adatto alla vostra vita di adulti. Ormai siete voi a impostare ogni giornata in base alle vostre esigenze, coniugando i vostri impegni con quelli del bambino.

Riorganizzare il guardaroba

Ora che il vostro bambino è più grande, scegliete vestitini ancora più pratici da togliere, visto che sta meno fermo sul fasciatoio, e facilmente lavabili in lavatrice poiché, gattonando, si sporca molto di più e anche molto più spesso.

La regolarità innanzitutto

Ogni pediatra vi dirà che il bambino ha soprattutto bisogno di regolarità, anche se non dovrete trasformarlo in un metronomo. Ciò che importa è che le attività diurne si svolgano ogni giorno nello stesso ordine. Il bambino regola così il suo orologio interno sui tempi degli adulti e capisce che la giornata si suddivide in fasce orarie: la pappa, il sonnellino, il gioco, la passeggiata, il bagnetto… verso il 5°-6° mese, egli coglie le diverse situazioni, il piacere della pappa e del bagnetto, per esempio, e si aspetta che si succedano nello stesso ordine del giorno prima.

È importante rispettare orari precisi (ma non al minuto) per la pappa, i sonnellini e la nanna della sera (tra le 20.00 e le 21.30). La notte rischia di essere agitata, se accorciate il sonnellino o mettete a nanna il piccolo più tardi del solito perché avete visite.

SE LA MAMMA LAVORA • La mamma che lavora riesce spesso facilmente a mettere in piedi un'organizzazione rigorosa, anche perché non ha altra scelta. Le attività serali, la pappa, il bagnetto e il rituale della nanna rivestono per lei e per il bambino una particolare importanza, viste le ore di lontananza durante la giornata.

In ogni caso, non sentitevi mai in colpa se, di tanto in tanto, vi sentite molto stanche e poco disponibili. Quando è possibile, la cosa migliore è delegare il bagnetto o il pasto al papà e riprendere un po' il fiato. I momenti che, più tardi, trascorrerete insieme a giocare saranno più piacevoli per entrambi.

Attenzione!

Se certe sere non rientrate a casa alla solita ora, sarà meglio mettere a letto il piccolo un po' più tardi, piuttosto che eliminare il bagnetto o accorciare le coccole serali e il rituale della nanna.

Gite e vacanze

Ben presto scoprirete anche voi che il vostro bambino non ama per niente i grandi cambiamenti di programma, di ritmo o di persone e che, quando è a disagio, ciò si ripercuote sulla qualità del sonno e quindi sul suo comportamento. Il piccolo si adatterà molto più facilmente alle nuove situazioni se gran parte della giornata sarà cadenzata da ritmi regolari.

Quando dovete cambiare un'abitudine, procedete con misura: il vostro bambino accetterà più facilmente una novità se conserverete qualche punto di riferimento. Se, per esempio, andate da amici per il weekend, passate comunque qualche momento da soli con lui, evitate di passarlo di braccio in braccio e soprattutto, la sera rispettate il rito della nanna, senza fretta, come fareste a casa. Lui accetterà molto meglio l'idea di addormentarsi in un posto che non è la sua cameretta.

CONSERVARE LO STESSO RITMO • Quando siete in partenza per una gita o un periodo di vacanza, mantenete sempre i suoi orari per quanto riguarda i pasti e il sonno (anche i riposini diurni). Spiegate anche al piccolo perché si trova in un nuovo ambiente e mostrategli, arrivando sul posto, l'ambiente in cui vivrà con voi e presentategli le persone con cui starà.

Per evitare proteste e pianti del vostro bambino, non dimenticate di portare il suo pupazzo o i suoi oggetti preferiti. Per il resto (tragitto, esposizione al sole ecc.), prendete le stesse precauzioni che valgono per i primi mesi (vedi pagg. 108-109).

Infine, è normale che il ritorno dalle vacanze sia qualche volta un po' difficile: dopo aver avuto sia il papà sia la mamma tutti per sé, il piccolo potrebbe fare fatica ad accettare nuovamente la separazione del mattino e dovrete pazientare ancora qualche settimana perchè si ripristini l'ordine precedente.

Le cure quotidiane

Per voi ora le giornate sono più tranquille e conoscete sicuramente meglio il vostro bambino. Sapete capire quando lui è stanco o quando ha voglia di giocare e raramente il suo comportamento vi mette in difficoltà. Siete più sereni quando piange perché, il più delle volte, riuscite a capire facilmente la vera causa.

Il bambino, dal canto suo, è più tranquillo. Non si sveglia più piangendo e gran parte dei suoi pianti causati dal disagio fisico ormai sono scomparsi. Le attività della giornata, invece, come la pappa o il bagnetto, hanno ora una nuova dimensione, tanto il piccolo non perde mai occasione per giocare, farvi partecipare alle sue iniziative e godersi la vostra presenza.

NON PIÙ PIANTI PER LA FAME
Verso il 6° mese, il bambino non piange più per fame, se segue orari regolari. Spesso, al mattino, si sveglia sereno e attende pazientemente giocando fino a quando voi andate a prenderlo. Se l'attesa si prolunga troppo, può lanciare qualche gridolino per farsi sentire e si mette a piangere solo quando la colazione tarda molto ad arrivare; mangia volentieri e non ha più male al pancino, se non in casi eccezionali.

IL PIACERE DEL BAGNETTO
Il vostro bambino adora giocare nel bagnetto – può durare tra i 15 e i 30 minuti – soprattutto se mettete in acqua dei giocattoli (animaletti o personaggi galleggianti, libretti impermeabili ecc.) o semplicemente un flacone vuoto o un bicchierino di plastica: a questa età i bambini adorano riempire un recipiente e svuotarlo all'infinito! Attenzione: verificate attentamente che gli oggetti che gli date non presentino alcun rischio (parti taglienti o appuntite, oggetti piccoli che potrebbero essere ingeriti ecc.); a fine bagno, svuotateli dall'acqua e lasciateli asciugare perché non ammuffiscano.

Se fate anche voi il bagno con il piccolo, lasciate pure che vi schizzi, ma voi ricordatevi di evitare di farlo perché questo potrebbe fargli passare il piacere del bagnetto.

Se lo sollecitate, il piccolo partecipa in modo più attivo al bagnetto e al cambio. Provate, per esempio, ad associare delle parole ai vostri gesti, come: «Dammi il piedino, che te lo asciugo!» oppure «Vieni, adesso ci giriamo sul pancino!» o «Aiutami a infilare la canottiera, dammi il braccino!». Sarà sorprendente accorgersi che poco a poco arriverà ad abbinare quei movimenti alle vostre parole.

Dopo i 6 mesi, il bambino è sicuramente più consapevole del proprio corpo e qualche volta piange durante il cambio del pannolino o dei vestiti. Alcuni non amano per niente stare distesi o seduti in maniera passiva: dar loro un oggetto da esaminare è un buon modo per distrarre momentaneamente la loro attenzione.

Quando saprà tenersi ben diritto, preferirà forse essere cambiato, vestito o svestito in questa posizione.

Bagnetto e toilette

A partire dal 6° mese, il vostro bambino è più consapevole del suo corpo e la toilette quotidiana può diventare una ricca fonte di giochi e dialogo. È generalmente un momento piacevole, anche se il vostro intervento non è sempre apprezzato, soprattutto se, per esempio, gli lavate le orecchie o il naso...

Fare il bagnetto in tutta sicurezza

Anche se il piccolo è cresciuto, non dovrete mai trascurare di sorvegliarlo costantemente in occasione del bagnetto. Tenete sempre sotto mano tutto ciò che vi serve (salvietta, sapone, shampoo, giocattoli...), prima di metterlo nell'acqua. Se avete dimenticato qualcosa e dovete allontanarvi dal bagnetto per andare a prenderlo, avvolgete il piccolo in una salvietta e prendetelo con voi. Prima di farlo uscire dalla vasca, togliete ogni oggetto che potrebbe essere pericoloso per le sue manine curiose (sapone, shampoo ecc.).

Fare il bagno nella vasca grande sarà possibile solo quando il vostro bambino riuscirà a stare ben seduto e sicuro senza il vostro aiuto. Attenzione, però: il bambino bagnato, anche se ben seduto, può sempre scivolare improvvisamente nella vasca, e questo potrebbe ingenerare in lui la paura dell'acqua.

L'IGIENE DEI GENITALI NEI MASCHIETTI

- Alla nascita, il prepuzio (la piega mobile della pelle che ricopre il glande) è fermamente incollato al glande. In passato si raccomandava di tirare delicatamente verso il basso il prepuzio e poi tornare in alto con grande attenzione, a ogni lavaggio. **Oggi tutti i pediatri concordano che questo gesto, che può essere doloroso e traumatico** (per non citare le sue possibili complicazioni tra cui edema, sanguinamento, strozzatura del glande ecc.) sia assolutamente da evitare.
- I pediatri scelgono di norma di lasciar fare alla natura e controllare verso i 3-4 anni. Se il distacco appare impossibile, per esempio a causa di una fimosi (restringimento dell'orifizio prepuziale), si rimedierà con un semplice intervento chirurgico a cui, comunque, il piccolo dovrà essere adeguatamente preparato.
- **Ciò che importa sarà controllare regolarmente l'assenza di arrossamenti o gonfiori frequenti**, segno di possibili infiammazioni (vedi pag. 43).

IL SEGGIOLINO DA BAGNO • Se utilizzate un seggiolino da bagno, verificate che sia munito di buone ventose in caucciù che permettano di fissarlo stabilmente al fondo della vasca e non dimenticate che il seggiolino non sostituisce in alcun caso la vostra sorveglianza: il vostro bambino può sempre scivolare o cadere dal seggiolino e deve essere sorvegliato per tutta la durata del bagno fino ai 5 anni. Non dimenticatevene mai quando suona il telefono, qualcuno bussa alla porta o succede qualsiasi cosa che distolga la vostra attenzione dal bambino: la metà delle morti accidentali per annegamento avviene nella vasca di casa.

LA TEMPERATURA DELL'ACQUA • Verificate sempre la temperatura dell'acqua: le vostre mani sopportano il calore molto più della pelle sensibile del bambino! Controllate sempre l'acqua con il gomito o il polso o un termometro da bagno, prima di immergervi il bambino.

Lo shampoo

A partire dal 4° mese potrete iniziare a utilizzare uno shampoo specifico per bambini, 1 o 2 volte alla settimana. Da quando il bambino sarà abituato a fare il bagno nella vasca grande, potrete fargli lo shampoo a fine bagno, direttamente nella vasca.

I bambini non amano particolarmente lo shampoo. Per prevenire una futura "fobia", fate attenzione che non gli vada negli occhi (anche se è del tipo che non brucia). Prima di tutto bagnategli bene i capelli e aggiungete una piccolissima quantità di shampoo che massaggerete delicatamente per fare schiuma. Siccome molti bambini non amano tenere la testa in avanti, perché si sentono vulnerabili e piangono o gridano di rabbia, se lo avete usate il getto vaporizzato, che lo spaventa meno. Esistono anche visiere appositamente studiate per lo shampoo, che proteggono dall'acqua che potrebbe andare negli occhi, consentendo di lavare più comodamente i capelli.

Asciugateli delicatamente tamponando bene con una salvietta (per gran parte dei bambini di questa età, è sicuramente inutile usare l'asciugacapelli). La crosta lattea può rimanere fino a un anno di età; per eliminare le pellicole

Per la maggior parte dei bambini, schizzare l'acqua diventa presto un gesto essenziale del piacere del bagnetto.

notate un accumulo di cerume, parlatene al vostro medico alla prossima visita.

La cura del nasino

Come per l'interno delle orecchie, anche il nasino è autopulente e non richiede quindi alcuna cura particolare. Se il naso cola, pulitelo dall'esterno, ma non utilizzate il cotone o un fazzoletto arrotolato per provare a rimuovere i residui dall'interno poiché rischiereste di spingerlo ancora più all'interno del naso o perfino di graffiare le delicate narici del bambino. Se ha il raffreddore, e quindi il naso chiuso, soffiateglielo utilizzando, se necessario, una pompetta aspiramuco (vedi pag. 127) o fate un lavaggio nasale usando la soluzione fisiologica.

Tagliare le unghie

Anche se la maggior parte dei giovani genitori trova a lungo difficoltà a tagliare le minuscole unghie del bambino, è importante cercare di farlo con un certa regolarità, non solo per una questione igienica, ma anche per evitare che grattandosi si graffi. È buona regola ricordare di usare sempre le speciali forbicine o tagliaunghie per neonati con le punte arrotondate; in questo modo, se il piccolo si agita improvvisamente, non rischierete di ferirlo.

Per non pizzicare la pelle quando tagliate l'unghia, premete sulla punta del dito per distanziarla leggermente dal ditino. Può accadere che la pelle sanguini un po'... capita nelle migliori famiglie! Se dovesse succedere, premete subito sul ditino una compressa sterile imbibita di soluzione antisettica fino a quando vi accorgete che la ferita non sanguina più.

grasse che provoca, prima dello shampoo è sufficiente che applichiate dell'olio minerale o della vaselina sul cuoio capelluto del bambino.

La cura delle orecchie

Ricordiamoci che la vecchia regola raccomandata dai nonni e dai medici vuole che nell'orecchio non si debba mai infilare nulla! Non utilizzate per l'orecchio del vostro bambino i bastoncini cotonati!

Pulite il padiglione auricolare usando un guanto o un batuffolo di cotone arrotolato, ma non avventuratevi mai all'interno dell'orecchio. Questo, infatti, è per sua natura "autopulente" e, provando a rimuovere il cerume, rischiereste di spingerlo ancor più all'interno dell'orecchio. Se

Attenzione!

Per la toilette e il bagnetto del vostro bambino, scegliete sempre prodotti neutri, che non contengano parabeni, appositamente studiati per i neonati. Impiegatene solo dosi minime, in particolare di shampoo.

Le prime misure di sicurezza

Forse avrete l'impressione che il vostro bambino non corra nessun rischio, finché è sotto la vostra sorveglianza, e che non sappia spostarsi ancora velocemente. Basta però un solo istante di disattenzione e l'imprevisto può capitare. Adottate fin d'ora tutte le misure di sicurezza che diventeranno sempre più indispensabili quando il piccolo comincerà a camminare.

Sensibilizzarlo pian piano al pericolo

Intorno agli 8 mesi, il bambino è un vero esploratore. Sdraiato, seduto, a quattro zampe o disteso sul pancino, tocca di tutto e parte alla scoperta degli oggetti per soddisfare la sua curiosità senza limiti. Questa sete di conoscenza crescerà sempre di più, nel corso dei mesi, soprattutto quando saprà camminare, arrampicarsi eccetera.

SORVEGLIARE E SPIEGARE • Fin dalle prime "esplorazioni", non dovrete mai dire di no a tutto quello che proverà a fare. Dategli, anzi, il diritto di seguire la sua curiosità, ma rimanete fermi su qualche divieto essenziale che rimanga sempre uguale. A questa età il piccolo non ha ovviamente alcuna coscienza del pericolo e ha bisogno della vostra sorveglianza e di uno spazio il più sicuro possibile in cui muoversi. Voi potrete comunque spiegargli che una data cosa è pericolosa per fargli capire, poco a poco, che dovrà stare sempre attento a ciò che lo circonda.

Nel frattempo, per non dover dire continuamente di no durante la giornata, mettete in sicurezza la sua cameretta e le zone di casa in cui si sposta.

Per un bambino che si sposta già da solo, la casa è un ambiente rischioso, anche se appassionante da esplorare.

Attenzione!

La prima volta che il vostro bambino riuscirà a uscire da solo dal lettino, di certo non vi avvertirà, prima di farlo! Pensate fin d'ora a tutto ciò che potrebbe diventare pericoloso, quando riuscirà ad alzarsi da solo.

Mettere in sicurezza il suo ambiente

Liberate lo spazio del pavimento, per quanto possibile. Sui mobili applicate i paraspigoli in plastica o gli angoli autoadesivi in polistirene: in questo modo limiterete l'impatto nel caso ci urtasse contro. I bordi dei tavolini bassi, per esempio, non devono mai essere taglienti. Per evitare che inciampi, fissate bene i tappeti al pavimento ed eliminate eventuali superfici scivolose.

Ricordate anche di installare i tappi di sicurezza alle prese elettriche di casa per evitare il pericolo di scossa. Se avete un caminetto, sul focolare dovrete avere una griglia parafuoco che il bambino non possa spostare.

Se la vostra casa ha un piano rialzato, montate un cancelletto mobile omologato per impedire l'accesso al vostro bambino, che imparerà molto presto a salire a quattro zampe.

SPOSTARE TUTTO QUELLO CHE POTREBBE PRENDERE • Dovrete eliminare o spostare più in alto (almeno a 90 cm dal pavimento) tutti gli oggetti fragili o che potrebbero ferire il bambino. Gli oggetti di piccole dimensioni sono pericolosi perché il piccolo potrebbe portarli alla bocca: biglie e altri giocattoli dei fratelli più grandi, per esempio. Fate attenzione anche ai fili elettrici passanti, ai sacchetti di plastica che potrebbe mettersi in testa rischiando di soffocare, agli oggetti in vetro, alle lampade, alle candele accese, ai portacenere, agli angoli delle tovaglie che pendono dal tavolo, ai tessuti con bordi sfilacciati, agli elettrodomestici, al materiale da bricolage o da cucito eccetera.

Considerate anche che alcune piante comuni sono tossiche (agrifoglio, vischio, peperoncino ornamentale, stella di Natale, dieffenbachia).

IN CAMERETTA • Oltre a seguire le raccomandazioni indicate per la scelta del lettino e della biancheria (vedi pag. 55), provvedete anche ad adattare gli accessori nella cameretta a mano a mano che il bambino cresce.

Abbassate il materassino del letto il più possibile. Assicuratevi che, dal lettino, non siano accessibili i cordoni delle tende o il filo della lampada, che potrebbe essere tirato dal piccolo. Al pavimento applicate un rivestimento sul quale il piccolo possa spostarsi comodamente ed eventualmente un tappeto che ammortizzi le cadute, mobili con angoli arrotondati se alla sua altezza, e ben fissati se fuori dalla sua portata. Anche qui, non dovranno esserci oggetti che il piccolo possa inghiottire o che potrebbero ferirlo.

CAMBIARE ANCHE LE PROPRIE ABITUDINI

- Modificare il comportamento del bambino è un processo educativo lungo e lento che può cominciare fin d'ora e che durerà diversi anni. **Per il momento, il più grande impatto sulla sua sicurezza deriverà dall'esempio che gli viene direttamente da voi.**
- Siate sempre vigili. Anche se la vostra casa è stata messa in sicurezza, non dimenticate che gli incidenti possono comunque accadere. La vostra attenzione e quella di tutte le persone che si occupano del bambino deve essere continua, soprattutto se il piccolo è particolarmente vivace.
- Fate attenzione a non lasciarvi distrarre quando manipolate detersivi, medicinali, apparecchi elettrici e ogni altro oggetto o sostanza potenzialmente pericolosi, mentre il vostro bambino si trova nei paraggi. È veramente sufficiente un istante perché si crei una situazione critica! Gli oggetti particolarmente pericolosi – come, per esempio, quelli elettrici – non devono essere utilizzati da quando il bambino è in grado di spostarsi da solo nella casa, a meno che non sia sorvegliato da un altro adulto.
- Siate particolarmente attenti durante i momenti più stressanti della giornata. È proprio quando siete distratti (perché suona il telefono o la pentola d'acqua bolle sul fornello) che rischiate più facilmente di dimenticarvi di togliere il coltello dalla tavola, chiudere i cinturini di sicurezza del seggiolone o il cancelletto delle scale.
- **Non lasciate mai il vostro bambino da solo in macchina o in casa, anche solo per pochi secondi.**
- Non lasciatelo mai solo in una stanza (a meno che non stia dormendo nel suo lettino). Non deve mai stare da solo, anche se "in ambiente sicuro" nel suo letto o nel box, sveglio o addormentato, con un altro bambino piccolo (che non ha spesso coscienza della sua forza né delle possibili conseguenze dei suoi gesti) o un animale domestico (anche se docile).
- **Scegliete i vestitini giusti.** Assicuratevi che i piedini del pigiama non siano troppo larghi, i risvolti dei pantaloni troppo lunghi, i calzettoni o le babbucce troppo scivolosi per i bambini che cominciano a stare in piedi o addirittura a camminare. Tenete i cordoncini dell'abbigliamento non più lunghi di 15 cm (toglieteli dalle felpe, dai cappucci e dagli altri abiti).
- **Studiate ora, se non lo avete già fatto, le procedure d'urgenza e di primo soccorso:** potreste riuscire così a evitare infortuni anche gravi e, sapendo che cosa fare in caso di incidente grave, potrete salvare il bimbo da infortuni agli arti (dita, braccia ecc.) e salvare perfino la sua vita.
- **Lasciate il vostro bambino molto libero, ma molto sorvegliato.** Una volta che avrete eliminato tutte le possibili cause d'incidente, non seguitelo dappertutto. Se continuerete a temere per la sua sicurezza, non dovrete scoraggiarlo dal fare esperienza, se sorvegliato con discrezione, ma molta attenzione.

Quali attività proporgli?

Le attività nei momenti di veglia permettono al bimbo di costruire la sua autonomia fisica, di accrescere la sensibilità e aumentare il suo dominio dell'ambiente. Prima dell'età di un anno, farete anche scoprire al bambino quanto le sue sensazioni possano essere ricche e varie. Con poco materiale, potrete inventare giochi che lo divertiranno e stimoleranno la sua curiosità.

La facoltà del gioco

A 6 mesi il vostro bambino sa già servirsi delle sue manine. Grazie a questi due magnifici strumenti, autonomi e sempre in collaborazione tra loro, riesce già a combinare forme semplici, a spingere davanti a sé, gattonando, un oggetto che rotola e ad agitare o battere tutto ciò che può produrre suoni divertenti. È capace di giocare e maneggiare gli oggetti: è arrivata l'età dei primi giocattoli veri e propri!

Tutto è un giocattolo!

Nel suo box o in un angolino di una stanza, raccogliete attorno al piccolo un po' di giocattoli, ma sarà inutile proporne troppi con il rischio di disinteressarlo. Più familiarizzerà con questo spazio, e più sceglierà lui stesso i giochi che gli interessano e a cui vuole affezionarsi, ed è già in grado di riconoscerne il colore, la consistenza, il movimento e la sonorità. Quando riuscirà a spostarsi, si interesserà agli oggetti di uso comune, con tutti i pericoli che questo può comportare, da cui l'utilità di mettere il bambino nel box o la necessità di mettere in sicurezza tutto il suo ambiente.

Il piacere di toccare

Il vostro bambino è ora capace di fare nuovi giochi, ma non dimenticate tutto ciò che può contribuire a stimolare il suo senso del tatto.

CONSISTENZA E TEMPERATURA • Confezionate dei ghiaccioli multicolori, multisapori e multiformi versando dell'acqua a cui avrete aggiunto dello sciroppo negli stampini per biscotti disposti su un piatto e mettendolo in congelatore. Davanti a un recipiente contenente questi ghiaccioli, con a fianco un altro contenente dell'acqua tiepida, il vostro bambino vi affonderà le mani a turno e, anche con il vostro aiuto, scoprirà nuove consistenze e temperature.

I SACCHI-SORPRESA • Potrete trovarli in commercio o confezionarli da soli con un tessuto solido ma sottile. Questi sacchi contengono oggetti vari (evitate sempre, ovviamente, quelli di piccole dimensioni che il bambino potrebbe portare alla bocca e inghiottire accidentalmente). Mettete in ogni sacco un elemento diverso e cucitelo bene: il vostro bambino si divertirà a scoprire le forme e i suoni senza vedere ciò che sta toccando.

LE PIGNE • Grattare, manipolare, respirare, sono tante le scoperte che si possono fare con le pigne, da cercare in diversi tipi di conifera durante le passeggiate al parco o nel bosco per un divertimento sempre nuovo.

Annusare e assaporare

Non trascurate nulla che possa permettere al bambino di sviluppare il senso del gusto e dell'olfatto, come forme e odori: la natura può essere fonte di affascinanti scoperte.

IL GIOCO, PILASTRO DEL RISVEGLIO

- All'inizio della sua vita, il bambino comincia a giocare soprattutto con il proprio corpo (i piedi e le mani) o con il corpo della madre o del padre.
- Già a partire dai 6 mesi cerca di appropriarsi degli oggetti. È già capace di afferrarne alcuni, di passarseli da una mano all'altra, di riconoscerne il colore, il movimento e la sonorità. Riesce a manipolare tutto quello che vede e sa distinguerlo e riconoscerlo dal contesto.
- Ama portare tutto alla bocca per succhiarlo o morderlo e si diverte a lanciare lontano gli oggetti, cercando di riprenderli.
- In questo periodo fa anche una meravigliosa scoperta, quella del movimento volontario e autonomo: impara a strisciare, si alza sulle gambe quando è nel suo lettino, prende ciò che vuole, lancia lontano gli oggetti.

I libri concepiti per la prima infanzia stimolano la capacità di osservazione e di memorizzazione.

FRUTTA E VERDURA • Per variare il piacere del gusto, sostituite per qualche minuto, sempre sotto sorveglianza, gli oggetti che maneggia abitualmente (dadi o piccoli giocattoli) con una carota, una pera, un mandarino, un pomodoro ciliegino... sempre ben lavati!

FORME E MISURE • Molto prima di sapere come si chiamano, il bambino può già cominciare a imparare le nozioni di forma e di misura, semplicemente manipolando gli oggetti. Sul tavolino del seggiolone o per terra, per avere più libertà di movimento, offritegli oggetti di forme diverse: dadi, dischi di plastica, ciotole, cilindri, ma anche strumenti di uso comune, che ovviamente non devono essere pericolosi...

Ascoltare e meravigliarsi

In questo periodo della sua vita, il bambino ama esplorare l'ampia gamma delle sensazioni sonore. Leggetegli delle storie e cantategli delle canzoni: questi momenti lo introducono alla bellezza, alla coerenza e alla magia delle parole associate alle immagini o alla musica. Il piccolo adora stare rannicchiato in braccio ad ascoltarvi, cullato dalle belle immagini che evocate: un'ottima ragione per leggergli un libro ogni sera!

Ben presto, con l'età della parola, amerà il ripetersi delle cose. Per ora, però, è la varietà a interessarlo. Oggi esistono libri specialmente concepiti per i piccoli: fabbricati in materiali resistenti (cartone spesso, rivestimento impermeabile) o in tessuto (che permette al bambino di associare la lettura al piacere tattile); su ogni pagina riportano un'immagine semplice (un oggetto quotidiano, un animale, un frutto ecc.) o una scenetta.

OGGETTI SONORI • Ora è arrivata l'età di fare quel che vuole con le mani e ama battere su tutti gli oggetti sonori. Un cucchiaio di legno e un pentolino sottosopra, una scatola di cartone, un tagliere di legno: fateglI vedere come ogni oggetto può produrre un suono diverso.

Ruoli differenziati

Dopo i primi 6 mesi, i dialoghi con il bambino acquistano una nuova dimensione e si arricchiscono notevolmente. Sia nel gioco sia nelle cure di ogni giorno, il papà aiuta il bambino a scoprire il mondo che lo circonda e contribuisce a compensare il legame simbiotico con la madre... È anche il momento di porre i primi limiti, cosa che i papà sanno generalmente fare meglio delle mamme.

Più interazione tra il bambino e i genitori

Durante le prime settimane, la relazione con il bambino partiva il più delle volte dal padre o dalla madre verso il bambino, anche se a quel punto si sono già intessuti legami sufficienti a far sì che il bambino si giri verso di loro quando lo chiamano. Inizialmente si tratta soprattutto di occuparsi di lui, di nutrirlo e accudirlo.

Passati i primi 6 mesi, l'interazione aumenta. Curioso di scoprire il mondo attorno a sé e desideroso di appropriarsene, il bimbo stimola sempre di più le persone intorno a lui. Egli compie – almeno in senso figurato – i primi passi nel gioco sociale. Ha grande curiosità per chi lo circonda, gira la testa verso gli altri e cerca di attirare la loro attenzione; la sua percezione dell'altro inizia a regolarsi più precisamente. Il bambino reagisce se chiamato per nome anche da un estraneo alla cerchia familiare. Davanti a questo bambino più vivace che mai, il papà può assaporare ancor più intensamente il contatto e i momenti di complicità.

Le gioie della scoperta

Come nei primi mesi, voi accompagnate il bambino in ogni momento della sua vita quotidiana. Continua ad avere tanto bisogno di essere rassicurato, e in questo il ruolo paterno è essenziale. Il papà può però fargli anche trovare alcuni riferimenti importanti. Il bambino è ansioso di scoprire il mondo anche se, per il momento, il suo universo si limita alla cameretta, al salotto e al corridoio di casa.

L'INCORAGGIAMENTO PATERNO • Spetterà a voi fare da guide e accompagnatori al servizio dei suoi primi tentativi avventurosi, e avviarlo al fascino della scoperta. Il padre ha il ruolo essenziale di incoraggiare il bambino a esplorare il mondo e ad acquisire maggiore autonomia. La madre ha forse più difficoltà a favorire questo cammino verso l'indipendenza, che peraltro rimane ancora molto relativa a

Le attività condivise con il papà sono spesso specifiche e implicano anche la dimensione fisica.

questa età... e il padre contribuisce anche a distendere il legame simbiotico madre-bambino. Egli incoraggia il figlio, o la figlia, a "volare con le proprie ali" anche se, per ora, si tratta soprattutto di "camminare sulle proprie gambe".

Giochi diversi con ogni genitore

Mese per mese, i giochi del vostro bambino si evolvono, ma ciò che non cambia è l'importanza che il gioco riveste nella vostra relazione a tre. Nella rappresentazione tradizionale, e un po' schematica, della ripartizione dei ruoli tra i due genitori, alla madre spettano le "cose serie", mentre il gioco è affidato più spesso al padre. La sera, rientrando dal lavoro, egli non manca a questo appuntamento, prima che arrivi l'ora della nanna, e lascia che la madre si riprenda un momento. Oggi le possibilità di scelta per i padri sono fortunatamente più ampie e la madre prende spesso parte anch'essa a questi momenti così speciali, per quanto riesce, anche con l'aiuto del papà.

GESTI PIÙ TONICI • Solitamente i giochi fatti con il papà si distinguono nettamente da quelli proposti, invece, dalla mamma. I giochi del papà sono sempre diversi, se fatti per maschietti e femminucce. Con il figlio, il padre tende più volentieri al movimento, all'azione e alla tonicità. Più tardi, i giochi con il papà saranno sempre più fisici, con capriole, finte risse e sonore risate. Con le bambine, sicuramente correrà per la stanza a quattro zampe...

Anche qui, nell'attività ludica, si ritrova la volontà paterna di aprire il bambino al mondo esterno e di confrontarlo con il suo ambiente, senza la preoccupazione di proteggerlo a ogni costo, ma, al contrario, con il desiderio di fargli scoprire le sue capacità e il mondo che lo circonda, anche al prezzo di qualche botta.

Come si comporta con il bambino malato

Esiste una differenza di comportamento tra padre e madre, quando il bambino è malato? La loro capacità di occuparsene è la stessa, senz'ombra di dubbio. Il padre è ovviamente anch'egli in grado di prendere le decisioni più opportune, di rivolgersi al medico quando la situazione lo richiede e di dargli le medicine. Si rivela spesso meno allarmista della mamma, non si fa prendere dal panico se il termometro registra un po' di febbre e cerca, invece, di sdrammatizzare la situazione e dare sicurezza, un atteggiamento che permette spesso di evitare il panico e trovare, con calma, la soluzione più adeguata, senza però arrivare all'eccesso opposto, di minimizzare eccessivamente i segni premonitori di una malattia!

VISITE MEDICHE ANCHE CON IL PAPÀ • «Dica a sua moglie... Si ricordi di segnalare a sua moglie che...» Per molto tempo, i padri che portavano il bambino dal medico dovevano sentirsi dire questo genere di frasi umilianti. Come se la loro visita fosse un'eccezione. Come se loro ricoprissero questo ruolo solo *ad interim* e in luogo della madre, sola vera responsabile della salute del bambino. Il padre si vedeva messo da parte e trattato solo come portavoce, perfino orgoglioso di essere considerato dal personale medico come degno di trasmettere il messaggio. Per fortuna la situazione è cambiata ormai da qualche anno.

ANCHE IL PAPÀ È COMPETENTE • Sempre più papà oggi si occupano del proprio bambino quando è malato (e lo fanno molto bene), anche quando c'è bisogno di un intervento urgente (e la mamma si fa prendere dal panico) e sono sempre più numerosi i padri che frequentano le sale d'attesa degli ambulatori pediatrici.

Con questa nuova generazione di padri, la moltiplicazione delle separazioni e i molti padri *single*, sono sempre di più gli uomini che si impegnano in tutti gli aspetti della vita quotidiana del bambino, a cominciare dalle questioni di salute. Finalmente sono riconosciuti anche dal personale medico come partner a tutti gli effetti e degni di fiducia.

DEFINIRE I PRIMI LIMITI

- Durante i primi mesi, vi eravate abituati ad alzarvi di scatto quando sentivate piangere il bambino. Tra i 6 mesi e il primo anno di 'età, non c'è più bisogno di affannarsi tanto...
- **Le ore di sonno sono anche quelle in cui il bambino impara a separarsi dai genitori.** Aiutato dal rituale della nanna, il piccolo deve imparare a stare da solo durante la notte.
- I genitori hanno il diritto sacrosanto di recuperare le notti passate in bianco e di stare un po' da soli. **Rispondere sistematicamente a ogni sua chiamata notturna non significa per forza rendergli un buon servizio.**
- Questo invito all'autonomia fa soprattutto leva sulla funzione emancipatrice del padre. A lui spetta definire i limiti e farli rispettare, un ruolo talvolta ingrato, che può anche causare qualche contrasto nella coppia, ma prezioso nel lungo termine. **Con la sua presenza ferma ma rassicurante, il padre contribuisce a costruire l'identità del bambino e lo aiuta a crescere conformandosi ai limiti da lui dati.**

Dal nono al dodicesimo mese

- I progressi del vostro bambino
- Aiutarlo a imparare a parlare
- La scoperta di nuovi sapori
- L'organizzazione dei pasti
- Il bilancio di salute del nono mese
- Come trattare i principali disturbi della salute
- Il percorso medico del bambino prematuro
- Se il bambino deve essere ricoverato
- Le relazioni tra fratelli e sorelle
- Più sicurezza in casa
- Papà e mamma, a ciascuno il suo stile!
- L'autorità e la definizione dei limiti

I progressi del vostro bambino

Nel corso di questo trimestre, il vostro bambino farà notevoli progressi. Per ora, ha già cominciato a spostarsi, obbligandovi a raddoppiare la vigilanza e comincerà presto anche a comprendere concetti più complessi e, naturalmente, a scoprire il senso e l'interesse della parola "no".

Una mobilità sempre maggiore

La capacità di procedere gattonando permette ormai al vostro bambino di esplorare un territorio che gli era prima inaccessibile, anche al prezzo di qualche arrampicata. Salire, purtroppo, è sempre più facile che scendere, e succede che questo lo metta qualche volta in difficoltà. Queste esplorazioni espongono il vostro bambino a sempre maggiori pericoli e voi dovrete essere sempre più attenti e vigili. Molto presto diventerà sempre più curioso e pronto a toccare e a mettere il naso dappertutto! Non ci sarà scaffale troppo alto, pomello di cassetto troppo difficile da tirare per un bambino di 9-10 mesi alla scoperta del mondo (sicuramente già capace di rompere qualsiasi cosa). Il 10° mese è spesso marcato anche da un rallentamento della crescita del bambino, e talvolta del suo appetito. I piccoli che riescono a spostarsi da soli sono, in generale, più interessati all'esplorazione dell'ambiente che a un pasto tranquillo da consumare nel seggiolone.

Ancora timoroso?

Prima del 6° mese il vostro bambino si trovava a suo agio in braccio a chiunque, ma ora si mostra molto più selettivo e accetta quasi solo la compagnia della mamma, del papà ed eventualmente della sua baby-sitter preferita. Ha bisogno di sicurezza per accettare, senza piangere, la separazione.

I cambi di posizione

Durante questo periodo, il vostro bambino imparerà a controllare, presto o tardi, il passaggio dalla posizione seduta a quella eretta, che riuscirà a tenere anche solo per un momento appoggiandosi a qualcuno o qualcosa; poco a poco riuscirà anche a sedersi partendo dalla posizione distesa sul pancino e poi a camminare (accovacciato) tenendosi a un mobile... prima di lanciarsi nei primi passi senza un appoggio.

Nuove capacità cognitive

Verso i 9 mesi il bambino è capace di comprendere concetti più complessi, come la permanenza dell'oggetto (capisce che una cosa non cessa di esistere quando viene nascosta) e i suoi giochi diventano sempre più elaborati. Questa sua nuova maturità ha, tuttavia, una conseguenza: la "paura dell'estraneo" (vedi pag. 198).

A questa età, il bambino si dimostra anche un vero comico in erba (pronto a tutto pur di farvi sorridere) e un imitatore instancabile (adora, per esempio, riprodurre tutti i suoni che sente da voi).

Un po' più tardi, verso i 10 mesi, il piccolo comincerà a comprendere il significato della parola "no" e approfitterà per cominciare a sfidare i vostri limiti, o sarà già sufficientemente furbo da fare "orecchio da mercante".

Anche la sua memoria migliora e i suoi timori (con l'aumento delle sue capacità cognitive) tendono a moltiplicarsi, la paura dell'aspirapolvere, per esempio, che dovrete forse evitare di usare in sua presenza.

Verso gli 11 mesi il bambino dimostra che è spesso in grado di indicare o fare un gesto verso qualcosa che desidera prendere, ma anche di battere le manine per dire "bravo" o salutare.

Verso una maggiore indipendenza

Già dall'11° mese, vi accorgerete senza dubbio che il vostro bambino è nettamente meno docile di un tempo e si lascia controllare meno facilmente quando, per esempio, è il momento di cambiare il pannolino, metterlo nel passeggino o nel seggiolone... in altre parole, quando, in un modo o nell'altro, andate contro la sua volontà.

Durante il 12° mese, noterete forse alcuni segni che indicano che il vostro bambino – fin qui così piccolo e carino – non è più un neonato. Comincerete a presentire comportamenti che, nei mesi a seguire, tenderanno a consolidarsi: una crescente indipendenza, i primi «no», le prime crisi di rabbia, una personalità sempre più marcata che lascia presagire come sarà l'anno a venire: «Ora cammino e tu devi starmi a sentire!».

Attirato dai colori e dalle forme, il bambino, che ora si tiene ben seduto, trova molto piacevole manipolare gli elementi del suo gioco di costruzioni.

Nuovi giochi e attività

Nel corso di questo trimestre, i bambini registrano grandi progressi sul piano del linguaggio, non solo in termini di numero di parole pronunciate, ma anche e soprattutto di comprensione.

Guardare i libri diventa un'esperienza molto più interessante e arricchente, quando il bambino comincia a riconoscere, e perfino a mostrare con il dito, le immagini a lui più familiari. Indicare diviene, infatti, uno dei suoi gesti preferiti, qualsiasi cosa stia facendo, o il suo modo di comunicare senza usare le parole.

Durante questo periodo il gioco diviene un'attività essenziale o più esattamente, avendo ancora una capacità di concentrazione piuttosto breve, una rapida successione di giochi diversi. Uno dei suoi divertimenti preferiti è quello di gettare gli oggetti (finalmente ha capito come farlo), guardarli cadere e papà o mamma raccoglierli e ricominciare ancora, quasi all'infinito, di norma finché i genitori raggiungono il limite della pazienza.

Durante il 12° mese, quando si impegna a imparare a camminare, i suoi giocattoli possono offrirgli la sicurezza che gli serve per riuscire a stare in piedi e mettere un piedino davanti all'altro.

Aiutarlo a imparare a parlare

Per il vostro neonato, piangere era il solo modo di comunicare e cercare di soddisfare i propri bisogni. A 6 mesi, il piccolo ha cominciato ad articolare i primi suoni, capire le parole ed esprimere rabbia, frustrazione o gioia. A 8 mesi è riuscito a trasmettere i primi messaggi attraverso suoni e gesti. Infine, a 10 mesi ha pronunciato (o pronuncerà presto) le prime vere parole. Con il vostro stimolo quotidiano, potete aiutarlo a sviluppare sempre meglio il suo linguaggio.

Dare un nome a ogni cosa

Tutto ciò che fa parte del mondo del vostro bambino ha un nome: usatelo! Date un nome a tutti gli oggetti di casa; giocate a "occhi-naso-bocca" (prendetegli la manina e fateli toccare i vostri occhi, naso e bocca, baciandola per finire) e date un nome anche alle altre parti del corpo. Quando siete a passeggio, mostrategli gli uccelli, i cani, gli alberi, le foglie, i fiori, le automobili e i camion.

Date anche un nome alle persone: mamma, papà, bambino, donna, uomo, ragazza, ragazzo. Chiamate spesso il bambino con il suo nome per aiutarlo a sviluppare il suo senso di identità.

Dialogare con lui

Anche se non riuscite ancora a identificare vere e proprie parole, ascoltate i suoi balbettii e rispondetegli. Quando gli fate una domanda, aspettate che risponda, anche se sarà semplicemente con un sorriso, un balbettio indecifrabile o un gesto del corpo. Concentratevi per cogliere le parole nel suo discorso sconclusionato: spesso le prime parole sono talmente confuse che nemmeno i genitori riescono a notarle. Provate ad associare le parole incomprensibili del piccolo agli oggetti che cerca di rappresentare; anche se non vi sembrano nemmeno vagamente corrette, se lui impiega sempre uno stesso termine per indicare uno stesso oggetto, fateci comunque caso.

Se faticate a capire ciò che il bambino vi domanda, proponetegli delle risposte («Vuoi il pallone? Il biberon? Il puzzle?»), per dargli la possibilità di ripetere ciò che ha cercato di dirvi e fargli capire che avete compreso la sua domanda. Provando a interpretare ciò che vi dice, contribuirete ad accelerare lo sviluppo delle sue capacità di linguaggio e gli darete la soddisfazione di essere compreso, anche se ancora a stento.

È molto importante sensibilizzare il vostro bambino rispetto al suo ambiente e fargli prendere coscienza degli altri e dei loro bisogni e sentimenti. Per acquisire, più tardi, la capacità di linguaggio e quindi della lettura, non basterà infatti imparare a ripetere una quantità di parole senza un significato.

Usare il linguaggio adatto

Pronunciate sempre correttamente le parole, ma cercate di semplificare molto le frasi: «Ora tu e io andiamo a fare una passeggiata. Ci vediamo dopo, papà!». Ripetete pure più volte le frasi affinché il bambino le comprenda al meglio.

Scegliete preferibilmente parole adulte ma semplici, piuttosto che il linguaggio dei bambini, per aiutarlo a parlare correttamente e più in fretta. Preferite «Laura vuole il biberon?» a «Lilli vuole bibi?».

Anche se il vostro bambino non userà correttamente i pronomi prima dell'anno, o forse dopo, il compimento del primo anno è di certo un buon momento per cominciare a iniziarlo ai pronomi, abbinandoli ai nomi. «Il papà prepara il pranzo a Lucilla. Ora ti dà la pappa!», «Questo libro è della mamma: è mio. Questo libro è di Giovanni: è tuo!». Quest'ultima frase insegna chiaramente anche il concetto di proprietà.

Stimolarlo a rispondere

Usate tutti gli stratagemmi che vi verranno in mente per cercare di ottenere una risposta dal piccolo, sia essa tramite parole o gesti. Proponetegli una scelta: «Vuoi metterti il pigiamino con i coniglietti o quello con gli aeroplani?». Lasciategli poi la possibilità di rispondere mostrandovi o indicando la sua scelta con qualche parola, che ripeterete.

Fategli spesso delle domande: «Sei stanco?», «Vuoi la merenda?». Un suo movimento della testa precederà sicuramente il «Sì» o il «No» della risposta verbale e, qualunque essa sarà, è già una risposta. Chiedetegli di

Semplici nozioni

Il vostro bambino deve apprendere molte cose che noi adulti diamo per scontate. Eccovi alcune nozioni che possono aiutarvi a sviluppare il linguaggio insieme al vostro bambino (ne troverete molte altre anche da soli). Pronunciate chiaramente la parola che corrisponde al concetto che desiderate esprimere.

CALDO E FREDDO
Fate toccare al bambino l'esterno della vostra tazza di caffè caldo e poi un ghiacciolo; dell'acqua fredda e poi dell'acqua calda. Una pappa calda e poi del latte freddo…

ALTO E BASSO
Sollevate dolcemente in aria il vostro piccolo e poi fatelo scendere fino a terra; appoggiate un giocattolo sulla credenza e poi per terra; mettete il bambino in alto sullo scivolo e poi fatelo scendere fino in basso.

DENTRO E FUORI – VUOTO E PIENO
Mettete dei giocattoli o dei piccoli oggetti in una scatola o in un secchio e poi toglieteli.
Mostrate al piccolo un recipiente pieno di acqua e un altro vuoto; un secchio pieno di sabbia e un secchio vuoto.

SDRAIATO E SEDUTO
Tenete la mano del bimbo e mettetevi sdraiati accanto a lui, poi alzatevi a sedere insieme (sdraiandovi canticchiate un «girotondo, casca il mondo» per spiegargli il concetto).

GRANDE E PICCOLO
Mettete un grande pallone di fianco a una piccola pallina; fate vedere al bambino che il papà (o la mamma) è grande, nello specchio, mentre lui è piccolino.

aiutarvi a trovare degli oggetti (anche se non li avete veramente persi): «Sai dov'è il pallone?». Lasciategli tutto il tempo che serve per trovarlo effettivamente e poi congratulatevi con lui, questo è già un primo passo: «Ah, eccolo lì, il nostro pallone!».

Incoraggiate il piccolo a parlare dicendogli: «Dì alla mamma (o al papà) che cosa vuoi!», quando fa dei gesti o emette qualche suono anziché dire ciò che vuole a parole. Se continua a borbottare o mostra di nuovo l'oggetto desiderato, proponetegli una scelta, per esempio: «Vuoi l'orso o il cane?». Se continua a non rispondervi a parole, voi continuate a nominare l'oggetto: «Oh! È il cane che vuoi!» e sucessivamente dateglielo. Ricordate di non togliere mai un giocattolo al piccolo solo perché non riesce a chiedervelo a parole o non pronuncia esattamente il suo nome.

Dare istruzioni semplici

Intorno al primo compleanno (e spesso prima), gran parte dei bambini riesce a seguire istruzioni semplici, ma solo se esse vengono impartite gradualmente. Invece di dire al vostro piccolo: «Per piacere, prendi il cucchiaio e dammelo!», dite piuttosto: «Per piacere, prendi il cucchiaio!» e, una volta preso, aggiungete: «Ora, dai il cucchiaio al papà, per piacere!».

Potrete anche aiutarlo ad abituarsi a questo esercizio, dandogli istruzioni che eseguirebbe in ogni caso. Per esempio, se tende la manina verso un biscotto, ditegli: «Prendi il biscotto!». Così contribuirete a sviluppare la sua capacità di comprensione, tappa decisiva prima di arrivare al controllo del linguaggio.

Correggere con dolcezza

È rarissimo che un bambino piccolo riesca a pronunciare correttamente anche una sola parola e, in nessun caso, riesce a dire tutte le parole con la precisione di un adulto.
La pronuncia di numerose consonanti va oltre la capacità del vostro bambino e lo sarà ancora, sicuramente, per alcuni anni. Quando pronuncia male una parola, non correggetelo come farebbe un'istitutrice esigente, perché così potreste scoraggiarlo.

Scegliete un approccio più sottile e correggetelo senza dargli lezioni. Quando guarda il cielo e dice: «Mamma, *telle*!», rispondetegli: «Sì, bravo, sono le stelle!».

Per contro, anche se trovate adorabili alcune parole pronunciate alla sua maniera, evitate di ripeterle anche voi, perché così potrebbe confondersi.

Usate i nuovi libri

I bambini che cominciano a camminare adorano le rime e i libri con immagini di animali, automobili, giocattoli e bambini. Alcuni sono già pronti per storie molto semplici, ma la maggior parte di loro non riuscirà ancora a stare ferma e tranquilla ad ascoltare per molti mesi ancora.

Anche i bambini più attenti non riescono a tenere un libro in posizione per più di 3 o 4 minuti, a questa età: concentrarsi a lungo per loro è un'impresa! Fermatevi pure a commentare le immagini con il piccolo e ditegli i nomi di ciò che non ha mai visto prima o che non ricorda.

La scoperta di nuovi sapori

Dopo la prima fase dello svezzamento, che interviene a partire dal 6° mese, durante questo trimestre potrete proporre nuovi cibi al vostro bambino, facendogli scoprire consistenze e sapori ancora sconosciuti. Stimolare le sue papille gustative è essenziale già a questa età.

Un apprendimento necessario

I bambini dimostrano una grande versatilità in materia di apprendimento alimentare. Ciò accade grazie al fatto che sanno adattarsi a qualsiasi cucina di ogni regione del mondo. Naturalmente, questa loro flessibilità potrà variare secondo le attitudini personali, ma la facilità con cui un bambino di 8-12 mesi accetta nuovi alimenti dipende dalla varietà di gusti e odori che ha incontrato prima d'ora. È per questo che lo svezzamento, oltre a essere importante sul piano nutrizionale, è una tappa così cruciale per il suo avvenire.

UN RISVEGLIO PRECOCE • Se le preferenze e le repulsioni alimentari sono plasmate dalle esperienze della prima infanzia, molti ricercatori ritengono che i sapori siano anch'essi relativi al gusto del latte materno (se la madre allatta), che dipende anch'esso dalle sue abitudini alimentari. È così, per esempio che una madre che mangi molto aglio avrà un latte che profuma di aglio e che il suo bambino, più tardi, lo mangerà volentieri.

Il bambino nutrito con il biberon deve, quindi, avere un'alimentazione ancor più variata. Infatti, il latte industriale ha sempre lo stesso gusto e le sue papille gustative rischierebbero di non essere abbastanza stimolate se lo svezzamento non fosse sufficientemente variato, fermo restando il fatto che non deve mai essere troppo precoce. È solo una questione di dosi...

Introdurre la carne

Verso l'8°-9° mese, il vostro bambino mangerà progressivamente più pappe di verdura e frutta e, saziandosi di più, berrà meno latte. Questo può essere il momento giusto per introdurre la carne (manzo, vitello, agnello, petto di pollo, prosciutto magro), ma in piccolissime quantità (circa 4 cucchiaini da caffè, ossia 20 g).

Bambini vegetariani

Dato il rischio di carenza di ferro, essenziale alla crescita, il regime vegetariano deve essere evitato nei bambini piccoli. Il regime vegano, che esclude ogni proteina animale, è assolutamente da sconsigliare, poiché può essere causa di gravi anemie. In ogni caso, discutetene con il vostro pediatra.

QUALE CARNE SCEGLIERE? • Teoricamente tutte le carni, salvo le frattaglie come le cervella, possono essere date al bambino a partire dall'8°-9° mese. Tuttavia, dovrete osservare alcune fondamentali regole di cautela:
- evitate le carni troppo grasse;
- non acquistate mai carne già macinata, ma fatela sempre preparare al momento;
- se intendete macinare la carne in casa, lavate bene tutti gli strumenti che userete, prima e dopo l'operazione;
- cuocete la carne macinata il più rapidamente possibile;
- non date mai al bambino la carne al sangue. Solo la cottura (e la congelazione) distrugge parassiti come la tenia e il toxoplasma (responsabile della toxoplasmosi).

E poi... pesce e uova

Tra il 10° mese e il primo anno, potrete introdurre il pesce. Attenzione: sgombro, tonno, aringa e sardine hanno un gusto forte e richiedono una lunga digestione... potrete dare al bambino anche del tuorlo d'uovo (inizialmente sodo, poi liquido se l'uovo è molto fresco). L'albume ha sostanze allergeniche ed è consigliato dopo il primo anno.

I grassi

Fino a che il vostro bambino beve più di mezzo litro di latte al giorno, non sarà necessario aggiungere alcun grasso nella sua verdura. Per contro, la quantità di latte di proseguimento diminuirà a partire dal 7°-8° mese, il vostro bambino assumerà quindi meno grassi essenziali e converrà aggiungere a ciascun pasto non latteo 1 o 2 cucchiaiate da caffè di burro o olio.

QUALE OLIO? • L'olio extravergine di oliva è il più consigliato dagli esperti, ma è sempre bene variare usando anche olio di semi di mais o di girasole; evitate invece l'olio di semi di arachide. Potrete compensare così alla perfezione l'apporto in grassi omega 3 e omega 6, che sono riconosciuti come indispensabili alla crescita corretta e sana del vostro bambino.

L'acqua prima di tutto

Durante i pasti, l'acqua rimane sempre la migliore bevanda che potrete offrire al vostro bambino. Le sue esigenze quotidiane sono proporzionalmente più importanti di quelle di un adulto (tra i 100 e i 110 ml per kg), perché le sue reni sono ancora immature e si disidratano facilmente; dandogli da bere sempre e sola acqua (mai zuccherata), gli insegnerete anche una buona abitudine per il futuro. Proponetegli sempre l'acqua, ricordando di farlo ancora più spesso quando fa caldo.

I pediatri raccomandano acqua minerale leggermente mineralizzata (residuo secco inferiore ai 500 mg/l). Potrete anche dargli un'acqua di fonte, a condizione che l'etichetta riporti la dicitura "adatta alla preparazione di alimenti per lattanti".

Salvo diverse indicazioni (acqua con contenuto eccessivo di nitrati), potrete anche dargli l'acqua del rubinetto, a partire dal 6° mese.

Gli alimenti precotti

Tra il vostro lavoro, la casa, la spesa, i bambini ecc., non è sempre facile cucinare giornalmente i prodotti freschi. Se a volte avete l'esigenza di semplificare la preparazione della pappa del vostro bambino, potrete naturalmente usare alimenti pronti concepiti specificamente per i bambini (in vasetti, liofilizzati ecc.).

Considerate che la legislazione impone all'industria alimentare e agli agricoltori norme molto severe in materia di dietetica infantile. Questi prodotti non contengono coloranti né conservanti e sono soggetti a controlli di qualità permanenti. Inoltre, il loro tenore in zuccheri e sale è soggetto a regolamentazione. Per una sicurezza ancora maggiore:
• verificate che la dicitura "alimento adatto al consumo infantile" sia ben visibile sulla confezione;
• rispettate sempre la data di scadenza;
• lavate il coperchio prima di aprire il vasetto;
• fate attenzione al "pop" che si deve sentire aprendo il coperchio: è garanzia di freschezza.

Affinché il vostro bambino si abitui a sensazioni diverse, cercate di non utilizzare sempre gli stessi prodotti e approfittate del fine settimana per fargli scoprire il gusto degli alimenti freschi.

I surgelati

Le verdure e la frutta surgelata reperibili in commercio non sono soggetti alle stesse norme che regolano i prodotti specificamente destinati ai bambini, ma, se rispetterete attentamente le istruzioni di decongelazione, potrete utilizzarli senza timore.

Essi presentano perfino alcuni vantaggi rispetto alla frutta e alla verdura freschi. Non subiscono la stessa dispersione di vitamine né presentano lo stesso livello di nitrati rispetto alla frutta e alla verdura freschi perché sono surgelati sul luogo di raccolta.

Potrete certamente mescolare questi surgelati a prodotti freschi, per esempio, combinando un po' di nasello e una zuppa di zucca surgelata.

Congelare in casa

Esistono preparati surgelati concepiti per il bambino, disponibili in cubetti di facile impiego.

Potete congelare le vostre minestrine fresche cucinandone in buona quantità. Per fare questo, utilizzate le tavolette formaghiaccio, e riempitele per poi avere una scorta di cubetti di carota, porro ecc. che andrà a completare i pasti del vostro bambino. Non congelate mai la zuppa fatta in casa se ci avete aggiunto della carne. Solo le verdure possono essere congelate senza pericolo di sorta.

CONSERVARE GLI ALIMENTI

> **Gran parte dei prodotti freschi, i cartoni di latte aperti, gli alimenti da scongelare ecc. devono essere conservati tra 0 e 4 °C.**
> **Per essere certi della buona conservazione dei prodotti, mettete** un termometro in diversi punti del frigorifero e lasciatelo, di volta in volta, per una notte intera. Al mattino, leggete la temperatura e saprete così dove si trova la zona più fredda del frigo.
> **Conservate in frigorifero i vasetti già aperti e consumateli entro 48 ore.**
> **Non date mai al vostro bambino una pappa di verdura preparata 2 giorni prima** (per evitare l'effetto nocivo dei nitrati contenuti nelle verdure non più fresche).
> **Per quanto riguarda i surgelati, dovrete seguire scrupolosamente alcune regole:**
> • non interrompete mai la catena del freddo;
> • tutti i prodotti decongelati devono essere consumati tassativamente entro le 24 ore;
> • non ricongelate mai un prodotto decongelato.

L'organizzazione dei pasti

Il vostro bambino ora mangia 4 volte al giorno. Anche se diversi dai vostri, i suoi pasti sono comunque più elaborati di prima e sempre più variati. Riesce a stare seduto da solo in modo stabile e sicuro e potrà mangiare nel seggiolone o sul rialzo sedia: sarà di certo a suo agio e potrà scoprire tanti nuovi sapori e perfino cominciare a mangiare insieme ai grandi.

La colazione

Se il vostro bambino prende ancora volentieri il biberon del mattino, non c'è motivo di saltarlo. Può bere 200-250 ml di latte di proseguimento con l'aggiunta di qualche cucchiaino da caffè di cereali specifici per l'infanzia. Ora la miscela può essere più densa rispetto a prima; scegliete comunque la consistenza che gli piace di più e variate la quantità secondo il tipo di sfarinato e la sua composizione. Il principio di una buona prima colazione è fondamentale. Se il piccolo non ama particolarmente il biberon, preparate la miscela in una ciotola. Potrete anche offrirgli del pane, dei cereali, un latticino o un frutto. In questo modo potrà fare colazione in famiglia, come i grandi, anche se sarete comunque voi a dargliela con il cucchiaino.

Il pranzo

ANTIPASTO • Può essere costituito da un piattino di verdure crude, al naturale o se lo desiderate con qualche goccia di condimento.

IL PRIMO PIATTO • Consisterà in una pappa di verdure passate e, verso l'11° mese, schiacciate con la forchetta. Si possono trovare facilmente in commercio anche pappe liofilizzate o pronte all'uso. A ogni pappa potete aggiungere una piccola noce di burro o un cucchiaino da caffè di olio (preferibilmente di oliva; evitate quello di arachidi) e ricordate di non salare.

Non mescolate mai carne, prosciutto, fegato, pesce o uovo sodo alla verdura, per fare in modo che il vostro bambino impari a distinguere i gusti e i colori di ogni cibo. Può essere anche molto pratico combinare gli alimenti pronti all'uso con le verdure, della carne o del pesce, le uova, del formaggio e dei farinacei.

IL DESSERT • Potrete offrire al piccolo della frutta cruda, passata o schiacciata, o cotta in composta oppure un latticino o un po' di latte nel biberon, se non ama particolarmente usare il cucchiaino.

La merenda

Consisterà sicuramente ancora in un biberon (da 200 o 250 ml) di latte di proseguimento, a meno che il piccolo non preferisca un latticino o una ciotola di latte di proseguimento. Se non ama particolarmente il latte al naturale, potrete anche preparare una crema a base di latte di proseguimento, che, anche bollito, ha lo stesso contenuto in ferro. Gradualmente aggiungerete 1 o 2 biscotti o croste di pane (la mollica è indigesta, se non ben masticata) o un biscotto sbriciolato nel latte, frutta cruda ben matura – passata prima, poi in piccoli pezzi – o cotta in composta.

La cena

IL PRIMO PIATTO • Potrete dare al vostro bambino 200-250 ml di latte di proseguimento con cereali alle verdure, tapioca o semolino, proponendogliela a cucchiaiate o nel biberon, secondo la densità.

Attenzione!

Sorvegliate attentamente il piccolo quando gli date alimenti a bocconi per il rischio che li metta in bocca interi e non riesca poi a riprenderli o, peggio, che gli vadano di traverso.

Alcuni consigli

Eccovi alcuni consigli per avere un buon equilibrio alimentare, facendo anche scoprire al vostro bambino il piacere di mangiare sempre nuovi alimenti:

ATTENZIONE ALL'ECCESSO DI PROTEINE!
Consumare troppe proteine di origine animale (sotto forma di latte di proseguimento, carne, pesce, tuorlo d'uovo, formaggi e latticini) non è consigliabile per la salute dei bambini piccoli. Per evitare i rischi che potrebbero derivare da questo eccesso, è sempre bene dare la carne (o il pesce o l'uovo, dai 10-12 mesi in poi) solo nel pasto principale, rispettando le quantità indicate qui sotto:
- tra gli 8 e i 9 mesi: 20 g al giorno, corrispondenti a 4 cucchiaini da caffè;
- tra i 10 e 12 mesi: 30 g al giorno, ossia sei cucchiaini da caffè o un cucchiaio da minestra.

EVITATE ZUCCHERO E SALE!
Per facilitare l'introduzione di nuovi cibi nell'alimentazione del vostro bambino, non zuccherate mai l'acqua, le composte e la frutta cruda schiacciata o grattugiata, per lasciare che scopra i sapori naturali del cibo.

Non aggiungete mai il sale: i suoi reni non sono ancora completamente formati!

CON IL CUCCHIAINO O CON LE DITA?
Inizialmente proporrete al piccolo pappe ben passate e poi, verso i 10-11 mesi, alimenti schiacciati con la forchetta o leggermente frullati. Dategli un cucchiaino da tenere mentre lo imboccate per far sì che familiarizzi intanto con questo strano "strumento" e lasciateglielo provare direttamente, di tanto in tanto.

Dategli pure la possibilità di prendere con le manine qualche pezzetto di frutta, di formaggio o di verdura, e di portarlo direttamente alla bocca. Così facendo il vostro bambino si sentirà sempre più attivo e scoprirà da solo il piacere di mangiare.

SE L'APPETITO È "PICCOLO"...
Date al vostro bambino pasti a orari regolari e in un'atmosfera calma e serena. Non dategli mai il dessert prima della pappa "perché almeno mangi qualcosa".

Variate le preparazioni e non mescolate sempre tutti gli alimenti in una pappa unica. I pasti non dovrebbero durare più di una ventina di minuti. Cercate di essere disponibili e presenti in quel momento, ma soprattutto evitate le "scene penose", non costringetelo a mangiare e non lasciatelo mai da solo davanti al piatto.

→ Anche se non sa ancora usare il cucchiaio, il vostro bambino può comunque stare a tavola con i grandi.

Potrete sostituirla anche con una semplice zuppa di verdure. Variate le verdure e i cereali; evitate il rafano, i peperoni, le erbe spontanee, le foglie di cavolo, indigeste per il piccolo. Usate anche le zuppe, le pappe pronte o liofilizzate e gli omogeneizzati.

Aggiungete alla pappa di verdure una piccola noce di buon burro o un cucchiaino di olio, come a pranzo, sempre variando: se avete dato la carne, l'uovo sodo (tuorlo e albume) o il pesce, evitate di riproporlo anche alla sera.

IL DESSERT • Se la cena prevede una zuppa di verdura, il dessert può essere a base di latticini, per abituare il bambino al formaggio. Se, però, la pappa che avete preparato è a base di latte (200-250 ml), l'apporto di nutrienti di origine animale è già sufficiente e basterà un frutto.

Il bilancio di salute del nono mese

Nel corso del 9° mese porterete il vostro bambino dal medico per il sesto dei bilanci di salute previsti, per valutare lo sviluppo psicomotorio e la crescita, e per programmare le successive scadenze vaccinali.

In che cosa consiste l'esame?

Durante la visita, il medico procederà a un esame molto approfondito del piccolo. Dovrà valutare le condizioni in cui vive (vive insieme ai genitori? Chi se ne occupa durante la giornata?), la sua crescita (peso, statura, circonferenza cranica), il suo sviluppo psicomotorio (sa stare seduto senza appoggio? Risponde al suo nome? Riesce già a spostarsi?). Esamina gli organi, gli arti – soprattutto le anche e i piedini – in vista del momento in cui riuscirà a camminare. La valutazione dell'udito e della vista costituisce uno dei punti centrali del bilancio di salute.

Il medico fa anche il punto sulle malattie e sulle infezioni presenti e passate (infezioni otorinolaringee recidivanti, convulsioni, reflusso gastroesofageo, eczema ecc.) e delle vaccinazioni. Naturalmente, come anche durante le visite normali, vi darà anche i suoi consigli in fatto di alimentazione e sonno, e sarà pronto a rispondere a qualsiasi vostra domanda.

È importante che informiate il medico anche circa possibili problemi che avete notato e di tutto ciò che eventualmente vi preoccupa.

Il controllo della crescita

È essenziale controllare accuratamente la crescita del vostro bambino misurandolo – statura, peso, circonferenza cranica e rapporto peso/statura (robustezza) –; è un controllo che il medico esegue a ogni visita. È comunque consigliabile pesare e misurare il vostro bambino una volta al mese fino al 1° anno e poi ogni 3 mesi fino a 2 anni e una o due volte l'anno fino ai 6 anni.

LE CURVE DI CRESCITA • Questi dati numerici sono riportati in un grafico inserito nel libretto sanitario del vostro bambino, sul quale compaiono anche le curve di riferimento. È essenziale che la curva di crescita del piccolo sia regolare (deve sempre seguire lo stesso andamento di riferimento). I bambini, infatti, crescono e si irrobustiscono ognuno secondo il suo ritmo e non esiste un valore "normale", ma una forchetta al cui interno si situa il 95% della popolazione. Ogni misura isolata è, quindi, irrilevante. Pertanto, anche se avete l'impressione che il vostro bambino mangi poco o sia più piccolo di altri bambini della stessa età, non dovrete preoccuparvi se la sua curva è comunque regolare. Per contro, un rallentamento protratto nel tempo (o, al contrario, un'impennata improvvisa) della crescita di statura o l'interruzione dell'andamento della curva ponderale (o, al contrario, un eccessivo aumento di peso) dovranno preoccupare il medico.

> **Gli occhiali per i piccolissimi**
>
> Se, al termine del bilancio, il medico prescrive l'uso di occhiali, non preoccupatevi. Esistono montature adatte, con stanghette morbide, specialmente concepite per i più piccoli, abbastanza ampi da permettere loro di vedere dappertutto e provvisti di un'imbottitura che protegge il nasino.

E SE È STRABICO?

- **Fino a 6 mesi, il bambino attraversa un periodo di strabismo detto "adattativo" che non deve assolutamente destare preoccupazione.** Spesso questa deviazione dell'asse visivo scompare spontaneamente con il tempo.
- **Se, invece, il disturbo persiste, sarà necessario un controllo oftalmologico completo.** Prima causa di perdita visiva, lo strabismo colpisce circa l'1% dei bambini. Se non viene corretto e l'occhio che devia non comincia a funzionare normalmente, il piccolo finirebbe per perdere la vista da quell'occhio.
- **Lo strabismo convergente** (un occhio devia verso il naso) è il caso più frequente e il più semplice da trattare. Generalmente si procede con l'occlusione dell'"occhio buono" per un periodo più o meno lungo, per stimolare quello che non funziona normalmente.
- **Nel caso di strabismo divergente** (uno degli occhi devia nel senso opposto al naso), si applicherà lo stesso trattamento, ma, se la deviazione è molto accentuata, potrebbe essere necessario anche un intervento chirurgico.

I disturbi auditivi possono nuocere all'apprendimento del linguaggio, ma anche allo sviluppo psicologico del bambino.

L'obiettivo del bilancio del nono mese è riuscire a diagnosticare subito i casi di strabismo e di ambliopia (deficienza visiva importante da un occhio), che devono essere curati tempestivamente portando gli occhiali ed eventualmente seguendo delle sedute di rieducazione ortottica. La terapia precoce dei disturbi della vista permette spesso una correzione rapida ed efficace perché la vista, in costante progressione, raggiunge la maturità verso il 9° anno di età.

Individuare i disturbi uditivi

L'udito partecipa attivamente all'apprendimento del linguaggio, alla comunicazione con gli altri, ma anche alla costruzione della personalità del bambino, ed è quindi imperativo sapere se il piccolo sente bene o se, temporaneamente o definitivamente, ha un udito scarso (ipoacusia) o una perdita importante o totale (sordità) dell'udito.

DUE TIPI DI DISTURBI UDITIVI • L'ipoacusia e la sordità congenita, dette "percettive", riguardano l'orecchio interno e il nervo acustico. Esse possono essere determinate da cause diverse (infettiva, genetica, traumatica in gravidanza o durante il parto; nascita prematura).

L'abbassamento uditivo circostanziale, detto anche "di trasmissione", si manifesta dopo la nascita e tocca l'orecchio medio. Può essere causato da otiti recidivanti dovute all'ispessimento del timpano, a un trauma o a una terapia medica.

ALCUNI RIFERIMENTI • Mediamente, i bambini crescono tra i 350 e 450 g al mese, nel periodo tra i 3 i 6 mesi e il primo anno di età. All'età di un anno hanno triplicato il peso alla nascita e pesano tra i 7,4 e gli 11,9 kg. Fino al primo anno, crescono da 1 a 1,5 cm al mese e, al compimento dell'anno, possono aver acquistato fino a 25 cm di statura e misurano tra i 68 e i 79 cm al primo compleanno. A questa età, la circonferenza cranica è tra i 43 e 49 cm.

Prevenire i disturbi visivi

Fin dalla più tenera età, potrete voi stessi notare una serie di segnali di cui dovrete informare il medico:
• sguardo che non "incrocia" o non segue gli oggetti, lacrimazione (segno di possibile congiuntivite o di un canale lacrimale non permeabile);
• disinteresse agli stimoli (giochi, visi familiari ecc.);
• strabismo occasionale o persistente (dopo i 6 mesi);
• frequente ammiccamento e movimento delle sopracciglia.

A questi sintomi si aggiunge, talvolta, anche il terreno predisponente (nascita prematura o precedenti in famiglia).

I SEGNI DEI DISTURBI UDITIVI • I disturbi dell'udito si evidenziano tramite alcuni indici che è bene saper individuare subito:
• assenza di reazione agli stimoli sonori (voce, rumore), considerando che, dai 3 mesi in poi, il bambino gira la testa verso la fonte dei suoni e, a 8 mesi, reagisce se chiamato per nome e imita i suoni che sente;
• ritardo nel linguaggio (assenza di vocalizzazione a 4 mesi e di modulazione di sillabe verso i 6 mesi);
• assenza di comprensione di alcune parole e di lallazione, possibili prima dei 9 mesi; insensibilità alle parole sussurrate.

LE CURE • L'udito viene controllato fin dalla nascita e deve esserlo sempre, nei primi anni di vita. Nel caso si rilevino anomalie, un servizio specializzato (audiologia) esegue un audiogramma per stabilire a quali frequenze (gravi e acute) il bambino è più o meno sensibile. Grazie ai grandi progressi compiuti in questo campo, già a un anno di età può essere applicato un apparecchio acustico. Il bambino portatore di apparecchio acustico può seguire perfettamente l'attività scolastica e vivere un'infanzia più che normale.

Come trattare i principali disturbi della salute

Tra i 6 mesi e il primo anno di età il bambino può imbattersi negli stessi microbi già incontrati da neonato e soffrire di disturbi identici: rinofaringite, gastroenterite, otite, bronchite, eczema. A partire dal 6° mese, è però più esposto a queste infezioni poiché gli anticorpi materni trasmessi durante la gravidanza scompaiono progressivamente.

Le convulsioni febbrili

Le convulsioni febbrili toccano più sovente i bambini tra il 6° mese e i 4 anni di età, ma solo una piccola parte di bambini è a rischio (meno del 5%).

CAUSE E SINTOMI • Le convulsioni possono manifestarsi in seguito a un brusco rialzo della temperatura (che passa, per esempio, dei 37 °C ai 39 °C in pochi minuti) e sono legate a un'immaturità neurologica. Esse possono anche comparire in caso di calo improvviso della febbre. Durano generalmente pochi minuti, ma arrivano, in alcuni casi, anche a mezz'ora. Il bambino si irrigidisce, porta la testa indietro, rivolta gli occhi e, dopo qualche secondo, agita le braccia e le gambe in spasmi incontrollabili. Riprende poi coscienza più o meno rapidamente e rimane assonnato o si addormenta.

REAGIRE CORRETTAMENTE • Innanzitutto non bisogna lasciarsi impressionare dall'aspetto spettacolare della convulsione. Prima di tutto, sdraiate il bambino su un fianco, con la testa girata per evitargli di soffocare, se dovesse vomitare. In seguito, trattate la febbre con una supposta antipiretica in dose adatta al peso del bambino. Una volta passata la crisi, rivolgetevi al pediatra che condurrà gli esami del caso. Se la crisi vi sembra durare a lungo, contattate il 118 che interverrà immediatamente.

Le convulsioni febbrili sono spesso legate a un'infezione ed è necessario, quindi, ricercarne la causa e curarla adeguatamente. Una convulsione breve e contenuta non influisce sulla crescita del bambino; se, invece, si ripete o è prolungata, sarà il caso di ipotizzare un ricovero per procedere a un esame approfondito e prevedere, se necessario, un trattamento specifico. Per evitare le crisi convulsive, controllare e trattare sempre la febbre, anche se non è sempre possibile prevedere un drastico rialzo della temperatura.

La sesta malattia

Tra i 6 mesi e i 2 anni di età il bimbo può presentare, senza altro sintomo evidente, febbre alta (39-40 °C) per 3 giorni, seguita dall'eruzione di piccole macchie rosa sul tronco (non su braccia e gambe), che diventano più chiare se premute con un dito e scompaiono in 4 giorni circa. Nulla di grave: si tratta della sesta malattia, nota anche come "esantema critico". L'unico trattamento possibile consiste nell'abbassare la febbre dei primi giorni con paracetamolo.

I problemi della pelle

La pelle del vostro bambino protegge il suo corpo dalle aggressioni esterne (radiazioni, infezioni, contusioni ecc.) ed è essenziale nelle relazioni sensoriali. Sensibile e delicata, ha bisogno di essere idratata e protetta. I problemi della pelle sono spesso motivo di consultazione medica; essendo visibili, se riflettono un disturbo di salute danneggiano l'immagine che genitori hanno del loro bambino.

L'ECZEMA • Questa malattia cronica della pelle, anche nota come dermatite atopica, è in aumento costante e tocca oggi quasi il 20% dei bambini. D'origine mista, spesso ereditaria, può manifestarsi già all'età di 3 mesi e scompare solitamente nel tempo. Si manifesta con eruzioni cutanee, a diverse riprese, spesso legate a fattori di tensione e stress. L'eczema si presenta sotto forma di arrossamento talvolta trasudante che può anche infettare, soprattutto sulla piega del gomito, dietro il ginocchio o sul viso. Le lesioni prudono e disturbano molto il bambino, fino a impedirgli di mangiare o dormire correttamente.

Una crema idratante o emolliente applicata regolarmente, oltre a un'igiene personale appropriata (con prodotti non contenenti sapone), permette di attenuare le eruzioni. Queste devono comunque essere trattate immediatamente. Se i sintomi persistono, il pediatra può prescrivere un trattamento con pomata ai corticoidi, efficace nella maggior parte dei casi, o farmaci antalgici se l'eczema è doloroso. Nel caso di sovrainfezione possono anche essere prescritti farmaci antibiotici. Rivolgetevi al medico fin dalla comparsa dei primi arrossamenti e non prendete alcuna iniziativa senza il suo consiglio, per evitare l'aggravarsi delle eruzioni.

LA DERMATOSI • Il bambino può essere soggetto a dermatosi, che provoca macchie ovali, asciutte, di colore dal giallastro al rosso, che possono avere diverse cause (irritazione cutanea da detergenti o sapone, pitiriasi, micosi, eczema ecc.). In questi casi, consultate il vostro pediatra per determinare la causa e avviare una terapia.

I disturbi digestivi e urinari

Il vostro bambino ora è più grande, ma resta comunque esposto ad alcune malattie tipiche dei primi mesi. Per esempio, la gastroenterite e la diarrea richiedono le stesse cure, ma con la differenza che ora il piccolo è svezzato: è preferibile, in questi casi, eliminare il latte e i suoi derivati, oltre che la frutta e la verdura, eccetto la mela e la cotogna, la banana e la carota, eccellenti antidiarroici, limitandosi al riso.

Il vostro bambino può contrarre malattie intestinali tipiche dell'infanzia quali l'ossiuriasi – parassitosi dovuta agli ossiuri, piccoli vermi bianchi molto contagiosi che provocano prurito anale – che si elimina facilmente somministrando un vermifugo.

Il bambino può anche contrarre infezioni urinarie, da confermare previo esame delle urine. Si può sospettare nei lattanti che presentano una febbre persistente, inappetenza e perdita di peso accompagnata da disturbi digestivi. Si prescrivono il trattamento antibiotico e una serie di esami che permettono di individuare eventuali malformazioni dell'apparato urogenitale.

Prevenire l'epatite

L'epatite virale è una malattia del fegato, più o meno grave secondo il virus che la causa. Ne esistono 3 tipi principali.

L'EPATITE A • La più diffusa e generalmente benigna, si contrae per via digestiva (acqua, alimenti ecc.) e spesso in ambienti pubblici. Di durata variabile, si manifesta dopo un'incubazione di qualche giorno e si riconosce da sintomi che ricordano quelli dell'influenza: febbre, affaticamento, inappetenza, urine scure e feci chiare. Sono possibili anche episodi di vomito e diarrea. Questo tipo di epatite provoca l'ittero, con il caratteristico colorito giallastro. L'ittero colpisce la pelle, le mucose e, talvolta, la sclerotica (la parte bianca degli occhi).

Esiste un vaccino contro l'epatite A raccomandato ai bambini che viaggiano in Paesi a rischio.

L'EPATITE B • Più rara, ma più grave, l'epatite B si trasmette per via sanguigna e sessuale, il che, a priori, esclude i bambini piccoli. L'incubazione può richiedere anche diversi mesi. Questa infezione presenta gli stessi sintomi dell'epatite A, dura più a lungo ed esige il controllo medico.

Esiste un vaccino contro l'epatite B, più efficace se somministrato prima dei 2 anni, da cui l'interesse alla somministrazione a quest'età piuttosto che in adolescenza, periodo in cui i rischi di contrarre l'epatite B sono di norma più alti.

L'EPATITE C • Rara ma grave poiché può divenire cronica, si contrae con le stesse modalità dell'epatite B.

La prevenzione del morbillo

Contrariamente a quanto si pensa solitamente, il morbillo non è una malattia che appartiene al passato. La vaccinazione non è ancora obbligatoria, ma il vaccino MMR (morbillo, parotite, rosolia) è sempre più raccomandato e proposto a partire dal 9° mese ai bambini che frequentano l'asilo nido e a un anno agli altri. Il richiamo deve essere eseguito tra i 5 e i 6 anni.

PRINCÌPI DI IGIENE

> L'igiene è una cosa fondamentale indipendentemente dall'età del bambino. Anche se deve difendersi da virus e batteri, la prevenzione è essenziale nella lotta contro le malattie. **Alcuni princìpi di base devono essere applicati e trasmessi, quindi, a ogni bambino.**

> L'igiene passa per l'eliminazione di prodotti nocivi come il tabacco e sostanze tossiche o allergeniche quali la polvere e gli acari che contiene.

> Per prevenire il raffreddore, lasciate sempre un vaporizzatore riempito d'acqua sul radiatore della cameretta durante la stagione fredda. Potrete anche procurarvi un umidificatore d'ambiente reperibile in commercio.

> Non dimenticatevi mai di lavarvi bene le mani con il sapone prima di prendere in braccio il bambino e dargli la pappa o un farmaco. Ricordate che il guanto da bagno deve essere cambiato dopo ogni uso.

> Evitate il contatto con le persone raffreddate e, in generale, gli spazi piccoli e affollati.

Il percorso medico del bambino prematuro

Più gli anni passano senza particolari difficoltà, più le eventuali conseguenze legate a una nascita prematura sono benigne. Per precauzione, i medici seguono, però, alcuni grandi prematuri fino all'ingresso alla scuola elementare. Sicuri che ogni eventuale disturbo sarà trattato adeguatamente, i genitori potranno godere più serenamente il proprio ruolo.

Visite più frequenti

Almeno durante il primo anno di vita, il bambino prematuro (nato prima della 37ª settimana di amenorrea) deve essere seguito da uno staff medico specializzato. La durata e la frequenza del controllo variano per ogni bambino, secondo il grado di prematurità e i problemi riscontrati durante le prime settimane.

Per i bambini nati dopo la 32ª settimana (considerati "grandi prematuri"), un controllo specialistico durante i primi 2 anni è di norma sufficiente. Per i bambini nati ancora prima, i medici continuano il controllo per diversi anni, molte volte fino all'ingresso alla scuola elementare. Il controllo pneumologico sarà più rigoroso se il bambino manifesta disturbi legati a un'immaturità polmonare (malattia delle membrane ialine o eventuale broncodisplasia) perché è più esposto al rischio di infezioni virali e asma. Dal punto di vista digestivo, il controllo varierà anche se si sono osservate difficoltà post-natali, quali infezioni digestive o enterocolite. Sarà sempre consigliabile controllare la qualità e la quantità dell'alimentazione, la digestione, il transito intestinale e la crescita del bambino (che spesso conserverà punti di fragilità), un eventuale reflusso gastroesofageo persistente e un più alto rischio di ernia inguinale.

UN IMPEGNO UTILE • Per i genitori, il calendario delle visite può sembrare piuttosto impegnativo, ma è molto importante seguirlo con grande attenzione. Un bambino di due anni che non abbia mai incontrato particolari difficoltà potrà, per esempio avere solo bisogno di un po' di aiuto per ciò che riguarda l'aspetto del linguaggio. Con un intervento tempestivo, sarà meglio preparato a integrarsi, più tardi, nel sistema scolastico. Anche se il più delle volte tutto procederà per il meglio, sarebbe un peccato non avvalersi del controllo medico. Se dovete spostarvi per seguire i vostri impegni, rivolgetevi a un centro specializzato nel settore.

L'importanza della diagnosi

Oltre al controllo regolare dell'apparato respiratorio, le visite riservate agli ex-prematuri permettono di diagnosticare ogni eventuale disturbo di varia natura. In campo psicomotorio si controlleranno la mobilità degli arti e quindi la capacità di camminare e, più tardi, l'evoluzione del linguaggio e tutto ciò che concerne la motricità fine (eventuali difficoltà a scrivere, generica maldestrezza).

LA PSICOMOTRICITÀ • Le fasi dello sviluppo motorio si succedono sempre nello stesso ordine. Ciò vale anche per l'acquisizione progressiva del linguaggio. Per quanto

---

LA PAROLA AL BAMBINO

Abbi ancora più pazienza con me che con l'altro tuo bambino! Queste emozioni sono tutte così forti! Non sono stato abbastanza tempo nel pancione della mamma, con la sua confortante acqua tiepida, i suoni ovattati e la musica del suo corpo, e ho dovuto svegliarmi troppo presto. Lasciatemi il tempo di arrivarci, abbiamo avuto così tanta paura, insieme... devo ancora abituarmi, è troppo di tutto! Sono curioso e impaurito insieme: spiegatemi, calmatemi e io piano piano mi abituerò come fanno tutti!

riguarda i bambini prematuri, talvolta, l'apprendimento può essere tardivo. Per esempio, è probabile che il bambino camminerà a 18 mesi piuttosto che a un anno. Questa differenza di qualche mese rispetto al bambino nato a termine è più che normale e sarà inutile, se non dannoso, forzarlo a ridurla.

Solo il medico sarà in grado di stimare se il bambino ha veramente bisogno di un aiuto. Se questo fosse il caso, il piccolo seguirà un certo numero di sedute specialistiche di psicomotricità o kinesiterapia per i disturbi motori, di ortofonia per quelli di linguaggio.

LO SVILUPPO COGNITIVO • Anche per i casi estremi di grandi prematuri, i disturbi legati a un ritardo intellettivo sono rari, ma questi bambini nati troppo presto soffrono talvolta di disturbi dell'attenzione alla scuola materna: sono instabili, passano continuamente da un'attività all'altra e fanno fatica a concentrarsi e per loro imparare i rudimenti della lettura e della scrittura si rivela spesso difficile. Una terapia adatta permetterà di sostenerli, però, in maniera efficace.

LA VISTA E L'UDITO • Accade che l'udito soffra in seguito a una nascita prematura, ma solo in rari casi e facilmente individuabili dal medico. Per contro, gli ex-prematuri portano spesso gli occhiali per miopia, astigmatismo o ipermetropia. È preferibile accorgersene il più presto possibile, da qui l'importanza di un controllo oculistico pediatrico tra i 9 mesi e il primo anno di età e quindi ai 2, 4, e 7 anni.

Vaccini supplementari

Più che ogni altro, il bambino prematuro deve ricevere, senza mai rimandarli, tutti i vaccini previsti per le varie età pediatriche (vedi pagg. 92-93). A titolo di precauzione, il medico praticherà anche:
• il vaccino anti pneumococco;
• il vaccino antinfluenzale (spesso consigliato anche ai genitori);
• il Synagis, anticorpo destinato a proteggere il bimbo dalle bronchioliti a VRS (riservato ad alcuni grandi prematuri e prescritto dal pediatra ospedaliero).

Genitori e specialisti: a ciascuno il suo ruolo

Anche se può pesare, il controllo medico vi consente di vivere con serenità il ruolo di genitori. Lasciate quindi ai professionisti la cura e il controllo della crescita del vostro bambino. Date loro fiducia! Se dovesse presentarsi un'anomalia che richieda sedute di kinesiterapia o ortofonia, non cercate di intervenire in alcun modo. Per esempio, sarebbe molto dannoso ripetere a casa i gesti o gli esercizi che lo specialista fa eseguire a vostro figlio durante la seduta.

RISPETTARE IL SUO RITMO • Alcuni traguardi possono richiedere un po' di tempo, un momento molto importante per il vostro bambino.
Egli impara secondo il suo ritmo e più il clima attorno a lui è sereno, senza pressione da parte vostra o della famiglia, più lui proverà piacere a progredire. Come ogni bambino, ha soprattutto bisogno di essere rispettato e di non sentirsi troppo al centro dell'attenzione.
Sorvegliando eccessivamente la sua salute o i suoi progressi, potreste dimenticare il vostro ruolo di genitori: giocate con lui, coccolatelo, dategli sicurezza e sappiate dire i «no» che serviranno quando comincerà a diventare più autonomo, siate disponibili e fermi allo stesso tempo... in breve, siate un papà e una mamma come gli altri!

A TITOLO PREVENTIVO

› Senza arrivare a mettere il bambino e la famiglia sotto una campana di vetro, alcune misure precauzionali sono importanti perché tengono conto della fragilità del bambino prematuro.

› **Durante il primo anno, è assolutamente sconsigliato mandare il bambino nato prematuramente** all'asilo nido, soprattutto durante l'inverno, poiché rischierebbe di contrarre infezioni dai compagni.

› **Considerate che in Italia i giorni non goduti di astensione obbligatoria prima del parto vengono aggiunti al periodo di astensione obbligatoria post-parto.**

› **Durante il 2° anno, vedrete insieme al medico se il bambino è pronto a integrarsi senza rischi in un gruppo o se è preferibile attendere ancora un po'.**

› **Per gli stessi motivi, è preferibile evitare i trasporti pubblici, i centri commerciali il sabato, gli spazi piccoli e affollati e, in generale, ogni luogo in cui è alto il rischio di contaminazione virale.** Ciò non vi dovrà impedire, comunque, di portare normalmente il vostro bambino a passeggio.

› **Durante il primo inverno, per precauzione, rimanete a casa nei giorni di forte pioggia, di neve o di gelo** e usate una carrozzina o un passeggino con una navetta che protegga bene dal freddo e dall'inquinamento.

› **Prima delle visite di parenti e amici, accertatevi che nessuno di loro sia raffreddato.**

Se il bambino deve essere ricoverato

Può accadere che il bambino debba essere ricoverato per ricercare le cause di una malattia e/o per trattarle o, in certi casi, per un'operazione chirurgica. La decisione viene presa dal medico, dai genitori o, nei casi di estrema urgenza, dall'ambulatorio che prende in cura il piccolo. Quale che sia la natura del disturbo e l'età del bambino, il ricovero in ospedale richiede tutto l'amore, la tenerezza e la disponibilità che saprete dare, e un approccio pedagogico consapevole.

Saper rassicurare il bambino

Il ricovero ospedaliero preoccupa sia i genitori sia il bambino. Nonostante l'apprensione, cercate innanzitutto di rassicurare il piccolo e spiegategli che la causa non sta in lui, ma nella malattia! Che si tratti di un'operazione, di una terapia o di esami clinici, dovrete spiegargli come si svolgerà il tutto, la sua utilità e i benefici. In base all'età del bambino, dovrete usare il linguaggio, i confronti e le immagini più adatte, oltre a un vocabolario attento e sempre positivo.

PER RENDERE MENO PESANTE IL RICOVERO • In Italia ormai molti ospedali si sono attrezzati per offrire ai piccoli e ai loro genitori tutto ciò che può alleviare il periodo breve o lungo del ricovero; presso l'Istituto Gaslini di Genova, uno degli ospedali italiani più all'avanguardia nelle cure infantili, è per esempio attiva l'Associazione Gioco e Studio in ospedale (giocoestudio@giocoestudio.it)

Preparare il soggiorno in ospedale

Trascorrere qualche giorno in un mondo sconosciuto che non ha proprio l'aria di un hotel non è facile e può rivelarsi destabilizzante anche per un adulto. Per preparare il bambino al soggiorno, fateglielo possibilmente visitare l'ospedale e/o il reparto. Se lo staff medico è d'accordo, potrete presentargli anche i medici e gli infermieri del reparto.

Il giorno del ricovero, e soprattutto dell'operazione, rimanete accanto a lui e rispondete a ogni sua domanda e alle sue esigenze. Portate qualche oggetto personale, un libro, un giocattolo e non dimenticate il suo pupazzo preferito. Se ha subito un'anestesia, lo ritroverà vicino a sé al risveglio, insieme a voi, a sorridergli e consolarlo.

Alcuni istituti concedono particolari diritti ai genitori dei bambini ricoverati. Informatevi presso il servizio delle risorse umane o presso l'azienda sanitaria locale.

Gli esami più classici

Per ricercare le cause e/o trattare la malattia del piccolo, o per operarlo, dovrà probabilmente essere sottoposto ad alcuni esami. Anche qui, il vostro ruolo sarà quello di rassicurarlo e prepararlo con le vostre parole a ciò che sta per succedere, sull'utilità dell'esame ecc.

L'ECOGRAFIA
Permette di analizzare un organo o una regione del corpo mediante ultrasuoni. Questo tipo di esame non invasivo, rapido, indolore e senza alcun pericolo è assolutamente adatto ai bambini. L'ecografia è soprattutto adatta allo studio del fegato, dei reni e del cuore.

LA RADIOGRAFIA
Questo esame radiologico permette, in pochi secondi, di rilevare immagini di tessuti e organi che permettono di individuare rapidamente eventuali anomalie. Non richiede assolutamente un'anestesia generale, ma solo una leggera premedicazione.

LA RISONANZA MAGNETICA
La risonanza magnetica o IRM è un metodo di diagnosi radiologica particolarmente interessante per lo studio di alcuni organi e, in particolare, il cervello, il cuore e le articolazioni. A differenza dei raggi X della radiografia, non ha alcun effetto sugli organi e il bambino può ripetere l'esame anche più volte, senza correre alcun rischio. La risonanza magnetica impone, però, al bambino di rimanere disteso e immobile per circa un quarto d'ora, il che è difficile soprattutto per i bambini piccoli e impensabile per i neonati. In questo caso, può anche essere prevista l'anestesia generale.

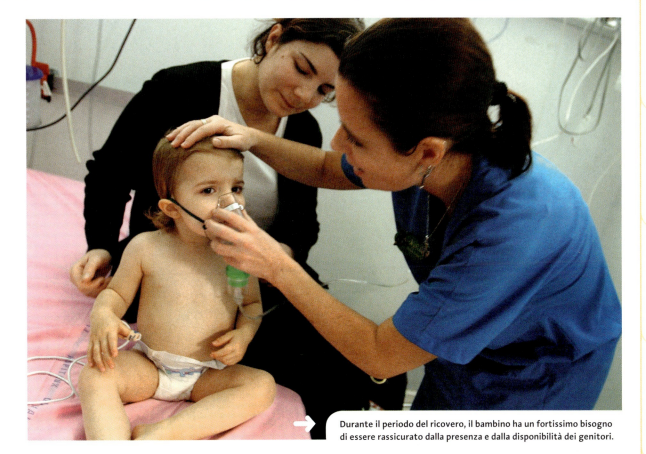

Durante il periodo del ricovero, il bambino ha un fortissimo bisogno di essere rassicurato dalla presenza e dalla disponibilità dei genitori.

La terapia del dolore

Oggi lo staff ospedaliero stabilisce una "scala del dolore", non in base alle indicazioni dei genitori, ma secondo le reazioni del bambino. Inoltre, un dolore così intenso da richiedere il ricovero ospedaliero oggi si fronteggia al meglio anche grazie al fatto che la mamma può soggiornare accanto al suo piccolo. La sua presenza crea un clima di fiducia e maggiore serenità che previene gli effetti secondari (cattivo umore, malinconia ecc.).

Il rientro a casa

Una volta a casa, il bambino, soprattutto se convalescente, dovrà essere oggetto di particolare attenzione; non lesinate i piccoli gesti "speciali", come i regali o i suoi piatti preferiti. Dopo una tale esperienza, avrà forse bisogno di superare ciò che ha vissuto anche piangendo o ridendo sonoramente. Accompagnatelo in questi momenti di ripresa e lasciate che si esprima! Presto tutto rientrerà progressivamente nella situazione normale.

LE OPERAZIONI PIÙ COMUNI

> Gli interventi più comuni, a questa età, riguardano le vie aeree superiori: ablazione della vegetazione adenoidea (adenoidectomia), quando il bimbo soffre di otiti recidivanti, in alcuni casi con applicazione di drenaggio transtimpanico (tubicini) ove si riscontri un caso di otite seborroica (che potrebbe provocare un abbassamento dell'udito). Questi interventi si svolgono in *day hospital* con anestesia leggera, diversamente dall'ablazione delle tonsille (tonsillectomia), operazione che richiede un'ospedalizzazione di qualche giorno e si pratica raramente prima dei 3 anni di età.

> Fino ai 3 anni le operazioni chirurgiche, anche le più benigne, si praticano con anestesia generale poiché il bambino piccolo non è ancora in grado di comprendere la necessità di rimanere immobile. Nonostante i grandi progressi compiuti finora, l'anestetico generale non è mai privo di rischi e le indicazioni dell'intervento devono essere quindi ben soppesate e definite con attenzione.

Le relazioni tra fratelli e sorelle

La nascita di un fratellino implica una nuova gerarchia in famiglia e, quindi, nuove relazioni tra fratelli e sorelle, da una parte, e con i genitori, dall'altra. Essa stimola una notevole evoluzione educativa e, sebbene contrasti e gelosie siano inevitabili, i fratelli e le sorelle potranno vivere relazioni affettive molto intense.

Vigilare è ancora più importante

L'arrivo di un nuovo bambino segna un grande cambiamento: l'educazione che inizialmente riguardava solo il primogenito ora dovrà applicarsi ai fratelli, in quanto gruppo che si ingrandisce. Dovrete dar prova di una certa imparzialità e, allo stesso tempo, adattarvi a ciascuno, riconoscendo però le differenze. Ogni giorno i vostri bambini chiederanno da parte vostra lo stesso trattamento, arrivando a contare il numero di biscotti dati a ciascuno a ogni merenda. Si preoccuperanno molto del fatto che voi siate "giusti", ma l'essenziale per loro sarà ricevere la stessa attenzione che darete agli altri fratelli o sorelle.

SEGUIRE OGNI FIGLIO IN MODO DIVERSO • Allo stesso tempo, però, nel loro interesse, dovrete seguire ciascuno in modo unico poiché ciò che sarà bene per uno non lo sarà necessariamente per l'altro. I bambini crescono a ritmi diversi e non hanno gli stessi atteggiamenti né lo stesso carattere. Se uno è molto dotato fisicamente, l'altro, più gracile, può però diventare un bravo disegnatore…

Evitate sempre di fare confronti tra fratelli; soprattutto, non fatene mai davanti a loro e cercate piuttosto di coltivare il potenziale di ognuno, le passioni, inclinazioni, affinità… perché l'educazione sia coerente, ma non uniforme. Essa dovrà tenere conto delle specificità di ognuno anche in base alla personalità, al sesso e alla posizione in seno alla famiglia.

Fratelli al plurale

Nel corso dei mesi vi accorgerete di quanto ogni membro del gruppo dei fratelli evolva in modo indipendente e diverso. Questa nuova consapevolezza vi arricchirà reciprocamente, facendovi perfino rivivere momenti della vostra infanzia.

IL PRIMOGENITO • La reazione all'arrivo di un nuovo fratellino o sorellina sarà diversa se il primogenito è un maschio o una femmina, anche perché la relazione con la madre varia secondo il sesso, dove il maschio può tendere ad assumere temporaneamente un atteggiamento di regressione. Parallelamente, il primogenito(a) può avere la tendenza a cercare di assumere un ruolo quasi paterno o materno e fare continue domande.

Ricordate sempre che rimane comunque un bambino che non può assolutamente assumere un ruolo adulto. Avrà bisogno che vi mostriate giusti, attenti e che valorizziate il suo stato "adulto" senza sopravvalutare le sue capacità, continuando a proteggere il suo universo. Rispettate il suo atteggiamento (sempre che non sia violento) e le sue reazioni con la sorellina o il fratellino: anche se spiacevoli, non saranno mai prive di affetto e sono in fondo prova del fatto che tiene alla sua presenza.

IL CADETTO • Né primo né ultimo, il cadetto occupa il posto di mezzo. Troppo giovane perché abbia le capacità del primogenito, che imita e ammira, ma troppo grande per beneficiare delle attenzioni riservate all'ultimo. Questo posto "intermedio" può causare ribellioni, moltiplicare i conflitti e i dispetti o, al contrario, portare a una gentilezza e una dedizione quasi eccessiva. Il cadetto cerca di

LA PAROLA AL BAMBINO

Da quando è arrivato il bambino, non mi guardi più come una volta e mi tocca farne di tutti i colori per attirare la tua attenzione! Mi arrabbio tanto per questo… prendimi in braccio solo un momento e fai una coccola anche a me come facevi prima, quando non c'era, e io sarò di nuovo gentile! Se sono sicuro che mi vuoi bene come prima, sarò più tranquillo e avrò perfino voglia di fare come la mamma, di prenderlo in braccio, lavarlo, dargli il biberon e farlo ridere e tenerlo con me nella cameretta quando è tranquillo…

Quando la famiglia cresce, i genitori devono curare più l'aggressività del primogenito che il neonato stesso.

Una cameretta per due

Indipendentemente dalle ragioni che portano i bambini a condividere la stessa cameretta, questa organizzazione presenta una serie di vantaggi: un senso di reciproca sicurezza e l'abitudine alla vita in comune, con l'esigenza di stabilire regole in un luogo di scambio e di confronto al di fuori dell'influenza dei genitori. A questo si aggiunge il riconoscimento dello stato di primogenito e di cadetto, che avrete incoraggiato con il dialogo e uno stato d'animo aperto e disponibile.

> " Mio figlio non manifesta alcuna ostilità rispetto alla sorellina. Con me, però, è spesso di cattivo umore e si comporta in modo antipatico."
>
> ### L'OSTILITÀ VERSO I GENITORI
>
> All'arrivo di un nuovo fratellino o una sorellina, può succedere che alcuni bambini non se la prendano direttamente con il nuovo arrivo (il quale, comunque, non reagirebbe). Per loro è più conveniente prendersela con papà e mamma: si sentono meno in colpa e ottengono risultati ben più soddisfacenti. Dopo tutto, la mamma passa ore ad allattare e a cullare il piccolo, il papà gli cambia il pannolino e lo coccola… in poche parole, da quando c'è il piccolo, passano molto meno tempo a occuparsi di loro.
> Per esprimere il suo risentimento, il primogenito può anche arrivare a crisi di collera, regressioni temporanee, rifiuto per il cibo o perfino per i genitori a favore di qualcun altro (la baby-sitter, per esempio) che diviene la "preferita". Questo tipo di comportamento in fondo non è così anormale ed è segno di un necessario periodo di adattamento per suo figlio.
> Non se la prenda personalmente se il suo bambino è di cattivo umore e, soprattutto, non lo sgridi e non lo punisca per questo! Otterrà sicuramente migliori risultati se proverà a reagire con pazienza, comprensione e molta attenzione, senza smettere mai di rassicurarlo.
> Lo incoraggi a esprimere i suoi sentimenti, dicendo, per esempio: «Capisco che ti arrabbi! Passo così tanto tempo con il piccolino invece di stare con te…», e tenga conto che tutto questo passerà nel giro di pochi mesi.

captare il vostro interesse e voi, forti di questo, cercherete di prevedere le sue reazioni, rispettare la sua evoluzione, incoraggiare l'affermarsi della sua identità e accettare una sua eventuale temporanea regressione.

L'ULTIMOGENITO • Al centro di tutte le attenzioni, il piccolo può quasi arrivare a stufarvi! Dovrete trovare l'equilibrio adatto alla sua personalità, tra l'iperprotettivo, che può nuocere alla sua fiducia in se stesso e alla sua autonomia, e l'eccessivamente indipendente dati i molti stimoli provenienti dai grandi, per lui il primo modello da seguire.

Anche se gli prodigate coccole in quantità come avete fatto con i fratelli e le sorelle maggiori, non cedete a ogni suo capriccio e dimostrategli che essere il più piccolo non lo autorizza a diventare un despota. Aiutandolo a conciliare il suo desiderio di crescere e quello, più che naturale, di conservare la sua dipendenza, lo aiuterete a evolvere. Ogni ultimogenito ha bisogno di sapere che siete orgogliosi dei suoi progressi per sentire che il vostro amore lo accompagna nella crescita.

Più sicurezza in casa

Il vostro bambino ora si sposta sempre più velocemente e si alza in piedi da solo: è tempo di integrare in tutte le stanze di casa le misure di sicurezza che avevate preso quando ancora si accontentava di gattonare…

Organizzare gli spazi per maggiore sicurezza

Da quando il piccolo ha cominciato a spostarsi gattonando, avete cambiato le vostre abitudini per aumentare la vigilanza e riorganizzato le stanze cui il piccolo può avere accesso, per evitare che si faccia del male o che riesca ad afferrare gli oggetti più piccoli o pericolosi (vedi pag. 216 sulle prime misure di sicurezza).

Ora che il bambino sta facilmente in piedi e che la sua curiosità sembra non avere limiti, bisognerà procedere a un inventario sistematico di tutto ciò che può rappresentare un pericolo e prendere ulteriori misure di sicurezza. Ecco i punti essenziali che è bene esaminare:

LE FINESTRE • Se sono a livello del pavimento, installate delle ringhiere seguendo i consigli del fabbricante o fate in modo che non possano aprirsi di oltre 15 cm. Allontanate dalle finestre qualsiasi mobile su cui il bambino potrebbe arrampicarsi. Fissate i cordoni delle tapparelle o delle tende perché il piccolo potrebbe strozzarsi.

FILI E PRESE ELETTRICHE • Sistemate i fili elettrici al di fuori della portata del bambino – dietro un mobile, per esempio – perché non arrivi a metterli in bocca o ad attaccarcisi, tirandosi addosso anche lampade o altri oggetti pesanti. Non fateli passare sotto i tappeti perché potrebbero surriscaldarsi e perfino provocare un incendio.

Ricoprite le prese elettriche con tappi di sicurezza o spostateci davanti un mobile pesante affinché il piccolo non possa infilarci piccoli oggetti o un ditino bagnato e prendere la scossa.

MOBILI INSTABILI • Almeno per il momento, dovrete fare a meno di sedie, tavoli o arredi non perfettamente stabili che potrebbero oscillare e cadere addosso al bambino.

Uno scomparto tutto per lui

Se avete posto in cucina, tenete uno scomparto basso (piuttosto che un cassetto, in cui potrebbe pizzicarsi le dita) a disposizione del piccolo esploratore. Riempitelo, per esempio, con recipienti, cucchiai di legno, passini, canovacci, ciotole di plastica e ogni altro oggetto che pensate possa soddisfare la sua curiosità e riesca a distrarlo abbastanza da allontanarlo dalle zone proibite.

Fissate solidamente al muro le librerie o altri mobili che il piccolo aggrappandosi potrebbe far cadere.

I CASSETTI DEL COMÒ • Teneteli chiusi (possibilmente a chiave), in modo che il piccolo non possa salirci sopra e far oscillare il comò, oppure levarli e arrampicarvisi sopra. Se il comò non fosse sufficientemente sicuro o stabile, organizzatevi per fissarlo solidamente alla parete.

I POMOLI DEI MOBILI • Togliete o fissate accuratamente i pomoli più piccoli che il bambino potrebbe ingoiare con il pericolo di soffocamento (quelli più piccoli del pugno del bambino).

INSEGNARE LA SICUREZZA

- I bambini piccoli possono ferirsi più facilmente di quelli più grandi e sarà bene insegnare loro molto presto quali sono i vari pericoli cui sono esposti.
- Per esempio, potrete pungervi un dito con uno spillo e dire: «Ahi!», ritirandolo e facendo vedere al vostro piccolo che vi siete fatti male.
- Insegnategli a riconoscere le parole che indicano pericolo, come «ahi», «male», «caldo», «taglia» e le frasi che devono metterlo in guardia, come «non toccare!», «pericoloso!», «attenzione!», «così ti fai male!».
- Così il piccolo assocerà queste parole e frasi a una serie di oggetti, sostanze e situazioni per lui pericolosi.
- I bambini hanno la memoria corta. Non aspettatevi che il vostro bambino impari la lezione già alla prima volta e siate pazienti e pronti a ripetere più volte lo stesso messaggio.

Arrampicarsi sulle scale è un grande piacere per i bambini che sanno gattonare, ma i cancelletti di sicurezza sono assolutamente indispensabili!

LE PIANTE DA APPARTAMENTO • Tenetele in un angolo inaccessibile al bambino, che potrebbe masticarle o tirarle rischiando di farsele cadere addosso.

I CALORIFERI • Isolateli con un cancelletto o ricopriteli durante il periodo in cui sono accesi. Ricordate di staccare la spina di eventuali radiatori mobili, quando non vengono utilizzati.

LE SCALE • Montate un cancelletto nella parte alta delle scale e un altro a 3 gradini dalla parte bassa. Assicuratevi che la distanza tra le sbarre della ringhiera della scala sia inferiore a 10 cm e che siano tutte ben fissate. Se lo spazio è eccessivo, fissate un pannello di plastica trasparente o una rete alla ringhiera e alla balaustra.

Prodotti e oggetti pericolosi

Fate attenzione a tutti i prodotti pericolosi di uso comune e verificate che si trovino in un luogo sicuro, in cassetti, armadi, mobili o scaffali, in maniera che siano inaccessibili al bambino.

Quando usate un prodotto pericoloso, assicuratevi che il piccolo non possa prenderlo mentre gli date le spalle e rimettetelo a posto appena avrete finito di usarlo. Attenzione alle bevande alcoliche: se il bambino ne ingerisce in grande quantità, potrebbe addirittura morire!
In particolare, controllate:
- gli utensili taglienti come forbici, coltelli, tagliacarte, rasoi e lame (non lasciateli sul bordo del lavabo e non gettateli mai nel cestino della carta);
- i piccoli oggetti che potrebbero essere ingeriti, per esempio biglie, monetine, spille da balia, pile eccetera;
- i piccoli alimenti duri come nocciole o arachidi, pop corn, le crocchette per cani e gatti o le caramelle dure con cui il bambino potrebbe soffocarsi;
- penne, matite ecc. (alcuni bambini adorano usare penna e matita come vedono fare dai genitori. Se anche il vostro bambino fa lo stesso, autorizzatelo a farlo solamente quando è ben seduto, sicuro e sotto la vostra attenta sorveglianza);

- gli articoli da cucito e da maglia, soprattutto gli aghi, gli spilli e i ditali, forbici, fili e bottoni;
- i sacchetti di plastica leggera e le borse del supermercato (i bambini rischiano di soffocarsi mettendoseli in testa);
- gli oggetti infiammabili come i fiammiferi, sfusi o in scatola, gli accendini, i mozziconi di sigaretta accesi ecc.;
- le ampolle di vetro, soprattutto se piccole, come per esempio quelle delle lanterne, che il piccolo potrebbe mettere in bocca e rompere;
- gli strumenti e i prodotti che usate per lavoro o passatempo: pitture, diluenti, aghi e spilli, pezzetti di legno ecc.;
- gioielli e bigiotteria – per esempio le collane di perle che si rompono facilmente – soprattutto se di piccole dimensioni, come gli anelli;
- i giocattoli dei fratelli più grandi che non devono essere usati dai bambini sotto i 3 anni.

Ricordatevi anche di non lasciare alla sua portata la vostra borsetta, che può contenere prodotti cosmetici, medicinali e oggetti pericolosi per il bambino.

Più sicurezza in cucina

Fate particolare attenzione alla cucina, una delle stanze più affascinanti per il bambino che comincia a spostarsi da solo e, allo stesso tempo, una delle più pericolose.

Applicate blocchi di sicurezza a cassetti e sportelli dei mobili che contengono oggetti che il piccolo non deve arrivare a toccare. Conservatevi tutti i prodotti e gli oggetti pericolosi fuori dalla portata del bambino e vietategli l'accesso alla cucina, installando un cancelletto.

SAPER DIRE DI NO

> **I bambini adorano sentirsi dire «No».** Molti amano sfidare i genitori, per esempio, arrampicandosi sulle scale o mettendo tutto in bocca.

> **Qualunque sia la reazione del piccolo, non lasciate che i vostri «No» diventino un gioco,** per quanto divertente possa essere, altrimenti non vi prenderebbe più sul serio.

> **Troppi «No» perdono di efficacia nel tempo e diventano demoralizzanti per il piccolo.** Limitateli alle situazioni che possono effettivamente danneggiarlo.

> **Ricordate di non trasformare ogni cosa in un motivo di discussione.** Se avrete eliminato gran parte dei pericoli dalla casa e il bambino potrà esplorarla liberamente, non sarete costretti a dirgli continuamente di no.

> " Dicevo sempre che il bambino non avrebbe mai cambiato il nostro modo di vivere, ma ora che la nostra bimba va in giro per casa "a quattro zampe", molti oggetti di valore sono in pericolo. Dovrei levarli o piuttosto cercare di insegnare a lei a non avvicinarvisi?"

ELIMINARE GLI OGGETTI FRAGILI

Se non vuole che il vaso di cristallo preferito finisca in polvere, le converrà farlo sparire ora e lo stesso vale per tutti gli oggetti fragili o di valore cui tiene particolarmente, fino a quando sua figlia sarà abbastanza grande e responsabile da farvi attenzione, senza dubbio non prima dei 2 anni. Allontani anche tutti gli oggetti fragili (d'arte o simili) o abbastanza pesanti da rischiare di ferirla in caso di caduta.

La sua famiglia non dovrà comunque passare gli anni a venire in una casa spoglia, per il bene della piccola come per il vostro. Se vuole che impari a vivere anche con oggetti fragili intorno a sé, dovrà comunque abituarla a vederli in giro fin d'ora. Lasci pure al suo posto qualche oggetto tra i più resistenti e di minor valore. Quando la bambina li toccherà, ditele fermamente: «No, non toccarlo! È di mamma e papà!»; potrà darle anche un giocattolo e spiegarle che quello, invece, è suo. Se lei continuerà a cercare di toccare l'oggetto vietato, lo sposti (i suoi «No» perderebbero d'effetto, se dovesse ripeterli continuamente) e riprovi più avanti.

Anche se sua figlia non le obbedisce subito (i bambini piccoli hanno la memoria corta), prima o poi, ci arriverà comunque. Una volta che sentirà di potersi fidare di lei e lasciarla in prossimità di oggetti fragili, anche toccandoli con attenzione, potrà rimettere al suo posto il vaso di cristallo.

Tenete in un cassetto chiuso a chiave o in uno scomparto alto i rotoli di pellicola alimentare, di alluminio e carta da cucina e ogni altra confezione provvista di bordo seghettato (che potrebbe facilmente ferire le dita del piccolo).

TEGLIE DA FORNO • Girate sempre l'impugnatura e i manici delle pentole verso l'interno, quando sono sul fuoco perché il bambino non possa afferrarle. Per lo stesso motivo, usate preferibilmente i fornelli più interni del vostro piano di cottura. Se le manopole del forno sono all'altezza del bambino, rendetele inaccessibili con una barriera di protezione. Potete anche considerare la possibilità di installare delle barriere di sicurezza che impediscano al vostro bambino di avvicinarsi al forno o al piano di cottura.

GLI ELETTRODOMESTICI • Tenete sempre lo sportello della lavastoviglie ben chiuso: il bambino potrebbe salire sulla porta aperta e rimanervi in piedi sopra esponendosi a diversi pericoli, tra cui i coltelli nel cestello.

Non lasciate mai il bambino vicino ad apparecchi elettrici, stufette o altri oggetti potenzialmente pericolosi: potreste trovarlo con le dita pizzicate nel tostapane, le manine su una padella calda o con un coltello pronto a entrargli in bocca, appena vi voltate verso di lui.

Se avete dei magneti sulla porta del frigo, spostateli abbastanza in alto affinché non riesca a raggiungerli oppure eliminateli: potrebbe soffocarsi, se riesce a metterseli in bocca.

LA PATTUMIERA • Gettate le immondizie in una pattumiera ben chiusa che il piccolo non possa aprire. Se la tenete sotto il lavello, fate attenzione a chiudere bene lo sportello del mobile. I bambini adorano esplorare tra le immondizie, ma ciò comporta rischi enormi: cibi avariati, schegge di vetro, scatolette di metallo...

Più sicurezza in bagno

Il bagno è affascinante quanto la cucina, per i bambini, e altrettanto pericoloso. Per vietare l'accesso al bagno, potrete fissare un gancio o un'altra chiusura sufficientemente in alto, sulla porta, per tenerla ferma quando il piccolo è nelle vicinanze.

Tenete tutti i medicinali, collutori, dentifrici, vitamine, shampoo e balsamo per capelli, lozioni per la pelle e cosmetici fuori dalla portata del bambino.

Non tenete mai sui ripiani bassi dei mobili del bagno il cotone idrofilo o gli altri oggetti con cui il bambino potrebbe soffocarsi.

GLI APPARECCHI ELETTRICI • Non utilizzate mai l'asciugacapelli e non lasciate che nessun altro lo usi vicino al bambino, mentre si trova nella vasca o gioca con l'acqua.

Non lasciate mai i piccoli apparecchi elettrici collegati alla presa, se non li state usando. Il bambino potrebbe immergere l'asciugacapelli nel wc e fulminarsi, o accendere un rasoio e tagliarsi, oppure ustionarsi con la piastra per capelli.

Se il piccolo è dotato di buona destrezza manuale, staccare le spine non sarà sufficiente (potrebbe perfino riuscire a rimetterle con conseguenze disastrose). Se è possibile, tenete tutti gli apparecchi elettrici fuori dalla portata del bambino.

LA TEMPERATURA DELL'ACQUA • Se abitate in appartamento, potreste non avere accesso allo scaldabagno condominiale per regolare la temperatura dell'acqua, che deve essere al massimo di 50 °C per evitare che il bambino si ustioni accidentalmente.
Verificate la questione con l'amministratore condominiale. Se la temperatura è troppo elevata, installate un sistema anti-ustione nella vasca. In ogni caso, verificate sempre la temperatura dell'acqua del bagno con il gomito, prima di immergervi il bambino.

VICINO AL BAGNO • Installate una protezione per il rubinetto della vasca, per evitare il rischio che il bambino ci urti contro, anche ustionandosi.
Se il fondo della vasca non è antiscivolo, aggiungete degli adesivi di sicurezza per bambini. Non lasciate mai il bambino in vasca da solo, anche se ha già imparato a stare bene seduto da solo o se è nel seggiolino da bagno. Questa regola vale fino ai 5 anni di età. Non lasciate mai acqua nella vasca, se non la usate: il piccolo potrebbe caderci dentro mentre gioca e annegare perfino in soli 2 cm d'acqua!

ATTENZIONE ANCHE AL WC! • Quando non lo usate, tenete sempre chiuso il coperchio del wc con ventose di sicurezza o simili. La maggior parte dei bambini considera il gabinetto come una piccola piscina privata e adora giocarci ogni volta che ci riesce. Non solo ciò non è per niente igienico, ma un bambino molto vivace potrebbe perfino riuscire ad infilarci la testa con conseguenze anche drammatiche!

Attenzione!

Se avete un garage o una cantina, tenetele ben chiuse, visto che probabilmente vi conservate strumenti pericolosi o prodotti tossici. Se avete altre stanze in cui tenete oggetti pericolosi, isolatele installando un cancelletto.

Papà e mamma, a ciascuno il suo stile!

Oggi sembra non esistano più domìni riservati all'uno o all'altro genitore, ma esiste comunque un modo di fare diverso da padre a madre. Gli studi più recenti dimostrano che, anche se non provvede ancora a molti compiti della madre, a suo modo, oggi, il padre si lascia però andare più tranquillamente alle gioie della paternità.

Competenze condivise

I padri sono competenti quanto le madri nello svolgimento della funzione genitoriale. Hanno la stessa legittimità e capacità di dedicarsi al bambino per prodigargli tutte le cure e l'affetto di cui ha bisogno. Fatta eccezione per l'allattamento, non esistono gesti esclusivi riservati all'uno o all'altro genitore. Come il gioco non è più un'attività riservata ai soli padri, il bagnetto, il cambio e le cure al bambino non sono più appannaggio solo delle mamme e vengono gestiti insieme dai due genitori.

Ognuno mostra, però, un suo particolare approccio e si esprime con gesti differenti. Il padre può quindi occuparsi del figlio come meglio crede, senza temere di farlo in modo inappropriato e soprattutto basandosi sulla sua sensibilità personale, che è ovviamente diversa da quella della madre. Non deve esitare a lasciarsi andare al piacere della paternità, che possiamo definire come l'atto di occuparsi del bambino senza rinunciare alla propria identità maschile e alla propria visione della vita e dell'educazione.

APPROCCI DIVERSI • Ogni genitore presenta, infatti, un proprio stile di comportamento rispetto al bambino. In linea di principio, la madre ha la tendenza a mostrarsi più protettiva e accogliente e i suoi gesti sembrano offrirgli un nido rassicurante: per esempio, essa tende a raccogliere in sé il bambino, quando lo tiene in braccio.

Il padre, invece, lo tiene volentieri voltato verso gli altri, come se volesse invitarlo ad aprirgli gli occhi sul mondo che lo circonda, come a dirgli: «Guarda, è pieno di cose appassionanti che accadono intorno a te! Esplora pure la vita come meglio credi, vai, forza!».

L'INDIVIDUALITÀ DEL PADRE • Incitandolo a partire alla scoperta del mondo, il padre aiuta il bimbo ad acquisire fiducia in se stesso e questo passa attraverso il fatto che non deve temere di avventurarsi all'esterno: il suo papà è lì per incoraggiarlo e vegliare su di lui a un'età in cui la curiosità non deve essere compensata solo dal timore dell'ignoto. Il padre non deve temere di essere goffo o troppo "ruvido". Non deve "travestire" la sua personalità, sforzandosi, per esempio, di parlare con una voce più delicata. È preferi-

> " Vorrei passare più tempo con il mio bambino, ma non ci riesco perché rientro spesso tardi dall'ufficio. "

LIBERARE IL TEMPO

La sua compagna se la cava senza dubbio bene da sola, ma occuparsi del bambino in due è comunque l'ideale. I maschietti che sono regolarmente accuditi dal padre si dimostrano spesso più svegli e felici degli altri, già all'età di 6 anni.

Per la buona crescita del suo bambino, quindi, è molto importante che lei trascorra più tempo, anche da solo, con lui perché, altrimenti, non sarà solo lei a perderci qualcosa. È scientificamente dimostrato che i bambini che possono contare su una relazione stretta e attiva con il padre hanno un più elevato grado di apprendimento, una migliore immagine di sé e sono meno inclini agli episodi depressivi. Per tutti questi motivi, cerchi di ritagliare un po' di tempo per stare con suo figlio, anche se ciò significa sacrificare altre attività per lei importanti.

Provi a riflettere con calma su come potrebbe riorganizzare le sue giornate e provi a rimodulare l'orario del suo lavoro anche in funzione dei momenti in cui il piccolo è sveglio.

Potrà anche portare a casa un po' di lavoro per riuscire a lasciare più presto l'ufficio e, se ha diverse attività extra-professionali, cerchi eventualmente di farne temporaneamente a meno.

Se, nonostante tutto, non riuscirà comunque a liberare molto tempo, provi almeno ad approfittarne al massimo: dia lei la colazione al piccolo o gli faccia il bagnetto serale e lo porti lei a giocare al parco, il sabato mattina. Se a volte deve stare al computer per finire un lavoro che non può rimandare, tenga pure il piccolo seduto nel seggiolino di fianco a lei e gli racconti che cosa sta facendo, vedrà con quanto interesse appassionato e quanta ammirazione lui la osserverà lavorare!

Il padre tende a incitare il bambino a scoprire il mondo e le persone intorno a lui e lo incoraggia a non temere l'ignoto.

bile che esprima pienamente la sua individualità, a costo di sorprendere il bambino con gesti e intonazioni opposte a quelle della mamma. Questa individualità permetterà al bambino di distinguere bene i due genitori.

Inoltre, grazie all'impegno del padre nella sua vita quotidiana, vedrà da subito che la madre non è la sola a occuparsi di lui. Si può pertanto sperare che, più tardi, non tenderà ad associare il ruolo delle donne alle sole attività domestiche. Può essere, quindi, un bene abituarlo da subito a nuovi modelli di famiglia...

Suddividere i compiti nella coppia

La pubblicità difficilmente sbaglia nel riflettere i cambiamenti sociali e rappresenta il più delle volte papà premurosi che hanno evidentemente anche una relazione materiale con i figli e danno loro la pappa, cambiano il pannolino o giocano con loro.

LO SGUARDO DELLA SOCIETÀ • Queste mutazioni sociali sono accompagnate anche da provvedimenti come, per esempio, il congedo di paternità, per ora solo facoltativo, che il padre può "spartirsi" con la madre. Permettendogli di assentarsi dal lavoro per occuparsi del figlio già dalla nascita, conferma l'impegno crescente e l'importanza indiscutibile del suo ruolo. Questa possibilità aiuta i padri ad assumerlo e offre loro un riconoscimento anche simbolico un tempo impensabile, ed è un segnale d'incoraggiamento a calarsi totalmente nel ruolo e vincere le resistenze ancora presenti presso molte aziende e perfino molti uomini.

GESTIRE INSIEME L'IMPEGNO • Il padre di oggi non si esprime più solamente attraverso il lavoro o lo status sociale, ma anche nel suo ruolo domestico ed è nella dimensione quotidiana, nel tempo, oltre ai pochi giorni di congedo di paternità, che dovrà trovare con la madre il modo di organizzare la presenza genitoriale rispetto al bambino.

Sapersi rendere disponibile dovendosi anche confrontare con esigenze simultanee e contrastanti della vita professionale e familiare è una grande sfida, ma è la condizione necessaria e sufficiente a permettere a ciascuno di arricchirsi e realizzarsi anche come genitori, a beneficio del bambino. Affinché tutti e tre possano, quindi, beneficiare al meglio del tempo disponibile, forte di una relazione positiva, il padre non solo "aiuterà" concretamente la sua compagna in casa, ma suddividerà con lei i compiti in modo equo a beneficio di tutti.

L'autorità e la definizione dei limiti

I genitori non dovranno lasciare che il bambino faccia sempre di testa sua; anzi, dovrà percepire intorno a sé dei limiti da rispettare, tra i quali la nozione di pericolo. In un universo regolato da una sorta di "segnaletica", il bimbo si sentirà più a suo agio e, quando comincerà ad autoaffermarsi con i primi «no», avrà ancora più bisogno di rimanere entro i confini fissati dai genitori.

Le prime frustrazioni del bambino

I bimbi non sono in grado di fare capricci, il loro pianto corrisponde a un'esigenza e si può dire che siano sempre di norma in attesa della soddisfazione di un bisogno. I genitori possono insegnargli ad aspettare, calmandolo, a condizione che questa fase non duri a lungo. Così, il neonato che ha fame arriverà poco a poco ad aspettare pazientemente che il biberon sia pronto. Lo stesso vale quando sarà ancora troppo caldo o se i genitori saranno per un momento occupati. Ciò che più importa è che il bambino senta che il genitore ha sentito il suo richiamo, lo aiuti ad aspettare con pazienza e si dia da fare per soddisfarlo. Questi sentimenti di frustrazione sono inevitabili, ma anche benefici.

Un bambino che ha fame non può capire che la madre gli darà presto da mangiare, se lei non manifesta l'intenzione di farlo. La frustrazione che il bambino prova in un caso simile è di un'intensità che può portarlo alla disgregazione anziché alla nascita di un atteggiamento di pazienza. È una questione di misura: sentendosi accompagnato e sostenuto dai genitori anche nei suoi primi dispiaceri, il bimbo riuscirà a tollerare più facilmente il senso di frustrazione che presto o tardi incontrerà vivendo, perché potrà contare su una base affettiva che gli dà la forza di affrontarlo.

Il ruolo dei divieti

I primi divieti che di norma sono dati dai genitori al piccolo riguardano gli oggetti che non può prendere e, in seguito, i suoi primi spostamenti. Lo scopo è di proteggere il bimbo da eventuali pericoli domestici, di insegnargli a rispettare gli oggetti e di non turbare troppo la tranquillità della famiglia. Questi confini sono necessari e possono essere assimilati fin d'ora dal piccolo che li percepirà come regole.

IMPARARE LE REGOLE • La struttura psicologica del bambino piccolo lo porta a cercare la soddisfazione immediata dei suoi desideri, ma è molto importante che arrivi gradualmente anche a un principio di realtà, ossia che confronti i propri desideri con la possibilità, o meno, di vederli realizzati. È attraverso la progressiva integrazione dei

→ Anche quando la rabbia sfocia nel pianto, dovrete rimanere fermi sui divieti che avete stabilito.

divieti che il bambino sarà in grado di assimilare le leggi e le regole che governano la vita sociale.

Pertanto non è il caso di vietare troppe cose al bambino che si trova in fase di esplorazione, rischierebbe di sentirsi paralizzato dal timore di comportarsi male o deludere i genitori. È necessario anche distinguere chiaramente le cose vietate per questioni di sicurezza, igiene o convivenza pacifica dalle azioni che contribuiscono alla sua crescita e al raggiungimento della sua autonomia: «Non toccare la porta del forno, però sali pure sul divano!», per esempio.

SEMPRE PIÙ RESPONSABILE • I divieti sono anche un sostegno psicologico, per il bambino piccolo. Egli sente il bisogno di appoggiarsi alle decisioni degli adulti, e di non responsabilizzarsi troppo in fretta. Nonostante le ambizioni e i sogni di onnipotenza, deve trovare dei limiti che lo aiutino a non sentirsi in colpa per ciò che lo mette in difficoltà. Con i divieti stabiliti, i genitori assicurano la responsabilità di ciò che per loro si può fare o, al contrario, è pericoloso.

Accettando questo ruolo e sopportando l'aggressività del bambino scontento, lo aiutano a non sentirsi responsabile di ogni cosa. Siccome le situazioni a rischio sono molte, se il bambino dovesse fare attenzione a ogni cosa da solo, come potrebbe continuare ad agire ed esplorare il suo ambiente? Una tale situazione potrebbe facilmente portarlo a uno stato di autorepressione o a un'inibizione veramente nefasta. Se si verificassero dei problemi, i genitori non dovrebbero esitare a chiedere consiglio a un professionista.

> " Nostra figlia ha ora due dentini e si diverte un mondo a usarli per mordere quando è di cattivo umore. Come posso mettere fine a questa cattiva abitudine?"

IL BAMBINO CHE MORDE

È possibile che tutto sia cominciato con un morso accidentale cui avete reagito lasciandovi scappare un urletto che ha fatto ridacchiare la piccola, che poi ha portato a una risata da parte vostra, dando così inizio a un nuovo gioco: lei la morde, aspetta la sua reazione, il suo «Eh, no!» e la sua volontà e il suo tentativo di rimanere impassibile la divertono davvero molto. Anziché incoraggiarla ridendo (o reagendo violentemente, il che la inviterebbe a farlo di nuovo), fatele chiaramente capire che non deve semplicemente morderla con un altro «Eh, no!» fermo e deciso. È importante farle perdere questa cattiva abitudine fin d'ora per evitare eventuali problemi di morsi più gravi in seguito. Non è troppo presto per insegnarle che, certo, i denti sono fatti per mordere, ma ci sono cose che può mordere (un dentaruolo, un pezzo di pane o una banana) e altre no (le dita del fratello maggiore, la spalla del papà ecc.).

IL RUOLO REGOLATORE DEI GENITORI

▸ Attraverso i contatti quotidiani, il bambino arriverà poco a poco a comprendere, a modo suo, che i suoi genitori possono aiutarlo a regolare le sue emozioni e il suo eventuale senso di frustrazione. Per esempio, quando un bambino piange per la fame, la madre accompagnerà i suoi preparativi del pasto con parole calmanti, anche se talvolta potrebbe essere effettivamente difficile non farsi scappare la pazienza.

▸ Un ambiente tranquillizzante aiuta certamente il vostro piccolo a dominare la sensazione urgente che prova. I genitori che hanno atteggiamenti spontanei, giocano un ruolo molto importante di "filtro" tra il bambino, ancora immaturo, e le sue emozioni.

▸ Analogamente, quando il bambino si trova in un ambiente troppo stimolante, cercano di calmarlo parlandogli e si mettono con lui un po' in disparte. In questo caso, fanno da tampone tra il piccolo e un ambiente che lui non potrebbe ancora capire.

▸ Attraverso tutte queste esperienze ripetute, il bambino riuscirà a percepire un senso di sicurezza interiore poiché i suoi bisogni sono soddisfatti al meglio da questa voce che commenta le sue emozioni e i vari scambi affettuosi con il suo entourage. In questo modo, riuscirà a integrare in sé questa possibilità di sentirsi rassicurato e costruire in sé un senso di continuità e fiducia. I genitori gli trasmetteranno, in parte, la maniera stessa in cui loro si sono costruiti la propria facoltà di adattarsi a un ambiente che potrebbe apparire stressante.

▸ **Non esistono maniere di fare buone o cattive.** Ognuno sviluppa la propria capacità di adattamento in base al suo temperamento e la sua storia familiare o personale. Portare in sé un senso di fiducia gioca un ruolo molto importante nella crescita: così, i bambini piccoli sono molto più in grado di esplorare ed esercitare la propria curiosità.

Da 1 anno a 18 mesi

- I progressi del vostro bambino
- Parlare e farsi capire
- I primi passi
- Scegliere con cura i suoi giocattoli
- Verso un'alimentazione "adulta"
- Dare un buon ritmo al sonno
- Come impara a crescere, dormendo
- L'età delle prime "bue"
- Sicurezza in giardino
- Il periodo dei "no"!
- Affrontare le crisi di rabbia

I progressi del vostro bambino

Durante questo semestre il vostro bambino vivrà notevoli sconvolgimenti personali sia per quanto riguarda l'aspetto motorio, soprattutto imparando camminare, sia sul piano dello sviluppo cognitivo e psicologico, con il primo desiderio di autoaffermazione e la scoperta di nuove emozioni.

Mobilità e destrezza

Tra il 12° e il 18° mese, il vostro bambino imparerà a camminare, inizialmente con il sostegno delle vostre mani e poi da solo, il che gli permetterà di scoprire tutto un nuovo universo. Inizialmente cadrà spesso, ma si rialzerà subito.

A questa età sa salire le scale a "quattro zampe", sedersi da solo, accovacciarsi per raccogliere qualcosa, lanciare un giocattolo dietro di sé o lanciare un pallone, anche se a volte è ancora un po' maldestro e manipola gli oggetti con entrambe le manine, indifferentemente. Adora impilare gli oggetti per poi demolire le sue "costruzioni".

ATTENZIONE ALLA SICUREZZA! • La sicurezza è essenziale per un bambino così curioso che non finirebbe mai di esplorare tutti gli angoli di casa. Se non sa ancora correre, sa però stare in piedi tenendosi a ciò che trova in casa, una sedia, ma magari anche il manico di una padella sul fornello. Per questo motivo, tutto ciò che potrebbe individuare come sostegno per alzarsi deve essere ben fissato al muro.

Girate sempre i manici di pentole e padelle verso l'interno del fornello, per non tentare il piccolo. Per farvi un'idea precisa del suo punto di vista, provate a mettervi alla sua stessa altezza.

Senza diventare ossessivi, non lasciate oggetti in giro per ridurre al massimo i pericoli per il piccolo esploratore. Ci sono poi tutti i piccoli oggetti che può portare alla bocca con il rischio di soffocarsi; abbiate l'accortezza di togliere dalla sua portata anche gli oggetti a lui familiari perché, a questa età, perfino un inoffensivo tozzo di pane deve essere mangiato solo sotto sorveglianza.

> **Il bambino in cifre**
>
> A 14 mesi (ossia a metà di questo semestre), il bambino pesa tra 8,5 e 13,8 kg, con una media intorno a 11,2 kg per i maschietti e 10,6 kg per le femminucce. La statura è tra 72 e 87 cm (media rispettiva di 80,5 e 79 cm). La circonferenza cranica è compresa tra 44,5 e 50,5 cm (media di 47,5 cm).

Mangiare e dormire

Con i suoi quattro pasti quotidiani, il bambino mangia alimenti sempre più variati, apprezza pappe anche non passate e adora mangiare in vostra compagnia. Ama anche intingere i piccoli bocconi con le dita e poi portarli alla bocca con grande delizia, grazie anche ai primi quattro molari che dovrebbero essere già spuntati!

Il sonno, invece, può essere meno facile perché il bambino può trovare nuove difficoltà ad addormentarsi, con i primi incubi, e soffrire di terrore notturno e i disturbi legati a questo intenso periodo di apprendimento possono durare più o meno a lungo.

A UN ANNO SI FA FESTA!

- «Ha già un anno!», si dice spesso il giorno del primo compleanno, tanto i mesi sembrano essere passati velocemente... molti genitori hanno il desiderio di "segnare il passaggio" invitando, per l'occasione, nonni, padrino, madrina e gli amici più prossimi.
- Anche se ancora piccolo, il vostro bambino sarà felice di sentire che si prepara una festa tutta per lui, di cui potrete spiegargli il significato: siete fieri di questo primo compleanno e del modo in cui è cresciuto e quindi, in quanto suoi genitori, avete il desiderio di festeggiare questa giornata speciale con i vostri cari.
- Evitate sempre che tutti gli invitati si avventino sul piccolo, rimanete con lui il tempo necessario ad adattarsi alla presenza di tutti gli invitati. Se ha paura, non lasciate che sia passato di braccio in braccio. Sicuramente gli piacerà già soffiare sulla candelina, mangiare la torta e aprire i regali.
- Lasciategli il tempo di assaporare questi istanti, anche se voi e gli invitati siete ansiosi di vedere le sue reazioni: aprire piano i pacchetti fa parte del piacere... se gli invitati sono stati molto generosi, potrete riservare alcuni regali per un momento successivo. In ogni caso, al vostro bambino rimarrà il ricordo di questo momento così speciale e di tutto l'amore che ha ricevuto!

Quando avrà imparato bene a camminare, il bambino potrà dedicarsi a moltissime altre attività.

> " Il mio bimbo ha appena compiuto un anno e non vuole più il biberon. Finora era un vero piacere e un momento per stare insieme. Abbiamo provato di tutto, ma invano! Né il papà, né io, né la baby-sitter che si occupa di lui ci siamo riusciti e lui continua a rifiutarlo violentemente. Non so più bene che cosa fare e temo una mancanza di calcio. "

SE RIFIUTA IL BIBERON

Verso la fine del 1° anno, alcuni bambini diventano refrattari al biberon. Ciò che importa è capire che cosa provochi questo rifiuto: il biberon in quanto contenitore o il latte che vi è contenuto? Alcuni prediligono il passaggio all'alimentazione solida e quindi lo rifiutano per questo; preferiscono di gran lunga assaporare la pappa o mangiare una composta di frutta al cucchiaio, piuttosto che bere il latte liquido dal biberon, anche se mescolato a una pappa di verdure. Se questo è il vostro caso, non costringetelo a mandare giù 750 ml di latte a ogni costo. Provi a offrirgli un latticino specifico per l'infanzia e compensi il calcio presente nel latte con un'altra forma non liquida. Se osserverà che apprezza comunque il gusto del latte, ma ciò che rifiuta è il biberon, tenti l'alternativa della tazzina a beccuccio. In ogni caso, faccia attenzione a non lasciare mai che il suo bimbo si addormenti mentre beve il latte. Il lattosio (lo zucchero contenuto nel latte) danneggia i denti definitivi se solo quelli da latte cominciano a cariarsi anche soltanto leggermente.

L'aspetto relazionale

A partire dai 13 mesi, il bambino spesso comprende delle istruzioni semplici (anche se non accompagnate da un gesto) e cerca sempre di più di "fare da solo". Per esprimersi usa una sorta di gergo, ma sa solitamente già dire «papà» e «mamma» e conosce perfettamente la distinzione tra loro due.

Egli esplora il suo corpo, scoppia di vitalità e scopre lo spazio intorno a lui, obbedisce poco e comincia già a opporsi a voi. Scopre gli altri bambini, ma le sue reazioni sono ancora aggressive e il più delle volte gioca da solo. Tra il 1° e il 3° anno di età, i bambini adorano gli animali. Portate il vostro in una fattoria o in un parco zoologico per fargli scoprire gli animali in carne e ossa. In questo modo, avrà la possibilità di vedere dal vivo ciò che è rappresentato sui libri e comincerà a distinguere l'immaginario dal reale. Anche quando andrete a fare la spesa, fermatevi pure in pescheria per fargli ammirare i granchi, i pesci e i crostacei nell'acquario!

Parlare e farsi capire

Già a un anno il bambino comincia a parlare. Formula le prime parole nel suo gergo personale e comincia solo in seguito ad associarle con precisione. I progressi sono molto diversi da un bambino all'altro e alcuni privilegiano a lungo il linguaggio del corpo, prima di passare alla tappa successiva.

Il linguaggio preverbale o "gergo"

Passato il 1° compleanno, il bimbo comincia a parlare in gergo (linguaggio preverbale) inserendo qua e là alcune vere parole. Con le 4 o 5 sillabe più o meno articolate di cui dispone inizia a parlare in "bambinese".

UN ESPRIMERSI INNANZITUTTO MUSICALE • Nel periodo tra i 6 mesi e il 1° anno, il bambino ha imparato innanzitutto a comprendere le situazioni e poi a pronunciare qualche semplice parola associata ai gesti quotidiani e ora articola dei suoni come se volesse commentare ciò che lo circonda. Il gergo, inizialmente sintetico, diviene più lungo e ritmato nell'arco di alcune settimane. Anche se le frasi rimangono incomprensibili, l'intonazione ricorda il linguaggio degli adulti: il piccolo imita le domande e le esclamazioni, ed esprime piacere o collera usando l'intonazione vocale in una sorta di musica senza parole. Per ora canticchia, ma più avanti riuscirà a memorizzare la melodia delle canzoni che più gli piacciono.

GESTI E INTONAZIONE • Alcuni bambini passano dalle sillabe al linguaggio dei gesti e si accontentano di questo per diverse settimane o mesi. Essi accompagnano i movimenti a intonazioni diverse in funzione di ciò che vogliono esprimere. A un anno tutti i bambini cominciano a puntare il dito verso ciò a cui non riescono ad arrivare e a toccare per chiedere che gli venga dato, ma senza dubbio anche per il piacere di fare delle domande. Dal canto loro, i genitori gli rispondono «Ecco, adesso te lo do!» oppure «Sì, quella è una...». Quando associa un gesto a un'espressione del viso, riesce a sostituire alle parole la musicalità di un verso per chiedere che gli venga data una certa cosa. Non bisogna preoccuparsi dell'eventuale assenza di parole prima del 2° anno e non bisogna sforzare il bambino a parlare a ogni costo. Nulla vi impedirà comunque di aggiungere qualche parola alla sua musica!

Le prime parole

La progressione del linguaggio avviene per fasi successive che vanno dal gergo alla capacità di comporre brevi frasi. Le prime parole compaiono spesso dopo il 1° anno, ma il vocabolario rimane semplice per qualche mese, non andando oltre le 10-15 parole.

E IL BILINGUISMO?

- Se la vostra lingua madre non è l'italiano, probabilmente volete che vostro figlio sia bilingue; ciò accadrà naturalmente se ognuno dei genitori gli parlerà, fin dalla nascita, nella sua lingua di origine.
- Il padre e la madre devono entrambi usare imperativamente la propria lingua madre, quando sono soli con il piccolo, e possono parlare nella lingua che desiderano quando la famiglia è al completo.

- Verso i 2 o 3 anni il bambino dirà indistintamente parole nell'una o nell'altra lingua, spesso mescolandole, cosa del tutto normale, e imparerà in seguito a dissociare l'italiano dall'altra lingua.
- Il bambino bilingue non incontra generalmente particolari problemi scolastici (né nell'apprendimento, né nella lettura o nella scrittura). Non c'è quindi ragione di esitare, se questo è ciò che desiderate.

- Il bilinguismo non rappresenta mai causa di problemi ai bambini che non abbiano già altre difficoltà di linguaggio.
- L'apprendimento molto precoce di una lingua straniera è possibile, anche se non si tratta della lingua madre dei genitori, che rimarrà sempre quella degli affetti. Senza una motivazione specifica, però, non è detto che questo abbia motivo d'essere, a quest'età.

Con l'acquisizione del linguaggio, il bimbo si diverte a nominare ogni cosa, ma la gioia di pronunciare parole varia secondo il periodo.

IL BISOGNO DI UN AMBIENTE FAVOREVOLE • Quando il bambino comincia a ripetere da solo le parole e a registrarne di nuove, verso il 18° mese, inizia a progredire in modo più evidente. Ben presto assocerà 2 o 3 semplici parole senza usare ancora i verbi. Questi principi di linguaggio sono una fase del suo sviluppo neurologico che richiede un ambiente favorevole, con sicurezza affettiva e attività ludiche. Il vostro bambino può cominciare a riconoscere gli animaletti sui libri illustrati e a servirsene per allenarsi divertendosi, anche se l'apprendimento non dovrà mai essere "elaborato".

IL PIACERE DI DARE UN NOME ALLE COSE • Le prime parole possono dare al vostro bambino un piacere intenso quanto il muovere i primi passi. Dare un nome e un senso alle cose è anche un modo di appropriarsi del suo ambiente. Questa gioia di pronunciare le parole varia molto, tuttavia, da un bambino a un altro, appare in certi periodi e si attenua nettamente in altri. Il bambino avrà piacere di utilizzare le parole che indicano ciò che gli piace o ha per lui un valore.

Molte parole hanno una funzione utilitaria: "tieni", "dai", "bagno", "acqua", "pane"… il piccolo dice le proprie parole anche in base ai suoni che sente più spesso: gli uni sono comuni a molti bambini, come "brum-brum" per indicare l'automobile; altri sono creazioni personali che appartengono solo a lui.

TUTTO UN MESSAGGIO IN UNA PAROLA • Tra il 1° e il 2° anno, il piccolo comprende più parole di quante riesca a esprimerne. Si stima che, tra i 18 mesi e i 2 anni di età, sia in grado di pronunciare 50-65 parole, ma che ne comprenda circa 300. Questo fa sì che i suoi messaggi siano generalmente più complessi di quanto sembrino. Quando vi dice «Mamma», potrebbe voler dire: «Sono contento che tu sia qui!» o «Perché hai preso la tua borsa?» oppure «Che bel vestito che hai!»…

Per lui, il senso di una parola è spesso più esteso che per noi adulti. "Papà" può indicare non solo il proprio padre, ma anche tutti gli adulti maschi che lui conosce; il termine "bu-bu" può significare «cane», ma anche «cavallo», «gatto» eccetera. Qualche volta, però, restringe anche il senso: alcune bambine, per esempio, riservano il termine "bambola" solamente alla propria preferita e non lo utilizzano mai per le altre.

I primi passi

Camminare segna l'inizio di una nuova fase nella vita del bambino (e dei genitori!). Finalmente il piccolo può accedere alla verticalità e allo spazio dei "grandi": tutti i suoi sforzi sono concentrati sull'apprendimento di questa abilità, per ora a scapito delle altre. In seguito, una volta imparato a camminare, i progressi si succederanno a ritmo serrato: correre, arrampicarsi, salire le scale... il suo desiderio di esplorare ciò che lo circonda non conoscerà più freni.

Un grande balzo in avanti

Un giorno il vostro bambino trova la forza di lasciare la mano che lo sostiene: non è cosa da poco! Camminare rappresenta una tappa essenziale nel suo sviluppo neurologico e gli permette di conquistare finalmente lo spazio tridimensionale in cui si muove e di "partire all'avventura". Ben presto, nel giro di qualche settimana, il piccolo correrà già dappertutto gridando di gioia quando lo inseguirete. La sua e la vostra prospettiva cambieranno radicalmente...

SFORZI AMPIAMENTE RICOMPENSATI • In un primo tempo, cominciare a camminare bene richiederà molti sforzi al piccolo e diventerà la sua attività essenziale. Ben presto, però, sarà anche un formidabile modo di accedere a tutto ciò che lo circonda e che lo tenta già da mesi. Scoprirà il mondo mettendoci tutta la sua energia, ma avrà bisogno della vostra fiducia e del vostro sostegno e tornerà spesso da voi per sentirsi rassicurato e ripartire più spedito.

I primi passi

Sarà il piccolo a capire quando è il momento migliore per lanciarsi. Deve riuscire a stare in piedi da solo per poi cominciare a camminare con un sostegno, già tra il 10° mese e il 1° anno di età. Si aiuta ancora con le vostre mani e con le proprie, appoggiandosi alle colonne che trova ai giardini, alle sedie, ai cuscini del divano eccetera. I suoi progressi di coordinazione ed equilibrio gli permetteranno in seguito di tenersi in piedi servendosi di una sola mano o perfino di un solo dito.

E LE PRIME CADUTE! • Dopo qualche settimana o più, il piccolo farà da solo 2 o 3 passi per poi ricadere seduto. Se i primi tentativi lo spaventano, non ci riproverà subito e avrà bisogno di qualche giorno o anche 2 o 3 settimane per riprendere fiducia. I suoi primi passi sono esitanti, un po' scoordinati, con le gambe divaricate per darsi stabilità. Non sapendo come accovacciarsi, il piccolo si ferma e si lascia cadere per terra per poi ritentare l'esperienza quasi all'infinito. Gli servirà un po' di tempo per coordinare i movimenti e avanzare con passo più armonioso e sicuro. Da qui in poi, le cadute saranno più frequenti e quasi senza gravità, tanto il piccolo è ancora leggero. In ogni caso, non gli impediranno mai di perseverare e fare sempre nuovi progressi.

È il caso di aiutarlo?

Tenere per mano il proprio figlio e accompagnarlo nei suoi primi passi è certamente un grande piacere e non c'è motivo di privarsene. Ciò che importa è seguire il suo ritmo di apprendimento: se non prova a camminare da solo, non forzatelo mai e, se ha bisogno di voi, non lasciatelo solo. Sarà sufficiente rispettare le sue iniziative senza cercare di frenarlo.

NON C'È FRETTA! • A volte, si vedono genitori che tengono i loro bambini da sotto le ascelle e li invitano a camminare:

Attenzione!

Anche se non c'è ragione di preoccuparsi, un bambino che non cammini ancora a 18 mesi compiuti deve essere esaminato dal medico, che saprà capire se sussistano o meno fattori fisici o emotivi che gli impediscono di farlo.

Da 1 anno a 18 mesi

→ Per aiutare il bambino ad acquistare fiducia, l'ideale è tenerlo con entrambe le mani rimanendo dietro di lui.

trova poco a poco il suo centro di gravità, comprende qual è il modo migliore di tenersi in piedi e di cadere. Deve poter fare queste esperienze seguendo il proprio ritmo e scoprire le proprie capacità per trovare anche i suoi limiti. Quando comincia a camminare senza appoggio, lasciate che si allontani da voi: non andrà troppo lontano e tornerà presto. Sotto il vostro sguardo attento, si sentirà più sicuro e felice della vostra approvazione e del vostro essere orgogliosi di lui. Alcune volte avrà voglia di essere aiutato, perché questi sforzi richiedono molta energia; quando cadrà, però, vi chiamerà e voi lo aiuterete a rialzarsi in piedi. Il più delle volte, se gli lascerete l'iniziativa, si rialzerà da solo.

Gambe ad arco e piedi in dentro

Quando il bambino comincia a camminare spesso può avere le gambe non perfettamente diritte. Alcuni hanno le ginocchia leggermente ruotate all'esterno, un'andatura alla "cavallerizza" e le gambe leggermente arcuate. Altri, invece, hanno le ginocchia che si toccano e i piedi ruotati all'interno. Queste piccole imperfezioni non prefigurano

i piccoli compiono automaticamente movimenti simili alla marcia, ma appoggiano i piedini senza quasi esserne coscienti. Evidentemente non sono ancora pronti ed è totalmente inutile cercare di "allenarli": così non impareranno a camminare prima. Nemmeno il girello, in cui il bambino, prima dell'età di 1 anno, si trova quasi sospeso, non lo aiuta assolutamente a imparare a camminare o ritarda addirittura il processo (vedi pag. 157).

SENZA LE MANI • Tra la fase in cui cammina appoggiandosi al muro e quella in cui avanza da solo per diversi metri, il bambino ricerca dei punti fermi. Cerca il suo equilibrio,

LE PRIME SCARPINE

> Per il bambino che non sa camminare, le scarpe sono solo un fastidio. Più i piedini possono muoversi liberamente, meglio sarà per lui, perché la caviglia svilupperà una buona muscolatura.

> Quando comincerà a stare in piedi da solo, dei calzini antiscivolo o babbucce con suola morbida saranno sufficienti a proteggerlo dal freddo del pavimento e dal rischio di scivolare.

> Potrete scegliere per lui le prime scarpe quando comincerà a camminare spedito: il bambino si serve delle dita dei piedi per muovere i primi passi e riuscirà a farlo meglio a piedi nudi.

> Per conferirgli un buon appoggio, **le scarpine devono avvolgere molto bene la caviglia, avere una suola antiscivolo stabile, un piccolo tallone e punta tonda;** non devono mai essere scarpe pesanti.

> Per il primo anno in cui cammina, avrà bisogno di 2 o 3 paia di scarpe. Acquistatele a mano a mano che vi servono e soprattutto fategliele provare prima per sicurezza.

> Il bambino ha bisogno di una scarpa realmente adatta al suo piede, per muovere i primi passi; scarpe troppo grandi gli impedirebbero di camminare bene. È buona norma verificare anche, di tanto in tanto, che le piccole dita dei piedi non siano schiacciate contro la punta interna della scarpa perché il piccolo non riesce a segnalare chiaramente il suo "mal di piedi".

> "Nostro figlio ha appena compiuto un anno e non cammina. Lei pensa sia normale?"

SE NON CAMMINA ANCORA

Molti genitori vorrebbero che il figlio facesse i primi passi già il giorno del 1° compleanno, ma sono pochi i bambini che a quest'età sono già pronti e capaci di rispondere a questo desiderio. La maggior parte dei bambini cammina dopo il 1° anno di età e l'età alla quale muove i suoi primi passi, che abbia 9 mesi, 15 o più, non significa nulla in termini di intelligenza o futuro successo in qualsiasi campo (ivi compreso lo sport).

A questa età, l'atto di camminare è spesso legato alla costituzione genetica: la deambulazione precoce (o tardiva) in famiglia, il peso e la morfologia. Il bambino muscoloso e "tutto nervi" spesso comincia a camminare prima del bambino flemmatico e paffuto. Può anche dipendere dalla sua personalità: il bambino che ama rischiare tende a raccogliere prima la sfida del camminare rispetto al bambino più prudente.

Ciò dipende anche da quando ha cominciato a gattonare e dalla maniera in cui si è abituato a farlo. Un bambino che fa fatica a spostarsi "a quattro zampe" o che non si sposta affatto cammina talvolta prima di quelli che gattonano a tutta velocità.

Un'esperienza negativa – come, per esempio, una brutta caduta al primo tentativo – può anche ritardare i primi passi. In questi casi, il piccolo può scegliere di non tentare troppo la fortuna, prima di sentirsi completamente stabile e capace di avventurarsi da esperto, piuttosto che da goffo dilettante.

I bambini che sono spinti giornalmente a camminare da genitori troppo impazienti tendono a ribellarsi facilmente (soprattutto se di natura testarda) e arrivano a camminare più tardi che se non fossero stati lasciati progredire gradualmente e secondo il proprio ritmo.

I primi passi del bambino stanco a causa, per esempio, di una recente otite, influenza o un'altra malattia, possono anche subire un ritardo perché rimandati a dopo la guarigione. Il bambino malato che cammina poco può talvolta regredire e fare solo qualche passo per poi crollare quando perde l'assetto, poi ricominciare a camminare bene non appena è di nuovo in forma.

conseguenze di sorta, non disturbano il piccolo e scompaiono nei mesi o negli anni a venire (entro il 4° anno di età).

Potrete comunque parlarne con il pediatra, che verificherà l'assenza di anomalie eventuali e saprà consigliarvi. Pedalare in triciclo e camminare scalzo nella sabbia o sulla moquette, per esempio, sono esercizi ottimi quando il piede tende verso l'interno. Portare solette ortopediche o frequentare sedute di rieducazione sono misure raramente necessarie, che si impongono solo in casi particolari.

LA PERCEZIONE DEL PERICOLO • Dal momento in cui impara a camminare, il bambino è ben felice di manifestare la sua insaziabile curiosità. Vuole andare dappertutto, toccare ogni cosa, scalare il divano e il tavolino del salotto, guardare dalla finestra... quanto a voi, temete soprattutto che possa farsi male. I rischi di infortunio, effettivamente, non sono per nulla trascurabili.

Per la sua sicurezza è importante rendere sicuri gli spazi della casa, eliminando tutti i trabocchetti, mettendo fuori portata gli oggetti pericolosi e vietandogli l'accesso alla cucina e al bagno. Proteggete le prese di corrente; i farmaci e prodotti per la casa devono essere messi fuori dalla sua portata, la scala va resa inaccessibile (vedi pag. 243).

IL BAMBINO DAVANTI AL PERICOLO • Il piccolo ha ancora una coscienza limitata del pericolo; per esempio, trova difficile valutare le distanze ed è prudente, anche se a modo suo. Può scappare verso di voi se un cane vicino a lui si mette ad abbaiare e non tocca più volontariamente un oggetto con cui si ricorda di essersi fatto male... talvolta, quando si trova in un luogo sconosciuto, vi rivolge

A CHE ETÀ?

› Il tono e la forza muscolare, così come il senso dell'equilibrio, sono estremamente variabili secondo il bambino. **Non esistono norme in merito ed è preferibile non fare confronti tra le abilità di bambini diversi,** sia per il camminare sia per le altre abilità.

› Ciò che conta è che ogni tappa dello sviluppo (camminare, parlare, tenersi pulito) sia raggiunta entro un dato periodo, detto "periodo sensibile" e non tanto a un'età precisa. Come confermato dalla maggior parte dei bambini, anche il vostro camminerà tra i 10 e i 16 mesi.

› Sappiate che non esiste alcuna correlazione tra la precocità della marcia e lo sviluppo dell'intelligenza. Tuttavia, se ciò vi preoccupa, nulla vi impedirà di parlarne al pediatra, che il ritardo sia supposto o reale (superiore ai 18 mesi).

Quando il bambino inizia a camminare bene, lo si può incoraggiare a fare altre esperienze, ma sempre vegliando sulla sua sicurezza.

lo sguardo per sapere se può camminare senza timore. Progressivamente obbedirà più facilmente ai vostri «No» quando la vostra intonazione gli sembrerà convincente (soprattutto se temete per lui) e comprenderà immediatamente il pericolo.

«SI È FATTO MALE UN'ALTRA VOLTA!» • Ci vuole un po' di tempo perché il bimbo impari a conoscere il suo ambiente e questo addestramento non sarà completo prima del terzo anno. Il piccolo imparerà, tra le altre cose, anche a forza di esperienza: qualche piccolo graffio o livido sono il prezzo da pagare. Per aiutarlo a prendere coscienza di alcuni pericoli, il linguaggio funzionerà più di ogni altra cosa. Dovrete spiegargli perché è caduto o si è fatto male, fargli capire perché "questo gli fa male", per esempio, facendogli sentire, accennandolo, che la pentola o il ferro da stiro emettono calore o che il coltello o le spine delle rose pungono.

STABILIRE I LIMITI • Perché un divieto sia rispettato, dovrete tenere a mente che il bambino piccolo non sa distinguere tra ciò che è bene e ciò che è male, ed è dominato da una grande sete di scoperta. Spetterà a voi fissare i limiti, sia a casa sia all'esterno... alcuni rischi saranno ammissibili, altri non saranno però negoziabili. Non ripetete continuamente «Così ti fai male!» ogni volta che il vostro bambino prende un'iniziativa: potrebbe arrivare a percepire il mondo come un luogo inquietante e moltiplicare i divieti non farà altro che frenare i suoi slanci e vessarlo inutilmente.

Scegliere con cura i suoi giocattoli

Se il vostro bambino passa volentieri il tempo con i suoi primi giocattoli, ha anche bisogno di stimoli sempre nuovi. Come sceglierli? Passeggiare in un negozio di giocattoli è come essere in mezzo a una parata di carnevale... ogni corsia attira l'attenzione con un'ampia scelta di articoli. Una tale immersione sveglia il bambino che dorme in ogni adulto, ma scegliere un giocattolo è anche una grande responsabilità dei genitori.

I criteri della scelta

Per non soccombere al fascino delle confezioni e dei gadget proposti dall'industria del giocattolo e per non finire con una vasta collezione di giocattoli abbandonati, riflettete sui punti che elenchiamo qui sotto, prima di contemplare un acquisto o di decidere se dovete conservare o meno un giocattolo o restituirlo al negozio.

È ADATTO ALLA SUA ETÀ? • Appare evidente che dovrete offrire al vostro bambino un giocattolo che gli piaccia e con cui potrà divertirsi da subito. Anche se può dimostrare interesse per un giocattolo destinato ai più grandi e riuscire a giocarci, potrebbe farsi del male. In effetti, l'età indicata tiene in conto l'aspetto della sicurezza. È possibile che nel momento in cui il bambino sarà abbastanza grande per divertirsi con il suo giocattolo, se ne sarà già stufato.

Come capire, quindi, se un giocattolo è adatto al vostro bambino? Guardate innanzitutto l'età indicata sulla confezione. Il vostro piccolo potrà solitamente apprezzare i giocattoli con un po' di anticipo o di ritardo, rispetto alla media. Se avrete modo di provarlo a casa di amici o nel negozio, osservate le sue reazioni. Sembra interessato al giocattolo? Ci gioca volentieri? Il "buon" giocattolo è quello che gli consentirà di perfezionare le sue nuove abilità e lo incoraggerà a sviluppare nuove attitudini. Non deve essere né troppo facile (e quindi annoiarlo), né troppo difficile (e quindi frustrarlo).

È STIMOLANTE? • Non tutti i giocattoli devono necessariamente avere un contenuto educativo. La prima infanzia (come tutta l'infanzia) è anche l'età del puro piacere. Tuttavia, il vostro bambino apprezzerà più facilmente un giocattolo che, oltre a essere carino, aguzzi la vista, l'udito, il tatto eccetera.

Molto presto avrà bisogno di giocattoli che stimolino la coordinazione tra occhio e mano e quella motrice (fine e generale), la comprensione della relazione tra causa ed effetto, il riconoscimento di forme e colori, la discriminazione uditiva, le relazioni spaziali così come quelle sociali e linguistiche, l'immaginazione e la creatività.

È VERAMENTE SICURO? • La sicurezza è forse la prima questione in gioco. Ogni anno i giocattoli sono causa di incidenti (senza contare quelli dovuti a biciclette, slittini, scooter, pattini e skateboard che colpiscono i bambini più grandi). Anche se i giocattoli in commercio rispettano normative molto rigorose (niente vernici o rivestimenti tossici e bordi taglienti, per esempio), nella scelta di un giocattolo per il vostro bambino, fate attenzione a questi punti:
• La solidità: un giocattolo che si rompa o si smonti facilmente rischia di fare male al piccolo.
• La facilità di lavaggio: un giocattolo difficile da lavare diventa presto un nido di batteri, un problema serio per i bambini piccoli che lo mettono subito in bocca.
• Una misura sufficiente: i giocattoli troppo piccoli (vedi l'indicazione dell'età sulla confezione), o che includono parti staccabili, possono essere a grave rischio di soffocamento. Lo stesso vale per i giochi che includono parti che possono essere strappate con i denti.

Attenzione!

Se il vostro bambino ama colorare, lasciatelo usare matite e pennarelli solo sotto la vostra stretta sorveglianza, perché le punte possono fare disastri se le infila nel naso o negli occhi.

→ Se adatto all'età del bambino, questo genere di gioco stimola la coordinazione tra l'occhio della mano.

e melodiosi ed evitate i suoni stridenti, troppo forti o anche gracchianti.

È NEL VOSTRO ORIENTAMENTO PEDAGOGICO? • Anche se più facile per i giocattoli dei neonati che per quelli dei bambini più grandi, non è mai troppo presto per fare attenzione ai messaggi che essi trasmettono e per domandarvi se sono compatibili con i valori che avete scelto. Non lasciate che la società – e men che meno le società che producono giocattoli-spazzatura – decida per voi ciò che è meglio per il vostro bambino.

I giocattoli per i bimbi da un anno in poi

Prime parole. Primi passi. Con queste due nuove abilità, il gioco di apprendimento è più divertente che mai. Il mondo si ingrandisce a passi da gigante; date al vostro bambino la possibilità di esplorare e imparare, favorendo il suo sviluppo psichico, sociale, intellettivo ed emotivo, offrendogli il tipo di stimoli che andiamo a proporre.

Anche se i bambini a un anno e più sono molto più abili che a 6 mesi, non riescono comunque a concentrarsi a lungo. Alcuni giochi arriveranno a captare la loro attenzione per momenti lunghi, ma la loro capacità di concentrazione è comunque breve quando, per esempio, l'attività richiede di rimanere seduti tranquilli, come per ascoltare una storia. Siate consci dei suoi limiti e non spingetelo a superarli. E non preoccupatevi perché, crescendo, la capacità di concentrazione dei bambini aumenta sempre.

Applauditelo ogni volta che impara una cosa nuova, ma non congratulatevi in modo eccessivo o troppo spesso, con il rischio che diventi dipendente dai vostri complimenti e incapace di lanciarsi in nuove sfide da solo. La soddisfazione di sé (sentirsi fieri di ciò che si è riusciti a fare) è altrettanto importante.

GIOCATTOLI DA TIRARE E SPINGERE • Questo tipo di gioco è un buon modo di allenarsi a camminare per i bambini che appena cominciano e di sentirsi più sicuri (diventano anche un sostegno psicologico) a quelli che avrebbero la tendenza ad abbandonare il campo. Portare a passeggio un giocattolo su cui si può anche mettere cavalcioni o avanzare spingendolo con i piedini può aiutare alcuni bambini a imparare a camminare, mentre altri troveranno più facile camminare senza alcun aiuto.

MATERIALI CREATIVI • Scribacchiare con i pastelli procura, a questa età, una soddisfazione formidabile a molti bambini. Fissate il foglio di carta al tavolo, sul pavimento o a un cavalletto, per evitare che scivoli e di dover poi confiscare

• Un peso adeguato: i giocattoli che possono ferire il bambino se gli cadono addosso sono decisamente pericolosi.
• Niente cordicelle: non lasciate alla sua portata giocattoli (o altri oggetti) che siano muniti di corde o nastri oltre i 15 cm di lunghezza (rischio di strangolamento). Fissate i giocattoli al suo letto o altrove usando una fascetta di plastica, che è inoffensiva, colorata e decorativa.
• Suoni dolci: i rumori troppo forti (di una pistola o una macchinina a pile, per esempio) possono danneggiare il suo udito. Scegliete giocattoli che emettano suoni dolci

i pastelli perché il piccolo li usa ovunque. Se preferisce masticarli, fateli capire che quello non è il modo di usarli.

Dipingere con le dita può essere un'attività molto divertente per alcuni, ma dare fastidio ad altri (potete però spiegare al piccolo che, lavando le manine, il colore se ne va, ma alcuni bambini continueranno a non amare particolarmente questa attività.)

I giocattoli musicali possono essere molto divertenti, ma scegliete sempre quelli che hanno una qualità di suono piuttosto buona. Il bambino può imparare l'improvvisazione musicale anche battendo un cucchiaio di legno sul fondo di una pentola, per esempio, se voi gli farete vedere prima come farlo.

I GIOCATTOLI DA RIEMPIRE E SVUOTARE • I bambini adorano mettere cose dentro a un oggetto per poi levarle e la prima abilità si sviluppa prima della seconda. Potrete acquistare dei giocattoli da riempire e svuotare o semplicemente offrire al bambino qualche oggetto di casa (scatole vuote, cucchiai di legno, misurini di plastica, bicchieri e piatti di carta). Per i piccoli "esordienti" riempite un cestino di tanti piccoli oggetti (attenzione che non siano mai troppo, però, perché il bambino potrebbe metterli in bocca e soffocare). Dovrete preparare voi il cestino finché il piccolo non avrà acquisito maggiore abilità. Potrete mettere un po' di sabbia o, se siete all'interno, dei chicchi di riso crudo o dell'acqua (limitandovi a usarli in bagno o sul seggiolone) in un recipiente e quindi versarli; la maggior parte dei bambini piccoli adora questi materiali che, però, richiedono una sorveglianza costante da parte degli adulti.

LE FORMINE • Generalmente i bambini imparano a riconoscere la forma del cerchio, del quadrato e del triangolo e sanno inserirli nei fori corrispondenti prima ancora di riuscire a dire il proprio nome. A questi giocattoli si riconosce la buona caratteristica di allenare la manipolazione e il riconoscimento dei colori. Tenete presente, tuttavia, che il bambino potrà aver bisogno di diverse dimostrazioni e del vostro aiuto, prima di imparare a giocarci da solo.

I GIOCHI DI ABILITÀ • I giochi che girano, rotolano, si spingono, si premono e si tirano invitano i bambini a usare entrambe le mani in molti modi diversi. Anche qui, il piccolo avrà bisogno che i genitori gli mostrino come usare il giocattolo, prima di riuscire a eseguire le manovre più complicate, ma una volta che avrà imparato ci giocherà con piacere per ore e ore.

I GIOCATTOLI PER IL BAGNO • Permettono di giocare nell'acqua, senza mettere in disordine il pavimento o i mobili di casa. Il bagno è un buon posto pure per fare le bolle di sapone, anche se dovrete farle sicuramente voi, per il momento.

LIBRI & C. • Se non potete tenere un cavallo, un elefante o un leone vivo nel vostro salotto, potrete comunque farli entrare a casa vostra con le immagini contenute in un libro o in una rivista. Guardate e leggete ogni giorno dei libri con il vostro bambino. Queste letture saranno probabilmente brevi, anche solo di pochi minuti vista la limitata capacità di concentrazione del piccolo, ma fatele spesso per costruire una buona base per il suo futuro piacere della lettura.

I GIOCHI "VERI" • Una cucinetta, dei cibi finti, casette, macchinine e camion oppure cappelli e scarpe da grandi, i cuscini del salotto... quasi tutto può trasformarsi, come per magia, nel fantastico mondo di un piccolo sognatore. Questo tipo di giochi sviluppa le relazioni sociali e la coordinazione motoria fine (mettere e togliere i vestiti, "cucinare" le uova o "preparare" la minestra), la creatività e l'immaginazione.

GIOCHI SENZA GIOCATTOLI

> Nell'educazione dei bambini sono molte le cose cambiate rispetto al passato, ma i giochi preferiti restano sempre gli stessi e non ricorrono necessariamente all'uso di un giocattolo. Tramandati come una vera e propria eredità, i giochi come il "cucù" e altri, per esempio il nascondino o simili, hanno fatto felici intere generazioni di bambini e provocheranno anche in vostro figlio le stesse reazioni.

> Alcuni giochi fanno molto più che distrarre: favoriscono la comunicazione, insegnano concetti come la permanenza dell'oggetto ("cucù") o la coordinazione tra parole e azioni ("la bestiolina del solletico" e "batti, batti le manine"), preparano al calcolo ("1, 2,3"), sviluppano le abilità linguistiche ("occhi, naso, bocca"), esercitano l'attenzione e la concentrazione, facendo scoprire al bambino il piacere della previsione ("trotta, trotta cavallino", che gli fa muovere tutto il corpo).

> Anche se probabilmente non sentite una favola da decenni, ora che siete genitori vi verranno sicuramente in mente quelle che avete sentito da piccoli. Se non fosse così, potrete sempre richiedere a vostra madre che vi rinfreschi la memoria (in genere le mamme non le scordano mai...). Potrete anche chiedere consiglio ad altri genitori più anziani di voi, che conoscono senza dubbio filastrocche, canzoni popolari e giochi per bambini.

Verso un'alimentazione "adulta"

Ormai il vostro piccolo mangia quasi come voi o, almeno, gli stessi alimenti che mangiate voi genitori e fa progressi nell'uso del cucchiaio. Abituatelo molto gradualmente ai nuovi cibi e alle pappe di consistenza e sapore diverso e non guardate con troppa attenzione nel suo piatto!

Emergono i gusti personali

Tra il 6° e il 12° mese, il vostro bambino ha imparato a bere dalla tazza con il beccuccio e a mangiare usando un cucchiaino, il che non esclude, comunque, che beva anche qualche biberon. Le sue esigenze nutrizionali si sono, a questo punto, diversificate e si dimostra meno vorace e talvolta più interessato a giocare che a mangiare. Comincia, quindi, a prendere volentieri piccoli bocconi con le dita e a pasticciare la pappa con il cucchiaino... Il suo appetito si stabilizza, ma diventa anche più capriccioso. Considerate che, nell'età compresa tra i 12 e i 18 mesi, il ritmo di crescita rallenta. In questo periodo comincia a esprimere più nettamente i suoi gusti e i suoi... disgusti.

MENO PAPPE, PIÙ BOCCONI • Offrite al piccolo un'alimentazione variata e ricca, ma senza eccessi e, soprattutto, regolare. Imparerà a riconoscere la frutta e la verdura, ora sempre meno passata, e imparerà a distinguere e ad apprezzare nuove consistenze. I piatti non saranno più necessariamente passati, perché ora potrà cominciare a masticare piccoli bocconi (capacità che a volte acquisisce dopo i 18 mesi): frutta ben matura, tenera verdura cotta, cubetti di formaggio, pesce schiacciato con la forchetta o pezzettini di carne del vostro arrosto, tagliati molto fini.

L'INIZIO DELLA MASTICAZIONE • Non è necessario che tutti i pasti siano a bocconi: ci vorrà forse un po' di tempo per abituarlo gradualmente a questo nuovo modo di mangiare. Al mattino il piccolo preferirà forse sostituire la pappa o il biberon con delle piccole tartine o del latte con cereali al cioccolato. Poi comincerà a masticare; i molari spuntano proprio in questo periodo, ma imparare a masticare non ha nulla a che vedere con la presenza dei denti.

In ogni caso, sarà preferibile mettere nel piatto piccole quantità di pappa per far sì che ne chieda altra, piuttosto che rifiuti di finirla. Verso i 18 mesi o, a volte, più tardi, il vostro bambino comincerà a voler mangiare da solo usando il cucchiaio. Anche se metterà la pappa un po' dappertutto, lasciatelo fare perché, con la pratica, diventerà un vero esperto nell'arco di pochi mesi.

Quali alimenti, esattamente?

Fin dal 1° anno, il vostro bambino consumerà 4 pasti al giorno: colazione, pranzo, merenda e cena. Fate attenzione a prevedere tutti i gruppi di alimenti nell'alimentazione quotidiana, senza però che preparare la pappa diventi un rompicapo. L'equilibrio alimentare si distribuisce nell'arco della giornata o anche di più giorni. Attenzione al sale, il cui uso deve essere moderato.

IL LATTE • Passato il 1° anno di età, il latte di proseguimento non è più necessario. Esistono però latti raccomandati per i bambini tra 1 e 3 anni di età. Si tratta di latti di proseguimento in forma liquida, detti "per la crescita", che offrono il vantaggio di apportare ferro e acidi grassi essenziali. Tuttavia, se il vostro bambino ha regolarmente consumato ½ litro di latte di proseguimento al giorno per

---

LIMITARE I CIBI ZUCCHERATI

- Non lo si ripeterà mai abbastanza: i cibi zuccherati non sono indispensabili a un'alimentazione equilibrata; il loro consumo deve sempre essere moderato. **Tenete sempre presente che le buone (e le cattive) abitudini alimentari si prendono da piccoli.**
- Di tanto in tanto gli si può certamente concedere un dessert, ma questa non deve mai diventare un'abitudine... e ancora meno un oggetto di scambio. Evitate soprattutto i dessert industriali contenenti gelatina.
- Scegliete frutta fresca, intera o in macedonia, composte poco zuccherate e dolcificate moderatamente i latticini.
- Fate attenzione ai biscotti industriali! Molto apprezzati a merenda, sono spesso ricchissimi di zuccheri e di grassi. Potete sostituirli con del buon pane e cioccolata o un bicchiere di latte fresco.
- Riservate le caramelle e altre golosità ai giorni di festa.

Gli alimenti pronti specifici per bambini permettono di far loro scoprire facilmente una grande varietà di sapori.

tutto il 1° anno, potrà bere il latte vaccino come gli altri membri della famiglia, a condizione che non sia completamente scremato.

YOGURT E FORMAGGIO • Per assicurargli un sufficiente apporto di calcio, potete proporre al vostro piccolo anche yogurt e formaggio. L'ideale è variare il più possibile il tipo di formaggio poiché, per un apporto proteico quasi equivalente, l'apporto di calcio varia tra 50 e 250 mg. Per esempio, il formaggio molle e grasso (con la sua elevata percentuale di materia grassa) è povero di calcio, 1 yogurt, 2 formaggini o 20-30 g di formaggio contengono la stessa quantità di proteine di un bicchiere di latte.

È necessario anche tenerne conto, perché non è bene che il bambino consumi troppe proteine. In ogni caso, non si devono mai superare gli 800 ml di latte o latticini al giorno.

Attenzione!

Per evitare ogni rischio di soffocamento, non date ancora al vostro bambino cibi che possano scivolare facilmente nella trachea (acini di uva fresca, pop-corn, piselli interi, arachidi ecc.).

Anche quando cominciano a usare il cucchiaio, i bambini continuano a divertirsi a giocare con la pappa.

Preferite i latticini specifici per la prima infanzia fino a 18 mesi, perché sono più ricchi in ferro, vitamine e acidi grassi essenziali.

FARINACEI, SECONDO I GUSTI • Ricchi in amido, i farinacei sono alimenti che danno un grande apporto energetico al bambino. Sotto forma di farina, pane o fiocchi (frumento, avena, riso, mais ecc.), sono certamente la base ideale per la prima colazione, dopo il lungo digiuno notturno. Le patate, la pasta e il riso possono essere dati in alternanza alla verdura cotta. Dal 18° mese, potrete offrire al piccolo dei legumi secchi ben cotti (lenticchie o piselli), in purea diluita con un po' di latte. Il pane deve accompagnare tutti i pasti.

GRADUALMENTE, CARNE, PESCE E UOVA • Questa famiglia di alimenti apporta proteine (da 16 a 20 g per 100 g di carne o pesce), minerali (ferro, zinco, iodio, fosforo) e vitamine. Le uova possono essere ottime sostitute di carne o pesce. Ripartite, tra il pranzo e la cena, 30 g di carne o pesce (sei cucchiaini da caffè) o un uovo. È consigliabile dare il pesce al vostro bambino almeno un paio di volte la settimana.

FRUTTA E VERDURA A OGNI PASTO • Ricchissime d'acqua, la frutta e la verdura sono anche una buona fonte di sali minerali. Sono anche la principale fonte di vitamina C e di carotene (provitamina A). Quest'ultima si trova principalmente nella frutta e nella verdura colorata (carota, albicocca, pomodoro, melone ecc.).

Offrite al bambino frutta e verdura cruda almeno 2 volte al giorno. Un buon riferimento per decidere il menu del pranzo e della cena è prevedere, in ciascun pasto, un ortaggio o un frutto crudo. In questo modo l'alimentazione apporterà fibre, minerali e vitamine non alterate dalla cottura. Se il bambino non ama la verdura, proponetegli, in alternativa, della frutta cruda e/o cotta. La cottura ideale della verdura è quella a vapore, che mantiene intatte le vitamine.

GRASSI DIVERSIFICATI • Oltre i grassi che si trovano già nella carne, nel pesce, nei formaggi ecc., potrete sicura-

Menu tipo

Ecco alcuni menu suggeriti a titolo di esempio. A volte, già a 2 anni, alcuni bambini preferiscono ancora bere un biberon di latte con cereali in sostituzione o a completamento del pasto della sera. Se questo è il vostro caso, lasciate pure questo piacere al vostro piccolo e lui si abituerà gradualmente a variare la sua alimentazione.

LA COLAZIONE
- Latte vaccino o arricchito in ferro, aromatizzato o meno, in ciotola, tazza o biberon o un latticino (yogurt da bere, formaggino, formaggio spalmabile).
- Cereali normali o specifici prima infanzia (poco zuccherati), pane o fette biscottate.
- Frutta fresca o schiacciata o mezzo bicchiere di succo di frutta senza zuccheri aggiunti.
- Acqua a volontà

IL PRANZO
- Antipasto di verdura cotta o cruda leggermente condita: pomodori al prezzemolo, carote o cereali tagliati fini.
- Farinacei o verdura o combinazione di questi (pasta, carotine, purè di patate, spinaci schiacciati, macedonia di verdura) in pappa o a bocconcini, con una piccola noce di burro o un cucchiaio di caffè di olio.
- Carne, pesce (scaloppina di maiale, tagliata di manzo o filetto di orata; 30 g = 6 cucchiaini da caffè) o uovo.
- Latticini (formaggio bianco o caciotta).
- Frutta di stagione ben matura (banana, mela, albicocca...) tagliata a fettine.
- Pane
- Acqua a volontà

LA MERENDA
- Latte o latticini, cereali, pane, fette biscottate, secondo lo stesso principio della colazione.
- Eventualmente frutta cruda di stagione o in composta, poco zuccherata.
- Acqua a volontà.

LA CENA
- Antipasto, solo se non è già stato dato a pranzo.
- Verdure o farinacei in alternanza con il piatto del pranzo (se avete servito della pasta a mezzogiorno, proponete le carote o viceversa), o zuppa di legumi e verdure, più o meno densa di ortaggi o farinacei.
- Un latticino.
- Frutta fresca, se la cena non comprende verdura.
- Pane, se la cena è a base di verdure.
- Acqua a volontà.

> **" Mio figlio mette tutto in bocca e io faccio fatica a tenerlo sempre d'occhio. A cosa devo fare attenzione?"**

METTE TUTTO IN BOCCA!

La bocca dei bambini accoglie ogni sorta di cose: terra, sabbia, cibo per cani, insetti, polvere, cibi avariati... per quanto sia ovviamente preferibile evitare che il vostro piccolo ingoi sporcizia, ciò non è sempre possibile. Raramente i bambini passano la fase delle "quattro zampe" o perfino imparano a camminare senza aver mai messo in bocca qualcosa che i genitori considerano veramente disgustoso. Questo è comunque molto meno pericoloso, per esempio, di detersivi o prodotti simili. Un boccone di terra fa raramente male al bambino, mentre anche una sola goccia di detersivo può provocare danni anche gravi. Non potrete tenere lontano il vostro bambino da qualsiasi cosa, quindi si concentri soprattutto sulle sostanze più nocive. Se per caso lo sorprenderete con l'aria del gatto che sta per inghiottire un canarino, stringetegli le guance tra il pollice e l'indice di una mano, fategli aprire la bocca e togliete l'oggetto incriminato usando un dito piegato a uncino.
Fate molta attenzione non solo alle sostanze tossiche, naturalmente, e anche agli alimenti avariati. I batteri che provocano malattie o altri microrganismi possono proliferare molto rapidamente a temperatura ambiente: eliminate sempre gli alimenti avariati o non del tutto freschi. Assicuratevi che vostro figlio non metta in bocca piccoli oggetti che potrebbe ingoiare o che potrebbero soffocarlo: bottoni, tappi di bottiglia, graffette, monete...

mente utilizzare burro, panna, olio di oliva o diversi tipi di olio di semi, ma solo in piccolissime quantità (una nocciola di burro, un cucchiaino da caffè di olio o di panna). Fate attenzione alla maionese, alle salse in genere e... ai fritti! Una volta la settimana è più che sufficiente.

Infine, tenete presente che brioche e biscotti secchi hanno lo stesso contenuto di grassi latenti del fritto, quindi cercate di limitarne il consumo.

ACQUA A VOLONTÀ • È la sola e unica bevanda indispensabile alla salute. Potrete usare l'acqua del rubinetto, che è sempre controllata, o quella in bottiglia, di sorgente o minerale. Fate sempre attenzione, però, che non contenga troppo sodio.

Dare un buon ritmo al sonno

Il vostro bambino è sempre più partecipe dei momenti importanti della vita in famiglia e ama questa emozione. A volte gli è difficile rinunciare ai suoi giochi e alla vostra compagnia per andare a dormire nella sua cameretta e quindi dovrete aiutarlo a superare questa fase, modificando un po' il rito della nanna.

Ora separarsi è più difficile

Sempre più vivace e particolarmente aperto alle novità, fin dal 1° anno di età il vostro bambino può provare qualche difficoltà a staccarsi da voi per andare a dormire. Sarà ancora colpito dagli eventi della giornata e incapace di addormentarsi o, ancora irrequieto, svegliarsi di notte. Oltretutto, in questo periodo comincia ad avere i suoi primi piccoli incubi…

La difficoltà ad addormentarsi dipende anche dal suo stadio di sviluppo: il piccolo percepisce di più l'assenza dei genitori e, per allontanare questa paura che diviene a volte angoscia, li chiama sempre più spesso. Ogni scusa è buona per chiedere che i genitori stiano con lui ancora un po', con la richiesta di un ultimo bacino, di un'ultima favola e, soprattutto, con i pianti ai quali non riuscirete a resistere con facilità.

Grazie al vostro aiuto, poco a poco riuscirà a separarsi serenamente e ad addormentarsi senza timore. Ogni cambiamento, però, può confondere gli equilibri (un viaggio, una nuova baby-sitter, l'ingresso all'asilo nido ecc.) e così influenzare il suo sonno. In questo, dovrete dar prova di molta pazienza…

Attenzione!

Quando affidate il vostro bambino a una baby-sitter prima dell'ora di andare a letto, spiegatele come si svolge il vostro personale rito della nanna, che dovrà essere rispettato affinché tutto si svolga come d'abitudine.

Il regolare rito della nanna permette al bimbo di superare le sue angosce e di addormentarsi da solo.

Come evolve il rito della nanna

Per permettere al bimbo di addormentarsi serenamente e senza angosce, potrete accompagnarlo verso il sonno con alcuni gesti sempre uguali... sistemando vicino al letto degli oggetti familiari, dandogli il suo pupazzo preferito, tenendo un abat-jour acceso... questa "scenografia" lo rassicura prima che arrivi la notte, stempera il suo senso di solitudine e facilita il momento della separazione.

Fatevi vedere da lui il più possibile disponibili e rispettate le sue abitudini. Il vostro bambino ha bisogno di questo momento in cui voi siete veramente lì per lui. Sedetevi sul bordo del letto, nella calma della sua cameretta, e sussurrategli una storia, leggete un libro che avrà scelto lui o limitatevi a commentare le immagini; potrete anche cantare una canzone o semplicemente parlargli piano piano. Spiegategli chiaramente il programma per evitare discussioni inutili: «Ora leggiamo una storia e poi facciamo subito la nanna...».

IL DELICATO MOMENTO DELLA SEPARAZIONE • Bisogna effettivamente saper fissare insieme i limiti, in questi momenti, e la separazione è certamente il punto più delicato. Lasciate il vostro bambino con dolcezza, ma anche con una certa fermezza, dopo avergli dato l'ultimo bacino. Se reclamerà un bacino supplementare o un'altra storia, potrete transigere una volta per saper però resistere meglio in seguito. Se piange e vi chiama, lasciate passare un breve momento e non andate da lui immediatamente. Se vi vedrà determinati, si sentirà più al sicuro; se gli sembrerete insicuri, gli sarà impossibile calmarsi.

SE IL RITMO È DISTURBATO • Gite, vacanze, cene con gli amici... la vostra vita non gira solo attorno al vostro bimbo e il rito della nanna può essere disturbato. Se, per una sera, affidate il piccolo a una baby-sitter, parlategli di questo fin dal mattino e cercate di dedicargli un momento più lungo del solito per spiegargli chiaramente che, quando andrà a nanna, voi non sarete a casa, ma che tornerete ad abbracciarlo appena rientrati. Spiegate alla baby-sitter come si svolge il rito della nanna affinché possa riprodurlo esattamente. Se, invece, avete invitato degli amici, cercate di non cambiare troppo le abitudini del piccolo, anche se potrà stare alzato con voi un po' più a lungo del solito.

In vacanza rispettate il ritmo che seguite a casa e portate con voi qualche piccolo oggetto familiare o stabilite abitudini specifiche (leggere insieme ai cugini, se siete in famiglia; dire ciao agli animali dell'aia, se siete in campagna...). Infine, non rimandate il momento della nanna con il pretesto di "approfittare" ancora un po' per stare con il bambino, che ha bisogno di riferimenti stabili, mentre, alla sua età, ogni eccezione diventa regola e non sarebbe in grado di capire la vostra inflessibilità il giorno seguente.

> " Finora nostro figlio si è sempre addormentato facilmente e dormiva regolarmente ogni notte. Ora è sempre incollato a noi, piange quando lo mettiamo a letto e si sveglia spesso e in lacrime durante la notte. "

LA PAURA DI SEPARARSI AL MOMENTO DELLA NANNA

La paura della separazione, che culmina generalmente tra i 9 e i 14 mesi, si manifesta molte volte anche la sera. Eccovi qualche interessante consiglio per aiutare vostro figlio a superare la sua paura di rimanere solo. Le ore che precedono la nanna devono essere calme, soprattutto se avete lavorato tutto il giorno, ma anche se siete stati tranquillamente a casa; l'ora o anche le 2 ore precedenti la nanna devono essere le più serene possibili. Provate a dare molta attenzione al vostro bambino che sarà così meno teso prima di andare a dormire e avrà, in un certo senso, una riserva di attenzione da parte di voi genitori.

Rispettate il rito della nanna. Rassicurate il bambino, ma senza esagerare. Fategli una coccola e abbracciatelo prima di metterlo nel lettino e auguretegli la buona notte. Anche qui, è importante usare sempre le stesse parole e procedere nello stesso modo ogni sera. Parlategli preferibilmente con voce tranquilla, sussurrando; se il piccolo vi sentirà nervosi al momento della separazione, lo sarà anche lui. Se piange, continuate a consolarlo, rimettendolo a nanna dolcemente se dovesse alzarsi. Non prendetelo mai in braccio, non accendete la luce e non restate con lui fino a che si addormenta. Fate lo stesso se si sveglia durante la notte. Attenetevi a ciò che avete stabilito, usando la stessa tecnica e le stesse parole, ma cercate anche di accorciare il rito, sera dopo sera (rassicurando il piccolo standogli vicino, accanto al suo letto e allontanandovi gradualmente fino ad arrivare a restare sulla porta).

Siate costanti! Il rischio, altrimenti, sarebbe di confonderlo e, dal canto vostro, di mandare all'aria i vostri tentativi precedenti. Se, invece, sarete determinati, vostro figlio imparerà a gestire il suo timore della separazione serale.

Cercate di non sentirvi in colpa: non è rimanendo con il vostro bambino per tutta la notte che lo aiuterete a superare la sua paura, mentre lo aiuterete veramente perseverando con amore.

Come impara a crescere dormendo

Il sonno è essenziale per tutti, ma al bambino, oltre che per recuperare la stanchezza fisica e nervosa, serve a mettere in funzione alcuni particolari circuiti nervosi e favorire numerose funzioni mentali e psichiche, come la memorizzazione e l'apprendimento.

L'avvio di nuovi cicli

Durante i primi mesi di vita, il bambino struttura il suo futuro sonno da adulto. Inizialmente, non sa distinguere bene tra giorno e notte e ha periodi di sonno che durano in genere tra le 3 e le 4 ore. In seguito, a partire dal 4° mese, i cicli di sonno si organizzeranno in due grandi categorie: il sonno profondo, o lento, e il sonno più leggero, o agitato, detto "paradossale". Una volta avviati, questi cicli perdureranno tutta la vita.

IL SONNO LENTO • È la prima fase di sonno con cui comincia il riposo del vostro bambino. Esso comporta 4 stadi, da quello meno profondo, che corrisponde alla fase di addormentamento, fino al 4° stadio, il più profondo. Il corpo diviene immobile e la respirazione lenta e regolare; in questa importante fase, avviene la secrezione dell'ormone della crescita. Il sonno lento è una fase indispensabile per riposarsi bene dopo gli sforzi della giornata e ripristinare l'energia che servirà al buono sviluppo del sonno paradossale.

IL SONNO PARADOSSALE • Si chiama così perché chi è in questa fase ha l'aria visibilmente agitata. Il viso è animato da movimenti oculari rapidi e una mimica vivace; manine e piedini si muovono con piccole scosse, ma i muscoli sono rilassati; il ritmo cardiaco e respiratorio è accelerato.

Il sonno paradossale è un vero e proprio "lavoro" e gioca un ruolo molto importante nell'acquisizione della capacità di memorizzare le conoscenze acquisite e produce anche sogni e piccoli incubi. Le nozioni appena acquisite si integrano meglio se seguite da un periodo di sonno. Il contenuto dei sogni varia secondo l'età, il sesso e il contesto culturale. I sogni dei bambini piccoli riguardano ciò che è successo durante la giornata. Dopo l'acquisizione del linguaggio del pensiero, i sogni saranno più elaborati ed esprimeranno i desideri non realizzati nella realtà e permetteranno al bambino di superare, in modo simbolico, eventuali conflitti o nemici incontrati nella vita diurna, essendo sogni autentici a tutti gli effetti.

Durante la seconda parte della notte, i risvegli sono più frequenti e i periodi di sonno paradossale più prolungati. Ciò spiega perché si sogna di più, gli incubi sono più frequenti e ci si sveglia più facilmente. Verso le 5.00 del mattino, alcuni bambini talvolta saltano un ciclo di sonno e si svegliano pieni di energia, ma non disturbano i genitori. Se ciò accade anche al vostro bambino, lasciatelo tranquillo e si riaddormenterà. Se interveniste, rischiereste di indurre in lui il bisogno di avervi sempre accanto.

> " Il mio bambino si sveglia ancora stanco alle prime ore dell'alba. Che cosa dovrei fare?"

IL BAMBINO MATTINIERO

Se il bimbo si sveglia presto, piange e si stropiccia gli occhi, evidentemente non ha avuto tutto il riposo di cui ha bisogno. Non lo lasci piangere da solo troppo a lungo perché cominciare la giornata in queste condizioni non è l'ideale, per entrambi. Potrà andare a trovarlo in cameretta e spiegargli che è troppo presto per alzarsi. A turno, rimanete un po' con lui fino a che non si sarà calmato e poi uscite dalla cameretta e, semmai, ritornateci più tardi. Non lo prenda in braccio prima che sia arrivata un'ora ragionevole. Quando riterrà che la giornata possa cominciare, apra le tende della cameretta (anche se fuori è ancora buio), prima di alzarlo. Il semplice fatto di aprire le tende sarà il segnale dell'inizio di una nuova giornata. Chiuderle, invece, sarà il segnale che è arrivata l'ora della nanna. Per dare più peso al messaggio, chiuda le tende prima di mettere a letto il bambino; il rito e i riferimenti visivi hanno un grande significato per il bambino, che non ha ancora la nozione chiara del tempo.

Sufficienti ore di sonno e un ritmo regolare garantiscono la salute fisica e psicologica del bambino.

Quante ore deve dormire?

A partire dal 1° anno, il sonnellino del mattino non è più necessario, ma se il vostro bambino sente ancora il bisogno di dormire di mattina, non saltate questo momento di recupero delle forze. Invece, è importante rispettare ancora il sonnellino del pomeriggio, che può durare, secondo i casi, tra le 2 e le 3 ore.

Anche se passa la metà del tempo senza dormire, il piccolo si riposa comunque. L'ora della nanna, invece, dovrebbe situarsi tra le 20.00 e le 21.30 e l'ora del risveglio tra le 7.00 e le 9.00 del mattino.

Non dimenticate che, affinché il vostro bambino dorma tranquillamente, è importante che il ritmo del sonno sia regolare, così come quello degli eventi della giornata. Sono effettivamente le attività diurne che gli permetteranno di passare una notte serena più tardi.

DORMIGLIONE O NOTTAMBULO?

> Il ritmo di sonno non è uguale per tutti i bambini. **Alcuni amano andare a letto presto e sono già stanchi alle 7.00 di sera:** l'attività rallenta, si stropicciano agli occhi, succhiano il pollice... approfittate di questo momento per avviare subito l'operazione "rito della nanna".

> **Il bambino nottambulo è ancora pieno di vitalità alle 9.00 di sera e l'idea di andare a nanna sembra eccitarlo ancora di più.** In questi casi è necessario stabilire dei limiti che consentiranno a lui di trovare un equilibrio e a voi di mantenere una certa tranquillità: cercate di non rimandare l'ora della nanna oltre le 21.30. Cercate di organizzare bene il momento di andare a letto in modo da poter avere un po' di tempo da dedicare solo a lui e salutarlo serenamente.

L'età delle prime "bue"

Mentre il bambino scopre la gioia del camminare, correre e saltare, sperimenta per la prima volta anche le cadute, i graffi e i lividi. La sua autonomia motoria cresce e le sue esplorazioni portano spesso il sigillo di qualche "bua".

Gli infortuni

Da quando il bambino comincia a camminare, passa di scoperta in scoperta, spinto dal suo spirito avventuroso, ma non ha ancora realmente coscienza del pericolo. Questa è l'età dei primi lividi e dei primi infortuni, più o meno benigni, i quali certo partecipano alla sua esperienza di vita, ma possono anche richiedere cure particolari.

LE CADUTE • Slogature, cadute e altri infortuni provocano ecchimosi (lividi) che potrete curare, per esempio, con pomate a base di arnica. Se il bambino dovesse battere la testa, soprattutto se molto piccolo, rivolgetevi al medico se l'urto è stato violento o ha provocato una ferita. Sorvegliate attentamente il vostro piccolo nelle 48 ore successive all'urto, anche di notte.

Chiamate assolutamente il medico se constatate un marcato cambiamento di comportamento che possa far pensare a un eventuale trauma cranico: se vomita, si mostra particolarmente eccitato (con grida più acute del normale), manifesta una sonnolenza inconsueta, si muove in modo anormale, ha lo sguardo asimmetrico e gli sanguina il naso o un orecchio.

LE FERITE • Abrasioni, tagli, graffi, sanguinamenti... quando il bambino si ferisce, piange quasi sempre. Dovrete innanzitutto consolarlo, calmarlo e occuparvi della ferita. Lavatevi le mani e pulite la ferita con acqua fresca, aiutandovi con una compressa di garza sterile. Applicate un antisettico non irritante e poi un cerotto. I bambini adorano i cerotti e spesso questo basta a ridar loro il sorriso! Cercate comunque di toglierlo prima di metterlo a letto, per consentire alla ferita di arieggiarsi e cicatrizzarsi meglio.

LE USTIONI • La gravità dell'ustione dipende dal punto in cui è localizzata, dallo stato di salute e dall'età del bambino, dalla causa e, soprattutto dall'estensione, poiché la pelle ha funzione di barriera contro le infezioni. Classificate in 3 gradi, le ustioni esigono cure immediate.

In ogni caso, bisogna subito bagnare l'ustione con acqua fresca per almeno 10 minuti per arrestare la progressione del calore. Se la pelle è solo arrossata (ustione di 1° grado), applicate una pomata calmante e cicatrizzante del tipo Foille®.

Se compaiono vesciche (ustione di 2° grado), è meglio rivolgersi al medico. La guarigione richiederà da qualche giorno a un paio di settimane.

Se l'ustione è estesa o dovuta a un prodotto chimico, chiamate immediatamente il pronto soccorso.

La farmacia di base

È importante avere, nell'armadietto dei medicinali, i principali prodotti che possono servire al vostro bambino tra il 1° e il 3° anno di età, soprattutto per curare i piccoli traumi che, in questo periodo, possono essere piuttosto frequenti.
- Compresse di garza sterili
- Alcool al 60% vol.
- Acqa ossigenata
- Un antisettico non irritante
- Cerotti adesivi
- Fascia elastica
- Pomate per traumi, ustioni ed eritemi
- Garza cicatrizzante

Attenzione!

Consultate regolarmente il libretto sanitario del vostro bambino per rispettare il calendario vaccinale: la prima vaccinazione MMR è prevista tra il 12° e il 15° mese.

→ Passando di scoperta in scoperta, il bambino affronta i rischi senza avere, però, coscienza del pericolo.

- Paracetamolo (ne esiste in diverse forme: in polvere, compresse, sciroppo o supposte; non confondetelo con la confezione per adulti)
- Bustine di soluzione reidratante orale
- Flaconi monodose di soluzione fisiologica
- Forbicine a punte tonde
- Una pinzetta per togliere le schegge
- Un termometro
- Una pompetta aspiramuco.

Non dimenticate che l'armadietto dei medicinali deve assolutamente essere fuori dalla portata del bambino.

L'OMEOPATIA • I piccoli traumi si possono anche curare con l'omeopatia.
- Ustioni di 1° grado: *Cantharis vescicatoria* e *Arsenicum album*, se il dolore persiste.
- Colpi, cadute senza ferite esterne: *Arnica montana*.
- Colpi, cadute con ferite leggere: *Calendula officinalis*.
- Colpi, cadute con ecchimosi: *Arnica montana*.
- Ferite a bordi frastagliati: *Calendula officinalis, Ledum palustre*.
- Sanguinamenti: *China officinalis*.

IN CASO DI ASMA

> **L'asma può essere provocata da cause diverse:** infezioni respiratorie recidivanti, pelo, piume, polvere, acari ecc. Provoca spasmi bronchiali, disturbi respiratori e un caratteristico fischio durante l'espirazione. Il bambino è pallido e suda.

> **Siate lungimiranti e avvisate il pediatra, se avete precedenti allergici in famiglia,** anche se il vostro bambino non sembra allergico o predisposto all'asma.

> **I trattamenti** (aerosol a base di broncodilatatori o corticoidi e kinesiterapia respiratoria, per esempio) **dipendono dalla gravità dell'asma,** che è valutata in base alla frequenza e all'intensità delle crisi. **Bisogna considerare che questa malattia non guarisce mai totalmente.**

> È quindi essenziale individuare, con l'aiuto del pediatra, l'eventuale causa allergica dell'asma (spesso rintracciabile in casa) per prendere poi le misure più adeguate.

> **Una volta eseguita la diagnosi, portate sempre con voi tutti i farmaci** prescritti al bambino e tenete sempre informato chi si occupa di lui.

Sicurezza in giardino

Se avete un giardino, anche piccolo, dovrete organizzarlo in modo che presenti il minor numero di pericoli possibile per il vostro bambino. I principali rischi sono rappresentati dal barbecue, dagli strumenti e dai prodotti per giardinaggio, ma anche, e sempre di più, dalle giostrine e dalle piscine smontabili.

Il barbecue

- Se ne avete uno con un piedistallo, installatelo in modo che sia ben stabile e sicuro. Se è vostra abitudine utilizzarlo spesso, l'ideale è costruirne uno in mattoni.
- Se lo farete, non costruitelo vicino a un arbusto, un ombrellone, una corda per bucato eccetera.
- Tenete sempre il bambino lontano dal fuoco e sorvegliatelo fino a che il focolare non si sia completamente raffreddato (il carbone di legna continua a bruciare a lungo).
- Eliminate ogni prodotto infiammabile dalle vicinanze.
- Non usate mai l'alcol per accendere il fuoco o riattivarlo perché potrebbe provocare ustioni molto gravi, soprattutto al viso e alle mani.
- Evitate di usarlo nei giorni molto ventosi.

Strumenti, accessori e prodotti per il giardinaggio

- Non lasciate mai in giro utensili da giardino e conservateli ordinatamente quando non sono in uso.
- Motoseghe, cesoie, decespugliatori e tagliaerba devono essere utilizzati con prudenza perché possono essere pericolosi. Quando li usate, allontanate bambini e animali.
- Staccate la spina degli strumenti elettrici non appena finite di usarli.
- Sistemate pesticidi, erbicidi, fungicidi e ogni altro prodotto tossico in un luogo inaccessibile al bambino.
- Usate recipienti specifici (innaffiatoi, vaporizzatori ecc.), da etichettare chiaramente, per ogni prodotto.
- Utilizzate sempre i guanti da lavoro specifici e non fumate.
- Fate attenzione agli strumenti taglienti (cesoie, forbici, falci, seghe, motoseghe ecc.).
- Se avete bisogno di salire su una scala a pioli per tagliare la siepe, assicuratevi che sia stabile a ogni spostamento e allontanate bambino.

Imparare la sicurezza

Nel lungo elenco delle precauzioni da prendere in giardino, alcune riguardano anche la vostra sicurezza, perché i bambini imparano molto seguendo l'esempio dei genitori. Il miglior modo di insegnare le regole di sicurezza è sicuramente quello di rispettarle in prima persona.

Altalene, scivoli eccetera

- Installate le strutture ad almeno 1,80 m da recinzioni o muri.
- Non lasciate mai giocare i bambini sotto la struttura, se non sorvegliati.
- Assicuratevi che le attrezzature non siano pericolose e siano stabili, montate correttamente e ben fissate al suolo; ricoprite tutti i bulloni e le viti per evitare che il bambino si ferisca con bordi taglienti e verificate regolarmente che siano ben serrati.
- Sull'altalena, evitate i ganci a S, perché le catene possono uscire e agganciarsi pericolosamente ai vestiti, e, sulla struttura, gli anelli tra i 12,5 e i 25 cm di diametro, perché la testa del bambino potrebbe impigliarvisi. Per le altalene preferite i materiali morbidi (cuoio o tela piuttosto che legno o metallo), per evitare ogni possibile rischio di ferimento alla testa.
- Insegnate al bambino a non attorcigliare mai l'altalena (quando vi si trova sotto o qualcuno ci si dondola o anche quando è vuota), a non spingere l'altalena vuota e soprattutto a non passarci davanti, quando è in movimento. Cominciate osservando voi stessi queste semplici regole di base e fatele regolarmente notare al vostro piccolo.
- Spiegategli anche che deve aspettare che il bimbo che si trova in alto sullo scivolo sia sceso, prima di scendere a sua volta, e a non risalire mai lo scivolo al contrario. Fate attenzione agli scivoli metallici, quando fa caldo, perchè potrebbero scottarsi.
- Come base per i giochi all'esterno, potrete sistemare una miscela di 30 cm di sabbia, pacciame, trucioli di legno e ghiaia tonda, oppure in alternativa un materiale resistente agli urti, per esempio la pavimentazione in cauciù. Le aperture dei cancelletti di sicurezza, gli spazi tra due piattaforme e le sbarre delle ringhiere devono misurare almeno 9 cm o più di 23 cm perché il bambino non possa intrappolarvisi.

In giardino si possono trovare molte fonti di pericolo per il bambino, che deve quindi essere sempre sorvegliato.

• Vuotate e ritirate le piscine gonfiabili alla fine di ogni singolo bagno.

La piscina

• Le piscine gonfiabili o le piccole vasche devono essere tenute fuori dalla portata dei bambini e dei neonati, se strisciano, camminano o si spostano nel girello. Ogni accesso alla piscina deve rimanere chiuso in modo permanente. Le piscine interrate non recintate, private o pubbliche, devono essere provviste di dispositivi di sicurezza per la prevenzione del rischio di annegamento. La materia è soggetta a norme comunali, che vi consigliamo di verificare. Sono possibili soluzioni alternative (allarmi, barriere, coperture, ripari ecc.):

• Insegnate al vostro bambino a non entrare in piscina, se non accompagnato da un adulto.

• Sorvegliatelo costantemente, anche se non è in piscina e anche se sa nuotare.

• Ripristinate i dispositivi di sicurezza al termine dei giochi e ogni sera.

• Per i più piccoli è vivamente raccomandato l'uso di una vaschetta o piscinetta gonfiabile, ma cambiate l'acqua molto spesso!

• Assicuratevi che i bambini che non hanno ancora imparato a nuotare portino sempre braccioli o un gilet salvagente.

• Non trascurate mai la manutenzione della piscina!

ATTENZIONE ALLE PIANTE TOSSICHE!

> Molte piante da interni e da esterni sono tossiche, se ingerite. I bambini non fanno alcuna distinzione e spesso se le mettono in bocca. Tutte le piante tossiche devono essere tenute fuori dalla portata dei bambini.

> Se avete un bambino piccolo, evitate di piantare piante tossiche o recintate quelle esistenti per impedire al bambino di raggiungerle.

> Cominciate anche a insegnare al vostro bambino che non bisogna mangiare le piante, né a casa né in giardino; anche se tocca una pianta non pericolosa, fermatelo da subito e non lasciate che la porti alla bocca e la mastichi.

> **Tra le piante da esterni più tossiche, alle quali bisogna prestare particolare attenzione, ricordiamo:** l'azalea, il rododendro, il caladio, i bulbi di giunchiglia e di narciso, la dafne, l'edera velenosa, la digitale, i bulbi di giacinto (nonché le foglie e i fiori, se ingeriti in grandi quantità), l'idrangea, il rizoma dell'iris, le bacche e le foglie del tasso del Giappone, il delfinio, il lauro, il mughetto, le bacche della bella di giorno, l'oleandro, il ligustro, le foglie del rabarbaro, il pisello odoroso (soprattutto i "piselli", ossia i semi), le foglie del pomodoro, il baccello e i semi del glicine e del tasso.

> **L'agrifoglio e il vischio,** due tra le piante natalizie sicuramrente più comuni, e, in misura minore, la poinsezia (irritante, ma non tossica) sono comunque da considerare pericolosi.

Il periodo dei "no!"

I "no" e le crisi di rabbia non sono veri e propri capricci, ma segnano una tappa cruciale dello sviluppo, durante la quale il bambino cerca di appropriarsi del suo corpo e delle sue decisioni. A volte, però, non riuscirà a farlo e spetterà ai genitori imporgli alcuni limiti in difesa della sua sicurezza.

La sensazione di esistere

La vita con questo piccolo tesoro ora è meravigliosa perché è affascinato da tutto e trabocca di energia. Non c'è giorno in cui non faccia nuove scoperte o non vi stupisca con i suoi progressi. Cerca di comunicarvi le sue emozioni, di farvi sciogliere dalla tenerezza e conquistarvi con la sua simpatia. La dimensione quotidiana, tuttavia, non è sempre tutta rose e fiori. A volte potreste essere stanchi di vederlo opporsi a gesti banali come quello di mettere il pigiamino o mangiare seduto a tavola e sperereste che il suo desiderio d'indipendenza si manifestasse in modo più moderato. Le sue birbanterie vi sorprendono e possono, a volte, esporlo a pericoli. Avrà bisogno che voi gli diate nuovi riferimenti e limiti e che lo aiutiate a controllare le sue emozioni.

BANDO ALLE SFIDE! • Se accetterete che possa dire «No», come forma di rispetto, e se siete convinti di agire in modo corretto, sarà più semplice fargli accettare anche i limiti. Non dovrete ragionare in termini di sfida. Per un bambino piccolo, opporsi non è mai un attacco personale, perché ciò che è in questione è il suo vissuto e non il vostro. Alcune volte, però, passerà i limiti, mentre altre sarete voi a sbagliare, ma poco importa, se lui saprà comunque di essere amato incondizionatamente.

Il "no" per affermarsi

Da quando ha avrà imparato a dire «No», verso l'età di un anno, il vostro bambino lo dirà molte volte al giorno e sarà questa la sua maniera di affermarsi. Volete uscire e mettergli il cappottino? Eccolo che scuote negativamente la testolina e pronuncia la fatidica parola. Gli proponete uno yogurt a fine pasto? La risposta è la stessa. Gli annunciate che è ora di fare la nanna? Sempre «No!». Può arrivare perfino a dire di no a cose che gli interessano... Questa fase di sistematica opposizione, che si chiama "negativismo" può durare da qualche giorno a diversi mesi...

UN "FALSO" RIFIUTO? • Il più delle volte, il bambino non esprime un vero e proprio rifiuto, bensì cerca di esprimere così il fatto che anche lui ha qualcosa da dire. In qualche modo, si concede una pausa di riflessione. Reagisce, per la prima volta, come individuo a sé stante – e non come il bambino influenzabile di prima – capace di esercitare il suo potere, di spingere i limiti e sconfiggere o sfidare l'autorità genitoriale. Ancora di più, è capace di esprimere chiaramente e distintamente le sue opinioni e ha scoperto quella che fa sempre più effetto: il "no".

Se, però, gli lascerete qualche minuto senza cercare di convincerlo, constaterete solitamente che farà comunque ciò che gli avete proposto. Nel caso ciò non dovesse funzionare, sarà spesso sufficiente aggirare il problema

VIRTÙ E LIMITI DELLE SPIEGAZIONI

▶ **Quando il vostro bambino cerca di dirvi che è arrabbiato o disorientato, le vostre parole sono per lui molto importanti** perché gli fanno capire che voi comprendete il suo disagio, ma non dovrete aspettarvi che le vostre spiegazioni abbiano effetto immediato.

▶ Se, per esempio, il piccolo piange perché uscite senza di lui, non riuscirete a consolarlo al momento, ma le vostre spiegazioni lo aiuteranno a calmarsi più fretta e più facilmente. **Non importa che si senta compreso immediatamente.**

▶ Quando grida dopo un rifiuto o un divieto da parte vostra, basterà dirgli, semplicemente: «So che tu lo vuoi, ma non sono d'accordo» e sarà, invece, **inutile giustificare ogni vostro «No».**

▶ **Di tanto in tanto potrete spiegare il perché di certi divieti, nel modo più semplice possibile, quando le circostanze lo rendono opportuno,** ma molto spesso la situazione supererà la sua capacità di comprensione. Non dimenticatevi mai che è piccolo! **Cercare di convincere o trattare con un bambino piccolo è uno sforzo vano.**

▶ **In molti casi, un atteggiamento fermo aiuta più di molti discorsi.** Più voi vi giustificherete, meno si convincerà: alcuni divieti non si discutono!

con una piccola manipolazione verbale (anziché proporgli una mela, diteglil piuttosto: «Preferisci una mela o una banana?»).

Non è un "no" adulto e l'errore sarebbe vedere in questo una provocazione o l'espressione di una reale volontà. Accade a volte, soprattutto passato il 2° anno, che l'opposizione del bambino si esprima con più forza. Questi primi conflitti sono inevitabili: il bambino cerca così i suoi limiti ed esprime i suoi conflitti interiori, cosa perfettamente normale. Starà a voi tener conto della differenza tra ciò che vorrebbe fare e ciò di cui è capace, senza tuttavia impedirgli di sentirsi indipendente.

Ha bisogno di esprimersi e di essere compreso

Più diventa capace di nuove prodezze, più il bambino scopre che esiste un'infinità di ostacoli ai suoi desideri: vuole correre dietro al fratello grande e cade; vuole costruire una torre che subito crolla; vuole toccare quel soprammobile e voi glielo impedite; vuole imitarvi giocando con i fiammiferi e voi lo sgridate...

EMOZIONI TROPPO FORTI • Che lui non arrivi a portare a termine un gesto o che voi lo bloccate con un «No» deciso, il risultato è lo stesso: il piccolo manifesta il proprio malcontento gridando e piangendo. I bambini si lasciano prendere facilmente dalle emozioni, il che impedisce loro di spiegarsi a parole. Oltretutto, sanno urlare benissimo, sia di gioia sia di rabbia... e non sanno esprimersi altrimenti, soprattutto quando si sentono obbligati ad accettare dei limiti.

Per permettere al bambino di imparare a contenersi, è inutile risolvere i problemi al posto suo o provare continuamente a consolarlo. Affrontare la frustrazione è essenziale nel processo di maturazione. Voler far tacere un bambino che si ribella a un «No» è una soluzione inadeguata quanto mostrare grande severità. Cercate di parlargli anche se sta gridando, per dimostrargli che comunque lo capite e che l'avete sentito.

Comprendere il suo disagio

Spesso i genitori sanno interpretare lo stato emotivo dei propri figli. Per esempio, sanno individuare i segni premonitori del nervosismo, quando la stanchezza prevale o gli stimoli esterni sono eccessivi, e riescono quindi a orientarli verso attività più tranquille. Alcuni comportamenti possono però sembrare immotivati o sproporzionati e sono, a volte, semplicemente dovuti a tensioni interiori che agitano il bambino, cominciate ben prima che "la goccia faccia traboccare il vaso".

SLANCI CONTRADDITTORI • Mangia volentieri, ma non sa rinunciare a giocare; chiede un'altra storia, ma cade dal sonno. I momenti di transizione o di passaggio da un'attività a un'altra sono spesso delicati. Fortunatamente la decisione spetta ai genitori, anche se il piccolo protesta.

Il bambino vive profondamente ogni desiderio e non sa operare una selezione, fino al punto, a volte, di sentirsene sommerso. È bene che, gradualmente, impari a scegliere: tra due giocattoli o tra due vestiti, per esempio. D'altro canto, non bisogna però porre troppe domande perché, per lui, è sicuramente fastidioso essere sottoposto a scelte che vanno oltre la sua capacità: «Preferisci restare con la mamma o andare al parco con la nonna?», sicuramente vorrebbe entrambe le cose!

UNA MINI "CRISI ADOLESCENZIALE" • Le discussioni sono per lui ancora più delicate quando riguardano la relazione con i genitori. Ogni volta che si oppone alla vostra volontà per affermare la propria, l'ambivalenza dei suoi sentimenti nei vostri confronti lo getta nel panico. Quando, verso i 3 anni, imparerà a dire «Non ti voglio più bene!», in quel momento lo penserà veramente, ma non nel profondo.

Allo stesso tempo, ha molta paura di rischiare di perdere il vostro amore o di deludervi affermando la sua individualità. Questo timore, che soggiace a molti conflitti, è per lui qualcosa di terribile e solo il vostro appoggio riuscirà a rassicurarlo... Combattuto tra il suo desiderio di autonomia e il suo sentimento di dipendenza, il bambino soffre per natura, con i suoi genitori, di alcune tensioni (amore, ostilità) che presentano analogie con l'adolescenza: l'opposizione e la durezza dei sentimenti, solo apparenti, sono liberatrici per il bambino.

Attenzione!

Cercate di essere sempre molto coerenti; niente disturba più il bambino che ricevere istruzioni diverse o contraddittorie dai genitori o constatare che i divieti valgono in alcuni casi e non in altri.

Affrontare le crisi di rabbia

Le prime crisi di collera del bambino lasciano più di un genitore disorientato. Mamme e papà ne risentono ancor più quando le crisi avvengono in un luogo pubblico. Vedere il proprio bambino rotolarsi per terra davanti alla cassa del supermercato non è mai divertente e potreste esplodere anche se vorreste restare pazienti. La soluzione ideale è naturalmente mantenere la calma e, a volte, aspettare solo che la tempesta passi.

Calmarlo con le parole o lasciarlo gridare?

A volte il vostro bambino arriverà a contenersi da solo, se riuscirete a parlargli con voce ferma e posata, tenendogli le manine o prendendolo in braccio per farlo sentire più al sicuro. Questo atteggiamento funziona, però, solo se le vostre parole e i vostri gesti non trasmettono nervosismo e se ne siete profondamente convinti. Se vi lasciate prendere dalla collera o scuotete il bambino, lui si farà prendere dal panico e si innervosirà ancora di più.

Il successo della vostra reazione, in ogni caso, non è certamente mai garantito. Il bambino arrabbiato non è sempre in grado di sentire le vostre parole, soprattutto se lo è proprio direttamente con voi. Se urla e strepita, sarà meglio allontanarvi e lasciarlo un po' da solo e aspettare che si calmi o chiedergli di andare nella sua camera. Presto gli passerà.

L'importanza del dialogo dopo la crisi

Quando il piccolo si sarà finalmente calmato, dovrete subito manifestargli nuovamente il vostro affetto. Ha bisogno di sentire e di percepire chiaramente che voi lo amate sempre, e in questo modo capirà che l'amore dei genitori rimane in ogni circostanza. Riconciliarsi dopo ogni conflitto è importante, ancora di più se l'avete sgridato. Sarà l'occasione di spiegargli con calma perché vi siete arrabbiati tanto o per aiutarlo a capire il suo comportamento, se ci riuscirete.

Gli spasmi del singhiozzo

Può succedere, a volte, che il bambino che piange sia talmente contrariato da perdere quasi conoscenza. Questo tipo di manifestazione, abbastanza inquietante, è nota ai pediatri come "crisi spasmofila": il bambino grida, piange e, per un fenomeno riflesso, blocca la respirazione. Il suo colorito diviene rosso intenso, perfino cianotico, il corpo è rilassato e lo sguardo fisso. Anche se è clamorosa, questa crisi non è mai pericolosa e non preannuncia particolari conseguenze.

COME REAGIRE? • Davanti agli spasmi del singhiozzo, i genitori non possono fare nulla, se non tentare di rimanere molto calmi, cosa spesso veramente molto difficile. In ogni caso, non bisogna mai capovolgere il bambino né scuoterlo perché riprenda a respirare: la respirazione si riattiverà per riflesso con l'aumento dell'anidride carbonica nel sangue. Quando il bambino riprende a respirare, e

LA COLLERA DEI GENITORI

- Di tanto in tanto, accadrà che il bambino vi faccia arrabbiare e che perdiate la pazienza. **Questa vostra reazione non è grave, se non troppo frequente o accompagnata da gesti brutali** (sculacciate, schiaffi ecc.).
- Una vostra arrabbiatura dimostra al bambino che alcuni suoi comportamenti possono avere conseguenze spiacevoli. Naturalmente, quando tutto andrà meglio, sarà importante spiegare che quel che è successo è passato e manifestargli nuovamente il vostro amore.
- Se vi dispiace sinceramente di esservi arrabbiati perché ritenete di aver reagito in modo sproporzionato, potrete anche scusarvi. Questo gesto, tuttavia, avrà valore solo se sarete veramente sinceri; altrimenti non ha motivo di essere. **La vostra collera non ha importanza per il vostro bambino, se si sente comunque amato:** la ricchezza della relazione affettiva cancella qualsiasi sbalzo di umore.

Da 1 anno a 18 mesi

Quando è arrabbiato, il bambino non ascolta volutamente ciò che gli si dice ed è preferibile lasciare che si calmi da solo.

LA PAROLA AL BAMBINO

Perché so cosa voglio e la mia mano non arriva a prenderlo? Vorrei tanto fare come voi: usare il computer, tagliare la verdura o disegnare degli elefanti o prendere i giocattoli lì in alto, sull'armadio. Non so disegnare bene i cerchi, anche se voi mi dite che sono belli e questo mi dà tanto fastidio e mi arrabbio quando la mia sorella più grande vuole disegnare al posto mio. Fate un po' d'attenzione, guardatemi mentre disegno e datemi coraggio e io avrò più pazienza e sarò orgoglioso di quello che faccio.

ciò succede ben presto, l'approccio rassicurante è il mezzo migliore per calmarlo.

E POI? • Dopo uno spasmo di singhiozzo, avrete forse la tendenza a cedere più facilmente al vostro bambino, ma ciò potrebbe essere un errore. Per essere rassicurato e confortato, ha anche bisogno di limiti. Più voi riuscire a restare (più o meno) sereni anche davanti a sue reazioni estreme, più eviterete che si ripetano.

CHIAMARE IL MEDICO? • Dopo una crisi di spasmi, può essere utile parlarne al pediatra o al medico che segue il vostro bambino, che vi darà consigli personalizzati su come affrontare un'eventuale nuova crisi e saprà soprattutto rassicurarvi.

Da 18 a 24 mesi

- I progressi del vostro bambino
- I giochi per crescere
- I capricci dell'appetito
- Il rifiuto di dormire e i risvegli notturni
- Le malattie più comuni
- La cura dei dentini
- La gelosia, una reazione naturale
- Tra bambini
- Il bambino capriccioso

I progressi del vostro bambino

Tra il 18° e il 24° mese, il vostro bambino diventerà quasi "grande". Consapevole di aver superato una fase importante, tenterà sempre nuove esperienze, alcune delle quali vi faranno quasi rimpiangere l'epoca in cui se ne stava buono e fermo...

Relazioni conflittuali

La crisi del "no" si intensifica. Da quando scopre l'incredibile potere che questa parola ha di mettervi in scacco, il bambino non finisce mai di ripeterla in ogni situazione. Non avendo alcun limite, lui ama mettere alla prova i vostri. In permanente opposizione, assapora innocentemente il piacere di applicare i propri princìpi. I suoi riferimenti sono evidentemente agli antipodi rispetto a quelli degli adulti, il che non lo turba per nulla poiché egli cerca di imporre i suoi. Viaggia con la fantasia senza alcuna malizia, ma per un bisogno naturale e legittimo di affermare la sua volontà e, con essa, la sua personalità.

Non riesce ancora a distinguere chiaramente tra ciò che deve fare e ciò che, invece, è sconsigliato, se non vietato. Per questo non riesce a capire, per esempio, perché oggi lo avete applaudito quando ha scarabocchiato allegramente con i suoi pennarelli il foglio che ha trovato sul tavolo, mentre ieri vi eravate arrabbiati perché aveva disegnato un'intera famiglia (numerosa) di righe verticali sul muro bianco del vostro salotto.

Piccoli errori o regressione?

Se il bimbo manifesta una sorta di regressione rispetto ad abilità che pensavate acquisite, non preoccupatevi. Certi gesti sono per lui prestazioni di alto livello, lasciategli il tempo che gli serve! Ha il diritto di tornare "bambino piccolo" ogni tanto per ricaricare le batterie e ripartire presto all'avventura.

LA PROVA DELLE SCALE

> La prova delle scale è un buon mezzo per capire se il vostro piccolo è pronto a tenersi pulito da solo. Finché non è in grado di salire o scendere le scale, la sua maturazione neuromuscolare non è ancora completa. Ciò significa che il controllo volontario dei muscoli degli sfinteri (che comandano l'apertura e la chiusura della base della vescica e dell'ano) non è ancora possibile.

> Inutile, quindi, insistere perché si tenga pulito. Ciò diventerebbe per lui uno stress permanente che rischierebbe di provocargli, più avanti, problemi di varia natura.

Mangiare o giocare?

Ora le posate sono entrate a far parte del suo universo quotidiano. Tuttavia, anche se ora ha una migliore presa sul cucchiaio, la metà del suo contenuto finisce spesso un po' dappertutto, tranne che nella destinazione finale, la sua bocca. Anche questo fa parte dell'apprendimento. Nonostante il suo buon uso di questo strumento, la sua produzione di "opere d'arte culinaria" proseguirà ancora per molto. Continuerà a pasticciare con la pappa, scolpire bocconcini che vi inviterà ad assaggiare, confezionare maschere allo yogurt ecc., senza comprendere i vostri rimproveri per il fatto di dover perfino fare la doccia dopo ogni pasto. Questa fase è indispensabile, per lui, per familiarizzare con gli alimenti e, più precisamente, con le novità che compongono il menu, giorno dopo giorno.

La paura della notte

Dopo qualche mese di notti tranquille, negli ultimi giorni una nuova fantasia si è affacciata nella sua mente, e il bambino non vuole più andare a dormire così docilmente come prima. Nonostante i riti che avete istituito per lui fin dalla nascita, non vuole più andare nel suo lettino, piange, si agita e si oppone con tutte le sue forze. Se non ha una crisi, troverà mille pretesti per scappare dalla sua cameretta e tornare da voi, si metterà sdraiato nel suo lettino e vi chiamerà o cercherà di uscirne nonostante il vostro divieto formale di farlo.

Anche se c'è probabilmente una piccola parte di capriccio, in questo, bisogna tenere presente che questa paura è in parte reale. A quest'età, il confine tra l'immaginario e il reale è ancora piuttosto sottile. Quando cercate di vederci un po' più chiaro, il piccolo evoca mostri che abitano nell'armadio o streghe che vogliono portarselo via sulla scopa. Per questo si appassiona alle storie popolate di orribili mostri vinti da esseri piccoli e gentili, che lo aiutano a cacciare i demoni dal suo universo personale.

Da 18 a 24 mesi

Mese dopo mese, il vostro bambino diventa sempre più abile a riconoscere e manipolare gli oggetti.

Potrà anche domandarvi di lasciare la porta della cameretta un po' aperta o insistere per avere una luce che lo aiuti a non confondere l'ombra del suo pupazzo con l'orribile gigante sdentato che pensa di vedere in penombra.

In marcia verso nuove avventure

Per quanto il controllo totale degli sfinteri sia ancora piuttosto lontano, il pannolino sporco non lascia il piccolo indifferente come un tempo. Ora tende addirittura ad avvertirvi appena lo bagna. Se ha cominciato a correre già da un po', comincerà proprio ora a trovare sempre più divertente salire e scendere le scale. Non abbandona mai questo nuovo gioco, nel quale diviene sempre più abile. Si appoggia al muro (il corrimano per lui è solitamente troppo alto) o prende la vostra mano per farsi aiutare.

La salita è più facile per il vostro piccolo, perché può sempre mettersi in ginocchio e continuare a quattro zampe, ma dovrete sorvegliarlo soprattutto quando scende le scale, perché la testa dei bambini è sempre più pesante del resto del corpo e basta che si chinino in avanti per essere trascinati in cadute spettacolari che possono essere veri e propri traumi.

Oltre a questi momenti di pura esperienza, sotto la vostra sorveglianza, è consigliabile lasciare installati i cancelletti di sicurezza per limitare l'accesso alle scale di casa.

I giochi per crescere

Provare, comprendere, immaginare e creare sono le parole chiave del periodo che va dal 1° al 3° anno di età. Il gioco permette al bambino di collaudare le sue capacità e i suoi limiti, di acquisire fiducia in se stesso, costruire la propria identità e il proprio equilibrio. Le attività diurne alimentano i suoi progressi nella sfera motoria e lo aiuteranno a comprendere la logica e le conseguenze di ogni cosa, ad arricchire il vocabolario e a diventare più autonomo.

Grandi traguardi

Nell'età dal 1° al 2° anno, il bambino accumula esperienze e impara sia dai traguardi sia dagli insuccessi. Così integra in sé nuovi gesti e comportamenti: camminare, salire le scale, correre, portare, lanciare, tirare, saltare, tenersi pulito, mangiare da solo… Il suo carattere e il suo linguaggio si affermano giorno dopo giorno, insieme alla sua capacità di dire «no». Intellettualmente, il piccolo elabora vere e proprie storie attorno a ogni gioco, usando parole tutte sue.

ALLA SCOPERTA DELL'AUTONOMIA • A partire dal 10° mese, il bambino prende coscienza della sua libertà e, una volta in piedi, il suo orizzonte cambia e lo rende consapevole di poter andare un po' dappertutto. Ora può partire alla scoperta del mondo dei grandi, ma sempre sotto il vostro sguardo attento. Approfittate per parlarne con lui e spiegargli ciò che può fare e ciò che deve evitare. Allo stesso tempo, aiutatelo a perfezionare le capacità che influiranno sul gioco e quindi sulla sua evoluzione. Ogni cosa si mette a posto affinché il bambino cresca in armonia con il suo corpo e il suo spirito e raggiunga l'autonomia che lo spingerà poi a una maggiore sicurezza nell'universo dei grandi.

Scoprire lo spazio e la logica

Com'è bello stare in piedi quando si è rimasti così a lungo distesi o seduti! Da quando sa camminare così bene, il bambino non smette più di scoprire nuovi piaceri: salire e scendere le scale, correre, saltare, dondolarsi, arrampicarsi… tutti esercizi che gli permettono di esplorare lo spazio, mentre sviluppa le sue capacità motorie. È essenziale favorire la sua agilità negli spostamenti e la sua capacità a collocarsi nello spazio. Il gioco della palla, gli oggetti da spingere e tirare e i salti lo aiuteranno a sentirsi più responsabile del suo corpo. Starà a voi guidarlo senza limitarlo nelle scoperte! Non esitate a portarlo all'aria aperta, nelle aree gioco dei giardini pubblici in cui potrà usare strutture specialmente concepite per l'esercizio fisico e, in particolare, arrampicarsi senza correre alcun rischio.

> **Non dimenticate i libri!**
> A questa età, il bambino è un grande osservatore. Riesce a scovare i minimi dettagli nelle immagini che vede sui libri, mostra con il dito ciò che riconosce, commenta ecc., e i libri lo aiutano così a sentirsi al sicuro.
> E, naturalmente, ama sentirsi leggere sempre nuove storie.

LA LOGICA DELLE COSE • Il bambino scopre una doppia dimensione in cui deve trovare la sua collocazione: l'individuo che è e l'ambiente che lo circonda. I giochi, di cui è protagonista o spettatore, lo aiuteranno moltissimo. Per esempio, giocare davanti allo specchio contribuisce al riconoscimento di sé, della propria immagine e del proprio corpo.

I giochi d'associazione fatti con gli oggetti favoriscono lo sviluppo della logica e la costruzione del vocabolario del piccolo: il treno e la stazione, il pero e la pera, la matita e il colore, per esempio; così il piccolo arriva a comprendere la relazione tra oggetto e situazione.

PERCEPIRE E ASSOCIARE • Sentire, annusare, toccare… la conquista del mondo che circonda il bambino passa per la vista, ma anche per gli altri sensi. Tra il 1° e il 2° anno di età, il bambino riconosce gli oggetti attraverso le parole, il gusto, i suoni e la manipolazione. È l'età in cui vuole toccare tutto! Potrete proporgli dei libretti illustrati, creare voi stessi queste immagini o attingere nuove idee dall'ambiente di casa o fuori. Per esempio, potrete confezionare una "calza-sorpresa" riempiendone una con oggetti vari e semplici. Il vostro bambino ci tufferà la manina, con gli occhi chiusi, e annuncerà orgogliosamente ciò che avrà trovato: una macchinina, una palla, un cubo…

Potrete elaborare dei giochi basati sull'ascolto di diversi suoni che il bambino si divertirà a individuare: strumenti musicali, versi di animali, il telefono, suoni familiari…

Anche se non ha ancora imparato bene a usare i pastelli e i pennarelli, il bambino riesce già a esprimere il suo modo di vedere il mondo.

Il materiale per gli artisti in erba

Tutti rimangono estasiati davanti alle primissime prodezze artistiche del proprio figlio. Incoraggiandolo e manifestandogli tutta la tenerezza di cui ha bisogno, sarete anche voi i protagonisti della sua crescita. Anche se ancora piccolo, ha bisogno del disegno e della pittura per esprimere tutto ciò che sente, il suo modo di vedere il mondo e le cose come gli appaiono. Non esitate mai a dargli l'esempio perché, a questa età, comincia già a imitare, come può, gli adulti.

I VASETTI DI COLORE • Tanti piccoli vasetti contenenti colori diversi, appositamente concepiti per i bambini, un grande foglio di carta e un pennello grosso: al vostro piccolo artista non servirà altro. Mettetelo sul seggiolone e assicuratevi che il manico del pennello sia abbastanza lungo. Attenzione alla stabilità dei vasetti!

Esistono anche pitture a dito che gli permettono di stabilire un contatto diretto con la materia. In più, consentono di fare ciò che solitamente è vietato… che bellezza!

GLI STENCIL • Dopo aver distribuito il colore scelto con una spugna imbibita o un grosso pennarello su un disegno ritagliato appoggiato su un foglio di carta, il piccolo potrà così ripetere la forma iniziale spostando e ripassando lo stencil.

LA PASTA DI SALE • Manipolare la pasta di sale o la plastilina per creare sempre nuove forme è molto divertente. La pasta di sale è una fonte di divertimento infinito, perché si fabbrica in casa subito prima di modellarla: mescolate in un recipiente 2 parti di farina, 1 parte di sale e qualche goccia di olio e aggiungete progressivamente dell'acqua per formare la pasta. Insegnate al vostro bambino come modellare forme semplici (pallina, rotolo) con le quali potrà creare poi una moltitudine di oggetti.

I primi disegni

Il vostro bambino non sa ancora leggere né scrivere. La sua manina fatica a tenere la matita o il pennarello (sempre lavabile ad acqua) e sarà quindi bene aiutarlo. Così curioso di tutto, si aiuta con le immagini per capire ogni cosa. Il disegno è, quindi, un mezzo formidabile per materializzare ciò che per lui non è ancora concreto e completa la pittura. Giocate con lui proponendogli, per esempio: «Io comincio e poi finisci tu!». Tracciate una curva e lasciate che lui finisca disegnando un pallone, il sole o un semplice tratto.

I capricci dell'appetito

Avrete un bel preparare con amore i menu più equilibrati, ma intorno ai 2 anni il vostro bambino storcerà il naso, si lamenterà spesso e si rifiuterà di assaggiare i nuovi cibi. Non preoccupatevi e non insistete mai a farlo mangiare. Forzandolo rischiereste di provocare in lui un blocco. Mantenete il ritmo dei pasti, introducete i nuovi cibi molto gradualmente e cercate di mangiare sempre insieme a lui.

Curare la presentazione degli alimenti

Se il vostro bambino disdegna il suo piatto, mangiucchia appena o sputa ciò che ha in bocca, abbiate pazienza e osservate la sua risposta la volta seguente. Provate a rimanere calmi e lasciate che le cose rientrino nell'ordine normale da sole. Se il piccolo si mostra contrario, ma non è malato (non è raffreddato, non ha le gengive irritate da nuovi dentini che spingono ecc.), finirà per mangiare quando ne sentirà il bisogno. Se voi, invece, lo forzerete, rischierete di provocare scenate penose che non farebbero altro che aggravare la situazione.

RISVEGLIARE LA SUA CURIOSITÀ • Cercate piuttosto di tentarlo facendo un piccolo sforzo d'immaginazione. Fategli assaggiare la carota cruda che lui conosce solo sotto forma di pappa o purea, dicendogli che mangerà la "pappa del coniglietto"; presentategli il pesce alla griglia su piccole foglioline di insalata, l'omelette tagliata a pezzettini e dei mini-sandwich, la frutta di stagione cotta o cruda, aggiunta a un dessert al formaggio ecc. ed evitate, soprattutto, di dargli da mangiare fuori pasto e non offritegli mai spuntini da sgranocchiare.

Un momento di piacere insieme

Il vostro bambino amerà mangiare soprattutto se voi mangerete insieme a lui. I pasti sono un momento di speciale condivisione e la convivialità apre sovente lo stomaco.

UN TEMPO DA LIMITARE • Cercate di dare da mangiare al bimbo a orari regolari e in una situazione calma; le cose andranno meglio se la persona che gli dà da mangiare è disponibile, attenta e rilassata durante questo tête-à-tête di circa mezz'ora. Inutile prolungare oltre il pasto se il piccolo è chiuso in se stesso e rifiuta tutto. Se ciò dovesse succedere, distanziate il più possibile i pasti – all'occorrenza datene solo tre – e soprattutto non offritegli niente tra un pasto e l'altro.

MANGIARE IN FAMIGLIA • Fino al 2° anno circa, potrete dare la pappa al vostro bambino prima del pasto della famiglia, dedicandogli così tutta la vostra attenzione. Quando sarà in grado di mangiare senza il vostro aiuto e (più o meno) ordinatamente usando il cucchiaio, mettetelo pure a tavola con voi sul suo seggiolone e lasciate che mangi, senza controllarlo troppo.

Il bambino ama molto il rito del pasto in famiglia con il suo piatto, il suo bicchiere, il suo cucchiaino e il suo

---

Dare uno yogurt da bere?

Se il vostro bambino rifiuta di bere il latte al mattino, potrete eventualmente dargli uno yogurt da bere, forse gli piacerà un pochino di più... Questo tipo di latticino fornisce un apporto euilibrato di calcio e proteine ed è quindi ottimo per la prima colazione e anche per la merenda.

LA PAROLA AL BAMBINO

Come è bello mangiare cose nuove! Mi capita certe volte, però, che non le voglio mangiare solo per avere un motivo per dire «io» e vedere come reagite. Se fate la voce grossa e mi sgridate, mi fate paura e mi arrabbio e continuo a rifiutare e ci arrabbiamo tutti quanti! Se avete un po' di pazienza in più e non insistete troppo, allora io sento che mi capite e mi rispettate e così le assaggio, perché a me in realtà piace moltissimo provare cose nuove da mangiare!

Il rifiuto di mangiare è frequente a quest'età, soprattutto quando si cerca di far accettare al bimbo un piatto prima sconosciuto.

pupazzo, o gioco preferito, di fianco a lui. Quando avrà finito la sua pappa, sarà inutile obbligarlo a rimanere a tavola con voi per un pasto che per lui sarebbe infinito.

Un cambiamento alla volta

Quando introducete una novità nelle abitudini o nell'alimentazione del bimbo non chiedetegli che ci si abitui subito, perché questo sarebbe per lui uno sforzo eccessivo. Per questo, introdurrete ogni cambiamento in modo graduale, senza forzarlo o mettergli eccessiva pressione e lasciandogli il tempo di scoprire e apprezzare il cambiamento.

Non scoraggiatelo mai al primo rifiuto, ma non vi ostinate neppure: se si rifiuta la prima volta, ripetete il tentativo qualche giorno dopo. Proponetegli un nuovo alimento in occasione del pasto che preferisce e che gli date personalmente voi; scegliete un giorno in cui sta bene e aspettate che abbia assaporato il nuovo alimento, prima di fargliene assaggiare un altro. Se il vostro bambino cresce in modo armonioso anche mangiando in modo irregolare, non siate troppo esigenti e aiutatelo pazientemente a passare attraverso le varie tappe, secondo il suo ritmo.

> " Il nostro bimbo di 2 anni mangia fuori casa. Come possiamo sapere che la sua alimentazione è equilibrata? "

EQUILIBRARE I PASTI

Se il vostro bambino passa la giornata all'asilo nido, con la baby-sitter o i nonni, informatevi sempre di che cosa ha mangiato a mezzogiorno per decidere il pasto della sera. Se è affidato a una baby-sitter che lavora a casa propria, spiegatele il perché di questa domanda affinché lei non la interpreti come un gesto di mancanza di fiducia. Completate inserendo nel menu tutti i gruppi alimentari, ma non preparate la stessa cosa che ha mangiato a pranzo: basatevi sempre sulla verdura e i farinacei, le crudità o la frutta, se non ne ha mangiati a mezzogiorno, per esempio, e dategli sempre un latticino. Presto il menu del vostro bambino diventerà molto semplice da stabilire.

Il rifiuto di dormire e i risvegli notturni

Voi date prova d'infinita pazienza, usate tutta la tenerezza di cui siete capaci, ma il vostro bambino non riesce ad addormentarsi o si sveglia anche più volte durante la notte. I risvegli notturni sono frequenti, tra il 1° e il 3° anno di età, e non esiste una vera ricetta miracolosa per risolvere il problema, ma alcuni consigli potranno esservi di aiuto.

Non riesce ad addormentarsi da solo

Questa situazione così probante per i nervi dei genitori richiede molta pazienza e convinzione. Per venire a capo delle crisi di pianto, dovrete permettere al vostro bambino di addormentarsi da solo grazie a un "addestramento" progressivo che potrete organizzare.

PROCEDERE PER FASI • In un primo tempo, accettate l'idea che pianga per una decina di minuti e poi ritornate per rassicurarlo con una carezza o una parolina dolce. Se si rimette a piangere quando uscite dalla camera, attendete un poco, prima di ritornarci. Ditegli quindi, con calma e fermezza, che voi siete lì e che nulla di brutto può succedergli, ma che è ora di dormire e che voi siete comunque vicino a lui. L'obiettivo è aumentare progressivamente l'intervallo di tempo tra gli interventi per arrivare, dopo il terzo (o più) a dirgli serenamente che non ritornerete, per quella notte.

Il papà è spesso più convincente e, in questo caso, la mamma non dovrà esitare a chiedere il suo aiuto. Inizialmente, il piccolo continuerà sicuramente a piangere, ma, poco a poco, arriverà a capire di non essere abbandonato durante il sonno e di poter contare sulla vostra presenza amorevole anche mentre dorme. A quel punto riuscirà ad addormentarsi da solo e smetterà di piangere quando vi sentirà fermi e convinti.

Se si sveglia di notte

I risvegli notturni corrispondono spesso ai risvegli normali tra due fasi di sonno e non richiedono un intervento da parte vostra: il bimbo si riaddormenta da solo in pochi minuti. Possono anche, però, essere causati da incubi o terrore notturno, che si manifesta con risvegli bruschi e impressionanti, tra il 1° e il 2° anno di età. Imparate a distinguerli, poiché la condotta da adottare è in questi casi opposta.

GLI INCUBI • Sono i "brutti" sogni che compaiono nella fase del sonno paradossale, ossia nell'ultima parte della notte. Il bambino si sveglia disturbato e si mette a piangere o a gridare sempre più forte. Dovrete intervenire, calmarlo e aiutarlo a riaddormentarsi serenamente. All'indomani riparlate con lui di ciò che è successo, usando parole per lui facili da comprendere e sdrammatizzando la situazione.

IL TERRORE NOTTURNO • Più frequente a questa età, si manifesta nella prima parte della notte (entro le prime 3 ore), provocando un risveglio apparente ma brutale durante la fase del sonno profondo. Il bimbo urla, sembra preso dal panico e si dibatte, per poi calmarsi senza svegliarsi. Nonostante le apparenze, il piccolo dorme e non vi riconosce. Non spaventatevi e non svegliatelo per nessun motivo! È ancora incosciente di ciò che gli sta accadendo e la vostra preoccupazione si aggiungerebbe al suo stato confusionale. Contrariamente a ciò che sembra, non prova una vera e propria angoscia come accade negli incubi. Non riparlatene all'indomani, perché probabilmente non se ne ricorderà più.

Saper chiedere aiuto

Se non riuscite a risolvere i problemi di sonno del vostro bambino e vi sentite allo stremo delle forze, chidete pure

---

LA PAROLA AL BAMBINO

Ho paura del buio perché, se chiudo gli occhi, vedo cose che mi spaventano e non so se sono vere o finte. State un po' di più con me, così potrò fare "scorta di voi", prima che mi lasciate di nuovo da solo. I baci e le storie che mi leggete quando sono in braccio a voi prima di dormire mi aiutano a capire che il lupo esiste solo nella mia fantasia. Venite subito da me, quando ho un incubo perché, se mi sveglio, sono in preda al terrore! La vostra voce e la vostra presenza mi faranno sentire al sicuro.

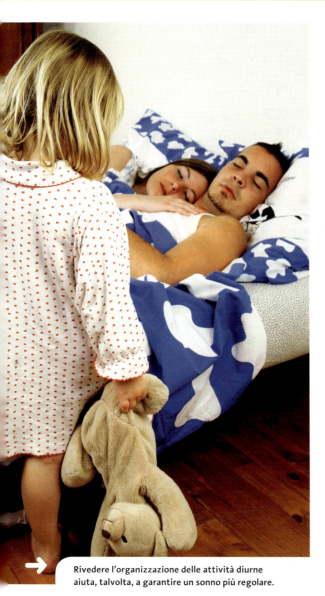

Rivedere l'organizzazione delle attività diurne aiuta, talvolta, a garantire un sonno più regolare.

> " La nostra piccola urla appena entra in camera ed è proprio impossibile metterla nel lettino. Come ci comportiamo? "

IL RIFIUTO DI ANDARE A NANNA

Può accadere, senza saperne veramente il perché, che il bambino sia terrorizzato al momento di andare a dormire. In questo caso, non esistono soluzioni al di fuori della vostra camera, perché non ci sarà rito di sorta che riuscirà a calmarla. Evitate di tenere la piccola nel vostro letto, ma mettete un materassino o il suo lettino temporaneamente accanto al vostro, spiegandole che si tratta di una situazione provvisoria e che tornerà nella sua camera appena si sentirà più tranquilla.

Non aspettate dei mesi prima di riprovare a rimetterla nella cameretta, ma alcune settimane potrebbero essere necessarie. Durante l'intero periodo, continuate a giocare con lei in cameretta per farle capire che quello è il suo spazio e che lì può sentirsi bene...

Non preoccupatevi, però, se tutto non rientra nella normalità nel giro di breve tempo; come tutto ciò che concerne la crescita del bambino, anche questa paura della separazione varia secondo i casi. Per alcuni, dura solo pochi mesi; per altri, prosegue addirittura per anni, in modo costante o a periodi.

Bando ai farmaci!

Se il bimbo ha il sonno difficile, non optate per i farmaci. Sono raramente efficaci, se non si agisce sull'ansia di separazione stabilendo un nuovo approccio: niente può sostituire la sua relazione con voi. Alcuni trattamenti prescritti con leggerezza, come quelli a base di sciroppi perfino psicotropi, possono causare una dipendenza che si rivela poi dannosissima anche in età adulta. Il loro uso deve essere riservato a casi specifici e sempre sotto controllo medico.

OMEOPATIA E TISANE • Alcuni rimedi omeopatici possono curare determinati problemi specifici. Sarà bene consultare un medico omeopata poiché i rimedi sono prescritti in base al temperamento del bambino (collerico, soggetto a incubi ecc.).

Potrete anche dargli delle tisane leggermente dolcificate cui avrete aggiunto qualche goccia di tintura di passiflora o di valeriana, ma anche in questo caso chiedete prima l'opinione del medico.

aiuto al pediatra. Il semplice fatto di riepilogare queste difficoltà, ma anche il contesto nel quale esse si manifestano, fa spesso sì che il bambino si senta preso in considerazione e che i genitori riescano a trovare più facilmente delle soluzioni. È sufficiente, talvolta, rivedere l'organizzazione della giornata (attività diurne, orario dei sonnellini o dei pasti) per dare al bambino una migliore qualità di sonno.

Chiedetevi anche come si stia svolgendo la vita in famiglia e se vi è qualcosa che possa essere per lui fonte di angoscia; i bambini sono estremamente sensibili a tutti gli avvenimenti che influenzano il suo ambiente.

Le malattie più comuni

Tra il 1° e il 3° anno di età, il bambino è più esposto al rischio di contrarre una malattia infantile (rosolia, varicella ecc.) o di soffrire di tonsillite, anche se tutte queste malattie possono comparire anche prima, soprattutto se frequenta l'asilo nido.

Che cosa sono le malattie infantili?

Il termine "malattia infantile" indica le infezioni – virali o batteriche – che colpiscono il bambino solitamente a partire dal 1° anno di età. La vaccinazione (vedi pagg. 92-93 e 150-151) ha permesso, in Italia, un netto calo nella diffusione di queste infezioni. È questo il caso di parotite, morbillo, rosolia e pertosse (che può colpire anche i neonati). La diagnosi deve sempre essere confermata dal medico.

Le malattie infantili più comuni sono la scarlattina (la sola di origine batterica) e la varicella (che può colpire a qualsiasi età).

Queste malattie, che spesso infettano tramite la saliva, si sviluppano in 3 fasi di durata variabile: il microbo si incuba (l'incubazione è il lasso di tempo che trascorre tra il contatto con una persona affetta dalla malattia e la comparsa dei primi sintomi) e quindi invade rapidamente l'organismo, provocando i sintomi.

Non è sempre possibile evitare il contagio, soprattutto se si frequentano ambienti affollati. Il miglior mezzo per proteggerlo è vaccinare il vostro bambino, almeno con i vaccini più comuni (parotite, morbillo, rosolia, pertosse).

La parotite

Dopo 3 settimane di incubazione, compaiono i primi sintomi: il viso del bambino si deforma, la deglutizione si fa difficile e la bocca si secca. Compare una tumefazione sulla parte posteriore della mascella. A questi segni si aggiungono spesso forti mal di testa e febbre. Questa malattia, in generale benigna, attacca le ghiandole salivari (parotidi).

INFETTIVITÀ • Il periodo del contagio comincia una settimana prima della comparsa dei primi sintomi e prosegue per circa 10 giorni.

Vero o falso?
Quando un bambino ha un forte rialzo di febbre, bisogna dargli un antibiotico.

Falso. Gli antibiotici sono farmaci antibatterici non hanno alcun effetto diretto sulla febbre. La maggior parte degli episodi febbrili nel bambino è legata a infezioni virali e, tra le malattie infantili, solo la scarlattina è di origine batterica. Gli antibiotici non ridurrebbero affatto la durata della febbre.

CHE COSA FARE? • Dopo la diagnosi del pediatra, il migliore rimedio è combattere la febbre e il dolore, dare un'alimentazione semiliquida e assicurare riposo al bambino, fino alla scomparsa del gonfiore. Ogni eventuale complicazione, per esempio l'emicrania, che possa far sospettare una meningite deve essere segnalata al medico.

Il morbillo

Malattia virale contagiosa, il morbillo colpisce i bambini a partire dal 6° mese, ma anche gli adulti, presso i quali è molto più grave. Si tratta di un'infezione fisicamente molto debilitante che comincia con arrossamento e forte lacrimazione degli occhi, scolo nasale, febbre alta, tosse rauca, secca e frequente. Qualche giorno più tardi compare l'eruzione cutanea: piccoli foruncoli rossi appaiono dietro le orecchie, sul collo e quindi su tutto il corpo, per poi scomparire gradualmente.

INFETTIVITÀ • Il periodo del contagio comincia 6 giorni prima dell'inizio della malattia e termina 6 giorni dopo.

CHE COSA FARE? • Se il morbillo è teoricamente benigno nei bambini che guariscono rapidamente, può però talvolta avere complicazioni nervose o respiratorie anche gravi durante la malattia e perfino diversi anni più tardi. Per questo motivo, la vaccinazione è fortemente raccomandata (vedi pag. 53). La visita può avvenire solo dopo la comparsa dei primi sintomi e il trattamento è lo stesso della febbre.

La rosolia

Quando la rosolia è visibile, si caratterizza con la breve eruzione cutanea di macchioline rosse o rosa localizzate sul viso e poi sul tronco e gli arti e può associarsi anche a una leggera febbre.

INFETTIVITÀ • Il periodo contagioso comincia 6 giorni prima della comparsa dei sintomi e termina 6 giorni dopo.

CHE COSA FARE? • Anche qui, la vaccinazione è essenziale soprattutto per le bambine, poiché la rosolia è molto grave se contratta in gravidanza (causa malformazioni fetali). La vaccinazione permette, quindi, di proteggere le bambine dal rischio futuro così come le future mamme non immunizzate. La rosolia è molto discreta e può anche essere contratta senza mai essere diagnosticata.

La varicella

Il contagio di questa malattia virale benigna comincia con l'eruzione cutanea e dura una settimana. Il vostro bambino può contrarla già nei primi mesi di vita poiché gli anticorpi della madre sono poco efficaci contro questa malattia. Dopo la comparsa di piccoli foruncoli rosa sulla testa, il bambino si ricopre di piccole vescicole che trasudano una secrezione trasparente. Nel giro di una settimana, si osservano diverse eruzioni, a mano a mano che le prime vescicole si seccano, per lasciare il posto a nuove che si trasformano anch'esse in croste nel giro di 10 giorni circa.

INFETTIVITÀ • Il periodo di contagio comincia 5 giorni prima dell'eruzione cutanea e termina quando non si osservano nuove vescicole e quelle esistenti si sono seccate, ossia nel giro di 10 giorni circa.

CHE COSA FARE? • Chiedete telefonicamente l'opinione del pediatra, per essere certi della vostra diagnosi. La terapia consiste soprattutto nell'alleviare il bisogno di grattarsi (prurito), che potrebbe provocare infezioni e cicatrici.

> **Attenzione!**
>
> L'ibuprofene è controindicato per abbassare la febbre in caso di varicella, poiché può favorire una reazione generale grave detta "sindrome di Reye". Chiedete consiglio al vostro medico!

Uno sciroppo antistaminico e speciali lozioni applicate localmente riducono il prurito. Consultate nuovamente il medico se la febbre dovesse persistere e se l'eruzione fosse particolarmente grave.

La scarlattina

Benigna e piuttosto rara, la scarlattina è una malattia di origine batterica che compare solo eccezionalmente prima del 1° anno di età. Essa è più comune per chi frequenta ambienti affollati e più frequente nella stagione invernale. I sintomi sono febbre alta, tonsillite, placche rosse sul tronco che si estendono poi agli arti, al collo e al viso e la lingua ricoperta da una patina bianca che diviene rosso-fragola. Circa 10 giorni dopo la comparsa dei primi sintomi, la pelle delle mani e dei piedi comincia a squamarsi.

INFETTIVITÀ • Il periodo del contagio ha inizio 1-2 giorni prima dell'eruzione cutanea e termina circa 2 giorni dopo l'inizio della terapia.

CHE COSA FARE? • Consultate il medico al momento della comparsa della malattia nel bambino, o in altri piccoli con cui è in contatto, che prescriverà un antibiotico a titolo preventivo o curativo.

Le prime tonsilliti e rinofaringiti

Il bambino è sempre più in contatto con l'esterno e intensifica anche la sua esperienza di vita in gruppo, in famiglia, all'asilo nido o in luoghi pubblici. Tutto questo comporta, per definizione, una serie di malattie legate alla sua età e che, anche se non particolarmente gravi, richiederanno attenzione. È questo, in particolare, il caso della tonsillite. Questa malattia, rara prima del 18º mese di età ma frequente in età infantile, può essere virale. In questo caso, il più comune, si accompagna spesso alla faringite (arrossamento della faringe). Di origine batterica, è un disturbo piuttosto isolato. La tonsillite corrisponde all'infiammazione delle ghiandole dette "palatine", situate ai due lati del soffitto del palato. Esse si presentano arrossate e ingrossate. Gli altri sintomi sono l'irritazione della gola, la febbre (38,5-39 °C), difficoltà di deglutizione, mal di testa, ingrossamento delle due ghiandole poste sotto la mascella.

CHE COSA FARE? • Rivolgetevi al medico fin dalla comparsa dei sintomi descritti qui sopra. Anche se è il più delle volte di origine virale, la pertosse richiede un trattamento antibiotico per prevenire le gravi complicazioni (reumatismo articolare acuto, glomerulonefrite). Le tonsilliti virali si possono distinguere da quelle batteriche con un semplice test che il medico effettua durante la visita.

La cura dei dentini

I denti del bambino richiedono un'attenzione particolare. Per una dentatura permanente sana in futuro è, infatti, essenziale proteggere già i denti temporanei. Se un dente da latte è cariato, perde vitalità e la sua funzione di barriera, rendendo più fragile l'osso sottostante.

La prima visita dal dentista

Verso i 2 anni, arriva il momento della prima visita dal dentista. In seguito, la visita di controllo sarà semestrale o annuale, secondo il consiglio dello specialista.

INNANZITUTTO, SPIEGARE • Dovrete parlare al vostro bambino usando termini semplici e positivi per spiegare che cosa sia un dentista: il suo ruolo, il suo ambiente, i suoi strumenti e macchinari strani, i suoi gesti, i suoi metodi... aiutatevi, all'occorrenza, con supporti come, per esempio, i libretti e i fascicoli specifici che troverete dal medico. Ne esistono di molto utili. Il messaggio che dovrete far passare è quello che il "dottore dei dentini" è lì per il suo bene; usate immagini che lui riesca facilmente a comprendere, per esempio, dicendogli che con i suoi bei dentini sani sarà forte come una tigre...

DURANTE LA VISITA • Il dentista verifica lo stato della dentizione, esegue eventuali cure e, soprattutto, insegna al bambino come occuparsi della sua igiene orale. Segnala anche eventuali difetti che potrebbero richiedere l'intervento dell'ortodontista (che comunque non interverrà, se necessario, prima degli 8-9 anni, solo sui denti definitivi).

Per una buona prevenzione delle carie

Innanzitutto, riservate i dolciumi ai momenti particolari, vietate le bibite zuccherate e il biberon di latte prima di andare a dormire e garantite al vostro bambino un'alimentazione equilibrata.

IL PRIMO SPAZZOLINO • Fin dalla comparsa dei primi dentini, lavateli usando uno spazzolino a setole morbide adatto alla sua età, preferibilmente dopo ogni pasto. In seguito, a un anno e mezzo o 2 anni, quando comincia a imparare a usare il cucchiaio, insegnategli anche a lavarsi i dentini da solo, dando comunque anche voi una "seconda passata" per assicurare una pulizia corretta. Il dentifricio non è consigliato a questa età perché i bambini non sanno ancora sputarlo completamente.

Il fluoro rinforza lo smalto dentario, che resiste così più efficacemente alla carie. In alcuni casi, è prescritto in dosi giornaliere dalla comparsa dei dentini fino ai 2 anni.

NEL CASO DI DUBBI • Se, nonostante il vostro controllo e le vostre cure, il piccolo non riesce a bere o a mangiare cibi caldi, zuccherati o molto freddi e ha un alito molto pesante, potrebbe avere una carie, infezione dovuta a un batterio che attacca lo smalto (in superficie) e poi l'avorio (in profondità). Dovrete in questo caso consultare il dentista, che verificherà se il dente è effettivamente cariato e lo curerà, se lo riterrà necessario.

Attenzione, dovrete agire tempestivamente, perché il dente da latte cariato può provocare un ascesso, che può compromettere anche lo stato della dentizione definitiva.

Se il bambino si rompe un dentino

Tra il 1° e il 3° anno, il bambino è sempre più intrepido e quindi può cadere e rompersi un dente. La prima reazione deve essere quella di conservare il pezzetto, o il dente intero, in soluzione fisiologica e poi chiedere al dentista una visita urgente durante la quale potrà incollare il frammento, o il dentino (l'incisivo è il più frequentemente colpito) o riposizionare il dente, se risulta spostato. Verificherà anche che l'evoluzione dei denti sotto non sia stata danneggiata. Nel caso di sanguinamento abbondante della gengiva, premete con una compressa di garza pulita, prima di recarvi alla visita.

Una macchia su un dente?

Se uno dei dentini del vostro bambino è macchiato, non si tratta necessariamente di una carie. Ciò può accadere, per esempio, se sta prendendo un integratore vitaminico liquido contenente ferro. Il dente non è danneggiato: basterà sostituire l'integratore liquido con compresse masticabili alle vitamine e la macchiolina scomparirà spazzolando i denti. Se persiste o il vostro bambino non sta prendendo integratori liquidi, dovrete farla vedere al dentista.

Lavarsi i denti

① Una sana abitudine

Fin dalla comparsa dei primi dentini, lavateli con uno spazzolino a setole morbide, ma non usate ancora il dentifricio.

Potrete più avanti cominciare a insegnargli a lavarseli da solo, verso un anno e mezzo o 2 anni, quando saprà usare bene il cucchiaio. Spiegategli che i denti si lavano a partire dalla gengiva verso il basso, davanti e dietro e spazzolando a lungo. Non cercate però la perfezione: tenete conto che il lavaggio rimarrà ancora a lungo un'operazione difficile per lui e solo parzialmente efficace; ciò che importa è che si abitui a farlo, cosa essenziale. Completerete poi voi il lavaggio, una volta conclusa la prova del vostro bambino.

② Spazzolino e dentifricio

Abituate il vostro bambino a lavarsi i denti giornalmente!

Scegliete uno spazzolino a setole morbide, con manico e testina adatti alla sua mano e alla sua bocca. Chiedete consiglio in farmacia.

Da quando il vostro bambino avrà imparato a sputare, dategli pure un po' di dentifricio perché il fluoro che vi è contenuto contribuirà a prevenire la carie. Prima di allora, il pediatra potrà prescrivere un'integrazione di fluoro, se lo riterrà necessario.

Da 18 a 24 mesi

La gelosia, una reazione naturale

La gelosia del bambino rispetto al fratello minore e talvolta anche per il primogenito, di cui invidia i diritti, è una reazione naturale che ha la funzione di difendere il suo posto nella famiglia e… nel cuore dei genitori. Per i bimbi, la gelosia è un formidabile mezzo di socializzazione ed emulazione. Dovrete saper sorvegliare la situazione, senza però intervenire eccessivamente.

Le origini della gelosia

Si tratta di una reazione naturale che compare fin dalla nascita del fratellino e si amplifica generalmente da quando, verso i 2 anni, il piccolo non è più in fasce e non si sposta più gattonando. Più autonomo e mobile, entrerà nel "territorio" del primogenito a turbare la sua tranquillità.

Vi basterà ripensare alla vostra stessa infanzia per ricordare che la gelosia è qualcosa che fa perdere da una parte, per far guadagnare molto dall'altra. La gelosia insegna, infatti, a esprimere i propri sentimenti, a gestire i conflitti e a trovare soluzioni. In questo modo, poco a poco, il primogenito e il fratellino non si considereranno più come rivali, bensì come partner con tutto l'aspetto relazionale che ne consegue, in particolar modo i litigi.

Quale approccio adottare?

Talvolta la gelosia può portare alla disobbedienza sistematica e birbonate a ripetizione o, al contrario, a un richiudersi in se stessi con comportamenti che testimoniano il bisogno di attirare l'attenzione dei genitori. Converrà, in entrambi i casi, ricordare in ogni modo possibile ai bimbi che il vostro amore è intatto e uguale per tutti. Esso può essere condiviso serenamente senza che nessuno ne debba soffrire, perché è un sentimento che si può provare per ognuno che non si esprime in termini di quantità, ma di individualità, essendo ogni bimbo una persona unica al mondo.

UN MOMENTO PER CIASCUNO • Le relazioni tra fratelli e sorelle, fatte d'amore e di ostilità, esigono da parte vostra pazienza e comprensione. Voi potrete certamente spiegare loro che comprendete bene ciò che provano, sempre però mostrandovi imparziali e cercando di tutelare il posto di ognuno. Dedicate dei momenti speciali a tutti i vostri bambini e anche a ciascuno di loro singolarmente. In questo modo potrete rispondere meglio alle loro attese.

Naturalmente, se i vostri bambini dimostrano un comportamento violento o aggressivo, dovrete intervenire immediatamente, evitando però di sgridare più il primogenito perché più grande e quindi più "responsabile". È risaputo che il piccolino può tendere ad approfittare del proprio rango per piangere senza motivo e incolpare fratelli e sorelle più grandi. Tenete conto anche di questo.

Le relazioni tra fratelli sono una scuola di vita

La ricchezza delle relazioni tra fratelli e sorelle aiuta ciascuno dei vostri bambini a forgiare la propria personalità. Se la vita si svolgesse senza alcun inghippo, le famiglie sarebbero tristi e apatiche. Una casa in cui regni l'armonia e una sorta di perfezione rappresenta la più totale utopia. I litigi sono inscindibili da ogni forma di vita in comune, in particolare in famiglia. Cercare di evitarli significa impedire la crescita dei bambini, per i quali non sono altro che una sana forma d'espressione. I litigi nutrono e arricchiscono la loro individualità e insegnano loro a conoscersi, a difendersi e perfino a conoscere meglio gli altri.

I conflitti tra fratelli e sorelle si accompagnano, d'altronde, anche a un senso di complicità e solidarietà insostituibile. Il bambino passa con facilità e rapidità stupefacente dalla rabbia al riso e dalle crisi ai momenti in cui canticchia serenamente e, dopo lo scontro, i fratelli si riuniranno in gruppo senza difficoltà per mettere in discussione le vostre proposte, decisioni o punizioni…

INSTAURARE REGOLE COMUNI • Non si tratta pertanto di lasciare che i litigi si moltiplichino: arriverete comunque a un certo equilibrio attribuendo a ciascuno uno spazio privato e intimo, garantendo il rispetto delle questioni altrui, lasciando che desideri e bisogni si esprimano, ripartendo i compiti secondo le età e le inclinazioni e valorizzando le particolarità di ciascuno.

Potrete anche sostenere le relazioni tra fratelli e sorelle, e nel contesto familiare generale, affinché si fondino sul rispetto reciproco. Potrete, per esempio, stilare con i vostri figli un elenco di regole da rispettare valido per tutti, adulti compresi: "chiedere aiuto solo in caso di pericolo", "bussare alla porta prima di entrare nella camera degli altri", "chiedere il permesso prima di prendere i giocattoli di… e

Spiegate ai vostri figli che il vostro amore si può moltiplicare all'infinito e che si esprime in modo particolare per ciascuno di loro.

restituirli" ecc. Tutto questo contribuirà anche a definire i valori più importanti per la famiglia.

Evitare di intervenire in litigi e scontri?

I litigi cambiano secondo l'età, con una grande concentrazione nel periodo tra i 3 e i 10 anni. Se la differenza d'età tra il primogenito e il fratellino è notevole, gli scontri riguarderanno due figli sostanzialmente unici. Saranno di norma meno frequenti rispetto a quelli tra fratelli o sorelle di età più vicina, per cui le motivazioni e gli oggetti d'interesse sono simili soprattutto se sono dello stesso sesso. Più il clima familiare sarà sereno, soprattutto nella coppia, più i contrasti troveranno facilmente una soluzione pacifica.

Se lo scontro non degenera, accontentatevi di stare a guardare, mantenendovi discretamente attenti, e lasciate che i vostri figli se la cavino da soli. Eventuali gesti violenti, atteggiamenti persecutori o umilianti verso i fratelli devono invece attivare immediatamente un vostro intervento. La rabbia di un bambino può fargli perdere ogni senso della misura e nozione di prudenza, sia che si tratti del primogenito, del secondo o perfino del più piccolo.

LE SPIEGAZIONI DOPO LA BATTAGLIA • Una volta concluso lo scontro, dimostratevi calmi e imparziali, senza privilegiare il più debole o la "vittima", soprattutto se non siete stati testimoni del fatto. Bisogna essere almeno in due per litigare e il punto non è dare ragione all'uno o all'altro. I conflitti tra fratelli sono anche un modo per testare le vostre qualità di arbitri, in particolare negli scontri fisici. Nello stesso spirito, è molto importante che l'approccio decisionale dei due genitori sia identico e coerente.

Se i vostri bambini sono sempre arrabbiati, potrete cercare di regolare la questione indirettamente con un gioco di carte o una gara di corsa in giardino ecc., ma non obbligateli mai a riconciliarsi, questo è qualcosa che faranno spontaneamente.

In ogni caso, potrete cercare di responsabilizzarli chiedendo a ciascuno di raccontare la propria versione dei fatti o proponendogli, ove sia necessario, un mezzo per "riparare" al danno.

Tra bambini

Il piccolo impara molto grazie al contatto con gli altri bambini. A 18 mesi gli sarà utile frequentare, anche solo saltuariamente, un centro per l'infanzia. Se non ha fratelli o sorelle e non fa parte di alcun gruppo, qualche riunione di famiglia con altri bambini o le passeggiate al parco gli daranno l'occasione di frequentare i suoi simili.

Primi contatti

È importante favorire incontri regolari con altri bambini già a partire dal 2° anno. Sarà per loro non solo un modo di imparare i nuovi aspetti della vita sociale, ma anche di confrontarsi con l'immagine che gli altri bambini della sua età gli restituiscono (e non solo, quindi, gli adulti).

Il bambino prova generalmente un po' di diffidenza rispetto agli altri bambini ma, anche se non li conosce, si avvicina loro con curiosità, senza apprensione e cerca di toccarli. I due bambini si osservano, si sfiorano, si imitano, si corrono appresso.

Alcune volte possono anche tirarsi i capelli, cercare di picchiarsi o mordersi, se si sentono minacciati o spodestati del proprio ruolo. Agli occhi degli adulti, questi cambiamenti possono apparire aggressivi, ma sarebbe affrettato concludere che il bambino che aggredisce un suo simile gli manifesti un'ostilità reale o abbia semplicemente un cattivo carattere. Tali comportamenti sono normali ed evolvono generalmente dopo un certo periodo di adattamento, più o meno lungo, ma indispensabile a imparare a giocare in gruppo.

Attenzione!

Quando una disputa arriva a essere eccessiva, può essere utile aiutare i bambini a comprenderne la ragione e a discuterne con calma, ricordando loro i limiti che non devono mai essere oltrepassati.

Quando intervenire?

Le reazioni incontrollate devono essere essenzialmente sorvegliate e controllate, quando i bimbi hanno età diverse. Se il bambino di 22 mesi ha un gesto brusco nei confronti di un neonato, dovrete evidentemente intervenire; tuttavia, se l'altro bambino è già comunque capace di reagire, sarà preferibile attendere un poco. Probabilmente, dopo un primo contatto, ognuno dei due riprenderà a giocare.

L'intervento dei genitori al minimo problema può drammatizzare gesti in realtà banali. Sicuramente, non bisogna lasciare mai che il proprio figlio, o figlia, aggredisca un bambino che non sa difendersi o che debba accettare la situazione inversa, ma, se entrambi reagiscono, riusciranno poi a scoprire che i colpi fanno male e si tratterranno dal ripetere il gesto. Più gli adulti lasceranno che i bambini se la cavino da soli, più gli permetteranno di imparare a vivere insieme.

PUNIRE IL BAMBINO CHE ALZA LE MANI? • Il bimbo che fa male a un suo simile e lo fa piangere è spaventato anche lui dalla reazione che ha suscitato e avrà bisogno di essere calmato e confortato quanto l'altro. È essenziale, al momento, che sappia che voi non approvate il suo gesto, ma nulla vi impedirà, in seguito, di spiegargli con calma che il suo atto ha causato dolore, che dovrà imparare a controllare le mani (o i denti) e che esistono altri modi di relazionarsi, senza drammatizzare né minimizzare il suo gesto...

La punizione è inutile poiché rischia di non essere compresa e di rafforzare il senso di colpa. Se, nel giro di qualche mese o comunque dopo i 3 anni, il vostro bambino continuerà a mostrarsi violento con i compagni (o perfino con voi), sarà arrivato il momento di parlarne con il pediatra.

Giocare fianco a fianco, prima di giocare insieme

Anche se si riconoscono e si attraggono, i bambini non giocano veramente insieme, prima dei 2 anni e mezzo, ma giocano piuttosto fianco a fianco. La loro capacità di imitarsi reciprocamente è tuttavia sorprendente. Nella sabbiera,

I giochi in comune sono piuttosto rari, ma alcuni bambini li adottano prima di altri.

Il figlio unico, un caso particolare?

Fino agli anni '80, il figlio unico era spesso reputato egoista, viziato e immaturo. Da allora, questo punto di vista è considerevolmente cambiato: la famiglia felice rende il figlio felice, che sia unico o meno! Avere il numero di figli che si desidera è una delle libertà fondamentali dei genitori, poiché non esiste un modello ideale di famiglia, ma alcuni ostacoli devono comunque essere evitati. Se un figlio unico occupa, per i genitori, una posizione di monopolio, nelle situazioni di gioco come nelle conversazioni, non è il caso che ne facciano il piccolo principe della casa o lo coprano di regali per compensare una solitudine che lui comunque si assume, anche se senza dare segni di disagio.

FAVORIRE GLI INCONTRI • Non trattate vostro figlio come se fosse grande, per esempio confidandogli le vostre preoccupazioni di adulto. Non bisogna mai confondere l'ascolto e la disponibilità con il dialogo tra pari. È sufficiente osservarlo nelle relazioni che lui intreccia con i suoi compagni o cugini: rimane sempre e comunque un bambino della sua età, ansioso di confrontarsi e di socializzare.

Cogliete ogni occasione d'incontro con altri bambini! Invitate a casa i suoi compagni, portatelo spesso al parco... e incoraggiate sempre la sua autonomia: più avanti, nell'adolescenza, avrà molta più facilità a relazionarsi all'esterno dell'ambiente familiare.

due piccoli di 18 mesi non fanno le formine insieme ma, se uno dei due batte sul secchiello o lo riempie di sabbia, l'altro fa quasi sempre lo stesso. Così, i due si stimolano reciprocamente e imparano moltissimo l'uno dall'altro. Molto spesso, accade che il più piccolo manifesti nuove prodezze per imitare il più grande e che questo cambi il suo atteggiamento per avvicinarsi a quello del piccolo.

EVOLUZIONI VARIABILI • Progressivamente, questa forma di comunicazione continuerà a evolversi. Passati i 30 mesi di età, alcuni bambini accettano che un altro riesca a raggiungere i loro stessi traguardi. I piccoli cominciano a condividere i giochi e perfino a scambiarsi i giocattoli, almeno per poco. Questa facoltà di giocare in due varia molto, tuttavia, da un bambino all'altro. In ogni caso, i genitori non devono mai imporre il gioco in comune. Se il vostro bambino gioca ancora nel suo angolino, lasciatelo fare, sapendo che non si perderà nulla dello spettacolo che offre all'altro bambino... gli ci vorrà ancora un po' di tempo per passare alla fase successiva e giocare insieme agli altri.

SE NON PRESTA I SUOI GIOCATTOLI

- Forse vi è già chiaro: **il vostro bambino non ama prestare i suoi giocattoli... e, se insistete, scoppiano crisi e lacrime.**
- **Non è un problema di egoismo, da parte sua.** Tutti i bambini sotto i 3 anni sono spesso molto possessivi e hanno una relazione forte con i propri oggetti e, più amano un giocattolo, più per loro è un vero sacrificio cederlo a qualcun'altro, anche solo per pochi minuti perché farlo equivale quasi, per loro, a cedere una parte di sé.
- **È ancora un po' presto per fargli capire il concetto di condivisione.** Giocare con gli altri gli richiede già un grande sforzo, non obbligatelo a condividere qualsiasi cosa con fratelli e sorelle e lasciategli il tempo che gli serve.
- **Quando vostro figlio si sentirà meno minacciato nella sua integrità, lascerà più facilmente che gli altri tocchino di tanto in tanto almeno alcuni dei suoi giocattoli...**

Il bambino capriccioso

Succede che il bimbo si attacchi molto alla madre dopo aver mostrato una certa distanza per qualche settimana. La segue sempre, si interessa a ogni fatto o gesto, vuole mangiare in braccio a lei, piange quando la mamma esce o si arrabbia quando si interessa ad altri. Questa fase culmina generalmente tra i 18 mesi e i 2 anni d'età, quando il bambino comincia a camminare sicuro.

Una regressione?

Tra i 18 mesi e i 2 anni di età, il bimbo attraversa un periodo simile a quello dell'angoscia di separazione. Questo bambino ha bisogno di sentirsi rassicurato dal vostro contatto e di percepire il vostro amore, prima di ripartire alla conquista del suo ambiente. Dopo aver scoperto la gioia di esplorare senza il vostro aiuto, al prezzo di un grande sforzo, capisce fino a che punto voi restate indispensabili. Ritorna da voi solo per chiedere conferma che voi siate sempre lì per lui.

Questa fase non dura generalmente molto a lungo e il bambino ritorna meno esigente nei vostri riguardi. Non sarete certo tenute a cedere a qualsiasi richiesta, durante questo periodo, poiché il vostro piccolo ha talvolta la tendenza ad agire come se voi gli apparteneste. L'obiettivo è rassicurarlo dolcemente, senza lasciarvi sopraffare.

Un'evoluzione ciclica

Durante tutta la sua crescita, il vostro piccolo alternerà periodi in cui chiede più prove d'amore ad altri in cui diventa più autonomo, cosa assolutamente normale. Ogni ritorno verso di voi lo aiuta a rassicurarsi, prima di fare un nuovo passo avanti.

Analogamente, dopo un periodo di intenso apprendimento o dopo un avvenimento che l'ha particolarmente segnato, conosce spesso una fase in cui regredisce e sembra tornare più "bebè". Ciò può accadere nelle relazioni con i genitori, nel linguaggio, nell'igiene personale o nel sonno... ma ognuno di questi "ritorni alla base" non è altro che un modo per rassicurarsi e prepararsi a una nuova evoluzione. Tutti questi comportamenti hanno assolutamente ragione d'essere ed è quindi necessario rispettarli e non preoccuparsi eccessivamente.

Come reagire?

Quando il bambino attraversa questa fase, con momenti di collera o di pianto e tornando continuamente da voi, dovrete armarvi di pazienza e di dolcezza, il che non dovrà impedirvi di essere fermi. Anche se vi troverete talvolta sull'orlo di una crisi di nervi, controllatevi affinché il bimbo si calmi, impari a controllare le sue emozioni e divenga meno possessivo.

Evitate i giudizi negativi (dirgli che è un incapace, per esempio), che potrebbero avere effetti molto nocivi. Siate attenti a lui e ai suoi progressi, complimentatevi quando ha un comportamento gentile, rafforzate tutti i riferimenti che possano contribuire a farlo sentire più sicuro (i pasti, il bagnetto, la lettura prima di andare a nanna ecc.). Infine, quando si sente spaventato, rassicuratelo con la vostra presenza e le vostre parole senza "covarlo" troppo; bisogna saperlo lasciare libero di correre qualche rischio e di partire all'avventura, a volte.

SE È AGGRESSIVO CON VOI

- Sono molto rari i bambini che, tra i 18 mesi e i 3 anni di età, non manifestano comportamenti considerati aggressivi rispetto agli adulti o agli altri bambini. È l'età, questa, in cui lanciano i giocattoli, tirano calci, picchiano e, talvolta, cercano di graffiare o mordere.
- Per quanto questi comportamenti siano normali, **la mamma non deve mai accettare che il suo piccolo, o la sua piccola, la picchi, anche se ha solo 16 mesi.**
- La vostra prima reazione dovrà essere quella di trattenere il bambino, prendendogli le manine e dicendogli, con un «No» molto fermo, che questo gesto vi fa male. Se manifesta una vera e propria crisi di rabbia, lasciate che si calmi da solo e spiegategli serenamente perché non deve comportarsi così.
- Ciò che più importa è **non rispondere mai alla violenza con altra violenza.** La tecnica dell'"occhio per occhio, dente per dente" avrà il solo effetto di umiliarlo e non gli insegnerà assolutamente a controllarsi.
- In ogni caso, non esitate a chiedere consiglio al vostro pediatra, se i gesti aggressivi sono molto frequenti e sentite di non saper più come reagire.

A questa età, il bambino si avvicina tanto alla madre, quanto cerca anche di affermare la propria autonomia.

> " Mio marito ed io siamo molto aperti e un po' sorpresi di vedere quanto è timida la nostra bambina…"

A PROPOSITO DI TIMIDEZZA

Quella che può apparire timidezza, può in realtà essere espressione di una semplice mancanza di esperienza sociale. È certamente il caso di vostra figlia, che ha conosciuto la vostra compagnia o quella di una baby-sitter, ma non è ancora stata esposta a situazioni di gruppo. È troppo presto per affermare che vostra figlia non riuscirà in futuro a relazionarsi socialmente in modo normale e il problema si risolverà con un po' di pratica e un minimo di sostegno. Al compimento del 3° anno, molti bambini che sembravano timidi si rivelano, invece, avidi di relazioni.

Naturalmente, alcuni sono più timidi di altri, che sono più socievoli. Alcune recenti ricerche hanno dimostrato che numerosi tratti della personalità sono in parte determinati per via genetica. Anche se i genitori non sono timidi di per sé, possono però trasmettere questo tratto caratteriale al loro bambino. I genitori possono influire sulla timidezza del loro bambino e aiutarlo ad aprirsi agli altri, ma non possono eliminarla completamente e ciò non deve nemmeno diventare il loro obiettivo.

La timidezza di un bambino deve essere rispettata come elemento della sua personalità. Per quanto molti bambini "timidi" rimangano comunque riservati, non è detto che ciò duri per il resto della loro vita: gran parte di loro si trasforma in adulti sufficientemente estroversi. I genitori non devono mai spingere un figlio timido a uscire dal guscio, ma educarlo dandogli tanto amore e sostegno. Attirando la sua attenzione sulla sua timidezza, non si farà altro che rafforzarla; presentandolo come un difetto, non si farà che diminuire la sua fiducia in se stesso e renderlo ancora meno sicuro di sé nelle situazioni di gruppo. Al contrario, se rafforzerete il suo amor proprio, aiuterete vostra figlia a sentirsi più a suo agio con se stessa e quindi con gli altri e a sentirsi meno timida.

Per il momento, incoraggiatela nelle situazioni di gruppo: sedetevi per terra con lei perché si senta più a suo agio a giocare con gli altri, quando, per esempio, partecipa a una festa di compleanno; state con lei quando dei nuovi amici si avvicinano per salutarla, ma non spingetela mai. Lasciate che risponda agli altri a suo modo e secondo il suo ritmo, facendole sempre sentire che voi siete lì con lei.

Da 24 a 30 mesi

- I progressi del vostro bambino
- Dalle paroline alle prime frasi
- A scuola adesso?
- I giochi per diventare grande
- Immaginare, creare, scoprire…
- Le attività culturali
- Insegnare il gusto di "mangiare bene"
- Il bilancio di salute dei primi 2 anni
- Tenersi pulito
- Il corpo e la natura
- Per il papà: mantenere la relazione
- Se i genitori si separano
- Aspettando un fratellino

I progressi del vostro bambino

Questo periodo della crescita del vostro bambino sarà contrassegnato dal suo desiderio di fare sempre più cose da sé e dalla scoperta del sentimento di frustrazione. Nonostante le sue crisi, dovrete armarvi di pazienza e non perdere occasione per dialogare con lui.

"Faccio da solo!"

Più il bambino sviluppa le sue capacità fisiche, più manifesta il desiderio di compiere sempre più azioni da solo. Intorno ai 2 anni, camminare, correre o arrampicarsi sul divano non rappresentano più per lui una difficoltà e comincia a salire e scendere le scale con disinvoltura.

Il vostro bimbo è sempre più abile a usare le mani e la sua destrezza gli permette di disegnare, dipingere, giocare a palla o con le costruzioni, modellare la plastilina, ma anche di usare la televisione, il lettore DVD e il computer.

È questa l'età in cui dice spesso «Faccio da solo» e lo ripete continuamente per affermare la sua volontà. Che sia durante i pasti, il bagno, mentre si veste o nel corso di tutte le attività quotidiane, il piccolo vuole sempre "fare da solo" come i grandi. Lasciarlo fare, però, richiede spesso tempo e molta pazienza da parte vostra.

L'età "terribile"

Il 2° compleanno segna l'ingresso in un mondo che, nei Paesi anglofoni, è stato soprannominato *terrible two*, l'età terribile del 3° anno di vita. Il vostro bambino sta diventando una persona completa e presto rivendicherà, sempre più spesso, questa sua condizione. Alcuni parlano perfino di una "prima adolescenza".

TOLLERARE IL SENSO DI FRUSTRAZIONE • Durante il 3° anno, il bambino continua a essere in piena fase di crescita motoria e cognitiva, così come avanza nel linguaggio, nonostante non riesca ancora ad affrontare il sentimento di frustrazione. L'insieme di tutti questi fattori può trasformare il bambino in un generatore di urla, non appena i suoi sforzi non sono coronati dal successo nel momento desiderato.

Anche se siete armati della più grande pazienza e avete immaginato le sue crisi e previsto le sue richieste, non sorprendetevi se non riuscirete comunque sempre a capirlo. Il bambino non sa da sé ciò che è meglio fare od ottenere e il suo desiderio si trova sempre al polo opposto di ciò che ha provato nell'esperienza precedente a quella che sta vivendo. A questa età, la cosa migliore è lasciare che scopra tutto ciò che può implicare frustrazione, senza ottenere subito ogni cosa e riuscire a fare sempre ciò che desidera. Anche se ancora così piccolo, comprende solitamente ciò che voi gli dite. Non perdete alcuna occasione per dialogare con lui.

Una relazione meno fisica con voi?

Quando si trova in fase di esplorazione e ritorna da voi mostrandovi le sue scoperte, vostro figlio, a 2 anni, non ama sempre che lo prendiate in braccio o lo abbracciate. Ha bisogno della vostra attenzione, e forse di un incoraggiamento, ma desidera anche tornare presto al suo gioco. Voi rimanete comunque il suo rifugio, ma il vostro sguardo, le vostre parole e il vostro ascolto possono bastare. Non ha sempre voglia di essere coccolato o di rispondere alle vostre carezze.

Per il momento, ciò potrebbe anche dispiacervi un po' perché pensate che il piccolo vi stia già scappando, ma questa sarà solo un'impressione. Grazie ai suoi genitori, il bambino acquisisce la sicurezza necessaria ad affrontare il mondo esterno e porta in sé lo sguardo e la fiducia della mamma e del papà che sono per lui un'autentica certezza.

VESTIRSI DA SOLO

- Al mattino, al momento del risveglio, **il suo desiderio di vestirsi da solo o scegliere i vestiti da mettere non è sempre l'ideale per voi, ma un "no" categorico rischierebbe di farlo piangere.**
- Sarebbe un peccato scoraggiare il suo desiderio di autonomia, perché è proprio questo che lo spinge a imparare. Se avete fretta, dovrete quindi ricorrere a qualche astuzia o compromesso: per esempio, farete voi le cose, ma chiedendogli il suo "aiuto".
- Naturalmente, quando siete disponibili, potrete lasciargli più spazio e **vi sorprenderà vedere con quale velocità assimila alcuni nuovi gesti.** All'età di 3 anni, alcuni bambini sanno già spogliarsi da soli.

Per conoscere il suo corpo, a quest'età, il bambino ha bisogno di imparare a coordinare i suoi movimenti e collaudare la sua agilità.

Paura sì, ma niente senso del pericolo

Fin dall'età di 18 mesi, o anche un po' prima, il bambino si è abituato al sentimento della paura e ve l'ha fatto ben capire: paura al momento di addormentarsi, paura di restare solo con degli sconosciuti... tuttavia, queste paure non lo proteggono dai pericoli cui può essere esposto e di cui, molto spesso, non ha la più pallida idea. Il piccolo può, per esempio, essere tentato di tuffarsi nell'acqua di una piscina solo perché gli appare come una versione di lusso della sua vasca da bagno, correndo il rischio di annegare. A questa età, è incapace di imparare che cosa è il pericolo e, ancor meno, di misurare le conseguenze. È questa la ragione per cui è necessario essere estremamente vigili e sorvegliarlo costantemente con grande attenzione.

Imparare imitando

Un nuovo tipo di attività si affaccia alla sua realtà: riprodurre i gesti e le azioni degli altri. Il mondo dei grandi esercita su di lui un grande fascino e non dovrete stupirvi di vedere il vostro piccolo imitare gli altri. Alcuni adulti interpretano erroneamente questo comportamento come segno di "maleducazione" poiché si sentono presi in giro. In realtà, questa forma di imitazione è un mezzo di apprendimento e di costruzione della persona.

FAVOLE E LIBRI • In questo momento, il vostro bambino ascolta le favole che gli raccontate o gli leggete. Spesso insiste su quelle che preferisce, orgoglioso e felice di sapervi anticipare ciò che sta per accadere nella storia.

Dalle paroline alle prime frasi

Verso i 2 anni, o più tardi, il bambino riesce, un giorno, ad associare 2 o 3 parole per descrivere un fatto preciso, come «Papà via», per esempio. Questa fase è molto importante, perché segna una netta progressione delle sue capacità espressive. Riesce a dire chiaramente ciò che vuole e non è più obbligato a indicarlo.

Frasi sempre più articolate

Inizialmente, le frasi del bambino sono telegrafiche, per esempio «Voglio caramella». Esprime la negazione abbinando un no a un'altra parola, per esempio «No pupazzo». Per fare le domande, usa a volte "chi" o "cosa", ma soprattutto usa l'intonazione tipicamente interrogativa.

Gradualmente, tra i 2 e i 3 anni, passa dalla semplice giustapposizione di 2 parole a una formulazione più corretta. Riuscirà, in seguito, a comporre frasi sempre più articolate, comprensibili e meglio costruite. A 2 anni, dice, per esempio, «nijo vanni» per indicare il suo coniglio di peluche. Più avanti, dirà «conijo Giovanni» per poi riuscire a dire, infine, «il mio coniglio». Questa attenzione per la grammatica arriva in un secondo tempo, generalmente dopo il 3° anno.

Alcuni riferimenti

L'uso degli articoli e dei pronomi è molto graduale. Il bambino impara piuttosto presto il "me" e poi il "tu", ma l'"io", il "me", il "te" e il "noi" compaiono più avanti. Le sue prime preposizioni riguardano il possesso, "mio", "suo (di mamma)", "per (me, papà)". Infine, il piccolo assimilerà gli avverbi di luogo ("qui", "là, in fondo") prima di riuscire a usare gli avverbi di tempo ("prima", "dopo", "poi"): a 3 anni, il futuro e il passato rimangono ancora nozioni piuttosto "fluide" per lui.

Una pronuncia imperfetta

Il bambino pronuncia a modo suo, ossia abbreviando le parole e invertendo, per esempio, le "sc" con le "s" o le "f" con le "l", cosa del tutto normale. Il piccolo che impara a parlare pronuncia solo la fine o l'inizio delle parole ("mu" per mucca, "cola" per ancora) e usa spesso parole inventate da lui, come "mapa" che sta per "papà".

Più tardi, moltiplicherà le sillabe (come "coccodrillo") o farà inversioni come "mofagio" per "formaggio". Confrontandosi continuamente con il linguaggio degli adulti, si farà l'orecchio e riuscirà a correggersi anche in base alle sue capacità neurologiche e alle sue attitudini a proseguire sentendosi sempre più sicuro.

Che linguaggio usare?

Anche se il "bambinese" è carino e divertente, non deve essere incoraggiato. Come può il piccolo imparare, se i genitori continuano a ripetere i suoi errori? Sarà ascoltando gli adulti che imparerà a parlare correttamente, che ci si rivolga a lui o meno. La cosa migliore è usare le parole più comuni e frasi brevi che gli siano facilmente comprensibili. Sarà anche utile non usare uno stile "telegrafico" o controllare il vostro linguaggio come se foste all'esame di maturità...

Una progressione che varia secondo i bambini

Ogni bambino cresce secondo il suo ritmo e acquisisce, in momenti diversi, sempre nuove capacità che potranno esprimersi più o meno chiaramente, secondo l'ambiente in cui vive. Più voi vi concentrerete sulla questione del linguaggio, più rischierete di creare dei problemi al piccolo. Quando comincia a parlare, potrà dire le stesse parole per settimane, senza impararne di nuove.

NON PREOCCUPARSI • Passato il 2° anno, dovrete preoccuparvi solo in caso di assenza di gergo e di parole e segnalare la cosa al pediatra. Se il vostro bambino non presenta difficoltà in altri campi, si tratterà probabilmente di un semplice ritardo. I pediatri non parlano, in questo caso, di un vero e proprio "ritardo" se non nel caso di assenza totale di parole all'età di 3 anni.

Se il vostro bambino non parla abbastanza, non pensate di lui che voglia restare "piccolo", né che sia pigro. Le abilità non sono sempre "espresse" da subito e non sentitevi eccessivamente responsabili. Per progredire, il bambino deve poter affrontare il fatto di lasciare uno stato per entrare in quello successivo, in cui incontrerà cose sconosciute, un processo che richiede un po' di tempo.

Vi basterà essere pazienti. Un giorno, come se fosse scattato qualcosa o riuscisse improvvisamente a saltare un ostacolo, il vostro piccolo, di colpo, metterà in pratica tutto ciò che ha assimilato fino a quel momento. È vero che il linguaggio è uno strumento indispensabile per farsi capire dagli altri, e non solo dai propri cari. È imperativo per la scolarizzazione, che spesso comincia già a 3 anni, ma tutto può sbloccarsi rapidamente, prima di questo passaggio o dal momento in cui la necessità si fa sentire chiaramente.

Incoraggiare i suoi progressi nel linguaggio

Come per l'acquisizione della capacità di camminare o di tenersi pulito, la preoccupazione non ha ragione d'essere. Non esistono metodi per accelerare il processo. I genitori partecipano solo all'atto di rendere il linguaggio qualcosa di interessante per il bambino, cosa che potrete fare, naturalmente, solo se voi stessi amate parlare con il vostro bambino, ascoltarlo, cercare di capire ciò che intende dire, leggergli delle storie...

NON INTERVENIRE • Non dovete forzare il bambino a ripetere le parole, né sgridarlo o contrariarlo, dicendogli che non sa parlare bene. Alcune sillabe sono molto difficili da pronunciare per lui e fa, quindi, ciò che può. La vostra insistenza rischierebbe di infastidirlo, di fargli passare la voglia di comunicare e perfino di creare dei blocchi psicologici.

Con l'acquisizione del linguaggio, il bambino si diverte a comunicare e a imitare i genitori.

MEMORIA, RAGIONAMENTO E LINGUAGGIO

- Fin dalla nascita, il bambino registra, durante il sonno, gli eventi ripetitivi che ritmano la giornata. **Grazie alla memoria detta "analogica", sa riconoscere progressivamente alcuni oggetti come il suo biberon; i momenti speciali come quello del bagnetto; i luoghi e le persone che vede giornalmente e, infine, le parole.**
- Spesso, già dal 1° anno, alcuni bambini parlano da soli (a modo loro) nel lettino, la sera, prima di addormentarsi: più avanti, i genitori si renderanno conto che essi si "raccontano" gli avvenimenti della giornata.
- **Con l'acquisizione della marcia, lo sviluppo neurologico del bambino accelera. Una forma di memoria più elaborata, detta "cognitiva", permette nuovi meccanismi mentali:** stabilire relazioni di causa ed effetto, trattare le informazioni cercando di comprenderle, riuscire a prevedere ciò che sta per succedere...
- **Tutte queste nuove capacità andranno, in particolar modo, a esprimersi con il linguaggio con l'arrivo della domanda «Perché?».** Il bambino, pronto a integrare nozioni più complesse, è anche in grado di rispettare i divieti legati a un pericolo e a esprimerli con le parole: «caldo», «non si tocca», «taglia»…
- **Il piccolo trattiene in sé anche il ricordo dei luoghi per diversi mesi:** non solo riconosce i vari luoghi, ma li associa eventualmente a un evento per lui significativo e li fa notare con parole o frasi.
- **Infine, durante il 3° anno si manifesta un nuovo passo in avanti con lo sviluppo sempre crescente del suo immaginario** che si esprimerà soprattutto nel gioco, attività in cui il bambino mette in scena personaggi che fa anche parlare (bambole, figurine ecc.).

Attenzione!

Quando parlate al vostro bambino, non usate modi di dire che possano confonderlo ("avere la testa fra le nuvole", per esempio): le interpreterebbe letteralmente e non riuscirebbe mai a capire.

Sarà sufficiente, di tanto in tanto, ripetere le sue parole correggendo gli errori ed eventualmente arricchendole («Sì, è un aereo; vola in alto nel cielo»). La corretta formulazione gli sarà presto più chiara e riuscirà a integrarla, poco a poco, nel suo linguaggio spontaneo.

PARLARGLI E LASCIARLO PARLARE • La musicalità della voce e le intenzioni che porta con sé potranno suscitare nel bimbo il desiderio di parlare, non appena sarà in grado di farlo, e progredirà velocemente se si sentirà compreso.

Il piccolo ama generalmente parlare e ascoltare, se si sente considerato come un interlocutore a tutti gli effetti. Ha bisogno che ci si rivolga a lui, ma ama anche rispondere, a sua volta, con le parole di cui dispone o, quando non le trova, con il linguaggio non verbale. Se ha l'impressione di non poter intervenire o di non essere ascoltato, la parola perde per lui ogni attrattiva poiché non gli permette di essere ascoltato.

NON SMONTARE I SUOI ENTUSIASMI • Analogamente, se i genitori (o i fratelli più grandi) anticipano sempre ciò che vuole dire, il piccolo avrà poche occasioni di esprimersi. Un esempio semplice: se tende il dito verso una bottiglia d'acqua, potrete versarla o chiedergli se ne vuole un po'. La seconda possibilità, più interessante, lo aiuta ad allenarsi e potrete avere presto la sorpresa di sentirlo dire "aca papà", per proporre al papà di servirsi di un po' d'acqua...

NON PARLARE AL SUO POSTO • In più di un'occasione, è importante dargli la possibilità di parlare. Davanti ad altri adulti, potete lasciare che si spieghi da solo: un po' con i gesti, un po' con le parole, riuscirà a farsi capire. Può essere molto dannoso parlare in sua vece.

Insegnargli le buone maniere

Il miglior modo per insegnare le buone maniere a un bambino è essergli di esempio. Non potrete insegnargli a dire «Buongiorno», «Grazie» e «Per favore», se voi stessi non usate queste formule nella vita quotidiana e, in particolare, quando vi rivolgete a lui. Pensate anche a dire voi stessi «Buongiorno» agli altri bambini che conoscete, ogni volta che li incontrate.

RISPETTO E IMITAZIONE • In generale, verso i 2 anni il bambino è in grado di ringraziare di tanto in tanto e lo fa con orgoglio, se gli manifestate, ogni volta, la vostra approvazione. È però ancora troppo piccolo perché ciò avvenga in modo sistematico. In attesa di potergli spiegare il senso della gentilezza, procedete per fasi, limitando il numero delle regole. Insegnare le buone maniere a un bambino è un investimento a lungo termine che va ben oltre l'apprendimento di alcune parole.

Inutile ricorrere a punizioni o minacce per obbligarlo a essere beneducato; ciò sarebbe totalmente controproducente in fatto di vita sociale o rispetto altrui, il vostro bambino si basa innanzitutto sul rispetto che gli si testimonia. È però un fatto di imitazione che lo spinge a voler fare "come i grandi" quando è considerato da tutti come persona con diritti e doveri. Da quando comincia a camminare e parlare, riesce a integrare, poco a poco, alcune formule di cortesia. Gli ci vorranno alcuni anni per abituarsi ad alcune norme (talvolta peraltro discutibili e spesso non rispettate neppure dagli adulti). Solo a partire dalle prime classi elementari, comincerà a dare del "lei".

LEGGERE LE FAVOLE

- **Il piccolo ama sempre sentirsi leggere un libro dal papà o dalla mamma.** In seguito, la sua capacità di comprendere le parole e di associarle alle immagini gli permetterà di passare gradualmente dai commenti alle storie.
- **Alcune gli piacciono enormemente per il suono e lo stupore che provocano, e prova presto un vero piacere per la musica del linguaggio:** è sensibile alle rime, alle ripetizioni delle sillabe, per esempio nella parola "ippopotamo", e al ritmo del testo; **per questo vi chiede spesso di ripetere la stessa storia per settimane.**
- **Che siano lette o inventate, se riuscite a farlo, le storie gli permetteranno anche di passare dalla realtà all'immaginazione nel momento di andare a nanna, e per questo di addormentarsi più serenamente...**

A scuola adesso?

Alcuni recenti studi dimostrano che, più la scolarizzazione del bambino è precoce, più sarà facilitata la sua esperienza scolastica. Inserire a scuola i bambini già a 2 anni è, però ancora argomento di una vivace controversia e, di fatto, le strutture classiche si rivelano ancor oggi poco adatte ad accogliere i bambini sotto i 3 anni...

Cominciare la scuola a 2 anni?

I sostenitori della scolarizzazione a partire dai 2 anni ritengono che il bambino benefici dell'apporto dei compagni più grandi e lamentano il fatto che non tutti riescono a essere ammessi per mancanza di posti poiché le scuole danno la priorità ai bambini più grandi.

Chi è, invece, contrario sostiene che gli insegnanti non sono formati a educare bambini così piccoli, che sarebbero catapultati in un universo inadatto alla loro età, ai loro ritmi biologici e al loro grado di maturità. Inoltre, dovrebbero frequentare 4 anni di scuola materna anziché 3, visto che si entra alla scuola elementare a 6 anni. Il dibattito è vivace e i detrattori sostengono che il primo contatto con la scuola è determinante per il futuro scolastico e che è necessario, quindi, offrire ai piccoli le migliori condizioni possibili.

UN'INIZIATIVA POCO INCORAGGIATA • Da un lato, è vero che le strutture non consentono sempre una buona integrazione dei più piccoli. A questa età non hanno gli stessi ritmi dei bambini più grandi e hanno, invece, esigenze diverse: il sonno, l'affettività, la disponibilità degli adulti, l'autonomia, igiene ancora impegnativa eccetera.

Per ragioni organizzative e di sicurezza, le maestre non sono in grado di soddisfare una tale domanda, che monopolizzerebbe molto del loro tempo. Ne deriva che i bambini accolti in queste condizioni arriverebbero esausti a fine giornata.

Per questo motivo, le istituzioni non incoraggiano la scolarizzazione precoce. È quindi preferibile attendere che il vostro bambino compia 3 anni o indirizzarlo verso strutture più adatte, come i giardini d'infanzia, che fanno da ponte tra l'asilo nido e la scuola.

PUBBLICA O PRIVATA? • Le scuole materne pubbliche accettano le iscrizioni dei bambini che compiono 3 anni nell'anno solare per cui si chiede l'iscrizione.
Questi comunque occupano gli ultimi posti nelle graduatorie, perché viene data la precedenza a bambini più grandi. Molte scuole materne private, invece, accettano bambini anche di 2 anni di età. Le ultime iniziative prese in questo campo, con la creazione dei giardini d'infanzia per i bambini tra i 2 e i 3 anni (vedi riquadro a pag. 309), o baby parking, offrono comunque una valida alternativa.

Alla scuola materna prima dei 3 anni?

Molte scuole materne private accettano i bambini a partire dai 2 anni, a condizione che si tengano puliti e vi siano posti disponibili. Sappiate, però, che il bambino troverà più difficoltà qui che all'asilo nido o presso una baby-sitter.

EVITARE I CAMBIAMENTI DRASTICI • Spesso è preferibile preparare i bambini alla scuola per tappe intermedie, se la mamma non lavora e il bambino non è mai stato affidato all'asilo nido o a una baby-sitter. L'inserimento drastico in un gruppo può sovente generare, in questi casi, timori e ansie insormontabili.

Analogamente, l'ingresso alla scuola materna è sconsigliato se il bambino non sa ancora tenersi pulito o se

I CENTRI D'INFANZIA

- **Diretti da personale qualificato (puericultrici, infermiere ecc.), i centri d'infanzia sono generalmente destinati ai bambini sotto i 3 anni d'età che hanno un genitore a casa** (o che lavora part-time).
- Questi centri, quindi, accolgono per vocazione i bambini solo per poche ore o per qualche mezza giornata la settimana, regolarmente o anche saltuariamente.
- Sono organizzati in modo da permettere una prima esperienza di socializzazione ai bambini che non sono mai stati all'asilo nido o con una baby-sitter.
- I posti sono spesso limitati, per cui è buona norma iscriversi con molto anticipo.
- **Per ogni informazione,** non esitate a contattare il Comune o gli assistenti sociali del servizio scolastico per l'infanzia del vostro Comune.

Durante le prime esperienze di vita in gruppo, il bambino scopre nuove regole di vita in un universo molto appassionante.

la mamma aspetta un altro bambino. È necessario tenere conto delle sue capacità, prima di iscriverlo. Se è molto legato alla mamma e di temperamento piuttosto timido, sarà bene aiutarlo prima a sentirsi a suo agio in gruppo, perché la scuola non sostituirà mai l'ambiente familiare.

PORRE LE DOMANDE GIUSTE • È bene assicurarsi che l'istituto sappia rispondere alle esigenze del bimbo, per esempio: il tempo previsto per il sonnellino è sufficiente? La scuola accoglie già bambini della sua età? Il piccolo sarebbe capito, se fa ancora la pipì addosso?

Se le risposte sono soddisfacenti, potrete tentare l'esperienza, inizialmente a tempo parziale (il mattino o il pomeriggio). Facendo così, potrete vedere se l'esperienza è di suo giovamento.

I GIARDINI D'INFANZIA

› Queste strutture di nuova concezione, chiamate anche baby parking, sono destinate ad accogliere i bambini di età inferiore ai 3 anni di età.

› **Costituiscono la soluzione intermedia tra l'asilo nido e la scuola materna,** hanno la funzione di rispondere a un'esigenza legata alla carenza di assistenza e di mancanza di posti all'asilo nido pubblico.

› Aperti generalmente dalle 8.00 alle 19.00, **i giardini d'infanzia sono a pagamento,** esattamente secondo le stesse modalità degli asili nido.

I giochi per diventare grande

Il vostro bambino non è più un bebè. Vocabolario, nozione del tempo e dello spazio, espressione dei desideri: persegue la scoperta della propria identità e si abitua perfino al pensiero astratto. Alla fine del 2° anno entra in gioco l'immaginazione, che favorisce la creatività, la riflessione e l'intelligenza. Giocare lo fa crescere e costituisce anche un mezzo di comunicazione con gli altri, in particolare con i bambini della sua età.

Comprendere, inventare, associare

La vista si aguzza, la comprensione cresce, il suo senso estetico si organizza. Il bambino tra i 2 e i 3 anni riesce a esprimersi, se non altro con i suoi «No», e attinge attorno a sé il materiale della sua esperienza e del suo vissuto. È quindi normale che cerchi di riprodurre ciò che osserva: gesti, atteggiamenti, parole, immagini...

Potrete rendere questa imitazione coerente e unica, procurandogli dei giochi di cui diventerà il regista e l'attore, organizzandoli. Basterà, per esempio, prendere spunto dalle attività quotidiane, come il telefono o la cucina.

ASSOCIARE IN LIBERTÀ • Che domande! Il vostro bambino è insaziabile, curioso di tutto, alla caccia di spiegazioni per apprendere il significato e l'uso di ogni cosa. Siccome adora divertirsi con voi, proseguite sul cammino delle attività di associazione, proponendogli immagini che inventerete voi (il vasetto di yogurt e il cucchiaino, lo spazzolino da denti e il tubo di dentifricio, la matita e il temperino, per esempio).

O, meglio, lasciando che stabilisca i legami tra gli oggetti e le situazioni e scopra la logica e il suo mondo. Anche da piccolo, ogni essere umano ha bisogno di un suo giardino segreto e del riconoscimento della propria libertà.

TUTTO IN ORDINE • A questo punto, cogliete l'occasione per insegnargli ad associare i giochi alla sua cameretta: mettere in ordine il proprio spazio vitale diventa un vero e proprio impegno da rispettare, per sé e per gli altri, e da cui ricavare grande soddisfazione. Per esempio, riciclate le scatole da scarpe per tenerci i giocattoli divisi per categoria: gli animaletti in una scatola, le bambole in un'altra e così via, le macchinine, il Lego, le matite e i pennarelli ecc.

I giochi per affinare i movimenti

A piedi uniti, camminando o saltando, il bambino tra i 2 e i 3 anni è sempre più sicuro sulle sue gambe, sa fare già molte cose con le manine e lo dimostra! Da qui, il bisogno di affinare i movimenti e la sua capacità prensile. Sarà quindi utile sfruttare i suoi gusti più marcati per aiutarlo a concentrarsi nel gioco: che piacere schiacciare, riempire, svuotare, impilare, pasticciare, macinare e girare...

MANIPOLARE • A casa, comodo nel suo seggiolone, potrà dedicarsi ai giochi manuali: ritagliare forme disegnate su un foglio, dipingere con le dita, attaccare gommine autoadesive, scolpire con il cucchiaio, modellare la plastilina, giocare con puzzle a pezzi grandi...

All'esterno, giocherà nella sabbiera con strumenti vari come il secchiello, la paletta, il setaccio e tanti stampi colorati da riempire.

GIOCHI DA BIMBA E GIOCHI DA BIMBO

- Fin dai 2 anni e mezzo o 3, i bambini hanno un'idea ben precisa del sesso cui appartengono. Ciò avviene anche perché **i genitori hanno, anche solo inconsciamente, un comportamento diverso rispetto a un bambino o a una bambina**, che orienta fin dalla nascita la sua identità sessuale.
- Si usa dire che le bambine abbiano più la tendenza a giocare con le bambole, alla cucina o a travestirsi da "signore" e che i bambini amino travestirsi da poliziotti, rincorrersi o cavalcare il loro camion.
- Queste **attività, però, sono intercambiabili e contribuiscono entrambe allo sviluppo personale.** Il bambino che gioca alla cucina avrà semplicemente il desiderio di farlo e la sua virilità non ne sarà influenzata, come la bambina che si diverte con le macchinine resterà assolutamente femminile.

Questo tipo di giocattolo permette al bambino di imparare meglio la coordinazione dei movimenti delle mani, ma anche di tutto il corpo.

LANCIARE E RIPRENDERE • Riuscire a lanciare una palla e a colpire un bersaglio è un eccellente esercizio psicomotorio che richiede equilibrio e un buon mantenimento della posizione eretta. Date al piccolo una palla di carta e una grande bacinella, per poi aumentare la posta con una palla che rimbalzi da lanciare in un cesto per la carta posto sempre più lontano. Potrete giocare insieme a passarvi la palla.

Giocare da soli o in gruppo

In cameretta o insieme a voi, il vostro bambino può comunque giocare da solo. Si tocca i piedi, tende l'orecchio al suono di un mazzo di chiavi... ogni pretesto per giocare è buono. Spesso, il piccolo suddivide le sue attività in diverse fasi: manipola gli oggetti, ne imita altri, riproduce una scena della vita quotidiana, fa progetti, inventa storie, riflette. Basandosi su ciò che ha già vissuto, utilizza tutte le possibilità che ogni oggetto o situazione può offrirgli.

SAPERLO LASCIARE TRANQUILLO • Vedrete anche voi che giocare da soli non è per niente noioso. Se il vostro bambino sembra "arrabbiarsi", non cercate necessariamente di intervenire, ma lasciate che trovi da solo un'attività attingendo alle risorse che ha o scoprendo nuove capacità. Questi momenti di inattività favoriscono molto, anche se non sembra, il suo sviluppo intellettuale e motorio, vi stupirete di scoprirlo!

CRESCERE E LEGARSI • Comincia il tempo delle prime amicizie. Mentre generalmente i bambini più piccoli stabiliscono pochi contatti associati al gioco, a partire dal 2° anno amano la compagnia di bambini della loro età, o anche più grandi, e cominciano a giocare tra loro, spesso in piccoli gruppi. Il gioco concorre, infatti, alla presa di contatto, al dialogo, alla creazione di legami talvolta intensi e spesso durevoli. Le amicizie esistono anche a 3 anni e nascono all'asilo nido, al centro per l'infanzia, in ludoteca, al parco, in famiglia eccetera.

Immaginare, creare, scoprire...

L'immaginazione è necessaria all'equilibrio del vostro bambino e allo sviluppo della sua personalità. Stimola la sua curiosità e arricchisce le sue esperienze dandogli il desiderio di creare legami con gli altri per condividere scoperte ed emozioni. Al piacere di immaginare delle storie si mescola quello di creare forme, colori, suoni, movimenti. Artista polivalente, il vostro bambino esprime questo bisogno mediante sempre maggiore abilità.

Un'immaginazione infinita

Vero e proprio infaticabile regista, il bambino non smette mai di immaginare attingendo alla realtà quotidiana: gioca a imitare gli altri, inscena storie, interpreta ruoli con o senza l'aiuto dei giocattoli. Un giorno prepara una torta, serve del succo d'arancia, fa il bagnetto alla sua bambola, mette a nanna il suo orso, guida la macchina, telefona... un altro, recita scene di vita sociale: gioca alla baby-sitter, al dottore, alla commessa...

Più avanti, i libri e le altre fonti visive gli ispireranno nuovi ruoli: la principessa, il lupo, il dinosauro. Verso i 2 anni e mezzo o 3, il suo ambiente gli procura nuovi temi di ispirazione (gesti, intonazioni...). Quale che sia la forma del gioco, il bambino coltiva sempre la sua immaginazione, esprime la sua gioia o la sua maniera di gestire le difficoltà e analizza le sue pulsioni. Ecco alcune tracce che lo aiuteranno a sviluppare la sua creatività.

IMITARE • Oltre ai momenti di gioco solitario, fategli vedere che vi interessate a lui e state con lui a volte quando gioca, ed entrate pure, di tanto in tanto, nel suo mondo immaginario per diventare anche voi "attori".

INVENTARE • Aiutatelo a inventare situazioni originali e piacevoli, raccontandogli o leggendogli delle storie e mimando personaggi e situazioni.

TRAVESTIRSI • I travestimenti non devono mai mancare per permettere al vostro bambino di trasporre la realtà sulla sua scala personale e dargli un aiuto concreto per vivere anche situazioni straordinarie (travestimenti da fata, principessa, eroe, cavaliere ecc.). Vi basterà usare alcuni semplici oggetti di uso comune per ricreare un mondo a misura della sua immaginazione.

FARE COME I GRANDI • Sempre rispettando il suo mondo immaginario, date al vostro bambino l'occasione di vivere con voi anche esperienze reali. Svolgete insieme piccoli compiti domestici in modo divertente; per esempio, confezionate insieme una torta o costruite una capanna con un telo e delle sedie.

SCOPRIRE • Attingete alla vita reale, alla natura o alla tecnologia per stimolare la sua curiosità e la sua immaginazione. Fategli scoprire i fiori, gli alberi, gli insetti, gli aeroplani, le

→ Il trucco e il travestimento permettono al bambino di sviluppare molto la sua immaginazione.

automobili e altre macchine... guardate e commentate con lui, o per lui, le illustrazioni dei suoi libri.

GIOCARE IN TANTI • Mettete vostro figlio in contatto con altri bambini perché ciascuno, contribuendo con le sue invenzioni, arricchisce il gioco e aumenta il divertimento. Comunque si svolgerà l'incontro, il confronto sarà formativo e lo aiuterà a integrarsi meglio nella realtà.

L'arte e le mani

Fin dal 2° anno, il bambino inaugura il suo periodo "artistico". Traccia delle forme e fa esperimenti con la tavolozza dei colori. Piuttosto abile a giocare con i dadi, infilare anelli, incastrare gli oggetti, riesce anche a trasformarsi in architetto per creare inverosimili castelli con le costruzioni.

Ama lasciare traccia della sua attività sulle sue superfici preferite (pareti, sabbia, terra, carta, lavagna), con il dito, la mano o aiutandosi con uno strumento (matita, pennello, pennarello). È in grado di tracciare linee orizzontali o inclinate e comprendere sempre meglio come funzionano gli oggetti, e cerca di imitare l'atteggiamento dell'adulto che scrive. Guardatelo come si impegna sul foglio a tracciare infinite spirali!

FORME E COLORI • Ogni disegno infantile racconta una storia, anche se il tratto e i colori non corrispondono necessariamente alla realtà. È sempre auspicabile commentare la sua opera con lui, lasciarlo libero di correre con la fantasia e permettergli di utilizzare tecniche originali in libertà.

All'asilo nido, i bambini dipingono su ampi supporti a parete o sul pavimento, usando le dita, le mani o perfino i piedi o grossi pennelli. Il risultato è spesso stupefacente. A casa, potrete attaccare grandi fogli di carta alle pareti, eventualmente decorati con collage in tessuto, cartone, foglie autunnali ecc. Conservate la sua produzione aggiungendovi sempre la data! Il piccolo avrà un giorno il piacere di consultarla e di ricordarsela e costituirà la traccia scritta della sua evoluzione. Quando dipinge o disegna, il bambino ama sentirsi ben comodo (appoggiato a un supporto adatto e alla sua altezza) e lavorare allegramente. Per esempio, dategli un grembiule di plastica, trasformando un limite in un piacere: sarà il suo "costume da pittore"!

Musica, canto, danza

Tutto il corpo del bambino partecipa attivamente al risveglio dello spirito, quando ascolta e canta filastrocche o scopre i gesti della danza.

Se produce un rumore è solo per creare un suono, riprodurlo o manifestare la sua presenza, quasi a esprimere la sua opinione. È importante aiutarlo ad addomesticare i suoni, a dare loro un senso e a distinguerli. Stimolate anche il suo ascolto, risvegliate la sua attenzione per affinare l'orecchio e aiutarlo nell'acquisizione del linguaggio e perfino della scrittura.

ASCOLTARE • Se è stato immerso in un'atmosfera musicale già prima della nascita, occasionalmente o abitualmente, il vostro bambino avrà ovviamente acquisito una sensibilità particolare verso questa forma di arte. È importante, tuttavia, che la coltivi anche in futuro, per esprimere le sue preferenze e appropriarsi della cultura del suo tempo.

Per il momento, amerà ascoltare anche canzoncine infantili, filastrocche e melodie o anche solo parole semplici, facili da riconoscere e da ripetere.

COMPORRE • Il bambino piccolo è in grado di "comporre". Attraverso il linguaggio, innanzitutto, scopre la varietà dell'universo sonoro: modula l'intonazione della voce e si mette a cantare. Gli oggetti della vita quotidiana diventano anche strumenti potenziali: il cucchiaio sulla pentola, due bicchieri che tintinnano uno contro l'altro, un giocattolo battuto sulle sbarre del lettino... prolungate l'allenamento offrendogli anche un tamburello, uno xilofono o delle maracas e componete insieme le più belle partiture!

DANZARE • Battere le mani, fare dei gesti, dondolarsi... la musica si esprime anche attraverso il corpo, soprattutto se il bambino lo fa con piacere e si sente in armonia. Danza ascoltando la musica e canta. I classici girotondi rimarranno per diversi anni uno dei suoi giochi preferiti.

> **Attenzione!**
>
> Rispettate i momenti di inattività, durante i quali il vostro bambino lascia volare la sua immaginazione e lasciategli il tempo di viaggiare sull'onda dei sogni. Questi momenti stimolano la sua crescita sia intellettuale sia psicologica.

Le attività culturali

La cultura! Il bambino piccolo è come una pianta che ha bisogno di essere nutrita, per crescere. Anche le proposte culturali adatte alla sua età arricchiscono il suo vissuto e favoriscono ottimamente la crescita. I libri, gli spettacoli, la musica e tutto ciò che può stimolare l'orecchio lo appassionano. Incoraggiate questa sua curiosità intellettuale, rispondendogli sempre con attenzione.

Il mondo dei libri

Le biblioteche e le librerie traboccano di opere adatte a tutte le età. Il vostro bambino adorerà sempre che voi gli raccontiate delle storie, perché la lettura è un momento speciale da passare insieme e spesso particolarmente tenero, sia di giorno sia di sera, prima di andare a nanna.

Innanzitutto, il libro aiuta a scoprire il mondo, la vita quotidiana, la natura, la tecnologia, le abitudini dei Paesi stranieri eccetera. Strumento di intrattenimento e di risveglio alla conoscenza delle cose e di se stessi, il libro apre e sviluppa lo spirito e l'immaginazione, suscita emozioni e domande, ossia tutto il materiale che serve per far crescere una persona.

Potrete constatare anche voi che il bambino è sensibile al tono della vostra voce, al colore, all'ambiente delle illustrazioni, come anche ai vostri commenti. Fatelo felice lanciandovi anche voi nella recitazione, con gesti e mimiche marcate e cambiando voce secondo i personaggi.

La comprensione (scenario, parole...) aumenta con l'età, quindi spiegare la situazione al piccolo lo arricchisce e suscita in lui sempre nuove domande. Quando saprà parlare, lo sorprenderete a volte a raccontarsi da solo una storia o inventare epopee davvero straordinarie.

Gli spettacoli per sentirsi nel cuore dell'azione

Per i bambini, il mondo è uno spettacolo continuo. Divorano tutto ciò che vedono intorno a sé, con gli occhi sempre spalancati, e così nutrono la loro immaginazione con avventure alle quali possono anche partecipare. Marionette, teatrini e cinema sono tantissime occasioni in più per arricchire la sua esperienza in maniera originale.

> **Biblioteca e lettura**
>
> Per stimolare il vostro bambino e incoraggiarlo al gusto della lettura, senza acquistare sistematicamente dei libri, informatevi presso la biblioteca più vicina a casa. Alcune di esse offrono angoli di lettura adatti ai piccoli e organizzano letture e spettacoli con attori e animatori.

LE MARIONETTE • Questi spettacoli sono particolarmente adatti ai piccoli sotto i 3 anni perché li coinvolgono totalmente. Burattini, lupi, principesse, re, maghi, buoni e cattivi ecc., tutti personaggi che stimolano la sua immaginazione e sempre nuove reazioni. Interpellati, i bambini partecipano all'azione, rispondono, gridano, battono le mani, si identificano con gli eroi e vibrano in una grande emozione.

I bambini possono anche inventare da sé i propri spettacoli. Ogni cosa può diventare una marionetta se è messa su un dito: un ditale, i piccoli personaggi di feltro, un vecchio guanto un po' modificato... aiutate il vostro piccolo a confezionare delle marionette, per poi mettere in scena una storia in un teatrino improvvisato.

IL SIPARIO E LA SCENA • Esistono oggi spettacoli teatrali messi in scena negli asili nido e cortometraggi animati specialmente concepiti per i più piccoli. È bene informarsi in proposito, perché molti cinema vietano l'ingresso ai minori di 3 anni, soprattutto dato l'alto volume in sala.

Il piccolo schermo

Misura, vigilanza e scelta attenta del momento sono le tre regole d'oro per l'uso della televisione e dei suoi supporti collegati (videocassette e DVD). Fatta eccezione per le trasmissioni molto brevi riservate ai piccoli o ad alcuni cartoni animati, questo mezzo non è, infatti, ancora adatto ai bambini sotto i 3 anni.

LA MACCHINA A IMMAGINI • Il bambino è affascinato dal flusso di suoni e immagini che proviene dal televisore, ma non lo comprende ancora necessariamente, le informazioni si imprimono nella sua memoria e rischiando anche

I personaggi degli spettacoli di marionette hanno spesso la facoltà di affascinare ed emozionare intensamente i piccoli sotto i 3 anni.

di disturbarlo. È quindi importante selezionare accuratamente solo trasmissioni adatte al suo stadio di sviluppo e alle sue facoltà di apprendimento.

Inoltre la TV deve essere accesa solo dai genitori e il tempo passato davanti al piccolo schermo deve essere limitato per evitare che diventi un'abitudine.

Il televisore non è una baby-sitter e non può e non deve sostituire i momenti di intimità familiare e di gioco. Tuttavia, quando il vostro bambino sarà più grande, potrà rivelarsi un notevole strumento pedagogico, se utilizzato con intelligenza e senso organizzativo.

VIDEOCASSETTE E DVD • Consentono di selezionare i programmi adatti all'età specifica del vostro bambino. I cartoni animati e le animazioni in genere o i documentari arricchiscono l'immaginazione del bambino e stimolano la sua curiosità.

Ora divenuto spettatore e non più attore del gioco, vostro figlio ha bisogno dei vostri commenti alle immagini che vede per capirle meglio.
Guardandole con lui, stabilirete un dialogo interessante che lo aiuterà a farsi delle domande, a ceracre le risposte e, comunque, a capire meglio il mondo.

Insegnare il gusto di "mangiare bene"

Insegnare al vostro bambino a mangiare bene, a evitare di farlo fuori pasto e ad apprezzare la varietà del menu non è sempre una cosa semplice... i suoi gusti e il suo appetito variano spesso e può perfino manifestare una vera e propria repulsione per alcuni alimenti. Dovrete cercare, tuttavia, di mostrarvi pazienti e di non forzarlo mai a finire ciò che ha nel piatto perché così facendo rischiereste di bloccarlo.

No ai menu alla carta!

Dopo una lunga giornata di lavoro, può essere difficile combattere per far accettare al proprio figlio una zuppa di legumi o dei fagiolini verdi, soprattutto quando si sa che un piatto di pasta al formaggio sarebbe divorato in pochi minuti... Nel lungo termine, però, proporre al bambino solo ciò che gli piace non significa rendergli un buon servizio.

UN PO' DI ADDESTRAMENTO • Il gusto si acquisice poco a poco e spetta ai genitori assicurare l'apprendimento del gusto. Il bambino non può sapere ciò che gli fa bene o male e questa nozione gli è totalmente estranea. Compiacere il proprio piccolo, di tanto in tanto, preparandogli il suo piatto preferito è cosa normale, ma a condizione di rimanere nei limiti della ragionevolezza. I menu devono essere pensati per tutta la famiglia, senza trattamenti di favore per il bambino e, in questo contesto, potrà familiarizzare con nuovi sapori, consistenze e profumi...

A volte, invece, potrete lasciargli la scelta di un piatto all'interno di una stessa famiglia di alimenti. Per esempio, preferisce i ravanelli o le carote grattugiate? Attenzione: se non vorrà né l'uno né l'altro, non offritegli la salsiccia!

Dai 2 anni in poi, comincia a mangiare di tutto

> **"** Nostro figlio rifiuta sistematicamente tutte le verdure che gli offriamo. Come dovremmo comportarci?"
>
> ### FARGLI AMARE LA VERDURA
>
> La verdura rientra spesso tra gli alimenti più rifiutati dai bambini. Innanzitutto, non drammatizzate troppo la situazione e cercate, invece, di insegnare al vostro bambino ad apprezzarla, senza però mai forzarlo eccessivamente.
> Potrete giocare sulle associazioni con i farinacei nello stesso piatto. Proponetegli, per esempio, un piatto di grano saltato con pomodoro, cipolle e zucchine; un cuscus o una pizza alle verdure o una pasta al forno con i broccoli.
> Potrete anche "rallegrare" i fagiolini legandoli leggermente con della salsa al pomodoro o il cavolfiore con un po' di besciamella. In ogni caso, i genitori devono mangiare la verdura per primi e dimostrare che la apprezzano, perché i bambini hanno la tendenza a ripetere i comportamenti che osservano intorno a sé.

Intorno ai 2 anni, le ricette specifiche non sono più necessarie. Il bambino ha imparato ad assaggiare e apprezzare molti alimenti e, senza neppure accorgersene, è stato iniziato alle abitudini di famiglia.

Tuttavia, non è ancora in grado di masticare del tutto bene e alcuni alimenti, come le lenticchie o i piselli, la verdura cruda ricca di fibre, i ravanelli ecc. non vanno ancora proposti perché il piccolo rischierebbe di ingoiare bocconi interi in quanto non li mastica a sufficienza. Siccome non può ancora partecipare completamente al pasto familiare, starà a voi pensare a menu variati ed equilibrati, in modo tale che il piccolo non debba esserne escluso.

Verso i 2 anni e mezzo, al momento in cui comincia a usare la forchetta, rischierà nuovamente di attraversare un periodo in cui farà qualche difficoltà a mangiare...

Il periodo del rifiuto

Regola numero 1: non drammatizzate eccessivamente se il vostro bambino rifiuta di toccare il piatto o di assaggiare un nuovo alimento. Non si ripeterà mai abbastanza che non bisogna mai forzare un bambino a mangiare! Se il piccolo rifiuta il piatto, servitegli una mini-porzione simbolica, a costo di riprendere il piatto pieno alla fine del pasto, senza mai commentare. Il cibo non dovrebbe mai essere oggetto di conflitti né tantomeno di ricatti affettivi.

Se il rifiuto si protrae nel tempo, cercate di proporgli piatti che gli piacciano, sempre restando nel quadro di un'alimentazione equilibrata. Cercate, per esempio, di variare i modi di preparazione (zuppa di pomodoro, pomodori in salsa, in insalata...), in attesa che la "crisi" passi. Giocate anche sulla varietà all'interno della stessa famiglia di alimenti. Se non ama particolarmente la carne rossa, probabilmente accetterà il pollo o il prosciutto; se non ama il formaggio, gli piacerà probabilmente lo yogurt.

Cercate, in ogni caso, di mantenere un ambiente sereno durante i pasti e non cedete mai sui dolciumi con il pretesto che "altrimenti morirebbe di fame".

Variare il piacere

Affinché i pasti rimangano un momento piacevole da vivere insieme, variate di tanto in tanto le vostre abitudini. Perché non organizzare un picnic durante il fine settimana, per esempio? Oppure, a casa, il pasto stile "self-service", spesso molto apprezzato dai bambini. Invece di cucinare piatti sofisticati, preparate dei toast, del formaggio a cubetti, una torta agli spinaci, della verdura cruda da mangiare condita con una salsa al formaggio alle erbe ecc.

Per una merenda di festa, preparate delle barchette di frutta alle quali potrete aggiungere qualche biscottino. Più il vostro approccio al cibo sarà leggero, meno il vostro bambino vi opporrà reazioni di rifiuto.

Scoprire i "retroscena" della cucina

Imparare a mangiare bene passa anche attraverso il piacere della scoperta degli alimenti.

AL MERCATO • Perché non portare con voi il vostro bambino al mercato, quando ne avete l'occasione, in un'ora di bassa affluenza? Confrontate con lui il colore, l'aspetto o la consistenza di frutta e verdura; mostrategli la pescheria, indicandogli i diversi tipi di pesce e frutti di mare; fermatevi al banco dei formaggi e proponetegli di sceglierne uno. Fategli amare il cibo nel modo più vario possibile!

IN CUCINA • Fatelo partecipare alla preparazione dei cibi: di solito i bambini adorano cucinare. Nonostante la sua giovane età, potrà sempre aggiungere il formaggio grattugiato o il prezzemolo tritato sul cibo, disporre i pomodori o le fette di prosciutto su un piatto, mescolare gli ingredienti della salsa o un paté, sgusciare i piselli eccetera. Poco a poco, gli spiegherete i vostri gesti, gli ingredienti che usate e i vari modi di cottura, tutte cose che gli faranno scoprire che ciò che si mangia non viene sempre da una confezione e non è un alimento surgelato o preconfezionato e che il cibo, verdura compresa, può essere divertente!

AL RISTORANTE • Spiegategli i diversi piatti proposti dal menu. Se ne avete l'occasione, portatelo in una fattoria e, se avete un giardino, organizzate un orticello di cui potrà prendersi parzialmente cura.

MANGIA TROPPO O TROPPO POCO?

> In generale, i bambini sanno regolare molto bene il proprio appetito in base alle esigenze. Starà quindi al piccolo decidere la quantità di cibo e ciò che desidera veramente mangiare. Non preoccupatevi se, secondo voi, è di "scarso" appetito. **Se cresce a ritmo normale ed è vivace, gioca e vi sembra felice, vorrà dire che va tutto bene!**

> Inoltre, **l'appetito del bambino varia molto tra un pasto e l'altro.** Se il vostro mangia a volte poco a pranzo, si rifarà sicuramente la sera. Non forzatelo a mangiare e non ricattatelo mai con argomenti affettivi.

> Se, invece, **sembra non percepire chiaramente la sensazione di fame o di sazietà, potrete fare molto per aiutarlo.**

• **Dategli i pasti a orari regolari,** facendo attenzione che non pilucchi prima di andare a tavola.

• **Servitegli piccole porzioni e non dategliene mai una seconda se non ve lo chiede espressamente.** Insegnategli, invece, a non servirsi mai una seconda volta senza prima aver chiesto il vostro permesso.

• **Lasciatelo mangiare al suo ritmo e non forzatelo mai a finire il piatto.**

• **Evitate frasi del tipo "Ancora un cucchiaio per farmi contenta».** Il vostro bambino mangia perché ha fame e non per essere gentile con voi!

• Infine, sappiate sempre distinguere una richiesta di cibo da una richiesta d'amore.

Il bilancio di salute dei primi 2 anni

Al compimento del 24° mese, il vostro bambino, o bambina, lascia ufficialmente lo stato di "lattante" per entrare nell'infanzia propriamente detta. Non serve sottolineare che si tratta di una tappa essenziale poiché, in quest'epoca, il pediatra eseguirà un bilancio di salute.

Ora è possibile il dialogo

Il bilancio di salute del 2° anno è un momento importante per tutti: il bambino, i genitori e il pediatra. Esso segna una tappa che corrisponde all'inizio di una relazione sia verbale sia fisica, in cui il ruolo del bambino diviene più attivo e collaborativo.

Spesso il bambino, un tempo spaventato dalla visita dal pediatra, segnato dalle vaccinazioni o da eventuali esami clinici difficili se ha contratto piccole infezioni nei primi mesi di vita, cambia atteggiamento, in occasione di questa visita programmata per il 2° anno di età. Si instaura un nuovo dialogo, si sente considerato come un adulto capace di capire; i gesti della visita non sono dolorosi e possono essergli spiegati, uno per uno, per aiutarlo a prendere coscienza del suo corpo, di cui può nominare, insieme al pediatra, le diverse parti.

Attenzione!

Le informazioni raccolte durante la visita medica devono essere riportate sul libretto sanitario, quindi ricordatevi di portarlo sempre con voi!

L'esame clinico

L'esame procede organo per organo: con lo stetoscopio, ausculta cuore e polmoni, con l'otoscopio esamina i timpani, con l'abbassalingua controlla la gola e conta i dentini, con la palpazione esamina la pancia, gli organi genitali e i gangli.

Il medico procede alla valutazione dello sviluppo psicomotorio facendo alcune domande ai genitori, coinvolgendo il bambino nella conversazione. Egli porrà queste domande sull'appetito, il transito digestivo e la capacità di tenersi pulito, la qualità del sonno, i progressi nel linguaggio e nella comunicazione, eventuali crisi di rabbia, la frequenza o meno all'asilo, l'organizzazione familiare ecc.

Valutare la crescita del bambino

Come già in occasione dei bilanci di salute precedenti, il medico tiene conto delle condizioni di vita della famiglia, procede alle misurazioni classiche (peso, statura) per valutare le curve di crescita e misura la circonferenza cranica per giudicare lo sviluppo del cervello. Verifica il funzionamento del corpo e valuta le capacità psicomotorie e sensoriali del bambino.

ALCUNI RIFERIMENTI • Tra il 1° e il 2° anno, il bambino cresce tra i 200 e i 250 g al mese, con differenze tra un mese e l'altro. Al 2° compleanno, ha quindi quadruplicato il peso alla nascita e presenta un peso tra i 9,2 e i 14,9 kg.

Tra il 1° e 2° anno, è cresciuto di circa 1 cm al mese, raggiungendo al 2° compleanno una statura compresa tra i 78 e i 92 cm.

Ricordiamo sempre che queste cifre hanno un valore indicativo e riguardano circa il 94% dei bambini.

Vedere e sentire bene

In occasione di questo bilancio di salute, il medico può anche diagnosticare eventuali punti deboli del bambino, in particolar modo legati alla vista e all'udito, e indirizzarlo, se lo ritiene opportuno, a uno specialista.

CONTROLLARE LA VISTA • Al termine della visita, il pediatra potrà consigliare una visita oculistica, soprattutto se il bambino presenta segni di debolezza visiva o ha precedenti in famiglia che giustifichino una visita di controllo. Nel caso dell'ipermetropia, l'immagine si forma dietro la retina: il bimbo non vede da vicino come da lontano, poiché i contorni degli oggetti e le linee gli appaiono deformati.

Nel caso della miopia, l'immagine si forma davanti alla retina: il bambino vede male da lontano.

L'astigmatismo, effetto di una curvatura anomala dell'occhio, produce immagini deformate nella visione da vicino, perciò il bambino distingue con difficoltà le forme.

Nell'ambliopia, un occhio, in caso di strabismo, ipermetropia o astigmatismo, perde gradualmente le sue facoltà.

Mediante gli esami, l'oculista preciserà quale sia il difetto visivo del bimbo e quali le soluzioni più appropriate: portare gli occhiali, seguire un percorso riabilitativo ecc.

LA CONGIUNTIVITE • Il bimbo può anche soffrire di congiuntivite, disturbo frequente tra il 1° e il 3° anno di età, di origine batterica o virale. Il piccolo ha gli occhi arrossati, che bruciano e prudono. Si può osservare la formazione di pus che forma un'incrostazione biancastra al risveglio.

La terapia prevede un collirio antibiotico e/o antisettico da applicare dopo un'accurata pulizia degli occhi con soluzione fisiologica.

LA PERDITA DELL'UDITO • Risulta evidente se il bambino reagisce poco alla stimolazione sonora, presenta un ritardo del linguaggio e non parla quasi prima del 2° anno d'età. Questo deficit può essere passeggero o definitivo, ma esige sempre una visita pediatrica che indirizzi il bambino verso un servizio specializzato per valutare l'entità del deficit.

Le protesi acustiche, molto performanti, sono associate a un sostegno ortofonico mirato a ridurre il ritardo e preparare al meglio il bambino alla scolarizzazione.

Il bilancio di salute del secondo anno può essere seguito da un controllo oculistico che determinerà l'eventuale necessità di portare gli occhiali.

Tenersi pulito

Come per imparare a camminare o a parlare, sapersi tenere pulito è il risultato di una maturazione fisiologica e psicologica nel bambino. I genitori non possono, infatti, realmente insegnargli a tenersi pulito, ma possono aiutarlo a riuscirci solo quando è veramente pronto a farlo.

Le condizioni necessarie

Tenersi pulito non è il frutto di un addestramento, bensì una fase particolarmente delicata. In genere, si considera il bambino pronto per usare il vasino verso i 18 mesi, ma solo in alcune condizioni di natura fisiologica e affettiva.

IL CONTROLLO DEGLI SFINTERI • Sia per le feci sia per le urine, sapersi trattenere implica la capacità di controllare gli sfinteri, i muscoli a forma di anello che permettono l'apertura e la chiusura dell'ano e dell'uretra.

Per fare questo, è necessario che alcune terminazioni nervose tra il cervello e il midollo spinale siano attivate, condizione assolutamente essenziale. Secondo la psicanalista Françoise Dolto (1908-1988), questo sviluppo neurologico può essere raggiunto quando il bambino è in grado di salire e scendere le scale. Tuttavia, anche se ciò avviene, il piccolo dovrà comunque essere in grado di controllare gli sfinteri, il che non deve essere dato sempre per scontato.

COSCIENTE DI CIÒ CHE "FA" • Tra i 18 mesi e i 2 anni, il bambino si rende conto di aver fatto o di dover fare i suoi bisogni. Poi, la sua sensibilità si affina gradualmente, fino a prevedere e percepire l'esigenza di andare di corpo. Tuttavia, anche quando è in grado di trattenere o espellere volontariamente, non ha sempre l'intenzione di usare il vasino.

In genere, si abitua a controllare la pipì prima delle feci. In un'età in cui vuole tenersi tutto, gli è difficile, a volte angosciante, abbandonare la sua "popò" nel vasino. Ci sarà, quindi, tutto un cammino da percorrere che parte dal desiderio di farlo e va fino alla reale capacità di farlo. Per questo, alcuni bambini sentono il bisogno di nascondersi per fare i propri bisogni. È inutile togliere il pannolino per insegnargli a tenersi pulito se il piccolo non ha ancora coscienza di poter controllare volontariamente gli sfinteri.

La posta in gioco

Il bambino intrattiene un rapporto molto particolare con questo aspetto del suo corpo. Le sue feci, come ogni altra secrezione, sono quasi un prolungamento di sé e non suscitano in lui disgusto o vergogna. Può addirittura volerle toccare e annusare. Il valore che dà alle sue feci ci permette di capire ciò che sottende all'acquisizione del senso di pulizia davanti al suo vasino, dove il bimbo prova spesso l'orgoglio di vedere ciò che il suo corpo ha prodotto. Quando vi farà vedere ciò che ha "fatto" con un grande sorriso, capirete che è contento come se vi avesse fatto un regalo. La prima volta, però, potrebbe anche mettersi a piangere e sentirsi seriamente turbato, come se stesse perdendo una parte di sé.

Alcuni bambini sono spaventati dal vedere le loro feci sparire nel gabinetto. Se ciò dovesse accadere, sarà bene lasciare loro un momento per vederle nel vasino.

PADRONE DEL SUO CORPO • Riuscire a espellere le proprie feci o a trattenerle insegna anche al bambino un fatto molto importante: ora è capace di agire su ciò che esce da lui e su ciò che gli appartiene!

Naturalmente, cercherà anche di soddisfare voi, talvolta manifestando una forma di rifiuto e usando ancora il pannolino, senza però farlo in modo "espresso". È essenziale accettare anche suoi eventuali "errori", siano essi comprensibili o meno. Forzare il bambino a tenersi pulito se non lo desidera o non riesce a farlo è una forma di violenza.

PAURA DI CRESCERE • La velocità alla quale un bambino acquisisce la capacità di tenersi pulito varia in base al rap-

---

LA SCELTA DEL VASINO

> È importante scegliere un vasino comodo, stabile, facile da usare e... carino. Il vostro bambino dovrà adottarlo con entusiasmo perché questo oggetto accoglierà i suoi "regali".

> Evitate i vasini incorporati in un seggiolino o seggiolone, sui quali finirebbe per mescolare il gioco, l'alimentazione e l'eliminazione. Ogni attività ha una sua specificità.

> Esistono adattatori che si collocano sul gabinetto, ma sono riservati ai bambini oltre i 3 anni che riescono a sedersi sul gabinetto e a scendere da soli.

porto che ha con i genitori, la sua vita affettiva e la sua percezione di sé. Se si trova in un periodo di sistematica opposizione (vedi pag. 276) o è molto turbato perché la madre è incinta, per esempio, non sarà il momento ideale di farlo.

Affrancarsi dal pannolino significa diventare grande, muoversi verso l'ignoto e perdere una serie di vantaggi. Anche se desidera l'indipendenza, il piccolo non vuole rinunciare, per ora, ai legami stretti che ha intessuto con voi. Dovrà trovare altri vantaggi nell'idea di crescere e voi potrete aiutarlo, in questo, attraverso la relazione con lui.

Alcuni preparativi possibili

Nell'abituarlo a tenersi pulito, i genitori giocano soprattutto un ruolo di accompagnamento, ma spetta a loro dare al bambino i riferimenti che gli sono necessari.

PESARE LE PAROLE • Da quando il piccolo sa di aver sporcato il pannolino, potrete commentare la cosa a parole («Oh, che bella cacca hai fatto!») e acquistare già un vasino. Fateglielo vedere e lasciate che ci si sieda sopra, con o senza vestiti: questo sarà un modo per familiarizzare con il nuovo oggetto e, per voi, di spiegargli che la sua funzione sarà presto quella di ricevere il contenuto del suo pannolino.

Anche se ha capito come e dove farlo, ha comunque bisogno della vostra fiducia. «Qui farai tutti i tuoi bisognini» sono parole da preferire a «Adesso la devi fare qui» o «Adesso non sei più un bebè». Per tutta la durata di questo "addestramento", usate sempre le stesse parole.

PAZIENZA INNANZITUTTO • Quando lo avrete preparato, basterà attendere che provi da solo a usare il suo vasino, che lascerete sempre alla sua portata. Non preoccupatevi: imparerà a tenersi pulito nel giro di pochi giorni, anche se avete dovuto attendere questo momento per mesi.

Quando sarà pronto?

Se troverete il momento giusto per insegnare al vostro bambino l'uso del vasino, sarà probabile che questa tappa sia superata nel modo più giusto per entrambi. La capacità di tenersi pulito dipende da una serie di fattori, ma cominciare troppo presto può rendere questa fase più complicata e provocare addirittura dei blocchi (falsa costipazione).

GESTI SIGNIFICATIVI • Spesso il piccolo manifesta spontaneamente di essere capace di usare il vasino e, per questo, attira l'attenzione dei genitori sul fatto di aver fatto pipì o cacca. A volte ve lo dice a parole, ma può anche indicare il pannolino, tirare su i pantaloni e dimostrarsi infastidito quando ha il pannolino sporco.

In questo caso, potrete fare qualche tentativo di proporgli il vasino, ma non insistete, se avrà bisogno del pannolino pochi minuti più tardi e ripetete l'esperienza qualche settimana dopo. Questi tentativi sono normali e permettono al bambino di abituarsi all'idea di usare il vasino.

Per contro, il bambino che non manifesti interesse per le sue feci non è generalmente pronto per questa nuova fase. Se, passati i 2 anni, non dimostra alcun interesse per la questione, potrete dirgli «Secondo me hai fatto la cacca», quando ne siete già sicuri. In questo modo lo aiuterete a prendere coscienza e a imparare a segnalarlo lui stesso.

Proporre, ma non forzare

Se vostri primi tentativi hanno avuto un buon effetto, potrete proporre il vasino 1 o 2 volte al giorno: ma non sollecitatelo mai in modo assillante!

Il momento propizio potrà essere l'ora in cui solitamente va di corpo o quando lo vedete impegnato a "spingere", oppure anche al risveglio mattutino o alla sera, prima di andare a letto. Naturalmente, anche qui non lo dovrete forzare se non succede niente e non lasciatelo troppo a lungo sul vasino (mai più di 5 o 10 minuti al massimo). Quando riuscirà a servirsi del vasino in modo regolare, sarà lui a prendere l'iniziativa, lo chiederà o andrà a cercarlo in bagno e vi chiamerà quando avrà finito.

Questo comportamento varia, ovviamente, secondo i bambini. Alcuni saranno ben disposti in alcuni momenti e, la settimana dopo, preferiranno di nuovo la "comodità" del pannolino. Altri si abitueranno al vasino con facilità sorprendente. Ognuno impara a tenersi pulito secondo il suo ritmo, con o senza fasi di regressione. Cercare di forzare il bambino rischierebbe di arrestare il processo e provocare perfino una ritenzione anche dolorosa delle feci.

APPREZZARE L'IMPEGNO • Durante questo periodo, il piccolo ha bisogno di sentirsi sostenuto. Non esitate a congratularvi quando riesce a riempire bene il vasino, senza criticarlo o arrivare all'estremo opposto. Potrete incoraggiarlo, ma senza per questo fargli pensare che, se ciò non accade, ci rimarreste male: la posta diventerebbe per lui troppo alta!

NON SGRIDATELO MAI! • Non sgridatelo mai, se non riesce a fare i suoi bisogni nel vasino; anzi, lasciatelo tranquillo per un po' di tempo, prima di riprovare, dicendogli «Non è grave, piano piano ci arriverai!». Il bambino, a questa età, si sente spesso deluso se fallisce un tentativo e i vostri rimproveri non farebbero che aumentare il suo sentimento di insoddisfazione e colpa.

Quando va di corpo nel pannolino, trasferite le feci nel vasino, poi svuotatelo davanti a lui nel gabinetto e lasciate che sia lui a tirare l'acqua.

Il corpo e la natura

Una cosa è certa: il senso del corpo va di pari passo con la voglia di impegnarsi. Il vostro bambino proverà presto il bisogno di correre, saltare, pedalare nel suo camion, giocare a palla... Incoraggiatelo e favorite questo suo bisogno di esprimersi fisicamente. La campagna offre l'ambiente ideale a questo genere di attività e, fortunatamente, le città hanno i giardini pubblici dove potrà liberare tutta l'energia in eccesso.

All'aria aperta

La natura è un universo in cui ci si sente bene, in particolare i bambini piccoli. Popolata di animali, nutre anche la loro voglia di esplorare: formiche, coccinelle, vermi e lombrichi, lucertole, mucche, galline, conigli e uccellini... tutte creature nuove da scoprire, per non parlare delle piante e dei fiori tutto intorno a sé. I giocattoli e i libri per bambini attingono ampiamente a questa attrazione spontanea dei bambini per il mondo naturale.

UNA GIOIA INSOSTITUIBILE • La natura dà al bambino l'occasione di soddisfare la sua curiosità e di risvegliare la dimensione sensoriale. Giocare sull'erba di un prato, respirare l'odore del fieno appena tagliato, ammirare un campo di papaveri, raccogliere un mazzo di margherite o dei sassolini o le conchiglie in riva al mare sono gioie semplici ma insostituibili.

IL RISPETTO DEGLI ESSERI VIVENTI

› Che viva in città o in campagna, il bambino scoprirà presto i fiori e le piante verdi e farà conoscenza con alcuni animali domestici. **È importantissimo insegnargli già in giovanissima età a rispettare tutti gli esseri viventi.**

› Per esempio, il cane e il gatto sono compagni formidabili, affettuosi e disponibili, ma non sono dei giocattoli. Detestano che gli si tiri la coda o le orecchie e rischiano di dimostrarlo in modo molto esplicito.

› Sapendo questo, **il bambino eviterà il rischio di graffi o morsi che potrebbero avere conseguenze anche gravi.**

› Inoltre, **non lasciate mai soli il bambino e l'animale,** soprattutto nella cameretta, e insegnate al cane, o al gatto, che anche lui dovrà rispettare il cucciolo d'uomo.

Se invece vivete in città, portate il più spesso possibile il vostro bambino in campagna, in montagna o al mare, in attesa che sia abbastanza grande per andarci in colonia o in vacanza-studio.

INSEGNARGLI QUALI SONO I PERICOLI • Passeggiare in campagna permette di fare incontri incredibili, ma dovrete aiutare il vostro bambino a riconoscere ogni possibile pericolo. Avvertendolo fin dai primi mesi, saprà distinguere i vegetali e gli animali più pericolosi. Per esempio, gli sarà evidente che le piccole bacche rosse così appetitose non sono caramelle e che le api che si posano sui fiori non sono qualcosa da prendere in mano.

In città

Le città non dispongono, a volte, di ampi spazi verdi in cui scatenarsi. In questi casi, che cosa è meglio fare? Potrete portare il vostro bambino nei giardini pubblici (o botanici) che solitamente garantiscono la sicurezza e spazi-gioco riservati ai bambini (sabbiera, prato ecc.). Il piccolo correrà sicuramente dietro agli uccellini, annuserà i fiori e cercherà, gradualmente, di fare i suoi primi emozionanti giri in triciclo.

Alcuni di questi parchi hanno anche delle giostrine: scale, scivoli, altalene, tornelli, dondoli e perfino piccoli maneggi. Qui il vostro bambino potrà anche fare conoscenza con altri piccoli della sua età. Sarà l'occasione per avviare la sua vita sociale, farsi degli amici, ma anche per confrontarsi con le regole e i rischi di ogni relazione umana. Infine, per fargli scoprire altri animali, portatelo anche allo zoo, in un negozio di acquari eccetera.

I giochi d'acqua

Il bambino ha familiarità con l'acqua già prima della nascita. A casa, avrete notato anche voi le virtù calmanti dell'acqua, quando lo lasciate giocare con i suoi giocattoli galleggianti

Ancor più che nella vasca, i giochi nella piscinetta di casa con oggetti galleggianti stimolano le capacità sensoriali e motorie.

nella vasca. Avrà forse fatto anche un corso di mini-nuoto, ma questo presuppone il rispetto di alcune condizioni ben precise (vedi pag. 390).

Prima dei 2 anni è bene evitare la piscina, soprattutto per il rumore e l'acqua clorata, ma in seguito, il bambino acquisirà certamente, a volte anche brontolando, più confidenza e autonomia in acqua. Lo stesso avverrà al mare, in vasca o nella piscinetta gonfiabile nel giardino di casa. L'essenziale è sorvegliarlo sempre, usare un salvagente omologato e insegnargli a nuotare, rispettando il suo ritmo e senza mai forzarlo.

Lo sport prima dei 3 anni?

I primi 3 anni della vita di un bambino sono innanzitutto la fase del suo sviluppo psicomotorio naturale. Non si può, quindi, parlare ancora di sport, che richiede sforzi muscolari coordinati, una resistenza e una concentrazione di cui il bambino di questa età non è ancora capace. Bisognerà quindi privilegiare, innanzitutto, la sua crescita e il suo equilibrio.

Il gioco rimane il mezzo con cui egli si impegna a crescere; sono numerose e divertenti le attività che lo aiutano a sviluppare la coordinazione fisica (corsa, salto, scivolo, altalena, scale, palla...).

Essendo il corpo indissociabile dalla mente, il vostro bambino progredisce anche quando lancia, afferra, rotola, trascina... e sarà bene che si eserciti molto, sempre giocando in piena libertà e senza rispettare necessariamente le regole del galateo imposte, invece, ai grandi.

Sempre sorvegliandolo con attenzione e pazienza, potrete incoraggiarlo, accompagnarlo a fare una passeggiata in un luogo sicuro e tranquillo, lui sul suo triciclo e voi sulla vostra bicicletta, per esempio.

Per il papà: proteggere la relazione

«Faccio da solo»: il bambino comincia ad affermare la sua individualità. Già dal 1° anno parte alla scoperta del mondo e assorbe presto le prime regole sociali di base. Il padre è presente per aiutarlo in questo cammino, sempre sostenuto dalla mamma. In alcune situazioni, però, un po' di fermezza non gli impedisce comunque di rimanere vicino al suo bambino. La relazione padre-bambino, che è fatta anche di grande tenerezza, oggi è più ricca di quanto fosse in passato e il papà deve sforzarsi di proteggerla e non lasciare mai che il legame si allenti.

La complicità non ha parole!

Ricordargli le regole e dargli dei riferimenti non impedisce al padre di sviluppare un rapporto di prossimità e intimità con il suo bambino. A mano a mano che il figlio cresce, molti padri si sentono sempre più a proprio agio nella relazione, mentre in passato avevano la tendenza a tenersi in disparte, soprattutto nei primi mesi.

IL RISCHIO DI UN'ECCESSIVA DISTANZA • «I bambini sono interessanti dopo i 3 anni», sostengono, a torto, alcuni padri convinti di poter trovare un terreno di complicità più facilmente a questa età che non durante i primi anni. Questo atteggiamento si basa sull'idea che il padre debba lasciare la madre in prima linea e aspettare che il bambino cresca e arrivi ad assomigliare a un adulto in miniatura.

Secondo loro, il piccolo è "interessante" solo dal momento in cui sviluppa l'uso della parola. È vero che, prima di allora, la relazione si basa soprattutto sul linguaggio non verbale, nel quale eccelle per natura la madre e dal quale i padri si sono sentiti a lungo esclusi. Il padre di stampo tradizionale non si concede – o, piuttosto, i modelli dominanti in materia di educazione non lo autorizzano a farlo – di investire spontaneamente nella relazione con il piccolo. Da qui la tendenza a entrare piuttosto tardivamente in questa relazione e, per alcuni, a mantenere per il resto della vita una certa distanza dal bambino.

Distanza fisica, innanzitutto, perché il padre non si occupa delle sue cure materiali o della sua igiene e si mostra spesso poco incline alle coccole, ma anche distanza emotiva, che si tradurrebbe, tra l'altro, in una difficoltà a confidarsi e ad affrontare argomenti intimi.

NUOVI RAPPORTI • Fortunatamente, molti padri non si riconoscono più in questa immagine della tradizione e sanno che il bambino è "interessante" già nella primissima infanzia. Non hanno bisogno di aspettare che impari a parlare e riescono chiaramente a esprimere i propri desideri per stabilire un vero e proprio dialogo con il figlio. I contatti passano, fin dalla nascita, attraverso lo sguardo, i gesti e ogni forma di comunicazione non verbale.

Preservare la forza del legame

Oggi il padre entra in relazione con il suo bambino molto presto e non teme più di essere presente in ogni stadio della sua crescita. La sua area di intervento si è molto diversificata: si occupa del bagnetto e della preparazione della pappa, lo coccola e gioca con lui, e la dimensione fisica e corporale dell'educazione non è più riservata solo alla madre. Allo stesso titolo, il padre è presente per far sentire il bambino al sicuro. Non è più relegato al ruolo di garante dell'autorità e la nuova forza di questo legame padre-bambino è un bene prezioso da proteggere in ogni modo...

NON PERDERE TERRENO • Quando il bambino comincia a camminare, afferma una sua prima autonomia e alcuni padri potrebbero avere l'impressione che la loro presenza non sia indispensabile. Monopolizzati dalle esigenze della vita professionale, potrebbero essere tentati di mettersi in disparte e lasciare di nuovo che la madre rivesta il ruolo principale, immaginando di essere divenuti ormai secondari.

Il bambino rischia, in questi casi, di percepire una grave lacuna nella sua relazione futura con il padre. Per compensarla, potrebbe avere la tendenza, più avanti nel tempo, di ricalcare i gusti e le tendenze del padre, seguendo le scelte personali e l'autonomia del padre anziché le sue.

Il padre deve quindi fare attenzione a rimanere vicino e preservare la vicinanza e l'intensità della relazione con il suo bambino per evitare che l'ignoranza dell'altro e il rischio di distanza prendano piede.

FAR EVOLVERE LA RELAZIONE • Se il ruolo del padre è continuativo durante i primi mesi, si affacciano poi diverse forme di evoluzione. Il gioco rimane orientato sulle attività che stimolano il bambino, ma si fa più fisico, lasciando la parte più bella al confronto diretto e alle "risse" simboliche.

Il padre deve entrare nell'immaginario del figlio e immergersi in quel suo mondo, il che potrebbe rivelarsi difficile, per alcuni, e l'interazione con il bambino diventa più intensa.

Un ruolo educativo

«Di' grazie alla signora!», «Di' buongiorno al signore!», «Metti la mano davanti alla bocca, quando tossisci!»: tra il 1° e il 3° anno d'età, i genitori educano il bambino alle buone maniere. Se il padre, garante tradizionale del rispetto delle regole sociali di base, gioca un ruolo importante, la madre, più spesso presente accanto al bambino, non perderà occasione per dare l'esempio. Non serve esigere dal bambino ciò che gli adulti non mettono direttamente in pratica.

Il padre con il suo comportamento farà capire al figlio che non serve a nulla gridare o perdere la pazienza per ottenere ciò che desidera e che deve sempre rispettare il prossimo. Gli insegnerà i rudimenti della vita in gruppo, indispensabili a un'integrazione serena nella società, nella famiglia, tra gli amici e, ben presto, alla scuola materna.

Un fronte unico con la madre

Il processo di socializzazione nel bambino è cominciato. Esso non passa solamente attraverso l'apprendimento delle forme di cortesia, bensì implica anche che il bambino sappia di non poter sempre ottenere ciò che vuole e che si sentirà rispondere con dei «No» chiari e netti ogni volta che la sua domanda sarà giudicata inaccettabile. Il bambino dovrà riconoscere di non essere più piccolo come un tempo e capire che non potrà più piangere sperando che così ogni sua richiesta sia subito soddisfatta.

In breve, dovrà capire che nella vita non si può ottenere sempre tutto ciò che si vuole...

Starà al padre mostrarsi fermo, naturalmente, ma lo stesso dovrà fare la madre, il cui ruolo a sostegno di quello del padre è indispensabile: anch'essa non dovrà mai esitare a dire «No» (e a porre dei limiti alla relazione simbiotica che può aver sviluppato con il piccolo).

PARLARE ALL'UNISONO • Un atteggiamento coerente da parte dei due genitori è tanto più importante quanto più il bambino entra nella fase di opposizione. Il piccolo scopre con grande gioia l'effetto dei suoi «No» e assapora già il piacere della contestazione. A suo modo, mette alla prova la resistenza che gli viene opposta.

Mette anche alla prova, senza rendersene conto, la solidità e l'omogeneità della coppia e la capacità dei genitori di porsi come un fronte unico davanti alle sue esigenze e ai suoi desideri. Padre e madre devono quindi parlare all'unisono. Spetterà a loro fissare i limiti che il bambino deve rispettare per non farsi travolgere dalle sue esigenze.

Aiutarlo a costruirsi un'identità

Ogni genitore gioca un ruolo essenziale permettendo al bambino di identificarsi in quanto individuo appartenente a un genere. Il padre può contribuire a definire questa identità con il suo comportamento. Talvolta perfino senza rendersene conto, il suo modo di fare sarà diverso se ha una figlia o un figlio. Sono molti i comportamenti diversi che permetteranno al bambino di identificarsi nei "segnali esteriori" del suo sesso. Egli potrà così acquisire la fiducia necessaria e sentirsi rassicurato nella sua identificazione in quanto bambina o bambino.

LASCIARE POSTO AL PADRE

- **Grazie allo stretto legame tra i due genitori, il bambino può crescere in modo ottimale.** Ciò implica, naturalmente, che la madre lasci che il padre occupi il suo posto.
- **Spetta alla madre facilitare questo impegno e incoraggiare il padre ad affermare il suo ruolo.** Permettendogli di occupare un posto più importante, la madre sarà in grado di reinvestire nel suo ruolo sociale, che era stato forse messo da parte per accedere allo stato di madre.
- **Dal canto suo, il papà passerà volentieri del tempo da solo con il bambino e vorrà gestire la sua relazione con lui a modo suo,** senza essere soggetto allo sguardo o alle critiche della madre.
- **Spetterà quindi alla madre fare ogni sforzo per non monopolizzare la relazione con il figlio.**
- **Alcune madri si augurano di tutto cuore che il papà si senta coinvolto nella dimensione quotidiana;** tuttavia, se da una parte invitano volentieri il padre a impegnarsi nelle faccende domestiche, trovano in certi casi qualche difficoltà a lasciargli campo libero nella relazione con il bambino. Starà al papà rassicurarla e dimostrarle di essere capace di cavarsela bene quanto lei!

Se i genitori si separano

Molti bambini assistono alla separazione dei genitori prima del compimento del 18° anno. Tale evento rappresenta, per il figlio, un grave sconvolgimento. Per il bambino, la dissoluzione della coppia genitoriale implica un notevole turbamento interiore poiché il suo sviluppo si fonda sulle relazioni con la madre, con il padre, ma anche sull'immagine dei due genitori insieme. Avrà quindi molto bisogno di conforto, anche se la vita è sempre costellata di episodi che richiedono adattamento.

Prima della separazione

Il disaccordo della coppia genitoriale può dare luogo a conflitti talvolta anche violenti. Il bambino percepisce nettamente l'atmosfera di conflitto. A lungo, almeno sul piano teorico, gli psicologi si sono chiesti se sia peggio per il bambino vivere in un clima di tensione o assistere alla separazione dei genitori, e le coppie in difficoltà si fanno spesso questa domanda.

Questo dilemma già racchiude in sé tutta l'angoscia, la sofferenza e il senso di colpa dei genitori che si separano. Poiché il bambino, da parte sua, percepisce chiaro il conflitto tra il padre e il madre e la sua idea di coppia genitoriale è già fortemente degradata, quando la situazione conflittuale si è cronicizzata non riesce a elaborare questa sorta di lutto e a rinunciare all'immagine dei genitori come coppia.

MISURARE LE PAROLE • Durante questa fase, il bambino cerca rassicurazione sull'unità dei legami che ha con i genitori; sente che il padre e la madre sono meno disponibili per lui di quanto non fossero in passato e il clima di tensione può suscitare in lui un senso di abbandono. I genitori, nonostante la grande sofferenza personale, dovranno darsi il tempo di pensare a ciò che intendono dire al bambino in merito alla situazione.

Per quanto possibile, sarà bene trovare tra adulti il modo migliore di affrontare con lui la questione e non rivelare al bambino una situazione potenzialmente angosciante in maniera impulsiva, magari durante un litigio. Sarà importante che il bambino sia tenuto fuori dai motivi di conflitto che riguardano la sfera coniugale e non familiare.

NON NEGARE • D'altra parte, negare il disaccordo della coppia non è di aiuto per il bambino, che percepisce di fatto che qualcosa non funziona più come un tempo. Talvolta i genitori non sanno ancora dove questi litigi o scoppi di collera li porteranno: in questi casi sarà consigliabile spiegare al bambino che mamma papà non sono sempre d'accordo, ma che comunque troveranno una soluzione.

Al momento della separazione

Una volta che i genitori hanno preso la decisione di lasciarsi, sarà necessario che riflettano sulle modalità della separazione e spieghino tempestivamente al bambino in quale situazione vivrà in futuro.

L'AFFIDAMENTO CONGIUNTO

▸ Quando si comincia a porsi la spesso dolorosa questione del luogo in cui abiterà il bambino – con la madre oppure con il padre – sempre più coppie optano per la soluzione dell'affidamento congiunto.

▸ I genitori devono tenere conto di una serie di fattori, prima di scegliere questa soluzione. **È innanzitutto necessario che il bambino sia in grado di orientarsi abbastanza bene nel tempo** e che l'affidamento, o il tipo di affidamento, scelto non crei in lui un senso di confusione.

▸ **Anche le condizioni materiali possono influenzare la decisione:** modalità e luogo di residenza del padre e della madre, orari di lavoro, spostamenti eccetera.

▸ Infine, affinché un tipo di affidamento congiunto sia realmente benefico per il bambino e assolutamente non traumatico, è **importante che le relazioni tra i genitori siano naturalmente cordiali e che rimanga comunque possibile il dialogo** per tutto ciò che lo riguarda (vita quotidiana, tipo di affidamento, salute eccetera).

▸ In ogni caso, **la decisione dell'affidamento congiunto, dovrebbe essere sempre presa dopo aver riflettuto e, soprattutto, dopo aver chiesto consiglio a uno specialista dell'infanzia** (pediatra, psicologo ecc.), considerando che l'applicazione dell'affidamento congiunto sarà ancora più complessa se riguarderà più di un figlio piccolo.

Alla separazione dei genitori, il bimbo deve essere rassicurato, in particolare circa l'organizzazione della sua vita quotidiana.

RASSICURARE IL BAMBINO • Il piccolo ha bisogno di sentirsi dire che la frattura del legame coniugale non tocca in alcun modo quello che lui ha con ciascuno dei suoi genitori. Ognuno di loro deve mostrarsi rispettoso del ruolo dell'altro e non prendere il bambino a testimone dei disaccordi.

È importante far capire al bambino che non è responsabile della separazione. In particolare se è nell'età della fase edipica in cui convivono sentimenti di ostilità e di amore per il padre e per la madre, potrebbe pensare di essere lui la causa, anche se ciò non ha alcun fondamento reale.

RISPETTARE IL SUO DOLORE • Quali che siano le precauzioni prese dai genitori, una separazione resta uno sconvolgimento per il bambino, e la sua sofferenza non va ignorata. Un processo di elaborazione del lutto è inevitabile poiché, anche se il bambino vede regolarmente i due genitori, la coppia genitoriale è innegabilmente ormai dissolta. Se le separazioni troppo conflittuali sono, da una parte, molto dolorose, quelle troppo "amichevoli" possono sembrare strane e lasciare il bambino nell'incomprensione.

UNA LENTA ACCETTAZIONE • Non bisogna dimenticare che la durata del cammino non è la stessa per i genitori e per il bambino. Il padre e la madre possono provare sollievo al momento della decisione, probabile risultato di una lunga riflessione. Il bambino, invece, non ha avuto alcun ruolo, se non passivo, in questo e si renderà conto dello sconvolgimento che si sta producendo solo in quel momento. Dovrete quindi prendere il tempo che serve e, se la sua sofferenza vi sembra troppo forte o prolungata, potrete proporgli di andare con lui a parlarne con un terapeuta.

Dove abiterà il bambino?

Attualmente, in caso di separazione, la residenza principale del bambino è quella della madre, in 8-9 casi su 10, con maggiore frequenza nel caso di bambini piccoli; il padre conserva un diritto di visita e di affido per la metà dei weekend e delle vacanze.

Di fatto, però, un terzo dei bambini che vivono con la madre non vedono più il padre, se non dopo diversi anni. Questa è l'evoluzione più preoccupante del fenomeno della separazione. Questa condizione non può essere giustificata se non in caso di maltrattamenti da parte del padre che, fortunatamente, non è la regola. Per l'equilibrio del bambino, è essenziale che il contatto regolare con il genitore che non ha ottenuto l'affidamento sia sempre mantenuto.

Aspettando un fratellino

Uno, due, tre... bambini: far crescere la famiglia è un'avventura formidabile. Come preparare il primogenito durante la gravidanza? Come aiutarlo ad accettare la presenza del bambino fin dalla nascita? I bambini di ogni età hanno bisogno di essere accompagnati e sostenuti dai genitori per far posto al nuovo arrivato e vivere questo cambiamento con gioia e serenità...

Unico e felice

L'arrivo di un nuovo fratellino richiede preparazione, per i genitori come per il primogenito. Questa è la condizione indispensabile affinché il piccolo sia accolto nelle migliori condizioni. Prima di concepire questo nuovo figlio, avete vissuto un legame particolare con il primogenito che, figlia o figlio unico, è stato oggetto di ogni vostra attenzione. Alcuni consigli potranno aiutarvi ad abituarlo ora all'arrivo di un nuovo fratellino.

Come e quando annunciarlo?

Potrete cominciare a parlargliene prima di annunciare l'evento al gruppo di amici e parenti in modo che sia il primo a esserne informato. Fate attenzione alla sua grande sensibilità: la particolare stanchezza della mamma e un ambiente diverso potrebbero fargli pensare che stia succedendo qualcosa di strano e avrà bisogno di spiegazioni.

DIRGLIELO INSIEME • La presenza di entrambi i genitori è basilare affinché il bambino comprenda che questo evento è qualcosa che riguarda tutta la famiglia, oltre che il bambino che è in arrivo. Scegliete un'occasione speciale e serena: un momento di coccole, una passeggiata, un pasto ecc. Converrà innanzitutto spiegargli che questa prossima nascita risponde a un vostro desiderio profondo, per il quale lui non dovrà fare nulla in particolare. Invitandolo a darvi il suo "benestare" o il suo "permesso" con domande come «Ti piacerebbe avere un fratellino?» potreste dargli l'impressione di pesare sulla decisione, il che sarebbe sproporzionato rispetto al suo posto e al vostro, nella famiglia.

Presentate questa futura nascita come un regalo e ricordategli che l'amore di mamma e papà è tale che potranno amare un secondo o un terzo bambino, senza mai smettere di amare il primo. Se vi assumerete questa scelta e ve ne mostrerete fieri, riuscirete meglio ad aiutare il vostro bambino a condividere con voi questa soddisfazione.

Ha bisogno di sentirsi al sicuro!

Dopo l'annuncio dell'arrivo del fratellino, o sorellina, non è raro che il bambino reagisca con una regressione che si traduce in modo diverso secondo l'età. Verso i 2 o 3 anni, potrebbe rimettersi a gattonare, a parlare in "bambinese" o, se usa già regolarmente il vasino, registrare di nuovo qualche piccolo "incidente". Nulla di grave, se gli farete comunque sentire che è amato come prima e che non deve necessariamente essere piccolo per essere amato.

Aspettare insieme

Già dal 2° anno, il bambino è in grado di capire che c'è un evento importante alle porte e che la mamma è in attesa di un nuovo fratellino, o sorellina. Ciò non gli è indifferente, anche se non mostra alcuna reazione particolare. Non sa ancora che cosa questo nuovo arrivo significhi concretamente, ma lo segue attraverso il cambiamento che percepisce nelle abitudini: la sua mamma si trasforma fisicamente e non è più disponibile come un tempo.

La situazione è tanto più critica quanto più breve è la differenza di età tra i due e, quindi, il primogenito ha ancora bisogno di un grande sostegno materno. Secondo l'età e i momenti, potrà sembrare entusiasta o un po' geloso o ancora molto bisognoso di rassicurazione. Lasciatelo libero di esprimere ciò che prova... il vostro ruolo consiste solamente nello spiegare regolarmente ciò che sta succedendo in gravidanza, senza però parlarne continuamente!

PRIMI CONTATTI • Quando capite che il bambino è ben disposto, potrete fargli sentire i movimenti del fratellino nel pancione e incoraggiare il contatto tramite il tatto e la voce. Sottolineate il fatto che lui è il primogenito e spiegategli quanto la sua nascita sia stata per voi una grande gioia, facendogli anche vedere le foto o i video di famiglia.

Per prepararlo a ciò che sta per succedere, potrete anche descrivere gli inconvenienti (pianti, biberon, pannolini, impegno della mamma ecc.) e le gioie (tenerezza, sorrisi ecc.) che il bambino porterà sempre con sé.

Dovrete anche spiegargli che, in un primo tempo, il fratellino, o sorellina, sarà troppo piccolo per divertirsi con lui e che i giochi in comune verranno in seguito. Questo dialogo privilegiato, che deve avvenire in un ambiente

Prima della nascita del fratellino, o sorellina, dedicate del tempo ad ascoltare il bambino, soprattutto quando esprime le sue emozioni.

calmo e sereno, permetterà al primogenito di raccontare i suoi dubbi, i suoi desideri e le sue gioie, e costituirà per lui un segno concreto del vostro amore.

Gli ultimi preparativi

Quando i preparativi cominceranno ad accelerarsi, il bambino sarà felice di parteciparvi. State rinnovando una stanza? Lasciate che aiuti a tinteggiare! State acquistando dei vestitini? Lasciate che scelga anche lui tra quelli che avete selezionato voi!

Durante il lavoro di organizzazione dello spazio per il bambino in arrivo, il bimbo sarà contento di vedere che occuperà un luogo che apparterrà solo a lui.

IL VIAGGIO ALLA MATERNITÀ • Perché non si senta confuso al momento del parto, preparate il bambino spiegandogli che la partenza della mamma può avvenire anche in modo improvviso oppure in sua assenza. Per quanto possibile, sarà meglio che, durante il soggiorno in maternità, il bambino abiti nel suo ambiente abituale, a costo che un genitore o una persona vicina stiano a casa con lui. Apprezzerà se i genitori gli telefoneranno spesso durante l'assenza perché si sentirà parte di questo momento felice della famiglia.

Infine, il bambino piccolo potrebbe, a volte, preoccuparsi per la mamma, quando va in clinica e dovrà, di conseguenza, essere rassicurato del fatto che non è malata e che va, invece, a far nascere il suo fratellino. Una visita alla maternità qualche tempo dopo il parto gli permetterà di constatarlo di persona!.

Dai 30 mesi ai 3 anni

- I progressi del vostro bambino
- «Non mi obbedisce!»
- Il sonno: i ritmi e le condizioni da rispettare
- Un animale da compagnia
- Diversi tipi di famiglia
- Il bambino nato con procreazione assistita
- Crescere un bambino adottato
- I casi di handicap o malattia cronica
- Il particolare caso dell'autismo
- Quale tipo di scuola scegliere?

I progressi del vostro bambino

A questo punto si apre un nuovo periodo-chiave: non ancora grande ma non più piccolo, il vostro bambino comincia a imparare tante cose nuove, sempre con il sostegno della vostra indispensabile presenza.

Ora il bambino comunica veramente

Il bambino continua a voler fare tutto "da solo", ma questa volta compie veri e propri progressi in tutti i campi e, in particolare, quello della comunicazione. Alcuni concordano nel dire che il primogenito comunica più volentieri perché si trova a più diretto contatto con i genitori e altri adulti. Altri sostengono, invece, che chi viene dopo è meno timido e più chiacchierone. Anche qui non esistono regole universalmente valide. Ogni bambino segue un ritmo che gli è proprio e non farà esattamente ciò che è indicato nei manuali, in un momento preciso.

Verso i 2 anni e mezzo, il piccolo è pronto a rispondere ad alcune semplici domande, dicendo, per esempio, il proprio nome o la propria età. Alcuni piccoli sono più comunicativi degli altri e, se il loro interlocutore pone loro una domanda semplice rispondono anche in modo molto dettagliato, dicendogli, per esempio, i nomi degli altri membri della famiglia.

Il vostro bambino è ora capace, a sua volta, di porre domande e struttura così il suo pensiero e il suo linguaggio, che non smetteranno mai di svilupparsi.

Adora cantare canzoni e filastrocche che impara con voi o all'asilo (o con la baby-sitter o chi si occupa di lui). Non ha ancora alcuna timidezza e le canta volentieri davanti a chiunque, se soltanto voi glielo chiedete.

A 2 anni e mezzo cominciano anche i giochi in compagnia. Fino a quel momento, il piccolo giocava più volentieri da solo o a fianco agli altri ma, da questo momento in poi, dialoga più facilmente con gli altri bambini e impara a giocare con loro e a comunicare attraverso i giochi, sia dentro sia fuori casa. Poco a poco, si orienta verso l'apprendimento dei giochi di ruolo, perfezionandosi sia in quello di "buono" sia di "cattivo", meno valorizzato ma indispensabile alla sua crescita.

Dormire in un letto "vero"

Il passaggio al letto di misura normale senza sponde segna una prima indipendenza alla quale il bimbo è molto sensibile. Lasciate che scelga lui il suo letto e tenete, in un primo tempo, una piccola sponda che lo protegga dalle cadute. Se avrà difficoltà ad addormentarsi, questa novità gli darà un motivo in più per rimanere a letto. Delle lenzuola con le immagini dei suoi eroi (anche se foste refrattari a questo tipo di personaggi), gli daranno un tocco di sicurezza in più.

Sempre più abile

Il vostro bambino comincia a vestirsi e a svestirsi senza il vostro aiuto. Sa togliersi le scarpe e quasi anche rimettersele. Queste operazioni non devono però richiedere uno sforzo eccessivo che potrebbe scoraggiarlo. Ci si abituerà molto più volentieri se i suoi sforzi saranno coronati dal successo, spingendolo orgogliosamente verso l'autonomia che sogna di raggiungere già da qualche mese. Per questo, le scarpe con chiusura a velcro anziché quelle classiche con i lacci gli faciliteranno il lavoro e la chiusura lampo per il giubbotto sarà più comoda dei bottoni.

Comincia anche a disegnare e, sotto i tratti a matita, cominciano a comparire cerchi e linee a raffigurare il suo primo personaggio, per ora in embrione. È in grado di rimanere seduto tranquillo un po' più a lungo e di svolgere

DESTRO O MANCINO?

- **Quasi tutti i bambini nascono ambidestri**, il che significa che si servono di entrambe le mani con la stessa facilità.
- Verso i 3 anni, o più tardi, possono però dimostrare una spiccata abilità con la mano destra o con quella sinistra, ma ciò non avviene necessariamente.
- Se il vostro bambino non manifesta una particolare tendenza, potrete eventualmente fare in modo che si serva preferibilmente della mano destra, mettendo alla sua destra gli oggetti di cui si serve (matite, giocattoli, posate ecc.).
- Se, invece, sembrerà preferire l'uso della mano sinistra, lasciatelo libero di fare come meglio crede.

Verso i 2 anni e mezzo, il bambino scopre tanti nuovi giochi e comincia a divertirsi insieme ai suoi compagni.

un'attività manuale che richieda una concentrazione e una motricità fine piuttosto sviluppata.

A questa età il bambino comincia rapidamente a usare il triciclo anche senza il vostro aiuto. Ha bisogno di sfogarsi molto fisicamente e ha sempre più chiaro il senso del ritmo; adora danzare e scatenarsi sulle note delle sue canzoni preferite.

Turbolento o iperattivo?

Il bambino si trova ancora nel periodo del *terrible two* (vedi pag. 302); è anche in una fase in cui vuole decidere tutto di testa sua e, al minimo contrattempo, scatta il conflitto. Fate attenzione a non confondere questa sua continua ricerca di autonomia con l'iperattività. Quest'ultima si manifesta nei bambini che si agitano incessantemente, cominciano un'attività per abbandonarla subito dopo, fino al punto di non riuscire a concentrarsi e passare continuamente da un gioco a un altro.

L'iperattività può accompagnarsi anche a un deficit dell'attenzione. Il bambino è allora realmente incapace di focalizzare l'attenzione su un'attività in particolare, anche se a questa età dovrebbe riuscire a fermarsi almeno per qualche istante. Manca totalmente di concentrazione, soffre di instabilità emotiva e, oltre all'impulsività, talvolta vera e propria aggressività, fatica anche a obbedire.

Attenzione, però, solo il personale medico ha la competenza necessaria a fare una diagnosi: il medico, o eventualmente uno psicologo infantile, potrà farlo non senza aver prima visitato accuratamente il bambino e analizzato i risultati di eventuali esami specifici.

«Non mi obbedisce!»

Solo con molta gradualità, i bambini imparano a rispettare i limiti e i divieti loro imposti, ma riescono molto rapidamente a distinguere i divieti legati al pericolo da quelli stabiliti per comodità. Tra i 2 e i 3 anni, il bambino potrà cercare di attirare la vostra attenzione violando alcuni divieti; secondo le situazioni sarà bene sapere sempre come reagire.

Esprimere la propria disapprovazione

Quando il bambino infrange un divieto chiaramente prestabilito, dovrete esprimere la vostra disapprovazione con molta fermezza: alzare il tono della voce, dargli una piccola punizione, insegnargli a chiedere scusa ecc. A volte, però, non vorrà cambiare atteggiamento per far sì che, per reazione, voi gli dedichiate ancora più attenzione.

Quando si lascia che un bambino faccia le sue marachelle senza reagire, finisce per sentirsi privato di ogni riferimento e continua a farle per attirare l'attenzione, anche con il rischio di mettersi in pericolo. Al contrario, un'eccessiva severità instaura una relazione sul modello del "dominante e dominato", fonte di angoscia e chiusura in se stesso.

La disobbedienza non è mai facile da gestire poiché non è una semplice "provocazione" e non rientra nella categoria dei "capricci"; il bambino è spesso in preda a reazioni che fatica a controllare e che rivelano un disagio ben più complesso. Se i comportamenti a rischio sono frequenti, chiedete il consiglio del pediatra o di uno psicologo.

DOCUMENTARSI

> Oggi sono disponibili molte fonti informative nel campo della psicologia infantile: riviste, libri, siti internet. **Tutti questi dati potranno sicuramente aiutarvi a riflettere su ciò che vi preoccupa, ma rimanete sempre attenti e critici, in particolare rispetto alle fonti, e informatevi su chi siano gli autori dei testi che leggete.** L'argomento è molto interessante, ma è importante che voi sappiate se state consultando un sito redatto da professionisti medici, da giornalisti o da privati, semplicemente interessati alla materia. Troverete informazioni di vario tipo e starà a voi farvi un'opinione.

> In base a ciò che leggerete, **non esitate a discuterne peronalmente con il vostro medico** per assicurarvi che corrisponda realmente alla situazione che state vivendo con il vostro bambino e non a una visione parziale.

Dal canto vostro, forse incontrerete difficoltà a dire di no al vostro bambino, in primo luogo per il timore inconscio di perdere il suo amore, ma anche perché può sembrare più facile, a volte, essere permissivo. Ciò però non va oltre l'apparenza, perché se non insegnerete presto al bimbo a rispettare alcuni divieti e a rimandare la realizzazione immediata di alcuni desideri, sicuramente perderete presto il suo rispetto: le vostre crisi e i vostri rimproveri non saranno altro, allora, che il segno della vostra impotenza, con la sensazione di non saper gestire il ruolo di genitori.

Trovare il tono giusto

Non è sempre facile trovare l'atteggiamento più adeguato, soprattutto dopo una giornata stancante, ma potete stare certi che la soluzione migliore non risiede mai nelle scelte estreme. Bisogna saper essere molto fermi, quando si tratta di avvertire il vostro bambino di un pericolo: non si attraversa la strada senza dare la mano, non si va in automobile senza mettere le cinture ecc. In alcuni casi, potrete anche addolcire un po' il rifiuto («No, non puoi andare sullo scivolo ora, ma potrai andarci subito dopo il riposino!»).

No a umiliazioni e punizioni!

Le punizioni corporali non fanno altro che indurre incomprensioni e sofferenza, che si tratti di una doccia fredda, uno schiaffo o una sculacciata violenta. Non sarà mai la paura, ma il rispetto reciproco, a motivare la vera obbedienza.

In questo spirito, bisogna assolutamente evitare minacce quali, per esempio, «Se non ti comporti bene, ti lascio da solo»: il bambino le prenderebbe molto sul serio e si troverebbe solo, faccia a faccia con le sue paure più profonde.

Infine, mai umiliarlo od offenderlo con osservazioni come «Sei cattivo», «Non ci riuscirai mai» o «Non mi fido più di te». Se frasi simili sono rare e sono seguite dalle vostre scuse, non saranno nulla di più di un lapsus che non porterà particolari conseguenze, ma non dovranno assolutamente essere usate d'abitudine. Ogni denigrazione fa perdere al bambino la fiducia in se stesso di cui ha tanto bisogno.

Qualunque sarà la reazione del vostro bambino alla vostra disapprovazione, dovrete saper rimanere fermi, senza però offenderlo.

SCULACCIARLO È UTILE?

- Anche se la sculacciata si tramanda di generazione in generazione in alcune famiglie, non è – e non è mai stata – uno strumento disciplinare efficace. I bambini sculacciati normalmente non ripetono, forse, le loro marachelle solo per sfuggire a una nuova punizione, ma obbediscono solo quando il rischio è presente.
- La sculacciata sistematica non insegna al bambino a distinguere ciò che è bene da ciò che è male (ma semplicemente gli atti che implicano una sculacciata dagli altri), ciò che è, invece, l'obiettivo principale di ogni azione disciplinare.
- Se la sculacciata presenta un vantaggio nel breve termine (l'obbedienza immediata), implica una serie di rischi per il bambino, nel lungo termine.
- La sculacciata favorisce la violenza, l'aggressività e altri comportamenti antisociali. Fa credere ai bambini che il miglior modo di mettere fine a una disputa sia l'uso della forza e li lascia nell'impossibilità di trovare una soluzione alla propria collera o frustrazione. La sculacciata simboleggia l'abuso di potere di un "grande e forte" su un "piccolo e debole" (un comportamento che probabilmente non volete trasmettere al vostro bambino anche per il futuro, per esempio quando andrà a scuola).
- Se sculaccerete vostro figlio quando siete arrabbiati, è importante spiegargli in seguito, e con calma, perché lo avete fatto, il comportamento che l'ha provocata, la collera che ha causato, chiudendo la spiegazione con le vostre scuse (per i bambini che hanno l'età per capire).
- Se i genitori devono evitare le sculacciate, da una parte, è ancor più vero che lo stesso vale per gli altri adulti che si occupano del bambino. Quando un bambino riceve una sculacciata dalla madre o dal padre, sa generalmente che la persona che gliel'ha data comunque gli vuole bene, il che non vale necessariamente per gli altri adulti.
- Chi sostiene il divieto di sculacciare i bambini afferma anche che è un gesto meno efficace di qualsiasi altra forma di disciplina, e raccomanda il rafforzamento positivo, che consiste nell'incoraggiare una condotta o un comportamento positivi.
- Tuttavia, **un colpetto appena accennato sulla manina o sul culetto può essere dato per trasmettere un messaggio importante in situazioni pericolose ai bambini troppo piccoli per capire il linguaggio verbale,** per esempio, quando un bambino piccolo scappa in strada o si avvicina troppo al fuoco ed è evidente che un rimprovero sarebbe insufficiente.

Il sonno: i ritmi e le condizioni da rispettare

Dormire bene è indispensabile alla salute, all'equilibrio e alla crescita del vostro bambino. Tuttavia, il bisogno e i ritmi di sonno variano da un bambino all'altro e, per favorire il sonno di vostro figlio, sarà bene rispettare anche il suo "orologio" personale. La facilità con cui si alza al mattino e il dinamismo che manifesta nelle sue attività indicano che ha riposato a sufficienza.

Aiutare il vostro bambino a dormire bene

Come già a uno o 2 anni, anche ora il bimbo ha bisogno di andare a dormire presto e di fare un lungo sonno riparatore, cosa che gli assicurerete dimostrandovi comprensivi e decisi al momento di metterlo a nanna. Qualsiasi saranno le difficoltà, la soluzione non sarà mai una punizione né la somministrazione di farmaci: il piccolo ha bisogno di orari di sonno regolari e di essere rassicurato prima di dormire.

ORARI REGOLARI • Intorno ai 3 anni il bambino dorme ancora dalle 12 alle 14 ore al giorno con, mediamente, una notte di 10-12 ore e un riposino di 2. Anche se il bisogno di sonno varia da un bambino all'altro, il riposino rimane indispensabile fino ai 4 anni compiuti.

Soprattutto se all'indomani deve andare a scuola, l'ora della nanna deve situarsi tra le 20 e le 20.30. Tenete sempre presente che la scuola stanca molto i bambini piccoli. Se, da un lato, è importante tenere conto del suo orologio biologico e seguire il suo ritmo personale, è sempre bene rispettare le normali esigenze di sonno della sua età; di questo decideranno i genitori e non il piccolo.

Se il vostro bambino è piuttosto "dormiglione", cogliete l'occasione dei primi segni di stanchezza per metterlo a nanna, senza mai rimandare. Se, invece, tende a essere nottambulo e la sua vitalità non sembra calare, non aspettate che appaia stanco e mettetelo a letto a un'ora ragionevole. Bisogna evitare che vada a letto tardi e in modo irregolare; ciò deve accadere solo in casi eccezionali.

INDISPENSABILE ALLA CRESCITA • Il sonno non si recupera né si può accumulare a "scorte". Quello prima della mezzanotte è indispensabile per recuperare la fatica della giornata, permettere la secrezione dell'ormone della crescita e favorire la memorizzazione di ciò che ha imparato di giorno, durante il sonno paradossale (vedi pag. 270). In breve, ogni variazione del ritmo del sonno è sempre dannosa; per esempio, il passaggio all'ora legale o a quella solare può disturbare alcuni bambini anche per un mese intero, suscitando in loro un senso di stanchezza e di nervosismo.

AFFRONTARE I CAMBIAMENTI • Ogni cambiamento di luogo o d'abitudine può facilmente disturbare il bambino, che è invece rassicurato dalla regolarità delle attività e dalla loro ripetizione. Ciò, però, non è sempre possibile, come in occasione di un viaggio breve o di un periodo di vacanza. Al rientro, dovrete spiegare chiaramente al piccolo che siete tornati a casa, dove ci sono i suoi giocattoli e il suo pupazzo preferito. Dopo qualche giorno, o settimana, tutto rientrerà nella normalità se, anche nonostante i suoi pianti, non avrete ceduto al suo rifiuto di andare a nanna.

LA PAROLA AL BAMBINO

Non capisco perché devo dormire da solo nella mia cameretta, quando la mamma e il papà dormono insieme; per questo non hanno paura del buio! Io non ho nessuno con me nel lettino a farmi coraggio se per caso vedo i mostri. A volte vado alla loro porta a sentire se stanno dormendo. Il papà russa un po', allora mi sento più tranquillo e torno a letto. Altre volte però è tutto così silenzioso che allora li sveglio per essere sicuro che siano vivi... e poi ci addormentiamo, ognuno nel suo letto.

IL RITO È ANCORA PIÙ MARCATO • Il rito della nanna si intensifica spesso, durante il 3° anno: il bambino esige che le sue cose siano disposte in un certo modo o chiede che gli raccontiate sempre la stessa storia, nella stessa maniera. Queste abitudini tenderanno ad attenuarsi, o anche a scomparire, intorno al 5° anno di età.

Per quanto riguarda il suo pupazzo preferito, esso continua a giocare per il bambino il suo ruolo di amico fedele al momento di addormentarsi, quindi non cercate ancora di toglierglielo.

Calma e comodità

All'ora di andare a nanna, la casa non deve essere rumorosa. La sera, cercate di non eccitare il vostro bambino ed evitate che giochi davanti al computer. Disegnare o ascoltare una favola sono, invece, attività preferibili poiché molto rilassanti.

Se uno dei vostri bambini impedisce al fratellino, o sorellina, di addormentarsi, fatelo uscire per un momento dalla camera, anche se è pure la sua, e lasciatelo tornare solo se si comporterà bene; vedrete che presto avrà il desiderio di non stare più da solo.

La camera non deve essere troppo riscaldata. Il piccolo deve poter accendere la luce in modo sicuro, se lo desidera (tenete un abat-jour alla sua portata). Il lettino deve essere abbastanza grande da consentirgli di riposare nella sua posizione prediletta, anche insieme ai suoi giochi preferiti, se lo desidera. Considerate inoltre che, se il vostro bambino ha piluccato senza mangiare un pasto completo, potrebbe avere fame proprio al momento di andare a dormire.

Anche a questa età, il bambino ha bisogno di sentirsi al sicuro e metterlo a letto può essere, a volte, difficile.

> " Il nostro bambino digrigna molto i denti durante il sonno. Esiste un modo per curare questo disturbo? "

DIGRIGNARE I DENTI

Questo rumore può essere sgradevole per chi gli è vicino, ma non deve preoccuparvi, se rimane un fenomeno occasionale. Se è cosa abituale, potrebbe essere dovuto al fatto che il vostro bambino sta attraversando un periodo difficile sul piano psicologico. Rassicuratelo, parlate con lui o discutetene con il pediatra per trovare rimedio. Se il piccolo digrigna i denti anche durante il giorno, ciò può indicare un'anomalia nella posizione dei denti. Un ortodontista potrà facilmente affrontare il problema.

UN MOMENTO DI DISPONIBILITÀ TOTALE • Per il bambino, andare a letto è un momento di intimità da condividere con i suoi genitori. Dedicategli un tempo sufficiente per leggergli delle storie (anche un po' spaventose, a patto che finiscano bene!), parlare con lui degli eventi della giornata, coccolarlo un po' prima di annunciargli che è il momento di dormire. Le abitudini che avrete stabilito, che evolvono regolarmente in base all'età, gli permetteranno di affrontare correttamente questa separazione prima di addormentarsi.

Un animale da compagnia

I bambini sono generalmente attirati dagli animali, basti pensare a quanto amano i parchi zoologici! Il loro interesse verso gli animali cresce progressivamente: a 2 anni, il piccolo si dimostra curioso, anche se a volte rimane sulla difensiva, davanti a un animale che non conosce. In seguito (verso i 4 anni), avrà voglia di accarezzarlo, di accudirlo e di fare una quantità di domande per conoscerlo meglio. Può stabilire, con un cane o un gatto, una relazione molto profonda; con il vostro aiuto, dovrà però imparare anche a rispettare le esigenze dell'animale.

Il legame con il bambino

È più il desiderio di dare affetto che il bisogno di riceverlo a spingere il bambino a volere un animale, che diventerà presto il suo confidente e avrà un posto importante nella sua vita. Verso i 3 o 4 anni, prova spesso per lui sentimenti analoghi a quelli dell'animale. Quando lo coccola, si sente tranquillo. Gioca con lui a mamma e papà e ha un atteggiamento a volte protettivo e autoritario, comportandosi con lui come con un bambino piccolo.

Quando l'animale fa già parte della famiglia prima della sua nascita, si osserva che il bimbo e l'animale cominciano presto a comunicare: sia uno sia l'altro hanno grandi capacità di osservazione e di imitazione. L'"onnipotenza" del bambino è temperata da quella dell'animale, che gli fornisce dei riferimenti molto rassicuranti.

Più cresce, più potrà assumersi anche qualche responsabilità rispetto al suo amico ma, di norma, legami particolarmente stretti possono crearsi solo con alcuni animali.

Quale animale adottare?

I pesci e i canarini, per esempio, richiedono meno cure rispetto a un cane o un gatto, ma l'aspetto delle "coccole" non è presente e il bambino si diverte soprattutto a osservarli. Se, invece, preferite i roditori, scegliete i porcellini d'India, generalmente dolci e affettuosi, e non ancora i criceti o i conigli, che potrebbero mordere o graffiare. Il gatto è piuttosto indipendente e il bambino piccolo dovrà imparare a tenere conto del suo carattere. Scoprirà di non riuscire a imporgli nulla, anche se questa relazione può essere comunque di grande beneficio.

Rimane il cane... il solo animale che possa veramente giocare con il piccolo (spesso i genitori aspettano che il bambino sia capace di portarlo a passeggio, prima di adottarne uno). Il cane si comporta con lui come farebbe con un cucciolo, si dimostra paziente e di rado aggressivo. È importante che sia ben addestrato e non troppo anziano né troppo giovane (il cucciolo esige disponibilità, mentre il cane anziano ha bisogno di molte cure). Se non avete mai avuto un cane, chiedete consiglio, prima di adottarlo, se non altro per capire bene quali esigenze e tendenze abbia, preferendo una razza dal carattere tranquillo.

Alcune cifre

Sono circa 9 milioni le famiglie italiane che possiedono un animale domestico (da cani e gatti a conigli, criceti e pesci rossi). Il 20,5% ospita almeno un gatto, il 22,3% almeno un cane. Entrambi sono più diffusi nelle famiglie numerose (il 63,5% del totale), meno in quelle con figli minorenni (46,7%).

Una scelta di vita

Adottando un cane, prenderete un impegno che durerà almeno 10 anni, e ancora più a lungo con un gatto. Avere un animale è una scelta di vita e non bisogna prendere la decisione di adottarne uno solo per far piacere al bimbo. Sarà necessario spiegargli che non è un giocattolo che si può mettere da parte quando non si ha voglia di usarlo ma, se sarete anche voi attirati dall'idea di avere un animale da compagnia, darete al bambino un'occasione unica per conoscere la vita, prendendosi cura di un essere vivente, condividendo le sue gioie e a volte i suoi problemi. È una bellissima esperienza e una grande scuola del rispetto.

Alcune regole essenziali

In generale, se il bambino passa i limiti, l'animale se ne va. Un gesto brusco, un dito nell'occhio o un colpo rischiano di causare, per riflesso, un morso o un graffio ed è quindi sempre bene sorvegliare, con la coda dell'occhio, i giochi tra il bambino e l'animale perché, fino ai 5 o 6 anni, il piccolo non si rende sempre conto di fargli male. Potrebbe,

Il cane è il solo animale che con cui possono giocare veramente i piccoli e fornisce loro i riferimenti rassicuranti di cui hanno bisogno.

per dimostrargli affetto, stringere così forte il suo porcellino d'India che, quasi soffocato, potrebbe morderlo.

Il bambino deve quindi imparare alcune regole: lasciare in pace l'animale quando mangia o dorme, evitare di avvicinarsi troppo con il viso al suo muso, riconoscere i segni del suo malessere e non chiudergli mai ogni via d'uscita. Scoprirà presto che il suo amico si allontana da lui ogni volta che lui lo maltratta. Questo, dispiacendogli, lo inviterà a fare più attenzione. La loro relazione si arricchirà spontaneamente, un mese dopo l'altro.

PER LA STRADA • Fate molta attenzione perché i bambini sono spesso attratti dai cani che incrociano per la strada. Il loro comportamento, innocentemente scorretto, può esporli al rischio di morsi gravi, soprattutto al viso perché, all'età di 2 o 3 anni, non hanno ancora ben imparato a riconoscere i segni di disagio degli animali.

Attenzione!

Non lasciate mai un bambino piccolo con un animale senza la vostra sorveglianza, anche se lo conosce bene ed è molto in confidenza con lui. Insegnategli a non costringere il suo amico a fare qualcosa contro la sua volontà.

Diversi tipi di famiglia

Oggi, la famiglia classica detta "nucleare", organizzata attorno a due adulti di sesso opposto che vivono sotto lo stesso tetto, coesiste con una grande varietà di altre situazioni possibili: famiglie allargate, monoparentali, omoparentali... realtà così diverse che gli psicologi, al di fuori della famiglia tradizionale, parlano ora di "costellazioni affettive", ciascuna delle quali presenta caratteristiche proprie.

Le famiglie monoparentali

Quando un bambino è allevato da un solo genitore, si parla di famiglia monoparentale.

SITUAZIONI MOLTO DIVERSE • Le situazioni, qui, non sono tutte uguali: possono derivare da un decesso, una separazione o un divorzio o dal mancato riconoscimento del bambino da parte del padre.

Variano anche secondo l'età che aveva il bambino al momento in cui uno dei due genitori è scomparso dalla sua vita. Secondo i casi, la presenza simbolica del genitore fisicamente assente (tramite il suo nome, i contatti con la sua famiglia ecc.) è comunque mantenuta o, al contrario, può essere quasi inesistente.

DIFFICOLTÀ SIMILI • Nondimeno, le famiglie monoparentali conoscono un certo numero di preoccupazioni comuni. Innanzitutto, le condizioni socio-economiche sono spesso più difficili per il fatto che c'è un solo reddito in famiglia. Il genitore può essere sottoposto a fortissimi livelli di stress, soprattutto in determinati periodi della sua vita.

Detto questo, è bene che il genitore sia aiutato, nella sfera quotidiana, dalla sua famiglia o dai suoi amici, e che accetti di dedicare un po' di tempo anche alla sua personale vita di adulto. Infine, è necessario che il bambino comprenda bene di essere comunque nato dal desiderio di due adulti e quindi discendere da due diverse linee familiari.

Riconoscere un posto al genitore assente

Raccontandogli di momenti passati, il genitore che rimane aiuta il bambino a continuare a far esistere l'immagine del genitore assente. Questo è necessario e indipendente dai suoi sentimenti, poiché trasmette al piccolo almeno una rappresentazione del padre o della madre. Senza manipolare la realtà, il bambino dovrà essere informato anche di eventuali fatti difficili o spiacevoli (una violenza da parte del padre, per esempio), ma il genitore dovrà cercare di comunicarglieli solo quando avrà elaborato, a sua volta, il suo problema. Potrà quindi descrivere il genitore assente con precisione e obiettività, senza pregiudicare le cause che avrebbero condotto a un atto vissuto come negativo.

In caso di abbandono, per esempio, o mancato riconoscimento del bambino, la madre potrà ammettere di non sapere perché il padre non sia stato capace di impegnarsi nel suo ruolo, se non è veramente a conoscenza delle sue motivazioni, ma potrà talvolta suggerire che una ragione comunque debba esistere.

Non si tratta né di idealizzare il genitore assente, né di rinnegare la sua esistenza, né di criticarlo, né di trasformare le proprie supposizioni in verità, poiché questo sarebbe fonte di disagio per il bimbo. Riconoscere un posto al genitore assente è anche un sostegno per il genitore che alleva da solo il suo bambino perché lo aiuterà a non rinchiudersi in una relazione troppo simbiotica ed esclusiva con lui. La presenza di un "terzo" anche simbolico viene così mantenuta.

> **LA PAROLA AL BAMBINO**
>
> Perché gli altri bambini hanno un papà che va sempre a prenderli a scuola e io invece no? Perché tu non mi parli e non mi spieghi chiaramente il motivo? Io sento che mi manca il papà e vorrei sapere veramente chi è, se tu gli volevi bene, perché non c'è più, dove abita, se io gli somiglio, perché vi siete arrabbiati e perché non viene mai a trovarmi. Forse non mi vuole bene... io sto bene anche così, solo con te, nessuno ci disturba, ma certe volte è un po' triste essere solo noi due...

Le famiglie allargate

La famiglia allargata è un modello recente e richiede un po' di tempo a ognuno dei suoi componenti per arrivare a conoscersi l'un l'altro e trovare il modo di convivere insieme che convenga a tutti. La storia di questa nuova famiglia si costruisce poco a poco, creando esperienze di vita ed emotive comuni. Ognuno deve trovare il suo posto, senza che i ruoli si confondano e, soprattutto, senza cercare di cancellare le esperienze precedenti di uno o dell'altro.

GENITORI BIOLOGICI E ACQUISITI • Per i bambini può crearsi un certo conflitto di lealtà tra il genitore biologico e quello acquisito dello stesso sesso. Se però ciascuno sa rispettare il proprio ruolo, questo fenomeno si attenua. Il genitore acquisito non sostituisce quello assente, ma assume il posto di una nuova figura adulta nella costellazione familiare del bambino e se, da una parte, non può avere tutte le prerogative del genitore, ha tutte quelle dell'adulto.

L'integrazione con altri bambini può suscitare rivalità e gelosie e i genitori devono trovare un equilibrio tra una certa equità educativa e affettiva e il mantenimento di un legame particolare con i propri figli.

Le famiglie omoparentali

"Omoparentalità" è un termine piuttosto recente, coniato in Francia dall'Associazione dei genitori e futuri genitori omosessuali per indicare le situazioni familiari in cui almeno uno dei genitori si dichiara omosessuale. Sembra pertinente, dal punto di vista del bambino, distinguere le famiglie in cui il figlio nasce da una coppia genitoriale eterosessuale che si allarga in un secondo momento da quelle in cui una coppia omosessuale desidera avere un figlio.

IL BAMBINO NATO DA UNA COPPIA ETEROSESSUALE • In questo caso i genitori biologici del bambino esistono e condividono l'autorità genitoriale. Il bimbo imparerà a orientarsi in questa particolare costellazione familiare e l'omosessualità del padre o della madre non cambierà assolutamente il suo ruolo genitoriale rispetto a lui. Ciò che importa sarà che conosca la sua storia e quella dei suoi genitori.

Il rispetto dei ruoli genitoriali di ciascuno, il modo in cui i genitori biologici vivono il loro conflitto, senza rinnegare le crisi e i momenti di sofferenza, ma rispettandosi, hanno un maggiore impatto sul benessere del bambino di quanto non ne abbia l'orientamento sessuale di uno o dell'altro.

Anche qui, come nelle famiglie allargate, il posto del genitore acquisito deve essere equilibrato: se, da un lato, non può essere ufficialmente genitore del bambino, è comunque una figura adulta e la differenza di generazione deve essere chiaramente riconosciuta.

LA MONOPARENTALITÀ IN CIFRE

- n Italia il numero di famiglie monoparentali (con un solo genitore e o più genitori single che non abbiano figli) **aumenta progressivamente, e si attesta oggi intorno all'11,3% del totale.**
- **In Europa, quasi un figlio su 5 vive solo con uno solo dei suoi genitori. Nell'82,5% dei casi, si tratta della madre,** spesso divorziata o separata. Un terzo delle donne vive, almeno in un momento della sua vita, la situazione di monoparentalità, con la differenza che le donne faticano generalmente di più a rifarsi una nuova vita rispetto agli uomini.
- **I bambini che vivono con il padre (17,5%) sono generalmente più grandi** e sono più spesso figli unici.
- Mentre i vedovi e le vedove contavano per la metà dei genitori single all'inizio degli anni '60, **il divorzio è diventato oggi la causa principale di monoparentalità.**

SE I DUE GENITORI NOTI SONO OMOSESSUALI • Anche se la legge italiana non riconosce la co-parentalità alla coppia omosessuale (non è riconosciuta dalla legge e non può ottenere il permesso di adozione o procreazione assistita), alcune famiglie sono oggi riuscite a costituirsi comunque secondo questo modello. Oltre alle numerose difficoltà che ciò solleva per i genitori, il punto di vista del bambino deve essere tenuto in conto con attenzione.

Il bambino si integra nella vita imparando a distinguere le generazioni e i sessi ed è di importanza capitale che gli sia spiegato abbastanza presto il fatto che la procreazione implica la "partecipazione" di un uomo e quella di una donna e che non può avvenire, per natura, tra due donne o due uomini.

Inoltre, anche se la coppia omosessuale può dare al bambino due figure comunque almeno in parte rappresentative dei due sessi, potrà essere utile che un terzo, amico della coppia di sesso differente, possa essergli di riferimento per aiutarlo a distinguere chiaramente l'immagine del maschile e del femminile.

L'ORIENTAMENTO SESSUALE DEL BAMBINO • Più avanti, nell'adolescenza, tutti i ragazzi attraversano una fase in cui si interrogano sulle proprie preferenze sessuali, in maniera più o meno cosciente. È possibile che gli adolescenti che hanno un genitore omosessuale affrontino questa problematica in maniera più sentita poiché, alla luce della propria storia familiare, non possono ignorare la questione e impareranno a prendere una posizione rispetto al proprio desiderio

Il bambino nato con procreazione assistita

Oggigiorno, quasi 10.000 bambini nascono, ogni anno, grazie alle diverse tecniche di procreazione medica assistita, che permettono di avere un bambino alle coppie che soffrono di disturbi della fertilità, non senza, però, determinare situazioni genitoriali particolari.

Due situazioni molto diverse

Senza scendere nel dettaglio delle tecniche esistenti e consentite dalla legge, è importante distinguere i sostegni alla procreazione che si basano sui gameti (spermatozoi e ovociti) dei genitori da quelli che prevedono l'impiego di gameti di un donatore. Nel primo caso, i due genitori hanno una filiazione biologica rispetto al loro figlio.

Nel secondo, invece, il bambino possiede il materiale genetico di un solo genitore, il che richiede alla coppia un particolare sforzo di adattamento che appare simile a quello richiesto dall'adozione.

Il rischio di iperprotettività di un bambino tanto atteso

Ogni bimbo è, oggi, accolto in modo speciale, come l'individuo più prezioso agli occhi dei genitori. Potrebbe sembrare una banalità, ma si tratta di un fatto relativamente recente dal punto di vista storico. La diffusione della contraccezione e la caduta del tasso di mortalità infantile hanno, infatti, modificato profondamente la percezione del bambino nell'ambito familiare. È evidente che, per le coppie che non riescono ad avere un figlio se non dopo anni di attesa, numerosi trattamenti medici e a un'età più avanzata rispetto alla media, l'investimento si fa più importante.

Queste famiglie hanno spesso attraversato momenti molto dolorosi, periodi di lutto (simbolico rispetto alla speranza di una fertilità spontanea mancata o reale in seguito a una o più gravidanze interrotte ecc.) e hanno dovuto accettare che il concepimento del figlio esca dalla sfera più intima per divenire anche un atto medicalizzato in sostituzione dell'atto sessuale. La nascita del bambino è, quindi, spesso vissuta come riparazione e premio dopo una lunga e difficile attesa. Alla luce di un'implicazione così forte, i genitori si dimostrano spesso molto attenti al bambino e cercano di sostenerlo moltissimo nella crescita. Tuttavia, sarà necessario stabilire un certo "distacco" rispetto alla propria storia, perché la lunga attesa non provochi un eccessivo stato di ansia e un'iperprotettività irrazionale nei confronti del bambino che, invece, è parte del presente.

Quando uno dei genitori non partecipa alla filiazione biologica

Ricorrere alla donazione dei gameti non è cosa da poco. Il tempo di attesa tra la decisione e l'atto in sé può sembrare lungo, ma è anche necessario ad adattarsi a un modo così particolare di concepire. Il genitore che non trasmette il suo patrimonio genetico deve elaborare una sorta di lutto rispetto alla sua idea di un figlio biologico. Spesso, ciò solleva discussioni e senso di colpa rispetto alla compagna e

LA LEGISLAZIONE IN VIGORE

- In Italia, è consentita dalla legge 40 del 2004 solo la fecondazione omologa, mentre è vietata quella eterologa. Possono ricorrere alla fecondazione «coppie maggiorenni di sesso diverso, coniugate o conviventi, in età potenzialmente fertile, entrambi viventi».
- La legge citata definisce la procreazione assistita come l'insieme degli artifici medico-chirurgici finalizzati al «favorire la soluzione dei problemi riproduttivi derivanti dalla sterilità o dall'infertilità umana [...] qualora non vi siano altri metodi efficaci per rimuovere le cause di sterilità o di infertilità».
- Per ogni ciclo di fecondazione assistita ci si può attendere una percentuale di successo del 30-40% circa, fino ai 38 anni, mentre al di sopra dei 39 anni tale percentuale si riduce.

Nel caso di fecondazione in vitro ICSI, lo spermatozoo è iniettato direttamente nell'ovulo.

perfino ai propri genitori, poiché il padre può sentire che interrompe la trasmissione di quanto gli è stato dato.

Più avanti, il genitore può arrivare a mettere in discussione il suo ruolo con il bambino ma, se avrà dedicato il tempo necessario a elaborare il lutto riguardante la sua genitorialità biologica, riuscirà a rendersi conto fino a che punto avrà investito nel suo ruolo di genitore a beneficio del figlio.

DISPARITÀ UOMO-DONNA? • Naturalmente, questa situazione è sempre più complessa per i padri. La donna sterile che riceve in donazione gli ovociti porta comunque il bambino dentro di sé per i nove mesi della gravidanza e, anche in assenza del legame genetico, gode comunque di un forte legame biologico e profondo con il bambino fin dall'inizio che compensa la situazione. Anche se l'uomo non può avere questo contatto carnale prima della nascita, sembra che i padri che hanno vissuto questo percorso siano spesso papà molto impegnati e disponibili rispetto al figlio.

UNA SOMIGLIANZA PIÙ O MENO MARCATA • Quando il bambino nasce con il materiale genetico di un solo genitore, la questione della somiglianza fisica può acquisire una certa importanza. Anche se nella donazione si cerca di mantenere una certa somiglianza genetica, il bambino e il genitore non biologico non possono avere gli stessi tratti; è da notare, però, che non tutti i familiari biologici hanno caratteristiche fisiche comuni particolarmente marcate.

Inoltre, esiste anche una somiglianza che si crea progressivamente, perché ogni bambino imita spontaneamente la postura, le espressioni e le intonazioni di voce delle persone con cui cresce nella dimensione quotidiana.

Che cosa dire al bambino?

«Dovremo dire a nostro figlio come è stato concepito?»: questa domanda è uno degli aspetti più delicati nell'ampia serie di riflessioni dei genitori. Innanzitutto desiderano dirglielo? Quanto si sentono in grado di farlo? Benché sia in corso un acceso dibattito sul concetto di diritto all'informazione, alla trasparenza e all'accesso alle proprie origini, questa responsabilità incombe solo sui genitori.

È importante che il bambino sia informato solo se altre persone della famiglia ne sono al corrente e che la cosa avvenga tramite i genitori. In questo caso, sarà probabilmente preferibile che il bambino sia piuttosto giovane e che il fatto gli sia raccontato come parte della storia della sua nascita e del desiderio dei suoi genitori di averlo con loro.

Crescere un bambino adottato

I genitori adottivi devono cercare di comportarsi con il loro figlio come se fosse biologico. Dovranno assolutamente evitare di indurre in lui l'idea di essere diverso dagli altri. Questo è il miglior modo per prevenire le difficoltà che potrebbe altrimenti attraversare anche da adulto. La sua è una storia particolare e richiede, da parte dei genitori, grande impegno di trasparenza.

Sull'interesse di "parlare chiaro"

Tutti gli psichiatri e gli specialisti dell'infanzia sono d'accordo: è necessario far sapere al bambino che è stato adottato e dirlo presto. Più si tarda a farlo, più la questione diventa delicata poiché non si sa bene come e in quale circostanza parlargliene. Una volta che i legami affettivi tra voi saranno stabili, come annunciargli di averlo adottato e come evitare che questo vada a modificare la relazione affettiva che avete già con lui?

Se ci riuscirete fin dall'inizio, al momento dell'incontro, le cose saranno poi più semplici per entrambi. Il vostro attaccamento reciproco sarà allora fondato su una base di verità, senza cose non dette, e il bimbo potrà crescere e strutturarsi senza il pericolo che una rivelazione tardiva arrivi di colpo, un giorno, a sconvolgerlo.

Secondo l'età, il piccolo capirà bene le vostre parole, anche se a modo suo, e la sua comprensione si affinerà a mano a mano che crescerà e proverà il bisogno di farvi altre domande in proposito poiché voi non cercherete di sfuggire alle sue domande, anche se saranno poste in forma molto diversa secondo l'età, che potrà andare dai 5 ai 10 o ai 15 anni.

Le prime domande

Le prime domande che il bambino pone in merito alla sua adozione sono spesso indotte dalla sua curiosità rispetto all'idea di procreazione oppure suscitate da commenti di estranei. Alcune persone potranno farvi notare, in sua presenza, che non vi assomiglia affatto e vi chiederanno notizie sulle sue origini. Le mamme vi racconteranno del loro parto e vi chiederanno come si sia svolto il vostro...

Se non avrete elaborato il vostro personale lutto rispetto alla mancata maternità biologica, queste parole potranno ferirvi, ma toccheranno in ogni caso più voi che il bambino. Spesso per lui non rappresenteranno nulla, ma a volte reagirà ponendovi delle domande cui voi dovrete rispondere con molta semplicità.

LA PAROLA AL BAMBINO

È strano scoprire negli occhi della gente che incontro per strada che non ho lo stesso colore dei vostri perché sono gli sguardi degli altri a ricordarmelo. Se vi chiedo da dove vengo, non è perché non vi voglio più bene. In fondo, anch'io ho adottato voi... È solo per sapere chi mi ha messo al mondo, se sono ancora in vita nel paese da cui provengo, se un giorno potrei incontrarli, anche se comunque vivo con voi e, in ogni modo, non c'è dubbio... voi resterete sempre i genitori "di cuore"!

LA MAMMA "DI CUORE" • Il bambino di 3 anni è del tutto capace di capire che la sua mamma lo ama e si occupa di lui, ma che non lo ha partorito. Per aiutarlo a fare la giusta distinzione, potrete spiegarglielo in modi diversi e dirgli, per esempio, che voi siete la sua mamma "di cuore" e che la sua mamma è, invece, quella che lo ha fatto nascere. Spiegazioni come questa saranno spesso necessarie, quando comincerà a chiedere come nascono i bambini e come ciò sia accaduto nel suo caso. Per voi sarà senza dubbio un momento piuttosto delicato poiché, con le sue domande, potrebbe portarvi a spiegare che l'amore di un uomo e di una donna non sono sufficienti sempre a "far nascere" un figlio, ma non dimenticate che, per ora, ciò che a lui importa è sapere di essere amato e di vivere in una famiglia stabile. Le domande circa le ragioni dell'abbandono da parte della madre biologica verranno, invece, più tardi.

PREPARARLO ALLO SGUARDO ALTRUI • Tutte queste spiegazioni preparano il bambino a reagire, più tardi, a eventuali commenti che può sentire a scuola o da adulti particolarmente maldestri. Ciò non eviterà che possano ferirlo, soprattutto da più grande, ma lo aiuterà ad affrontare e a rivolgersi più facilmente verso di voi per trovare il conforto di cui potrà avere bisogno.

La tentazione di proteggere il bambino dalle contrarietà

L'impegno educativo dei genitori adottivi non differisce da quello dei genitori biologici. A volte il bambino è più ansioso, più sensibile ai cambiamenti e alle separazioni, ma questi sono tratti comportamentali che si possono riscontrare in altre situazioni. I genitori hanno tutto l'interesse, per sé come per il bimbo, ad agire come farebbero con qualsiasi altro figlio, rispettando il suo temperamento e rispondendo alle sue esigenze, ma senza cercare di proteggerlo troppo da eventuali frustrazioni o emozioni spiacevoli.

Quando un bambino ha sofferto in un momento della sua vita, a causa di una malattia, del divorzio dei genitori o, come in questo caso, di un abbandono, la tendenza dei genitori è cercare di proteggerlo, frenando i suoi slanci verso il mondo esterno e, quindi, la sua indipendenza. Anche se è una reazione del tutto comprensibile, non è però giustificata dal punto di vista del bambino, perché accentua, anzi, una differenza che non ha ragione di essere.

BANDIRE ALCUNE PAROLE • Il solo punto al quale devono fare particolarmente caso i genitori adottivi riguarda il linguaggio che si usa nei momenti di rabbia. «Sei cattivo», «Non ti sopporto più» o «Non voglio più vederti» sono frasi che non devono essere assolutamente mai pronunciate, anche se lo stesso vale per ogni altro bambino. Il bambino adottato rischia più degli altri di prenderle alla lettera e di soffrirne terribilmente. Esprimete la vostra esasperazione riferendovi piuttosto ai gesti del bambino e non a lui come persona. In caso di lapsus, spiegategli che avete esagerato, che non pensate ciò che avete detto e chiedetegli scusa.

Relativizzare le difficoltà

Quando vi sentirete disorientati dalle reazioni del vostro bambino, chiedetevi semplicemente: "Se fosse mio figlio biologico, come reagirei?". Questo vi permetterà di ricentrare facilmente il problema.

NEL PERIODO DEI "NO" • Durante il periodo di opposizione, per esempio, alcune mamme sono molto toccate quando si sentono dire dal figlio: «No ti vojo pù bene!» o dai gesti aggressivi. Tuttavia, parlandone con altre madri, si renderanno conto che queste reazioni sono normali e non esprimono un rifiuto del vostro amore o dell'adozione in sé. È possibile che un bambino piccolo particolarmente ansioso viva il periodo di opposizione in maniera più forte degli altri, mettendo maggiormente alla prova i nervi dei genitori.

Come ogni altro bambino di questa età, però, vostro figlio, o figlia, ha soprattutto bisogno che gli siano posti dei limiti, sempre rassicurandolo con segni frequenti del vostro amore e insegnandogli a controllarsi da solo.

PREVENIRE I PROBLEMI • A volte i genitori esitano a dimostrarsi fermi perché temono, a torto, che il bambino possa sentirsi rifiutato. Cercano così di "riparare" al suo passato dimostrandosi più indulgenti di quanto sia il caso.

Essi agiscono involontariamente come se il bambino non avesse le stesse capacità degli altri per crescere e questo atteggiamento comporta, naturalmente, dei rischi: a breve termine, perché il bambino non trova i limiti di cui ha bisogno per strutturarsi al meglio; nel lungo termine poiché, da grande, rischierebbe di manipolare i vostri sentimenti di timore collocandosi in posizione di vittima in ogni eventuale conflitto: «Ecco, allora è vero che non mi volete più!».

Nella pre-adolescenza, o più tardi, accade che il bambino adottato manifesti comportamenti che tendono a farsi rifiutare, detti "abbandonici", come se volergli bene diventasse impossibile. Giocare il proprio ruolo di genitori senza lassismo né eccessiva severità rimane il miglior modo di prevenire questi problemi.

> ### VALORIZZARE IL PROPRIO BAMBINO
>
> ▸ Ogni bambino ha bisogno di essere valorizzato dai suoi genitori ed esistono diversi modi di dargli fiducia.
>
> ▸ Al bambino adottato è importante trasmettere l'idea di aver portato moltissimo alla famiglia con il suo carattere e le sue doti. Ciò non deve necessariamente essere espresso a parole, ma con l'accettazione totale di ciò che lui è. In ogni famiglia, i figli possono presentare tratti caratteriali diversi da quelli dei genitori, ma ciò è ancor più frequente quando il bambino porta in sé un patrimonio genetico diverso.
>
> ▸ Valorizzare il bimbo significa tener conto del suo temperamento personale, provandogli sempre che esso è una vera ricchezza, senza cercare di farlo rientrare in un personaggio predefinito.
>
> ▸ Il rispetto dell'unicità del bambino va raccomandato in ogni famiglia, ma è ancor più importante in questa situazione poiché, anche se i genitori adottivi lo amano profondamente, alla luce del suo primo abbandono il bambino porta in sé una ferita che può compromettere seriamente la sua fiducia in se stesso.

Nei casi di handicap o malattia cronica

"Mio figlio sarà normale?": a ogni genitore capita di porsi questa domanda, angosciante e portatrice di visioni spesso contraddittorie e irrazionali: quella del bambino ideale e immaginato, da una parte, e quella della sfortuna che, chinatasi sulla culla, porterebbe sofferenza al bambino. Nei casi di diagnosi di malattia cronica o disabilità, ogni genitore reagisce in modo diverso, in base alla sua storia, di quella della sua famiglia e della società in cui vive.

Che cos'è una malattia cronica?

La malattia cronica è un disturbo che si può curare, ma non si può mai guarire in maniera definitiva e che implica cure e terapie di durata indeterminata.

L'ESEMPIO DEL DIABETE INSULINO-DIPENDENTE • Il diabete insulino-dipendente, o di tipo I, è caratterizzato dall'assenza di secrezione di un ormone indispensabile alla regolazione del tasso glicemico nel sangue: l'insulina. Non essendo prodotto dall'organismo spontaneamente, questo ormone deve essere apportato dall'esterno in modo permanente. Il diabete insulino-dipendente si cura, quindi, con la somministrazione di insulina, ma non guarisce mai perché non si sa, a oggi, come restituire all'organismo la capacità di produrre naturalmente l'insulina di cui ha bisogno.

Che cos'è l'handicap?

La nozione di handicap rinvia a quella di disabilità in rapporto alla popolazione detta "normale". Deriva dal termine inglese che indicava, originariamente, lo svantaggio che talvolta si impone ai cavalli durante la corsa. Sebbene la sua origine etimologica sia molto lontana dal contesto medico, questo termine si è diffuso anche nel campo medico, sociale e legislativo, così come anche nel linguaggio popolare, per indicare realtà cliniche molto diverse.

Pertanto, per quanto è facile rappresentare ciò che è un handicap motorio – come la perdita o l'assenza di funzione motoria di una parte del corpo o un handicap sensoriale (cecità o sordità) –, ma è molto più difficile comprendere la nozione di handicap mentale o psichico.

UN VALORE RELATIVO • In ogni caso, è fondamentale sottolineare che il concetto di handicap non dovrebbe essere sinonimo di "fallimento". Inoltre, la nozione stessa di handicap non è un valore assoluto e dipende molto dalla percezione soggettiva. Si parla di handicap per indicare che sussistono delle difficoltà a fronte delle quali si può proporre una serie di adattamenti funzionali che permettano al bambino di crescere al meglio e vivere una vita soddisfacente.

Un annuncio più o meno precoce

Le circostanze in cui può emergere una diagnosi di malattia cronica sono numerose. Si possono distinguere schematicamente tre tipi di situazioni. Nella prima, la diagnosi avviene prima della nascita, in base all'ecografia fetale, per cui si parla di diagnosi prenatale. La coscienza della malattia o dell'handicap precede, quindi, l'incontro con il bambino.

Nella seconda situazione, la diagnosi avviene subito dopo la nascita, prima che i genitori possano avere il tempo di sospettare che il proprio figlio soffra di un problema di salute.

La terza situazione configura il caso in cui i genitori notano dei segni o sintomi che li preoccupano particolarmente, che sono poi confermati dal medico.

Nei primi due casi, l'annuncio della diagnosi precede la preoccupazione dei genitori, mentre, nella terza, arriva in risposta a loro timori già esistenti.

Una diagnosi in più tappe

Quando i genitori si rivolgono al medico a fronte di una loro preoccupazione rispetto al bambino, le loro attese e le loro domande sono naturalmente ambivalenti. Vogliono sapere la verità, da un lato, ma sperano, al tempo stesso, di essere rassicurati.

Questa ambivalenza viene accolta dal medico, che è responsabile della diagnosi e del suo annuncio. Egli la comunicherà, ove possibile, basandosi su dati clinici ed esami complementari e sulla sua indiscutibile esperienza e dovrà garantire che il bambino non sia definito dalla sua malattia o handicap anziché nella sua unicità di persona. Un tale annuncio richiede tempo, quello della prima visita e delle successive, secondo l'andamento e le questioni che si presentano di volta in volta.

IN PRESENZA DI ENTRAMBI I GENITORI • È indispensabile che entrambi i genitori siano presenti al momento dell'annuncio, in modo che possano anche aiutarsi l'un l'altro nell'affrontare la notizia che avranno ricevuto insieme (e che comprenderanno ognuno a modo proprio), il che rafforzerà il loro senso di coppia davanti alla prova che si trovano ad affrontare in quanto genitori. È anche importante che si organizzi un momento di recupero presso uno specialista, su consiglio del pediatra o del medico che ha in cura la famiglia. Tutto questo sosterrà il cammino che i genitori dovranno seguire per accettare e amare il loro bambino, in tutta la sua unicità.

«Perché a me?»

Comunque vadano le cose, l'annuncio della malattia o dell'handicap è sempre uno sconvolgimento. Lo shock si traduce spesso, nei genitori, in reazioni normali e legittime di rifiuto o negazione: «Non è giusto! Non è possibile! Perché a noi, perché a nostro figlio, perché a me?». Questi sentimenti violenti e contradditori che riflettono la delusione di un'attesa narcisistica dei genitori si attenuano, in seguito, per lasciare il posto a un periodo di depressione, tristezza e chiusura in se stessi, che li porta poi a una fase di accettazione costruttiva in cui i genitori ritrovano in sé le risorse per aiutare il proprio figlio ad affrontare le sue difficoltà e le sue "imperfezioni".

UN'ACCENTAZIONE GRADUALE • In fondo, ciò che vivono i genitori di un figlio affetto da una malattia o disabilità, su una scala di tempo infinitamente più corta e con un'intensità senza eguali, è pari al senso di lutto che ogni genitore deve comunque elaborare per accettare che il suo bambino immaginario (ideale) lasci il posto al bambino reale. Questo lavoro potrà svolgersi al meglio se i genitori hanno un buon dialogo tra loro e si confrontano insieme davanti alle difficoltà.

CHIEDERE AIUTO • Talvolta la situazione fa riemergere difficoltà antiche che ostacolano l'elaborazione del lutto. Ciò può condurre i genitori a bloccarsi nel processo, per esempio moltiplicando le richieste di parere medico in merito alla diagnosi. In altri casi, l'incapacità di uno dei genitori di elaborare il lutto può spingerlo a svincolarsi o, al contrario, a impegnarsi ossessivamente nella situazione. Il rischio è, in questo caso, che la solidarietà di coppia svanisca progressivamente. L'incontro con uno psicologo può essere un aiuto prezioso per la coppia, o anche solo per uno dei genitori, nell'interesse del bambino.

A CHE COSA SERVE LA CONSULENZA GENETICA?

- In alcuni casi, può essere opportuna una visita da un genetista. Il genetista è un medico specializzato nello studio dei geni, le minuscole unità portatrici delle informazione presenti nei nostri cromosomi.
- Alcune malattie sono dovute a modificazioni dei geni che possono essere di origine accidentale e riguardare solo la persona malata, mentre, in altri possono anche essere trasmessi di generazione in generazione.
- Lo studio genetico può anche permettere di stabilire una diagnosi certa e, in alcuni casi, di prevedere se esista il rischio di avere un bambino affetto da una potenziale malattia.
- L'annuncio di una diagnosi genetica richiede molta precauzione da parte del medico poiché, **se da una parte l'individuazione della causa responsabile di malattia o disabilità può essere di reale sollievo per i genitori, è sempre necessario ricordare che l'identità del bambino non è complessivamente solo determinata da una specifica anomalia genetica.**
- Come accade per ogni altro bambino, l'affetto di cui è circondato, gli stimoli che riceve, il posto che occupa nella famiglia e nella propria storia familiare sono fortemente determinanti.
- Infine, è importante che il genitore eventualmente portatore di un'anomalia genetica non si senta per nessun motivo in colpa. Siamo tutti portatori di mutazioni o variazioni nella nostra sequenza genetica. Senza queste molteplici variazioni, in quanto specie, non saremmo mai riusciti ad adattarci ai cambiamenti del nostro ambiente e a sviluppare l'intelligenza e il linguaggio che possediamo oggi.

La riorganizzazione del quotidiano

Vivere la quotidianità con un bambino malato o diversamente abile presuppone una riorganizzazione della famiglia nel lungo termine. L'entità di questa riorganizzazione dipende evidentemente dalla natura della malattia o dell'handicap. Dopo l'intenso periodo che segue l'annuncio della malattia, sopraggiunge un momento di assestamento che corrisponde alla ricerca del migliore compromesso possibile tra le esigenze del bambino, le aspirazioni personali degli altri membri della famiglia e le soluzioni realmente disponibili.

L'INDIVIDUAZIONE DI UN AIUTO • Spesso è la madre, quando lavora, a decidere di modificare la sua attività professionale per ridurre l'orario di lavoro o perfino rimanere a casa. Quando questo accade, è possibile, in Italia, chiedere un congedo straordinario retribuito della durata massima di due anni, di cui possono fruire sia il padre sia la madre (non contemporaneamente). I genitori di figli disabili hanno diritto a un prolungamento dell'astensione facoltativa fino al compimento di otto anni per non più di 11 mesi tra i due genitori. Per quanto riguarda gli aiuti specialistici, bisogna fare riferimento ai supporti offerti dalle Regioni e dai Comuni di residenza.

SOSTENERE INSIEME IL BAMBINO • Gli aiuti alla famiglia possono permettere di assumere una persona che si occupi del bambino per una parte della giornata, o di accompagnarlo nei vari luoghi di cura. È importante, infatti, che uno dei due genitori non si dedichi interamente al bimbo, il che andrebbe a danno di se stesso, della relazione di coppia, degli altri figli e della vita sociale della famiglia stessa.

Dall'altra parte, è importante che il genitore meno presente sia comunque coinvolto nelle decisioni che riguardano il bambino e non deleghi tutto al coniuge, sovraccaricando anche la sua vita professionale. Situazioni simili possono purtroppo verificarsi, sotto la pressione dei tanti impegni quotidiani, e testimoniano talvolta un atteggiamento sbagliato dei genitori rispetto alla malattia del piccolo, con sensi di colpa o aspettative narcisistiche non superate.

Come parlare al bambino della sua malattia o del suo handicap?

Crescendo, il bambino comincia a porsi delle domande. La situazione non è, beninteso, la stessa se la malattia gli è stata diagnosticata da lattante o, per esempio, a 8 anni, oppure se si tratta di una disabilità motoria, di un deficit sensoriale o mentale.

Tuttavia è sempre importante aiutare il bambino a rappresentare la propria malattia e a condividere questa sua immagine con chi ama, in particolare con i suoi genitori. Le visite mediche possono essere l'occasione per parlare della malattia. Ai bambini più piccoli, può essere utile raffigurarla o proporre loro di rappresentarla con il disegno.

ATTENZIONE A CIÒ CHE NON SI DICE! • Parlare con i genitori permette al bambino di prendere un po' di distanza e di non identificarsi con la propria malattia o disabilità. Non parlarne, invece, significa lasciare campo libero a una moltitudine di pensieri che non riguardano il suo disagio, ma sono espressione di conflitti inconsci: "È colpa mia se sono malato?", "Papà e mamma non mi amano a causa della mia malattia?", "Mi abbandoneranno, prima o poi?".

Se parlare con il proprio bambino della sua malattia o disabilità è ancora troppo difficile, può essere utile, invece, confidarsi con il medico o cercare un aiuto esterno, ed è sicuramente peggio soffrire per tutto ciò che non si ha il coraggio di dire.

Fratelli e sorelle davanti alla malattia o all'handicap

Come vivono la malattia o l'handicap in famiglia i fratelli e le sorelle del bambino? Anche qui, il dialogo ha una grandissima importanza poiché è necessario per spiegare in termini semplici la malattia del fratellino, o della sorellina, per far capire anche perché, in certi momenti, si è meno disponibili o un po' preoccupati. I fratelli e le sorelle si sentono più importanti, se possono essere d'aiuto, in un modo

---

LE ASSOCIAZIONI DI GENITORI

- Le associazioni di genitori aiutano e accompagnano i genitori che sono stati recentemente interessati dalla malattia o disabilità del figlio, per fornire loro tutte le informazioni del caso.
- Esse aprono uno spazio di condivisione tra le famiglie e favoriscono gli incontri.
- Inoltre, offrendo a chi ricerca la possibilità di impegnarsi in un'azione collettiva benefica a tutti, **giocano un ruolo propulsore nell'ulteriore miglioramento degli strumenti, delle terapie e della ricerca.**

Andare dallo psicologo?

«Il nostro medico ci ha proposto di rivolgerci a uno psicologo. Noi non siamo matti, né lo è il nostro bambino. Sappiamo benissimo perché stiamo incontrando delle difficoltà: se non fosse malato o disabile, tutto andrebbe per il meglio. Lo psicologo non potrà proporci alcuna soluzione pratica che possa cambiare le cose, per cui mi chiedo a cosa possa servire...»

Gli psicologi e gli psichiatri sono professionisti specializzati nell'ascolto. In ogni situazione di sofferenza, è necessario un ascolto molto attento, che permette non solo di trasformare la realtà, ma anche di modificare il modo in cui essa è percepita da chi la vive.

PARLARE DELLA PROPRIA SOFFERENZA
Proponendo dei legami tra ciò che si vive nel presente e alcuni aspetti della propria storia personale, gli psicologi aiutano i genitori a risolvere le problematiche, rivelate o cristallizzate, inerenti la malattia o la disabilità del proprio figlio. Non si tratta comunque mai di psicanalizzare i genitori contro la loro volontà o di ricercare nella loro storia una causa che abbia determinato le difficoltà del piccolo, bensì di aiutarli a comprendere ciò che per loro è fonte di sofferenza, aiutandoli a ritrovare la loro "capacità creativa" in un momento così particolare del loro cammino.

NEL CASO DI MALESSERE DEL BAMBINO
Sono i bambini stessi a esprimere un malessere legato in qualche misura alla malattia: la percezione dolorosa della propria sofferenza, tristezza, chiusura in se stessi o, al contrario, disturbi comportamentali e aggressività. Incontrando uno psicologo, il bimbo potrà soprattutto esprimere i sentimenti che non riesce a comunicare ai genitori.

In alcune situazioni, possono bastare anche poche sedute; negli altri casi, lo specialista propone una psicoterapia articolata su un periodo più lungo, con appuntamenti settimanali.

I BAMBINI DAVANTI ALLO SGUARDO ALTRUI • L'accettazione da parte dei figli della disabilità o malattia di un fratellino, o sorellina, con gli altri bimbi, dipende fortemente dalla posizione dei genitori. Come ogni esperienza umana, questa particolare situazione può essere fonte di reciproco arricchimento, di apertura e di una migliore comprensione di se stessi e degli altri. Se i genitori riescono a condividere questo con i loro figli, loro si comporteranno allo stesso modo con i loro compagni e saranno orgogliosi di farlo.

RIMANERE SEMPRE DEI GENITORI • È anche importante che la malattia o la disabilità di uno dei propri figli non vada a modificare le normali esigenze educative dei genitori. Tollerare qualsiasi cosa dal proprio figlio a fronte del suo disagio è, senza dubbio, il peggior modo di aiutarlo a trovare il suo posto in mezzo agli altri.

A chi rivolgersi per ottenere aiuto?

Come affrontare le questioni che si pongono sul piano pratico, medico e psicologico? Chi può essere d'aiuto in questi casi? Come sapere a quale porta bussare? Il medico è certo la colonna portante della terapia e mette in opera la strategia delle cure, contatta i suoi colleghi, ove necessario, e organizza l'intero percorso terapeutico.

L'ASSISTENTE SOCIALE • Il medico è aiutato dai Servizi Sociali che dipendono dal Comune di residenza. Esistono inoltre i servizi socio-sanitari, a cui partecipano sia l'ASL sia il Servizio Sociale. Nelle città di grandi dimensioni tali servizi fanno capo al Comune, nelle realtà più piccole fanno riferimento a consorzi fra comuni, comunità montane, ASL o a convenzioni fra Comuni. L'accesso è mediato dal Servizio Sociale. Possono consistere in aiuti domiciliari non sanitari, anche di tipo educativo; sostegno economico; inserimento temporaneo del bambino presso altre famiglie (affidamento familiare) o presso comunità per disabili, da utilizzare in periodi in cui siete impossibilitati a occuparvene (per esempio per un vostro ricovero ospedaliero); richiesta di relazioni sociali da allegare a domande specifiche. Non bisognerà quindi mai esitare a contattare l'assistente sociale, che in questi casi ha un ruolo davvero essenziale.

LA TERAPIA DI GRUPPO • Si potrà anche seguire un percorso di sostegno a cura dello psicologo di base, se si manifestassero difficoltà specifiche nel bambino, nei genitori o nell'intera famiglia. In alcuni servizi, esistono anche gruppi di terapia specifici per i genitori, generalmente coordinati dagli psicologi, che permettono alle famiglie di condividere le proprie esperienze e di avere l'appoggio del gruppo. La terapia di gruppo può anche essere organizzata dalle associazioni di genitori (vedi riquadro a pag. 348).

o nell'altro, anche se bisognerà fare attenzione a non esagerare e a non trasformarli in piccoli infermieri.

In ogni caso, per il benessere del piccolo è necessario riuscire a ritagliare sempre dei momenti esclusivi dedicati a loro. Ciò eviterà, fin dall'inizio, che la malattia o la disabilità di un fratello, o sorella, vada a generare un senso di rivalità così colpevolizzante da poter essere perfino espresso.

Il particolare caso dell'autismo

Come riconoscere i segni di autismo? Chi può farne la diagnosi? Esistono terapie? Si può guarire l'autismo? Che ne è dei bambini autistici, quando crescono? La maggior parte delle persone non ha un'idea molto chiara di che cosa sia l'autismo, con un misto di paure, idee preconcette (le persone autistiche non parlano) e perfino fascinazione (gli autistici sono dei geni). Una visione piuttosto lontana da quella dei medici...

Un disturbo della crescita

L'autismo è un disturbo della crescita che si manifesta prima dei 3 anni, con difficoltà nell'ambito della comunicazione verbale e non verbale, delle interazioni sociali e con un campo di interesse ristretto e particolarmente stereotipato. Sarebbe, infatti, più giusto parlare di "sindromi autistiche" piuttosto che di "autismo", tanto è estesa la diversità clinica che si può riscontrare.

Una delle particolarità dell'autismo è che le difficoltà non sono evidenti dalla nascita del bambino, perché interessano capacità e funzioni che si sviluppano nei primi 3 anni.

Altro tratto caratteristico è che l'autismo colpisce la capacità del piccolo di stabilire legami interpersonali e ciò pone i genitori in una posizione molto difficile, poiché compromette il legame stesso con il proprio figlio. Da questo punto di vista, si può dire che ciò che i genitori del bambino autistico si trovano ad affrontare è molto diverso dall'esperienza dei genitori di bambini affetti da altri tipi di malattie o diversamente abili.

I segni precoci dell'autismo

I segni che possono far pensare inizialmente al rischio di autismo non sono mai specifici, ma è la loro associazione e la loro persistenza che deve attirare l'attenzione. Può essere il caso, per esempio, di un bambino improvvisamente troppo calmo, "perfetto" e che fa quasi dimenticare ai genitori di esistere, che non chiede mai niente, resta chiuso in sé, dorme molto e con il quale si fa fatica a stabilire un contatto con lo sguardo, che non sorride quando gli si sorride ed è passivo quasi quanto una bambola di pezza, quando lo si prende in braccio. In altri casi, invece, il bambino è inconsolabile, non riesce ad addormentarsi e presenta disturbi comportamentali e alimentari (anoressia, rigurgito o talvolta vomito frequente).

UN COMPORTAMENTO CHE SI EVOLVE • In altri casi, il bimbo sembra crescere normalmente fino ai 18 mesi circa, poi interviene un improvviso cambiamento nel comportamento: si chiude in se stesso, cambia il suo modo di guardare gli altri, si fermano i primi tentativi di parlare cominciati da poco, non risponde più se chiamato con il proprio nome. Si disinteressa ai giocattoli e preferisce attività ripetitive: fa girare gli oggetti tondi o che rotolano, allinea i giocattoli, suddivide tutto per colore, gioca ossessivamente con lacci e cordicelle. Per farsi capire, afferra le braccia dei genitori e usa le loro mani per indicare ciò che vuole, e non le sue dita, e non utilizza la gestualità per comunicare.

Il bambino non "recita" mai in uno scenario quando gioca (con le bambole, a "casetta", con le macchinine). Sopporta male i cambiamenti e interrompere le sue attività preferite può a volte scatenare violente crisi di collera. Talvolta può avere gesti ripetitivi, come il dondolio ossessivo o alcuni particolari movimenti delle mani, in periodi di particolare angoscia o inattività.

PER OSSERVARE IL CERVELLO

- **Durante la visita neurologica**, il medico può prescrivere un elettroencefalogramma o risonanza magnetica cerebrale (RM).
- **L'elettroencefalogramma registra l'attività elettrica del cervello** mediante elettrodi che vengono posti sul cuoio capelluto. Questo esame, totalmente indolore, permette di individuare eventuali anomalie nell'attività dei neuroni paragonabili all'epilessia; in questo caso, può essere proposta una terapia farmacologica.
- **La risonanza magnetica cerebrale permette di osservare la morfologia del cervello**. Anche qui, si tratta di un esame totalmente indolore, che però richiede la totale immobilità per quasi mezz'ora. Per questo motivo si esegue previa somministrazione di un farmaco sedativo che fa dormire il bambino durante l'esame o perfino con anestesia generale.

Molto distante, il bambino autistico evita gli sguardi, non sorride, non sembra capire e preferisce tenersi occupato da solo.

Rivolgersi al medico prima possibile

Se il vostro bimbo vi preoccupa e c'è qualcosa che vi turba in lui, parlatene subito con il pediatra o il medico di famiglia e, se questi non sembreranno prendere sufficientemente in considerazione la vostra preoccupazione, rivolgetevi senza indugio a uno psichiatra infantile, a uno psicologo presso un centro ospedaliero, a un centro medico-psicologico o a un centro di assistenza per l'infanzia.

Accade, talvolta, che i medici siano eccessivamente rassicuranti o individuino il problema in ritardo, anche dopo il 3° compleanno. In questa situazione, si può essere tentati di sentirsi rassicurati facilmente, ma se sentite che qualcosa non funziona ancora, dovrete continuare la vostra ricerca. Se ormai la vostra è divenuta un'ansia ossessiva, anch'essa dovrà essere ascoltata. Se il bambino soffre di un disturbo grave, con rischio di autismo, i giusti interventi precoci proposti dai medici possono essere di grande aiuto.

Il sostegno precoce

Anche se la diagnosi di autismo non può essere stabilita prima del 3° anno di età, il sostegno medico precoce permette di evitare l'instaurarsi di una spirale di interazioni negative: il bambino non comunica con i suoi genitori e privilegia attività solitarie e ripetitive; i suoi genitori riducono gli scambi affettivi con il loro piccolo e quest'ultimo si chiude ancora di più... è così che, poco a poco, s'instaura la sindrome autistica.

È quindi bene rivolgersi al medico prima che inizino simili dinamiche. Interventi precoci possono anche prevedere una terapia madre-figlio, una consulenza di psicomotricità che stimoli l'impegno del corpo e, infine, un sostegno per aiutare il bambino nelle relazioni con gli altri.

Dopo i 2 anni, il medico può anche proporre terapie a cura di psicoanalisti specializzati in questi trattamenti, con la partecipazione a gruppi di socializzazione. Ogni bambino e ogni famiglia sono oggetto di una proposta terapeutica personalizzata e non esistono strategie standard di cura.

Definire la diagnosi

La diagnosi della sindrome autistica è puramente clinica e poggia sull'individuazione di un certo numero di criteri a partire dalla descrizione fatta dai genitori e dall'osservazione del bambino: riguarda la socializzazione, la comunicazione e la presenza di interessi limitati e stereotipati. I clinici hanno a propria disposizione strumenti che permettono di valutare questi segni con grande precisione.

D'altronde, le valutazioni dirette delle competenze e delle difficoltà possono essere proposte dagli psicologi, psicomotricisti e ortofonisti al fine di misurare al meglio il livello di crescita del bambino nei vari campi e di adattare, di conseguenza, la terapia.

Gli esami complementari

Una volta stabilita la diagnosi di sindrome autistica, viene proposta ai genitori una serie di visite e di esami complementari mirati a ricercare i segni associabili all'autismo o le eventuali cause che pure potrebbero spiegare l'insorgenza di questa sindrome.

LA VISITA NEUROLOGICA • Permette di ricercare i sintomi di affezione del sistema nervoso (disturbi del tono dell'umore, alterazione dei riflessi, diminuzione della forza muscolare, disturbi dell'equilibrio o della coordinazione dei movimenti, manifestazioni epilettiche). Il neurologo può anche richiedere un encefalogramma o una risonanza magnetica cerebrale (vedi pag. 350).

LA CONSULENZA GENETICA • Questa visita ricerca la causa genetica della sindrome autistica. Il genetista esamina minuziosamente il bambino e gli fotografa il viso, le mani e i piedi; pone ai genitori domande sulla famiglia

ESISTONO TERAPIE ADEGUATE?

> In alcuni casi **il medico può prescrivere anche una terapia farmacologica,** che ha l'unico scopo di attenuare alcuni sintomi, quali i disturbi del sonno, il senso di agitazione e l'angoscia con efficacia però incostante. Nei casi in cui è **diagnosticata anche l'epilessia, può essere prescritto un trattamento specifico** ma, al momento attuale, non esiste un farmaco in grado di curare l'autismo.

> Alcune famiglie scelgono un regime alimentare privo di glutine e caseina nella speranza di migliorare le condizioni di salute del proprio bambino. A oggi, però, non esiste alcuna prova scientifica dell'efficacia di misure dietetiche così restrittive.

I diversi tipi di terapia

L'autismo è un insieme complesso di disturbi che richiede una terapia intensa e precoce, che associa diversi tipi di interventi, farmacologici e psicologici. Le varie cure possono essere somministrate durante le visite, come spesso accade per i bambini più piccoli, o previo ricovero, in day-hospital o presso un istituto specialistico specializzato.

LA TERAPIA AMBULATORIALE
È generalmente svolta presso i centri medico-psicologici o i centri medico-psicopedagogici specializzati (ne esistono in tutte le regioni italiane; potete trovarne l'elenco sul sito www.autismo.inews.it). Più raramente è fornita da liberi professionisti: ortofonisti, psichiatri infantili, psicologi o psicomotricisti.

Idealmente, il sostegno associa anche una terapia congiunta dei genitori e del piccolo ad altre tipologie di cure specifiche per il bambino di tipo rieducativo (ortofonia) e psicoterapeutico (psicoterapia o psicomotricità), individuali o di gruppo.

LE CURE PRESSO ISTITUZIONI SPECIALISTICHE
Esistono in Italia diversi centri specializzati, sia pubblici sia privati, che lavorano sui temi dell'autismo. Vi vengono svolti interventi sia psicomotori, sia di tipo logopedico, sia farmacologici. Ogni centro ha comunque una gestione propria.

Alcuni trattamenti all'avanguardia portano a eccezionali miglioramenti in molti bambini. L'associazione AREA-Genitoricontroautismo (www.genitoricontroautismo.org), alla quale vi consigliamo di rivolgervi, si dedica a fare in modo che diventino un diritto anche di quei bambini, e sono moltissimi, i cui genitori non possono permetterseli per motivi economici.

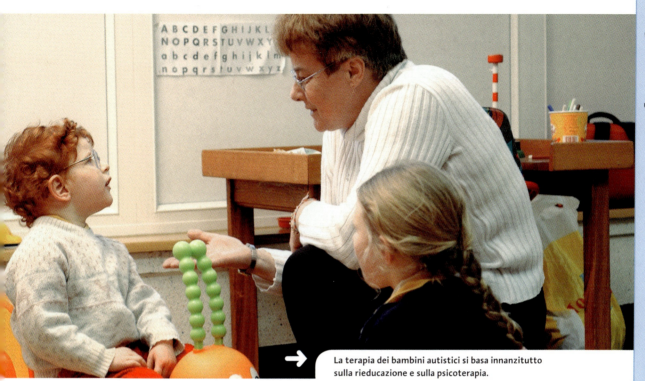

La terapia dei bambini autistici si basa innanzitutto sulla rieducazione e sulla psicoterapia.

nel suo insieme, tracciandone anche l'albero genealogico per individuare eventuali precedenti casi simili per ricercare la trasmissione di una causa genetica. Prevede anche un prelievo di sangue del piccolo in base al quale eseguirà una serie di esami per la ricerca di anomalie note a livello di particolari geni o regioni cromosomiche.

DOPO I RISULTATI • Nella maggioranza dei casi, gli esami complementari neurologici o genetici sono negativi; ciò non mette in discussione la diagnosi di autismo, che resta sempre puramente clinica. A volte, questi esami riescono a identificare la causa.

Il futuro del bambino autistico

È molto difficile prevedere la qualità di vita che potrà avere il bambino colpito da autismo. Ogni situazione, infatti, è unica e la malattia tocca lo sviluppo delle funzioni anche in futuro. Il profilo evolutivo varia quindi molto un bambino all'altro. Pertanto, è sicuramente più significativo valutare le possibilità evolutive su un periodo che va dai 2 ai 3 anni, a partire dall'inizio della terapia, piuttosto che misurare le reali difficoltà del bambino in un determinato momento nel tempo. La precocità e l'intensità della cura seguita sono fattori che giocano un ruolo significativo nella previsione.

Il grado di ritardo nello sviluppo associabile alla sindrome autistica e l'assenza di accesso al linguaggio prima dei 6 anni sono altri indici da tenere in considerazione.

DESTINI MOLTO DIVERSI • Nei casi più benigni, il bambino potrà frequentare la scuola e accedere a una formazione professionale normale, pur mantenendo qualche difficoltà nelle relazioni con gli altri e una tendenza all'isolamento e alla chiusura. Nei casi più gravi, invece, il bambino presenterà una chiara disabilità comportamentale e rimarrà fisso in comportamenti stereotipati, senza essere in grado di raggiungere l'autonomia.

Tra questi due estremi, ogni sfumatura è possibile e le terapie mirano a permettere al bambino di accedere alla migliore percezione possibile delle strutture relazionali e di raggiungere una certa autonomia.

In Italia, non ci sono ancora strutture pubbliche in grado di aiutare in età adulta le persone affette dalla sindrome che non riescono ad accedere a un inserimento professionale normale. Esiste però la Federazione delle Associazioni Nazionali a Tutela delle Persone con Autismo e Sindrome di Asperger – che riunisce le tre principali organizzazioni no profit italiane impegnate nella tutela dei diritti delle persone con autismo: ANGSA (Associazione Genitori Soggetti Autistici), Autismo Italia e Gruppo Asperger – che porta avanti la richiesta di leggi in materia.

Quale tipo di scuola scegliere?

Mio figlio potrà imparare come gli altri bambini? Gli insegnanti lo capiranno? È meglio scegliere il percorso "normale" o un istituto specialistico? Il più grande desiderio dei genitori di un bambino diversamente abile è che il proprio figlio acceda a un'educazione normale, per non aggiungere alla malattia o alla disabilità esistente anche altre fonti di diversità e non emarginarlo eccessivamente già in tenera età. Per cercare di rispondere a questa esigenza, oggi, in Italia, esistono diverse possibilità.

Può frequentare una scuola "normale"?

L'educazione è un diritto di tutti e la missione del Ministero dell'Istruzione è assicurare l'esercizio di questo diritto. È questo il senso dei dispositivi della legge italiana in materia di handicap, con i vari emendamenti progressivi, e delle misure mirate all'accoglimento scolastico dei bambini che presentano esigenze particolari.

IL PROGETTO INDIVIDUALE DI INTEGRAZIONE • Alcuni bambini hanno particolari esigenze, a causa della loro malattia o disabilità. Talvolta, questi bisogni sono del tutto compatibili con il percorso scolastico classico e richiedono solo un'organizzazione particolare: può semplicemente trattarsi della somministrazione di un farmaco a intervalli regolari, del permesso di assentarsi per le visite mediche o le sedute di rieducazione ecc.

Queste esigenze e gli adattamenti che richiedono possono condurre all'elaborazione di un progetto educativo personalizzato (PEP). Si tratta di un documento che devono obbligatoriamente compilare gli insegnanti di alunni diversamente abili, riconosciuti con la legge 104, e che riporta indicazioni circa il percorso svolto, la personalizzazione dell'insegnamento e le metodologie utilizzate. Alla sua stesura devono partecipare tutte le figure professionali coinvolte, compresi i genitori. Questo tipo di progetto è messo in atto dopo una valutazione a carico della ASL di competenza.

L'INSEGNANTE DI SOSTEGNO • In altre situazioni, la frequenza del bambino in una classe tradizionale è garantita dall'aiuto di un assistente detto "insegnante di sostegno". Questo può aiutare il bambino che presenti un deficit motorio negli spostamenti o svolgere meglio le consegne assegnate dall'insegnante, nel caso di bambini che presentino difficoltà sul piano cognitivo o psicologico.

Questi insegnanti di sostegno sono inviati dal Ministero dell'Istruzione, alle scuole che prevedono di avere alunni diversamente abili. Tuttavia, il numero degli insegnanti di sostegno è ancora insufficiente.

Le classi speciali

Talvolta, restare in una classe tradizionale non conviene al bambino, viste le sue esigenze, poiché il suo stato richiede un insegnamento specifico che si svolge meglio in piccoli gruppi. In questo caso, può essere proposto un orientamento verso una classe speciale. Si tratta di classi molto piccole, integrate in una scuola tradizionale e coordinate da un insegnante specializzato. Alcune materie possono fungere da collegamento e permettono, per esempio, ai bambini di unirsi a classi diverse.

La presenza di una classe speciale in una scuola o in un collegio è di beneficio per tutti poiché permette ai bambini delle altre classi di aiutare i loro compagni che possono avere più difficoltà ed è per loro un'importante lezione di convivenza. È di beneficio allo staff pedago-

STUDIO E CURE

> In alcuni casi, le esigenze mediche del bambino determinano la necessità di realizzare un adattamento anche pedagogico e si consiglia di provvedere a fare in modo che **la scolarità avvenga allora in una struttura diurna che si possa occupare anche all'aspetto terapeutico**.

> Teoricamente, **nulla vieta che un bambino che frequenta questi centri diurni possa dopo un periodo da stabilire rientrare in un ciclo scolastico normale, se la sua evoluzione lo permette** e lo stesso vale per i bambini che frequentano un istituto specializzato.

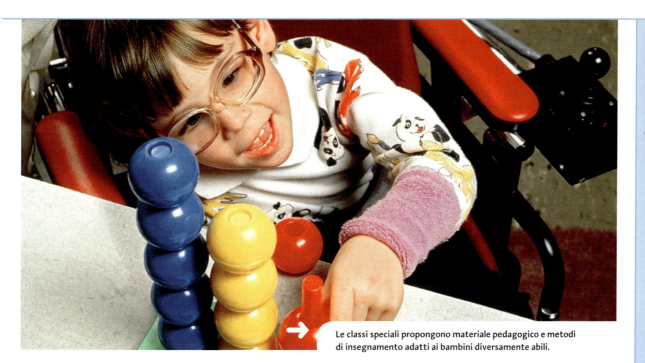

Le classi speciali propongono materiale pedagogico e metodi di insegnamento adatti ai bambini diversamente abili.

gico, che è stimolato dalle riflessioni e dagli adattamenti che richiede l'educazione specifica di questi bambini "speciali" e contribuisce a una migliore coesione e alla messa in atto di progetti comuni e innovativi.

I vari istituti specializzati

Accade che rimanere in una scuola tradizionale non sia, però, la soluzione migliore, poiché le cure di cui il bambino ha bisogno o gli adattamenti pedagogici che richiede oltrepassano il quadro scolastico abituale. In questo caso, la scuola affida alla commissione di educazione speciale della zona l'orientamento del bambino verso una struttura adatta alle sue esigenze, nella zona geografica in cui vive.

Esistono diversi tipi di scuole speciali: gli istituti medico-educativi, che funzionano in residenza o meno, i centri diurni medico-pedagogici e gli istituti medico-professionali. La scolarità in questi istituti associa momenti puramente scolastici ad altri educativi e rieducativi. Ogni istituto definisce il tipo di paziente che può ricevere e organizza una procedura di ammissione secondo criteri predefiniti.

Tendere all'autonomia

Uno dei più grandi desideri dei genitori è che il proprio bimbo riesca ad accedere, un giorno, a una vita autonoma e soddisfacente. La presenza di una malattia cronica o di una disabilità può rappresentare un ostacolo importante sulla via di questa autonomia. Tuttavia, una certa indipendenza è comunque possibile e deve essere l'obiettivo finale, con gli adattamenti più o meno importanti che ogni situazione richiede.

Sono molte le persone che hanno raggiunto veri e propri exploit notevolissimi, riuscendo a superare il proprio handicap. Questi casi straordinari rivelano la capacità di queste persone e dei loro cari di trascendere le difficoltà e devono essere presi da tutti come esempio.

IL RUOLO DELLA SOCIETÀ • L'integrazione delle persone diversamente abili o affette da malattie croniche è naturalmente regolata da un certo numero di disposizioni legali: la già citata legge 104 che regola il riconoscimento dell'invalidità, l'attribuzione di una certa percentuale di posti di lavoro statali agli invalidi, e inoltre le agevolazioni alle imprese che assumono al loro interno lavoratori disabili...

Talvolta queste misure non sono sufficienti, se non associate a una cultura di integrazione e di accettazione della diversità in sé. In questo senso, è necessario moltiplicare gli sforzi della società intera per favorire l'integrazione delle persone diversamente abili o affette da malattie croniche fin dalla più giovane età e già dall'inizio della loro vita in collettività. Una società incapace di prendersi cura dello sviluppo dei suoi membri più fragili è certamente da intendersi come una società gravemente malata.

13 anni

- I progressi del vostro bambino
- Si esprime meglio ogni giorno
- Sempre più autonomo
- Incoraggiare l'autodisciplina
- L'inserimento alla scuola materna
- Apprendere e comprendere
- La vita alla scuola materna
- La corretta alimentazione del bimbo
- Curare efficacemente il sovrappeso
- A proposito di sonno: le difficoltà passeggere
- Il bambino in buona salute
- Principali sintomi e malattie
- Il rifugio in un mondo immaginario
- Giochi, attività stimolanti e divertenti
- Televisione e computer
- Corpo e spirito: un tutt'uno
- La scoperta del sesso
- Il complesso di Edipo
- Dalla parte del padre: dare fiducia al proprio bambino
- Dalla parte del padre: a proposito di identità sessuale
- Affrontare le questioni più complesse
- Rivolgersi a uno specialista in caso di difficoltà

I progressi del vostro bambino

Il bambino non cresce passando da una tappa all'altra in sequenza: la sua evoluzione è cadenzata anche da apparenti regressioni. Ricomincia a parlare in "bambinese", a "picchiare" la mamma, a fare la pipì a letto... questi periodi spesso annunciano, in realtà, il raggiungimento di una nuova fase evolutiva.

Un'evoluzione "a singhiozzo"

Secondo il pediatra T. Berry Brazelton "ogni ondata di sviluppo motorio, cognitivo o emotivo si manifesta con un momento di disorganizzazione e regressione nel comportamento" e, di questo, potrete prendere atto in più occasioni. Il bambino assomiglia sempre di più a un "grande", ma non fatevi ingannare dalle regressioni con cui dimostra il suo bisogno di essere rassicurato e di appoggiarsi a voi per affrontare una difficoltà e riprendere il cammino. Crescere è un'impresa affascinante, che può anche spaventare...

IL PUPAZZO, IL CIUCCIO, IL POLLICE • Alcuni genitori si preoccupano, a volte, che il loro bimbo sia ancora legato al suo pupazzo preferito o che si succhi ancora il pollice quando è particolarmente stanco. Non c'è ragione di preoccuparsi. Alcuni riescono a staccarsi dal pupazzo del cuore solo all'ingresso alla scuola elementare, mentre altri si succhiano il pollice anche più avanti, al riparo dagli sguardi indiscreti.

> " Il nostro bambino di 3 anni chiede ancora il biberon di latte a colazione. Dovremmo preoccuparci?"
>
> ### LA COLAZIONE
>
> Non preoccupatevi se il vostro piccolo ha ancora il desiderio di bere il biberon, a colazione; oltre alla normale dose di latte, offritegli anche una fetta di pane e cercate regolarmente di fargli accettare anche l'uso della tazza, senza però insistere. Presto o tardi sarà lui a voler fare il passaggio. Inoltre, dategli preferibilmente del latte parzialmente scremato, per evitare che si sazi troppo rapidamente e rinunci agli altri alimenti poiché il latte intero è molto ricco e potrebbe rovinargli l'appetito.

Invece, a partire dai 3 anni, dovrà tassativamente abbandonare il ciuccio, che diverrebbe altrimenti un freno allo sviluppo del linguaggio. Come il biberon, favorisce la persistenza della deglutizione detta "primaria", che impedisce alla lingua di posizionarsi correttamente per pronunciare alcuni suoni e che, inoltre, contribuisce a deformare la mandibola e, con essa, il palato. Dite al piccolo che quando parla con il ciuccio in bocca non riuscite a capire che cosa dice. Per una transizione più dolce, prendete l'abitudine di "dimenticare" il ciuccio durante il giorno e di non proporglielo al primo capriccio.

Un vero dialogo

Il vostro bambino non è più un bebè. Ora capisce sempre meglio ciò che gli si dice, coglie il senso di ciò che gli spiegate, acquisisce la nozione del pericolo, riflette e risponde chiaramente e in modo appropriato alle vostre domande. Tra lui e voi si instaura ora un vero e proprio dialogo, come anche tra lui e il resto del mondo. È capace di analizzare una situazione e avere la reazione adeguata. Le vostre spiegazioni, i limiti che gli imponete e il modo in cui interagite con lui sono tutti fattori che lo aiutano a progredire.

Ora impara a conoscere sempre meglio il mondo che lo circonda e comprende già moltissime cose. Considerate, però, che alcune informazioni che assorbe possono giungergli in maniera approssimativa e potrebbero creare conflitti che non riesce a gestire o divieti che non può comprendere. Tutto questo riemerge poi nei sogni e negli incubi che ora riesce a raccontarvi con grande dettaglio.

Tenersi pulito di notte

Questa abitudine comincia gradualmente quando impara a tenersi pulito durante il sonnellino Il bambino, con tutto il suo orgoglio di crescere, decide da solo, un giorno, di liberarsi del pannolino. Gli "incidenti", più frequenti all'inizio di questo addestramento e soprattutto di notte, possono minare anche seriamente il morale del piccolo "grande" bambino. Dovrete, quindi, lasciarlo decidere di

Grazie alla sua crescente autonomia e all'affermarsi della sua individualità, il bimbo interagisce sempre più con ciò che lo circonda.

continuare a rimanere senza, se lo desidera, e soprattutto non farlo sentire in colpa o giudicarlo se non ottiene buoni risultati nell'immediato.

Se, invece, non vuole proprio farne a meno, non obbligatelo a toglierlo. Alcuni bambini dormono più volentieri con una protezione, anche se il pannolino è comunque pulito, al mattino, perfino per diverse settimane di seguito. A quel punto, potrete spiegargli con molto rispetto che i pannolini irritano la sua pelle e che starà molto più comodo senza.

Ora disegna i suoi primi "omini"

Il bambino ora impara a disegnare sempre meglio e con più dettagli. Comincia a tracciare la figura schematica di un essere umano, composto da un cerchio, a volte completato da due occhi e una bocca, da cui partono quattro tratti per gli arti e, sotto la matita, magicamente comincia a prendere forma il primo "omino". Un po' per volta, diversi dettagli andranno a completare il cerchio e, nell'arco dei mesi, sarà anche munito di dita alle estremità, con tratti che rappresentano le mani, e inoltre di capelli, sulla sommità del cerchio.

Il piccolo impara anche a colorare i disegni dei suoi libretti, sorpassando allegramente i contorni dei personaggi e degli oggetti che colora, ma con grande concentrazione progredisce molto rapidamente. Usa volentieri colori diversi ed è capace di una grandissima fantasia. Non stupitevi, quindi, se vedrete un sole rosa, l'erba rossa o un ippopotamo verde…

A questa età il bambino adora gli adesivi e non finirebbe mai di incollare qualsiasi cosa, anche al di fuori delle zone "consentite".

Si esprime meglio ogni giorno

A partire dai 3 anni, il bambino parla sempre meglio, a volte anche pronunciando parolacce e insulti! Ciò accade anche perché, crescendo, i suoi contatti con gli altri sono sempre più frequenti, ma è a questa età che possono comparire anche alcune difficoltà nella dizione. Prima di preoccuparvi eccessivamente, parlatene al pediatra.

Il potere delle parole

Passati i 3 anni, il bambino prova di solito un gran piacere a farsi capire parlando e, progressivamente, il linguaggio va a sostituire altre forme di comunicazione. Il piccolo scopre qui un mezzo d'azione ben più efficace dei gesti o delle urla. Con le parole, è in grado di esprimere i suoi sentimenti, ottenere ciò che vuole, far cessare una situazione spiacevole, sedurre o far arrabbiare gli altri... in breve, realizza che ora può agire su chi lo circonda, come anche su se stesso. Tutto ciò ha un enorme effetto sulla sua comprensione di sé e sui rapporti con il prossimo.

RAPIDI PROGRESSI • Per incoraggiare i progressi, niente è meglio che parlare con lui e lasciare che partecipi alle conversazioni di famiglia. Il piccolo ama sempre che voi gli leggiate delle favole e questi momenti speciali lo aiutano ad arricchire il suo vocabolario. Un giorno, se il senso dell'umorismo è una virtù di famiglia, avrete anche la sorpresa di sentirlo fare giochi di parole anche articolati. L'ingresso alla scuola materna accelera le proprietà di linguaggio.

Parlando con la maestra e i compagni, il piccolo è ora stimolato a fare nuovi sforzi, perché percepisce la necessità di capire e di essere capito dagli altri. I bambini giocano spesso con le parole, anche se questo passa sovente anche dall'invenzione di insulti tali da testimoniare una reale creatività.

RAFFICHE DI PAROLE • Prima ancora del 4° compleanno, alcuni sono già dei veri chiacchieroni e più di un genitore, inizialmente orgoglioso, ora sospira di fronte al flusso ininterrotto di parole che sembra non avere mai fine. I rimproveri come «Aspetta il tuo turno, prima di parlare» cominciano a farsi più frequenti, soprattutto durante i pasti, ma anche se qualche regola andrà fissata, ciò che importa sarà rimanere disponibili e non zittire continuamente il bambino che scopre la gioia di parlare.

Quando consultare un ortofonista?

Prima di recarvi direttamente da un ortofonista, sarà bene chiedere prima consiglio al vostro pediatra. Il controllo regolare del bambino permette l'eventuale diagnosi precoce dei possibili disturbi del linguaggio. Con la visita il medico può escludere la causa organica (la sordità, per esempio) o psicologica, prima di consigliare un controllo ortofonico (in ogni caso, mai prima dei 4 anni di età).

PERCHÉ TANTE PAROLACCE? • Anche i bambini molto educati possono arrivare a dire parolacce talvolta gravi, in molti casi senza conoscerne il significato. Davanti agli altri bambini, usano le parolacce per manifestare ostilità o per sentirsi importanti; davanti ai genitori, le impiegano per affermare la propria indipendenza o suscitare una qualche reazione e, se reagirete indignati, troverà la cosa ancor più divertente.

SPIEGARE CON PAZIENZA • Se, invece, voi gli spiegherete che le parolacce possono dare fastidio agli altri o perfino ispirare compassione, il piccolo sarà più sensibile ai vostri argomenti. Poco a poco, prendendo coscienza del fatto che le parolacce possono anche ferire, le utilizzerà sempre meno, almeno davanti agli adulti. In questo caso, sarà però necessario che la famiglia dia il buon esempio: quando comincia a parlare, il bambino che si esprime volgarmente imita generalmente... i suoi genitori. Dopo i 4 o 5 anni, le parolacce acquisiscono un significato nuovo, permettono di aggredire o ridicolizzare i compagni e vanno a sostituire l'uso della forza...

La grammatica "naturale"

A partire dai 3 anni, il bambino abbandona poco a poco lo stile "telegrafico" e comincia a gestire meglio la sintassi. Può essere sorprendente sentire come riuscirà da solo ad applicare le principali regole grammaticali, dimostrando grande spirito logico. Naturalmente, nei suoi discorsi rimarranno ancora molti errori, ma saprà sempre meglio usare i pronomi, coniugare i verbi, accordare gli aggettivi, usare le preposizioni di luogo (nel, sul, sotto, a), e poi gli avverbi di tempo (oggi, domani), senza tuttavia ancora capirne veramente il senso.

Difetti di pronuncia e balbuzie

Tra il 3° e il 4° anno di età, la pronuncia è spesso imperfetta, ma i piccoli difetti che potrete notare non segnalano un vero e proprio disturbo. Alcuni bambini articolano bene i singoli suoni, ma non riescono a pronunciare correttamente le parole intere: potrebbero dire, per esempio, "crombetta" anziché "trombetta", "pestacolo" invece che " spettacolo", "sciascia" al posto di "salsa", "drappolo" e non "grappolo"...

LA "ZEPPOLA" • Molti i bambini trovano qualche difficoltà a pronunciare alcuni suoni: per esempio, dicono "f" invece di "s" e quindi, per esempi, "fecchio" anziché "secchio". Questo difetto molto comune, giudicato quasi carino dagli adulti, è dovuto al fatto che il bambino continua a deglutire tenendo la lingua contro gli incisivi, come fanno i lattanti durante la poppata.

LA BALBUZIE • Spesso i bambini attraversano una fase di balbuzie, prima di superare un nuovo traguardo. Ripetono alcune parole o si impuntano su alcune sillabe. Talvolta, spinti dal desiderio di esprimersi, tendono ad andare un po' troppo veloci, come se la voglia di parlare superasse la loro capacità di farlo. Questa balbuzie, detta "fisiologica", scompare generalmente nel giro di qualche mese. Non c'è alcun motivo, quindi, di preoccuparsi, di fargli ripetere le parole o di dirle al suo posto. Questa piccola difficoltà suscita a volte pianti e rabbia, ma sarà superata facilmente se gli adulti non dimostreranno alcuna preoccupazione.

La balbuzie detta "patologica" è di natura del tutto diversa. Può comparire a qualsiasi età, talvolta dopo un evento traumatico, quando il bambino ha già imparato a parlare: è permanente e non occasionale.

Il suo primo "io"

Al "me" dei 2 anni segue ora il primo "io", generalmente, verso i 3 anni, a segnare un traguardo importante nella consapevolezza di sé e nell'acquisizione del linguaggio. I primi "io" corrispondono al momento in cui il linguaggio è già più avanzato e in cui compaiono le prime riflessioni, i ragionamenti e le associazioni.

ASSOCIA LE PAROLE ALLE EMOZIONI • Tutti questi progressi influiscono sul comportamento. Ormai in grado di esprimere un desiderio, di dire che si è fatto male e indicare dove, per esempio, e quindi farsi capire meglio, il bambino può superare il semplice stadio del "no" ed esprimere più spesso il suo essere d'accordo. I suoi dialoghi con i genitori, come anche con gli altri bambini, si elaborano. A voce alta, esprime la sua disapprovazione e sente meno il bisogno di picchiare chi cerca di prendersi il suo giocattolo. Le parole sostituiscono, di tanto in tanto, anche il pianto o i gesti possessivi e aggressivi. Ora che è più sensibile, è più in grado di esprimere verbalmente la sua rabbia o la sua stanchezza e le manifesta meno spesso urlando o rotolandosi a terra: il linguaggio gli permette di associare le parole alle proprie emozioni, per riuscire anche a dominarle meglio.

Dall'"io" al "voglio"

Ben presto, il bambino comincia a raccontarsi a voce alta delle storie servendosi delle parole che conosce per rassicurarsi e dare un senso a tutto ciò che sta vivendo. Momento piuttosto simbolico, quello del primo "voglio" rivela anche ai genitori il suo maggiore grado di autonomia.

Se non parla o parla poco

Se, dai 3 anni in poi, dice poche parole, non usa il pronome "io" e non è in grado di costruire frasi, sarà bene richiedere un controllo medico. Il problema è spesso meno grave di quanto si pensi: il piccolo parla, ma in modo poco comprensibile e solo i genitori o la sua baby-sitter riescono a capirlo. Le frasi sono brevi, non comunica ancora bene con i bambini della sua età e quasi non comunica con gli adulti.

Talvolta si tratta di un ritardo detto "semplice" poiché isolato (non associato ad altri disturbi). L'acquisizione del linguaggio è quindi semplicemente ritardata nel tempo e il problema si risolve spesso spontaneamente. Può essere tuttavia utile assicurarsi che il bambino non abbia problemi di udito. Se non progredisce a sufficienza, sarà preferibile rivolgersi al medico e possibilmente richiedere un controllo ortofonico verso il 4° anno di età. Le sedute di rieducazione saranno comunque possibili solo verso il 4° anno e mezzo di età.

ASSICURARSI CHE SENTA BENE

> Verso i 3 anni, le difficoltà di linguaggio possono essere dovute a problemi di udito. I genitori si accorgono talvolta che il bambino non li sente, quando gli parlano a bassa voce.

> Il disturbo uditivo può essere talmente leggero da passare inosservato, ma complica comunque l'apprendimento del linguaggio. Il fatto di parlare ad alta voce, con difficoltà, o di soffrire di otiti recidivanti rappresenta un chiaro segnale di allerta.

> In caso di dubbio, non esitate a parlarne con il pediatra.

Sempre più autonomo

Dai 3 ai 6 anni, il bambino registra molti progressi sul piano motorio, ma la sua evoluzione più evidente riguarda la sfera intellettuale ed emotiva. Dominare la rabbia, cercare di capire le cose e manifestare le proprie scelte sono esempi di un'individualità che si afferma e di un'autonomia che cresce di giorno in giorno.

I gesti nel quotidiano

Molti bambini cercano di cavarsela da soli, per quanto possibile. Se i genitori li lasciano prendere l'iniziativa, riescono a compiere molti gesti quotidiani senza chiedere aiuto. Spinti dal desiderio di "fare come i grandi", imparano moltissimo imitando gli adulti o i fratelli maggiori.

LAVARSI E VESTIRSI DA SOLO • Il bambino impara abbastanza rapidamente a infilarsi e togliersi i vestiti o a insaponarsi e sciacquarsi durante il bagno. Tuttavia, alcuni gesti rimangono difficili anche a questa età: abbottonarsi la camicia, allacciarsi le scarpe, aprire e chiudere la cerniera lampo, lavarsi bene i denti eccetera. Il miglior modo di incoraggiare questi progressi è dare dimostrazioni materiali ogni volta che serve aiuto.

L'abilità verrà con l'esperienza, ma dovrete essere pazienti e aspettare almeno i 4 anni prima che il vostro bambino riesca a vestirsi senza aiuto, a distinguere il retro della maglietta dal davanti, a mettersi le scarpe senza invertirle eccetera. Evitate di fare le cose al suo posto per guadagnare tempo.

Una volta che il piccolo avrà imparato a fare da solo, avrà però ancora bisogno di voi per non trovarsi a fare "tutto da solo": il vostro aiuto diventerà allora più affettivo che pratico.

ALLACCIARE LE SCARPE • Per un bambino, annodare i lacci è un'operazione delicata che esige abilità manuale e coordinazione allo stesso tempo. Verso i 3 anni, il bambino riesce a disfarli, ma riuscirà a riannodarli solo verso i 6 anni. Per insegnargli a farlo, mostrategli pazientemente come fare, non però stando davanti a lui, ma dietro, in modo che non veda le vostre mani e i vostri gesti all'inverso. Lasciate che provi a farlo da solo, anche se non riuscirà perfettamente, ma attenzione alle cadute: prima che si rialzi, controllate che i lacci siano bene annodati.

Gli piace aiutarvi

Gradualmente potrete già affidare al vostro bambino qualche piccolo lavoro di casa come, per esempio, apparecchiare la tavola. Lui sarà orgoglioso che gli chiediate un aiuto e voi gli insegnerete anche che ognuno deve fare la sua parte, nelle faccende domestiche. Anche se cercherà inizialmente di imitarvi o dimostrare ciò di cui è capace, agirà anche con la sincera intenzione di esservi utile. Non è sempre efficace, non sempre disponibile, ma la sua buona volontà è spesso innegabile; fra pochi anni, potrebbe diventare più recalcitrante. Tutto ciò non significa, naturalmente, che il bambino abbia per forza un gusto innato per la pulizia e l'ordine...

TENERE IN ORDINE LA CAMERA • Ci vorrà molto tempo prima che il piccolo acquisisca alcuni automatismi legati all'ordine. Mettere in ordine è interessante quando diventa un gioco e non bisogna credere o aspettarsi che presto metterà a posto da solo la sua cameretta.

Potrete tuttavia abituarlo progressivamente, per esempio, a mettere i vestiti da lavare nel cesto del bucato, a riporre le scarpe nella scarpiera e a tenere insieme i suoi

---

IL BISOGNO DEI COMPLIMENTI

▸ **Il vostro bimbo consolida la fiducia in se stesso attraverso i piccoli gesti quotidiani e ha bisogno che i vostri complimenti sottolineino i suoi progressi,** per esempio quando riesce per la prima volta a togliersi i vestiti da solo, a mettersi le calze o quando prende l'iniziativa di lavarsi le mani prima di mangiare.

▸ **È però importante precisare che il suo orgoglio deriva, innanzitutto, dall'atto in sé, più che dai vostri commenti. È bene quindi farli, ma evitando gli eccessi.** Troppi «bravo» potrebbero, infatti, fargli pensare che voi sopravvalutiate le sue capacità e ridurrebbero un po' il suo piacere di esserci riuscito.

▸ **Evitate assolutamente di confrontarlo con altri bambini perché,** se finirà per fare le cose solo per farvi contenti, rischia di bloccarsi quando non ne riceve.

le foglie?» e così via. Più il suo universo si espande, più vi porrà domande. La sua sete di capire come funzionano le cose non ha eguali, se non nella sua voglia di provare a far funzionare qualsiasi meccanismo: girare le chiavi, schiacciare i bottoni... il tutto con la stessa incredibile intensità.

A partire dai 3 anni, cerca in ogni cosa i legami di causa ed effetto. Spesso, la domanda che sta dietro a questo approccio è: "Come potrei agire o intervenire su questo?" Ciò avviene anche perché non è ancora centrato su se stesso, ma più crescerà, più i suoi campi d'interesse si amplieranno.

COME RISPONDERE? • Al momento dei primi "perché", le domande si succedono, ma potrebbe sembrare che il bimbo non ascolti veramente la vostra risposta. È come preso dal piacere di nominare ed esprimere tutto ciò che vede e, a volte, cerca solo di attirare l'attenzione. Naturalmente, non sarete sempre pronti a rispondergli, ma sarebbe un peccato fermarlo in questa sua impresa ed è bene fargli capire che siete sensibili alla sua sete di sapere. Se le sue domande vi esasperano, spiegategli la cosa a modo vostro.

È comunque imperativo tenere conto della sua età e non dargli spiegazioni che vadano oltre le sue capacità di comprensione e rischino di confonderlo. Le sue reazioni sono sempre un buon indicatore. Dal punto di vista emotivo, è ancora incapace di gestire determinate informazioni e ha bisogno che voi rispettiate la sua sensibilità.

Qual è la sua nozione del tempo?

«Partiamo fra un quarto d'ora»: per un bambino di 3 anni, questa frase significa semplicemente che "partiremo". Il tempo dell'orologio non significa niente per lui, perché percepisce il tempo come lo vive personalmente, per cui 15 minuti possono essere, secondo le circostanze, molto lunghi o molto brevi.

DARE RIFERIMENTI CONCRETI • Precisazioni quali "domani", "fra una settimana", "fra tre mesi" non hanno molto senso per lui. Il bambino di 3 anni sa solamente che queste espressioni indicano qualcosa nel futuro, un "dopo" rispetto al passato, che è un "prima". "L'ora di andare a letto", "la giornata con la mamma", "quando il papà torna a casa" saranno per lui riferimenti più chiari delle ore precise o dei nomi dei giorni della settimana.

Solo più tardi, tra i 4 e i 5 anni, diventerà più sensibile alla nozione del tempo e della durata, cercherà di comprenderle e la sua percezione del presente, del passato e del futuro si farà più precisa. Per ora riesce a capire solo "ieri", "oggi" e "domani". Poi, verso i 6 anni, riuscirà a conoscere i giorni della settimana e a capire meglio e localizzare le ore nell'arco della giornata.

Alcuni bambini possono esprimere una grande accuratezza anche nei piccoli gesti quotidiani.

giocattoli. Verso i 5 o 6 anni, riordinerà quando gli chiederete di farlo, cercando spesso di sfuggire all'incarico.

L'età del "perché?"

Basta guardare un bambino piccolo davanti a un formicaio per rendersi conto di quale intensità sia capace quando osserva. Si stupisce e pone domande, una dopo l'altra: «Perché il signore ha la barba?», «Perché gli alberi perdono

Incoraggiare l'autodisciplina

Il vostro bambino ha parzialmente interiorizzato alcuni divieti, ma gli è ancora difficile resistere alle tentazioni. A volte, infrange volontariamente le vostre disposizioni e si aspetta di essere sgridato: si può dire che cerchi di "abbattere" i limiti. In questi casi, basterà essere fermi, ma senza mai usare la forza o punirlo. Solo a partire dai 4 anni e mezzo riuscirà a obbedire ad alcune regole, senza brontolare e senza difficoltà.

L'importanza di spiegare

Sarebbe assurdo vedere un'intenzione in ogni atto di vostro figlio, perché per ora molte sue birbonate sono ancora legate all'incomprensione. Alcuni divieti si applicano, per lui, a situazioni specifiche e non le considera più tali quando cambia il contesto: per esempio, se gli avete vietato di avvicinarsi al laghetto nel parco vicino a casa e lui obbedisce, non intende valida questa regola per qualsiasi specchio d'acqua. Inoltre, per lui l'eccezione conferma la regola: se dite una volta di sì, per lui si tratta di un "sì" definitivo. Affinché arrivi, un giorno, a distinguere chiaramente se un gesto è permesso, tollerato in certe situazioni o inaccettabile, sarà importante che voi gli spieghiate le ragioni dei vostri divieti con chiarezza e brevità. Naturalmente, quando corre un pericolo, il tono della vostra voce dovrà fermarlo immediatamente e la spiegazione verrà dopo. Analogamente, quando vi si opporrà o sarà arrabbiato, ogni spiegazione sarebbe vana e dovrete attendere un momento.

Insegnargli il concetto di responsabilità

Poco a poco sboccerà in lui l'idea di essere il responsabile dei suoi atti, il che non gli impedirà di fare ancora, a volte, qualche birbonata. La sua prima percezione delle nozioni di "bene" e "male" appare, in particolare, nei suoi giochi (quando sculaccia la sua bambola, per esempio).

Spesso, a costo di fare uno sforzo su se stesso, riesce a dominare i suoi desideri per comportarsi secondo le vostre attese e percepisce già, e a ragione, un netto senso d'orgoglio. Naturalmente, questa presa di coscienza sarà molto più difficile se obbedirà solamente per paura o perché i suoi genitori applicano regole estremamente rigide. Per imparare l'autodisciplina, il bambino ha bisogno, infatti, di un terreno flessibile in cui la fermezza si accompagna all'ascolto e al rispetto.

Sentimenti aggressivi e gesti violenti

L'aggressività dei bambini tra i 3 e i 5 anni preoccupa molto spesso i genitori, se non altro quando si manifesta con la violenza fisica. Picchiare e mordere, infatti, non sono gesti accettabili e il bambino deve imparare, poco a poco, a incanalare e gestire le sue reazioni. Tenete presente, però, che non si tratta sempre di aggressività cosciente, ma spesso di una totale perdita di controllo o,

COME REAGIRE?

- **Non è sempre facile reagire correttamente davanti a un bambino che viola l'autorità dei genitori. Secondo le situazioni, bisognerà saper scegliere tra l'approccio intransigente e quello flessibile.**
- Se vi opponete, il bambino sembra diventare più capriccioso perché non cerca più di affermarsi. **Dovrete aiutarlo a seguire questo cammino che gli permetterà di costruire la propria identità e di affrontare il sentimento di frustrazione.**
- Converrà, quindi, **cedere sulle cose non particolarmente importanti** (la scelta di un abito, per esempio) perché un approccio troppo rigido potrebbe suscitare reazioni di opposizione che diventerebbero sistematiche.
- Per contro, **quando si tratta di questioni essenziali (la sicurezza, l'alimentazione, il sonno ecc.), non potrete negoziare e starà a voi prendere una posizione netta,** dedicando un po' di tempo a spiegare il vostro atteggiamento o il vostro rifiuto, quando ciò sarà possibile (e non nei momenti di pianto o collera).
- Poco a poco, **troverete le parole e le astuzie che permettono di smorzare i piccoli conflitti** che si manifesteranno inevitabilmente, ma temporaneamente, nel quotidiano di un bambino di questa età.

Sfogarsi e inventarsi ogni sorta di ruolo durante i giochi sono attività di cui il bambino di 3 anni ha un bisogno quotidiano.

talvolta, di un mezzo per difendersi quando non riesce a ricorrere al linguaggio.

Tutti i bambini finiscono per scoprire di avere il diritto di provare sentimenti aggressivi, ma che non bisogna, però, mai fare del male agli altri.

OSTILI A PAROLE • Le parole rappresentano un buon canale di sfogo all'ostilità che si prova: i bambini piccoli usano talvolta un linguaggio violento, ma è bene frenarsi dal giudicarli moralmente. Queste parole permettono loro, giustamente, di non passare agli atti e, analogamente, è buona norma non formalizzarsi troppo per il loro comportamento che, in sé, è comunque positivo.

Preoccuparsi per gli altri?

Rispettare gli altri non è un valore in sé, per il bambino, che però scopre, per esempio, che se è gentile gli adulti si mostrano ben disposti nei suoi confronti. Si rende conto che, se malmena gli altri bambini, causa pianti o altra violenza e, poco a poco, impara a tenere conto dei sentimenti altrui. Il miglior modo per aiutarlo è dargli l'esempio in fatto di buone maniere e porgli dei limiti quando è aggressivo o semplicemente sgarbato nelle relazioni. Un po' alla volta, il confronto con gli altri bambini lascerà il posto ai giochi interattivi tra compagni, soprattutto quando si troverà a scuola.

L'inserimento alla scuola materna

L'ingresso alla scuola materna è sicuramente una formidabile apertura alla vita. Per il bambino, ma anche per voi, è un grande traguardo ed è quindi importante prepararsi a questi cambiamenti per affrontare i primi tempi serenamente e favorire il vostro reciproco adattamento

Un traguardo da preparare

Preparare il proprio bambino all'ingresso alla scuola materna è indispensabile per evitare ogni eventuale apprensione. Se il vostro piccolo non si è mai separato da voi, potrete, di tanto in tanto, affidarlo, nei 2 o 3 mesi precedenti l'inizio della scuola, a un centro-infanzia, ai nonni ecc. In questo modo, lui si abituerà alle brevi separazioni per adattarsi anche alle nuove relazioni. Imparando a lasciare la propria famiglia senza temere di perderla, il bambino si preparerà al meglio alla scuola.

COME PARLARNE • Ritagliatevi dei momenti tranquilli per parlare insieme della scuola materna. Tenendo conto del suo carattere, presentategliela come un universo affascinante. Spiegategli perché si va a scuola, quali benefici avrà da questo e che, con questo passaggio, segnerà il suo ingresso nel mondo dei "grandi". Usate dettagli concreti («La maestra ti aiuterà a mettere le scarpe») e realistici («Farai molte cose divertenti, ma ci sono alcune regole da rispettare»). Raccontategli tutto ciò che presto scoprirà, ditegli che potrà farsi dei nuovi amici, dipingere come i grandi, imparare nuove canzoni, giocare ecc. Inoltre, la testimonianza di bambini più grandi sarà molto di aiuto, soprattutto se sarà dei fratelli, o sorelle, maggiori.

VISITARE LA SCUOLA • Su proposta vostra o della scuola, una visita nel mese di giugno può essere utile. Prima delle vacanze, si organizzano le giornate di "scuola aperta" in cui il bambino potrà scoprire il suo futuro universo: l'aula, con un arredamento adatto alla sua età, oggetti e giochi che già conosce (cucinette e mobiletti, bambole, costruzioni, puzzle, dadi a incastro, pitture, libri ecc.). Potrà usare anche i lettini per il riposino, la sala mensa e i mini-gabinetti adatti ai bimbi. Esplorerà lo spazio per la ricreazione, con le sue giostrine: la casetta, lo scivolo, le corde per arrampicarsi...

Inoltre, incontrerà la maestra, o maestro, e gli altri adulti che saranno con lui nell'anno a venire. Prima di tornare a casa, fate una passeggiata con lui nei locali della scuola per far sì che, al ritorno, la senta già come un ambiente familiare. Applicate il suo segnalino ai vestiti, alle scarpe e alle eventuali pantofoline. Tenetevi liberi, il primo giorno, per andare a prenderlo all'uscita. L'ideale è, naturalmente, che entrambi i genitori vadano a prenderlo insieme.

Un adattamento graduale

Il giorno tanto atteso è arrivato! Con il suo zainetto, o la cartella, che gli dà l'aria molto responsabile di un "grande", il vostro bambino varca la soglia della scuola materna... e comincia qui un periodo di adattamento che richiede una buona comunicazione tra i genitori e l'insegnante.

IMPARARE A STACCARSI • Per aiutare il vostro bambino a separarsi da voi serenamente, lasciate che porti con sé un

---

Scegliere i vestiti più adatti

Per andare alla scuola materna, fate indossare al vostro bambino vestiti facili da mettere e da togliere: pantaloncini con fascia elastica in vita, cardigan piuttosto che maglioncini chiusi ecc. Scegliete le scarpe con chiusura velcro perché il piccolo non riesce ancora ad allacciarle facilmente.

Attenzione!

Durante questa fase di grandi scoperte, il vostro bambino ha più che mai bisogno di riferimenti rassicuranti. È quindi importante mantenere le abitudini di casa come, per esempio, l'ora dei pasti e quella della nanna.

3 anni

I primi giorni, la mamma può faticare a nascondere le proprie difficoltà a lasciare il piccolo a scuola.

testimone concreto del suo legame con la famiglia, il suo pupazzo preferito, un semplice oggetto di casa, un libro o una "scatolina di baci", cosa del tutto normale. Se piangerà un po' all'arrivo, consolatelo dicendogli che capite, sempre mantenendo il sorriso e non innervosendovi.

In classe, fategli vedere i giochi che immaginate possano interessarlo e stimolate la sua curiosità con quelli nuovi che potrà scoprire. Accompagnatelo da qualche bambino che forse conosce già, magari un vicino di casa o un amico incontrato al giardino pubblico o all'asilo nido.

Poi abbracciatelo per salutarlo e affidatelo alla maestra. Da professionista quale è, riuscirà a catturare la sua attenzione per aiutarvi a uscire. Quando andrete a prenderlo, vi racconterà che ha smesso di piangere quasi subito!

ORGANIZZARE UN PERIODO DI ADATTAMENTO • Il bambino non si abituerà alla scuola materna fin dal primo giorno. Provate a diluire l'inserimento in un periodo di qualche giorno, d'accordo con l'insegnante, cominciando con la sola mezza giornata e, se dovesse rifiutare di andare a scuola, non forzatelo. Se vi è possibile, l'inserimento può anche avvenire in diversi momenti, per il tempo necessario a far nascere in lui il gusto di entrare in classe...

Considerate che la vostra relazione con la maestra è essenziale, soprattutto durante l'inserimento, che durerà circa 1 o 2 mesi. Parlando apertamente dei punti positivi o di quelli più delicati, si instaurerà un senso di fiducia reciproca molto propizio all'equilibrio del bambino, che dovrà sapere che la sua maestra gli vuole bene come una "tata" o le persone che normalmente si occupano di lui. Senza questa dimensione affettiva, non riuscirà mai a integrarsi.

LE FORMALITÀ PRATICHE

- **La scuola materna è facoltativa ma consigliata**; la scuola, o piuttosto l'istruzione, è obbligatoria dai 6 ai 16 anni.
- **Essa riguarda i bambini, italiani o stranieri, a partire dai 3 anni**, che possono essere ammessi se compiono i 3 anni entro il 31 dicembre dell'anno per cui si chiede l'iscrizione. L'accettazione dipende dai posti disponibili.
- **I documenti da fornire sono**: domanda di iscrizione, autocretificazione contenente i dati anagrafici, certificazione delle vaccinazioni obbligatorie (vedi pagg. 92-93), da richiedere all'ASL, codice fiscale del bambino e dei genitori, eventuale certificazione di disagio fisico o sociale o di altre situazioni particolari, se presenti.
- **Il Comune vi indicherà la scuola materna del vostro quartiere**; se preferite un'altra situazione, potrete indicare un'ordine di preferenza.
- **Dovrete specificare nella domanda l'orario di frequenza gradito**: informatevi in precedenza sulle possibilità offerte dalle scuole materne della vostra zona. Generalmente l'orario è di 40 ore settimanali (8 al giorno), ma si può scegliere l'orario ridotto (25 ore) o prolungato (50 ore).
- **È consigliabile sottoscrivere un'assicurazione scolastica.**
- **L'iscrizione è rinnovata automaticamente ogni anno**, salvo diversa indicazione da parte vostra (trasloco, cambio scuola eccetera).
- **Può accadere che queste regole differiscano leggermente da un comune all'altro.** Informatevi presso il vostro municipio o l'ufficio scolastico regionale.

Apprendere e comprendere

La scuola materna è un luogo di apprendimento in cui il bambino si confronta con gli altri e allena la sua intelligenza e la sua creatività. Complementare all'ambiente familiare, non è per nulla un'evoluzione dell'asilo nido poiché segue un vero e proprio programma pedagogico. Propone giochi profondamente diversi e un nuovo universo relazionale per il bambino e, con le attività che propone, lo prepara alla futura vita scolastica.

La scuola della vita

La scuola materna possiede una caratteristica essenziale: prepara i bambini alla vita! Tuffati in un universo sconosciuto, sperimentano la vita di gruppo, tessono relazioni e acquisiscono nuove abitudini. Ogni piccolo si confronta con gli altri coetanei che gli riflettono l'immagine che ha di sé beneficiando al massimo di questo scambio, ma dovrà anche misurarsi con ostacoli che lo faranno crescere.

ORA SOCIALIZZA • Continuando a strutturare la sua personalità, il piccolo impara a conoscersi e a conoscere gli altri, i compagni con cui parla, gioca e collabora nelle varie attività, ma anche con cui si confronta. Anche a casa, ora sceglie con chi preferisce stare, preferendo tenere per sé le immagini che stanno già passando nel suo personale giardino segreto. Sarà bene che voi rispettiate la sua intimità perché è indispensabile alla sua crescita: ogni persona, grande o piccola che sia, ha sempre bisogno di un proprio spazio di libertà!

IL RUOLO DEI PROFESSIONISTI • La scuola è un mondo di adulti che non sono i genitori o i familiari del bambino, e sono principalmente i maestri e le maestre, dei professionisti che seguono un percorso di diversi anni di studi superiori. Il loro ruolo consiste nell'educare i bambini rispettando i loro ritmi e le loro esigenze. Si interessano a diversi tipi di attività e coordinano le attività di gioco, sempre mantenendo una relazione affettiva e una disciplina fondata su semplici limiti da rispettare. Responsabili della propria classe e dell'approccio pedagogico che scelgono, sono aiutati, in alcuni compiti, da assistenti: per l'igiene e la cura dei bambini, la preparazione del materiale pedagogico ecc. I bambini vivono anche accanto al personale della mensa, della custodia dell'edificio e della sua manutenzione.

ALTRE REGOLE • La scuola materna confronta il bambino con le regole della vita di gruppo, che sono diverse da quelle di famiglia, anche se a volte simili (igiene, comportamento a tavola ecc.). La maestra in questo gioca un ruolo centrale, con la sua autorità e i riferimenti che stabilisce per i bambini. Il piccolo dovrà anche rispettare le esigenze legate agli orari e ai ritmi e acquisirà nuove abitudini (attività manuali, ginnastica, mensa, ricreazione, uscite, giochi ecc.), in locali che hanno, ciascuno, una funzione specifica.

Sviluppare le capacità

Per 3 anni, la scuola materna prepara il bambino ai princìpi fondamentali della scuola elementare, mediante una pedagogia specifica e adeguata al suo stadio di sviluppo e gli insegna a "imparare", allenando molto la creatività. Facendo questo, compensa anche le diseguaglianze perché offre le stesse possibilità ai bambini di ogni ceto sociale.

MOLTEPLICI OBIETTIVI • La scuola materna ha diversi obiettivi: sviluppare appieno le capacità del bambino, sia intellettuali sia fisiche, ampliare la sua visione in modo da permettergli di formare al meglio la sua personalità e offrirgli le migliori opportunità di successo futuro. Sentendosi circondato e apprezzato a scuola, otterrà l'autonomia che gli serve a proseguire nell'esperienza scolastica, che occuperà un quarto della sua vita.

LA SUA PRIMA "PAGELLA"!

- **Ogni fine quadrimestre,** la maestra vi consegnerà una valutazione (PPAE) che riassume le competenze del vostro bambino e gli obiettivi raggiunti, sia dal punto di vista comportamentale che scolastico.
- **La valutazione,** intesa come giudizio sul processo formativo, si riferisce alle modifiche del comportamento e alle competenze raggiunte dal bambino, valutate in rapporto alla sua situazione di partenza.

Grazie al disegno, i bambini raccontano molte storie senza parole e scoprono il piacere del colore.

serale, il suo bisogno di rilassarsi e sfogarsi e, soprattutto, di dormire. Per assicurargli tutta l'energia mentale e affettiva che gli serve, è imperativo rispettare il suo sonno e i momenti di recupero.

Questo periodo di apprendimento richiede il vostro impegno, sia direttamente insieme al bambino sia rispetto alla scuola (riunioni dei genitori, incontri con gli insegnanti, feste e recite ecc.). Se potrete, cercate di partecipare alle gite o ai laboratori che solitamente si organizzano.

Progetto pedagogico e attività

Linguaggio, equilibrio, nozione del tempo e dello spazio, vocabolario, poesia, musica, scrittura... La scuola materna, con il suo ampio ventaglio educativo, insegna al vostro bambino in particolare il linguaggio, l'ascolto e il dialogo, per meglio capire e farsi capire.

L'insegnamento si svolge basandosi su un programma scolastico su base nazionale, ma ogni scuola applica comunque un proprio progetto pedagogico, di cui i genitori possono prendere diretta visione. Quest'ultimo è stabilito in funzione di diversi criteri, soprattutto finanziari e umani (nazionalità, ambiente ecc.).

Lo staff degli insegnanti li mette in pratica secondo 4 grandi gruppi di attività.

ESPRESSIONE ORALE E SCRITTA • Il bambino impara a comunicare in situazioni di espressione individuale o collettiva. Il commento a una lettura o a delle immagini, i giochi vocali, il canto, gli esercizi musicali e le filastrocche da recitare, favoriscono la padronanza del linguaggio e affinano l'orecchio. Cerchi, linee, disegni da colorare, lettere dell'alfabeto o scrivere il proprio nome: l'esercizio grafico sviluppa la sua abilità manuale e lo abitua alla scrittura.

L'ATTIVITÀ FISICA • La ricreazione e gli esercizi fisici programmati (ginnastica, giochi con la palla, salto, danza ecc.) permettono ai bambini di conoscere il proprio corpo e favoriscono la coordinazione dei movimenti e la libera espressione corporea.

SCIENZA E TECNICA • Giardinaggio, bricolage, costruzione e classificazione degli oggetti, giochi, materiali, assemblaggio (forme, colori), montaggio e smontaggio e informatica, tutte cose che appassionano i bambini che esercitano il senso dell'osservazione e la capacità di scoprire il mondo.

ARTE E FORMA • I bambini sviluppano il senso creativo e l'immaginazione con la scoperta di strumenti e tecniche nuove: si abituano a usare diverse forme d'arte (pittura, scultura, fotografia, musica ecc.) attraverso la riproduzione e il video, visita a mostre e musei ecc.

Le attività sono presentate sotto forma di gioco con un obiettivo preciso: attraverso questa forma il bimbo impara a riflettere e a esercitare tutte le sue facoltà. È godendosi il gioco che il piccolo riuscirà, poco a poco, ad apprezzare le attività più elaborate che saranno chiamate "lavoro".

ANCHE UN PO' DI RIPOSO • Con circa 24 ore alla settimana (864 ore all'anno), questi 3 anni richiedono al bambino un grande dispendio di energia, che spiega la sua stanchezza

La vita alla scuola materna

A 3 anni, la giornata scolastica è molto lunga ma scandita da attività che concorrono a dare ai bambini dei riferimenti precisi nel tempo. Dalla classe dei piccoli a quella dei medi e poi dei grandi, ogni fascia di età beneficia di un ritmo e di un tipo di insegnamento specifico che seguono l'evoluzione naturale. Ecco un riepilogo di ciò che il vostro bambino vivrà e scoprirà durante questi 3 anni.

I cicli e i princìpi fondamentali

L'istruzione, dalla scuola materna alle medie, comprende 3 cicli che seguono l'evoluzione dell'apprendimento. I 3 cicli prevedono un certo numero di competenze da acquisire, ripartito in 3 gruppi.

La scuola materna si concentra essenzialmente sul linguaggio e le abilità dette "trasversali": saper svolgere un compito e orientarsi nel tempo e nello spazio. Queste acquisizioni sono inquadrate da regole molto semplici che, per i bambini, hanno valore indicativo.

> **Attenzione!**
>
> Per evidenti ragioni di sicurezza e responsabilità, alla scuola materna tutti gli ingressi e le uscite sono controllati. Per poter uscire da scuola, il bambino può essere affidato solo ai suoi genitori o a una persona autorizzata.

> " Da quando è alla scuola materna, nostro figlio mangia in mensa. Come compensare eventuali carenze alimentari?"

QUANDO MANGIA IN MENSA

Naturalmente, anche se vi è possibile consultare i menu esposti a scuola, non dovrete sempre controllare l'apporto alimentare del vostro bambino e ciò che mangia nello specifico. Pensate, innanzitutto, che, come ogni altro bambino, è in grado di regolare il suo appetito e non rischia di avere ancora fame quando si alza da tavola. Inoltre, l'equilibrio alimentare non si articola su un solo pasto, bensì nell'arco della giornata e perfino di alcuni giorni. Per il resto, ormai avete imparato a conoscere il vostro piccolo: se non è spontaneamente tentato dalla carne o dalla verdura, dovrete semplicemente lasciarlo fare, anche se non si entusiasmerà davanti ai broccoli o alla tagliata di manzo. Starà a voi, al momento della cena, proporgli piuttosto qualche ortaggio, della frutta e cibi proteici. In questo modo potrete stare certi che i suoi bisogni nutrizionali siano ben coperti.

GLI ORARI • Come ogni altra scuola, anche la materna richiede il rispetto di orari d'ingresso e di uscita. Generalmente è previsto un margine di 20 minuti, per esempio tra le 8.50 e le 9.10, se l'ingresso è previsto alle 9.00. I centri infanzia aperti dal mattino alla sera sono più flessibili, ma sempre limitati a orari precisi. I momenti di gioco libero sono previsti nella zona centrale della mattinata e del pomeriggio.

I PASTI • I pasti sono basati su criteri nutrizionali e sanitari definiti dal Ministero per l'Istruzione. Il vostro bambino può, naturalmente, pranzare anche a casa concedendosi una breve pausa. Molte scuole hanno una cucina interna, mentre altre affidano a ditte specializzate la preparazione. In ogni caso, sono obbligati a rispettare rigide regole sanitarie.

DIVIETI E RACCOMANDAZIONI • Semplici farmaci come l'aspirina, per esempio, sono vietati a scuola, ma è assolutamente obbligatorio segnalare eventuali problemi di salute, in particolar modo le allergie e le controindicazioni alimentari. Se il bambino necessita di particolari terapie in orario scolastico queste gli vengono somministrate dalla persona responsabile degli interventi di primo soccorso, previa autorizzazione scritta dei genitori. Se il bambino non si sente bene mentre è a scuola, i genitori vengono sempre avvertiti, .

È importante anche ricordare che a scuola ogni forma di pubblicità è proibita e che i gioielli e la bigiotteria sono sconsigliati.

DOPO LA SCUOLA • Alla scuola materna non si assegnano mai compiti per casa, come avviene in quella elementare. In alcune scuole, alla fine dell'anno si consegna ai genitori una raccolta di tutti i lavori che il bambino ha svolto.

I piccoli e i medi

La sezione dei piccoli e dei medi della scuola materna costituisce il ciclo detto di "primo apprendimento".

A PROPOSITO DI GIOCO • Durante il 1° anno, il bambino fonda la propria esperienza sul gioco. Conserva le abitudini legate alla sua età e spesso dorme ancora un paio di ore dopo pranzo. Le scuole materne hanno generalmente una camera con i lettini per il riposino. I bambini possono tenere con sé il loro pupazzo preferito, ma solo durante il riposino o nei momenti di gioco all'aperto.

I piccoli hanno anche a disposizione dei bagni su misura, che usano con l'aiuto di un assistente, quando serve. Quando accade un "incidente", i bambini vengono cambiati immediatamente.

NIENTE PIÙ RIPOSINO NÉ PUPAZZO! • Il secondo anno, si entra nella sezione dei medi. Questo passaggio segna l'inizio di riflessioni più approfondite, fondate sulla logica, le associazioni tra gli elementi, i metodi personali e giochi più complessi.

In questa fase, scompare il riposino e il pupazzo preferito rimane a casa. In bagno, si considera, in generale, che il bambino non ha quasi più bisogno di essere aiutato, man mano che cresce e diventa più autonomo.

I grandi

Infine, si passa nella sezione dei grandi che forma, con la 1ª e la 2ª elementare, il ciclo dell'"apprendimento essenziale", termine che esprime chiaramente l'importanza di questa fase. Il bambino acquisisce qui gli strumenti che gli daranno poi la padronanza della lettura e della scrittura per prepararsi alla scuola elementare. Non imparerà quindi qui a leggere e a scrivere, ma seguirà un percorso preparatorio. Scoprendo il legame tra la parola orale e quella scritta, si abituerà al suono di parole e sillabe e al riconoscimento visivo e uditivo delle lettere. Continuerà anche a disegnare, a giocare e a esprimersi in modi e con mezzi diversi.

Quest'ultima fase è una porta che si apre sulla "scuola dei grandi" e una tappa fondamentale nel percorso di crescita di ogni bambino.

Le vacanze

Durante le vacanze scolastiche, oltre alla famiglia e alla baby-sitter (soluzione pratica ma costosa), il bambino può rimanere presso un centro infanzia specializzato che propone varie attività e giochi da fare anche in compagnia di altri bambini, ospiti del centro nello stesso periodo. Esistono diverse categorie di centri per l'infanzia, prevalentemente privati: le ludoteche, i centri di animazione e i baby parking.

PARTICOLARI DONI E PRECOCITÀ

- L'aggettivo "intellettualmente precoce" sostituisce oggi i termini di "superdotato" o "piccolo genio".
- Secondo alcune statistiche, circa il **5% dei bambini in età scolastica è intellettualmente precoce, ma solo l'1% viene riconosciuto come tale.**
- Il fenomeno della precocità, presente in ogni ambito sociale, emerge a partire dai 6 anni, con casi anche nella scuola materna.
- Essa riguarda i bambini le cui capacità d'apprendimento sono in anticipo di almeno 2 anni rispetto alla media della fascia di età e si manifesta con diversi segni: particolare rapidità di riflessione, curiosità, maturità, sensibilità, capacità mnemonica.
- **Lo studente precoce, tuttavia, rimane comunque un bambino come tutti gli altri** e ha semplicemente bisogno di essere accompagnato in modo particolare affinché si senta più sicuro, sereno e protetto nella sua evoluzione. Infatti, questa forma di "disadattamento" può essere fonte di grande sofferenza.
- **Se il bimbo è più avanti rispetto agli altri, parlatene con gli insegnanti e con il medico scolastico.** Se i segni di precocità saranno confermati, potrete contattare un'associazione specializzata.

La corretta alimentazione del bimbo

Da quando ha cominciato ad andare alla scuola materna, il vostro bambino è più attivo che mai. Per sostenere la sua crescita, i pasti devono essere variati, equilibrati e assunti a orari regolari. Nel corso dell'infanzia si formano il gusto e il senso della corretta alimentazione. Il piacere di mangiare implica un vero apprendimento che i genitori devono svolgere con delicatezza e fantasia.

Quali alimenti, esattamente?

A questo punto, l'alimentazione del bambino è quasi identica a quella di un adulto, anche se è comunque bene garantire l'equilibrio e le quantità più adatte. Se la regolarità dei pasti quotidiani è un dato fisso, la quantità del cibo deve variare secondo l'appetito del bambino.

Non preoccupatevi se vi sembrerà che vostro figlio sia di appetito "scarso": ciò che importa è che i 4 pasti siano comunque equilibrati, ossia che prevedano, nell'arco della giornata, dei latticini, carne, pesce o uova, frutta e verdura, cereali e, in misura inferiore, un leggero apporto di grassi.

I LATTICINI • Il calcio non è mai troppo per la crescita e una buona mineralizzazione delle ossa! Fino ai 4 anni, il bambino ha bisogno di assumere 600 mg di latte o latticini al giorno, in media. Per questo motivo, potrete proporgli un latticino 3 o 4 volte al giorno. Un bicchiere di latte a colazione o a merenda con formaggio, yogurt e simili, il latte, sia intero sia parzialmente scremato o perfino scremato, apporta sempre molto calcio, mentre cambia solo la frazione grassa. Per quanto riguarda i formaggi, variatene spesso il tipo e non abusate dei formaggi spalmabili: ricchissimi di grassi e sale, forniscono poco calcio.

PANE E FARINACEI A OGNI PASTO • Ricchi di amidi, sono alimenti importanti per il funzionamento dei muscoli e del cervello. Rispetto agli alimenti zuccherati (pasticcini, bibite e caramelle), i farinacei, il pane e gli altri cereali rilasciano l'energia nell'organismo in modo progressivo. Dando a ogni pasto dei farinacei permetterete al bambino di arrivare al pasto successivo senza dover "piluccare".

Il pane (preferibilmente integrale) può essere portato sempre in tavola, soprattutto se il pasto non prevede altri cereali, legumi o altri farinacei (riso, semola, pasta, grano intero o macinato, lenticchie, piselli spezzati, patate ecc.). Potrete anche associare nello stesso piatto farinacei e verdura, perfettamente complementari tra loro.

CARNE, PESCE E UOVA • Date al vostro bambino della carne, del pesce o un uovo, 1 o 2 volte al giorno, alternandoli. Ricchi di proteine, carne, pesce e uova dovrebbero essere presenti in uno dei 2 pasti principali. Tra i 50 e 70 g di carne o di pesce al giorno sono sufficienti al bambino. In mensa ne mangia porzioni tra i 60 e 70 g; potrete, quindi, non servire la carne la sera o dargliene poca se, almeno a casa, tende ad avanzarla nel piatto; consumare troppe proteine non è mai una buona abitudine. Tutte le carni apportano quantità quasi equivalenti di ferro e proteine, quindi variate i menu favorendo quelle meno grasse (pollo senza pelle, scaloppine di vitello, tagliata di manzo ecc.).

FRUTTA E VERDURA A OGNI PASTO • Ricche di vitamine, minerali e fibre e poco caloriche, le verdure devono essere sempre presenti nei pasti principali. La frutta può completare la prima colazione, la merenda (intera o sotto forma di succo) o essere un ottimo dessert (in composta, al forno, in macedonia o cruda, da sbucciare). Cercate di non presentarla al vostro bambino solo come un alimento che "fa bene alla salute", ma soprattutto per la sua bontà e, per questo, cercate di prepararla sempre in modo variato.

LA PAROLA AL BAMBINO

Ora che so cosa mi piace, vorrei provare ad assaggiare dei cibi nuovi, ma ci trovo dei pezzetti che hanno un sapore strano e che mi fanno un po' ribrezzo: le vongole, no... niente da fare, mi fanno proprio schifo, ma il formaggino morbido... hmm! A volte mi piace così tanto che se voi non mi controllate, ne mangio troppo, anche fino a stare male! Se mi tenete lontano dalle cose che mi piacciono tanto, certe volte mi arrabbio e grido come un matto. Lasciatemi provare e la prossima volta ci farò più attenzione da solo!

Composizione e organizzazione dei pasti

La giornata si articola sempre sui 4 appuntamenti dei pasti che, se sono completi, ben equilibrati e serviti a orari regolari e distanziati, non invogliano il vostro bambino a piluccare tra un pasto l'altro.

LA COLAZIONE • Da quando il bambino entra alla scuola materna, la colazione, ora più che mai, deve essere un pasto a tutti gli effetti, che gli fornirà l'energia necessaria per la mattinata. Una fetta di pane con burro, marmellata o miele, un frutto intero o frullato e una ciotola di latte o yogurt sono una perfetta colazione.

Se preferite i cereali al pane, evitate però quelli che si trovano in commercio come "cereali per bambini". Sono spesso troppo zuccherati e particolarmente grassi e il loro consumo dovrebbe essere solo occasionale. Di norma, preferite i cereali poco zuccherati.

Se il vostro bambino chiede ancora il biberon di latte, non è un problema, lasciategli pure questo piacere, suggerendogli però regolarmente di sostituirlo con uno yogurt o una tazza di latte: finirà per rinunciare spontaneamente a questa sua vecchia abitudine.

In ogni caso, non lasciatelo mai uscire di casa a pancia vuota, con in tasca qualche biscotto da sgranocchiare durante la mattinata ed evitate di dargli brioche o merendine a pasta lievitata.

LA MERENDA • Questo pasto, simile alla prima colazione, risponde a esigenze alimentari specifiche del bambino e non deve essere improvvisato. Fate attenzione che non si collochi troppo vicino alla cena. Se il vostro bambino fa merenda a casa, potrete offrirgli un frutto (fresco, in composta o in succo, senza zuccheri aggiunti), un latticino (yogurt, formaggio o un bicchiere di latte) e dei cereali (del pane, preferibilmente). Evitate di offrirgli sistematicamente bibite e biscotti.

Se non siete a casa a quell'ora del giorno, preparate la merenda che gli darà la persona che si occupa di lui in quel momento. Nel passaggio "obbligato" per il panificio, fate attenzione a non cedere a brioche e dolci lievitati e scegliete piuttosto un buon panino integrale.

Se, invece, il vostro bambino fa merenda a scuola, scegliete alimenti che rimangono freschi tutto il giorno, ben confezionati e a temperatura ambiente. Un piccolo cartone di latte UHT, un panino con formaggio pastorizzato o un frutto. Non dategli mai una seconda merenda quando torna a casa: se ha fame, anticipate piuttosto il momento di servire la cena.

ALCUNI DATI E RIFERIMENTI

> **La quantità delle proteine: 50 g di carne = 50 g di pesce = 1 nuovo = 50 g di prosciutto** (una fetta spessa).
> **Una tagliata di manzo** corrisponde a 100-120 g di carne.
> **Un filetto di pesce surgelato** pesa tra gli 80 e 120 g.
> **La stessa quantità di calcio** (circa 200 mg) è apportata da 1 bicchiere medio o una piccola tazza di latte vaccino (150 ml); 1 yogurt al naturale da 125 g; 20 g di formaggio tipo emmental o caciotta; 50 g di Camembert.
> **1 porzione grande di patate fritte** apporta l'equivalente di 2 cucchiai da minestra di olio d'oliva.
> **1 bibita in lattina** da 33 cl è equivalente a circa 6 zollette di zucchero.
> **1 barretta di cioccolato** contiene l'equivalente di 5 zollette di zucchero e di 1 cucchiaino da caffè di grassi.

IL PRANZO E LA CENA • Farinacei, verdure o carne, pesce o uova a uno dei pasti principali, un latticino, un frutto e acqua a volontà. Su questa base, tutte le composizioni, combinazioni, presentazioni e preparazioni sono salutari, secondo la vostra disponibilità di tempo e i gusti della famiglia. Le verdure saranno proposte cotte o crude, come antipasto.

Se il piatto non prevede farinacei, accompagnatelo al pane. La frutta sarà cruda, in composta o in macedonia. Per quanto riguarda i latticini, il formaggio, lo yogurt (idealmente al naturale da aromatizzare a casa), la crema di formaggio ecc., scegliete pure secondo il gusto.

Ricordatevi che non è necessario dare al bambino le proteine a ogni pasto (tra i 50 e 70 g di carne o equivalente al giorno sono sufficienti). Se ci tenete particolarmente, consumatene solo in piccola quantità.

A tavola con i grandi

L'uso del cucchiaio non è più un segreto per il bambino, che si abitua però molto gradualmente anche alla forchetta. Per maneggiare il coltello, invece, meglio attendere ancora un po'.

Evitate, però, di lasciarlo mangiare da solo e fate in modo che il pasto familiare si svolga sempre in un ambiente affettuoso e sereno. Approfittatene per insegnare al vostro bambino le buone maniere a tavola, soprattutto, tra altre, l'abitudine di masticare tenendo la bocca chiusa.

Curare efficacemente il sovrappeso

Senza arrivare a farsi ossessionare dalla bilancia e dalla dieta, prendiamo però atto di cifre che devono allarmare. Per esempio, negli ultimi 10 anni, l'obesità infantile è raddoppiata! In Italia, oltre il 12% dei bambini tra i 6 e i 13 anni ne soffre. Se questa tendenza si mantenesse, ¼ dei bambini di questa fascia di età sarebbe in sovrappeso già nei prossimi 20 e sappiamo bene che un eccesso di peso durante l'infanzia predispone all'obesità anche in età adulta.

Il giusto controllo

Per assicurarvi che il vostro bambino non accumuli troppo peso superfluo, dovrete pesarlo e misurarlo regolarmente in occasione delle varie visite mediche. Seguirete così la sua corretta curva di crescita (annotata nel libretto sanitario) e osserverete l'evoluzione di ciò che si chiama "indice di massa corporea" (IMC), ossia il peso in proporzione alla statura (al quadrato), secondo l'età e altri criteri medici.

Questo controllo eseguito dal pediatra è essenziale fin dalla più tenera età. Non dimentichiamo, infatti, che le cattive abitudini che si instaurano precocemente sono le più difficili da combattere anche in età adulta.

Attenzione alle barrette di cioccolato!

Le barrette di cioccolato sono ricchissime di zucchero e grassi. Quelle con "più latte e meno cacao" sono a volte presentate come "buoni alimenti", pieni di latte e tanto calcio, ma non possono assolutamente sostituire i latticini freschi. Contengono mediamente il quadruplo di grassi, il doppio di zucchero e offrono solo un quarto del calcio di un buon bicchiere di latte e vanno quindi eliminate dalla merenda.

LA NORMALE EVOLUZIONE • Durante i primi mesi, il piccolo mangia molto e si costituisce così una riserva. È tutto "tondo" e il suo IMC raggiunge il massimo all'età di un anno. In seguito, cominciando a camminare e a crescere, la curva comincia una lenta discesa fino a circa il 6° anno. Da questo momento in poi, l'IMC comincia a risalire, segno che il bambino riprende a irrobustirsi fino al completamento del periodo della crescita. Il momento in cui la curva riprende ad ascendere si chiama "rimbalzo". Si tratta di un fenomeno assolutamente normale, tuttavia oggi si osservano frequentemente "rimbalzi" che cominciano già a 3 anni e questo è, invece, un dato inquietante.

SE C'È UN PROBLEMA • Inutile sperare che tutto rientri poi nella regolarità, se non si è in grado di reagire rapidamente Non sarà comunque sempre il caso di mettere a dieta il bambino sovrappeso, ma sarà sicuramente bene instaurare abitudini corrette.
• Rispettare il ritmo di 4 pasti al giorno insistendo sulla colazione e sulla merenda per evitare che mangi fuori pasto durante la giornata.
• Limitare gli alimenti grassi e zuccherati a favore di frutta e verdura.
• Riservare dolci e bibite alle feste di compleanno e alle occasioni speciali in famiglia; bandire i pacchetti di biscotti, le caramelle, le barrette di cioccolato e altri stuzzichini.
• Invitare il bambino a fare sempre movimento, andare in bicicletta o giocare all'aria aperta.
• Applicare le buone abitudini alimentari a tutti i membri della famiglia affinché il bimbo "paffutello" non si senta frustrato o punito.

> "La nostra bambina ha 3 anni e ama sempre meno i latticini. Possiamo darle, in alternativa, degli alimenti a base di latte di soia?"

PRODOTTI A BASE DI LATTE DI SOIA

Il latte di soia e i suoi derivati apportano molto meno calcio rispetto ai prodotti a base di latte vaccino e non possono, pertanto, in alcun caso sostituirsi al latte, sul piano nutrizionale. Provate a offrire alla vostra piccola dei latticini di vario tipo: uno yogurt al naturale o un formaggio fresco dolcificati con miele, marmellata o crema di castagne, del latte aromatizzato alla vaniglia o alla cannella oppure frullato con la frutta. Potrete usare il latte, lo yogurt o il formaggio grattugiato anche nei piatti che cucinate a casa: besciamella, soufflé, riso al latte, eccetera.

Come tutti gli alimenti zuccherati (pasticcini, bibite ecc.), i gelati e i sorbetti non rivestono alcun interesse nutrizionale per il bambino.

Prevenire l'obesità

Non lo si ripeterà mai abbastanza: menu squilibrati, eccessi proteici e zuccheri aggiunti, spuntini frequenti nella giornata, pasti frettolosi (masticando anche poco), la concentrazione dell'apporto nutrizionale a fine giornata e la mancanza di attività fisica sono i principali fattori "incriminati" nell'aumento dell'obesità infantile, che oggi supera il 12% dei bambini e che, solo nell'1% dei casi, ha cause riconducibili a problemi ormonali, metabolici o di origine genetica.

Se la curva di crescita del vostro bambino punta bruscamente verso l'alto e supera, in seguito, 2 o 3 gradi di riferimento, sarà essenziale far seguire il vostro bambino da un medico specialista, prima che l'obesità si consolidi definitivamente nel suo organismo. Purtroppo, più l'obesità si manifesta precocemente, più è poi difficile da trattare in seguito.

OCCHIO ALLA MERENDA DEL MATTINO!

- Già da qualche anno, i nutrizionisti infantili consigliano di scegliere con cura i contenuti della merenda delle 10 a scuola, puntando piuttosto su una colazione adeguata (il 7% dei bambini arriva a scuola a pancia vuota).
- Questa decisione si motiva per il fatto che la tradizionale pausa del mattino, che dovrebbe semplicemente "traghettare" da un pasto all'altro, si è trasformata, in un vero e proprio pasto con biscotti, cereali e bibite troppo ricchi di zuccheri e grassi.
- Una colazione equilibrata prevede un latticino, un prodotto a base di cereali e un frutto (o succo di frutta) prima di lasciare casa, che permette al bambino di "arrivare" fino al pranzo senza un particolare appetito.

A proposito di sonno: le difficoltà passeggere

Ora il vostro bambino dorme in un letto normale, con il suo pupazzo del cuore e un abat-jour a portata di mano. Sembra così aver acquisito una certa autonomia, ma può essere che il suo sonno incontri ancora qualche disturbo passeggero, frequente tra i 3 e i 6 anni. Per aiutarlo a superare queste eventuali difficoltà, siate particolarmente comprensivi, ma allo stesso tempo anche piuttosto determinati.

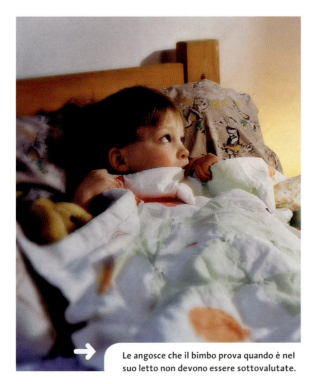

Le angosce che il bimbo prova quando è nel suo letto non devono essere sottovalutate.

NON CEDERE • Senza negare la realtà dei suoi timori, sdrammatizzateli con un po' di senso dell'umorismo e convincete il piccolo che comunque è al sicuro. Rimanendo assolutamente determinati, ditegli che non potrà accadergli nulla di brutto, ma che voi volete che resti nel suo letto. Anche non è sempre facile non cedere, date prova di convinzione e autorità, il che è per lui l'atteggiamento più rassicurante: se voi stessi siete convinti del fondamento delle vostre parole, convincerete molto più facilmente anche vostro figlio.

Agoscia al momento di addormentarsi

Si chiamano "allucinazioni ipnagogiche" i fenomeni sensoriali che si producono poco prima di addormentarsi, che provocano sensazioni fisiche molto angoscianti per il bambino: scosse violente in tutto il corpo, la sensazione di precipitare nel vuoto o di paralisi a un arto, ombre che crescono sul soffitto o sul muro che sembrano la sagoma di un mostro eccetera. Queste illusioni così inquietanti si manifestano in uno stato di semi-incoscienza che fa sì che il bambino se ne ricordi all'indomani e abbia di nuovo paura al momento di andare a dormire. Parlatene pure con lui e cercate di rasserenarlo!

La paura di andare a letto

Paura del buio, di veder comparire i mostri nascosti nell'armadio... le paure irrazionali del bambino rendono talvolta un po' fastidioso il momento di andare a nanna. Se il piccolo attraversa un periodo difficile, piange ogni volta che arriva l'ora di andare a letto, chiede la luce o la porta aperta, vuole che restiate con lui o di dormire nel vostro letto, abbiate pazienza...

Incubi e terrore notturno

Il bambino può svegliarsi a causa di incubi o terrore notturno (vedi pag. 288). Gli incubi sono sogni terrificanti che, nelle ultime ore della notte, svegliano brutalmente il bambino, che urla e chiede di essere consolato. Al risveglio, si ricorda del sogno, riesce a descriverlo e, dopo aver essere stato consolato, si riaddormenta senza difficoltà. Se gli incubi si ripetono ogni notte e sono molto intensi, nascondono un problema reale che il medico potrà aiutarvi a scoprire.

La pipì a letto

SE NON SA ANCORA TENERSI PULITO
La maggior parte dei bambini non fa più pipì a letto di notte tra il 3° e il 4° anno di età. Se a 4 anni il vostro bambino non ci è mai riuscito, sarà utile un controllo medico. Questa forma di enuresi non deve per ora preoccuparvi e può essere legata anche a una forma di immaturità fisiologica, soprattutto durante la fase di sonno profondo, e deve comunque essere segnalata al medico.

I PICCOLI "INCIDENTI"
La gran parte dei bambini può fare pipì a letto saltuariamente anche fino ai 6 anni, talvolta anche in seguito a una contrarietà. Anche se ciò si ripete per diverse notti di seguito, non arrabbiatevi con lui perché non lo fa certo apposta ed è solitamente il primo a esserne dispiaciuto. È inutile farne una questione grave, dargli dei farmaci o prendere altre misure precauzionali. In generale, tutto ritornerà nella normalità nel giro di pochi giorni.

UN PROBLEMA PERSISTENTE
L'enuresi si manifesta generalmente nelle prime ore della notte e non disturba il sonno. Riguarda in gran parte i maschietti ed è inutile cercare di affrontarlo prima del 5° anno, poiché il bambino non riesce ancora a controllare gli sfinteri (i muscoli che controllano l'apertura e la chiusura della vescica) durante la fase di sonno profondo.
Non punite vostro figlio se ciò accade e cercate di responsabilizzarlo, per esempio, chiedendogli di cambiarsi da solo. Senza colpevolizzarlo, aiutatelo a prendere coscienza del suo corpo, poiché la motivazione personale è essenziale.
Se questi incidenti si ripetono ogni notte, per diverse settimane, ciò significa che il piccolo sta incontrando senza dubbio una qualche difficoltà che non riesce a esprimere altrimenti: un conflitto a scuola, l'arrivo di un nuovo fratellino, un timore irrisolto… anche qui, una reazione di collera andrebbe solo ad aggravare la situazione. Il pediatra potrà, invece, darvi ottimi consigli.
Prendete appuntamento per parlarne e portate con voi il piccolo; gli spiegherete che potrà parlarne con il dottore e che lui cercherà di aiutarlo a capire ciò che sta succedendo, senza mai giudicarlo.

Frequente tra i 3 e i 4 anni, il terrore notturno si manifesta entro le 3 ore dall'addormentamento. Il bimbo urla, si agita e poi si calma, senza svegliarsi. Non svegliatelo, in questo caso, perché è incosciente di ciò che gli succede e il vostro intervento aggiungerebbe confusione al suo disagio. Consultate il medico se il terrore notturno si manifesta per più notti di seguito.

Sonnambulismo e sonno eccessivo

Il bambino si sveglia nelle prime ore della notte, cammina e poi torna a letto dopo qualche minuto… al risveglio, non si ricorda nulla. Non preoccupatevi per questo: non c'è alcun pericolo, a meno che non si metta a camminare sulla ringhiera del terrazzo… Tuttavia, se le crisi diventano sempre più frequenti e le manifestazioni si intensificano (panico infantile), dovrete rivolgervi al medico.

Se, invece, il vostro bambino dorme più del solito e passa più tempo nel suo letto che a giocare per diverse notti di seguito e vi sembra debole, è bene portarlo dal medico. Questi sintomi potrebbero segnalare una malattia o comunque un disturbo che va curato.

> " Il nostro bambino non vuole più restare a dormire nella sua cameretta. Dovremmo tenerlo nel nostro letto per tranquillizzarlo? "

«POSSO VENIRE NEL LETTONE?

Il vostro bimbo non smette mai di osservare ciò che lo circonda e cerca di comprendere come funzionano le consuetudini della famiglia. Cerca anche di scoprire il legame affettivo che esiste tra il suo papà e la sua mamma. "Perché vogliono restare soli?", "Che cosa fanno quando la porta della loro camera è chiusa?": tutti questi misteri aumentano la sua curiosità. Pertanto, se il vostro bambino chiede di dormire con voi, non sarà tanto perché ha paura di rimanere solo, ma perché vuole intrufolarsi nell'intimità dei suoi genitori. In questi casi, infatti, il piccolo cerca di esercitare una vera azione di potere. I maschi vorrebbero prendere il posto del papà, mentre le femminucce quello della mamma (vedi pag. 396). Non cedete per fargli capire che mamma e papà non gli appartengono e che "l'altro" genitore continuerà a occupare il suo posto. Sarà necessario spiegargli che entrambi i genitori hanno il diritto di rimanere soli, ma che non deve essere geloso di questo. Di fatto, la difficoltà sarà far sì che il bimbo rispetti la vostra intimità, senza farlo sentire escluso. Il divieto deve essere chiaro: di notte, il letto dei genitori rappresenta una frontiera che non deve essere mai passata.

Il bambino in buona salute

Intorno ai 3 anni, il vostro bambino raggiunge un nuovo traguardo importante: entra alla scuola materna. È l'inizio di un lungo cammino di apprendimento scolastico (anche se ancora essenzialmente in forma di gioco), che assorbirà gran parte della sua energia. Un buono stato di salute è quindi indispensabile per vivere al meglio tutte le nuove scoperte di questo periodo speciale.

Valutare la crescita del bambino

A partire dai 3 anni fino ai 6, sarà preferibile portare il bambino dal medico almeno una volta l'anno, senza contare evidentemente i periodi in cui è malato. Queste visite, meno frequenti che in passato, rimangono comunque essenziali. Infatti, oltre alle misurazioni abituali (peso, statura) che vengono riportate sulle curve di crescita, il pediatra verifica tutte le condizioni essenziali alla crescita armoniosa del piccolo.

Come per tutti gli esami già effettuati, i risultati di queste visite vengono annotati nel libretto sanitario.

PRIMA DELL'INGRESSO ALLA SCUOLA MATERNA • Nel quadro di questo controllo medico, è consigliata anche una visita subito prima dell'ingresso alla scuola materna per fare il punto sullo sviluppo fisiologico, psicomotorio, emotivo e sensoriale del bambino.

In seguito, deve essere eseguito anche un bilancio poco prima del 4° anno di età, sempre a cura del pediatra o del medico scolastico. Egli prenderà in considerazione le complessive condizioni di vita del vostro bambino, ossia il sonno, l'alimentazione, le sue capacità visive e uditive, lo stato della dentizione, le attitudini fisiologiche e psicomotorie, oltre naturalmente alla statura e al peso.

La prevenzione dei disturbi uditivi

Fin dalla nascita, l'udito del vostro bambino è tenuto sotto controllo. Può però succedere, per esempio in seguito a otiti recidivanti, che cominci a funzionare meno bene. Un semplice rumore forte può già danneggiare l'orecchio ed è essenziale seguire l'evoluzione dell'udito del vostro bimbo e comunicare al pediatra ogni dubbio.

Ogni perdita di udito non compensata comporta un ritardo del linguaggio (l'udito contribuisce al riconoscimento e alla comprensione di parole, frasi e, quindi, ragionamenti) e, di conseguenza, nell'apprendimento scolastico. Inoltre, ogni abbassamento di udito individuato in modo tardivo è più difficile da correggere.

CHE COSA FARE? • La diagnosi dei disturbi uditivi si effettua essenzialmente grazie ai genitori. Senza farsi prendere dall'ossessione, dovrete però essere attenti al livello linguistico del vostro bambino, al suo comportamento, alle eventuali ripercussioni di otiti o rinofaringiti frequenti, alle sue reazioni ai suoni e alle voci. L'apparecchio acustico è necessario solo nei casi più gravi, ma anche un sostegno logopedico può essere spesso benefico.

Se il vostro bambino è già stato trattato per problemi di questo tipo o è già portatore di apparecchio acustico, dovrete consultare lo specialista e l'audioprotesista almeno una volta l'anno e procedere a un audiogramma annuale.

Il controllo della vista

La vista è un senso tanto essenziale quanto l'udito e merita altrettanta attenzione fin dalla nascita. Un difetto visivo di qualsiasi natura (ambliopia, miopia o ipermetropia) rende più difficile imparare a leggere e può comportare un ritardo rispetto agli altri bambini della stessa età e, quindi, anche un ritardo scolastico.

CHE COSA FARE? • A partire dai 3 anni, il bambino può essere regolarmente visitato dall'oculista; chiedete con-

---

Il ruolo delle strutture pubbliche

Esistono strutture pubbliche specifiche denominate Centri di assistenza materno-infantile incaricati della salute della mamma e del bambino. La loro azione, messa in atto da medici e vari specialisti (ostetriche, puericultrici, assistenti sociali ecc.), prevede in particolar modo le visite di controllo e i bilanci di salute dei bambini. Informatevi presso la ASL del vostro Comune che vi indicherà la struttura di riferimento.

Attenzione!

Se il bambino rifiuta momentaneamente di mangiare, non è in sé un fatto grave, ma se presenta anche dei disturbi (perdita di peso, comportamento diverso, febbre ecc.), consultate tempestivamente il medico

siglio al pediatra per la frequenza delle visite. Il bambino raggiunge i 10/10 di acutezza visiva tra i 4 e i 5 anni. A titolo preventivo, fate attenzione che, se si stropiccia gli occhi, è strabico, i suoi gesti mancano di coordinazione, si lamenta di non vedere chiaramente le immagini del suo libro, probabilmente soffre di un deficit visivo.

Accertatevi anche che non confonda i colori, con una scorretta percezione del verde e, soprattutto, del rosso: questo fenomeno, noto come "daltonismo" colpisce solo i maschi. Questa ricerca, essenziale per il benessere e la sicurezza del vostro bambino (i semafori rossi, per esempio), è possibile a partire dai 3 anni.

OCCHIALI E LENTI A CONTATTO • Se il vostro bambino porta già gli occhiali, dovrà sottoporsi a un controllo oculistico almeno una volta l'anno. Se li dovete acquistare, scegliete preferibilmente modelli leggeri e infrangibili. L'uso delle lenti a contatto è possibile dopo i 7 anni, ma può essere prescritto già dai 3, in alcuni casi.

Attenzione all'equilibrio alimentare!

La salute del bimbo passa anche dall'apprendimento della nozione di equilibrio alimentare. Ora è abbastanza grande da comprendere che piluccare spesso qualsiasi cosa gli capiti e a tutte le ore è qualcosa di sbagliato. Non sono tanto gli alimenti in sé a essere responsabili di squilibri e disturbi, ma il modo in cui si usano e, soprattutto, se ne abusa. L'essenziale è che il vostro bambino mangi in modo variato e secondo il suo appetito, a tavola, durante i 4 pasti giornalieri (vedi pag. 372). Fate anche attenzione che i pasti si svolgano in un ambiente sereno e tranquillo.

FARGLI SCOPRIRE GLI ALIMENTI • Cominciate ad abituarlo, in modo giocoso, alle categorie alimentari che compaiono nei vostri menu: il latte e i suoi derivati; le carni (bianche e rosse), il pesce; i grassi; i cereali e i loro derivati come, per esempio, il pane; i farinacei, gli alimenti dolcificati; la frutta e la verdura.

Parlategli delle bevande (le bibite troppo zuccherate, che non devono essere portate in tavola!), mettendo in chiaro che il corpo non può fare a meno dell'acqua per tutto il giorno. Approfittatene anche per documentarvi e imparerete qualcosa di nuovo. Oggi esiste un gran numero di strumenti per apprendere le norme della buona alimentazione.

FARLO PARTECIPARE • Di tanto in tanto potrete anche portare il piccolo con voi a fare la spesa, o cucinare insieme, due occasioni formidabili per abituarlo ai piaceri e alle regole della buona tavola e sperimentare piatti originali da presentare con fantasia.

I PICCOLI DISTURBI ALIMENTARI • Può essere che, per diverse ragioni, nonostante i vostri tentativi il bambino non ami o addirittura rifiuti di mangiare parte del pasto, se non tutto. Se è comunque sano e cresce normalmente, non dovrete preoccuparvi. Il piccolo sfrutta evidentemente questo momento per mettervi alla prova. Un bambino sano non si lascia mai morire di fame e mangia semplicemente ciò di cui ha bisogno.
La migliore tattica è ignorare la provocazione, procedendo come al solito e servirlo con parsimonia, rimanendo tranquilli e non dandogli particolare attenzione né complimentandosi eccessivamente quando mangia. Non forzatelo mai a mangiare, perché correreste il rischio di bloccarlo ulteriormente! Comunque andrà, riprenderà progressivamente l'alimentazione normale.

INDIVIDUARE I PIEDI PIATTI

- Dopo il 3° anno, il piede paffutello e pieno del bambino lascia il posto a un piede naturalmente curvato sulla volta plantare.
- Il pediatra, a questo punto, è in grado di diagnosticare il fenomeno del "piede piatto" per cui la volta non risulta curvata e poggia interamente al suolo.
- In gran parte dei casi questo difetto si corregge spontaneamente camminando a piedi nudi, possibilmente sulla sabbia, e praticando sport considerati specifici che sviluppano la volta plantare, come la danza o il ciclismo.
- In ogni caso, fate sempre attenzione che il vostro bambino porti scarpe munite di una soletta interna ben sagomata.

Principali sintomi e malattie

La crescita e lo sviluppo del bambino portano con sé una nuova consapevolezza delle sue capacità. Ora coglie ogni occasione per fare nuove esperienze e anche le malattie fanno parte del percorso. Partecipa attivamente perfino alla diagnosi e alla terapia, esprimendo chiaramente e a parole le sensazioni e l'eventuale dolore che prova, anche se accetta le cure con più o meno facilità, a seconda dei casi.

La stanchezza

La stanchezza nel bambino, che rende più fragile il suo stato di salute, è dovuta alla crescita, all'impegno scolastico e al ritmo di vita, in particolare d'inverno, quando il freddo e la luce più scarsa mettono alla prova il suo giovane organismo. Alcune semplici regole vi permetteranno però di ridurla, perché il corpo affaticato è più esposto alle aggressioni, in particolare quelle all'apparato otorinolaringeo.

Ogni bambino ha un suo ritmo, quindi fate attenzione a quello di vostro figlio: a 3 anni ha bisogno in media di almeno 10 ore di sonno per recuperare le energie e deve andare a dormire intorno alle 20.00. Evitate che la sera svolga attività troppo impegnative o che guardi la televisione.

NEL CASO DI STANCHEZZA PERSISTENTE • Alterazioni d'umore, disturbi del sonno, letargia o, al contrario, iperattività, scarso piacere del gioco, borse sotto gli occhi... sono tutti segni che denotano una grave stanchezza che richiede un consiglio del pediatra, se persiste a lungo.

In questo caso, si dovrà individuare la causa di questo stato di affaticamento che può essere dovuto a un virus, un'anemia (mancanza di ferro) o, raramente, una carenza di vitamine (in particolare di tipo D). Può anche trattarsi di un disagio affettivo e/o psicologico (l'arrivo di un nuovo fratellino può, per esempio, creargli un po' di confusione).

CHE COSA FARE? • Indipendentemente dall'origine, il pediatra saprà consigliarvi al meglio. Nel caso di dubbio, richiederà un esame del sangue per individuare un'eventuale carenza e prescriverà, se necessario, un integratore. Pensate anche a un rimedio omeopatico che stimoli le sue difese naturali per affrontare meglio la stagione invernale. La soluzione risiede soprattutto in un nuovo orientamento del ritmo e dell'alimentazione del piccolo, cui darete più occasioni di attività più sane, anche impegnative; per esempio, lunghe passeggiate durante le giornate più belle.

I pidocchi

Quasi tutti i genitori temono che il loro bambino torni da scuola con i pidocchi o che la scuola invii una circolare scritta per informarvi di un'epidemia in corso. I pidocchi sono insetti che si nutrono del sangue umano e veicolano una malattia parassitaria denominata "pediculosi" che si manifesta a livello cutaneo o del pube (piattole).

Nei bimbi che vivono in gruppo, i pidocchi attaccano il cuoio capelluto e proliferano prima che i genitori se ne accorgano. Le femmine depongono le uova, dette "lendini", alla radice dei capelli e, da lì, avviano una vera invasione; quando sono piene di uova sono grigie, altrimenti bianche. Il bambino, grattandosi, può procurarsi lesioni cutanee.

L'INGRESSO ALLA SCUOLA MATERNA

- I primi giorni **non è raro che soffra di qualche piccolo disagio di adattamento:** l'ambiente, il nuovo ritmo e le attività che svolge sono molto diversi, anche se il vostro bambino proviene da un asilo nido.
- **Potrebbe, per esempio, ricominciare a fare pipì a letto,** il che non è raro all'ingresso alla scuola materna. Se accade, non colpevolizzatelo, ma consolatelo e spiegategli che può succedere. Ricordate che non si può parlare di enuresi prima dei 5 anni e che, quindi, non è da prevedere una terapia farmacologica.
- Alcuni bambini incontrano qualche difficoltà ad addormentarsi anche se sono incredibilmente stanchi.
- Secondo il ritmo del bambino, i vostri impegni professionali e le vostre possibilità finanziarie, **potrete adattare la sua scolarità: a tempo pieno secondo orari fissi, mensa o pranzo a casa, centro infanzia nel tardo pomeriggio.** Nella sezione dei piccoli, è previsto il riposino che permette ai bimbi di recuperare le energie.

AGIRE AL PIÙ PRESTO • I pidocchi devono essere eliminati al più presto per evitare che si propaghino e infettino il cuoio capelluto. Il trattamento consiste in creme, lozioni o polveri da applicare sul cuoio capelluto. Chiedete consiglio al vostro medico, poiché i pidocchi stanno diventando, nel tempo, sempre più resistenti.

Altre misure indispensabili: lavate tutte le cose del vostro bambino e, per qualche tempo, controllate anche la testa di chi vive vicino al piccolo, soprattutto fratelli e sorelle, ma anche la vostra, perché non è raro che, coccolando il bambino, li prendano anche i genitori!

I disturbi digestivi

Il bambino può soffrire ora di disturbi già sperimentati in passato (vedi pag. 235): diarrea, costipazione ecc. Può, inoltre, lamentare un mal di pancia che può avere cause diverse. Se lo avverte prima di andare a scuola, cercate di discuterne serenamente insieme. È un male legato alla pressione, allo stress, alla stanchezza? Se persiste, sarà bene consultare il medico. Tenete conto che l'appendicite, rara prima dei 3 anni, si accompagna spesso al vomito; il ventre è duro al tatto e il dolore è localizzato sul lato destro dell'addome.

L'emicrania

Il mal di testa deve essere sempre preso in considerazione. L'emicrania non è un male che colpisce solo gli adulti, ma anche il 5%-10% dei bambini già dai 2 anni, il 90% dei quali hanno precedenti di emicrania in famiglia. L'emicrania si manifesta di giorno e può essere causata anche da disturbi visivi. Il bambino sente una pressione, soprattutto nella zona frontale del capo, che pulsa come un tamburo. Può essere anche colto da nausea, vomito e talvolta da mal di stomaco e appare di cattivo umore.

CHE COSA FARE? • Rivolgetevi al medico fin dalla prima emicrania. La luce e il rumore fanno male al bimbo, che deve essere tenuto a riposo e in penombra. Un farmaco antalgico dato immediatamente alla comparsa della crisi di solito agisce in fretta. Per questo è bene imparare a capire quando si sta manifestando, per provvedere immediatamente.

La meningite

La meningite è una delle malattie infantili più temute. Si tratta dell'infiammazione delle meningi, le membrane che proteggono il cervello e il midollo spinale. Si contrae per contagio, come conseguenza di altre malattie (parotite, morbillo ecc.) o come estensione di un'infezione (l'otite, per esempio). Quando è virale – il caso più frequente – inizia come disturbo benigno e diventa addirittura asintomatica nel giro di qualche giorno. Se, invece, è batterica – il caso più raro – è molto più grave e può essere causata da diversi tipi di meningococco, pneumococco o dal bacillo *Haemophilus influenzae*.

La meningite è caratterizzata da forte mal di testa, febbre improvvisa, vomito, rigidità della nuca, sensibilità alla luce e inappetenza.

CHE COSA FARE? • Contattate al più presto il pediatra o il pronto soccorso. Ogni caso di meningite richiede l'analisi del liquido cefalorachidiano in cui sono immerse le meningi, che si preleva mediante una puntura lombare (che può sembrare impressionante, ma non è dolorosa). Il liquido appare trasparente se la meningite è virale, opaco, se è batterica.

LA TERAPIA • Le meningiti batteriche si trattano con terapia antibiotica e con farmaci che combattono anche la febbre e il mal di testa. È sempre raccomandato l'assoluto riposo. I casi di meningite batterica in ambienti collettivi vengono censiti secondo il germe che li ha causati e può essere raccomandata la terapia antibiotica di tutti i bambini che siano stati in contatto con il malato, oltre che della famiglia e delle persone più vicine.

LA PREVENZIONE • La migliore prevenzione resta la vaccinazione contro l'*Haemophilus influenzae* prevista dal calendario vaccinale (vedi pag. 93). Esistono anche vaccini contro meningococchi specifici (A e C) e il pneumococco. Quello contro il meningococco B non è ancora stato messo a punto.

Attenzione!
Se il vostro bambino prende i pidocchi, dovrete agire immediatamente: nell'arco della sua vita, il pidocchio femmina depone fino a 10 lendini al giorno, ossia da 200 a 300 lendini al mese.

Il rifugio in un mondo immaginario

Il vostro bambino si racconta delle favole, si inventa un amico immaginario, attribuisce agli oggetti vita e pensieri propri, crede a Babbo Natale e alla formichina. Dentro questo suo mondo meraviglioso, può sviluppare la sua intelligenza, consolarsi quando ha paura e cominciare ad adattarsi alla realtà della vita sociale.

La magia del quotidiano

Il bambino, tra i 3 e i 5 anni, vive ancora in un mondo a metà tra il reale e l'immaginario e non distingue veramente tra sogno e realtà; questo è qualcosa che potrete facilmente constatare con la vostra osservazione. Per lui, gli oggetti hanno vita propria e lo sentirete dire "cattivo" al tavolo su cui è inciampato; la vostra piccola penserà di riuscire, un giorno, a volare mangiando tante ali di pollo... i piccoli credono che se desiderano intensamente qualcosa, ciò può avverarsi. Pensano di poter far male a qualcuno solo provando un pensiero ostile e tutto è possibile, nel loro mondo fantastico.

PER AFFRONTARE IL REALE • Questo mondo è meraviglioso e spaventoso allo stesso tempo e il bambino vi gode di un potere veramente illimitato. Nei suoi giochi, diventa egli stesso il personaggio centrale, costruisce gli scenari, combatte contro nemici invisibili, ma tutto questo non è mai staccato dal suo vero sé. Sono i suoi conflitti interiori, i suoi desideri, i suoi timori, le sue invidie, i suoi sogni che in realtà il piccolo mette direttamente in scena. Quando gioca e dice: «Facciamo che io ero...» o si traveste, diventa un eroe, ma anche un papà o una mamma. Quando si rivolge ai suoi giocattoli, si confronta con loro. Sgrida la bambola e le dà una punizione o insulta il suo orsacchiotto al culmine di una lite. I bambini reinterpretano la loro vita con tutte le sue gioie e frustrazioni... e questo è, per loro, anche un modo molto intelligente di crescere e affrontare la realtà.

Un'area riservata

Gli adulti non sono ammessi in questo suo mondo, che è un luogo molto intimo. Se il vostro bambino sta duellando e voi non capite che lo fa a colpi di spada, sarà disturbato dalle vostre domande. Talvolta, però, aprirà la porta del suo mondo e vi racconterà delle storie, ma se voi gli farete troppe domande e cercherete di analizzarlo, lui si chiuderà in se stesso. Converrà sia restare in disparte quando non siete invitati, sia ascoltare, più che commentare o cercare di entrare nel gioco. Trasformandovi in spettatori discreti, rispettosi e attenti, avrete tutto il piacere di gustarvi l'enorme capacità immaginativa del vostro bambino.

BABBO NATALE E LE FAVOLE • Esistono alcune situazioni privilegiate in cui genitori e bambini possono condividere questo mondo immaginario: il Natale, l'arrivo della formichina, l'arrivo della lepre di Pasqua, le favole...
Le favole tradizionali, in particolare, simboleggiano in sé tutte le paure dei bambini: sentimenti profondi, timori, incontri e matrimoni, matrigne cattive, potenti e malvagi, rivalità tra fratelli e sorelle e perfino l'incesto, come, per esempio, in *"Pelle d'asino"*. Le storielle tenere e rassereneanti, senza conflitti o personaggi spaventosi, conquistano meno facilmente i bambini tra i 4 e i 5 anni... Leggendo loro delle favole, riuscirete, per un momento, a ritrovarvi insieme nello stesso universo.

Storie e invenzioni

Quando inventa una storia, il bambino si rappresenta spesso come il più potente, esprimendo il suo desiderio di superare i propri limiti. Questa tendenza appare anche nel suo modo di relazionarsi e vivere certi particolari avvenimenti. Di ritorno da scuola, racconta ai genitori i fatti distorcendoli rispetto alla realtà e arriva a dire l'inverso di ciò che è realmente avvenuto.

HA SEMPRE BISOGNO DI RASSICURAZIONE • Se sottolineate qualcosa di strano nei suoi discorsi e gli fate più domande del solito, reagisce infastidito e si arrabbia. Tutto questo è normale, accogliete con un sorriso le sue piccole invenzioni, senza insistere o accusarlo di mentire. Quando il bambino traveste la realtà in maniera sistematica, con voi o con i suoi amici, può esprimere il timore di non essere all'altezza delle vostre attese o una mancanza di sicurezza. Si tratta, allora, di una sorta di richiesta di aiuto e forse ha bisogno di sentire più chiaramente che la sua famiglia lo ama per come è.
Rassicurandolo, ed evitando soprattutto le critiche e le prese in giro, lo aiuterete a elaborare meglio la realtà,

Quando gioca, il bambino riesce a mettere in scena i suoi sogni con i mezzi più semplici.

nata, è colpa loro! Se non vogliono andare dal dottore, ve lo faranno dire dal loro intermediario, per esempio. L'amico immaginario può anche addossarsi tutto ciò che il bambino non vuole assumersi in prima persona. Lo stesso vale per la bambola o il pupazzo preferito.

UN APPOGGIO PROVVIDENZIALE • I genitori dimostrano generalmente, e a ragione, di non essere poi così ingenui, ma il bambino non abbandona facilmente il suo appoggio e lo userà fino a quando gli rimane difficile rispondere dei propri gesti e sentimenti. Quando accusa il suo orsacchiotto di un atto che ha commesso lui, lo fa senza rimorso ed è spesso l'opposto: è talmente arrabbiato con se stesso da trasferire l'atto sulla bambola o sull'amico immaginario.

Arrivare a sapere se il bambino è disturbato dal suo atto o se sceglie la via più facile, vi aiuterà senza dubbio a modulare meglio le vostre azioni.

MESSAGGI DA DECODIFICARE? • Il vostro bambino può dirvi molte cose attraverso il suo amico immaginario perché non è ancora pronto a farlo altrimenti. Quando esprime così certe sue angosce, potrete cercare di entrare in questa modalità di dialogo e rispondergli dicendo: «Dì al tuo amico che…» per far passare meglio il messaggio. In ogni caso, non provate a persuadere vostro figlio che il suo "amico" non esiste. Per alcuni bambini timidi, l'amico immaginario rappresenta un sostegno reale.

Spaventi, mostri e incubi

Anche se ne rappresentano la parte oscura, la paura e gli incubi fanno anch'essi parte del mondo immaginario del bambino. Sono molto frequenti tra i 4 e i 5 anni e, il giorno seguente, il bambino manifesta nuove paure.

A questo punto, se non è già successo prima, lo vedrete spaventato dalle automobili, dalla folla, dai cani o dai ragni… e la sera, dovrete esaminare insieme a lui tutta la cameretta perché teme la presenza di mostri sotto il letto o nell'armadio. Di notte si sveglia urlando di paura a causa degli incubi.

LA PAURA DI ESSERE "CATTIVO" • Tutto questo rivela ciò che lo tormenta e, in particolare, la sua paura, forte e reale, di essere un "bambino cattivo". Quando si sente arrabbiato con la mamma o il papà, per esempio, è come se affermasse la sua ostilità poiché, per lui, i pensieri hanno lo stesso valore dei gesti.

I bambini piccoli sono spaventati da tutti questi sentimenti già catalogati come "cattivi". Ciò si traduce in timori e incubi e nei mostri, che non sono altro che la personificazione dei loro pensieri.

senza cercare di reinventarla sistematicamente, ma sarà importante riuscire a capire il messaggio che sta dietro le sue invenzioni: il piccolo che ha un padre spesso assente, racconta ogni lunedì mattina, a scuola, le formidabili avventure passate con il suo papà…

Gli amici immaginari

Alcuni bambini si inventano, a volte, degli amici immaginari. Si confidano con loro quando sono soli, raccontano ai genitori le loro gesta e, spesso, fanno ricorso a loro quando si trovano in situazioni difficili. Se hanno fatto una birbo-

Giochi, attività stimolanti e divertenti

Scegliere i vestiti, giocare alla mamma e al papà, riparare l'automobilina... fin dal 3° anno, il bambino si integra nel mondo dei grandi e si responsabilizza, mantenendo però la freschezza e il tipo di attività della sua età (bicicletta, favole, travestimenti, altalena...) e scopre il piacere del gioco in gruppo. La scuola gli trasmette il ragionamento astratto e, in particolare, la lettura e la matematica. A casa, proponetegli delle attività che andranno ad aggiungersi ai giochi che pratica già dall'età di un anno.

C'erano una volta i grandi...

Diventare grande significa anche imparare che cosa fanno i grandi. La casa è piena di occasioni per iniziare il bambino, in maniera piacevole, agli aspetti concreti della vita. Sono numerosi i compiti che riesce già a svolgere sotto la vostra sorveglianza tenera e attenta e, allo stesso tempo, può cominciare a contare, classificare e selezionare cose e pensieri.

Se i giochi che gli proponete hanno una relazione con ciò che impara in classe, sarà bene evitare che implichino altre lezioni o confronti con nuove difficoltà, ma potrete avviare o incoraggiare attività complementari alla sua formazione scolastica.

METTERE IN ORDINE, PULIRE, SPOLVERARE • Le faccende domestiche, alle quali il vostro bambino ama partecipare quando è invitato a farlo, gli insegneranno mille segreti: riunire a coppie le scarpe e le calze, mettere in ordine i vestiti e la spesa che avete fatto insieme...

CUCINARE • Il bambino adora rompere le uova, mescolare la farina e assaggiare le salse. Preparate con lui una torta pesando gli ingredienti e cercando la linea giusta sul dosatore, con il vostro aiuto attivo, il piccolo imparerà già, senza saperlo, a contare e a leggere.

DECORARE • Fare dei lavoretti usando i suoi strumenti di plastica, modellare un oggetto con la plastilina, attaccare orgogliosamente i suoi disegni in camera... Ogni bambino ama i giochi di manipolazione perché lo orientano nei gesti, gli danno l'iniziativa e si integrano bene nella vita familiare. Partecipando alla decorazione della sua camera, vi sarà ancor più coinvolto.

I libri di cucina per bambini

Esiste oggi una grande scelta di libri di cucina con ricette particolarmente adatte ai bambini: gli ingredienti sono selezionati anche in base ai gusti preferiti dei bambini, tutte le fasi della ricetta precisamente descritte e illustrate e alcune possono essere anche realizzate direttamente da loro. Sensibilizzare il piccolo al piacere di cucinare gli dà la possibilità di fargli scoprire i singoli ingredienti prima della trasformazione (colore, consistenza ecc.).

GLI OGGETTI E L'IMMAGINARIO • L'ambiente familiare può fornire vari pretesti per mettersi a inventare. Un cucchiaio di legno può diventare un omino, una gabbietta si trasforma in culla, due scatole da scarpe diventano un castello... il vostro bambino usa qualsiasi cosa e, con l'età, organizzerà sempre di più i suoi giochi per renderli più realistici.

I SENSI • Perché il vostro bambino si prepari a entrare nell'universo dell'apprendimento astratto, potrete proporgli varie esperienze puramente sensoriali. In effetti, è proprio su queste che si basa l'apprendimento. Mettete un po' di marmellata di fragole, sciroppo di frutta, maionese ecc. in alcune coppette poi, con gli occhi chiusi, il piccolo dovrà cercare di riconoscere i sapori e dire il loro nome. Poi, aprendo gli occhi, potrà ripetere l'esperienza, vedendo però gli ingredienti.

Una vera passione: i libri

Il libro è il cibo dell'immaginazione: i disegni raccontano storie e le parole formano disegni. Se il vostro bambino ha preso gusto ai libri già nei primi anni di vita, in particolare grazie alle vostre letture e ai commenti con cui avete dato loro vita, gli piacerà sicuramente associare le frasi alle illustrazioni.

Fategli vedere che, usando le lettere, si possono fabbricare le parole che raccontano tutte le cose. Sempre leggendo, stabilite una relazione tra il lettore, ossia voi, e il vostro bambino, che dispone solo dell'immagine: invitatelo a incuriosirsi al testo facendogli indovinare il possibile seguito di una scena e facendogli commentare tutto ciò che vede e capisce.

Verso i 3 anni, può essere possibile una prima introduzione alla musica con l'aiuto di piccole percussioni (tamburi, maracas ecc.).

LE PAROLE RICONOSCIBILI • Il bambino che non sa ancora leggere si deve confrontare con la scrittura in diverse occasioni: le lettere e le cartoline che leggete con lui, in cui può riconoscere il suo nome, le targhe con i nomi delle vie che gli sono familiari, le etichette e le confezioni dei prodotti della vita quotidiana... Cogliete ogni occasione per stimolare il suo desiderio di scoprire l'alfabeto!

I MEZZI • Il gusto della lettura si sviluppa nelle case in cui i libri sono al loro posto e nelle famiglie che leggono, acquistano, scambiano e discutono di libri. Esistono opere per bambini per tutti i prezzi e le biblioteche e le ludoteche offrono speciali spazi di lettura in cui i piccoli possono consultare i libri anche da soli. Anche un abbonamento – a suo nome – a una rivista specializzata può essere un piacere da aspettare con impazienza...

C'ERA UNA VOLTA...

> Il bambino adora le storie che voi inventate. **Raccontategli epopee che riprendano i suoi soggetti preferiti:** animali, bambini, avventure, favole con un'azione rapida, senza eccessivi dettagli o divagazioni. Soprattutto, usate le parole giuste per creare un po' di suspense («tutto d'un tratto..., ma subito dopo...»).

> **Metteteci fantasia, interpretate i personaggi con precise qualità e difetti,** e chiedete al bimbo di partecipare alla recitazione. Con i suoi occhioni spalancati, vedrete come si emozionerà nei punti più impressionanti della storia e quando si risolveranno, sempre in modo positivo: il cattivo viene punito e il buono ricompensato.

I giochi di gruppo

La scuola, i centri infanzia, gli amici della sua età: tutto concorre all'apertura verso gli altri del vostro bambino, che si confronta con le leggi della collettività, sperimenta le gioie, i litigi e le sicure riconciliazioni. Tutto ciò è importante e infinitamente formativo. Dai 3 ai 5 anni comincia il gusto di stare in gruppo. Il bambino scopre altre personalità (già ben delineate!), il rispetto dei ritmi e delle preferenze di ciascuno, il suo posto nel gruppo, la sua autonomia… una vera scuola di vita in cui il gioco riveste un ruolo centrale.

I GIOCHI DI SOCIETÀ • Sono degli strumenti ideali per imparare la condivisione, la comunicazione, la collaborazione, il rispetto delle regole, la pazienza di aspettare il proprio turno, la volontà di vincere, ma anche la "saggezza" di saper riconoscere una sconfitta. Organizzati diversamente in funzione dell'età e del livello, soprattutto nelle regole, esercitano l'orientamento, la memoria, la logica, la reazione a situazioni nuove, la riflessione e la cultura generale. Il bambino e i suoi amici si regalano biglie, tessere di domino, soldatini, giochi di riconoscimento, mappe di tesori…

NATURA E DIVERTIMENTO • I centri-gioco e le strutture per l'infanzia al di fuori della scuola, accessibili a partire dai 3 anni di età, offrono un'ottima occasione per condividere le gioie della vita in gruppo. Gli animatori e gli eventuali coordinatori esterni sono specificamente formati per dare ai bambini il piacere del gioco di cui hanno bisogno. Arte, cultura, natura, esercizio fisico e riposo sono sempre all'ordine del giorno, nel periodo scolastico e anche durante le vacanze.

Alcuni centri organizzano anche brevi soggiorni (di 2 o 3 giorni al massimo) ben concepiti e centrati su un tema, come, per esempio, dormire nel "tipì" o imparare l'arte della ceramica. Quanto alle celebri colonie, sono più adatte ai bambini che vanno già alla scuola elementare, e che soono quindi più indipendenti, soprattutto sul piano affettivo.

Evviva le feste!

A fine anno scolastico, per il compleanno o semplicemente per invitare qualche amico, la festa è un formidabile appuntamento in cui ogni partecipante mette in pratica ciò che ha acquisito e, quando le ghiottonerie si mescolano al gioco, è un vero paradiso per tutti i bambini!

LE FESTE E I GIOCHI • Anche se ancora piuttosto piccolo, il bambino adora già prendere decisioni: fissare la data, stabilire gli inviti, il tema della festa e, naturalmente, la lista degli invitati. Stabilite la giornata più adatta (a questa età 2 ore saranno sufficienti) e un numero ragionevole di bambini (da 6 a 8 al massimo, con o senza i vostri). Soprattutto, pensate a intrattenerli, rimanendo però discreti e attenti.

Per i giochi, a casa o all'aperto, i bambini sapranno esprimere la traboccante immaginazione dell'infanzia anche con oggetti molto semplici (cartoni, salviette, piatti di plastica ecc.).

Potrete anche proporre attività più dinamiche, alternando la calma all'impegno fisico: moscacieca, i giochi con la palla, la pesca magica, le imitazioni, la caccia al tesoro, nascondino…

TRAVESTIRSI • Scampoli, abiti vecchi, costumi improvvisati, trucco… il travestimento permette ai bambini di interpretare un ruolo, spesso quello dei loro eroi preferiti, e di dare via libera alla fantasia; è un piacere che ricorderanno a lungo.

LA MERENDA • Inutile organizzare un festival gastronomico perché, quando fanno festa, i bambini sono emozionati e si limitano a piluccare (pasticcini, succhi di frutta con la cannuccia, le inevitabili caramelle da proporre in quantità ragionevole…).

GIOCARE DA SOLI

> **Il vostro bambino ha anche bisogno di tempo da dedicare ad attività più contemplative.** Quando è solo, usa tutto ciò che trova accanto a sé per nutrire la sua immaginazione. Tutti questi giochi stimolano il linguaggio, che così si sviluppa più rapidamente.

> **Immaginare.** Automobiline, tovaglie, scatole di cartone o barattoli di conserva, bambole, personaggi dei cartoni animati diventano gli strumenti degli scenari che improvvisa, traendo ispirazione dalla sua vita quotidiana. Il bambino si tuffa in mille storie anche per cercare un modo per controllare le situazioni.

> **Imitare.** Il bambino ama molto i giochi di imitazione: il commerciante, la cuoca, il garagista eccetera.

> **Manipolare.** A queste attività si aggiunge un gusto spiccato per la manipolazione che favorisce l'orientamento, la prensione, la creatività e i riflessi: le costruzioni con i dadi o i collage multicolori, il piccolo bricolage, la plastilina eccetera.

> **Muoversi.** Il bambino ha bisogno di muoversi per sfogare la sua energia, ma anche per imparare a coordinare i movimenti, l'agilità eccetera, in breve, per conoscere il suo corpo.

> **Assemblare.** I puzzle e gli altri giochi di assemblaggio sviluppano lo spirito logico del bambino.

Televisione e computer

Pratici e affascinanti, veloci e magici… la televisione, i suoi supporti (cassette, DVD, videogiochi) e il computer sono diffusi nella maggior parte delle famiglie, anche per il divertimento dei bambini. Questi strumenti occupano un posto indiscutibile, ma sta a voi collocarli con intelligenza.

La televisione

Tocca i tasti e rimane affascinato davanti allo schermo colorato su cui tutto si muove! Il bambino sa molto bene, fin dalla più tenera età, che cosa sia un televisore. Gestito con intelligenza e attenzione, il piccolo schermo è certamente per lui una finestra sul mondo, ma il suo uso deve essere sempre controllato dai genitori.

ALLEATA DELL'IMMAGINAZIONE • La televisione trasmette al bimbo la cultura dell'immagine e dell'audiovisivo in cui il piccolo riconosce dei personaggi immaginari o reali e situazioni divertenti, o commoventi, provenienti da molti Paesi, che ampliano i suoi orizzonti… tutte cose che forniscono materiale alla sua immaginazione.

Il buon uso della televisione

Se l'uso non è ben gestito, la televisione può compromettere la salute del bambino. Ci sono 3 aspetti della sua salute che possono essere interessati e che dovrete controllare.

IL SONNO • Il bambino di 3 anni ha ancora bisogno di dormire tra le 10 e le 12 ore al giorno. Sempre considerando che non può guardare la televisione né videocassette o DVD dopo le 20.00, dovrete anche proteggerlo da possibili scene violente o che possano comunque turbarlo, perché modificherebbero addirittura il ritmo del suo sonno paradossale, quello dei sogni, essenziale per il suo equilibrio.

LA VISTA • Sei volte la diagonale dello schermo: è questa la distanza consigliata tra lo schermo e gli occhi del vostro bambino. La camera non deve essere troppo illuminata né troppo buia e l'immagine deve essere ben definita.

L'ALIMENTAZIONE • Mangiare davanti allo schermo è sconsigliato: se non starete attenti, questo invoglierà il bimbo a sgranocchiare snack, soprattutto di pasticceria o zuccherati, con i problemi di sovrappeso che può provocare. Davanti alla TV, il bambino non si muove, come nelle attività più vivaci o dinamiche.

Proteggere senza vietare

La televisione richiede alcune precauzioni per proteggere il bambino dalle conseguenze che può avere sul suo comportamento. Non dimenticate mai che è ancora molto fragile, impressionabile e che la sua tendenza a imitare gli adulti non è ancora scomparsa. La migliore prevenzione è guardare al suo fianco la TV perché potrete scegliere i programmi e commentare le immagini che guarda (vedi riquadro di pag. 389).

LA VIOLENZA • Un argomento spinoso! Alcuni studi dimostrano che, nel breve termine, una scena aggressiva aumenta la probabilità di un comportamento altrettanto aggressivo, nel bambino. La violenza, subita in pieno attraverso l'immagine, può influenzarlo anche in seguito. Anche la sua banalizzazione deve essere combattuta al massimo.

Il codice di autoregolamentazione televisivo prevede la segnalazione attraverso "bollini" verde, giallo o rosso sullo schermo se un programma è adatto o meno ai minori. Un sistema di controllo personalizzato è disponibile nella maggior parte dei televisori, insieme al parental control delle TV via cavo o via satellite. La scelta dei DVD sarà fatta insieme al piccolo.

TV CONTRO LETTURA? • Il tempo passato davanti al piccolo schermo corrisponde a un tempo non dedicato ad altre attività, ma il bambino che guarda la televisione non legge necessariamente meno di chi non la guarda. Anche qui, è una questione di moderazione perché un piacere cessa di essere tale, quando è eccessivo.

La televisione in cifre

Nei Paesi industrializzati, il 98% dei bambini ha accesso alla televisione. La metà delle famiglie possiede 2 ricevitori e il 70% un videolettore. Si stima in oltre 100 minuti al giorno il tempo passato tra i 4 e i 10 anni di età davanti alla televisione, il che è veramente eccessivo, in particolar modo per i più piccoli. È appurato che 3 bambini su 4, sotto i 5 anni, guardano la televisione, soprattutto l mattino, perfino prima di andare a scuola!

Computer e consolle

Il computer è intuitivo, affascinante, divertente e veloce. Il vostro bimbo lo utilizzerà soprattutto per giocare, ma questo mezzo di comunicazione, informazione, divertimento ed educazione sarà con lui per tutto il periodo scolastico, fino all'università. Sarà importante che impari a usarlo bene.

AMICO DEL SAPERE • Il computer fa parte dell'universo dei bambini, a casa come a scuola. Inizialmente, il piccolo tenta di usare la tastiera, il mouse e lo schermo. Se ben guidato, raggiungerà presto una certa autonomia, capacità di decidere, riflettere e prendere l'iniziativa. Ma attenzione: il computer non sostituisce i libri, il disegno, la musica o i giochi tra amici e, soprattutto, non deve mai sostituire i genitori!

Essendo lo schermo qualcosa di veramente affascinante, starà a voi convincere il bambino che un suo uso eccessivo gli impedirà di gustare altre forme di sapere e di gioco.

GIOCARE E SCOPRIRE • Tra i 3 e i 4 anni, il computer è solo uno strumento di gioco, ma più avanti potrete usarlo anche con un approccio pedagogico. Il vostro ruolo sarà, in questo caso, essenziale, ma non usate il computer come una macchina semplificatrice: alcuni programmi propedeutici alla lettura o alla matematica possono essere noiosi per il bambino perché basati sull'individuazione dei suoi punti più deboli («Risposta sbagliata, riprova!»).

ALCUNE PRECAUZIONI INDISPENSABILI • È essenziale che il bambino si tenga a una giusta distanza dallo schermo, in una stanza sufficientemente illuminata e il tempo che ci passa davanti deve essere limitato (tra i 15 e i 30 minuti). Inoltre, verificate attentamente che il vostro bambino non sia "fotosensibile", ossia sensibile alla vista di oggetti che si muovono rapidamente o di elementi geometrici molto contrastati tra loro. Giocare con il computer non deve essere causa di cambiamenti del comportamento o disturbi fisici. Queste raccomandazioni valgono anche per le consolle di gioco, fisse o portatili.

I dischi "magici"

Ora il vostro piccolo sa "navigare"! È così che accede alle informazioni contenute nei CD-ROM, anziché girare le pagine di un dizionario: una maniera di consultare radicalmente diversa da quelle che si conoscevano in passato.

IL PIACERE DI IMPARARE • Il vantaggio del CD-ROM è che concentra un'enorme massa di dati in una piccola superficie. Il bimbo può passare da un argomento all'altro, trovare la definizione di una parola, ingrandire o ritracciare un'immagine, arricchire le sue conoscenze con nuovi testi, sequenze animate, suoni ecc. Essendo la navigazione personalizzata, questo strumento multimediale è pedagogicamente utile, addirittura ideale per i programmi educativi per la fascia di età e il livello scolastico del bambino.

IL RAPPORTO UMANO È ESSENZIALE • Se il bambino non capisce bene come funziona, il CD-ROM non può sostituire il ruolo del genitore o dell'insegnante, ed è incapace di capire la causa della sua incomprensione per poi fornire la risposta più adatta. Anche qui, il computer rimane uno strumento formidabile ma privo dell'importanza che hanno i rapporti umani.

Alcune regole a proposito di TV

IL RUOLO DEI GENITORI
L'accesso al televisore deve richiedere la vostra autorizzazione e, quando il bambino la guarda, tenete voi il telecomando per evitare che cambi canale da solo.

Se, invece, gli metterete una videocassetta del suo cartone animato preferito (che ormai conoscerete anche voi a memoria!), potrete lasciare che la guardi da solo.

Invece, quando non conoscete la trasmissione che sta guardando, restate accanto a lui: oltre al piacere di stare insieme per un momento, potrete anche aiutarlo ad avere una visione critica e discutere poi con lui tutto ciò che avrete visto insieme. Potrete anche sviluppare il suo senso critico, commentando gli spot pubblicitari che propongono prodotti di tutte le qualità.

SCEGLIERE CIÒ CHE È PIÙ ADATTO A LUI
Segnate le trasmissioni destinate ai bambini nelle guide TV e scegliete insieme il programma per evitare poi discussioni inutili. Registrate i cartoni animati, i telefilm, i programmi e i documentari per guardarli al momento che riterrete opportuno.

ALCUNE PRECAUZIONI
Per gestire al meglio la televisione per evitare che il bambino si stanchi o per permettergli di fare anche altre cose, limitatene l'uso (giorno, ora e durata). Non dovrà mai diventare una sorta di baby-sitter economica. Spegnete il televisore appena finisce la trasmissione che avrete scelto e, naturalmente, non tenete il televisore nella cameretta!

Corpo e spirito: un tutt'uno

L'attività fisica favorisce il sonno, libera le emozioni, allenta la tensione. In breve, ha un'influenza benefica sulla crescita e sul benessere del vostro bambino. È anche un'espressione di vita che libera lo spirito e concorre a creare le condizioni necessarie al suo apprendimento.

Le attività sportive

Giochi d'orientamento, salto, corsa, altalene e nuoto procurano ai bambini un piacere infinito. A 3 anni, possono anche praticare insieme a voi alcune attività sportive, come la bicicletta o l'equitazione (pony), ma hanno a volte anche il desiderio di praticare uno sport di loro scelta, di squadra o individuale, e hanno bisogno, in questo, di essere guidati da voi genitori e, soprattutto, di seguire i propri interessi.

Una sola cosa li differenzia dagli sport che praticano i grandi: l'assenza di competizione e d'impegno, nel senso stretto del termine. Lo sport è anche semplicemente un'occasione per giocare, seguire delle regole, conoscersi e sentirsi parte di un gruppo, anche se lo sport è individuale.

UN ESERCIZIO QUOTIDIANO • Che fortuna poter correre, rotolarsi per terra e giocare a pallone per migliorare sempre di più senso dell'orientamento e coordinazione! Lo sport offre tutte queste possibilità, ma la vita di tutti giorni è piena di occasioni da prendere al volo: andare a scuola a piedi invece che in macchina, fare una passeggiata nel parco...

IL PIACERE DELL'ACQUA • Sappiamo ormai da tempo quanto l'acqua sia benefica alla crescita del bambino e allo sviluppo delle sue capacità sensoriali e motorie. Tutte le attività acquatiche gli permettono di conoscere meglio il suo corpo e di acquistare fiducia.

Se il vostro bambino frequenta un corso di mini-nuoto (oggi si parla più che altro di "acquaticità", perché il piccolo non sa ancora nuotare), avrà confidenza, già dal 4° mese, con l'acqua e ogni sorta di gioco acquatico (tappeti, palloni, tavole, immersioni, tuffi ecc.) nelle piscine appositamente concepite per questa funzione e con l'aiuto di professionisti. Se, invece, non ha ancora questa esperienza, non è tardi per fargli scoprire questi giochi in diverse occasioni; per trovare la piscina più vicina a casa vostra, informatevi presso la Federazione Italiana Nuoto (www.federnuoto.it).

Invece, considerate che dovrete attendere che abbia almeno 5 anni prima che possa cominciare a frequentare un corso di nuoto; prima di questa età, potrà solo imparare ad amare l'acqua, ma non sarà ancora in grado di apprendere una tecnica natatoria (si comincia generalmente con l'imparare a battere le gambe).

Le attività culturali

Queste attività aprono lo spirito dei bambini all'estetica e all'analisi e permettono loro di sviluppare creatività e concentrazione.

I LABORATORI CREATIVI • I laboratori permettono ai bambini già a 3 anni di esprimersi sul piano artistico, coniugando diverse tecniche e materiali. Gli animatori insegnano loro la pittura, il collage, la modellazione, l'arte ceramica, la fabbricazione di maschere, di marionette eccetera. Questi laboratori creativi non equivalgono ai centri infanzia: l'iscrizione, che può anche essere per un intero corso annuale, richiede frequenza e puntualità. Prima di prendere un tale impegno, proponete al vostro bambino una lezione di prova.

RUOTE E ROTELLE

> Andare in triciclo e poi in bicicletta è una delle attività preferite dei bambini. Oltre al divertimento che procura al bambino e al senso di valorizzazione che ne ricava, **sviluppa la muscolatura, la capacità respiratoria, la resistenza cardiaca e la coordinazione dei movimenti.**

> L'uso delle rotelle per stabilizzare la bicicletta permette di risolvere il problema dell'equilibrio nei bambini più piccoli e sarà anche il miglior modo per insegnargli a pedalare. **Il casco è obbligatorio fino ai 14 anni.**

> Nel tempo, assicuratevi che la bicicletta sia di misura adatta al vostro bambino.

> In seguito verranno anche il monopattino, i pattini a rotelle o in linea (con le protezioni indispensabili per ginocchia e gomiti), ma la bici rimarrà sicuramente a lungo molto apprezzata.

Ideale per questa fascia di età, il triciclo permette al bambino di provare moltissime sensazioni fisiche.

MUSICA E DANZA • Un'attività propedeutica (introduzione alla musica) è già possibile a 3 anni, con percussioni come piccoli tamburi, maracas, canne di bambù riempite di sabbia da ruotare a tempo… più avanti, lo studio di uno strumento più classico presso una scuola musicale sarà un grande impegno.

Il bambino può anche scegliere il canto; per questo gli sarà molto utile avere a casa un buono stereo. Accompagnatelo quando canta le sue filastrocche e canzoni preferite per allenarlo e perfezionare il suo orecchio. Chissà, potrebbe, crescendo, avere un bel timbro di voce…

Associata alla musica, la danza aiuta a muovere il corpo nello spazio e insegna al bambino a coordinare piccole serie di movimenti. Può essere insegnata già fin d'ora per sviluppare nel bambino grazia, agilità e senso del ritmo e dell'equilibrio. Anche voi, a casa, ballate pure insieme a lui, saranno momenti che potrete vivere insieme in grande allegria!

GLI SPETTACOLI • Il vostro bambino è ancora piccolo, ma considerate che i laboratori di marionette, favole e burattini sono aperti ai piccoli fin dal 4° anno di età, a seconda dei programmi. Qui il piccolo impara a fare il clown, a muoversi sulla scena e a mettere in piedi uno spettacolo, tutte attività che aiutano a crescere e a scoprire la voce, il corpo e il movimento.

Esistono anche spettacoli teatrali per bambini, soprattutto all'interno dei festival. Anche i cinema programmano regolarmente film selezionati per il pubblico più giovane, con tempi di proiezione adatti a ogni l'età. I più piccoli fanno fatica a concentrarsi e a restare fermi e, quindi, sarà bene informarsi in anticipo.

La scoperta del sesso

Il gioco del dottore, l'esibizionismo, il pudore, le domande sulla nascita cominciano generalmente verso i 3 anni e continuano fino più o meno ai 6. Durante questo periodo, il bambino prende gradualmente coscienza della differenza tra i bambini e le bambine e, secondo le reazioni dei genitori, vivrà questo aspetto della vita con più o meno gioia o disagio.

L'interesse per la zona genitale

Verso il 1° anno di età, il bambino scopre il suo sesso e lo tocca quando fa il bagno o viene cambiato. Le mamme si preoccupano spesso del fatto che i maschi lo tirano con forza, anche se si tratta di un gesto assolutamente normale. È bene, già a questa età, dare un nome al sesso, scegliendo quello che ogni mamma ritiene più adatto.

Solo dopo i 3 anni la sessualità infantile si manifesta in maniera evidente e si traduce, innanzitutto, in varie esplorazioni personali del bambino, e poi, verso i 4 o 5 anni, in una crescente curiosità per il corpo degli altri bambini.

LE PRIME DOMANDE • Inizialmente il bambino porrà sempre più domande circa le differenze tra bambine e bambini. I maschi sanno di avere un "pippi" come il papà, ma chiedono a volte perché la sorellina non ne abbia uno. Le bambine, invece, possono preoccuparsi di mancare di qualcosa e chiedere: «Io non ce l'ho il 'pippi'?».

Bambini e bambine costruiranno, nel tempo, varie teorie sul modo in cui nascono i bambini («Il bambino esce dall'ombelico» o «dal culetto») e si interrogano sulle relazioni amorose dei genitori. Sono comunque sempre contenti di sentir dire che "il papà e la mamma si amano" e di notare le varie testimonianze di questo affetto, come i baci e i gesti di tenerezza.

UN COMPORTAMENTO CHE CAMBIA • Tutto questo va di pari passo con l'evoluzione del comportamento, che diviene più sessuato: i giochi violenti dei bambini, l'uso del cavallo a dondolo, le messe in scena con le bambole, il gioco del dottore e di "mamma e papà". La scoperta del sesso, tra i 3 e i 5 anni, accompagna la capacità di distinguere tra bambina e bambino. Questa aderirà più o meno agli stereotipi femminili o maschili, secondo il temperamento, l'ambiente e le domande implicite dei genitori.

I timori dei bambini

Prima dei 3 anni, anche se ha consapevolezza di essere un bambino o una bambina, il piccolo ha ancora un'idea abbastanza nebulosa di ciò che significa. Se è entrato abbastanza presto in contatto con altri bambini dell'altro sesso, a casa o all'asilo nido, saprà certamente che è i maschi hanno il "pippi" e le femmine la "patatina". Tuttavia, il bambino che non ha fratelli e sorelle, può anche non aver ancora visto la differenza sessuale in senso fisico.

L'ANGOSCIA DI CASTRAZIONE • Il bambino di 3 anni potrebbe pensare, vedendo per la prima volta una bambina nuda, che abbia perduto il pene e dedurre che anche il suo possa "scomparire". Al contrario, la bambina piccola si chiederà il perché di questa diversità, se è circondata da maschi. Queste angosce di castrazione non sono a volte facili da individuare, quando il bambino non sa ancora parlare, ma si traducono talvolta in crisi di pianto, soprattutto al momento del cambio.

LE PRIME RISPOSTE • Passati i 3 anni, però, il piccolo può spesso esprimere alcuni timori con domande talvolta molto precise come, per esempio, parlando a una bambina «Dov'è il tuo 'pippi'?». Può cadere anche a

"CACCA-PIPÌ-CULETTO"

> Quale genitore non si è mai stufato di sentire ripetere con tanto diletto "pipì-cacca", "culetto", "pippi" e altre espressioni simili? Durante la ricreazione, già a 3 anni queste parole sono percepite quasi come formule magiche, codici di riconoscimento, modi per dirsi «buongiorno».

> Nel momento in cui il bambino arriva a tenersi pulito e sa ormai di non dover toccare le feci e le urine, l'attrazione naturale per tutto ciò che esce dal suo corpo trova una delle sue ultime manifestazioni.

> Parlando tra di loro di "pipì" e "cacca", i bambini trasgrediscono un divieto per arrivare, poi, ad accettarlo meglio. Le reazioni a casa, invece, sono generalmente mitigate dai genitori per limitare l'uso di queste parole.

La presa di coscienza del proprio sesso avviene secondo modalità molto diverse nelle bambine rispetto ai bambini.

me?». La bambina, dal canto suo, dirà: «Anch'io vorrei un 'pippi' come lui…» o «Perché non ho niente al posto del 'pippi'?». I genitori hanno così l'occasione per spiegare ciò che distingue le bambine dai bambini, evitando però di entrare nei dettagli del meccanismo della procreazione, a questa età ancora incomprensibile.

Il desiderio di avere entrambi i sessi

Nonostante le vostre spiegazioni, i bambini avranno a lungo il desiderio, più o meno cosciente, di avere attributi di entrambi i sessi. Realizzeranno poco a poco che ciò non è possibile, ma arriveranno ad accettare questa idea solo verso i 5-6 anni. Questo comportamento ambivalente, fino a quel momento, è quindi del tutto normale.

DALLA PARTE DELLE BAMBINE • Non è raro che una bimba di 4 o 5 anni cerchi di fare pipì in piedi. Alcune tirano il sesso cercando di allungarlo; spesso, indica un senso d'invidia del pene o la curiosità di imitare l'altro sesso. I maschi, invece, si dimostrano molto orgogliosi del loro "pippi"! Questi gesti possono temporaneamente accompagnarsi con l'affermazione ripetuta di voler essere un maschio. La bimba può, a volte, adottare i giochi e il comportamento dei maschi.

DALLA PARTE DEI BAMBINI • I maschi, invece, potrebbero far finta di aspettare un bambino o di allattare. Non accettano ancora l'idea di non poter mai portare in grembo un bimbo e giocare alla mamma li aiuta ad abbandonare questa illusione. Diversi psicanalisti stimano che la capacità dei padri di comportarsi anche in modo materno abbia radici nella prima infanzia e nella fase in cui i bambini imitano la madre. Non vi è, quindi, alcuna ragione di preoccuparvi se vostro figlio gioca con le bambole o se ne va a spasso con un cuscino sotto la T-shirt…

Questione di pudore

L'atteggiamento rispetto al proprio corpo varia molto da una famiglia all'altra e il bimbo, sull'esempio dei suoi genitori, sarà più o meno pudico. Tra i 3 e i 6 anni, il bambino attraversa diverse fasi, prima curioso e poi disturbato dal vedere il corpo nudo dei suoi genitori; talvolta esibizionista, talvolta pudico. È durante questo periodo che potrete spiegargli che nessuna parte del suo corpo può essere toccata o guardata senza il suo diretto permesso. Questo è un messaggio molto importante da trasmettere ai bambini!

RISPETTO AI GENITORI • Verso i 3 o 4 anni, il bambino può cercare, a volte, di vedere il corpo nudo dei suoi genitori, se sono sempre stati vestiti in sua presenza. Verso i 5 o 6 anni, invece, vederli nudi potrebbe metterlo a disagio. Il vostro bambino non vi dirà mai che vedervi nudi lo disturba, ma c'è una certa probabilità che questo sia il caso, anche perché, data la sua statura, il suo sguardo arriva proprio all'altezza dei genitali. Può trovare il vostro corpo un po' spaventoso, se non ripugnante o perfino, se è un maschio, può sentirsi "diminuito" dal confronto con l'anatomia del padre.

Se in famiglia si è piuttosto discreti, non si deve però arrivare a nascondere il corpo come un oggetto di vergogna: l'essenziale è evitare di esibirsi e adattare gradualmente il vostro comportamento secondo i segnali di pudore che vi restituisce il piccolo.

RISPETTARE CIÒ CHE ESPRIME • Tutti questi sentimenti devono essere presi in considerazione, così come l'eventuale rifiuto di essere lavato in presenza di un terzo, o dal suo genitore del sesso opposto. Il bambino cerca così di dirvi che è tempo di prendere un po' di distanza e che la stanza da bagno non è più un luogo pubblico.

Oggi, molti genitori si mostrano nudi davanti ai figli fin dalla nascita, senza pensare che ciò sia un male; tuttavia, da quando il bambino comincia a interessarsi al suo sesso o al vostro, sarà meglio evitare ogni promiscuità. Sarà anche nascondendo il vostro corpo che gli trasmetterete il concetto che il suo gli appartiene e che non deve essere necessariamente accessibile a tutti.

RISPETTO A FRATELLI E SORELLE • La questione del pudore può anche porsi tra fratelli e sorelle. Il bagno in comune comincia a suscitare un po' troppa eccitazione o, al contrario, un senso di disturbo per uno dei due bambini? Forse ora sono troppo grandi, per lavarsi insieme. Se sono di sesso opposto e dormono nella stessa camera, verso i 5-6 anni vi chiederanno di avere ciascuno uno spazio proprio.

Un comportamento più sessuato

Sapendo ormai di essere di sesso maschile o femminile, il bambino cercherà di segnare in maniera più chiara la sua appartenenza al proprio gruppo. Talvolta farà la caricatura agli adulti, portando all'estremo alcuni comportamenti giudicati più femminili o mascolini. La bambina piccola si mostrerà tutta smorfiosa e suadente; il bambino farà il "duro" e si vanterà di incredibili doti fisiche. Ognuno cercherà a suo modo di smarcarsi dall'altro sesso e di corrispondere all'immagine che ha di una ragazza o di un ragazzo. Il modello che i genitori offrono loro gioca un ruolo molto importante, ma l'atteggiamento degli altri bambini, l'ambiente sociale e, soprattutto, il temperamento, moderano molto questa influenza.

Bimbe turbolente e bimbi timorosi

I modi di affermarsi in quanto bambina o bambino sono molti, se non unici, e questo è solo uno degli aspetti della costruzione della propria personalità. Alcuni maschi amano improvvisamente provare a tutti la propria forza; alcune bambine si distinguono, invece, per la loro calma, ma esistono anche bambine molto fisiche che dettano legge ai giardinetti e bambini timorosi sempre pronti a mettersi a piangere. Tutte caratteristiche che non ostacolano, però,

---

PRIMI AMICI, PRIMI AMORI

- Il vostro bambino arriverà, un giorno, a conoscere le gioie e i dolori dell'amore e questo può succedere anche prima di quanto pensiate…
- I "fidanzatini" non mancano mai, nelle scuole materne. Camminano mano nella mano, si danno grandi baci, si siedono l'uno di fianco all'altro, proprio come fanno i "grandi".
- Tutto questo non va, però molto lontano e rimane sempre del tutto innocente. I sentimenti, tuttavia, non sono meno forti e le lacrime sono sincere, quando tutto finisce.
- Il vostro bambino si sentirà ferito, se voi lo prenderete in giro. Attaccandosi a un bambino dell'altro sesso o del suo, conosce le sue prime grandi emozioni affettive al di fuori della famiglia. Ora è in grado di amare e di essere amato da qualcuno che non sia il papà, la mamma o i fratelli. È segno che sta crescendo…

Fin dalla scuola materna, il bambino sperimenta già le sue prime grandi emozioni sentimentali al di fuori della famiglia.

il loro orientamento futuro. In passato, quando la società segnava in maniera molto netta le differenze tra uomini e donne, questi comportamenti "fuori norma" erano spesso repressi. Oggi, invece, tutto ciò non ha più motivo di essere. Ognuno sarà più felice nella sua pelle di adulto, in uno o nell'altro sesso, se sarà riuscito a costruirsi accettandosi così com'è, senza sentirsi mai obbligato a "cambiare".

A CIASCUNO IL SUO TEMPERAMENTO • Anche senza accorgervene, voi influenzate il vostro bimbo nel modo in cui si percepisce in quanto maschio o femmina: si identifica con voi, percepisce l'approvazione o il disagio, la condizione della madre o del padre come più o meno "attraente"… non è bene spingerlo a comportarsi in maniera più "virile" o più "aggraziata". Il bimbo ha bisogno che, con il vostro sguardo, lo sosteniate e lo aiutiate ad affermarsi.

Se il bambino (maschio) è timido, ha bisogno del vostro aiuto per imparare ad andare incontro agli altri, secondo il suo ritmo. Se la vostra bambina, invece, è molto chiassosa, dovrà poco a poco arrivare a controllarsi, ma ciò non è, però, una questione di sesso e ogni vostro rimprovero o commento varrà per le bambine come per i bambini.

Il complesso di Edipo

Per costruire la propria personalità in quanto bambina o bambino e affermare se stesso, il piccolo si avvicina alternativamente a uno e all'altro genitore. Intesse con ciascuno relazioni ambivalenti e improntate, di volta in volta, all'ostilità e all'amore. Per gli psicanalisti, questa è una fase essenziale, chiamata "complesso di Edipo".

Che cos'è il complesso di Edipo?

La leggenda di Edipo appartiene all'antichità greca. Racconta la storia di un bambino di nome Edipo abbandonato alla nascita dai suoi genitori; una volta adulto, dopo un litigio uccide un uomo, che ignora essere suo padre, e quindi sposa la sua vedova, ossia la sua stessa madre. Quando, più tardi, viene a sapere la verità, Edipo non sopporta ciò che ha fatto e si cava gli occhi. Sigmund Freud si è servito di questo mito per illustrare la relazione triangolare che lega un figlio ai suoi genitori sul piano affettivo, a livello inconscio. Ancora oggi, gran parte degli psicanalisti ritiene che superare il complesso di Edipo sia la fase fondamentale sulla strada verso la propria autonomia.

LA TEORIA FREUDIANA • Il complesso di Edipo si definisce come "l'insieme dei desideri amorosi e ostili che il bambino prova rispetto ai suoi genitori" (Sigmund Freud, *Introduzione alla psicanalisi*, 1916). Uno degli aspetti più noti di questa teoria è che il bambino, dai 3 ai 5 anni, nutre sentimenti d'amore per il genitore del sesso opposto e prova sentimenti di rivalità e ostilità verso il genitore del suo stesso sesso.

Il maschio ricerca l'affetto della madre e ama darle prova della sua forza, mentre il padre gli appare come un rivale che gli ispira a volte ammirazione e a volte gelosia. La bambina, invece, ricerca anche la tenerezza della madre, ma le si oppone facilmente e si rivolge piuttosto al padre, di cui cerca di attirare l'attenzione. Per risolvere il suo conflitto interiore, il bambino cerca di identificarsi con il genitore del suo sesso, sforzandosi di assomigliargli. Può perfino arrivare a sperare di sedurre il genitore del sesso opposto ricevendo l'approvazione del genitore del suo sesso. Queste, naturalmente, sono solo alcune linee fondamentali del pensiero freudiano, che ovviamente non trattiamo in questa sede.

Imita ognuno dei genitori

Nella vita di ogni giorno, i genitori constatano spesso che il bambino, secondo i periodi, si rivolge più spesso al padre

Durante questo periodo, ognuno dei genitori deve regolare il proprio comportamento.

o alla madre. Per qualche settimana o anche per alcuni mesi, uno dei due diventa il "preferito" (senza che sia vero, in fondo), e poi passa all'altro.

IMPARARE A SEPARARSI • In questo modo, il bambino impara prima a separarsi da un genitore, e poi dall'altro; imita uno e poi l'altro; si identifica con uno e cerca di sedurre l'altro. Senza nemmeno saperlo, si impregna dei tratti caratteristici di entrambi i genitori: di quello del suo sesso, cui vuole assomigliare, e di quello dell'altro sesso, con il quale cerca una reale intimità.

Per esempio, la bambina può copiare la mamma al punto di adottare il suo tono di voce, il modo di camminare e di rivolgersi agli altri e, allo stesso tempo, mostrare un'audacia che, invece, le viene dal padre... il bambino può riprodurre gli stessi atteggiamenti del padre, adora giocare e misurarsi con lui, ma potrà mostrare, in alcuni momenti, una sensibilità tutta materna.

UNA FASE FONDAMENTALE • Ora più che mai, il bambino si mette in relazione molto stretta con i suoi genitori e si impregna, in qualche modo, del loro "essere".

Lo fa, tuttavia, in tempi diversi, intessendo relazioni privilegiate con uno e poi con l'altro. Tutto ciò che avviene in questa fase è particolarmente importante per la costruzione della sua personalità e della sua identità sessuale, ma è normale che i genitori si sentano a volte un po' disorientati, per non dire messi in discussione da questo processo.

Vi sentite esclusi?

Quando si avvicina al genitore del sesso opposto, il bambino arriva a comportarsi in maniera estrema. Non vuole più che "l'altro" gli faccia il bagno, fa finta di non sentirlo quando gli parla, lo guarda talvolta come un intruso. Frasi come: «Sto giocando con il papà (o la mamma), lasciami stare!» non sono poi così rare.

SAPER REAGIRE • Il genitore respinto, a turno, a volte si sente dispiaciuto, se non arrabbiato o geloso. Questi sentimenti sono comprensibili, ma è importante non dimenticare che il bambino ha comunque bisogno di entrambi i genitori e lo sa in modo sincero e profondo. Se il genitore che respinge si allontanasse da lui, si sentirebbe totalmente abbandonato e questo andrebbe a incoraggiare il suo comportamento esclusivo con l'altro.

Invece, se il genitore "escluso" manifesta comunque il suo amore, la sua disponibilità e la sua assenza di risentimento, il bambino si rivolgerà a lui non appena ne sentirà il bisogno, il che non tarderà a succedere.

L'importanza di "fare squadra"

Più la coppia è unita, più il bambino riuscirà a superare i suoi conflitti interiori poiché ha bisogno di percepire la solidità della relazione amorosa che esiste tra i suoi genitori: potrebbe allora sentirsi meno colpevole di desiderare la scomparsa del genitore del suo sesso e acquisire la certezza che né l'uno né l'altro lo respingerà mai.

È piuttosto facile far sentire al bambino che i genitori sono solidali tra loro: sostenere il partner durante gli attacchi del bambino; dimostrarsi spesso d'accordo l'uno con l'altro; conservare momenti d'intimità della coppia; rimanere fermi sul divieto di dormire nel letto matrimoniale...

IN CASO DI CONFLITTO • Quando, durante questo periodo, i genitori vivono una relazione difficile e pensano addirittura al divorzio, è importante che applichino tutte queste regole, sapendo che il bambino non deve essere vittima della loro relazione di coppia. Non bisogna soprattutto lasciare che il bambino divenga parte integrante del conflitto coniugale e, ancor meno, incoraggiarlo ad assumere questo ruolo, soprattutto a questa età. In questo momento sarà necessario riuscire a separare ciò che concerne il bambino (la relazione genitoriale) da ciò che non lo riguarda (la relazione di coppia e quella tra i due adulti).

IL LUOGO DELLA SEDUZIONE

> Per il genitore che diventa l'"idolo" del bambino, la situazione non è sempre semplice. Bambine e bambini, a questa età, sono veramente grandi seduttori. Sanno affascinare, farsi piacere e rispondere alle attese implicite dei genitori. Bisogna anche dire che è difficile rimanere insensibili alle loro attenzioni. Quale papà non si sentirebbe "sciogliere" vedendo la sua piccola gridare di gioia al suo arrivo e buttarglisi addosso dicendo: «Papà, ti voglio bene!»? Quale mamma non si sente felice quando il suo bambino si dimostra particolarmente affettuoso, giudizioso e attento a lei?

> Certi slanci devono tuttavia essere contenuti. Prima o poi, tutti i bambini dicono alla madre di essere innamorati di lei o di volerla sposare da grande e le bambine chiedono al padre di scappare insieme, senza la mamma. È normale che, verso i 4 o 5 anni, i bambini esprimano simili desideri, ma è anche normale che imparino dai genitori che tutto questo è assolutamente impossibile.

> Quando la coppia è unita e lo dimostra al bambino, la situazione è generalmente piuttosto semplice e ciascuno si appoggia serenamente ai riferimenti che ha.

Dalla parte del padre: dare fiducia al proprio bambino

Entrando alla scuola materna, il bambino fa un passo da gigante sulla via verso l'autonomia. È un grande cambiamento per lui, ma anche per i suoi genitori. Spesso più sereno della madre, il padre riconosce e accetta più facilmente il carattere essenziale di questa "separazione", favorendo, in questo modo, la socializzazione del suo bambino.

Al momento dell'ingresso alla scuola materna

C'è un grande avvenimento che segna il 3° anno di età: l'ingresso alla scuola materna! Certo, prima, c'era già stata, per alcuni, la scoperta dell'asilo nido con una prima esperienza di socializzazione, ma la scuola materna è un nuovo universo poiché, prima, gli adulti si adattavano al ritmo dei bambini.

A scuola, accade l'inverso: tutti i bambini devono conformarsi al ritmo stabilito dagli adulti. Per un bambino di 3 anni, è un cambiamento veramente radicale e, per i genitori, si tratta di una fase molto spesso delicata dal punto di vista affettivo.

L'IMPORTANZA DEI COMPLIMENTI

- I bambini tra i 3 e i 6 anni sono in una fase di costruzione della propria personalità e hanno più che mai bisogno di sentire i commenti positivi da parte di mamma e papà.
- Naturalmente, i complimenti di mamma e papà non sono gli stessi, se il figlio è un maschio o una femmina.
- Tuttavia, entrambi sono fieri di sentire che i genitori mettono in evidenza i loro tratti fisici, il comportamento o sottolineano i progressi quotidiani.
- I due genitori svolgono un'azione molto importante, quando si felicitano con i loro figli per i risultati scolastici, le prestazioni sportive o, semplicemente, per un disegno particolarmente riuscito o un tratto caratteriale interessante. L'essenziale è, infatti, valorizzare il bambino e mettere in risalto le sue qualità, per incoraggiarlo e invitarlo a esprimere pienamente la sua essenza.

AIUTARE LA MAMMA AD ABITUARSI • Per la mamma, l'ingresso alla scuola materna può essere difficile. Questo cambiamento rappresenta una vera separazione che ricorda quella già vissuta quando affidò per la prima volta a un estraneo il figlio ancora piccolo. Per il padre, l'ingresso alla materna somiglia più a un nuovo passo verso l'autonomia e non è, quindi, vissuto come una frattura, ma piuttosto come un progresso sulla via della socializzazione. Egli dovrà, quindi, aiutare la madre ad abituarsi a quest'idea.

INCORAGGIARE IL PROPRIO BAMBINO • Nella continuità del ruolo che gioca fin dall'inizio, il padre si lega al figlio anche per distendere la relazione simbiotica che ha con la madre, che trova angosciante l'idea di affidarlo a persone sconosciute; il papà, invece, prova un certo orgoglio a spingerlo ad aprirsi al mondo esterno.

Anche se si preoccupa comunque, si sforzerà però di non darlo a vedere, facilitando così la socializzazione di suo figlio e invitandolo ad aprirsi verso chi lo circonda. Spesso meno sensibile della madre riguardo alle questioni sociali e all'esigenza di "comportarsi bene", guida il figlio verso il prossimo con una certa serenità.

Nuovi riferimenti

A scuola, il bambino entra in un mondo per lui completamente nuovo. Stringe nuove relazioni con il prossimo e, da subito, i suoi rapporti con gli altri suscitano in lui più curiosità di una vera socializzazione e, impara già le regole del gioco sociale.

NUOVI ESEMPI • Il piccolo scopre riferimenti al di là dei suoi genitori e i suoi cari, ed eccolo tuffarsi in un mondo fatto di maestre e compagni di classe, che possono diventare nuovi esempi da seguire e nuove figure di autorità. Il suo modo di vivere, le sue abitudini, i suoi punti di rife-

Certo, il papà non è più quel padre di famiglia onnipotente di un tempo e non è più colui che si limita a dare prova di autorità: deve anche saper manifestare la sua dimensione affettiva e la sua presenza, ma se da una parte non è più il solo a incarnare il rispetto delle regole, non è nemmeno solo il garante dell'ordine domestico (lo è insieme alla mamma).

Aiutare il bambino a proseguire, scoprendo il mondo esterno

Il padre incoraggia pure il bambino a crescere. Anche se, come la madre, è sempre tentato di proteggerlo, ma non può tuttavia evitargli le ferite e le contrarietà che, prima o poi, incontrerà a scuola o comunque fuori casa. Egli può, però, accompagnarlo sul cammino verso la scoperta e invitarlo ad affermare la sua fiducia in se stesso, a proseguire e a non avere paura di osare.

ATTEGGIAMENTI COMPLEMENTARI • La madre avrà piuttosto la tendenza a frenare il bambino nei suoi slanci, come se volesse tenerlo più a lungo al riparo dalle difficoltà; il padre, invece, avrà la "missione" di invitarlo a esplorare le sue possibilità per riuscire a esprimersi al meglio.

Per questo, non deve temere le scelte e gli incontri che suo figlio potrà fare. Anzi, lo spingerà a rivendicare poco a poco la sua autonomia e la sua presenza attenta e affettuosa permetterà al piccolo, certo di poter contare in ogni momento sul suo sostegno e sul suo affetto, di fare esperienza del mondo in tutta tranquillità.

Il padre può cogliere numerose occasioni per incoraggiare suo figlio a esprimere ciò che prova.

rimento si trovano ora a confrontarsi. Si accorge che diverse visioni dell'esistenza coabitano con quelle che i genitori gli hanno trasmesso. Ora è veramente impegnato sulla strada che lo porterà, un giorno, all'autonomia.

RIAFFERMARE L'AUTORITÀ DEI GENITORI • A contatto con i compagni di classe, il bambino potrebbe essere tentato di rimettere in questione l'autorità familiare. Spetterà ai genitori, in particolare al padre, ricordare le regole di casa, quando il bambino rientra da scuola con la volontà, più o meno chiara, di sostituirle con modelli di comportamento diversi.

LA PAROLA AL BAMBINO

A volte, quando giochiamo e facciamo chiasso, mi innervosisco e mi agito e tu ti arrabbi all'improvviso e mi sgridi, proprio quando ci stavamo divertendo come due amici! Non è giusto e non mi piace che mi parli in modo autoritario! Quando parli così, io non capisco niente perché è come se tu facessi la voce grossa per comandare su tutto, invece che essere il mio papà che mi piace e che mi protegge dai pericoli, che mi aiuta, mi consola e m'insegna le cose. Mi piace molto di più quando sei così!

Dalla parte del padre: a proposito di identità sessuale

Curiosità rispetto al corpo, esibizionismo o pudore, seduzione… dai 3 anni, il bambino e la bambina adottano comportamenti più sessuati e si avvicinano al padre o alla madre. Durante questa fase, decisiva per la formazione dell'identità sessuale e della personalità del bambino, la capacità del padre di dare fiducia gioca un ruolo molto importante, addirittura essenziale

La scoperta del sesso

Con i suoi desideri a volte amorosi, a volte ostili riguardo al papà o alla mamma, l'Edipo può esprimersi al massimo verso i 3 anni (vedi pag. 396). Il bambino afferma una sessualità "di curiosità", rivolta inizialmente verso se stesso, poi verso gli altri bambini e, infine, verso i suoi genitori… egli si interroga sulla maniera in cui si concepiscono i bambini e su molte altre questioni riguardanti la nascita.

PADRI E FIGLI • Il bambino maschio si sente d'improvviso irresistibilmente attratto dalla mamma, che sente come la donna della sua vita e dice, da grande, di volerla sposare… è qui che interviene il padre, ancora una volta garante di un certo ordine familiare. Spetta a lui, infatti, far comprendere al figlio che le cose non stanno propriamente così. Può gentilmente rimettere in ordine le cose spiegando al piccolo che non è l'unico oggetto d'amore della madre e che il suo papà occupa già il posto di partner accanto a lei… In questo periodo, è importante che il padre e la madre vietino ai bambini di dormire nel letto matrimoniale (vedi pag. 377).

Rispettare i sentimenti della bambina

Con sua figlia, il padre, vista la differenza di sesso, si pone diverse domande circa la vicinanza fisica e si chiede quale sia il miglior comportamento da assumere. Queste domande non si presentano nella relazione tra madre e figlio, animata solamente dalla dimensione affettiva e "materna", ma acquisiscono di certo una notevole importanza tra padre e figlia.

RISPETTARE IL SUO PUDORE • Il timore di una "erotizzazione" può arrivare anche a disturbare le relazioni quotidiane, ma il papà non deve lasciarsi andare alle sue ansie e vietarsi i gesti normali di tenerezza e affetto per la figlia. Starà a lui mantenere la giusta distanza e fare in modo che la relazione sia priva di ogni ambiguità, evitando, per esempio, la nudità quando è in bagno con la figlia.

Egli dovrà rispettare il pudore della piccola, anche se lei non lo esprime apertamente. Spetta, infatti, sempre al genitore fissare i limiti e rispettare la formazione di questo pudore nascente.

IL RUOLO DEI COMPLIMENTI • Non "erotizzare" la relazione non vieta, però, di esprimere il proprio apprezzamento, poiché il rapporto di seduzione è una costante nella relazione padre-figlia. Il padre non deve, quindi, vietarsi di dire alla figlia quanto la trovi carina o rivolgerle dei complimenti ogni volta che ne sente il desiderio e che lo ritiene opportuno. Così, anzi, contribuisce a rassicurarla e a darle fiducia in se stessa.

Non c'è bisogno di aspettare che abbia indossato un abito da principessa o la sua nuova T-shirt alla moda. Anzi, il padre le farà notare quanto sia elegante qualsiasi cosa indossi, anche se è solo nel suo solito pigiamino da letto. L'obiettivo non è quello di fabbricare una Lolita o una futura vittima della moda, ma di restituirle un'immagine valorizzata di sé.

Scegliere le parole

Per designare il sesso di vostro figlio, evitate parole come "pene" e "vulva", che appartengono a un linguaggio che il bambino potrà utilizzare non prima dei 6-7 anni, quando avrà accesso al pensiero simbolico e potrà consultare i primi libri di anatomia. Preferite nomignoli come "pippi", "patatina" o quelli che i bambini stessi usano abitualmente e che non fanno riferimento alla sessualità adulta e bandite ogni espressione figurativa volgare.

Come parlare di sesso?

Spontaneamente, il vostro bambino vi porrà molte domande circa il suo sesso: innanzitutto sugli organi genitali, poi su come nascono i bambini e, infine, sui vostri rapporti amorosi. Il bambino si chiede se, quando il papà e la mamma sono in camera, succedano cose che lui non capisce ed è anche per questo che è così ansioso di raggiungerli e, talvolta, di separarli. Queste domande potrebbero anche mettervi in imbarazzo, ma considerate che non richiedono necessariamente risposte esaurienti.

LINGUAGGIO FIGURATO • Parole semplici e un linguaggio figurato possono essere più che sufficienti. L'immaginario deve compensare una realtà che per il bambino sarebbe scioccante. Non si tratta di fargli un corso di anatomia, poiché alcuni dettagli sarebbero per lui insopportabili, come l'atto sessuale o l'uscita del feto attraverso la vagina (meglio evitare, per ora, di dirgli da dove esce il bambino)... Un linguaggio simbolico sarà più adatto: «Il papà e la mamma hanno fatto l'amore», «Il papà ha messo un semino nella pancia della mamma», «Il bambino è cresciuto e poi è nato quando è diventato abbastanza grande».

Per il bambino, l'essenziale è sapere di essere il frutto dell'amore che lega i suoi genitori, ma gli psicologi sconsigliano di raccontare storie di cavoli, cicogne o angioletti: il bambino scoprirebbe subito la bugia e potrebbe venire informato, a volte anche in modo brutale, dagli altri bambini della sua età...

→ Trovare la giusta distanza con la propria figlia non esclude, però, tenerezza e complicità.

CIVETTERIE E SGUARDI ALTRUI

▸ Verso i 4 anni, bimbi e bimbe si dimostrano talvolta preoccupati a proposito di vestiti e taglio di capelli. Ciò esprime il desiderio di affermare l'appartenenza al proprio sesso e alla loro identità.

▸ Queste rivendicazioni sono a volte meno futili di quanto sembri. Il bambino non si sentirà a suo agio con un dato paio di scarpe e la bambina con il berretto rosso che avete scelto per lei.

▸ Non sarete sempre d'accordo, **ma sarà importante recepire le sue richieste**. Il bimbo potrebbe essere veramente disturbato dal taglio di capelli che avete scelto e che, secondo lui, lo fa assomigliare a una bambina; la vostra bimba può detestare il vestitino, che voi amate tanto, perché i suoi compagni la prendono in giro. Alla ricreazione, gli sguardi possono essere molto critici...

▸ Di là da queste considerazioni, **cedere di tanto in tanto dimostra anche al bambino che tenete conto delle sue scelte e dei suoi sentimenti**.

UNA SCOPERTA "DOLCE" • Il bambino si farà un'idea della nascita e della sessualità mescolando le vostre spiegazioni alle proprie teorie. Il suo immaginario lo protegge dalla "violenza" che rappresenterebbe, per lui, l'atto sessuale in sé. Solo gradualmente arriverà a una comprensione più vicina alla realtà.

Stategli vicino e rispettate questo suo lento cammino, che sarà ancora incompleto a 6 anni, senza mai anticipare le sue domande. Dovrete, a volte, aspettare la pre-pubertà perché certi aspetti della procreazione siano per lui comprensibili. Fate quindi molta attenzione ai programmi televisivi e alle scene che potrebbero facilmente scioccare il bambino piccolo.

LIBRI E ANIMALI • Se siete a disagio, esistono libri concepiti per i bambini che vi aiuteranno a spiegare meglio le cose. La vicinanza degli animali da compagnia può contribuire a illustrare come avviene la procreazione. Se non abitate in campagna, potrete visitare una fattoria o un parco zoologico, in primavera, e far vedere al bambino una cucciolata con mamma e papà animali.

Affrontare le questioni più complesse

A questa età, i bambini si dimostrano molto curiosi e si pongono tante domande, provano a capire il mondo che li circonda e interrogano spesso i genitori. Tuttavia, le capacità di comprensione non dipendono solo dall'intelligenza, ma vanno ben oltre. Non bisogna, quindi, perdere di vista il fatto che il ragionamento dei bambini piccoli è molto diverso da quello degli adulti...

L'età dei "perché?" e il pensiero pre-logico

Il funzionamento psicologico dei bambini dai 3 ai 6 anni presenta due aspetti fondamentali. Sul piano emotivo, essi attraversano la fase edipica, ricca di emozioni amorose e aggressive (vedi pag. 397). Sul piano intellettuale, pensano ancora in modo pre-logico, come ha descritto lo psicologo Jean Piaget: non avendo accesso al ragionamento astratto, hanno bisogno di associare le idee a un'immagine o una situazione reale, per comprendere tutto ciò che è nuovo.

I bambini hanno, quindi, la tendenza a utilizzare le immagini per descrivere i propri pensieri e, allo stesso tempo, di concepire gli oggetti inerti come dotati di intenzione. Cercano una risposta materiale a tutte le domande che riguardano la costruzione delle cose e hanno anche bisogno di trovare una spiegazione concreta a ogni azione.

Le risposte che voi darete alle loro domande devono, quindi, prevedere un vocabolario semplice o figurato, condizione davvero essenziale affinché possano capire le vostre spiegazioni.

Le questioni legate alla sessualità

Verso i 2 o 3 anni, i bambini prendono coscienza della differenza tra i sessi e imparano a capire di essere un maschio o una femmina. Si interessano alla propria anatomia, così come a quella degli altri bambini e perfino dei loro genitori (vedi pag. 392).

Ne consegue una serie di questioni che, in un primo tempo, riguardano soprattutto la procreazione e quindi il legame amoroso tra i propri genitori. Se, da una parte, è importante rispondere senza deformare la realtà, non è però necessario dire più di ciò che il bambino potrebbe riuscire a capire.

→ Osservando il comportamento del figlio, i genitori possono aiutarlo a esprimere ciò che lo preoccupa.

NON PUÒ CAPIRE TUTTO • I bambini sviluppano tutta un'attività "fantasmatica" per immaginare le risposte alle proprie domande. Da una parte, si proteggono dalle "cose" ancora troppo difficili da concepire: la sessualità adulta è per il bambino un atto strano che può essere assimilato a una certa forma di violenza. D'altra parte, questa attività immaginaria è per loro una maniera di esercitare curiosità e creatività (secondo Freud, la curiosità intellettuale dell'adulto riguardo alla sessualità avrebbe lontane radici nella curiosità infantile).

Quindi, questa curiosità deve potersi esercitare e il bambino deve sentirsi libero di porre comunque qualsiasi domanda. Tuttavia, allo stesso tempo le risposte non devono causare troppa emozione per lui, ma devono essere formulate con parole che corrispondano a ciò che è in grado di capire.

ALCUNE RISPOSTE POSSIBILI • Alla domanda «Da dove vengono i bambini?», i piccoli sono pronti a recepire la storia dei semini da cui mamma e papà fanno nascere il loro bambino. In seguito, chiedono generalmente come facciano a entrare nella pancia della mamma o da dove esca il bambino. Potrete rispondere loro dicendo che la mamma ha un "forellino", ma senza entrare in dettagli anatomici. Se il bambino non sarà soddisfatto da questa risposta e insisterà, sarà allora arrivato il momento di dirgli che questo forellino è nella "patatina".

La questione dell'atto sessuale tra uomo e donna non si manifesta prima dei 5 o 6 anni, se non più tardi. Anche qui, non si tratterà di descrivere ciò che succede in dettaglio, ma sarà sufficiente rispondere semplicemente, ma restando piuttosto vaghi e usando le parole che abitualmente impiegate per indicare gli organi genitali.

Più che l'atto in sé, sarà soprattutto la conferma del legame amoroso che unisce i genitori a interessare il bambino e quindi potrete parlare genericamente di un piacere che si prova insieme.

Infine, se il piccolo sembra preoccupato dalla vostra risposta, ciò che importa sarà che sappia che le coccole tra i genitori non portano sempre alla nascita di un bambino e le relazioni amorose sono distinte dal fatto di avere bambini. Rassicuratelo con queste risposte e non immaginerà più storie confuse e inquietanti.

Affrontare le informazioni che vengono dai mass media

Come spiegare o riformulare parte delle conoscenze diffuse dai media ai bambini? Anche se dotati di intelligenza molto precoce, è certamente necessario che i genitori fungano da filtro.

ATTENZIONE ALLA VIOLENZA! • Facendo accuratamente attenzione all'uso della televisione e della radio a casa, il vostro bambino dovrebbe essere relativamente al riparo da informazioni che non riuscirebbe a capire. Accadrà pertanto, sempre più spesso, che sia testimone di intenzioni o immagini che non avrebbe dovuto vedere. L'importante, in questi casi, è dedicare un po' di tempo a parlargliene per spiegargli il carattere irragionevole e irreale di ciò che ha visto.

PARTIRE DALLE SUE DOMANDE • Alcuni avvenimenti di attualità possono dare ai genitori l'occasione di spiegare il mondo esterno al bambino, anche se è ancora molto piccolo. È interessante, in questo caso, partire dalle sue domande e osservazioni.

Nel campo dell'apprendimento e dell'educazione, più il bambino è attivo, più memorizza in fretta ciò che gli viene detto. Questa potrà essere l'occasione per i genitori di trasmettere valori educativi e misure preventive, ma sempre adottando un vocabolario scelto e adatto all'età del bambino.

USARE UN LINGUAGGIO SEMPLICE

› Il bimbo è molto sensibile al suo ambiente e percepisce rapidamente i cambiamenti d'umore, la tristezza o la contrarietà. Non servirà nascondergli la verità, poiché saprà benissimo indovinare che c'è qualcosa di inconsueto intorno a lui. Anche bambini piccoli percepiscono le emozioni e comprendono le intenzioni.

› Sarà quindi meglio dare spiegazioni per rassicurare il vostro bambino e vietare che si immagini cose perfino peggiori. Per esempio, se c'è un malato in famiglia, potrete dirgli: «Sai, in questo momento sono triste perché lo zio è malato. C'è un dottore bravo che lo sta curando, ma preferirei che fosse già guarito, come quando non stai bene tu…». **Analogamente, in caso di divorzio o separazione, dovrete fare attenzione a rassicurare il vostro bimbo il più presto possibile, poiché percepirebbe presto il clima di tensione che s'instaura nella coppia.** Qualsiasi sarà la soluzione scelta, il bimbo dovrà essere informato sul modo in cui la sua vita quotidiana sarà riorganizzata (vedi pagg. 326-327).

› Naturalmente, **dovrete adattare le vostre spiegazioni alla sua età ed evitare ogni dettaglio che potrebbe traumatizzarlo.** Quando gli avrete fornito una prima informazione, la più semplice possibile, sarà lui a farvi poi altre domande, secondo ciò che gli interessa e la sua capacità di capire, o meno, con precisione la questione.

Rivolgersi a uno specialista in caso di difficoltà

Sono molti gli specialisti che possono consigliarvi, ascoltarvi o orientarvi quando siete preoccupati per il vostro bambino o che la vostra relazione con lui stia attraversando un momento delicato. In base alla sua età e a ciò che vi preoccupa, vi rivolgerete a un professionista o a uno specialista piuttosto che a un altro…

Il dialogo con chi è vicino

Spesso i primi interlocutori dei genitori sono le persone che si occupano del bambino durante la giornata: le puericultrici dell'asilo nido, la baby-sitter o le maestre. Potrete assolutamente confidarvi con loro, sempre però mantenendo una certa discrezione e non rivelando ogni avvenimento della vostra vita o aspetto del comportamento del vostro bambino. Il loro punto di vista professionale, più distaccato dal vostro rispetto al bambino, potrà esservi utile alla riflessione.

Se, però, avete eventualmente individuato qualche particolare difficoltà nello sviluppo e nel benessere del vostro bambino e vi preoccupate per lui rispetto a un fatto in particolare (separazione, lutto, trauma, malattie psicosomatiche ecc.), non esitate a consultare uno specialista della prima infanzia, considerando che i vari professionisti ai quali potrete rivolgervi hanno formazioni, funzioni e pratiche diverse.

Il pediatra

Per prima cosa, potrete rivolgervi al pediatra che ascolterà le vostre preoccupazioni, ne discuterà insieme a voi e vi rassicurerà o vi orienterà verso un altro specialista. Grazie alla sua personale conoscenza del bambino, della sua crescita fisica e psicomotoria, del suo ambiente e in particolare della sua famiglia, sarà un interlocutore privilegiato in grado di capire ciò che, nel comportamento del piccolo (pianti, grida, agitazione) o del bambino più grande (alimentazione, sonno, igiene…) può essere considerato normale o meno. Vedrà allora se è in grado di garantire personalmente la terapia o se ritiene necessario un parere specialistico e vi aiuterà certamente a trovare la persona di cui il vostro bambino ha bisogno, fungendo da coordinatore

Lo psichiatra infantile

Lo psichiatra infantile è un medico che ha una formazione complementare in psichiatria infantile (o pedopsichiatria). Egli vi ascolterà, vi aiuterà a riflettere su ciò che vi preoccupa e valuterà la crescita del vostro bambino e le sue eventuali difficoltà. L'intero processo può richiedere del tempo e talvolta diverse sedute. Al termine di questa prima fase di valutazione, potrà eventualmente indicarvi un percorso psicoterapeutico. Essendo un medico, lo psichiatra infantile ha anche la possibilità di prescrivere farmaci.

Potrà quindi definire una terapia farmacologica, se lo giudica necessario, e, dopo averne parlato con voi, orientare il vostro bambino verso un altro specialista come, per esempio, un logopedista.

A CHI RIVOLGERSI? • Gli psichiatri infantili lavorano sia nel servizio pubblico che in studi privati. Informatevi se nella vostra regione esiste un centro medico-psicologico pubblico cui potrete rivolgervi gratuitamente, in cui operi uno staff completo, coordinato da uno psichiatra infantile.

Per ottenere le coordinate del centro da cui dipendete, potrete rivolgervi al vostro Comune di residenza o all'ASL. Il tempo di attesa per ottenere un appuntamento può essere a volte lungo.

A titolo preventivo

Oggi, molti genitori ansiosi di comprendere ciò che accade nella testa del loro piccolo, e preoccupati di individuare un eventuale problema il più presto possibile, non esitano più a consultare uno specialista, talvolta anche per questioni minori. La domanda è talmente forte che è in continuo aumento il numero di psicologi specializzati nell'ascolto dei genitori, mentre per le visite pubbliche i tempi d'attesa sono molto lunghi.

Se consulterete uno psichiatra infantile privato, verificate se tutta o parte della tariffa della consultazione possa essere comunque rimborsata, attraverso una richiesta, dall'assistenza sanitaria.

Lo psicologo

Gli psicologi hanno una lunga formazione sui diversi aspetti del funzionamento psichico e della crescita del bambino e possono ricevervi per una seduta, valutare la situazione insieme a voi e proporvi, se lo riterranno opportuno, una psicoterapia.

Questi professionisti sono anche abilitati a eseguire un certo numero di test psicologici standard (del quoziente intellettivo, della personalità ecc.), che permettono di capire meglio le difficoltà che incontra il bambino, che si rivelano molto spesso necessari. Gli psicologi lavorano in istituti pubblici, in centri medico-psicologici o presso studi privati.

Il logopedista

Il logopedista è un professionista della salute formato alla valutazione e alla rieducazione dei problemi del linguaggio, sia orale sia scritto: i disturbi dello sviluppo del linguaggio, le difficoltà ad articolare o costruire frasi, la carenza di vocabolario, la dislessia eccetera.

Alcuni logopedisti sono anche specializzati nella cura di problemi della comunicazione in un senso più esteso. L'intervento del logopedista, tuttavia, può essere previsto solo dopo il 4° anno di età.

I logopedisti lavorano nel settore pubblico, negli istituti convenzionati come anche in studi privati. Per avere un elenco, potete consultare il sito della Federazione Logopedisti Italiani (www.fli.it). Alcune delle prestazioni sono coperte dal Servizio Sanitario Nazionale; potete contattare al riguardo la vostra ASL.

Lo psicomotricista

Lo psicomotricista lavora con i bambini che presentano difficoltà di crescita o di apprendimento (agendo sulla motricità, il tono, la precisione dei gesti, la scrittura ecc.), affrontando queste specifiche difficoltà dal punto di vista fisico.

Alcuni psicomotricisti sono anche formati dal punto di vista degli aspetti psicologici che entrano in gioco in questa terapia e possono pertanto aiutare in modo corretto i bambini che presentano delle particolari difficoltà di comunicazione.

Come decidere a chi rivolgersi?

Solo i genitori del bambino possono prendere appuntamento a suo nome. Sta a voi capire il momento in cui siete veramente preoccupati e a che proposito ritenete necessario un parere professionale. Non si tratta di chiamare il medico alla minima difficoltà, ma, se le domande che vi ponete sono ricorrenti e siete davvero preoccupati, è più che giusto parlarne, anche se non si tratta di un problema particolarmente grave.

DECIDERE IN DUE • Prima di prendere appuntamento, è importante che i genitori discutano insieme per trovare un accordo. Quando la coppia è separata, sarà necessario, per il bambino, che entrambi i genitori prendano parte attiva all'iniziativa.

INFORMARE IL BAMBINO • Il vostro bambino deve anche essere informato di questo appuntamento e delle ragioni che motivano la vostra iniziativa. Ciò vi permetterà di avviare un dialogo sulla questione che vi preoccupa e accade, a volte, che già questi primi scambi di opinione suscitino i primi cambiamenti nel bambino.

È importante che spieghiate a vostro figlio che andrete alla visita insieme e che non è lui ad avere un "problema", ma voi che desiderate parlare con un esperto di ciò che vi preoccupa per riuscire meglio ad aiutarlo.

Attenzione!

Fate attenzione alle parole che userete per parlare della questione che riguarda il vostro bambino. Oggi, si fa presto a parlare, per esempio, di "disturbi del comportamento" o a catalogare un bambino come "iperattivo"...

Guida medica e pratica

- Dizionario medico
- Curare con l'omeopatia
- Curare con l'osteopatia
- Formalità pratiche
- Indirizzi utili

Dizionario medico

Questo glossario vi permetterà di dialogare meglio con i medici che seguono il vostro bambino e vi aiuterà a prendere le giuste decisioni già prima della visita.
I titoli che seguono a VEDI: rinviano ad articoli che potrete consultare nel presente dizionario medico.

Acari

Gli acari sono piccoli insetti della famiglia degli aracnidi, invisibili a occhio nudo e presenti nella polvere di casa. Si nutrono della "pelle morta" che si stacca dall'epidermide.

Gli acari possono provocare delle allergie respiratorie o i sintomi dell'asma (sibilo nell'espirazione, pallore, traspirazione). Il medico prescriverà dei test cutanei o del sangue (in laboratorio) per ricercare gli anticorpi specifici che permettano di confermare che il vostro bambino è allergico agli acari.

Al fine di limitare questa allergia, passate l'aspirapolvere e aerate le stanze tutti i giorni, anche di inverno. Le lenzuola dovranno essere lavate sovente e i materassi puliti regolarmente. Prendete nota che i materassi in schiuma sono da preferire a quelli in lana o in altre fibre animali. I prodotti insetticidi sono efficaci per un periodo di 2 o 3 mesi.

VEDI: ALLERGIA, ASMA

Acetone (crisi di)

L'acetone è una sostanza prodotta dal fegato, per ovviare alla mancanza di zuccheri. Quando un bimbo è a digiuno, o non può essere alimentato a causa di disturbi digestivi, la decomposizione dei grassi provoca un alito particolare.

Se il vostro bambino ha l'alito che ricorda la frutta fermentata, appare stanco e accusa mal di pancia e vomita spesso, vuol dire che ha una crisi di acetone (o acetonemia). Perlopiù, la crisi è banale e benigna. In casi eccezionali però un'acetonemia può rivelare una forma di diabete. La presenza di acetone può essere facilmente rilevata nelle urine per mezzo degli stick urinari, che si trovano in farmacia senza ricetta, ma sarà il medico a prescrivere il trattamento da seguire.

Il trattamento delle crisi di acetone consiste nel ripristinare gli zuccheri nel bambino, dandogli soluzioni di sale-zucchero (soluzioni reidratanti vendute in farmacia) o dei succhi di frutta somministrati in piccole quantità per volta (20 ml ogni 10 minuti).

Può rivelarsi necessario un ricovero ospedaliero, se il bambino vomita di continuo e non riesce più ad alimentarsi normalmente. A titolo preventivo, il bambino non deve mai rimanere a digiuno più di una notte (soprattutto prima dei 3 anni) e occorre dargli delle bibite zuccherate, a piccole dosi, se temporaneamente non riesce ad alimentarsi.

Adenoidectomia

VEDI: ADENOIDI

Adenoidi

Le adenoidi sono degli organi linfatici, come i linfonodi, che si trovano al fondo delle fosse nasali. Come le tonsille, assicurano una certa protezione contro i microbi (virus o batteri) che possono entrare facilmente nell'organismo attraverso le fosse nasali e la gola.

Nei lattanti, necessariamente esposti ai batteri e ai virus, accade che lo stimolo di queste difese naturali sia eccessivo e provochi un aumento di volume delle adenoidi. Questa ipertrofia impedisce all'aria di penetrare nelle fosse nasali e obbliga il bambino a respirare a bocca aperta, a parlare "col naso".

Questa infiammazione delle adenoidi si chiama "adenoidite", può tappare la tromba d'Eustachio (che collega l'orecchio medio alle fosse nasali) e provocare un'otite sierosa cronica o recidivante. Questa può divenire purulenta e può provocare un abbassamento dell'udito (ipoacusia).

Se la terapia non è sufficiente a curare l'adenoidite, il vostro medico può proporre l'ablazione chirurgica delle adenoidi (adenoidectomia), associata o meno a un drenaggio del timpano.

Questo intervento non è possibile, se non su bambini di più di un anno, per evitare rischi di "ritorno" delle adenoidi e quindi di recidiva.

Adenopatia
VEDI: LINFONODI

Affaticamento

L'affaticamento è uno stato difficile da valutare, perché ciascuno lo sente in maniera molto personale.

Il bambino stanco manca di brio, non ha più voglia di giocare, mangia meno. Può anche essere agitato senza motivo e dormire male.

In apparenza il vostro bambino non è ammalato, non ha febbre e voi non comprendete perché non sia più in forma. L'affaticamento è provocato più frequentemente da una cattiva igiene di vita, che può essere corretta, oppure da una malattia che può essere guarita (non esistono medicinali che permettano di contrastare la stanchezza; solo le sue cause possono essere trattate.)

> **Mancanza di sonno.** Il vostro bambino dorme a sufficienza ed è in buone condizioni durante il giorno? Le giornate passate all'asilo o a scuola non sono forse troppo lunghe? Si alza presto e si corica tardi? Parlatene con il medico.

> **Malattia.** Anche se non ha febbre, il bambino può trovarsi nel periodo di incubazione di una malattia infettiva (tempo che trascorre fra l'ingresso del microbo nell'organismo e i primi sintomi di malattia). Nell'incertezza, consultate il medico che cercherà di determinare l'origine della stanchezza.

> **Anemia.** Il vostro bambino vi sembra pallido. Le sue labbra e le sue gengive sono meno colorate del solito. Manca d'appetito. Ansima spesso. Tutti questi sintomi sono segni di anemia. Consultate il vostro medico. Vi prescriverà senza dubbio il controllo della formula ematica (analisi del

sangue eseguita da un laboratorio), per determinare se il bambino ha un'anemia e manca di ferro.

Il ferro è, in effetti, un elemento indispensabile alla produzione dell'emoglobina dei globuli rossi, che trasporta l'ossigeno dai polmoni alle cellule del corpo. Per colmare questa carenza, che provoca l'anemia, il medico prescriverà del ferro sotto forma medicinale.

Per prevenire l'anemia, date al vostro bambino un'alimentazione diversificata (la carne rossa soprattutto, le lenticchie, gli spinaci, le prugne secche sono ricche di ferro).

> **Difficoltà emotive.** Il vostro bambino si lamenta di essere stanco e tuttavia il vostro medico, dopo averlo esaminato, non constata alcun altro sintomo fisico. Fate attenzione a questa forma di richiamo: il vostro bambino può esprimere così una richiesta affettiva oppure ha una difficoltà di ordine psicologico. Se la stanchezza persiste e vi sentite impotenti, fatevi consigliare eventualmente da uno psicologo.

Afta

Il vostro bambino piange per il dolore o per bruciori in bocca. Sulla fronte, sui bordi della lingua, sulle gengive, sulla faccia interna delle guance e delle labbra potete osservare delle piccole lesioni superficiali, isolate o in gruppo, grigie o giallastre, contornate da un bordo rosso. Queste lesioni prendono il nome di afte.

La comparsa delle afte può essere collegata all'assorbimento di determinati alimenti (groviera, noci, fragole, melanzane), ma può apparire anche senza motivo. Si riassorbono nel giro di 2 giorni senza un trattamento specifico, oppure si possono bagnare con una soluzione antisettica, usando un bastoncino cotonato. Nei neonati, un'eruzione di numerose bollicine simili a delle afte (che debordano talvolta sulle labbra), associata a una febbre elevata (da 39 a 40 °C) corrisponde sovente a un'infezione dovuta al virus dell'herpes di tipo 1. Il bambino ha male quando deglutisce e non riesce a mangiare come d'abitudine. Questa infiammazione della bocca (stomatite) è benigna, ma richiede il ricorso temporaneo a un'alimentazione liquida; il medico prescriverà un analgesico e un trattamento antisettico locale.

Aggressività

L'aggressività si manifesta con gesti e parole ostili nei confronti dei genitori e delle persone più vicine.

A certi stadi dello sviluppo il vostro bambino accetta difficilmente le regole educative che voi gli imponete. Queste reazioni denotano una personalità che cerca di esprimersi. La sua esistenza, il suo rifiuto, la sua collera esprimono semplicemente una crisi passeggera del tutto normale. D'altra parte un'eccessiva aggressività permanente, che si osserva più sovente nei maschietti, talvolta compare dopo i 3 anni o nell'adolescenza; si presenta con una mancanza di rispetto verso gli altri, un'iperattività o un linguaggio ostile; questo comportamento rivela un malessere affettivo e può provocare delle difficoltà nell'integrazione scolare. Un team medico-psicologico potrà aiutare il vostro bambino e voi stessi a comprendere meglio le ragioni di questo malessere.

Agitazione

Turbolento, disobbediente, insopportabile... il vostro bambino non vi lascia un minuto di respiro e voi non sapete che cosa fare per tranquillizzarlo.

È normale che un bambino piccolo si muova molto, ma di solito non si agita in continuo senza ragione. Se questa agitazione è una semplice reazione a un conflitto passeggero, provate a risolvere il problema con il buon senso e il bambino si calmerà molto presto. Se il comportamento troppo vivace del bambino turba il suo ambiente, può esserci una certa instabilità psichica, originata da mancanza di ascolto e di dialogo da parte dei genitori. Più avanti, l'incapacità da parte del bambino di concentrare l'attenzione in modo durevole o l'impossibilità di sottomettersi alla disciplina collettiva dovrebbero mettervi in guardia.

Soprattutto non dategli dei calmanti, nemmeno a titolo temporaneo. Questi farmaci non risolverebbero la causa della sua agitazione. Parlate dei vostri problemi al vostro medico. Questi proporrà un consulto medico-psicologico in un centro specializzato, al fine di valutare la personalità e lo sviluppo psicomotorio del bambino, di accertare i suoi eventuali deficit sensoriali o intellettuali e di analizzare il suo comportamento nel proprio ambiente. In effetti, le famiglie hanno delle soglie di tolleranza differenti e la reazione dei genitori e della cerchia familiare influenza notevolmente il comportamento del bambino agitato. In certi casi delle sedute di rieducazione psicomotoria e un po' di rilassamento aiuteranno il vostro bambino a distendersi e a concentrarsi. Regolarizzate la sua vita quotidiana e, più avanti, fategli praticare un'attività che gli piaccia.

AIDS

L'AIDS, o sindrome da immunodeficienza acquisita, è dovuta al virus dell'immunodeficienza umana (HIV), la cui particolarità è di infettare in modo specifico le cellule del sistema immunitario.

La presenza di anticorpi nel sangue, rivelata con tecniche immunologiche (Western-Blot), indica che il virus è presente nell'organismo (mentre, praticamente in tutte le altre malattie infettive, la presenza di anticorpi è associata all'eliminazione dell'agente patogeno e assicura una protezione contro una nuova infezione). È questo che definisce la sieropositività nei confronti dell'HIV. Fra l'infezione del virus e i primi sintomi della malattia può trascorrere un tempo di latenza di più anni.

L'infezione nel bambino è spesso dovuta alla trasmissione del virus dalla madre sieropositiva al feto. La trasmissione per trasfusione di sangue si verifica oggi solo eccezionalmente, ma purtroppo accade ancora, talvolta.

L'AIDS si manifesta molto spesso con infezioni batteriche, virali o parassitarie, le cui caratteristiche inconsuete e frequenti devono essere causa di allarme (infezioni opportuniste). La molteplicità della malattia e degli organi interessati (polmoni, tubo digerente, cervello) o un ritardo di crescita nel lattante, possono rivelare un deficit immunitario. In mancanza di vaccinazione e di trattamento curativo e malgrado i progressi terapeutici (triterapia), la prognosi rimane sempre grave, sia per il bambino sia per l'adulto.

La trasmissione dell'HIV da madre sieropositiva al bambino può essere ridotta in maniera notevole mediante l'utilizzo di antiretrovirali durante la gravidanza e il parto.

Dopo la nascita, il neonato è sorvegliato dall'equipe pediatrica e viene trattato sistematicamente per 6 settimane con farmaci antivirali. L'allattamento al seno è, in questo caso, controindicato.

Albuminuria

L'albumina è una proteina presente nel sangue. L'albuminuria, vale a dire la presenza di albumina nelle urine, può essere più o meno grave e può presentarsi in periodi di febbre o dopo uno sforzo fisico importante.

Nessun sintomo rivela l'albuminuria, ma questa può essere facilmente rivelata per mezzo di stick reattivi. Un'albuminuria superiore a 0,10 g per litro è considerata come sospetta e richiede la ricerca di altre anomalie nel funzionamento dei reni: livello ematico di urea, presenza di sangue nelle vie urinarie (ematuria).

L'albuminuria è legata talvolta a disturbi della circolazione del sangue e non si presenta che in posizione eretta. Si parla allora di albuminuria ortostatica. Questa forma di albuminuria sparisce spontaneamente dopo un intervallo di tempo, dai 3 ai 5 anni, ma la sua evoluzione deve essere sorvegliata dal medico.

Alcolismo fetale

La sindrome di alcolismo fetale corrisponde a un'associazione di sintomi in bambini nati da una madre soggetta a un tasso di alcolismo eccessivo (sia acuto, sia cronico) durante la gravidanza.

Questi sintomi comprendono un basso peso alla nascita causato da un ritardo di crescita intrauterina, testa di piccole dimensioni (microcefalia), una particolare morfologia del viso e ritardo mentale. La descrizione di questa sindrome risale al passato, ma la consapevolezza della sua frequenza si è diffusa solo di recente ed è ancora sottovalutata.

L'alcol è una sostanza tossica; questa tossicità sulle cellule embrionali è direttamente responsabile della sindrome dell'alcolismo fetale. Questo si sviluppa durante la gravidanza e anche oltre, durante l'allattamento materno. L'alcol assorbito dalla madre attraversa la barriera della placenta, per cui nel feto ritroviamo la stessa concentrazione alcolica presente nella madre. Gli studi non consentono di stabilire una soglia alcolica che non sia di pericolo per il feto. È quindi sconsigliato formalmente alle donne incinte il consumo di bevande alcoliche.

Allergia

L'allergia è una reazione eccessiva di difesa dell'organismo a fronte di determinate sostanze estranee (allergeni). Gli allergeni più frequenti sono la polvere (che contiene gli acari), i pollini, le piume e i peli degli animali, come pure certi medicinali o prodotti cosmetici ed anche certi alimenti. L'allergia si manifesta con disturbi acuti o cronici della pelle, dei polmoni o del tubo digerente.

Un'allergia può derivare da una tendenza costituzionale, talvolta ereditaria, a reagire in modo eccessivo a un antigene. Si parla allora di atopia. Questa è dovuta alla produzione eccessiva di anticorpi, chiamati immunoglobuline di classe E (IgE), che liberano delle sostanze che provocano reazioni cutanee (orticaria, eczema), respiratorie (asma, rinite allergica) o digestive (diarrea, intolleranze alimentari). Tale particolarità si ritrova spesso in seno alla stessa famiglia, senza che se ne conosca il modo di trasmissione.

Queste reazioni eccessive intervengono spesso in circostanze simili (casa umida, stagioni particolari). È d'obbligo eliminare gli allergeni potenziali (polvere, fiori, coperte di lana, cuscini di piuma). Oltre queste precauzioni i farmaci antistaminici o a base di cortisone permettono di attenuare i sintomi. Si può eseguire anche una desensibilizzazione, iniettando allergeni a dosi crescenti e molto diluite, ma questo trattamento è spesso lungo e vincolante.

> **Allergie cutanee.** Si manifestano con l'orticaria, un edema della pelle o dei rossori (eritemi), dovuti all'applicazione di una crema o all'assunzione di un farmaco o di un alimento. Questi segnali si accompagnano molto spesso a un prurito molto intenso. Si deve quindi evitare di utilizzare questo tipo di prodotto. Il vostro medico prescriverà degli antistaminici per limitare la reazione allergica.

> **Allergie respiratorie.** Provocano il raffreddore da fieno, la corizza allergica, la tosse spasmodica, la sinusite cronica o l'asma. Gli allergeni più frequenti sono i pollini, le piume e il pelo degli animali, la polvere di casa (acari), i microbi, le muffe ... evitate di mettere il bambino in presenza di allergeni per attenuare le sue reazioni, ma sappiate che l'ipersensibilità rimane permanente.

> **Allergie alimentari.** Provocano molto spesso diarrea, mal di pancia, vomito o orticaria. Queste allergie sono le più difficili da distinguere, perché i sintomi non si manifestano immediatamente dopo l'assunzione dell'alimento. Il latte di mucca, e l'albume d'uovo, il pesce, la carne, le arachidi, gli agrumi e i molluschi sono gli alimenti principali che danno allergia.

L'allergia alle proteine del latte di mucca è generalmente transitoria; durante il primo anno, il medico prescriverà un latte dietetico speciale e, secondo i casi, consiglierà il ritorno al latte di mucca in ambiente ospedaliero. L'allergia al pesce o ai crostacei può provocare l'edema di Quincke, associato talvolta all'orticaria. Il viso e la gola si gonfiano, rischiando di provocare l'ostruzione delle vie respiratorie (il bambino allora deve essere ricoverato con urgenza). Inoltre, gli additivi alimentari (agenti strutturanti, conservanti, coloranti, edulcoranti) provocano spesso delle allergie nei bambini.

L'intolleranza al glutine, o malattia celiaca, una volta diagnosticata richiede l'eliminazione, almeno provvisoria, di tutti gli alimenti contenenti glutine.

Il solo trattamento efficace dell'allergia alimentare consiste nell'evitare assolutamente l'assunzione dell'alimento che la provoca.

> **Allergie ai farmaci.** Se il vostro bambino segue una cura e la sua pelle diviene rossa (eritema) o appare un'eruzione, può darsi che si tratti di un'allergia dovuta a un farmaco.

Se il bambino risente inoltre di un fastidio respiratorio simile a quello di una crisi d'asma o di una laringite, chiamate immediatamente il vostro medico, che vi prescriverà un trattamento adatto.

Tuttavia i sintomi di cui soffre il vostro bambino possono provenire dalla malattia per la quale è curato. È quindi difficile fare una diagnosi precisa e attribuire a un solo farmaco questo tipo di allergia. Se si producono delle reazioni di tale tipo e se sono messe in evidenza delle anomalie nella formula ematica, allora l'allergia da farmaco è probabilmente presente e deve portare alla controindicazione del farmaco sospetto.

VEDI: ANTIBIOTICI

Allontanamento scolastico

L'allontanamento scolastico indica la proibizione che si fa a un bambino contagioso e/o ai suoi familiari di frequentare la scuola. Ogni malattia infettiva, secondo le sue caratteristiche, dà luogo a un differente periodo di allontanamento. In Italia è consigliato a livello nazionale da una disposizione ministeriale.

> **Pertosse.** L'allontanamento scolastico è di 5 giorni dopo l'inizio di una terapia antibiotica efficace, in caso di pertosse accertata. I familiari sono ammessi, se in regola con la vaccinazione.

> **Scabbia.** L'allontanamento scolastico dura fino al termine del trattamento.

> **Epatite virale B.** Nessun allontanamento scolastico.

> **Impetigine.** L'allontanamento scolastico dipende dall'estensione delle lesioni: se queste possono essere protette, il bambino può andare a scuola, altrimenti l'allontanamento dura fino a 72 ore dopo l'inizio del trattamento antibiotico.

> **Meningite da meningococco.** L'allontanamento scolastico dura sino alla guarigione, ma i familiari sono ammessi. Un trattamento antibiotico profilattico è obbligatorio per i familiari. Se si tratta di meningite da meningococco A oppure C, la vaccinazione dei familiari può essere proposta in caso di epidemia; in tutti i casi, questi dovrebbero essere sottoposti a un trattamento antibiotico preventivo.

> **Orecchioni.** L'allontanamento scolastico dura fino al nono giorno dopo l'inizio dell'attacco di parotite. I familiari sono ammessi a scuola, ma deve essere verificato lo stato della loro vaccinazione.

> **Pidocchi (pediculosi).** I bambini contagiati dai pidocchi sono ammessi solo se sotto trattamento. I familiari possono, invece, recarsi a scuola.

> **Morbillo.** L'esonero scolastico dura 5 giorni dopo l'inizio dell'eruzione. I familiari non vaccinati sono ammessi a scuola, ma è raccomandata la vaccinazione.

> **Rosolia.** Si raccomanda la vaccinazione. In Italia il malato non può andare a scuola durante i 7 giorni che seguono l'eruzione. I familiari sono ammessi.

> **Scarlattina.** La scarlattina è un'infezione (tonsillite) da streptococco accompagnata da eruzione cutanea. L'allontanamento scolastico dura fino a 24 ore dopo l'inizio della terapia antibiotica.

> **Sieropositività HIV e AIDS.** I portatori di virus, le persone affette da AIDS e i loro familiari sono ammessi a scuola.

> **Streptococcia (emolitica di gruppo A).** Il malato è ammesso 24 ore dopo l'inizio del trattamento antibiotico specifico. I suoi familiari possono frequentare la scuola.

> **Tigna.** Il malato non può andare a scuola a meno che non presenti un certificato medico attestante la scomparsa del fungo responsabile di questa micosi. I familiari sono ammessi.

> **Tubercolosi polmonare.** Il malato non può andare a scuola, fino a 3 settimane dopo l'inizio di un trattamento efficace. I familiari sono ammessi, ma può essere effettuata una selezione.

> **Tifo e paratifo.** L'esonero scolastico dura sino alla guarigione. I familiari sono ammessi a scuola.

> **Varicella.** L'allontanamento scolastico consigliato è di un periodo di 5 giorni dall'insorgenza delle tipiche manifestazioni cutanee.

Ambiguità sessuale

L'ambiguità sessuale corrisponde a uno sviluppo insufficientemente marcato degli organi genitali e può manifestarsi sia nel maschio sia nella femmina.

L'esame sistematico del neonato permette di individuare alla nascita le anomalie rivelatrici di un'ambiguità sessuale: assenza di testicoli nelle borse o malformazione del pene, nei maschi; dimensione eccessiva del clitoride o unione delle grandi labbra, nelle femmine.

L'ambiguità sessuale è dovuta a un cattivo sviluppo degli organi genitali durante la vita intrauterina. In certi casi essa proviene da una malattia riguardante la secrezione degli ormoni da parte delle ghiandole surrenali, che può essere curata. Uno studio del cariotipo (mappa dei cromosomi) permette di conoscere il sesso geneticamente determinato. La scelta definitiva del sesso del bambino è talvolta difficile, perché dipende anche dalla possibilità di ricostruzione chirurgica degli organi genitali.

Alla nascita, si deve ottenere dall'ufficiale di stato civile che non attribuisca un nome. Questo regolamento è spesso ignorato dai pediatri, dai medici o dagli ufficiali di stato civile; è meglio fare questa pratica presso il sostituto procuratore della Repubblica. Così sulla dichiarazione si lascia in bianco la casella del sesso e del nome, finché non sia presa una decisione con cognizione di causa.

Anemia

L'anemia consiste nella diminuzione del numero di globuli rossi presenti nel sangue o nel basso contenuto di emoglobina (la sostanza responsabile della colorazione rossa nel sangue).

Un bambino può essere pallido senza essere anemico. Se vi accorgete però che le sue labbra e le sue gengive sono meno colorate del solito, se manca di appetito e manifesta una certa stanchezza, fatelo vedere dal vostro medico. Questi richiederà un semplice esame del sangue (emocromocitometrico), che permette di valutare il tasso di emoglobina (che assicura il trasporto dell'ossigeno fra i polmoni e l'organismo) e il numero di globuli rossi presenti nel sangue.

Un'anemia può avere molte cause. Nei lattanti (al quarto mese) e nei bambini, la causa più frequente è la mancanza di ferro, essenziale per la produzione dell'emoglobina. È fra il sesto e il nono mese di gravidanza che il feto riceve la sua riserva di ferro. I neonati prematuri e i gemelli possono aver bisogno in anticipo di un apporto supplementare. Se necessario, il vostro medico prescriverà del ferro sotto forma medicinale. Il trattamento è sempre lungo (fra le 6 e le 8 settimane), perché l'assorbimento digestivo del ferro è limitato.

Più raramente anomalie genetiche o costituzionali possono essere all'origine dell'anemia cronica, a causa dell'alterazione della stessa emoglobina (talassemia, drepanocitosi) o della parete dei globuli rossi (malattia di Minkowski-Chauffard). Quest'anemia cronica può essere anche dovuta a un difetto degli enzimi presenti in questi globuli. In altri casi, invece, l'anemia può essere provocata da sanguinamento cronico.

Anestesia

L'anestesia è praticata in occasione di un esame o di un intervento chirurgico, per evitare che il vostro bambino senta male. Permette inoltre al medico di eseguire l'operazione in tutta sicurezza.

L'anestesista sceglie la tecnica più adatta al bambino e al tipo di intervento da eseguire.

> **Anestesia generale.** Si iniettano e/o si fanno respirare prodotti che agiscono principalmente sul cervello e sul midollo spinale. Il bambino così viene portato allo stato di incoscienza. Dopo l'intervento chirurgico si prosegue spesso un trattamento sedativo e antidolorifico (antalgico); la respirazione si normalizza rapidamente, ma la funzione digestiva riprende più lentamente.

> **Anestesia locale.** Il bambino rimane cosciente, perché il prodotto anestetico sospende l'attività nervosa solo nella zona del corpo dove è applicato. Secondo i casi l'anestetico può essere iniettato, polverizzato, applicato sulla pelle come una crema, introdotto negli occhi sotto forma di collirio. Dopo l'operazione, gli effetti secondari dell'anestesia locale sono minori.

Angioma

L'angioma è una piccola malformazione vasale che appare alla nascita o immediatamente dopo, che può evolversi con o senza conseguenze. Si presenta sotto diversi aspetti.

> **Naevus flammeus.** Questa tacca rosa è situata più spesso sul viso del neonato e si arrossa quando fa uno sforzo, prende il biberon o piange. Si attenua nel corso del primo anno e sparisce quindi definitivamente, tranne che dal cuoio capelluto.

> **Angioma tuberoso.** Questo angioma si presenta come una piccola "fragola" in rilievo sulla pelle. Appare alla nascita o durante le settimane seguenti e si ingrossa nel corso dei primi 6 mesi. Se si sviluppa in corrispondenza della bocca o di una palpebra, chiedete consiglio al vostro medico, perché la localizzazione può risultare imbarazzante e creare delle complicazioni. Più spesso sparisce progressivamente e completamente verso l'età di 6 o 7 anni. Talvolta può essere necessario il ricorso a un trattamento cosmetico complementare (chirurgia plastica o laser).

> **Angioma piano.** Chiamato sovente "voglia di vino" o "voglia", questo angioma, più o meno violaceo, appare sovente sul viso o sul collo e diventerà più scuro con l'età. Questi angiomi non scompaiono da soli e possono porre dei problemi di estetica. Se il bambino è in imbarazzo, è possibile proporgli, quando sarà adolescente (alla fine della crescita), di sottoporsi a un trattamento di decolorazione dell'angioma (sbiancamento laser).

Animali domestici

La presenza a casa di un animale domestico può recare molta gioia al vostro bambino. Un gatto, un cane, un pappagallo, un coniglio o un criceto possono diventare il suo compagno di giochi e il suo confidente.

Può succedere che l'animale provochi delle allergie (al pelo, alle piume ecc.). In questi casi è meglio separarsene, spiegando al bambino le ragioni della scelta.

> **Il gatto.** L'animale, graffiando il bambino, può trasmettergli delle infezioni. Per lo più questi graffi rimangono benigni. È sufficiente pulire accuratamente le piccole ferite con un antisettico locale e verificare che la vaccinazione antitetanica del vostro bambino sia aggiornata. Questa piccola infezione può però aggravarsi. Se le ferite però rimangono umide, i linfonodi del vostro bambino aumentano e diventano dolorosi e se gli viene la febbre, può avere la malattia cosiddetta "da graffio del gatto". Questa malattia guarisce in alcune settimane, con o senza trattamento antibiotico. In certi casi, molto rari, può provocare una suppurazione e un ascesso che richiede drenaggio.

> **Il cane.** Questo animale può trasmettere le zecche. Se notate una pallina rossastra agganciata alla pelle del vostro bambino, senza reazioni particolari né infezioni, si tratta senz'altro di una zecca. Toglietela con delicatezza, con un pezzo di cotone imbibito di etere (o in mancanza con dell'alcol o dell'olio) o meglio, utilizzate una pinzetta "toglizecche" che trovate in farmacia. Le zecche del cane, come quelle dei boschi, pungendo il bambino possono trasmettergli una malattia infettiva molto rara nei nostri climi: la rickettsiosi. I segni più caratteristici sono una febbre prolungata, un'eruzione su tutto il corpo e una puntura nerastra. Gli antibiotici hanno un'efficacia abbastanza rapida.

Più raramente le zecche possono provocare delle infezioni batteriche, come la malattia di Lyme. Un'eruzione sulla pelle, una paralisi facciale e dei dolori articolari sono i sintomi principali, più spettacolari che gravi, perché gli antibiotici sono anche in questo caso molto efficaci per farla scomparire.

VEDI: MORSICATURE

Annegamento

In caso di annegamento, l'inalazione d'acqua produce un'asfissia acuta poiché impedisce lo scambio gassoso nei polmoni.

Il bambino deve essere estratto subito dall'acqua e si devono chiamare d'urgenza i Vigili del fuoco o il Soccorso d'Emergenza Sanitaria (al 118). Si deve tentare immediatamente di espellere l'acqua presente nei polmoni, premendo energicamente sulle costole in più riprese. Poi, se il bambino non respira più, si deve iniziare subito la respirazione bocca a bocca e il massaggio cardiaco. I Vigili del fuoco o il 118 metteranno a disposizione tutti i mezzi di rianimazione necessari, molto efficaci, per cui l'ossigenazione sarà ripristinata rapidamente.

Non dimenticate soprattutto che il bisogno di esplorazione e di scoperta del bambino può portarlo a oltrepassare i suoi limiti, perché più sono piccoli, meno sono capaci di valutare i rischi e i pericoli. Una vasca entro una zona di gioco oppure una piscina in un giardino devono essere assolutamente circondate da un recinto di protezione; se il bambino gioca nei pressi, dovete sorvegliarlo con attenzione e di continuo. Lo stesso vale per i bagni in riva al mare o al fiume.

I neonati o i bambini molto piccoli possono avere il riflesso d'apnea (trattengono il respiro) quando la testa va sott'acqua, ma non sono in grado di mantenersi a galla o di ritornare verso riva; la loro "riserva d'ossigeno", come quella degli adulti, non supera i 3 o 4 minuti. Sia che si trovi nella vasca da bagno, in piscina o sulla spiaggia, lasciate pure sguazzare il bambino, ma non perdetelo d'occhio, perché i piccoli possono annegare molto rapidamente e anche in poca acqua.

Anomalie cromosomiche
VEDI: CROMOSOMI

Ansia di separazione
Con il taglio del cordone ombelicale alla nascita avviene la prima separazione tra la madre e il bambino; saranno, però, i genitori a renderla effettiva con il loro affetto, l'insegnamento, il rispetto e l'educazione del figlio.

Verso la fine del 1° anno, la vostra assenza o la presenza di una persona sconosciuta al suo ambiente scatena pianti che si calmano solo al suono della vostra voce e con la vostra presenza. Questa angoscia riflette la progressiva percezione che ha il bambino di se stesso e di un'altra persona, differente da lui; questo costituisce una tappa necessaria alla realizzazione della sua personalità. Più tardi, l'angoscia della separazione si manifesterà al momento di coricarsi e della separazione notturna: il bambino reclama la vostra presenza, una storia... la paura di addormentarsi da solo o di non risvegliarsi. Un primo soggiorno fuori dalla famiglia (presso i nonni, un amico) può suscitare le stesse inquietudini.

Il progressivo apprendimento di un'autonomia relativa, l'ascolto benevolo dei genitori, la sicurezza che il loro affetto continua, malgrado la separazione, sono generalmente sufficienti a calmare le inquietudini del bambino.

Anoressia
Anoressia significa perdita o diminuzione dell'appetito.

Se il vostro bambino comincia a mangiare meno di prima, non allarmatevi oltre misura. Nel corso del primo anno di vita un bambino deve adattarsi di seguito al seno e/o al biberon e poi al cucchiaino; la sua alimentazione, liquida all'inizio, diviene sempre più densa, con piccoli pezzi di consistenza differente. Talvolta egli accetta con difficoltà certi cambiamenti. Siate pazienti, perché le variazioni dell'appetito sono frequenti e riguardano circa un bambino su 4.

Assicuratevi, tuttavia, che non soffra di altri disturbi digestivi o non abbia la febbre e consultate il vostro medico, che controllerà che non ci sia un'infezione o una malattia all'origine di questa sua perdita di appetito. A volte si osserva che il bambino ha uno "scarso appetito", ma la regolarità della sua crescita, in termini di peso e statura (che potrete controllare riportando i dati del bambino sulle curve di crescita del libretto sanitario) è un elemento di valutazione molto semplice e affidabile che potrà rassicurarvi.

Non forzate mai il vostro bambino a finire il biberon o a terminare il suo piattino di pappa. Se proprio fosse necessario, consultate il vostro medico, che vi consiglierà utilmente e vi saprà indicare se il vostro bambino aumenta di peso e cresce regolarmente.

Antibiotici
Gli antibiotici sono sostanze che servono a impedire lo sviluppo o la proliferazione batterica.

Esiste una decina di famiglie di antibiotici, classificati secondo la loro formula chimica e il loro modo di agire sui batteri. Il vostro medico, secondo la diagnosi che formulerà, prescriverà una certa categoria di antibiotici. Assicuratevi che il vostro bambino segua questo trattamento fino al momento in cui l'infezione non riappare, anche se i sintomi sono scomparsi già il primo giorno.

Gli antibiotici sono spesso accusati di provocare affaticamento o allergie (eruzioni cutanee), ma è piuttosto la malattia per la quale sono stati prescritti che ne è la causa. Non vi stupite, tuttavia, se il vostro neonato ha la diarrea a seguito di un trattamento antibiotico. Questa reazione, frequente, è solo temporanea. Essa è causata molto spesso da uno squilibrio della flora batterica intestinale.

> **Antibiotici (resistenza agli).** L'aumento della resistenza dei batteri agli antibiotici è una preoccupazione costante. Infatti, il loro uso ha consentito un notevole miglioramento dello stato di salute della popolazione, con un trattamento molto efficace delle malattie infettive, anche le più gravi; il loro uso diffuso è però all'origine di una maggior selezione batterica, che conduce alla comparsa di ceppi resistenti. La loro prescrizione in Italia è molto più frequente rispetto a quanto avviene in altri Paesi europei, senza che ciò sia giustificato da una differenza nelle malattie infettive, e deve portare a un utilizzo ragionato di questa indispensabile classe di farmaci e a un'informazione dei genitori sulla necessità della loro limitazione.

C'è una vera è propria "pressione di prescrizione" da parte dei genitori che, più per inquietudine che per ragionamento o informazione, porta alla prescrizione facile dell'antibiotico in ogni affezione febbrile, mentre la maggioranza di queste affezioni (rinofaringiti, bronchiti) è di origine virale e non ricava giovamento dalla terapia antibiotica. La moltiplicazione delle terapie antibiotiche è in parte responsabile della selezione dei ceppi naturalmente resistenti e così pure della loro proliferazione, non solo in seno allo stesso individuo, ma anche nella cerchia delle persone vicine. In nessun caso l'antibiotico deve essere dato dai genitori (usando una ricetta scaduta), mentre la mancata prescrizione da parte del medico al termine della visita del bambino è spesso interpretata come un difetto o una pericolosa assunzione di rischio.

Antipiretici
Gli antipiretici sono farmaci che permettono di contrastare la febbre.

La febbre è un mezzo di difesa naturale dell'organismo per lottare contro i microbi. Tuttavia, per il bambino e in modo particolare prima dei 5 anni, la febbre può essere mal tollerata e dare origine a convulsioni ipertermiche. Indipendentemente dalla diagnosi, che beninteso deve essere fatta, è d'obbligo che una febbre superiore ai 38,5 °C debba essere abbassata. I mezzi fisici da usare sono molto semplici: evitare di coprire il bambino, aerare la stanza, far bere il bambino il più possibile.

Ci sono 2 famiglie principali di farmaci disponibili: da un lato gli antinfiammatori non steroidei, con a capo l'aspirina (che non deve essere somministrata a un bambino in tenera età), l'ibuprofene (che non si deve dare a un bambino di meno di 6 mesi) e dall'altro il paracetamolo. Si raccomanda di non ricorrere che a un solo antipiretico. Queste medicine vanno somministrate a intervalli da 6 a 8 ore e devono essere sempre adeguate al peso del bambino. In caso di persistenza della febbre e se questa è mal tollerata, è possibile aggiungere un secondo antipiretico appartenente ad un'altra famiglia. Oltre a prevenire le convulsioni ipertermiche, il trattamento della febbre ha come obiettivo il miglioramento del benessere del bambino.

VEDI: CONVULSIONI, FEBBRE

Apnea
VEDI: ARRESTO RESPIRATORIO

Appendicite

L'appendicite è un'infiammazione dell'appendice, che fa parte del colon ed è situata sul lato inferiore destro dell'addome. La palpazione in questa zona fa male e provoca una contrazione muscolare.

Il vostro bambino ha mal di pancia, febbre (38 o 38,5 °C), rifiuta di bere e ha nausea e vomito. Non va più di corpo dal giorno prima. Se il dolore persiste e si localizza sul lato destro del ventre, può trattarsi di una crisi di appendicite, anche se questo dolore di ventre può avere altre origini. In ogni caso consultate il vostro medico.

Una crisi di appendicite richiede un intervento chirurgico in anestesia generale. Il chirurgo esegue una piccola incisione nell'addome, da 2 a 4 cm, ed estrae l'appendice. Verifica inoltre che il bambino non presenti altre anomalie (diverticolo di Meckel).

Se non intervengono complicazioni, il vostro bambino rientra a casa in meno di 8 giorni dall'intervento e può riprendere le sue attività fisiche nel giro di 2 o 3 settimane.

Arresto respiratorio

Un arresto momentaneo della respirazione (il cui termine medico è "apnea") è un fenomeno diffuso nei neonati e nei lattanti, perché la loro respirazione, irregolare, può essere intervallata da pause.

Il vostro bambino ha delle apnee di meno di 10 secondi, il suo viso non cambia di colore, il suo ritmo cardiaco rimane normale? Non è il caso che vi preoccupiate.

Ma se le apnee si ripetono e si prolungano, se il viso diventa pallido o assume una colorazione bluastra (cianosi), dovete consultare il medico senza aspettare. Questo arresto della respirazione può rivelare, soprattutto nei neonati di meno di 3 mesi, una bronchiolite, che può richiedere una sorveglianza ospedaliera. Queste apnee possono essere dovute anche al reflusso gastroesofageo (rigurgito del contenuto acido dello stomaco verso l'esofago) o a pianti violenti (spasmi da singhiozzo). Consultate in ogni caso il vostro medico che, dopo gli esami, vi indicherà la terapia adatta.

Se il bambino è prematuro, i suoi centri nervosi, che regolano la respirazione, sono formati in modo insufficiente e provocano delle apnee frequenti. In ospedale il bambino rimane nell'incubatrice per assicurargli una migliore ossigenazione. In certi casi gli saranno somministrati degli integratori per il ferro, delle vitamine e altri farmaci (a base di caffeina).

Ascesso

L'ascesso è una cavità chiusa riempita di pus. Se il vostro bambino presenta un'infiammazione locale della pelle, dolorosa e dura, si tratta di un ascesso "caldo". Talvolta l'ascesso è mal limitato, senza separazione netta con la pelle sana e in questo caso assume l'aspetto del "flemmone".

Gli ascessi sotto la pelle sono situati più sovente sotto le braccia o nelle pieghe dell'inguine, dove si trovano numerosi linfonodi, destinati a combattere le infezioni. Una ferita o un'irritazione locale possono contribuire alla formazione di un ascesso.

Il pus contenuto nell'ascesso è formato da residui di cellule e da globuli bianchi del sangue che hanno lottato contro i batteri, in genere contro lo stafilococco aureo.

L'ascesso è più sovente situato sotto la pelle e la sua evoluzione è visibile. Nell'attesa che la zona dolorosa e dura si ammorbidisca e che il pus si accumuli, fate delle applicazioni di soluzione antisettica che calmeranno il dolore. Quando l'ascesso sarà maturo, il chirurgo inciderà la pelle per evacuare il pus o eseguirà un prelievo con un ago, prescrivendo eventualmente un trattamento antibiotico.

Allo scopo di evitare i rischi di infezione in caso di ferite o di irritazione locale, lavate il bambino con del sapone neutro e applicate quindi una soluzione antisettica sulla zona lesionata. La pelle del bambino è molto fragile e il vostro piccolo bebè deve essere ben curato. Se il bambino presenta degli ascessi ripetuti, parlatene al vostro medico.

Asma

L'asma è caratterizzata da episodi di grave disagio respiratorio (dispnea), determinando un soffio durante l'espirazione. Si tratta di una malattia che colpisce i bronchi e il sistema respiratorio nel suo complesso.

Il bambino prova improvvisamente male nel respirare, soprattutto durante l'espirazione, e questo gli provoca dei fischi. Il bambino diviene pallido, ha dei sudori... Questi sintomi che lo bloccano rivelano una crisi d'asma. Consultate senza indugio il vostro medico.

Nei soggetti asmatici il fastidio respiratorio è provocato da una diminuzione del diametro dei bronchi, la cui causa principale nei bambini è di origine allergica. L'asma può essere legata a cause particolari ed è spesso preceduta nei primi mesi di vita da un eczema costituzionale, chiamato "dermatite atopica".

Spesso i membri della famiglia hanno delle allergie (rinite allergica, corizza, raffreddore da fieno ecc.). I fattori che possono provocare una crisi sono numerosi: episodi infettivi banali (raffreddore, bronchite), come pure l'allergia ai pollini e a pelo e piume di animali, la polvere di casa, gli acari... Questo eccesso di reattività da parte dei bronchi può essere messo in evidenza mediante test detti "di provocazione" che riveleranno nell'asmatico una drastica diminuzione del diametro dei bronchi (o broncospasmo).

Il bambino può avere delle crisi d'asma nei primi mesi di vita. All'inizio si confondono con le bronchioliti, che sono infezioni respiratorie dovute a un virus. L'asma del lattante è diagnosticata quando intervengono più di 3 episodi di fischio respiratorio prima dell'età di 2 anni. L'ulteriore evoluzione dell'asma del lattante dipende da numerosi fattori e tende a migliorare nella grande maggioranza dei casi. Il vostro medico prescriverà dei farmaci broncodilatatori (stimolanti) e degli antinfiammatori (corticoidi).

L'assorbimento diretto di questi farmaci, attraverso le vie respiratorie (aerosol o inalazione), è più efficace e permette al bambino di seguire normalmente le sue attività scolastiche e sportive.

Questi farmaci sono associati ad altre misure terapeutiche, quali la kinesiterapia respiratoria (pulizia bronchiale e drenaggio attivato da movimenti precisi, che i genitori possono apprendere), il controllo ambientale per la soppressione degli allergeni (sostanze responsabili delle reazioni allergiche), l'informazione e l'educazione del bambino e della sua famiglia. Per esempio, in caso di allergia agli acari, scegliete una biancheria da letto in tessuto sintetico (evitate le piume), spolverate accuratamente l'appartamento e utilizzate regolarmente gli insetticidi. Sappiate comunque che non c'è alcun trattamento che guarisca l'asma in modo definitivo. Se la malattia vi preoccupa, potrete chiedere un sostegno psicologico allo staff medico.

Autismo

In senso letterale autismo significa «ripiegarsi su se stesso». La cosa che può più inquietare nel bambino autistico è la sua assenza di comunicazione con il mondo che lo circonda.

L'autismo rimane un fenomeno la cui origine è male spiegata. Certi casi sono stati collegati a un'origine genetica, altri a delle anomalie di ordine biochimico, che alterano le funzioni cerebrali, altre ancora a delle situazioni familiari patologiche (famiglie che presentano turbe psichiatriche).

Come individuare questa malattia in un lattante? Un bambino troppo calmo, passivo, solitario, che sembra non vedere o capire male, che non sorride, che è indifferente, che gioca con le mani o si dondola senza fine: tutte queste caratteristiche dovrebbero attirare la vostra attenzione. Lo sviluppo intellettuale del bambino rimane ritardato e l'apprendimento del linguaggio disturbato.

Il tratto dominante dell'autismo è l'assenza o la riduzione estrema della comunicazione. Il rifiuto al cambiamento si traduce in grida, pianti, in agitazione di fronte a tutte le novità; l'attaccamento eccessivo agli oggetti, piuttosto che alle persone, dà luogo a un instancabile gioco stereotipato.

Un bambino autistico ha bisogno del sostegno di un'equipe medica composta da educatori, psicoterapeuti, logopedisti e terapisti psicomotori.

Balbuzie

La balbuzie è un disturbo del discorso che si manifesta con la ripetizione involuntaria e irregolare di certe sillabe. Talvolta il bambino pronuncia difficilmente alcune parole, che gli provocano poi un blocco della respirazione, e sono seguite da un'improvvisa espressione incontrollabile e, per così dire, esplosiva. Questo disturbo colpisce più spesso i bambini che le bambine e appare frequentemente verso i 3 anni, scomparendo poi entro qualche mese. Al contrario, in un bambino più grande, un inizio di balbuzie deve essere preso sul serio.

Se il bambino non presenta anomalie anatomiche tali da ostacolare l'articolazione delle parole, la sua balbuzie rivela generalmente difficoltà di relazione e una certa fragilità emotiva, timidezza o un'agitazione eccessiva.

Delle sedute di rieducazione ortofonica e di rilassamento possono ridargli confidenza e facilitargli la parlata.

Batteri

I batteri sono degli esseri viventi formati da una sola cellula e non sono visibili che al microscopio. Sono autonomi e possono svilupparsi negli ambienti più vari, a differenza dei virus che hanno bisogno di invadere una cellula per potersi sviluppare.

I batteri provocano delle infezioni locali o generali, ma possono anche essere benefici (per esempio, i batteri dell'intestino che contribuiscono alla digestione degli alimenti).

L'organismo umano in buono stato di salute possiede un sistema di difesa immunitaria composto di cellule e molecole che proteggono l'organismo dai vari batteri infettivi che incontra. Il bambino è più spesso vittima di infezioni rispetto all'adulto perché il suo sistema immunitario deve ancora mappare tutti i microbi presenti nel nostro ambiente.

Gli antibiotici aiutano l'organismo a lottare contro la maggior parte dei batteri infettivi e permettono di guarire le infezioni, se la diagnosi è stabilita per tempo. Se si fanno le vaccinazioni preventivamente (vedi pag. 93), si possono evitare certi tipi di infezione (difterite, tifo, pertosse, tetano). I principali batteri che si incontrano nelle infezioni del bambino sono i seguenti:

> ***Haemophilus influenzae.*** Questo batterio si incontra spesso nei bambini di età compresa fra i 3 mesi e i 5 o 6 anni e può essere all'origine di diverse infezioni (meningite, pneumopatie, osteoartrite). È disponibile un vaccino efficace. Si consiglia di somministrarlo al lattante nel primo trimestre di vita (vedi pag. 93).

> ***Listeria monocytogenes.*** Questo batterio provoca un'infezione, la listeriosi, nelle donne incinte e nelle persone con ridotte difese immunitarie. Se si riscontra questa malattia all'inizio della gravidanza, può provocare un aborto, altrimenti si trasmette al feto e rischia di provocare un parto prematuro. Se colpisce il neonato, può provocare una polmonite, una setticemia o una meningite. Gli antibiotici riescono generalmente ad arrestare l'infezione.

> ***Meningococco.*** Questo batterio è responsabile della meningite, detta anche "cerebro-spinale". Mal di testa, disturbi di conoscenza, rigidità dolorosa della nuca sono i sintomi principali. Questa forma di meningite guarisce perfettamente sotto l'azione degli antibiotici e non lascia alcuna conseguenza, a condizione che il farmaco sia somministrato per tempo.

> ***Pneumococco.*** Questo batterio è all'origine di diverse infezioni: otite nei lattanti, infezioni polmonari (polmonite) e meningite (vomito, mal di testa, febbre, e rigidità della nuca) a tutte le età. Questa forma di meningite richiede un trattamento rapido a base di antibiotici iniettati per via endovenosa.

> ***Stafilococco aureo.*** Colpisce sovente il bambino, in modo particolare a livello della pelle. Questo batterio virulento può provocare un'infezione che si propaga per via ematica, provocando la setticemia. Febbre, brividi, respirazione accelerata, mal di testa e perdita di coscienza sono i primi segni. Non appena si ha un sospetto di setticemia, si devono somministrare immediatamente gli antibiotici. Una buona igiene, soprattutto cutanea, costituisce la migliore prevenzione contro lo stafilococco.

> ***Streptococco.*** Causa la tonsillite o infezioni cutanee secondarie, ma può provocare anche un reumatismo articolare acuto (le articolazioni divengono rosse, calde e dolorose). Il trattamento delle angine con antibiotici ne ha sensibilmente ridotto la frequenza.

> ***Salmonelle.*** Questi batteri sono ripartiti in più di 300 tipi e sono trasmessi in

caso di mancanza di igiene (per mezzo di mani sporche, alimenti e acqua inquinata, escrementi). Provocano una diarrea acuta o possono fermarsi nel tubo digerente, disseminandosi verso il resto dell'organismo.

> **Chlamydia.** Nei lattanti di meno di 3 mesi, questi batteri, del genere *Chlamydia trachomatis*, sono responsabili di un'infezione polmonare che si manifesta con un disagio respiratorio progressivo. La contaminazione è prodotta al momento del parto per trasmissione materna.

BCG
Il bacillo di Calmette-Guerin, più comunemente noto come vaccino BCG, è un bacillo tubercolare di origine bovina, attenuato e reso inoffensivo artificialmente. Serve a vaccinare l'essere umano contro il bacillo di Koch, responsabile della tubercolosi. La somiglianza tra questi due germi permette di ottenere una reazione immunitaria detta "incrociata" in cui gli anticorpi diretti contro il BCG assicurano, nello stesso tempo, la protezione contro il bacillo di Koch.

In Italia la vaccinazione contro la tubercolosi non è più obbligatoria, ma è raccomandata in certe situazioni a rischio. Il BCG può essere inoculato alla nascita per via sottocutanea. Un anello permette di eseguire delle microiniezioni, il cui numero varia in base all'età del bambino; 2 o 3 settimane dopo, appariranno un rossore e una crosta nel punto di impatto dell'anello. Si deve controllare l'efficacia della vaccinazione per mezzo del test di tubercolina, che dovrebbe provocare una reazione locale 3 giorni dopo. Se ciò non avviene, la vaccinazione deve essere ripetuta. In certe situazioni di deficit immunitario (particolarmente l'infezione da HIV), la vaccinazione con il BCG è controindicata.

Bozza siero-ematica del neonato
Talvolta sul cuoio capelluto del neonato appare una bozza all'atto della nascita; è un ematoma benigno.

La bozza siero-ematica può essere provocata quando il neonato striscia energicamente il cranio sulla superficie del canale genitale della madre. La bozza può essere ulteriormente aggravata nei casi in cui si deve usare il forcipe. Si risolve comunque spontaneamente nel giro di una decina di giorni.

Bronchiolite
La bronchiolite è un'infezione acuta dei polmoni, più sovente di origine virale, dovuta al virus respiratorio sinciziale (VRS). L'infiammazione è situata a livello dei piccoli bronchi o bronchioli. La diminuzione del loro diametro provoca un disagio respiratorio (dispnea) che si manifesta spesso con un fischietto.

Porgendo il seno o il biberon al vostro lattante, constaterete che la sua respirazione accelera in maniera inconsueta o che emette una sorta di fischietto. Il bambino si affatica più rapidamente e si nutre meno bene del solito. Questi segnali possono essere quelli di una bronchiolite. Se il bambino ha meno di 3 mesi, può essere che il suo medico le proponga un ricovero per qualche giorno. Una sorveglianza della respirazione e una ventilazione assistita sotto forma di ossigenoterapia e di kinesiterapia lo aiuteranno a superare meglio questo episodio. Più raramente, in caso di spossatezza del bambino si ricorre a una ventilazione artificiale della durata di qualche giorno.

Per il bambino più adulto, la posizione semiassisa, l'umidificazione dell'aria, l'aspirazione del muco, la kinesiterapia respiratoria e un'alimentazione corretta (l'idratazione soprattutto) sono le principali misure da adottare. In certi casi, possono essere inalati degli aerosol, destinati a dilatare i bronchioli, mentre va adottato un trattamento antibiotico in caso di superinfezione.

L'immunità acquisita dopo una bronchiolite è di breve durata, perché il virus VRS assume più forme e le bronchioliti recidivanti non sono rare. Tuttavia, se il vostro bambino ha avuto più di 3 bronchioliti prima dei 2 anni, può trattarsi di asma. In questo caso è necessaria la sorveglianza del medico.

Bronchite
La bronchite è un'infezione di origine perlopiù virale che si manifesta con maggiore frequenza soprattutto in autunno o di inverno. L'infiammazione colpisce i bronchi e può seguire a un raffreddore o a un'influenza.

Il bambino ha tosse, anche forte, prima secca e poi grassa (la tosse fa risalire il muco dalla gola), presenta un rialzo di febbre (38-38,5 °C) e sente dolore respirando o tossendo.

Il medico verificherà l'assenza di superinfezione batterica e molto spesso prescriverà un trattamento contro la febbre. Se il vostro lattante prova male nel tossire (un neonato non è in grado di sputare), il medico vi consiglierà di ricorrere a un kinesiterapeuta per aiutarlo a eliminare le secrezioni, massaggiandolo e facendogli fare degli esercizi respiratori. Gli antibiotici non sono necessari che in caso di superinfezione batterica o di secrezione bronchiale purulenta, giallastra o verdastra. Come principio, una bronchite guarisce in una settimana, ma la tosse può perdurare.

Se le bronchiti si ripetono, sono necessari degli esami complementari. Altri fattori possono essere all'origine della malattia: adenoidi troppo voluminose, allergie, reflusso gastroesofageo, affezioni polmonari, mucoviscidosi… Si sconsiglia di far vivere precocemente il bambino in collettività, mentre si proibisce in modo assoluto l'aria inquinata da fumo di sigaretta.

[C]

Cadute
Le cadute sono banali per il bambino, soprattutto al momento in cui impara camminare. Quando cade dalla sua altezza, le cadute sono più spesso senza gravità, ma il bambino crescendo si ritiene capace di altre prodezze. E le sue cadute possono avere delle conseguenze più importanti.

Il neonato ha una testa, in proporzione, più grande di quella del bambino. Il peso della testa lo trascina quando cade e questo spiega la relativa frequenza dei traumi cranici nei bambini di questa età.

> **Trauma cranico.** Cadendo dalla culla, da un tavolo, da un muretto il bambino può battere la testa al suolo. Se perde coscienza, se vomita subito dopo e anche se non presenta altri segni preoccupanti, chiamate il medico o portatelo all'ospedale perché sia visitato.

> **Contusione cerebrale o ematoma extradurale.** Se nelle 48 ore che seguono la caduta, il bambino ha dei vomiti sempre più frequenti, appare confuso, sviene, ha mal di testa, lamenta dei dolori al braccio o a una gamba, può essere vittima di una contusione (lesione) cerebrale o di un versamento di sangue all'interno del cranio (ematoma extradurale). Portatelo all'ospedale per farlo visitare. Il medico giudicherà se è il caso di praticare una TAC, per valutare eventuali lesioni.

> **Ematoma sottodurale.** Questo ematoma risulta da un versamento di sangue sotto una delle meningi detta "dura-madre". Sopravviene di solito in ritardo, dopo qualche giorno o qualche settimana dal trauma cranico, senza gravità apparente. Se il volume del cranio del bambino aumenta (è necessario sorvegliare il perimetro del cranio) e ci sono comportamenti che sembrano alterati, chiamate un medico che vi indirizzerà a un centro specializzato.

> **Frattura ossea.** Questo tipo di frattura non è sempre facile da localizzare in un bambino. Nel dubbio, fate vedere il bambino al medico, che valuterà l'opportunità di prescrivere una radiografia. Una frattura ossea si consolida facilmente in qualche settimana e generalmente non è preoccupante.

Calmanti

I calmanti sono dei farmaci prescritti sotto forma di sciroppo, di compresse, di supposte ecc., per attenuare i disturbi del sonno, la tosse o dei dolori. La loro utilizzazione a titolo transitorio può risultare utile, ma non guarisce.

> **Sonno.** Se il vostro bambino stenta ad addormentarsi, non dategli dei calmanti, a meno che il vostro medico non li abbia prescritti. In effetti questi medicamenti non curano mai le cause reali dei disturbi del sonno e questo sistema di cura non può che essere temporaneo.

Innanzitutto, provate a riflettere insieme al vostro medico, o eventualmente con uno psicologo, sulla vita quotidiana del vostro bambino: regolarità del ritmo di vita, riti per addormentarlo, clima familiare... e così comprenderete meglio i disturbi psicologici che gli impediscono di addormentarsi normalmente e proverete a risolverli.

> **Tosse.** Se il vostro bambino ha una tosse secca che gli disturba il sonno, il medico potrà prescrivere un trattamento appropriato e, se necessario, un calmante adatto alla sua età. Soprattutto non dategli il vostro o quello di un altro adulto, perché potrebbe procurargli delle difficoltà respiratorie e questo in modo particolare nel lattante. Questi medicinali sono spesso dei sedativi che potrebbero essere nocivi alla salute del bambino.

> **Dolore.** Se il vostro bambino prova dei dolori, esistono dei calmanti detti antalgici oppure analgesici a base di aspirina e di paracetamolo.

Capelli (caduta dei)

Il vostro neonato non ha più capelli nella zona dove appoggia la testa sul lenzuolo... Non preoccupatevi, ricresceranno nel giro di poco tempo. Tuttavia una caduta parziale o totale dei capelli (nota come "alopecia") può testimoniare una situazione patologica.

> **Tigna.** Delle placche di pelle nuda, chiara e liscia, che appaiono sul cuoio capelluto possono essere origine di una micosi (infezione da fungo). È necessario seguire un trattamento locale appropriato e guardarsi dal contagio. In generale i capelli ricrescono normalmente e non rimane alcuna cicatrice visibile.

> **Impetigine.** Il vostro bambino ha prurito e sul suo cuoio capelluto constatate dei rossori che lasciano fuoriuscire del pus giallastro, che si trasforma in croste. Questa infezione batterica chiamata "impetigine" è dovuta allo stafilococco aureo e si può localizzare anche in altre parti del corpo. Il bambino, grattandosi, rischia di propagare la lesione al viso (attorno al naso, alla bocca) e può trasmettere l'infezione alla sua cerchia familiare. Il vostro medico vi prescriverà un trattamento locale ed eventualmente degli antibiotici, nel caso le lesioni fossero numerose.

> **Tic.** Nei momenti in cui si annoia o ha delle tensioni nervose, il bambino non smette di attorcigliarsi dei ciuffi di capelli fino a strapparseli e crearsi una zona pelata. Il bambino ha bisogno certamente di parlare, di esprimersi, ma voi non sapete come risolvere le sue difficoltà di relazione. Parlatene al vostro medico, che vi proporrà senz'altro un'assistenza medico-psicologica, che terrà conto contemporaneamente del bambino e della sua cerchia familiare.

> **Shock nervoso.** Alcuni disturbi psicologici improvvisi possono provocare delle zone pelate, arrotondate e lisce: un incidente, un brutale shock affettivo, una forte emozione. Un'equipe medica aiuterà il vostro bambino a ritrovare il suo equilibrio. E i suoi capelli ricresceranno da soli senza trattamenti medici.

> **Chemioterapia.** La chemioterapia comporta molto spesso una perdita rapida dei capelli, che però ricrescono alla fine del trattamento.

Cardiopatie
VEDI: CUORE (ANOMALIE DEL)

Carie

La carie è una malattia infettiva, di origine batterica, che colpisce i denti e porta alla distruzione progressiva dello smalto e poi, più in profondità, della "dentina".

Il vostro bambino ha una tacca nerastra su un molare o un premolare e piange di dolore quando mangia alimenti caldi, freddi o zuccherati. Il bambino ha un alito cattivo. Il dentista riconfermerà certamente la presenza di una o più carie.

La carie deve essere curata dal dentista, anche se riguarda un dente da latte. Questo è in effetti un focolaio microbico, che può portare un'infezione all'osso o provocare un ascesso in bocca.

La miglior cura delle carie è quella preventiva: insegnate al vostro bambino a lavarsi i denti dopo i pasti, di preferenza con un dentifricio fluorurato, proibite i dolciumi (caramelle, dolci) quando va a letto e il biberon di acqua zuccherata e, per finire, portatelo dal dentista almeno una volta l'anno. Inoltre un supplemento di fluoro, dato eventualmente al bambino in dose minima, nei primi 6 mesi, rinforzerà la qualità del suo smalto dentale.

Cariotipo

Il cariotipo è un esame che permette lo studio diretto da fotografia, dei cromosomi di una persona, nonché la loro classificazione e la loro analisi a partire da cellule prelevate dal sangue.

La specie umana possiede 46 cromosomi, raggruppati a coppie classificate secondo la loro dimensione. La 23ª coppia corrisponde ai cromosomi sessuali, XY per il maschio e XX per la femmina.

Un cariotipo può essere richiesto in caso di anomalia morfologica, di malformazioni, per certi sintomi di malattia, se lo sviluppo fisico (taglia, peso) e quello psicomotorio sono anormali. La diagnosi può talvolta permettere l'applicazione di una cura. Tuttavia si deve sapere che le malattie cromosomiche o genetiche oggi non si possono guarire, anche se si possono attendere dei progressi da parte della terapia genica.

Non tutte le anomalie genetiche possono essere lette sui cromosomi, perché esse possono essere interessate solo da un piccolo numero di geni o addirittura da un unico gene. In questo caso solo la biologia molecolare è in grado di individuare il problema. La pratica del cariotipo non può essere realizzata senza il consenso della persona interessata o della persona che ne ha la responsabilità (consenso informato).

VEDI: GENETICA

Cavo orale
VEDI: ADENOIDI

Cecità
VEDI: VISTA (VALUTAZIONE DELLA)

Cefalea
VEDI: MAL DI TESTA

Cefaloematoma
Può accadere di constatare, poco dopo la nascita, una bozza sul cranio del neonato, che è un fatto più impressionante che grave.

Questo cefaloematoma, provocato da un intenso strisciamento del cranio durante l'espulsione, ha la particolarità di trovarsi fra l'osso della volta cranica e il periostio (involucro fibroso che normalmente vi aderisce) e per questo fatto sarà più lungo da riassorbire di una semplice bozza siero-ematica.

Nei neonati o nei bambini più cresciuti, accade di scoprire incidentalmente, o quando si esamina un trauma cranico, una massa di questo tipo sul cranio del bambino, che ha la stessa origine (oppure è rivelatrice) di una piccola frattura senza gravità del cranio.

VEDI: BOZZA SIERO-EMATICA DEL NEONATO

Cerume
Il cerume è una sostanza giallastra, grassa e collosa che si trova al fondo del condotto uditivo. È secreto dalle ghiandole sebacee di questo condotto. Una secrezione troppo abbondante può tappare il condotto uditivo: il vostro bambino allora sentirà meno bene e potrà avere un senso di vertigine.

Pulite la parte esterna del padiglione dell'orecchio (e non il fondo) con un pezzetto di cotone che avrete arrotolato fra le dita. È pericoloso utilizzare i cotton-stick. In effetti il condotto uditivo è delicato e si autopulisce, ossia i piccoli peli spingono il cerume verso l'esterno. Un cotton-stick può spingere il cerume invece che eliminarlo e può provocare delle irritazioni locali, delle otiti esterne (infiammazione del condotto) o addirittura, in certi casi, una perforazione del timpano; questa perforazione si richiude spontaneamente, ma può essere necessario un intervento chirurgico.

Se osservate una massa più o meno dura, addensata nell'orecchio del bambino, si tratta di un tappo di cerume. Potete pulire il condotto uditivo con dell'acqua tiepida, della soluzione fisiologica oppure con una soluzione adatta, che vi prescriverà il medico. Questa soluzione staccherà e farà uscire il tappo senza dolore, ripristinando l'udito normale. Se non ci riuscite, un medico ORL (otorinolaringoiatra) eseguirà questo piccolo intervento per mezzo di una pinza speciale. Nello stesso tempo potrà verificare l'assenza di lesioni locali.

VEDI: UDITO (DISTURBI DELL')

Chetosi
VEDI : ACETONE (CRISI DI)

Cianosi
La cianosi è una colorazione grigio bluastra, più o meno intensa, della pelle e delle mucose dovuta a insufficiente ossigenazione del sangue. Può avere origini diverse e di gravità variabile.

> **Freddo.** Può rallentare la circolazione sanguigna del bambino e rendere bluastra la sua pelle, dandole una colorazione marmorizzata, visibile sul viso, sulle labbra sulle unghie. Riscaldatelo con una coperta e strofinatelo. La sua pelle riprenderà molto rapidamente il suo aspetto abituale.

> **Infezione o disidratazione.** La cianosi denuncia un aggravamento della malattia. Il bambino deve essere ospedalizzato per usufruire delle cure adatte.

> **Turbe respiratorie.** Una pneumopatia, un'infezione delle vie respiratorie, una laringite, un'asfissia provocata da un corpo estraneo possono provocare bruscamente una cianosi, perché i polmoni non apportano all'organismo l'ossigeno necessario. Se il colore del vostro bambino rimane cianotico, portatelo rapidamente all'ospedale.

Circoncisione
La circoncisione è un'operazione chirurgica effettuata in anestesia. Consiste nella sezione del prepuzio, che è la piega cutanea che ricopre l'estremità del pene. È praticata per lo più per ragioni religiose, ma può essere indicata anche per correggere determinate anomalie.

> **Fimosi.** È dovuta a un restringimento del prepuzio, che impedisce di scoprire il glande (estremità del pene) con la mano. Nei neonati una leggera fimosi è normale fino all'età di 6 mesi. In certi ragazzi può persistere per più anni, provocando sia un fastidio quando urinano, sia un'irritazione locale. Non è necessario abbassare il prepuzio ai ragazzini; questo gesto può essere traumatizzante e anche aggravare la fimosi. Parlate al vostro medico, che vi potrà prescrivere l'applicazione locale di una pomata. La circoncisione potrà rivelarsi necessaria in caso di impossibilità di abbassamento del prepuzio e in caso di erezioni difficili e accompagnate da dolore.

> **Ipospadia e ambiguità sessuale.** Di rado la circoncisione è praticata nel quadro di un'operazione di chirurgia ricostruttiva, tendente a correggere un'ipospadia (difetto dell'attacco dell'uretra) o ambiguità sessuale alla nascita.

Cistite
VEDI: INFEZIONE URINARIA

Coliche (del neonato)

Il vostro bambino piange energicamente, gesticola, diventa rosso, sembra soffrire e voi non sapete come acquietarlo. Poi si calma improvvisamente, dopo aver emesso del gas o delle feci.

Le coliche del neonato hanno delle cause poco conosciute. Se il medico non rileva nessuna malattia precisa, rilassatevi e prendetevela con calma. Si possono tentare degli adattamenti dietetici e apportare miglioramenti (latte senza lattosio, latte acidificato...). Le coliche del lattante scompaiono a partire dal 4° mese e i bambini che ne soffrono sono in buona salute.

Colon irritabile

La sindrome da colon irritabile corrisponde a un'anomalia nella mobilità dell'intestino crasso. Inizia nei lattanti e si attenua generalmente verso l'età dai 4 ai 5 anni.

Il bambino ha mal di pancia, ha diarrea, le sue feci sono mucose... e contengono perfino residui visibili di cibo, che sono stati mal digeriti a causa di un'accelerazione nel transito intestinale. Si nota che certi elementi come le verdure, il succo d'arancia, certe verdure... provocano l'evacuazione dolorosa di feci liquide. Tuttavia l'appetito del vostro bambino non diminuisce e il peso aumenta regolarmente.

Talvolta questi disturbi possono persistere anche sotto forma differente: la diarrea lascia il posto alla costipazione e assistiamo all'alternanza dei due effetti. Le cause reali del colon irritabile sono poco conosciute, ma sono probabilmente connesse a un disturbo funzionale di questa parte dell'intestino. Una certa tensione in seno alla cerchia familiare o delle difficoltà scolastiche possono inquietare il bambino e provocargli queste manifestazioni digestive.

Potete eliminare subito gli alimenti che il bambino non digerisce e somministrargli un prodotto antispastico, nel caso abbia dolori acuti. I farmaci contro la diarrea e i regimi antidiarroici sono inutili, se non dannosi.

VEDI: INVAGINAZIONE INTESTINALE, OCCLUSIONE INTESTINALE

Colpo di calore

Il colpo di calore è una forma particolare di disidratazione acuta provocata dall'esposizione in un ambiente non adatto al bambino (calore eccessivo, isolamento).

Il vostro bambino suda e la sua temperatura oltrepassa i 40 °C. È affaticato, ha vertigini, nausea, mal di testa seguito da vomito. Può presentare disturbi di coscienza (allucinazioni visive, discorsi deliranti). Nei casi estremi un colpo di calore può anche provocare una perdita di coscienza, delle convulsioni e il coma.

Se il bambino presenta i primi sintomi di un colpo di calore, fategli un bagno tiepido (a una temperatura inferiore di 2 °C alla sua temperatura) in modo da rinfrescarlo. Dategli da bere. Se la temperatura non si abbassa, chiamate il medico.

Il bambino sopporta meno facilmente dell'adulto il caldo e il sole. Mettetegli un cappello e tenetelo all'ombra o in ambienti freschi e bene aerati. Non lasciate mai il bambino in una vettura o una tenda sotto il sole ed evitate di esporlo anche con una protezione solare. Badate che abbia vestiti leggeri e cercate di idratarlo regolarmente con soluzioni idratanti disponibili in farmacia.

VEDI: INSOLAZIONE

Colpo di sole

Il vostro bambino è rimasto al sole e ha la pelle arrossata. Questo arrossamento è pungente e doloroso ed è ancora più intenso se ha i capelli rossi o è biondo.

I raggi ultravioletti hanno alterato le cellule superficiali della pelle e anche i piccoli vasi sanguigni sottostanti. Questa forma di bruciatura, spesso accompagnata da un forte prurito, può essere anche fonte di infezione.

Il rossore della pelle (eritema), provocato da un colpo di sole, è spesso senza gravità immediata, ma lo dovete curare lo stesso. Applicate una crema che sia contemporaneamente idratante e calmante e fatelo bere. Se compaiono delle vescicole, applicate delle soluzioni antisettiche. Se sono profonde, possono lasciare sulla pelle delle tacche bianche o brune definitive.

I bambini, e soprattutto i neonati, devono essere protetti dal sole in ogni circostanza e non essere esposti senza cappello e vestiti leggeri.

Devono essere protetti con creme che filtrino i raggi B (UVB), da applicarsi ogni ora e in modo particolare dopo i bagni di mare. Coprite le parti da proteggere con vestiti leggeri in cotone e raddoppiate le precauzioni in montagna, utilizzando una crema solare a "schermo totale".

VEDI: COLPO DI CALORE, DISIDRATAZIONE ACUTA, INSOLAZIONE

Coma

Il coma è caratterizzato da un'alterazione della coscienza e della vigilanza; l'organismo non reagisce più agli stimoli esterni spontanei o provocati (stimolo verbale, stimolo doloroso) e in certi casi diviene incapace di mantenere le funzioni vitali (per esempio la respirazione).

La gravità di un coma dipende dalla sua profondità. Il primo stadio corrisponde a una perdita di percezione della realtà con agitazione; la parola è incoerente, ma la persona conserva la vigilanza. Allo stadio successivo (stadio 2), le reazioni agli stimoli sono confuse e incoerenti. Nel coma profondo (stadio 3), la persona non reagisce più agli stimoli sensoriali (contatto, rumore), non ha più riflessi e le sue funzioni vegetative (respirazione, circolazione sanguigna) si mantengono con difficoltà. Al quarto stadio (detto morte cerebrale), la persona non può sopravvivere che in un servizio di rianimazione, che si prenda carico di mantenere artificialmente le grandi funzioni vitali. Di fronte a un malato in coma è urgente sia curare gli effetti del coma, sia ricercarne le cause. Il coma può risultare da un trauma cranico, da un tumore o da un'emorragia cerebrale, da una meningite o da altra malattia per cui sia indispensabile la rapidità del trattamento.

Se il vostro bambino ha dei disturbi di conoscenza, indipendentemente dalla loro entità e dalle circostanze in cui il fatto si è verificato, chiamate il servizio d'urgenza dell'ospedale più vicino, in modo che sia assistito immediatamente da un'equipe medica (cure intensive e rianimazione).

Congiuntivite

La congiuntivite indica l'infiammazione della congiuntiva, che è la mucosa che ricopre l'interno delle palpebre e il bulbo oculare. Il bambino ha il bianco dell'occhio rossastro. Al mattino le sue ciglia sono incollate. L'interno delle palpebre è rosso e i suoi occhi lacrimano. La congiuntivite può avere parecchie cause: polvere o granelli nell'occhio, eccessiva esposizione al sole, un'infezione virale batterica (raffreddore) eccetera.

Pulite gli occhi del bambino e togliete con dell'acqua tiepida le secrezioni che incollano le palpebre; si potrà usare anche della soluzione fisiologica. Se c'è infezione, il vostro medico prescriverà un collirio o una pomata adatta.

> **Congiuntivite neonatale.** Le infezioni della congiuntiva sono frequenti nel periodo neonatale, ma si tratta per lo più di disturbi benigni che non comportano conseguenze funzionali permanenti. Quando una congiuntivite si ripete nel corso dei primi giorni o delle prime settimane di vita e non risulta di origine infettiva, può rivelare un'occlusione del canale lacrimale (la funzione di questo canale è di drenare le lacrime verso le fosse nasali). Un oftalmologo potrà curare facilmente il caso.

Convalescenza

Dopo una malattia o uno shock emotivo, la convalescenza permette all'organismo di ritrovare il suo stato di salute e il suo equilibrio precedente.

Malgrado i progressi della medicina e lo sviluppo di terapie rapide ed efficaci, la guarigione non è sempre immediata. Nei bambini, come del resto negli adulti, esiste un tempo variabile, la convalescenza, che permette all'individuo di ritrovare tutte le sue capacità fisiche.

Stanchezza e affaticamento sono comportamenti giudicati un po' regressivi (rimanere a lungo a letto, tornare a succhiarsi il pollice o a dondolarsi, richiedere la presenza), ma sono necessari alla guarigione e non costituiscono certo un'evoluzione negativa.

Alcuni bambini, invece, recuperano molto velocemente, rifiutano di rimanere a letto e proseguono normalmente le loro attività senza più problemi.

Convulsioni

Le convulsioni sono una disfunzione del cervello (una specie di corto circuito) che possono essere all'origine di movimenti incontrollati del corpo, accompagnati da una perdita di coscienza.

> **Convulsioni febbrili.** Il bambino ha improvvisamente la febbre, diviene pallido e perde coscienza. Il suo corpo si irrigidisce e gli occhi si girano. Qualche secondo più tardi, gambe e braccia sono scosse da spasmi incontrollabili. La crisi dura qualche minuto. Poi riprende coscienza, più o meno rapidamente, e rimane sonnolento o si addormenta. Le convulsioni provocate dalla febbre sono frequenti nei lattanti. Tutte le infezioni febbrili possono provocare queste convulsioni (rinofaringite, otite, bronchite…).

Queste crisi rischiano di impressionarvi tanto più quanto più vi sentite impreparati. Tuttavia potrete comportarvi in modo che non si ripetano in momenti successivi. In effetti, occorre abbassare la febbre: scoprite il bambino e rinfrescatelo facendogli un bagno per 10 minuti (la temperatura dell'acqua dovrà essere inferiore di 2 °C a quella del bambino). Dategli comunque un antipiretico: un antinfiammatorio non steroideo (ibuprofene se ha più di 6 mesi) o del paracetamolo.

E senza attendere consultate il medico. Questi constaterà che è stata solo la febbre all'origine della convulsione e vi indicherà inoltre il comportamento da tenere per evitare la ripetizione delle convulsioni.

> **Convulsioni senza febbre.** Sono più rare rispetto alle convulsioni febbrili e sono provocate da un disturbo dell'attività cerebrale. In certi casi possono essere state generate da un'ipoglicemia (basso tasso di zucchero nel sangue), una mancanza di ossigeno, una meningite, ma la causa delle convulsioni resta comunque sconosciuta. Un elettroencefalogramma e una scansione cerebrale daranno delle informazioni preziose.

Le convulsioni si ripetono solo in un caso su 10. Di solito la ripetizione delle crisi convulsive senza febbre è caratteristica dell'epilessia. Il medico prescriverà una cura adatta alla situazione.

Coprocoltura
VEDI: FECI (ESAME DELLE)

Corticosteroidi

I corticosteroidi sono farmaci sintetici derivati da un ormone naturale: il cortisolo, che svolge il ruolo principale di antinfiammatorio. È usato sotto forma di compressa, pomata, collirio o soluzione iniettabile per curare le infiammazioni dovute ad allergie o a malattie infiammatorie. I corticoidi sono ugualmente somministrati per evitare il rigetto in caso di trapianto di organi.

I corticoidi devono essere dati con precauzione, perché hanno degli effetti secondari da non sottovalutare.

> **Contro le infiammazioni.** I farmaci a base di cortisone possono essere prescritti dal medico, se il vostro bambino soffre di allergia (asma, eczema). Questa prescrizione richiede però una regolare sorveglianza, in modo particolare per la crescita. In effetti, l'utilizzo prolungato dei corticosteroidi presenta il rischio di rallentare lo sviluppo osseo, agendo sulle cartilagini della crescita. Al fine di rendere minimo questo rallentamento, si propone, purché il controllo della malattia lo permetta, di somministrare il farmaco ogni 2 giorni, anziché tutti i giorni. Al termine del trattamento il bambino si svilupperà di nuovo, secondo la sua curva di crescita naturale.

> **Nelle malattie reumatiche.** I corticosteroidi sono prescritti per diminuire l'infiammazione. È tuttavia necessario un controllo su eventuali complicazioni infettive. Devono essere controllate regolarmente la pressione arteriosa, la glicemia (tasso di zucchero nel sangue), in caso di precedenti familiari di diabete, e le capacità visive.

Crescita

Il bambino è soprattutto una creatura in crescita. Il controllo del peso, dell'altezza e del perimetro del cranio sono fondamentali durante i primi 2 anni, in cui la velocità di crescita è importante.

Almeno per il primo anno, il ritmo delle visite dal medico deve essere mensile e successivamente semestrale. Le misure sono riportate sulle curve di crescita, che rappresentano dei valori medi. Queste curve sono espresse sotto forma di percentuale di deviazione standard o scarto tipo. La percentuale 50 rappresenta la crescita normale media. Le variazioni considerate come normali vanno da 10 a 90. La crescita normale è situata fra la curva inferiore e la curva superiore. Fra questi limiti sono definite 3 fasce di crescita normale.

Più che la misura, a un certo momento, la cosa più importante è la dinamica di crescita; essa si traduce in una curva di crescita "armoniosa", ossia senza spigoli.

Il controllo della crescita permette di mettere in evidenza un'anomalia di crescita, come un ritardo di crescita in statura o in peso o al contrario un anticipo di crescita in statura o un sovraccarico nel peso. Interpretare una curva di crescita non è tuttavia facile, perché, oltre alla dinamica di crescita di ciascun parametro (peso, altezza, perimetro del cranio), occorre tenere conto del rapporto del peso con l'altezza, l'indice di obesità, come pure i precedenti familiari e medici.

Tutte le fermate nell'aumento del peso, dell'altezza o del perimetro del cranio vanno segnalate al medico.

Crescita (dolori della)

I "dolori della crescita" non sono reali in quanto tali, perché nessun fenomeno doloroso osseo o cartilagineo accompagna la crescita, ivi compresa la pubertà.

Nel corso dell'infanzia, e quindi della crescita, si possono manifestare tuttavia dei dolori di origine ossea e cartilaginea. Si rivelano più sovente con una zoppia, una diminuzione dell'attività o delle prestazioni fisiche del bambino. Questi dolori possono essere legati a problemi diversi, di natura infettiva o vascolare. Richiedono un esame medico per determinarne l'origine.

La crescita delle ossa si effettua con l'intermediazione delle cartilagini di accrescimento (o di coniugazione) che assicurano la produzione della cartilagine, che si calcifica in maniera molto regolare e conduce alla formazione di un osso giovane. Un difetto di vascolarizzazione localizzato, un eccesso di costrizione (anca), degli sforzi eccessivi (sport) possono provocare una distruzione parziale e una deformazione del nucleo di ossificazione. Questa deformazione è fonte di dolori meccanici, ossia di dolori che intervengono in assenza di infezione, che aumentano con lo sforzo e diminuiscono con il riposo, senza manifestazioni di infiammazione notturna.

Se il vostro bambino presenta dei dolori di questo tipo, in modo particolare se sono ripetuti, dovete consultare un medico che ne determinerà l'origine.

Cromosomi

I cromosomi contengono tutti i codici genetici dell'individuo, presenti in alcune cellule. Nel nucleo della cellula sono visibili, sotto forma di bastoncini, nel corso della divisione cellulare.

I cromosomi sono formati da una catena doppia di acido desossiribonucleico (DNA), che costituisce il supporto molecolare dei geni. Il genere umano possiede 46 cromosomi raggruppati in 23 coppie, di cui una coppia di cromosomi sessuali: XX per la femmina e XY per il maschio.

I cromosomi possono essere studiati in laboratorio su un campione di sangue.

È stabilita una classificazione, detta "cariotipo", per coppia e per dimensione (da 1 a 22) più XX (se è una femmina) oppure XY (se è un maschio).

Le anomalie cromosomiche influiscono sul numero e sulla struttura dei cromosomi contenuti nelle cellule di un individuo. Le anomalie cromosomiche sono spesso incompatibili con la vita e circa due terzi degli aborti spontanei avviene per un'anomalia cromosomica. Altre anomalie permettono il proseguimento della gravidanza, ma possono avere delle ripercussioni sullo sviluppo fisico, mentale o sessuale dell'individuo.

L'anomalia cromosomica più frequente è la trisomia 21 (o mongolismo), che riguarda la 21ª coppia, in quanto esiste un cromosoma 21 in soprannumero.

Gli attuali progressi della genetica permettono di svelare le anomalie dei geni in modo molto più accurato, non visibile sul cariotipo. Anche se certe malattie non sono state ancora spiegate completamente, le ricerche in corso lasciano sperare in diagnosi più precise.

VEDI: AMBIGUITÀ SESSUALE, DALTONISMO, TRISOMIA 21

Crosta lattea

La crosta lattea è una crosta giallastra, grassa e talvolta secca, che appare sulla pelle del bambino in corrispondenza del viso o del cuoio capelluto.

Malgrado il suo nome, questa crosta non è dovuta all'alimentazione con il latte, ma è formata da eccessive secrezioni delle ghiandole sebacee. Essa è talvolta favorita dall'uso di prodotti profumati o colorati non adatti alla fragilità della pelle del neonato. Lavategli il viso ogni giorno con latte detergente per neonati (al posto del sapone) e applicate sul cuoio capelluto una pomata grassa (della vaselina, per esempio). L'indomani, le croste così ammorbidite spariranno con uno shampoo neutro. Ripetete l'operazione per più giorni di seguito, se necessario.

Queste croste possono avere un aspetto più rossastro e formarsi nelle pieghe del collo, attorno al naso, alla bocca e agli occhi. Se il vostro neonato soffre nel medesimo tempo anche di un eritema ai glutei (eruzioni e rossore sui glutei), questi sintomi possono rivelare una dermatite seborroica, che è un'infiammazione dello strato profondo della pelle (il derma).

Continuate ad applicare le misure igieniche già dette. Il vostro medico vi prescriverà inoltre una crema antinfiammatoria, antisettica e spesso anche antimicotica (contro i funghi), cui aggiungerà eventualmente anche un antibiotico locale. Questo trattamento favorirà l'eliminazione delle squame (le scaglie di pelle che si staccano) nel giro di 3 o 4 settimane. Questo tipo di dermatosi non lascia alcuna cicatrice.

Cuore (anomalie del)

Un'anomalia del cuore, che si presenti alla nascita (congenita) o meno (acquisita), prende il nome di "cardiopatia". Questa malformazione può riguardare le valvole, i setti fra gli atri e i ventricoli (cavità cardiaca) o i vasi (arteria polmonare, aorta).

> **Anomalie congenite.** Le anomalie dello sviluppo, dovute a una cardiopatia congenita, intervengono molto presto nella vita del feto. Le origini sono spesso sconosciute, salvo alcuni casi particolari come un'anomalia cromosomica (è il caso della trisomia 21) o un'infezione materna durante la gravidanza come la rosolia congenita. Questa può essere scoperta alla nascita oppure già nel corso della gravidanza.

Se la pelle del neonato è bluastra (si dice che è cianotico), soffre di una cattiva ossigenazione e/o di un'insufficienza cardiaca (emergenza respiratoria, accelerazione del ritmo cardiaco). I medici vi confermeranno la diagnosi, esaminando il bambino ed eseguendo un'ecocardiografia. Questa malformazione, tuttavia, non è incompatibile con lo svolgimento di una vita normale, grazie ai grandi progressi che si sono ormai realizzati nel campo della chirurgia cardiaca neonatale.

Tabella della crescita:

	Sesso	Statura	Peso	Circonf. cranica
1° mese	G	53,2 cm (49-57)	4 kg (3-5)	37 cm (34-39,5)
1° mese	F	52,4 cm (48-57)	3,8 kg (2,9-4,9)	37 cm (34-39,5)
5° mese	G	66,5 cm (61-72)	7,6 kg (6-9,2)	43 cm (40-46)
5° mese	F	65 cm (60-70)	7,1 kg (5,6-8,6)	43 cm (40-46)
8° mese	G	69,5 cm (64-75,5)	8,5 kg (6,7-10,3)	44 cm (41-47)
8° mese	F	68 cm (62,5-73,5)	8 kg (6,3-9,9)	44 cm (41-47)
12° mese	G	74,5 cm (68-81)	9,8 kg (7,9-11,9)	46 cm (43-49)
12° mese	F	72,5 cm (66-79)	9,3 kg (7,4-11,95)	46 cm (43-49)
14° mese	G	80,5 cm (74-87)	11,2 kg (8,8-13,8)	47,5 cm (44,5-50,5)
14° mese	F	79 cm (72-85)	10,6 kg (8,5-12,9)	47,5 cm (44,5-50,5)
2 anni e mezzo	G	90,2 cm (84-97)	13,2 kg (10,8-16)	49 cm (45,5-52)
2 anni e mezzo	F	89 cm (82-95)	12,6 kg (10,2-15,3)	49 cm (45,5-52)
3 anni	G	94,2 cm (87-101)	14,2 kg (11,5-17,1)	49,5 cm (46,5-52,5)
3 anni	F	92,7 cm (85-99)	13,6 kg (10,9-16,5)	49,5 cm (46,5-52,5)

> **Anomalia acquisita.** Al giorno d'oggi, le cardiopatie acquisite (risultanti da una malattia infantile) sono rare. In effetti, gli antibiotici permettono di curare quasi tutte le infezioni da streptococco, che altrimenti provocherebbero un reumatismo articolare acuto. Questo ha sempre fatto temere delle gravi complicazioni cardiache.

Daltonismo
Il daltonismo è un'anomalia di origine genetica che provoca una confusione nella percezione di certi colori (in particolare il rosso e il verde).
Il gene del daltonismo, come quello dell'emofilia, è portato dal cromosoma X. Questa anomalia si trasmette tramite le femmine e colpisce solo i maschi.

VEDI: ALLERGIA, ECZEMA, ERUZIONE CUTANEA, MICOSI

Deficit immunitario
Il termine "deficit immunitario" comprende le malattie costituzionali (presenti dalla nascita) o talvolta acquisite (AIDS), che sono caratterizzate da una diminuzione dei mezzi di difesa e di protezione dagli agenti infettivi. Di fronte al ripetersi di infezioni rinofaringee, di otiti, di bronchiti, può darsi che voi finiate con il lamentarvi della "debolezza" delle difese immunitarie del vostro bambino.
Se sopporta bene la malattia, guarisce senza complicazioni, se la sua crescita e il suo sviluppo sono normali, non c'è ragione di dubitare del buon funzionamento del suo sistema immunitario.
L'esito normale dell'esame clinico che farà il vostro medico, come pure la ricerca di eventuali fattori che favoriscono queste infezioni ripetute (la vita in collettività, per esempio), confermeranno la diagnosi benigna, senza che sia necessario ricorrere a esami complementari o a cure intese a rafforzare il sistema immunitario.
Molto più raramente, l'insorgenza di infezioni gravi dovute a batteri insoliti, la guarigione solo parziale, il loro ripresentarsi costante, l'associazione ad altri disturbi (diarrea cronica, denutrizione) possono far sospettare un deficit immunitario.
Quest'ultimo può essere legato a una malattia genetica o supportare un'infezione da virus dell'AIDS. Talvolta, in seguito al trattamento di un tumore maligno (chemioterapia per una leucemia o un tumore) o dopo una corticoterapia di lunga durata, il sistema immunitario mette un certo tempo per ricostituirsi e può, nel corso di qualche mese, esporre il bambino a delle malattie più gravi o più lunghe del normale.

Denti (eruzione dei)
I venti denti da latte spuntano fra i 6 e i 30 mesi circa. Essi sono sostituiti progressivamente dai denti definitivi, a partire dall'età di 6 anni.
Il bambino ha la febbre, il culetto arrossato ed evacua feci molli. Malgrado tutto, ci sarà qualcuno che vi dirà che questi disturbi non sono necessariamente dovuti alla dentizione. Si tratta più di una coincidenza che di una relazione di causa ed effetto. Tuttavia è vero che l'eruzione dentale provoca un'irritazione locale: le gengive del bambino sono un po' gonfie; saliva molto; il sonno e l'appetito sono disturbati.
Per calmare l'irritazione delle gengive cercate di dare al bambino un succhietto oppure un dentaruolo, affinché si "faccia" i denti; esistono anche dei balsami antalgici disponibili in farmacia.

> **Denti da latte.** I denti da latte devono essere curati come i denti definitivi. Lavate mattina e sera i denti del vostro bambino con uno spazzolino da denti adatto ai piccoli. Poi, a partire dai 2 anni, insegnategli a lavarsi i denti da solo, possibilmente dopo ogni pasto, aiutandolo se necessario. A tutte le età evitate i cibi zuccherati fuori pasto ed eventualmente dategli del fluoro per rinforzare lo smalto dei denti. Una buona alimentazione (latte, formaggi, uova, spinaci, pesce) apporterà al bambino il calcio e il fosforo di cui ha bisogno. Non dimenticate la vitamina D.

> **Trauma dentario.** Se un dente si spezza o si scalza, nel corso di una caduta o di un incidente, recuperatelo e andate subito dal

vostro dentista. Se il dente è definitivo, lo si potrà reimpiantare.

VEDI: CARIE, ORTODONZIA

Dermatite
VEDI: ECZEMA

Dermatosi
Il termine "dermatosi" è un termine corrente che indica tutte chiazze arrotondate, un po' arrossate che appaiono sulla pelle. Questo termine non corrisponde a una definizione medica precisa per una lesione cutanea e può caratterizzare parecchie affezioni:
- la dermatite può essere causata da un'irritazione alla pelle, dovuta a un detersivo o a un sapone. Una crema idratante ristabilirà l'equilibrio della pelle del bambino;
- lesioni come l'impetigine (pustole che seccando formano una crosta spessa) o la micosi (irritazioni della pelle provocata da un fungo), devono essere curate rapidamente.
- può essere causata da un eczema costituzionale (dermatite atopica) o di contatto e deve essere curata, dopo una specifica diagnosi.

Diabete
Il diabete è una malattia nel corso della quale il pancreas non secerne più a sufficienza la corretta dose di insulina. L'insulina è un ormone necessario all'organismo, e favorisce il processo che permette alle cellule di assimilare il glucosio, fonte di energia.

Senza insulina, il glucosio si accumula nel sangue, invece che servire da carburante alle cellule. Quando il tasso di glucosio nel sangue (glicemia) raggiunge una determinata soglia, il glucosio viene eliminato nelle urine, in cui è normalmente assente.

Se il vostro bambino dimagrisce, malgrado un buon appetito, se ha spesso sete, se le sue urine sono frequenti e abbondanti, obbligandolo a svegliarsi la notte e se è spesso stanco senza ragione apparente, il vostro medico prescriverà delle analisi del sangue.

Il diabete insulino-dipendente (di tipo I) colpisce principalmente i bambini, in modo particolare fra i 10 e i 16 anni. Il diabete di tipo II, non insulino-dipendente, appare più tardi.

Il diabete del bambino ha origine genetica, ma alla sua comparsa concorrono anche altre cause (infezioni virali, fattori individuali).

Il trattamento del diabete è obbligatorio e dura tutta la vita. L'insulina viene somministrata per iniezioni sottocutanee. Se è abbastanza grande, il bambino apprenderà molto presto a farsele da solo. Le dosi variano in funzione dell'attività, dell'età, del peso e sicuramente dell'alimentazione.

Il vostro bambino dovrà imparare a mantenere un regime equilibrato, per evitare variazioni importanti del tasso di glucosio nel suo organismo.

Diarrea acuta del lattante
La diarrea acuta del neonato si presenta con feci più frequenti del solito e con consistenza inconsueta: feci molli, malformate, piene di grumi, mescolate a tracce di alimenti o del tutto liquide. Fra l'altro hanno odore nauseante e il vostro neonato può avere febbre e accusare mal di pancia.

Diverse infezioni virali irritano il tubo digerente e possono provocare una diarrea acuta. Se alla diarrea si aggiunge un rifiuto di bere, nausee e vomito, consultate il medico perché esiste un rischio di disidratazione.

La prima cura, adatta a un bambino nutrito a biberon, consiste nel dargli una soluzione sale-zucchero (disponibile in farmacia), a volontà e in piccole quantità (20 ml ogni 10 minuti). Se allattate il bambino al seno, fatelo succhiare a volontà e chiedete consiglio al medico.

A partire dall'età di 5-6 mesi, dategli da mangiare un po' di mela cruda grattugiata, della banana schiacciata, del riso oppure marmellata o gelatina di mele cotogne. Normalmente, nel giro di 2 o 3 giorni, il neonato dovrebbe poter riprendere gradualmente un'alimentazione normale e la diarrea dovrebbe cessare progressivamente.

Se il neonato ha molta febbre, il medico gli prescriverà dei farmaci per fargli abbassare la temperatura. Gli antibiotici e le medicazioni intestinali non sono indicati generalmente che per le diarree di origine batterica nei bambini più grandi.

VEDI: COLICHE (DEL NEONATO), DISIDRATAZIONE ACUTA, GAS INTESTINALE, FECI (ESAME DELLE)

Diarrea cronica
Se il vostro neonato è soggetto in modo prolungato a feci frequenti, abbondanti e di consistenza anormale (molli), queste non sono necessariamente dovute a una gastroenterite.

Nei neonati, la diarrea cronica può essere causata da un'intolleranza alle proteine del latte vaccino. Queste allergie, assai rare, si possono manifestare con altri sintomi: il bambino non cresce, manca di appetito oppure vomita; più raramente ha un'eruzione o un disagio respiratorio, anche in rapporto con la presa del biberon. Degli esami complementari richiesti dal vostro medico confermeranno o meno quest'ipotesi. L'allergia alle proteine del latte vaccino è generalmente transitoria, ma richiede la prescrizione di un latte dietetico speciale durante il primo anno.

Nel bambino già svezzato, la diarrea cronica può essere anche eventualmente provocata da un'intolleranza al glutine, proteina presente nelle farine di certi cereali. Se la diagnosi viene confermata, il vostro medico vi consiglierà l'uso di farine senza glutine, facilmente reperibili in farmacia.

Tuttavia, questa cattiva digestione degli alimenti, che si traduce in una diarrea cronica, può essere anche provocata da una diminuzione delle secrezioni enzimatiche da parte del pancreas o della vescica biliare. In base a un esame specifico, il vostro medico potrà stabilire una diagnosi precisa e prescriverà al bambino il trattamento più appropriato al suo caso.

VEDI: COLON IRRITABILE, COLICHE (DEL NEONATO), DIARREA ACUTA DEL LATTANTE, GASTROENTERITE

Difterite
La difterite è una malattia infettiva grave, che non esiste praticamente più nei Paesi industrializzati, da quando i neonati vengono vaccinati sistematicamente all'età di 3 mesi. Questa vaccinazione richiede 3 iniezioni, a 3, 5 e 11 mesi (più un richiamo a 5-6 anni e uno a 15-16 anni). Questa vaccinazione è associata a quella del tetano, della poliomielite e della pertosse (vedi pag. 93).

La difterite si presenta come una tonsillite acuta: le tonsille sono ricoperte da uno spesso strato biancastro, con differenti punti bianchi tipici di una tonsillite poltacea. Il bambino prova dolore a deglutire e a respirare; è molto affaticato; il suo ritmo cardiaco è accelerato.

La difterite, oggi rarissima, è curata con antibiotici; richiede il ricovero ospedaliero fino alla scomparsa totale dei bacilli, che possono essere trovati nel naso o nella gola. Il bambino può riprendere la scuola un mese dopo la guarigione.

Digrignare i denti

Il digrignare i denti, o bruxismo, avviene generalmente durante il sonno del bambino, ma può essere prodotto in maniera più o meno volontaria anche nel corso della giornata.

Secondo le circostanze, il digrignare i denti può essere un fatto del tutto benigno, come rivelare invece dei disturbi di varia gravità.

> **Durante la notte.** Il bambino dorme profondamente e improvvisamente digrigna i denti. Questo rumore è un po' sgradito all'ambiente familiare, ma non rivela alcun disturbo particolare. Se il digrignare i denti diventa abituale, può essere eventualmente un segnale di difficoltà di ordine psicologico e può portare a richiedere un consiglio medico.

> **Durante il giorno.** Più raramente il digrignare i denti può avvenire durante il giorno, in maniera più o meno volontaria. Può segnalare un'anomalia nella posizione delle arcate dentarie, una rispetto all'altra (malocclusione). Consultate un ortodontista, il cui compito è correggere queste anomalie.

> **Nei bambini disabili.** Certi handicap neurologici presenti alla nascita provocano delle difficoltà a dominare il movimento della mascella e provocano il digrignare di denti. È necessario in questo caso un intervento medico specifico.

Disidratazione acuta

La disidratazione acuta è una perdita eccessiva di acqua. Il vostro neonato è particolarmente esposto, perché il suo bisogno di acqua è ben superiore a quello di un adulto. Tutte le dispersioni d'acqua (diarrea o vomito) o le diminuzioni dell'apporto (rifiuto di bere) turbano il suo fragile equilibrio.

Una disidratazione si può manifestare con un'agitazione inconsueta o, al contrario, con una certa apatia. Se il bambino presenta uno di questi sintomi: beve poco o non beve affatto, ha gli occhi cerchiati, la carnagione grigiastra, la bocca secca e ha la febbre, consultate rapidamente il vostro medico. Le cause di disidratazione sono le stesse della diarrea acuta: di tipo alimentare o infettivo. La disidratazione può essere anche aggravata dal vomito e/o dalla febbre.

Se il bambino ha una gastroenterite, fategli bere una soluzione sale-zucchero (venduta in farmacia) a volontà e in piccole quantità (20 ml ogni 10 minuti). Questa preparazione apporta del glucosio e dei sali minerali necessari al bambino. Certe diarree possono passare inosservate, perché, essendo troppo liquide, possono essere scambiate per urina nel pannolino.

Una disidratazione acuta necessita talvolta di un ricovero ospedaliero di qualche ora o di qualche giorno, al fine di ristabilire un equilibrio normale, se necessario anche per mezzo di una perfusione endovenosa.

VEDI: COLPO DI CALORE, COLPO DI SOLE, DIARREA ACUTA DEL LATTANTE, INSOLAZIONE

Dislessia

Il termine "dislessia" è sovente impiegato erroneamente per designare dei disturbi del linguaggio parlato. La dislessia indica in realtà un ritardo nell'apprendimento della lettura e riguarda quindi i bambini dell'età in cui imparano a leggere.

Di solito sono più colpiti i maschi delle femmine. Le cause della dislessia sono sconosciute, ma l'origine dovrebbe essere un difetto di predominanza di un emisfero del cervello.

Il vostro bambino si sviluppa normalmente sul piano fisico e intellettuale, ma per lui la lettura è un esercizio difficile. Vede e capisce molto bene, ma confonde le lettere, le traspone, fa errori nel compitare e legge in maniera molto irregolare, arrestandosi bruscamente davanti a passaggi che gli sembrano incomprensibili. Tutti questi difetti di lettura e di scrittura sono caratteristici della dislessia. Si parla di dislessia-disortografia, se il bambino scrive male sotto dettatura; l'associazione delle due carenze è frequente. Entrambe devono essere prese in considerazione (a partire dai 4 anni), perché non scompaiono spontaneamente quando il bambino cresce.

È importante che il problema sia individuato subito. Se la maestra vi parla di difficoltà del bambino, consultate il vostro medico. Questi gli prescriverà dei test di conoscenza, di apprendimento e di lingua per determinare il suo grado di dislessia.

Delle sedute di rieducazione presso un logopedista e il sostegno regolare di uno psicoterapeuta permetteranno al vostro bambino di leggere e scrivere normalmente entro qualche mese o, secondo i casi, entro qualche anno.

Dolore

Il dolore è una sensazione che va da un leggero fastidio a una sofferenza insopportabile. È un segnale che accompagna numerose malattie e, in certi casi, ne è l'elemento rivelatore.

Un bambino non riesce a esprimere la sua sofferenza come fa un adulto, ma se il dolore non è espresso con le parole, lo si vede però dal corpo: gemiti, lamenti, pianti o al contrario la chiusura del neonato su se stesso e una calma insolita dovrebbero mettervi in guardia.

Il vostro bambino può avere una malattia grave e subire un trattamento che provoca dei dolori fisici. Può anche soffrire per essere stato separato dal suo ambiente. Il dolore ha allora un aspetto più affettivo, ma la paura del dolore fisico o della separazione può aggravare ancor più questa sofferenza.

Fate attenzione alle domande del vostro bambino e spiegategli, in termini semplici, lo sviluppo della sua malattia e le cure che gli devono essere date. La confidenza e il sentimento di sicurezza che saprete infondergli lo aiuteranno ad accettare questi dolori con maggior serenità e a prepararsi, eventualmente, a un intervento chirurgico. Facendolo partecipare alla cura, affretterete anche la sua guarigione.

Gli analgesici leggeri sono generalmente efficaci nella cura dei dolori di poco conto, come un mal di testa o un mal di denti. Esistono dei calmanti a base di antinfiammatori non steroidei o di paracetamolo. Siate sempre vigili. Anche se questi farmaci sono venduti liberamente, la loro utilizzazione prolungata può essere molto nociva.

Rispettate le dosi consigliate per l'età del vostro bambino. Consultate anche il vostro medico, perché curi la causa di questi dolori. Altri farmaci (antispasmodici, ansiolitici, ipnotici) sono prescritti dal vostro medico per attenuare dolori dovuti a una malattia precisa. Si deve essere ben sicuri che questa sia curata nello stesso tempo.

VEDI: ANESTESIA, CALMANTI, CRESCITA (DOLORI DELLA)

Dondolo

I bambini amano dondolarsi e apprezzano in modo particolare i giochi basati su questo movimento ritmico (altalene, caroselli). In questo modo imparano meglio a percepire il loro corpo nello spazio.

Il vostro bambino, lattante o già più grande, si dondola talvolta su se stesso prima di dormire, come per cullarsi e potersi rassicurare prima della notte. Questi movimenti ritmici possono esprimere, alla loro maniera, una certa inquietudine. Sappiate comprendere questi piccoli "segni di richiamo" e non esitate a esprimergli la vostra tenerezza.

Questi dondolii non sono gravi, ma, se il bambino tende a interrompere le sue attività per dondolarsi in maniera ripetitiva, se fa instancabilmente gli stessi gesti (questi gesti sono detti "stereotipati"), può essere che stia rivelando un disturbo evolutivo e in parallelo un ritardo nello sviluppo. Parlatene al vostro medico.

Ecchimosi
VEDI: LIVIDO

Ecografia

L'ecografia permette di esplorare un organo o una regione del corpo per mezzo di ultrasuoni. Se la ripetizione delle radiografie presenta un certo pericolo (gli effetti dei raggi X sono cumulativi), l'eventuale ripetizione di ecografie è priva di pericolo e rappresenta un modo di indagine non invasivo, rapido, indolore, perfettamente adatto al bambino.

Gli ultrasuoni sono emessi e ricevuti per mezzo di una "sonda" contenente un cristallo di quarzo, che il medico posiziona sulla regione da osservare. Questi ultrasuoni si riflettono non appena incontrano diverse strutture organiche. L'eco che viene rinviata si traduce in un'immagine su uno schermo o su carta fotografica.

Gli ultrasuoni non si propagano nell'aria, la tecnica dell'ecografia è adatta soprattutto allo studio di organi "pieni" (il fegato, il rene o il cuore). Lo studio del cervello è possibile finché le fontanelle non sono chiuse (praticamente nel corso del 1° anno di vita). Le prestazioni dell'ecografia sono meno buone per organi contenenti aria, come i polmoni o il tubo digerente.

> **Ecocardiografia e l'effetto Doppler.**
L'ecografia del cuore, completata con la misura della velocità del sangue nelle sue cavità, come pure nelle arterie polmonari e nell'aorta (effetto Doppler) permette di individuare le anomalie delle valvole cardiache e di precisare la natura e la possibile evoluzione delle malformazioni cardiache.

> **Ecoendoscopio.** Oggi esistono delle sonde molto fini che il medico può introdurre per mezzo di un dispositivo ottico flessibile (fibroscopio) negli organi cavi (per esempio l'esofago). Questo esame prende il nome di ecoendoscopia.

Eczema

L'eczema è una malattia della pelle che capita spesso nelle famiglie dove sono presenti altre reazioni allergiche (rinite, raffreddore da fieno, orticaria, bronchiolite, asma).

Si tratta spesso di un eczema costituzionale o dermatite atopica. L'eczema può comparire però anche se non esistono precedenti familiari.

L'eczema può apparire nei neonati a partire dal 2° o 3° mese. Malgrado una pulizia regolare, il viso del neonato è rosso e cosparso di lesioni secche, trasudanti o formanti delle croste. Queste piccole vescicole ricoprono la fronte, le guance e il mento, ma non si sviluppano sul contorno degli occhi, della bocca e del naso.

Senza causa apparente, le lesioni si estendono in fasi successive alle spalle e alle braccia, al dorso della mano e sul petto. Il bambino sente il bisogno di grattarsi, si agita e il suo sonno è disturbato dal prurito. Si graffia involontariamente e può anche provocarsi delle piccole infezioni locali.

Nel bambino più adulto, le lesioni si localizzano spesso nelle pieghe (gomito, ginocchio) e possono essere provocate sulle mani da certe creme o da prodotti di pulizia irritanti.

Il trattamento dell'eczema permette di attenuare il fastidio. Per la pulizia, molto meticolosa, usate saponette dermatologiche arricchite (vendute in farmacia) e degli emollienti da bagno, meno essiccanti del sapone. Applicate delle creme dermatologiche per idratare regolarmente la pelle e calmare il prurito.

Secondo la gravità dell'eczema, il medico prescriverà al bambino una crema a base di cortisone (corticoidi) che userete secondo i suoi consigli. In caso di sovrainfezione delle lesioni cutanee potrà essere associato un trattamento antibiotico da applicare localmente o da prendere per bocca. Evitate di coprire troppo il bambino, perché la traspirazione aggrava l'eczema.

Le vaccinazioni devono essere eseguite regolarmente (vedi pag. 93).

L'eczema evolve in maniera molto capricciosa, ma si attenua generalmente prima dell'età di 3 anni. Ciò malgrado, questa dermatosi può prolungarsi fino all'età adulta e divenire cronica. I bambini affetti da eczema possono anche essere asmatici.

Emicrania

Certi mali di testa presentano delle caratteristiche particolari o non abituali: dolore da un solo lato del cranio, turbe visive o malessere generale con nausea e vomito. Tutti questi segnali, che possono essere isolati o diversamente associati fra loro, caratterizzano l'emicrania.

L'emicrania, anche se rara nel bambino, può nondimeno presentarsi all'età di 4 o 5 anni; corrisponde a un disturbo vascolare funzionale, molto sovente di tipo familiare. In questi casi può essere curata con degli antinfiammatori non steroidei o del paracetamolo, a dosi corrispondenti all'età del bambino, ma talvolta è necessario ricorrere ad altre cure.

All'emicrania sono legati talvolta altri disturbi neurologici. In questi casi il dolore può essere accompagnato da disturbi visivi, spesso angoscianti (visioni luminose dolorose, restringimento del campo visivo). Devono essere eseguiti allora degli esami specialistici, al fine di escludere la possibilità di un'affezione di altro tipo. Una volta scartata questa ipotesi, il medico proporrà una cura di base per evitare la ripetizione di questi episodi.

Emofilia

L'emofilia è un disturbo ereditario della coagulazione del sangue (deficienza di una delle proteine della coagulazione, chiamata "fattore antiemofilico"), che provoca emorragie abnormi, abbondanti e prolungate in caso di ferite.

Questa anomalia ereditaria è trasmessa dalle femmine, ma colpisce solo i maschi (un neonato su 5.000). L'emofilia può comparire anche senza precedenti familiari (dal 25 al 30% dei casi). Nei bambini emofilici, le cadute provocano delle emorragie, dei lividi e degli ematomi (accumulazione di sangue sotto la pelle), sproporzionati rispetto alla gravità dell'urto.

Imparare a camminare è un processo che può provocare numerosi traumi di questo tipo; può osservarsi perfino un sanguinamento delle articolazioni, che rende difficile i movimenti. Se appaiono simili segnali, occorre consultare assolutamente il medico con una certa urgenza.

Una lieve emofilia può rivelarsi casualmente in occasione di un intervento chirurgico o nel corso di un esame emostatico (esame del sangue che rileva le capacità di coagulazione).

Il sangue di un bambino emofilico manca delle proteine necessarie alla coagulazione, chiamate fattori VIII o IX. L'emofilia A (deficienza nel fattore VIII) è più frequente dell'emofilia B (deficienza nel fattore IX).

L'emofilia è detta grave, moderata o attenuata secondo le sue manifestazioni, ma soprattutto in rapporto all'assenza (o alla presenza in piccole quantità) del fattore antiemofilico.

La terapia di base consiste in perfusioni ripetute di proteine del sangue concentrate (fattore VIII o IX). Oggi, questi fattori sono prodotti per biosintesi, che elimina il futuro rischio di trasmissione virale (epatite B, e VIH).

> **Terapia d'urgenza.** In caso di emorragia insolita, comprimete con la mano e con compresse la zona che sanguina e chiamate immediatamente il medico.

Emorragia

L'emorragia è una perdita di sangue dal sistema circolatorio, dovuta più spesso a un trauma conseguente a una caduta, a causa di una piaga...

Quando l'emorragia è esterna, la velocità con cui il sangue fuoriesce dalla ferita dipende dal tipo di vaso sanguigno lesionato: gocciola dai piccoli vasi (capillari), cola da una vena (è allora rosso scuro) e sprizza a impulsi da un'arteria (rosso vivo).

> **Ferita leggera.** Il bambino si è graffiato o si è tagliato superficialmente? Lavate la parte con acqua e sapone per eliminare terra, sassolini o altri detriti che potrebbero altrimenti penetrare nella ferita. Tamponatela leggermente con una compressa sterile per asciugarla e applicate quindi un antisettico locale. Se la ferita continua a sanguinare, continuate a premervi sopra con una compressa, completando con una medicazione adesiva.

> **Piaga profonda.** Il bambino si è tagliato in profondità con un vetro, un coltello ecc. Chiamate il medico o il pronto intervento sanitario, se l'emorragia è grave. In attesa dei soccorsi, tenete alta la parte offesa, appoggiate sulla ferita una medicazione sterile e premete con forza per arrestare il sanguinamento, per qualche minuto se necessario. Se il sangue filtra attraverso la medicazione, non levatela, perché potreste strappare il coagulo, facendo riprendere il sanguinamento. Aggiungete altre medicazioni e fasciate il tutto solidamente per comprimere la zona. Nel caso di un'arteria tagliata (il sangue esce a impulsi), comprimete l'arteria con il pollice.

> **Emorragia senza ferita.** Le ferite esterne non sono le sole cause di emorragia. Si possono produrre anche perdite di sangue sotto la pelle (emorragie interne) (porpora, ematomi, ecchimosi). Se il vostro bambino ha spesso sangue dal naso o dalle gengive, se le urine o le feci contengono delle tracce di sangue, consultate il medico affinché determini l'origine di queste anomalie.

Encefalite

L'encefalite è l'infiammazione del cervello o del suo involucro, le meningi (meningoencefalite). Le sue conseguenze neurologiche sono spesso gravi. I sintomi sono immediatamente preoccupanti: disturbi di coscienza (sonnolenza, apatia, delirio), disturbi dell'alimentazione (deglutizione difficile o che "va di traverso"); convulsioni.

Il medico deve essere consultato d'urgenza. Richiederà generalmente un ricovero ospedaliero in un reparto specializzato, dove sia individuata la causa dell'encefalite e dove la si possa curare. Questa malattia è più sovente di origine infettiva (soprattutto virale), ma può essere provocata anche da altre cause.

Encopresi
VEDI: IGIENE

Enuresi
VEDI: IGIENE

Epatite virale

L'epatite virale è un'infiammazione del fegato provocata da un virus. Secondo il tipo del virus in questione, si distinguono più tipi di epatite.

> **Epatite A.** Il bambino ha la febbre. Ha la pelle bianca e il bianco degli occhi è giallastro (ittero). Le urine sono scure e schiumose. Ha mal di pancia, vomita, perde l'appetito, appare stanco. Talvolta appaiono dei pruriti.

Il medico prescriverà un esame del sangue per valutare il risentimento epatico e per verificare la presenza di virus e di anticorpi specifici dell'epatite A.

L'epatite virale A è la forma di epatite più comune nel mondo. Il virus si trasmette attraverso il tubo digerente (acqua, mani sporche, alimenti contaminati). In generale, la malattia dura qualche giorno o al massimo 2 o 3 settimane. Il bambino guarisce senza cure né regimi particolari. Come principio, non può andare a scuola finché dura l'ittero.

È disponibile un vaccino contro il virus dell'epatite A (vedi pagg. 150-151).

> **Epatite virale B e C.** Queste epatiti sono più rare ma possono divenire croniche, il che le rende più gravi. Sono trasmesse per via sessuale o tramite trasfusioni di sangue.

Esiste un vaccino efficace contro l'epatite B. Viene proposto per i lattanti, a partire dal 3° mese, ma può essere somministrato a tutte le età. Questo vaccino è anche somministrato alla nascita ai neonati con madre portatrice cronica del virus.

VEDI: ALLONTANAMENTO SCOLASTICO

Epiglottide (infiammazione dell')

L'epiglottide è la parte cartilaginea che protegge le vie respiratorie quando si deglutisce. La sua infiammazione (epiglottite) la rende voluminosa. L'aria non può più passare attraverso la trachea e ciò provoca il soffocamento.

Questa malattia, rara e contagiosa, colpisce soprattutto i bambini da 2 a 6 anni. È causata da un batterio, l'*Haemophilus influenzae*.

I sintomi sono i seguenti: il bambino ha delle difficoltà respiratorie a livello della laringe. Gli viene improvvisamente la febbre (39-40 °C), ha un respiro affannoso (stridente) e soffre deglutendo la saliva. La sua voce appare soffocata e nessuna secrezione ostruisce i bronchi (tosse chiara). Il bambino preferisce stare seduto, inclinato in avanti, per respirare meglio. Occorre farlo vedere subito dal medico perché, se la diagnosi è confermata, il bambino deve essere ricoverato d'urgenza. All'ospedale il medico potrà essere portato a praticare l'intubazione: introdurrà un tubo nella trachea, in modo da far penetrare l'ossigeno nei polmoni. Gli antibiotici saranno somministrati per via endovenosa per combattere l'infezione.

La vaccinazione contro l'*Haemophilus influenzae* protegge da questo tipo di infezione. Questa vaccinazione dovrebbe essere praticata a tutti i neonati, contemporaneamente alle vaccinazioni obbligatorie (vedi pag. 93).

Epilessia

L'epilessia è caratterizzata dalla ripetizione delle convulsioni.

Le crisi si sviluppano con questa sintomatologia: il bambino, senza avere la febbre, è preso da convulsioni in maniera improvvisa. Perde coscienza e cade a terra e le braccia e le gambe sono prese da scosse per qualche secondo. Progressivamente riprende coscienza. La crisi dura generalmente 2-3 minuti. Poi il bambino si addormenta. Si parla di epilessia quando un bambino ha almeno due crisi convulsive senza febbre a intervalli ravvicinati.

Nei neonati o nei lattanti, l'epilessia si manifesta in modo differente: la convulsione è più localizzata ed è caratteristica la revulsione oculare, che segue la perdita di coscienza.

L'epilessia è dovuta a una disfunzione della corteccia cerebrale provocata da lesioni o malattie: trauma alla nascita, encefalite, meningite, tumore, intossicazione da farmaci eccetera. Nel bambino, però, l'epilessia è molto spesso "essenziale", ossia si presenta senza una causa specifica che possa essere individuata dai mezzi diagnostici oggi disponibili (elettroencefalogramma, TAC, risonanza magnetica ecc.).

Come affrontare una crisi convulsiva?
Restate calmi e assicuratevi che il bambino non corra pericoli (che non cada per la strada, per esempio). Svestitelo con precauzione nella zona del collo e sollevategli la testa. Mantenete la bocca e le narici aperte, ma non lasciate alcun oggetto fra i denti e attendete che la crisi passi. Se dura più di 5 minuti o il bambino rimane incosciente, chiamate il medico.

In tutti i casi è necessario, di fronte a una prima crisi convulsiva, individuarne la causa. Il medico esaminerà il sistema nervoso del bambino (esame neurologico) e completerà eventualmente queste informazioni con un elettroencefalogramma, una TAC o un'IRM, nonché un bilancio biologico. Prescriverà in seguito una cura appropriata.

Gli anticonvulsivi sono dei farmaci che diminuiscono la frequenza delle crisi. Se nell'arco di 2 anni non interverrà alcuna crisi, il vostro medico potrà decidere di ridurre o di interrompere la cura.

Eritema da pannolino

L'eritema da pannolino indica l'arrossamento che compare talvolta sulle natiche del lattante.

La sua pelle sensibile è facilmente irritata dall'urina e dalle feci che impregnano il pannolino.

I pannolini favoriscono la macerazione delle feci e delle urine. Nei limiti del possibile lasciate il vostro bambino con i glutei all'aria, se è presente un eritema, oppure cambiatelo sovente. Lavatelo con sapone di Marsiglia. Non utilizzate che prodotti molto neutri, senza additivi, coloranti e deodoranti. Soprattutto non utilizzate mai delle soluzioni a base alcolica. Queste possono far soffrire inutilmente il bambino e l'assorbimento dell'alcol, da parte della pelle, è pericoloso per la salute. Il vostro medico vi prescriverà una soluzione antisettica e una crema cicatrizzante per limitare il trasudamento ed evitare la sovrainfezione.

Talvolta l'eritema dei glutei si localizza attorno all'ano e nelle pieghe della pelle. Si può trattare di una dermatite seborroica (reazione della pelle non specifica) o di una micosi. Parlatene al vostro medico che vi prescriverà un trattamento antimicotico (contro i funghi).

Ernia

Si ha un'ernia quando un organo o una parte di esso esce dalla posizione in cui è situato normalmente.

> **Ernia ombelicale.** Il lattante può presentare un piccolo rilievo molle in corrispondenza dell'ombelico, che aumenta di volume quando piange o quando fa degli sforzi per espellere le feci. Questa ernia ombelicale, non grave, si produce quando una porzione dell'intestino respinge la parete addominale. Il medico verifica che questa ernia rientri, appoggiandovisi sopra; in quel caso non prescrive alcuna cura. L'ernia sparisce in generale spontaneamente quando i muscoli dell'addome divengono più tonici e generalmente prima dell'età di 4 anni.

Se tuttavia l'ernia rimane sempre visibile dopo i 4 anni, può essere eliminata con un'operazione chirurgica.

> **Ernia inguinale.** Una sporgenza nella parte bassa del ventre, a destra o a sinistra degli organi genitali (nelle pieghe dell'inguine) o a livello delle borse scrotali del vostro ragazzino, significa che una parte dell'intestino è uscita dal canale inguinale (che ha permesso ai testicoli di discendere nello scroto). È preferibile attendere l'età di 6 mesi per prendere in esame un'operazione chirurgica.

Se l'ernia non viene trattata, può strozzarsi, vale a dire non si può più farla rientrare, spingendola. L'ernia diviene dura e voluminosa. Questa strozzatura può provocare nel bambino dei dolori o anche un'occlusione intestinale (arresto del transito intestinale e vomito). In questi casi l'operazione deve essere eseguita rapidamente.

> **Ernia dell'ovaio.** Nelle bambine, lo stesso difetto della parete addominale può essere all'origine di un'ernia dell'ovaio. Questa ernia ha la forma di un piccolo nocciolo d'oliva, palpabile a livello delle grandi labbra. È necessario effettuare un'operazione chirurgica, perché l'ernia può provocare disturbi di circolazione che potrebbero influire sulla vitalità dell'ovaio.

Eruzione cutanea

L'eruzione cutanea è caratterizzata dalla comparsa sulla pelle di foruncoli, di macchie o di arrossamenti.

Le eruzioni cutanee possono presentarsi in modi differenti: eritema (semplice congestione dei capillari della pelle, che provoca un rossore che scompare alla pressione), porpora (arrossamento accompagnata da lieve sanguinamento), vescicole, bollicine ecc.

Si possono suggerire diverse diagnosi in funzione dell'aspetto dell'eruzione, delle condizioni in cui sono comparse e della loro evoluzione; il morbillo, la rosolia, la varicella e la scarlattina si manifestano con delle violente febbri specifiche.

Spesso, come nel caso del morbillo, la comparsa dell'eruzione segnala che la malattia è guarita.

Esantema critico
VEDI: SESTA MALATTIA

Febbre

Un bambino ha la febbre se la temperatura rettale (presa a riposo) supera i 38 °C. La febbre non è di per sé una malattia, ma segnala che l'organismo reagisce all'aggressione di un virus o di un batterio. La febbre è generalmente provocata da un'infezione, ma il bambino rischia di avere la febbre se viene a trovarsi in un ambiente inadatto (esposizione al sole, atmosfera limitata, abiti troppo caldi, letto troppo coperto).

> **La febbre nei bambini piccoli.** Nel lattante la temperatura può arrivare facilmente a 40 °C. Se in più il vostro bambino diventa pallido, se la sua pelle è a macchie, se le labbra sono bluastre (inizio di cianosi), se mani e piedi sono freddi, se è sonnolento o emette grida lamentose, conviene consultare il medico senza aspettare. Questi cercherà di determinare la causa della febbre e prescriverà una cura appropriata. Nei lattanti e nei bambini di meno di 4 anni, all'infuori dei sintomi descritti qui sopra, la febbre è temuta soprattutto per il rischio delle convulsioni che essa comporta (dal 3 al 5% dei bambini). Appunto per questo la febbre deve essere curata sistematicamente, in modo che la temperatura non superi i 38 °C.

> **Come abbassare la temperatura?** In attesa del medico, svestite il bambino, lasciandolo nudo o vestito solo leggermente. Fatelo bere regolarmente. Verificate che la temperatura della stanza non superi i 20 °C. Fategli un bagno tiepido a una temperatura inferiore di 2 °C alla sua (per esempio a 37 °C se ha 39 °C) e dategli, ogni 6 ore, un antinfiammatorio non steroideo (ibuprofene se il bambino ha più di 6 mesi) o del paracetamolo, e rispettate esattamente le dosi adatte al suo peso.

> **Quando chiamare il medico?** Se, malgrado ciò, la febbre persiste ed è mal tollerata, se appaiono altri sintomi (eruzioni cutanee, disturbi digestivi, irritazione della gola, mal di testa, tosse ecc.) o se siete preoccupati, consultate il vostro medico.

La febbre si considera prolungata se persiste oltre 5 giorni e, in tal caso, deve essere oggetto di sorveglianza e regolare rivalutazione, indipendentemente dalla diagnosi eseguita inizialmente. La misurazione regolare della temperatura e l'andamento della curva termica sono elementi di valutazione e di orientamento indispensabili, particolarmente se confrontati con la risposta al trattamento antifebbrile.

Feci (esame delle)

L'esame delle feci (o coprocoltura) permette di ricercare e di identificare i germi presenti nella materia fecale. È prescritto dal medico in caso di disturbi digestivi atipici, in modo particolare dopo un soggiorno in zona tropicale.

Il tempo che trascorre fra il prelievo delle feci e la loro messa in coltura deve essere il più breve possibile, perché le materie fecali rappresentano un terreno di coltura straordinariamente propizio che può essere fonte di errori di interpretazione. Le feci devono essere portate immediatamente al laboratorio o, meglio, essere prelevate addirittura sul posto. Inoltre, se al bambino è stato somministrato un antibiotico nei giorni o nelle settimane che precedono l'esame, l'equilibrio abituale della flora intestinale è perturbato. Se il bambino ha la diarrea e delle tracce di sangue nelle feci, se ha febbre elevata, la coprocoltura permetterà la ricerca di eventuali batteri e il medico potrà prescrivere allora gli antibiotici adatti.

Malgrado ciò, questo esame presenta qualche limite: non permette di identificare le diarree acute di origine virale, che sono di gran lunga le più frequenti. Nel tubo digerente inoltre sono presenti numerosi batteri e la coprocoltura non evidenzia necessariamente la causa della malattia. Infine, il tempo per avere il responso (3 o 4 giorni) è troppo lungo, perché frattanto la diarrea può essere guarita.

Fenilchetonuria

La fenilchetonuria è una malattia ereditaria che si manifesta, in assenza di trattamento, con un ritardo mentale. Molto rara, colpisce circa un neonato su 15.000.

Un bambino colpito da fenilchetonuria manca di un enzima che trasforma normalmente la fenilalanina (un aminoacido). L'accumulo di fenilalanina non trasformata nell'organismo è tossica e produce un ritardo mentale progressivo, irreversibile e grave.

La fenilchetonuria è rilevata in maniera sistematica al 4° o al 5° giorno dalla nascita. Il tasso di fenilalanina è esaminato a partire da una goccia di sangue, raccolta su una carta-filtro speciale (il sangue è prelevato sul tallone del neonato). Se questo tasso è elevato, il bambino dovrà subire una cura a base di prodotti dietetici o di proteine povere di fenilalanina. Questo regime dovrà essere seguito scrupolosamente durante i primi anni, vale a dire durante il periodo della crescita e della maturazione del cervello.

Queste regole dietetiche permettono di evitare il ritardo mentale che la fenilchetonuria può provocare. Con il tempo l'alimentazione può ritornare normale.

Ferite

Le ferite provocate da una caduta o da un urto possono essere più o meno gravi. Secondo il tipo di vaso colpito, il sanguinamento può essere più o meno abbondante.

Pulite la ferita con dell'acqua saponata, avendo cura di eliminare la terra, la ghiaia o le schegge di vetro, lavandola se serve sotto il rubinetto. In caso di dubbio non esitate a portare il bambino al pronto soccorso, dove la ferita sarà esaminata. Se è interessata un'arteria, il sangue fuoriesce a scatti ed è rosso vivo; comprimendo la ferita si può fermare l'emorragia, ma si deve portare, in ogni modo, il bambino all'ospedale più vicino e nel più breve tempo possibile.

Verificate che la vaccinazione antitetanica del bambino sia valida, altrimenti fate fare il richiamo. In certi casi il vostro medico può prescrivere degli antibiotici.

Se il bambino viene morso da un animale, controllate che questo sia stato vaccinato contro la rabbia. A titolo preventivo il vostro medico prescriverà al vostro bambino un trattamento antibiotico.

VEDI: EMORRAGIA, MORSO

Ferro
VEDI: ANEMIA

Fessura labio-palatina
VEDI: LABBRO LEPORINO

Fimosi

Il prepuzio è la piega della pelle che ricopre il glande. Nel neonato può essere, talvolta, troppo stretto e si può parlare, in questi casi, di fimosi.

Può accadere di frequente che, durante il bagnetto, nel piccolo lattante non si riesca a scoprire completamente il glande, cosa normale nel neonato che non richiede alcun intervento medico, manuale o chirurgico. Soprattutto, non cercate assolutamente mai di scoprire il glande, sforzando il gesto.

La distensione naturale del prepuzio permetterà progressivamente di attenuare la fimosi.

Sul prepuzio potrà formarsi un accumulo di materia biancastra, lo smegma, che corrisponde alla desquamazione delle cellule della mucosa. Le manovre forzate di scopertura rischiano di provocare una parafimosi. In questo caso, il prepuzio ritratto stringe troppo alla base del glande e provoca dei forti dolori, oltre a un gonfiore locale, che rendono difficile, se non impossibile la ricopertura. Se gli antidolorifici non riescono ad alleviare il dolore, l'aderenza persiste o il bambino ha difficoltà a urinare, potrà rendersi necessaria la circoncisione.

Fluoro

Il fluoro è un sale minerale presente in certi alimenti, che, incorporandosi nello smalto dentario, diminuisce il rischio di ulteriore sviluppo della carie.

> Dalla nascita ai 2 anni. Può darsi che il medico vi consigli di dare quotidianamente al bambino del fluoro, sotto forma di fluoruro di sodio. Rispettate scrupolosamente le dosi che vi prescriverà, perché un eccesso di fluoro potrebbe provocare, più avanti, delle tacche bianche sullo smalto (fluorosi).

> Dai 2 anni in su. Al vostro bambino insegnate a lavarsi i denti con un dentifricio al fluoro. Anche se l'efficacia dello spazzolino lascia a desiderare nei primi tempi, questa è un'abitudine che deve acquisire molto presto. L'incorporazione del fluoro nello smalto dentario per contatto diretto (collutori, gomme da masticare addizionate con fluoro) è possibile, ma esige come minimo un'applicazione di un quarto d'ora, per cui l'uso corrente è limitato.

Folgorazione

Il vostro bambino ha preso una scossa elettrica. La folgorazione costituisce la conseguenza di questo incidente. Le bruciature variano a seconda dell'intensità della corrente e della tensione. La corrente può provocare anche dei disturbi del ritmo cardiaco.

Se il bambino ha messo le dita in una presa di corrente e non riesce a estrarle, non lo toccate, perché sareste colpiti, a vostra volta, dalla scossa elettrica, ma staccate immediatamente il contatore. Se ha preso la scossa da un filo elettrico, allontanatelo con un bastone o un oggetto asciutto (in plastica o di legno), perché l'umidità è conduttrice di elettricità. Se il bambino non respira più, praticategli immediatamente la respirazione bocca a bocca e un massaggio cardiaco.

Sappiate infine che gli elettrodomestici (radiatori, telefoni) non devono essere utilizzati nella stanza da bagno. Finché il vostro bambino è piccolo, proteggete le prese elettriche, e, se è in età di comprendere, spiegategli i pericoli dell'elettricità.

Fontanella

Le fontanelle del lattante sono le zone membranose, comprese fra le ossa del cranio, prima della sua ossificazione completa. In un lattante in buona salute sono piane e morbide.

La dimensione delle fontanelle varia da un neonato all'altro. La fontanella anteriore è ben conosciuta dai genitori. Situata sulla parte superiore del cranio, anteriormente alla fronte, ha la forma di una losanga di 2,5 cm di larghezza circa. Morbida ed elastica, lascia sentire le pulsazioni della circolazione quando, con leggerezza, ci si mette sopra una mano. È fragile, ma molto più resistente di quello che sembra. Per questo non abbiate paura quando lavate il vostro bebè. Questa fontanella si chiude a 18 mesi o a 2 anni al più tardi. La fontanella posteriore, nella parte posteriore del cranio, è palpabile alla nascita; più piccola (0,6 cm di diametro), ha forma triangolare e si chiude verso i 2 mesi.

La fontanella anteriore presenta talvolta delle anomalie che dovrebbero mettere in guardia i genitori. La fontanella si tende spesso quando il neonato grida; tuttavia, se la tensione persiste anche quando si calma, e soprattutto se la fontanella diviene bombata, si deve consultare rapidamente il medico. Se, al contrario, la fontanella è un po' infossata rispetto alla curvatura generale del cranio e il bambino presenta dei disturbi (diarrea o turbe digestive) si può sospettare una disidratazione; anche in questo caso si deve consultare il medico senza aspettare.

Quando la fontanella del bambino non si è ancora chiusa all'età di 2 anni, può essere un segno di rachitismo (mancanza di vitamina D).

Foruncoli

Il foruncolo è una pustola rossa, dura e dolorosa, provocata dall'infiammazione della radice di un pelo. Si presenta nei bambini più grandi e negli adolescenti, eccezionalmente nei bambini più piccoli.

I foruncoli appaiono soprattutto sulla schiena, dietro il collo, sui glutei e sul cuoio capelluto. L'infezione che si riscontra è dovuta allo stafilococco aureo.

Il foruncolo si ingrossa, si riempie di pus ed è marcato da un punto bianco centrale. Poco a poco la pelle, divenuta sottile, si rammollisce e lascia colare il pus. Fate attenzione, perché un foruncolo male curato lascia spesso una cicatrice antiestetica. Nell'attesa del medico si deve applicare sul foruncolo una garza sterile, imbibita di soluzione antisettica e trattenuta da un cerotto.

VEDI: BATTERI

Fototerapia

La fototerapia permette di attenuare l'intensità dell'ittero del neonato, irradiando su di lui raggi di luce bianca, blu o verde di lunghezza d'onda ben definita.

La luce utilizzata in fototerapia esercita un'azione chimica sulla molecola della bilirubina presente sulla pelle. L'energia apportata da questo irraggiamento luminoso modifica la struttura della molecola e, rendendola solubile in acqua, ne permette l'eliminazione per via urinaria. Man mano che procede l'esposizione, viene misurata l'efficacia del trattamento, valutando il tasso sanguigno di bilirubina.

Secondo l'origine della malattia, a questa terapia possono essere associate altre cure. Il bambino sopporta generalmente bene la fototerapia, che però necessita di una sorveglianza regolare, perché l'esposizione dura molto tempo e le zone esposte devono essere variate con regolarità.

Il neonato viene messo spesso in incubatrice, in modo da tenere costante la sua temperatura. È necessario proteggere gli occhi del bambino dai raggi ultravioletti con una maschera opaca, che però può innervosirlo dopo un certo tempo di esposizione.

VEDI: ITTERO DEL NEONATO, ITTERIZIA

Frattura

Una frattura è la rottura di un osso, provocata generalmente da un urto improvviso (caduta, incidente). Normalmente una caduta poco seria non comporta una frattura in un bambino, poiché le sue ossa in crescita sono contemporaneamente più elastiche e resistenti e meno fragili di quelle di un adulto.

Se, dopo la caduta, il vostro bambino lamenta un forte dolore a un arto (polso, tibia, caviglia) non obbligatelo a muoversi. Se ha molto male, rassicuratelo e cercate di dominare la vostra preoccupazione. Osservate il punto doloroso. Ha un ematoma (versamento di sangue sotto la pelle che provoca un rigonfiamento)? L'arto è deformato? La pelle è escoriata? Se il bambino presenta uno di questi segni, chiamate immediatamente il medico, l'ospedale più vicino o il pronto soccorso e attenetevi alle indicazioni che vi saranno date.

Nell'attesa del soccorso, non date cibo o bevande al bambino. Nel caso si renda necessario un intervento chirurgico, il bambino deve avere lo stomaco vuoto. Una radiografia confermerà o meno la frattura. Esistono diversi tipi di fratture.

> **Frattura chiusa.** Le parti dell'osso spezzato hanno lasciato la pelle intatta.

> **Frattura esposta.** Una o entrambe le parti dell'osso spezzato hanno attraversato la pelle, lasciando la lesione all'aria libera (rischio di infezione).

> **Frattura scomposta.** Le due parti dell'osso si sono allontanate l'una dall'altra al momento dell'incidente o poco dopo.

> **Frattura "del legno verde".** Il vostro bambino zoppica dopo una caduta. L'osso può non essersi rotto sotto l'effetto del trauma, ma è stato mantenuto dalla guaina molto solida del periostio, che è l'involucro che circonda l'osso.

In tutti i casi, il trattamento ortopedico (ingessatura) oppure chirurgico (intervento) saranno discussi in funzione del tipo di frattura. Il bambino ingessato rimarrà immobilizzato per 2 o 3 settimane; d'altro lato la rieducazione avverrà spontaneamente.

Frenulo della lingua

VEDI: LINGUA (FRENULO DELLA)

Gas intestinali

I gas intestinali sono dovuti alla fermentazione degli alimenti non digeriti completamente e si producono nell'intestino crasso, in modo del tutto normale.

> **Nei lattanti.** Il vostro bambino emette del gas, piange e si irrigidisce. Se non riscontrate nessun'altra anomalia (le feci sono normali e il peso aumenta regolarmente), questi piccoli disturbi non dovrebbero inquietarvi oltremisura.

Osservate le sue reazioni digestive e, per la sua alimentazione, attenetevi al consiglio del vostro medico; non dategli troppi farinacei, amidi e zuccheri, che provocano un'eccessiva fermentazione. Il gas intestinale sparirà senza altri trattamenti.

> **Nei bambini di 2 anni e oltre.** Se il vostro bambino è più grande, il gas intestinale può essere dovuto alla stitichezza. Le feci rimangono a lungo nell'intestino e fermentano. Il gas scomparirà curando la stitichezza. Date al bambino più legumi e più frutta. Fatelo bere a sufficienza. Quando va a scuola, verificate che non si trattenga con il pretesto che ha paura di andare in bagno. Se la stitichezza persiste, parlatene al vostro medico.

VEDI: COLON IRRITABILE, VENTRE (MAL DI)

Gastroenterite

La gastroenterite è un'infiammazione dello stomaco e dell'intestino, provocata molto spesso da un'infezione virale. Essa provoca dei disturbi digestivi improvvisi, talvolta violenti, e raramente dura più di 2 o 3 giorni. Non è un'affezione grave, a condizione di prevenire tutti i rischi di disidratazione.

Se il lattante ha una diarrea associata ad altri disturbi digestivi (perdita dell'appetito, nausee, vomito), il medico diagnosticherà probabilmente una gastroenterite.

Questa malattia è provocata spesso da un virus, talvolta da un batterio, che infetta il tubo digerente e ha poche conseguenze infettive generali. Talvolta è dovuto invece a una salmonella o a un colibatterio che rischia di disseminare l'infezione nell'organismo; diventa quindi necessario un trattamento antibiotico.

In certi casi, nei lattanti di meno di 12 mesi, si può sospettare un'intolleranza al latte di mucca.

Continuate ad alimentare il vostro bambino, ma soprattutto idratatelo, dandogli delle soluzioni sale-zucchero (vendute in farmacia). Queste gli apporteranno l'acqua e i sali minerali di cui ha bisogno per equilibrare le sue perdite digestive.

Una volta iniziato lo svezzamento, verso l'età di 5-6 mesi, gli potrete dare della mela grattugiata, della banana schiacciata, della farina di riso o del riso, della marmellata o della gelatina di mela cotogna. In generale i sintomi della gastroenterite non durano più di 2 o 3 giorni.

Se il vostro bambino non tollera più nessun liquido o alimento, chiamate il medico, che valuterà la situazione.

Si rende talvolta necessario un ricovero ospedaliero, per tenere il bambino sotto controllo ed eventualmente reidratarlo mediante perfusione endovenosa (quando le perdite di acqua e sali minerali provocate dal vomito e dalla diarrea sono troppo rilevanti). Potrà rivelarsi necessaria l'analisi delle feci (coprocoltura) per precisare l'origine della gastroenterite e adattare la cura.

Geloni

I geloni sono lesioni dovute al freddo, che colpiscono in generale le parti estreme del corpo (dita della mano, dita dei piedi), le labbra, il naso o le orecchie.

All'inizio la zona interessata si arrossa, poi si gonfia e diviene infine dolorosa. Nei casi gravi di geloni, si può formare una bolla, simile a quella originata da una bruciatura, con screpolature e fessure. La scomparsa della sensibilità, e quindi del dolore, è un elemento grave che indica che i geloni sono profondi.

I geloni guariscono generalmente applicando una pomata protettiva e cicatrizzante. I geloni non sono visibili, se non dopo essersi formati. I geloni devono essere oggetto di prevenzione in inverno, soprattutto in alta quota durante il periodo degli sport invernali.

Vestite il vostro bambino con abiti molto caldi ed evitate di trasportarlo sulle spalle per molto tempo o nel passeggino, perché, senza attività fisica, la temperatura del corpo si abbassa molto velocemente.

Genetica

La genetica è la branca della biologia che studia i geni e i cromosomi.

Le tecniche di manipolazione dei geni e dei cromosomi hanno permesso di elaborare talune applicazioni mediche.

> **Ormoni di sintesi.** Una delle applicazioni mediche che hanno fatto progredire la tecnica genetica è la produzione di ormoni umani (insulina, in passato di origine animale, destinata ai diabetici; ormone della crescita utilizzato per curare certi ritardi della crescita) e delle proteine mancanti, utili in certe malattie, per esempio il fattore VIII somministrato agli emofilici.

VEDI: CARIOTIPO

Ginocchia (che si toccano)

La deformazione provocata dalle ginocchia che si toccano si chiama in gergo medico "genu valgum". Familiarmente si parla di ginocchia a X. Questa deformazione interviene nel bambino fra i 2 e i 5 anni e scompare spesso spontaneamente.

Le ginocchia del bambino si toccano e le gambe sono deviate all'esterno. Non riesce a tenere i piedi uniti. Questa deformazione non proviene dalle ossa o dalle articolazioni, ma è provocata da un eccesso di flessibilità dei muscoli e dei legamenti. Molto semplicemente è il peso del corpo che obbliga il bambino a tenere così le ginocchia.

Se il bambino si sviluppa normalmente, non è il caso di preoccuparsi. Nel corso della crescita, le ginocchia riacquisteranno una posizione normale. Il medico dovrà solo sorvegliare lo sviluppo e il comportamento della colonna vertebrale, del bacino, dei piedi e della volta plantare. Incoraggiate il bambino ad andare in triciclo o in bicicletta allo scopo di aiutare il normale sviluppo dei muscoli delle gambe.

> **Eccesso di peso.** Se, d'altro lato, il bambino è obeso, il peso del suo corpo è eccessivo per le sue gambe. Con il vostro medico cercate di individuare l'origine di questa obesità e di adattare l'alimentazione in conseguenza.

Glutine

Il glutine è una proteina di origine vegetale contenuta nel grano, ma anche in altri cereali come l'orzo, la segale e l'avena, oggi di raro consumo. Il riso, la soia e il mais non contengono glutine.

Il glutine può provocare una reazione di intolleranza che è caratterizzata da una diarrea cronica. Questa intolleranza, chiamata "malattia celiaca" porta con sé carenze di vitamine e di calorie.

Il rischio di intolleranza al glutine è tanto maggiore quanto più precoce è l'introduzione del glutine nell'alimentazione; per questo non va dato al lattante prima dei 6 mesi (le farine per la prima età sono senza glutine).

Per confermare l'intolleranza al glutine, il medico farà eseguire una biopsia dell'intestino tenue (prelievo di un campione di tessuto intestinale). In caso di intolleranza riconosciuta al glutine, prescriverà al bambino un regime che escluda il glutine, ma che possa comprendere altri tipi di cereali (mais, riso, soia).

Graffio del gatto (malattia del)
VEDI: ANIMALI DOMESTICI

Gruppi sanguigni

I gruppi sanguigni permettono di classificare gli individui in funzione degli antigeni presenti nei globuli rossi e degli anticorpi naturali nel plasma. La conoscenza dei gruppi sanguigni è indispensabile alla trasfusione del sangue e al trapianto di organi.

> **Gruppo ABO.** Esistono vari gruppi sanguigni, ma il più importante per la trasfusione del sangue è il gruppo ABO, nel quale si distinguono 4 sottogruppi.

> **Fattore Rhesus (Rh).** È indipendente dal gruppo, ma è un fattore molto importante da conoscere, perché può essere fonte di incidenti trasfusionali o di incompatibilità sanguigna fra il bambino e la madre che lo porta (si parla di incompatibilità feto-materna). La trasmissione dei gruppi sanguigni segue le leggi della genetica.

> **Gruppo O.** I globuli rossi sono sprovvisti di antigeni A e B. Il plasma contiene gli anticorpi anti-A e anti-B, detti naturali (44% della popolazione).

> **Gruppo A.** I globuli rossi sono portatori dell'antigene A e il plasma contiene l'anticorpo anti-B naturale (44% della popolazione).

> **Gruppo B.** I globuli rossi sono portatori dell'antigene B e il plasma contiene l'anticorpo anti-A naturale (9% della popolazione).

> **Gruppo AB.** I globuli rossi sono portatori degli antigeni A e B, ma il plasma è sprovvisto degli anticorpi anti-A e anti-B (3% della popolazione).

> **Trasfusione di sangue.** I gruppi sanguigni sono controllati sempre prima della trasfusione, che deve essere fatta in concordanza fra gruppo e fattore Rh del donatore e del ricevente. Per questa ragione è necessario che il gruppo del vostro bambino sia determinato prima di un intervento chirurgico o in caso di incidente. Se è del gruppo AB, può essere trasfuso con sangue di qualsiasi altro gruppo sanguigno (A, B, AB oppure 0).

Le persone del gruppo 0 sono chiamate "donatori universali", perché il loro sangue può essere trasfuso a qualsiasi altra persona, a prescindere dal suo gruppo.

Guthrie (test di)
VEDI: FENILCHETONURIA

Handicap
L'handicap è una menomazione fisica o mentale che può disturbare il bambino nella vita a diversi livelli.

La nascita di un bambino diversamente abile o la scoperta, più tardi, in seguito una malattia, di un difetto motorio o mentale che gli impedisce di condurre una vita normale, è sempre una prova difficile da superare.

I progressi della medicina permettono di sconfiggere un certo numero di malattie, talvolta prima che esse si manifestino, ma non sono di alcuna utilità se non c'è il miglior inserimento di questi bambini, che necessitano spesso di cure particolari, specialmente quando si richiede una rieducazione motoria di lunga durata.

Esistono numerose associazioni e istituzioni che aiutano i genitori dei bambini handicappati e mettono a loro disposizione delle équipe specializzate.

L'inserimento di un bambino disabile nelle strutture scolastiche deve essere deciso in funzione delle sue possibilità di apprendimento e di adattamento alla vita in collettività. Si può fare ricorso a unità specializzate, che talvolta accolgono i bambini in scuole interne (istituti medico-pedagogici) o più spesso come allievi esterni. Se questa soluzione, nel corso dell'infanzia, può essere considerata come relativamente soddisfacente, l'inserimento sociale e professionale dell'adulto diversamente abile è ancora molto difficile in Italia e rimane un problema attualmente non risolto.

Herpes labiale
L'herpes labiale si manifesta con l'eruzione attorno alle labbra di piccole vescicole, simili a gocce d'acqua. Questa malattia contagiosa è dovuta al virus dell'herpes.

In un primo tempo il bambino presenta dei puntini rossastri a forma di grappolo che appaiano attorno alle labbra per poi trasformarsi in vescicole simili a teste di spillo. Il bambino ha una sensazione di prurito. Può essere colpito l'interno della bocca (faccia interna delle guance, lingua, palato). Si parla allora di stomatite erpetica. In questo caso la febbre è elevata (39-40 °C). Il bambino prova male a deglutire e a mangiare.

L'herpes labiale è dovuto al virus Herpes simplex di tipo 1. Questo virus molto contagioso può essere all'origine di complicazioni locali (sovrainfezioni batteriche, infiammazione dei linfonodi) e soprattutto può propagarsi agli occhi. Per questa ragione occorre consultare il medico senza aspettare. Questi prescriverà un trattamento locale ed eventualmente dei farmaci antivirali.

Anche dopo la sparizione dei puntini, il virus si riattiva di quando in quando, causando la "febbre delle labbra" non grave e localizzata nella stessa zona, vicino alle labbra. Ricompare da focolai, in occasione di un'infezione, febbre, affaticamento, esposizione solare o al momento delle mestruazioni nelle ragazze giovani. I trattamenti locali (antisettici o antivirali) diminuiscono l'intensità del focolaio, ma non impediscono al virus di ripresentarsi.

VEDI: AFTE

Herpes zoster
L'herpes zoster è un'affezione virale dolorosa, che si manifesta con delle vescicole sulla pelle, localizzate sul tragitto dei nervi sensori.

Un bambino che abbia già avuto la varicella, può contrarre l'herpes zoster poco tempo dopo. In effetti, quando si contrae la varicella, il virus non viene eliminato definitivamente e rimane nei gangli nervosi. Durante una diminuzione transitoria dell'immunità (infezione virale o terapia di lunga durata), il virus può provocare un'eruzione cutanea localizzata.

L'eruzione, preceduta talvolta da una sensazione di scottatura o di bruciatura, inizia d'abitudine con un arrossamento (eritema), seguito dalla comparsa di vescicole, che si trasformano rapidamente in croste, come nel corso della varicella. Per attivare la guarigione è sufficiente un'applicazione locale di antisettico. Uno sciroppo antistaminico attenua il prurito. Se l'herpes zoster si localizza sul viso (herpes zoster oftalmico) o se il bambino è particolarmente debilitato, il medico prescriverà un trattamento antivirale specifico, il più presto possibile. Le persone immunodeficienti devono evitare di stare in contatto con bambini affetti da varicella. A loro possono essere somministrati degli anticorpi specifici (immunoglobuline) associati a un trattamento antivirale.

HIV
L'HIV, virus dell'immunodeficienza umana, responsabile dell'AIDS, fa parte di un gruppo particolare di virus denominato "retrovirus". Questo virus è capace di convertire la molecola di RNA, sulla quale è iscritto il suo materiale genetico, in molecola di DNA, che può integrarsi così nel genoma umano.

Il virus HIV 1 e HVI 2, sono trasmessi per via sessuale e/o ematica.

Il HIV penetra in certi globuli bianchi (linfociti), provocando un deficit immunitario caratteristico dell'AIDS. Malgrado i progressi terapeutici, la prevenzione resta essenziale (utilizzo di preservativi), in quanto oggi non ci sono terapie efficaci che permettano di eliminare il virus da un organismo contaminato.

VEDI: AIDS

HLA (Antigeni o sistema)
Gli antigeni HLA (Human Leukocyte Antigen) sono delle proteine presenti naturalmente nei tessuti che partecipano alla difesa dell'organismo contro l'infezione. È necessario conoscere la loro categoria (A,

B, C o D) in caso di trapianto di organi o di trasfusione di globuli bianchi.

Chiamati anche "antigeni di istocompatibilità", gli antigeni HLA sono presenti in tutte le cellule dell'organismo e si acquisiscono in modo ereditario. Esistono differenti gruppi HLA in circa 150 milioni di combinazioni che donano a ciascun individuo la sua specificità. I 4 gruppi principali (antigeni A, B, C o D) sono indipendenti dai gruppi sanguigni A, B, o.

Questi antigeni HLA riconoscono e mantengono la nostra "personalità" biologica o immunologica contro le aggressioni esterne (infettive, chimiche) o interne (mutazioni). Gli antigeni HLA sono indispensabili al funzionamento di certi linfociti T (globuli bianchi), perché permettono a questi ultimi di riconoscere e di distruggere tutte le cellule anomale.

> **Trapianto di organi.** Quando un organo viene trapiantato da una persona a un'altra, gli antigeni HLA del donatore sono generalmente riconosciuti come estranei e sono attaccati dal sistema immunitario del ricevente, provocando il rigetto. Tuttavia, se è possibile trovare un donatore i cui gruppi HLA siano molto prossimi a quelli del ricevente (spesso un parente o, meglio, un gemello identico), il rischio di rigetto del trapianto si riduce al minimo.

> **Trasfusione di piastrine o di globuli bianchi.** Gli antigeni HLA possono essere talvolta all'origine di incidenti di immunizzazione nel corso di queste trasfusioni.

> **Predisposizione genetica a determinate malattie.** Certi gruppi HLA sembra abbiano un ruolo nella predisposizione a determinate malattie (la sclerosi a placche, per esempio, è associata al gruppo HLA-A3). Questo potrà spiegare il carattere ereditario di dette malattie.

Idrocefalo

L'idrocefalo è un eccesso di liquido cefalo-rachidiano all'interno della scatola cranica.

In genere, nei neonati l'idrocefalo si sviluppa progressivamente. L'aumento della pressione all'interno del cranio ne provoca l'aumento di volume (per rilevare tutti gli aumenti anomali i medici misurano regolarmente la circonferenza cranica dei bambini.)

Nei bambini più grandi, le fontanelle sono chiuse e le suture sono saldate; il volume del cranio non può più aumentare. L'idrocefalo provoca allora disturbi neurologici che rivelano una sovrappressione all'interno della scatola cranica. Il bambino può presentare dei disturbi di coscienza inesplicabili (sonnolenza, torpore o agitazione inconsueta) o dei mali di testa che si presentano alla fine della notte o al risveglio; il bambino non riesce a guardare verso l'alto o improvvisamente vede meno bene. A questi diversi disturbi è spesso associato il vomito.

Di fronte a questi sintomi, si deve chiamare urgentemente il medico, che esaminerà il bambino in modo approfondito e richiederà degli esami complementari (ecografia, TAC, IRM), stabiliti in funzione dell'età e della malattia che si sospetta essere all'origine di questo idrocefalo.

Idrocele

L'idrocele è un travaso di liquido attorno al testicolo.

L'idrocele può comparire nei neonati, come pure nel bambino più grande. Si manifesta con un aumento di volume, spesso improvviso, di una o di entrambe le borse scrotali, ma non comporta né dolore né febbre. L'idrocele è talvolta provocato da un'irritazione locale o da un piccolo trauma; è qualche volta in comunicazione con il basso ventre (cavità peritoneale), tramite il canale che ha permesso la discesa dei testicoli nello scroto durante la vita intrauterina; in questo caso è spesso associato a un'ernia inguinale.

Se il vostro bambino presenta una borsa voluminosa o entrambe, consultate rapidamente il medico. Questi si assicurerà che non si tratti di una torsione del testicolo o di altra malattia che necessiti un intervento medico immediato.

Molto spesso l'idrocele sparisce spontaneamente e all'improvviso come era apparso. Se persiste, o il suo volume è eccessivo, talvolta deve essere operato; l'intervento è molto banale.

Se il travaso di liquido è localizzato e appare come una piccola bolla che sormonta il testicolo (cisti del funicolo), l'idrocele molto spesso deve essere operato, perché è doloroso e rischia di provocare una torsione del testicolo.

Immunità

VEDI: DEFICIT IMMUNITARIO

Impetigine

L'impetigine è un'infezione della pelle banale ma contagiosa. È provocata da un batterio, di solito uno stafilococco aureo o uno streptococco.

Sulla bocca, attorno al naso, sul cuoio capelluto, la pelle del bambino si arrossa e si ricopre di piccole macchioline che si rompono e lasciano colare un pus giallastro. Talvolta si tratta di piccole bolle che assomigliano a quelle di una bruciatura. Si formano delle croste, che provocano delle cicatrici arrotondate un po' più chiare.

L'impetigine provoca prurito. Il bambino, grattandosi, può propagare l'infezione ad altre zone del corpo o trasmetterle ad altri bambini. Per questa ragione non può andare a scuola finché l'impetigine non sia guarita.

Oltre a 4 o 5 lesioni, l'impetigine provoca una disseminazione che giustifica la prescrizione di una terapia antibiotica per via generale, oltre al trattamento locale. Lavate la pelle del bambino con un antisettico schiumogeno diluito, al fine di eliminare le croste rammollite dalla pomata. Per evitare il contagio, non mescolate i suoi asciugamani da bagno o da tavola con quelli di altri membri della famiglia e lavateli in acqua bollente. L'impetigine non comporta complicazioni. In casi molto rari lo streptococco può provocare dei problemi renali o dei disturbi cardiaci.

VEDI: CAPELLI (CADUTA DEI)

Incidenti domestici

Esplorando il suo ambiente, il bambino può essere esposto ad alcune situazioni o entrare in contatto con prodotti di cui non percepisce il pericolo. Delle semplici misure di prevenzione possono limitare il verificarsi di incidenti domestici.

Non lasciate mai il vostro bambino solo o senza sorveglianza, anche quando ha acquisito una certa autonomia (cammina a quattro zampe), perché il suo ambiente cela molti pericoli (porta del forno calda, fili elettrici in cattivo stato o prese di corrente non protette, scale accessibili, prodotti di pulizia o farmaceutici alla sua portata, cesto della spesa alla rinfusa…). L'armadietto farmaceutico dovrà essere chiuso a chiave, i prodotti per la pulizia della casa dovranno essere sistemati in armadi con adeguata chiusura o in mobili non accessibili. I prodotti potenzialmente dannosi (detersivi, lavastoviglie liquido, prodotti petroliferi, candeggina, soda caustica) non devono essere mai travasati in bottiglie o bottigliette di uso alimentare.

Se il vostro bambino ha bevuto un prodotto tossico, non cercate di farlo vomitare, perché il secondo passaggio del prodotto nell'esofago può irritare ancora di più, mentre lo stomaco resiste meglio questo a tipo di aggressione. In assenza di un consiglio, non fateglio deglutire un presunto antidoto, il latte, per esempio, che è inutile e addirittura pericoloso. Chiamate un centro antiveleni, il pronto soccorso o il medico, per ricevere un consiglio appropriato. Tenete sempre, accanto al telefono, i numeri telefonici di emergenza.

Incubazione di una malattia

L'incubazione di una malattia corrisponde al tempo che passa fra la penetrazione nell'organismo del virus, dei batteri o dei parassiti e l'inizio dei sintomi.

Il periodo di incubazione varia da qualche ora a qualche giorno, particolarmente per l'attacco alle vie respiratorie, a qualche settimana o addirittura a più mesi per certe malattie.

Durante questo periodo risulta impossibile sapere se il bambino è contagiato o meno, perché non appare nessun segno particolare. Tuttavia se vostro figlio ha frequentato un bambino portatore di una malattia infettiva e se temete che sia stato contagiato, in certi casi (morbillo, pertosse) potete tentare di bloccare la malattia facendolo vaccinare il più presto possibile.

Incubi

Il bambino che ha un incubo si sveglia la notte. Angosciato dalle immagini del sogno, non sa più se esse corrispondono o meno alla realtà. Il vostro bambino ha bisogno allora di essere ascoltato, consolato, rassicurato.

I sogni paurosi e agitati, che turbano il sonno del vostro bambino, possono sembrare impressionanti, ma questi incubi non devono farvi inquietare oltremisura: essi fanno parte del suo sviluppo psichico e sono molto frequenti nei bambini da 3 a 5 anni. Essi consentono al bambino di liberarsi dalle tensioni e dai conflitti che vive: difficoltà a scuola o all'interno della famiglia, controversie inevitabili con i fratelli e le sorelle o con i compagni di gioco, trasloco, lontananza di un genitore, immagini violente viste alla televisione… Quando il bambino ha un incubo, rassicuratelo, parlategli con calma. Si riaddormenterà rapidamente. E durante il giorno, se lo si desidera, lasciateli raccontare questo sogno che lo ha tanto spaventato. Se questi incubi si ripetono, evitate i calmanti che non risolvono certo queste difficoltà. Domandate consiglio al vostro medico, che indirizzerà eventualmente il vostro bambino a uno psicologo.

VEDI: TERRORE NOTTURNO

Infezione urinaria

L'infezione urinaria colpisce la vescica, l'uretra e i reni, che costituiscono l'apparato urinario.

> **Nel lattante.** L'infezione urinaria si può manifestare con una mancanza di appetito (anoressia), diarrea, vomito o febbre senza causa apparente. Consultate il medico che esaminerà il bambino e, in caso di dubbio, farà eseguire un'analisi (esame citobatteriologico delle urine) allo scopo di determinare il germe in causa.

In tutti i casi, il medico richiederà un'ecografia renale ed eventualmente una radiografia delle vie urinarie (cistografia retrograda) allo scopo di ricercare una malformazione o le cause di un cattivo funzionamento. Questi esami possono rivelare un'anomalia, per esempio un reflusso vescico-ureterale, che fa risalire l'urina controcorrente dalla vescica verso i reni. In funzione di questo bilancio, possono essere proposti diversi trattamenti: intervento chirurgico, terapia antibiotica di lunga durata oppure semplice controllo medico.

> **Nel bambino.** Nel bambino più grande, l'infezione urinaria si manifesta con dolore, quando fa pipì, o con urina torbida, talvolta tinta di sangue. L'analisi delle urine, prescritta dal vostro medico, permetterà di identificare il batterio responsabile dell'infezione. Il medico prescriverà degli antibiotici e la terapia sarà fatta per via orale o per via endovenosa, in funzione dell'età del bambino e della gravità dell'infezione.

Influenza

L'influenza è una malattia contagiosa, provocata da un virus. Si verifica soprattutto in inverno.

I sintomi dell'influenza sono i seguenti: il bambino è stanco, ha la febbre e ha dei brividi. Ha la schiena e gli arti indolenziti. Soffre di mal di testa. La gola è secca e gli fa male (sintomi di faringite). Tossisce di tanto in tanto. Può avere anche nausea, vomitare o avere diarrea. La febbre ha spesso un andamento caratteristico, con punte attorno ai 40 °C, che intervengono a 24 o 48 ore di intervallo. Consultate il vostro medico, che constaterà l'assenza di altre patologie o si assicurerà che questa sintomatologia non presenti altre complicazioni. Una volta accertata l'influenza, prescriverà una cura per combattere la febbre e, eventualmente, i disturbi digestivi. Le cure raccomandate sono le seguenti: il bambino deve riposare e bere spesso (acqua, succo di frutta fresca, infusi caldi).

Esiste un vaccino antinfluenzale da ripetere ogni anno, in base alle mutazioni del virus. Questa vaccinazione non è consigliata che a bambini deboli, colpiti, per esempio da malformazione cardiaca o da malattia polmonare (mucoviscidosi), come pure a bambini nati prematuri. Anche chi è spesso soggetto a bronchiti o rinofaringiti può farsi vaccinare.

L'influenza è trasmessa da persone già colpite dal virus che, tossendo o starnutendo, le propagano attorno a sé. Quindi se un vostro familiare è influenzato, fate attenzione. In particolare non fatelo avvicinare a un neonato.

Insolazione

L'insolazione è provocata da un'esposizione al sole troppo prolungata.

La testa del bambino è più grossa, in proporzione, di quella dell'adulto. La superficie esposta al sole è quindi più influente. Quando gioca al sole, pensate a proteggergli sempre la testa con un cappello, la pelle con una protezione totale e preferite spazi ombreggiati e aerati; dategli da bere regolarmente per evitare la disidratazione.

I sintomi di insolazione sono il mal di testa, la nausea, il vomito e la febbre. Appaiono generalmente alla fine del pomeriggio o all'inizio della sera, dopo che il bambino ha trascorso qualche ora in pieno sole. In presenza di questi sintomi, consultate un medico.

Intervento chirurgico

In certe situazioni può risultare necessario un intervento chirurgico, programmato o eseguito d'urgenza.

È necessario stabilire un clima di confidenza fra l'equipe medica e voi stessi, in modo che il vostro bambino si senta rassicurato. Spiegategli le ragioni dell'operazione. Descrivetegli i comportamenti da tenere con parole semplici e senza spaventarlo.

Lasciategli i suoi oggetti familiari (il peluche o il pupazzo preferito che ama avere sempre con sé, se è ancora piccolo) e restategli vicino il più possibile. Molti ospedali sono attrezzati per ospitare uno dei due genitori, nella stessa camera del bimbo ricoverato.

Certe operazioni, come il drenaggio di un ascesso, o una piccola sutura a seguito di una ferita o di una lesione, possono essere effettuate in modo molto semplice e rapido sotto anestesia locale o regionale.

Certe operazioni correnti possono essere fatte in trattamento ambulatoriale o con un ricovero molto breve. Per esempio, l'apertura dell'addome (laparotomia) può ridursi ad alcune zone di puntura, grazie alla celioscopia. Altre operazioni richiedono un'anestesia generale, la cui durata, variabile, può essere di più ore.

Invaginazione intestinale

L'invaginazione dell'intestino corrisponde allo scivolamento di una parte dell'intestino su se stesso, provocando un'irritazione o un'infiammazione locale. Si presenta più spesso nei bambini con meno di 3 anni e può provocare un'occlusione intestinale.

I sintomi che devono mettervi in guardia sono improvvisi: il bambino si lamenta di soffrire di mal di pancia, impallidisce, si mette a piangere in modo esagerato (nei neonati un grido stridulo) o appare inquieto; vomita e si rifiuta di mangiare. Senza aspettare, consultate il vostro medico, che eseguirà un esame clinico e un'ecografia dell'addome per diagnosticare, o meno ovviamente, un'invaginazione intestinale.

Nella maggior parte dei casi l'invaginazione si localizza fra l'intestino tenue e il colon. Se si prolunga, o la diagnosi viene realizzata troppo tardi, l'invaginazione può provocare un'ischemia (arresto della circolazione sanguigna) del tubo digerente e un sanguinamento della parete intestinale, lasciando delle tracce nelle feci.

A seconda dell'evoluzione dell'invaginazione, il medico eseguirà un lavaggio terapeutico con bario e aria sotto pressione, in modo da riposizionare dolcemente la porzione interessata dell'intestino. In caso di insuccesso è necessario l'intervento chirurgico.

Iperattività
VEDI: AGITAZIONE

Ipertermia maligna
VEDI: TEMPERATURA (VARIAZIONI DELLA)

Ipertonia vagale

L'eccesso di attività (ipertonia) del nervo vago (nervo pneumogastrico) può provocare diversi disturbi, la cui gravità dipende dall'età del bambino e si manifesta in diverse maniere.

Nei lattanti di meno di un anno l'ipertonia vagale si manifesta prevalentemente con degli accessi isolati di pallore e un rallentamento della frequenza cardiaca. A questa età sembra provochi diverse malattie gravi. Per questa ragione, se il vostro bambino presenta i sintomi descritti sopra, dovete consultare il vostro medico; per precisare la sua diagnosi, questi richiederà spesso un'osservazione in ambito ospedaliero, per indagare sull'instabilità del ritmo cardiaco.

Nei bambini piccoli l'ipertonia vagale si manifesta con un arresto della respirazione, che interviene in occasione di pianti violenti, provocati da una caduta, da uno shock o da una contrarietà. Questo spasmo da singhiozzo, più impressionante che grave, può provocare un arresto respiratorio (apnea) con cianosi (colorazione blu della pelle), o perdita di coscienza. Questi segni scompaiono spontaneamente.

Le manifestazioni di ipertonia vagale possono essere scatenate anche dal vomito (reflusso gastroesofageo del neonato), da dolori addominali dovuti a sforzi al momento in cui il bambino urina o espelle le feci, talvolta per il semplice fatto di bere dal biberon. In un quarto dei casi esistono precedenti familiari.

Se il medico diagnostica un'ipertonia vagale nel neonato di meno di un anno, potrà prescrivergli una cura medica. Oltre il primo anno non è necessaria nessuna cura; tuttavia devono essere proibite certe attività sportive come l'immersione in apnea.

Ipospadia

Nei maschi, l'ipospadia è una malformazione del meato (orifizio) urinario, che si trova sotto il glande o sulla faccia posteriore del pene e non sulla sommità stessa del glande.

L'ipospadia colpisce approssimativamente 1 maschio su 550 e viene rilevata alla nascita. Per correggerla, è necessario un intervento chirurgico da effettuarsi nel corso del 2° anno di vita e che dà dei risultati del tutto soddisfacenti.

Ipotermia
VEDI: TEMPERATURA (VARIAZIONE DELLA)

IRM

L'imaging a risonanza magnetica definisce un metodo diagnostico radiologico che utilizza la risonanza del nucleo delle molecole tramite un doppio campo magnetico di grande potenza. I segnali così ottenuti sono trasformati in immagini di sintesi.

› Vantaggi. L'IRM fornisce informazioni più precise della TAC per certi organi. Le immagini sono più contrastate (tessuti normali e anomali) e si ottengono informazioni supplementari con la ricostruzione 3D dei dati numerici registrati. Queste informazioni sono particolarmente preziose per lo studio del cervello, del cuore e delle articolazioni.

Un bambino può essere sottoposto a questi esami più volte senza rischio, perché i suoi organi non ne vengono colpiti.

› Inconvenienti. Il costo dell'IRM è elevato e il bambino deve rimanere disteso e immobile per un quarto d'ora circa, cosa piuttosto difficile per i bambini piccoli e per i neonati. In questi casi può essere effettuata un'anestesia generale.

Irritazione delle natiche
VEDI: ERITEMA DA PANNOLINO

Itterizia
Nel bambino, la colorazione gialla (o ittero) della pelle e delle mucose può essere dovuta a un cattivo funzionamento del fegato (ritenzione di bile) come, per esempio, nel corso di un'epatite virale.

Per valutare la gravità dell'ittero, il medico vi farà domande precise circa i sintomi associati. Le feci del bambino sono decolorate? Ha febbre, mal di pancia, ha prurito? L'esame del sangue, delle urine come pure l'ecografia del fegato, in certi casi, daranno le informazioni necessarie al medico per permettere una diagnosi e prescrivere una cura specifica.

Più raramente l'ittero è l'espressione di una distruzione violenta dei globuli rossi, o emolisi, ed è accompagnata dai disturbi tipici dell'anemia (pallore, affaticamento, ritmo cardiaco e respiratorio accelerati). In questi casi portate il bambino all'ospedale.

Itterizia del neonato
VEDI: ITTERO DEL NEONATO

Ittero del neonato
Nei giorni seguenti la nascita, la pelle o il bianco degli occhi del neonato possono assumere una colorazione gialla o arancio. Questo ingiallimento è chiamato ittero.

Più spesso si tratta di un ittero semplice, transitorio senza gravità. L'ittero del neonato può però indicare un'incompatibilità sanguigna fra il feto e la madre o rivelare un problema più generale. L'esame del bambino e l'esame del sangue permettono di determinarne le cause.

> **Ittero semplice.** Più spesso l'ittero è isolato, senza febbre né disturbi digestivi. Le feci sono di colore normale. L'esame del bambino non rivela alcuna anomalia. Questo ittero semplice del neonato si produce di frequente nei prematuri.

È l'aumento del tasso di bilirubina nel sangue, che provoca questo colore aranciato della pelle. La bilirubina è un pigmento che proviene dalla degradazione normale dell'emoglobina, proteina essenziale che trasporta l'ossigeno nei globuli rossi. Affinché sia eliminata, la bilirubina deve essere trasformata grazie a un enzima, che talvolta è in quantità insufficiente nel neonato e in particolare nei prematuri. Questo difetto viene corretto rapidamente e l'ittero scompare subito. Qualche seduta di fototerapia diminuisce la sua intensità.

> **L'ittero da latte materno.** Quando l'ittero persiste oltre una settimana, altre possono esserne le cause. In caso di allattamento materno, può accadere che il latte della madre contenga una sostanza che diminuisce l'attività dell'enzima del fegato che permette l'eliminazione della bilirubina. Se l'esame del bimbo è normale e riscaldando il latte a 57 °C, per una decina di minuti, si ha una diminuzione dell'ittero, vuol dire che l'ittero è benigno e l'allattamento materno può essere proseguito. Altrimenti devono essere ricercate altre cause.

[K, L]

Kinesiterapia
La kinesiterapia è una tecnica basata sulla mobilizzazione muscolare attiva o passiva. Può migliorare altrettanto bene le funzioni respiratorie, come le funzioni locomotorie.

> **Kinesiterapia respiratoria.** È indicata in caso di ostruzione respiratoria, come per esempio del corso di una crisi d'asma o di bronchiolite, di una pneumopatia o anche in certe affezioni croniche, come la bronchite cronica o la mucoviscidosi. Parallelamente al trattamento farmacologico prescritto dal medico, la kinesiterapia si avvale di diverse tecniche che richiedono la partecipazione del bambino, attiva o meno, secondo l'età e le sue capacità di comprensione.

> **Kinesiterapia ortopedica.** Questa tecnica di rieducazione permette di migliorare una deviazione dalla colonna vertebrale (propensione scoliotica, scoliosi, lordosi), tonificando i muscoli paravertebrali, di riprendere a camminare normalmente dopo un intervento chirurgico a una gamba (frattura) o di diminuire un dolore, un'infiammazione o una contrattura. Gli esercizi consigliati dal kinesiterapeuta o la manipolazione passiva, che esegue sul corpo del bambino, evitano l'anchilosi (intorpidimento che rende impossibili i movimenti) dovuta a una posizione distesa troppo prolungata. Inoltre il calore dei massaggi rilassa le tensioni e allevia il dolore.

> **Kinesiterapia neurologica.** Le affezioni neurologiche congenite o acquisite, i disturbi di tono e di mobilità possono condurre a tensioni anormali che si esercitano sulla colonna vertebrale o sugli arti. La kinesiterapia limita o riduce le deformazioni che potrebbero prodursi in tempi più o meno prolungati. La rieducazione permette anche, dopo una malattia acuta, di accelerare il recupero neurologico con esercizi adatti alla capacità del bambino.

Labbro leporino
Il termine "labbro leporino" è usato correntemente per richiamare la fessura labio-palatina (termine medico). Questa malformazione è caratterizzata da una fessura del labbro superiore dovuta a un difetto di saldatura, nel corso dello sviluppo dell'embrione, che interessa anche lo sviluppo del palato.

Circa un bambino su mille viene al mondo con una fessura labio-palatina. In un terzo dei casi queste fessure sono visibili all'esterno. Possono andare da una semplice tacca del labbro superiore, a una fessura che può interessare la narice. Più raramente (25% dei casi), le fessure non sono visibili, a meno che il bambino non apra la bocca.

L'esame pediatrico effettuato alla nascita permette di constatare subito queste malformazioni, ma questa può essere vista ugualmente con un'ecografia fatta durante la gravidanza.

Il bambino con una fessura labio-palatina deglutisce difficilmente. Delle tettarelle speciali lo aiutano a ingoiare. Un'alimentazione precoce con il cucchiaino permette di spostare l'intervento chirurgico a condizioni più favorevoli. Questo si esegue fra i 3 e i 6 mesi. Le fessure del palato si chiudono normalmente prima dell'età di un anno. Anche qui, l'operazione chirurgica fornisce dei risultati molto soddisfacenti, sia sul piano funzionale sia su quello estetico.

Laringite

La laringite è un'infiammazione della mucosa della laringe, provocata da un virus. I sintomi sono immediati e impressionanti: il lattante si mette a tossire in piena notte. Questa tosse è rauca, il bambino sente male quando respira e l'inspirazione fa il rumore di un fischietto. La temperatura sale a 38-38,5 °C. Chiamate immediatamente il medico.

Nell'attesa che arrivi, potete aiutare il vostro lattante mettendolo in posizione seduta e umidificando l'aria della stanza (vapore d'acqua proveniente dal bagno). Rinfrescatelo per evitare che la febbre salga e/o dategli un antipiretico, secondo dosi adatte al suo peso e alla sua età.

In un bambino più grande, una laringite acuta spesso non dà che un semplice mal di gola, con voce fioca e tono rauco. Quando questi disturbi intervengono nel corso di una malattia infettiva più grave, si può trattare di un'altra malattia, l'epiglottite. Chiamate il medico d'urgenza.

Se il neonato o il lattante soffre spesso di laringite, il medico vi indirizzerà a uno specialista ORL, che valuterà il caso di eseguire una fibroscopia (introduzione di un tubo ottico molto sottile nella laringe) per eliminare un impedimento.

Succede anche che la cartilagine della laringe sia troppo molle (laringomalacia), il che provoca, in più riprese, la recidiva di episodi di questo genere. Nella maggioranza dei casi la guarigione avviene spontaneamente prima dell'età di 18 mesi.

VEDI: EPIGLOTTIDE (INFIAMMAZIONE DELLA)

Latte (intolleranza al)

Quando un lattante ha delle difficoltà di alimentazione (rigurgiti, vomito, diarrea, dolori addominali), si pensa talvolta a un'intolleranza al latte, soprattutto nei casi di allattamento artificiale.

Tuttavia questi sintomi non sono specifici e possono indicare altri problemi digestivi. In ogni caso sarà il medico a indicarvi la condotta da seguire. In particolare, a fronte delle difficoltà di alimentazione del vostro lattante, è inutile cambiare la marca del latte; le composizioni del latte, regolamentate da decreti, sono molto vicine le une alle altre e la loro origine è identica.

> **L'allergia alle proteine del latte vaccino.** I latti artificiali, dati ai lattanti, sono tutti prodotti a partire dal latte vaccino. Può accadere che le proteine del latte vaccino possano essere all'origine di reazioni immunologiche che impediscono un regolare funzionamento dell'intestino. In molti dei sintomi descritti sopra, l'allergia alle proteine del latte vaccino provoca un punto di arresto nella curva del peso del lattante, come pure un dimagrimento.

Per confermare la diagnosi sono necessari esami specialistici. Se si rivelano positivi, il medico prescriverà al vostro lattante degli alimenti senza proteine del latte vaccino, per una durata che va dai 12 ai 18 mesi.

> **Intolleranza al lattosio.** L'intolleranza primaria al lattosio (lo zucchero principale del latte) si manifesta solo eccezionalmente. Essa è dovuta sia a una carenza costituzionale (rara) dell'enzima necessario alla decomposizione del lattosio, sia ai postumi di una diarrea. Si deve allora escludere il lattosio dall'alimentazione del lattante, in modo temporaneo o definitivo, sostituendolo con un latte di transizione, esente da lattosio.

Leucemia

La leucemia è la proliferazione anomala di cellule staminali presenti nel sangue che scorre all'interno del midollo osseo: può trattarsi di globuli bianchi (linfociti o leucociti) oppure, più raramente, di cellule di altro tipo.

La maggior parte dei tumori è la risultante di incidenti genetici a livello cellulare, ma esistono talvolta delle predisposizioni familiari. Le leucemie acute sono i tumori più frequenti nel bambino.

La leucemia si genera con la sostituzione, nel midollo osseo, delle normali cellule del sangue con cellule tumorali, che da un lato impediscono al midollo di produrre le proprie cellule e, dall'altro, vanno a invadere altri organi.

I sintomi di leucemia nel bambino sono molto variabili. Si può trattare di sintomi molto generali: affaticamento, dimagrimento, linfonodi voluminosi che rivelano il processo tumorale, oppure lividi (ematomi) spontanei, conseguenza di carenza di piastrine, e pallore che rivela un'anemia.

La diagnosi si effettua con un esame del sangue (conteggio formula sanguigna), completata con un mielogramma (analisi del midollo osseo).

Il trattamento fa ricorso alla chemioterapia, che prevede la somministrazione di farmaci capaci di bloccare la moltiplicazione anarchica delle cellule. In certi casi è necessario procedere a un trapianto di midollo osseo.

Le leucemie del bambino hanno una prognosi eccellente, perché le attuali cure permettono una remissione del 95% delle leucemie acute linfoblastiche. Su 3 bambini, 2 guariscono definitivamente.

Linfonodi

I linfonodi sono dei piccoli organi situati sui vasi linfatici. Essi assicurano le difese dell'organismo contro le infezioni.

Voi potete sentire questi piccoli corpi, palpando il collo del vostro bambino (sotto le orecchie, sotto la mascella) o sotto le braccia e all'inguine. I linfonodi esistono però anche in tutti gli organi, in modo particolare i polmoni e il tubo digerente.

I linfonodi filtrano le particelle estranee trasportate dalla linfa, il liquido incolore che contiene il plasma e i globuli bianchi. Questi arrestano anche i virus o i batteri e provocano la produzione dei globuli bianchi, destinati a distruggere questi virus o questi batteri prima che passino nel sangue.

Questa funzione di filtro spiega il loro rigonfiamento (o adenopatia) in caso di infezione.

Se i linfonodi del vostro bambino vi appaiono anormalmente gonfi, consultate il vostro medico in modo che ne determini l'origine. Se questo rigonfiamento è situato sul collo, può essere dovuto a differenti infezioni: una faringite, una tonsillite, un ascesso dentario, un'otite, un'impetigine.

Talvolta questo rigonfiamento dei linfonodi interviene in punti diversi dell'organismo, segnalando le infezioni più diffuse: virali, come la rosolia o la mononucleosi infettiva; parassitarie, come la toxoplasmosi; più raramente, una malattia infiammatoria o una malattia del sangue (leucemia). Il medico effettuerà degli esami complementari, necessari per stabilire la cura.

Lingua (frenulo della)

Il frenulo della lingua è quella piccola membrana mucosa che collega la lingua al pavimento della bocca.

Il frenulo della lingua è talvolta un po' corto nei neonati o nei lattanti, ma que-

Dizionario medico

sto solo raramente impedisce la suzione o l'utilizzo normale della lingua.

Il frenulo della lingua si allunga a poco a poco con la crescita del bambino e la correzione chirurgica si rende raramente necessaria.

Lussazione congenita dell'anca

La lussazione congenita dell'anca è un'anomalia dovuta allo spostamento della testa del femore nella cavità dell'osso iliaco (osso del bacino).

La lussazione dell'anca è frequente nei bambini nati con parto podalico e colpisce più di frequente le bambine che i bambini. Alla nascita, la testa del femore non è formata completamente ed è durante il primo anno di vita che questa estremità si ossifica e si adatta alla cavità dell'osso iliaco (cotile o acetabolo). Questo problema ortopedico viene controllato sistematicamente alla nascita e poi nei primi mesi. L'esame clinico permette di differenziare una cattiva posizione nell'utero (fattore di rischio di instabilità) da un'anca lussata o lussabile.

Il vostro medico prescriverà una radiografia verso i 4 mesi, epoca di maturazione dell'osso, oppure un'ecografia (alla fine del primo mese). Mantenendo le cosce divaricate con un cuscinetto, per un periodo da 2 a 3 mesi, la testa del femore può rimettersi a posto nella cavità del bacino. Esiste anche una mutandina specifica, detta "mutandina di adduzione", che produce lo stesso effetto.

Livido

L'ecchimosi è il termine medico corrispondente a quello che noi chiamiamo spesso "livido". Un'ecchimosi si forma di solito a seguito di un urto o di una caduta, che provoca un sanguinamento nello spessore della pelle. Al contrario dell'ematoma, un'ecchimosi non forma un "bernoccolo". La pelle diventa bluastra, per poi cambiare colore e non presentare alla fine alcuna traccia, nel giro di una decina di giorni.

Se il vostro bambino "si fa un livido", in seguito a una caduta, potete mettergli sulla pelle un panno umido ghiacciato, per 10 minuti, per ridurre il dolore e il rigonfiamento dell'ecchimosi, applicando alla fine una crema all'arnica.

Se l'ecchimosi non si attenua nel giro di qualche giorno; se si ripete; se capita senza una ragione apparente; se compare contemporaneamente a sangue dal naso o sulle gengive o a una porpora cutanea (tacche rossastre sulla pelle); se la sua importanza è sproporzionata allo shock subito o se appare fuori dalle zone abituali dei traumi accidentali (ginocchio, gomito, tibia), consultate il vostro medico. Il medico farà eseguire un'analisi del sangue, per accertare che il vostro bambino non soffra di un disturbo di coagulazione.

[M,N]

Macchia mongolica

Chiamata "macchia mongolica", è una macchia pigmentata situata sul fondoschiena, presente già alla nascita.

La macchia mongolica, tanto più marcata quanto più il bambino ha una pigmentazione scura, può assomigliare a una botta (ematoma), di una colorazione grigio bluastra, talvolta ricoperta di peli. Non è in rilievo e svanisce con il tempo. Non comporta nessun rischio di degenerazione e non richiede nessuna precauzione particolare.

Macrocefalia

La macrocefalia (o megalocefalia) è uno sviluppo eccessivo del cranio.

Alla nascita il cervello non ha finito di svilupparsi. Effettuata sistematicamente durante gli esami di routine del neonato, la misura della circonferenza cranica permette di monitorarne la crescita, poiché è lo sviluppo del cervello che porta alla crescita del cranio.

Un aumento troppo rapido della circonferenza cranica comporta generalmente un processo anormale che deve condurre a degli esami neurologici. Alla macrocefalia sono associate talvolta altre anomalie o segni di ipertensione intracranica. Degli esami complementari (ecografia transfontanellare, TAC, IRM) permettono di diagnosticarne l'origine e determinare la migliore cura.

Si dice che certi bambini hanno la "testa grossa": in assenza di altre particolari anomalie, se la circonferenza cranica cresce regolarmente ed esistono precedenti simili in famiglia, la macrocefalia detta "familiare" è assolutamente benigna. In questo caso, una volta scartata l'ipotesi di un'anomalia strutturale, sarà sufficiente un normale controllo medico saltuario.

Mal di testa

I bambini, come del resto gli adulti, possono soffrire di mal di testa (o cefalea).

Se il vostro bambino lamenta occasionalmente mal di testa, in assenza di altri sintomi, dategli del paracetamolo o dell'ibuprofene (se ha più di 6 anni), con un dosaggio adatto all'età. Molto spesso il mal di testa scompare rapidamente, e questo conferma il suo carattere benigno.

Tuttavia, se i mali di testa sono frequenti, consultate il medico, perché questi possono essere il segnale di un problema neurologico o di altra malattia.

VEDI: EMICRANIA

Male da trasporto

I viaggi in nave, in aereo o in automobile possono provocare in certi bambini dei malesseri ripetuti.

I movimenti dei veicoli sono all'origine di uno stimolo esagerato del nostro organo di equilibrio, il labirinto dell'orecchio, che ci indica la nostra posizione nello spazio, anche in assenza di riferimenti visivi. Questa eccitazione scatena sbadigli, sonnolenza, nausee, accessi di pallore e molto spesso vomito.

La sola apprensione per il viaggio può provocare la comparsa di disturbi nel bambino. Si deve rassicurarlo prima di partire e fare in modo che il tragitto trascorra in un'atmosfera serena e non angosciante. Fortunatamente questi malesseri diminuiscono a poco a poco man mano che il bambino cresce.

> **Automobile, nave.** Prima della partenza è meglio dargli un pasto leggero, invece di un pasto abbondante che non servirebbe che ad aumentare la nausea. Inoltre è solo su prescrizione medica che il bambino può prendere un antiemetico o un sedativo leggero, mezz'ora o un'ora prima della partenza.

> **In aereo.** I viaggi in aereo sono possibili per i neonati di poche settimane. Al decollo e all'atterraggio, date da bere al vostro bambino. Il liquido provocherà dei

movimenti di deglutizione che favoriranno l'equilibrio delle pressioni fra le fosse nasali e l'orecchio interno. In questo modo non soffrirà dei cambiamenti di pressione atmosferica che "bucano le orecchie".

Malore del neonato

Nei lattanti, gli accessi di pallore durante (o dopo) la presa del biberon, spesso associati a rigurgiti, a vomito o una respirazione irregolare che può andare fino alla perdita di coscienza, devono convincervi a chiamare il medico senza attendere, anche se il malore non dura che qualche secondo.

Questi sintomi possono essere il segnale di diversi disturbi, la maggior parte dei quali richiede una cura: crisi convulsiva, anomalia del ritmo cardiaco, apnea ostruttiva, reflusso gastroesofageo, ipertonia vagale.

In certi casi, in particolare di fronte alla gravità di un malore, il medico chiede il ricovero del bambino allo scopo di sorvegliare il suo ritmo cardiorespiratorio e di effettuare degli esami complementari.

Più spesso, l'esame clinico e, all'occorrenza, alcuni esami complementari permetteranno al medico di trovare la causa del malore e di prescrivere una terapia appropriata. Talvolta è impossibile determinare che cosa abbia provocato il malore e, in questo caso, il medico potrà richiedere che il ritmo cardiorespiratorio del neonato sia sorvegliato a domicilio mediante monitoraggio.

Maltrattamenti

Sono maltrattati i bambini vittima di brutalità volontarie o mancanza di cure da parte dei genitori o degli adulti che li hanno in carico. Questa definizione corrisponde ai casi più drammatici, ma non comprende che una parte dei maltrattamenti. Esistono, infatti, degli abusi di ordine psicologico che non lasciano tracce fisiche, ma provocano danni considerevoli sulla personalità del futuro adulto, che è il bambino.

La partecipazione di un bambino o di un adolescente ad attività di carattere sessuale, che non è in grado di comprendere, imposte dai genitori o da adulti che hanno autorità su di lui, è un tipo di maltrattamento sfortunatamente sottostimato. Oltre a quelli provenienti da atti brutali o da mancanza di cura, esistono delle violenze dette "istituzionali" (provenienti da strutture che si assumono il ruolo della famiglia per la cura, la tutela o l'educazione di bambini, addirittura handicappati).

In seno alla famiglia, il maltrattamento si può considerare come una "malattia" nella relazione fra i genitori e i bambini e si incontra in tutti gli ambienti sociali. I medici e gli assistenti sociali conoscono i fattori di rischio e i sintomi di richiamo. Più in generale è bene che la responsabilità sia di tutti, degli adulti e dei genitori, per mezzo della società e della sua legge, per vigilare, proteggere e favorire lo sviluppo dei bambini.

Rispondere alla violenza con altra violenza non risolve mai le situazioni; è solo l'ascolto dell'altro, con tutta la sua diversità, che permette di accostarsi vicendevolmente per tentare di capire che cosa conduca, talvolta, a situazioni in cui si perde il controllo e i problemi sembrano essere irrisolvibili.

Mancinismo

Il bambino mancino si serve di preferenza della mano sinistra o del piede sinistro.

Quando il bambino è molto piccolo, utilizza indifferentemente sia la mano destra, sia quella sinistra. La lateralizzazione del cervello (predominanza dell'emisfero destro per i mancini e di quello sinistro per i destrimani) si realizza in modo progressivo e a differenti età, secondo i bambini. È all'epoca della scuola materna, fra i 3 e i 6 anni, che il bambino manifesta una preferenza per l'una o l'altra delle mani.

In passato si obbligavano i bambini mancini a usare solo la mano destra, legando la sinistra dietro la schiena. Oggigiorno si raccomanda di non "contrariare" i bambini mancini. Se il vostro è ambidestro, ossia si serve indifferentemente delle 2 mani, non intervenite fino alla fine dell'ultimo anno della scuola materna. Si dovrà scegliere alla fine la mano per imparare a scrivere; parlatene all'insegnante e/o al vostro medico, se la scelta vi sembra troppo difficile.

Mastoidite

La mastoidite è un'infiammazione con infezione della sporgenza dell'osso temporale (mastoide), situata dietro l'orecchio. In base alla cura molto più sistematica che si fa oggi dell'otite, questa malattia è divenuta molto rara.

Con una terapia antibiotica e/o, secondo i casi, con una paracentesi (drenaggio delle secrezioni contenute nella cassa del timpano), le otiti medie acute guariscono in una decina di giorni. Alla fine di questo periodo, il medico deve verificare assolutamente che il timpano del bambino sia ridivenuto normale.

In effetti, un'otite che tarda a guarire o che è stata curata tardivamente, oppure che si complica all'improvviso, può provocare la diffusione dell'infezione all'osso che contiene l'orecchio medio (la mastoide). In caso di mastoidite, il timpano non va verso la guarigione.

La mastoidite tuttavia non segue necessariamente un'otite. Può essere sospettata, in caso di sintomi infiammatori (edemi, rossori, spostamento recente del padiglione); persistenza di anoressia o curva di peso stazionaria.

Degli esami complementari (ORL o eventualmente radiologici) permettono al medico di stabilire quale sia la terapia migliore. Vengono prescritti sempre gli antibiotici, ma può essere necessario ricorrere anche a un intervento chirurgico, la mastoidectomia, che permette la pulizia dell'infezione ossea. In effetti, il pericolo della mastoidite è il rischio di diffusione meningea e generale.

Masturbazione

La manipolazione e l'accarezzamento degli organi genitali sono frequenti nei bambini, sia nel corso della prima infanzia, che nel periodo della pubertà.

La masturbazione non è né anomala né pericolosa e indica semplicemente che il bambino sta scoprendo il suo corpo. Tuttavia, se il vostro piccolo si disinteressa ai propri compagni di gioco e si ripiega su se stesso continuando a toccarsi, parlatene pure con il medico perché ciò potrebbe indicare un disturbo dello sviluppo. Negli altri casi, che sono i più frequenti, è necessaria la tolleranza e la banalizzazione di questa masturbazione. I discorsi moralizzatori, che causano ansia e senso di colpa, sono dannosi allo sviluppo del bambino e altrettanto inutili di quanto lo siano altri tipi di cura o la somministrazione di sedativi.

Meningite

La meningite è un'infiammazione delle meningi, che sono le membrane che proteggono il cervello e il midollo spinale.

> **Sintomi.** Se nel corso di una malattia constatate che il vostro bambino non sopporta la febbre, come d'abitudine, o vi sembra fiacco, o al contrario agitato e non si calma anche prendendolo in braccio, dovete avvisare il vostro medico. Questi segnali di avvertimento sono accompagnati spesso da mal di testa, da vomito o dal rifiuto di mangiare.

Il medico cercherà altri sintomi propri di un attacco di meningite: tensione anomala o gonfiore della fontanella in un neonato, eruzione cutanea che non scompare alla pressione (porpora), oppure rigidità della nuca. Se è confermata la diagnosi di meningite, richiederà una puntura lombare per determinarne con precisione l'origine.

> **Cura.** La meningite è spesso di origine virale; in questo caso sono curati solo i dolori e la febbre.

Se la febbre è provocata da un batterio, si deve mettere in atto, il più rapidamente possibile, una terapia antibiotica per via endovenosa, adatta al tipo di germe.

La parola meningite fa ancora paura. Tuttavia questa malattia guarisce senza conseguenze nella maggior parte dei casi. Quanto più rapida sarà la diagnosi – e quindi la cura – tanto più favorevole sarà la prognosi.

> **Prevenzione.** Parecchi germi possono provocare una meningite: il meningococco, l'*Haemophilus influenzae* e il pneumococco. Esistono dei vaccini, ma non proteggono contro tutti i sottogruppi esistenti (sierotipi).

Il vaccino antimeningococcico, per esempio, non protegge contro tutti i tipi di meningococchi. Il vaccino anti-*Haemophilus* deve essere inoculato precocemente, in 3 iniezioni entro gli 11 mesi. Esiste un nuovo vaccino antipneumococcico, più efficace in quanto protegge da 7 sottotipi, responsabili di quasi tutti i casi di meningite.

I genitori vengono curati e/o vaccinati allo scopo di evitare la proliferazione della malattia.

Micosi

La micosi è una malattia della pelle o delle mucose, dovuta alla proliferazione di un fungo microscopico.

> **Cuoio capelluto.** La tigna si manifesta con delle placche nude (alopecia). I capelli cadono o non misurano che alcuni millimetri. Il bambino soffre di prurito e può provocare l'infezione grattandosi. La micosi viene trattata con prodotti antimicotici locali.

> **Pelle.** La micosi si traduce in una placca rossa di qualche centimetro quadrato, circondata da pelle che si stacca. Una terapia antimicotica locale (crema) è generalmente sufficiente per far scomparire il fenomeno senza conseguenze.

> **Piede d'atleta.** Il vostro bambino ha del prurito fra le dita del piede. La pelle si ispessisce, diviene biancastra e si screpola. Questa micosi è favorita da un eccesso di sudorazione e dal portare calze in materiale sintetico. In tutti i casi, una terapia antimicotica e la rimozione delle condizioni che hanno favorito il fenomeno permettono una rapida guarigione.

VEDI: CAPELLI (CADUTA DEI), MUGHETTO

Microcefalia

Quando il cranio presenta un volume ridotto, si parla di microcefalia.

Il medico sorveglia l'evoluzione della circonferenza cranica dei neonati e dei bambini più piccoli, misurandolo con grande regolarità.

Questa misura permette semplicemente di valutare la crescita cerebrale, iniziata prima della nascita, che si sviluppa a un ritmo rapido nel corso dei primi anni. Il medico osserva soprattutto la regolarità della crescita della circonferenza cranica; ogni arresto o rallentamento rilevato nella crescita lo portano a ricercare altri sintomi di un'eventuale malattia; si osservano in modo particolare i progressi psicomotori, appoggiandosi a esami neurologici.

Il medico interpellerà anche i genitori sullo sviluppo della dimensione del cranio e richiederà degli esami neuroradiologici (ecografia transfontanellare, TAC o risonanza magnetica nucleare) per stabilire la sua diagnosi.

La microcefalia può provenire da un ritardo di crescita intrauterina di origine infettiva (rosolia, infezione da citomegalovirus), da intossicazione (alcol) o da anomalia genetica.

Talvolta è isolata; occorre allora tenere sotto controllo lo sviluppo motorio e psicoaffettivo del bambino. In certi casi rari la microcefalia può far sospettare una prematura saldatura delle suture dell'osso cranico (craniostenosi), soprattutto quando è associata a una deformazione o a segnali di ipertensione intracranica; in generale è possibile una correzione chirurgica.

Miopatia

Le miopatie raggruppano le malattie ereditarie caratterizzate dalla degenerazione dei muscoli. Esistono diverse forme di miopatie, secondo l'età in cui compaiono i primi sintomi, la rapidità di sviluppo della malattia e il suo modo di trasmissione ereditaria.

Le miopatie possono essere, o meno, progressive. Si rivelano spesso attaccando i muscoli che servono a mantenere la postura (a mantenersi eretti, a stare seduti); ciò significa che i neonati miopatici non possono stare seduti alla stessa età degli altri bambini. Tuttavia altri muscoli o gruppi di muscoli possono essere coinvolti, simultaneamente o in successione. Dei disturbi respiratori possono intervenire a causa di un attacco al diaframma; la miopatia si rivela poi in occasione di una malattia infettiva dell'apparato respiratorio o con difficoltà nell'alimentazione (disturbi di deglutizione). Una diminuzione dei movimenti del viso caratterizza spesso l'origine miopatica del disturbo.

La diagnosi e la terapia delle miopatie devono essere eseguite da un'equipe multidisciplinare specializzata che coordini le misure di rieducazione e terapia ortopedica. Sfortunatamente, non esiste attualmente alcuna terapia che permetta il recupero della forza muscolare. La ricerca di base, utilizzando la genetica e la biologia molecolare, potrebbe in un prossimo avvenire migliorare la comprensione dei meccanismi delle malattie muscolari e proporre delle terapie specifiche.

Mollusco contagioso

Il mollusco contagioso è una piccola lesione cutanea, frequente nel bambino.

Questa lesione appare sotto forma di vescicole traslucide (come piccole gocce d'acqua) sul viso, sul tronco, sugli arti e spesso in più punti. È dovuta a un virus della famiglia del poxvirus e del parapoxvirus. Le lesioni sono contagiose, a seguito di raschiatura. Il trattamento consiste nell'asporto delle papule mediante cucchiaio tagliente (curette) in anestesia locale o con l'applicazione di azoto liquido (crioterapia).

Mongolismo
VEDI: TRISOMIA 21

Monitoraggio
Questo termine deriva dall'inglese *monitoring* e indica tutte le tecniche utilizzate nel controllo delle principali funzioni dell'organismo.

Il sondino cardiorespiratorio, per esempio, permette di visualizzare in continuazione, su uno schermo, la frequenza e l'andamento elettrico dei battiti cardiaci (come in un elettrocardiogramma), come pure dei movimenti respiratori.

Le incubatrici che accolgono i neonati (prematuri, soprattutto) dispongono di apparecchiature che permettono di misurare la temperatura corporea (e di conseguenza di regolare quella dell'incubatrice), di controllare la corretta ossigenazione del sangue (ossimetro da polso), di misurare in continuo la pressione arteriosa. Questi apparecchi, oltre alla sicurezza che danno, rivelando eventuali disturbi, presentano il vantaggio di non essere invasivi: sono indolori e non comportano alcuna intrusione corporea, anche se la presenza di fili e di apparecchiature elettriche può fare impressione a parenti e visitatori.

In certe affezioni (disturbi del ritmo cardiaco) o di fronte a certi precedenti di morte istantanea del neonato, si può decidere di effettuare la sorveglianza del bambino mediante monitoraggio a domicilio, per mezzo di apparecchiature miniaturizzate.

Tuttavia, al di fuori di rischi particolari, l'osservazione e la sorveglianza del neonato nella vita quotidiana sono sufficienti a individuare anomalie di temperatura, di colorito, di ritmo respiratorio...

Mononucleosi infettiva
La mononucleosi infettiva (MNI) è un'infezione acuta dovuta al virus di Epstein-Barr. Si manifesta con una forte tonsillite, accompagnata da febbre elevata e dall'aumento di volume delle tonsille.

Questa malattia colpisce di frequente i bambini, ma anche gli adolescenti e i giovani adulti. È chiamata anche "malattia del bacio", perché il virus, presente nella saliva, può trasmettersi tramite un bacio sulla bocca.

Il vostro bambino ha la febbre e soffre di mal di testa. Presenta dei linfonodi voluminosi e soffre di una forte tonsillite. Le tonsille molto infiammate gli impediscono di deglutire e rischiano di ostacolare la respirazione. Dolori articolari (artralgie) o muscolari (mialgie) possono fare parte dei sintomi.

Il vostro medico, dopo aver effettuato un esame del sangue (test MNI e sierologia EVB), confermerà la diagnosi. La mononucleosi infettiva guarisce senza trattamento entro un periodo da 4 a 6 settimane e non lascia conseguenze. Se, malgrado questo, il vostro medico ha prescritto della penicillina (antibiotico) contro la tonsillite, il bambino potrà avere un'eruzione analoga a quella del morbillo.

Morbillo
Il morbillo è una malattia infettiva febbrile, contagiosa, dovuta a un virus. Inizia spesso con febbre (39 °C), rinite associata a congiuntivite, tosse e laringite. Compaiono poi delle tacche rosse sul collo (dietro le orecchie), che si estendono a tutto il corpo in 2 o 3 giorni. Talvolta questa eruzione può avere l'aspetto della porpora. Si devono fare allora delle analisi per verificare il tasso di piastrine nel sangue, che potrebbe essere diminuito.

Il morbillo è abitualmente benigno, ma talvolta può comportare delle complicazioni: convulsioni febbrili, otite purulenta, malattie polmonari (o pneumopatie) ecc. Il medico curerà innanzitutto la febbre e prescriverà eventualmente degli antibiotici. Altre complicazioni, più rare, possono essere provocate da un virus, come la meningoencefalite. Ecco perché, tra l'altro, si raccomanda vivamente la vaccinazione contro il morbillo, anche se non obbligatoria (vedi pagg. 150-151).

La vaccinazione può essere praticata ai lattanti, abitualmente fra i 12 e i 15 mesi, associata ai vaccini della rosolia e degli orecchioni (vedi pag. 93). Essa provoca, dal 5 al 10% dei casi, una modesta eruzione benigna ("morbillino"), fra il 5° e il 10° giorno dopo l'iniezione. Il morbillo è contagioso nella fase di incubazione (prima della comparsa dell'eruzione), il che spiega il suo carattere epidemico (in una popolazione non vaccinata). Se in una collettività si manifesta un'epidemia di morbillo, all'asilo per esempio, è possibile vaccinare contemporaneamente tutti i bambini, perché l'immunità può essere acquisita durante i 10 giorni di incubazione. Si raccomanda una seconda iniezione successiva verso i 5-6 anni, allo scopo di assicurare una durevole protezione.

Morsi
Anche se può sembrare benigno, il morso di un animale domestico non deve essere trascurato. In effetti, il rischio di un'infezione batterica è reale. Si deve disinfettare con una soluzione antisettica la pelle, nella zona in cui il bambino è stato morso, e verificare la validità della vaccinazione antitetanica del bambino.

> **Morso del cane o del gatto.** Se è stato morso da un cane sconosciuto, è opportuno portare il cane da un veterinario per tenerlo sotto osservazione e verificare la sua identità e lo stato di vaccinazione contro la rabbia.

I morsi o i graffi del gatto possono provocare un'infezione particolare che si rivela solo più tardi.

> **Morso di serpente.** Molto raro, si verifica d'estate. In Italia è pericolosa solo la vipera; il suo morso è riconoscibile per la presenza, generalmente alla caviglia, di 2 puntini rossi separati di 5-7 millimetri. Si accompagna a un dolore vivo che impedisce di camminare, con la rapida comparsa di un edema. Un po' più tardi interviene il vomito, dolori addominali e disturbi della circolazione sanguigna (battiti cardiaci accelerati, caduta della pressione arteriosa). Il bambino dev'essere condotto d'urgenza all'ospedale, dove saranno curati tutti questi sintomi. La terapia di questo tipo è più efficace del siero antiofidico, la cui tolleranza è spesso mediocre. Verrà verificata comunque la validità della vaccinazione antitetanica, che sarà eventualmente aggiornata.

Morte improvvisa del lattante

La morte improvvisa del lattante è attualmente la prima causa di mortalità del bambino fra un mese e un anno. Grazie agli sforzi preventivi che riguardano essenzialmente il modo di coricare il bambino, la frequenza è nettamente diminuita.

È più spesso durante il sonno che si verifica questa terribile tragedia, nel momento in cui il bambino è colto da un arresto cardiorespiratorio riflesso. Oggi, la causa della sindrome della morte improvvisa del lattante può essere rilevata in circa la metà dei casi.

> **Le possibili cause.** Molte ipotesi, che non si escludono reciprocamente, si possono avanzare per tentare di spiegare la morte istantanea del lattante. Si può trattare di un'apnea (arresto respiratorio) che interviene durante il sonno, nel corso di un'infezione, di un reflusso gastroesofageo, di un'affezione neurologica... Nei lattanti sotto i 4 mesi che non sanno respirare con la bocca, un'ostruzione nasale, legata a un'infezione delle vie respiratorie superiori, può provocare un arresto della respirazione (il che giustifica la cura locale di tutti i raffreddori).

È importante trovare la causa della morte del lattante, poiché ciò consente di orientare meglio il monitoraggio delle successive gravidanze e di adottare adeguate misure preventive durante il primo anno del bambino successivo.

> **La morte improvvisa inesplicabile del lattante.** Questa corrisponde alla morte insospettabile di un bambino apparentemente in buona salute, in cui non può essere trovata alcuna malattia né alcuna causa precisa (circa 1/3 dei casi).

> **Supporto psicologico.** L'accoglienza e la presa in carico di una famiglia che ha subito una tragedia come la morte improvvisa di un lattante, richiede equipe mediche ospedaliere specializzate. Il supporto psicologico è fondamentale; esso aiuterà a superare questa prova dolorosa e colpevolizzante per i genitori, ma anche per i fratelli e le sorelle, e cercherà di attenuare lo sgomento per consentire loro di esaminare il futuro.

> **Prevenzione.** Parecchie regole preventive dovrebbero essere adottate per tutti i lattanti:
• coricate il bambino sulla schiena su un materasso rigido;
• non copritelo troppo;
• **c**onsultate il medico in caso di reflusso gastroesofageo;
• consultate sempre il medico in caso di malore di un lattante (pausa respiratoria, apnea, mutamento del colorito). Questi cercherà di determinarne la causa e indagherà su un'eventuale ipertonia vagale;
• consultate rapidamente il medico quando un lattante ha la febbre;
• non somministrate calmanti né sciroppi senza prescrizione medica. Inoltre non riutilizzate mai una prescrizione che si riferisca a una malattia precedente, senza avvisare il medico.

Movimenti anormali

Quando strilla o quando succhia, il lattante ha talvolta dei movimenti bruschi o a scatti, dei tremolii degli arti o del mento.

Molto spesso questi movimenti non rivelano che l'immaturità del sistema nervoso del neonato o del lattante e non necessitano di cure, perché scompaiono spontaneamente.

Questi movimenti improvvisi cessano non appena si mette a gridare o se voi mantenete gli arti immobili. Fate esaminare comunque il bambino da un medico, perché questi movimenti potrebbero essere dovuti alla mancanza di calcio. Talvolta sono molto bruschi e persistono anche quando gli arti sono mantenuti immobili, dando la sensazione di piccole scosse ritmiche; in questo caso si tratta in generale di crisi cloniche, di convulsioni che richiedono la chiamata immediata del medico, se il bambino delira o addirittura perde coscienza.

Se il bambino ha dei brividi, possono essere dovuti alla febbre. Se nello stesso tempo la sua pelle ha un aspetto a chiazze, se è pallido e ha i piedi e le mani fredde, consultate il vostro medico senza attendere.

Movimenti ritmici
VEDI: BILANCIAMENTO

Mucoviscidosi

La mucoviscidosi è una malattia ereditaria caratterizzata da un'infezione polmonare cronica; l'intervento di cura precoce, a livello anti infettivo e nutrizionale, ha permesso di migliorare la prognosi di questa malattia, senza tuttavia assicurarne la guarigione.

La mucoviscidosi è la malattia genetica più frequente. Oggi è individuata alla nascita in maniera sistematica. Nei paesi europei colpisce un bambino su 1.500 circa. La trasmissione di questa patologia avviene in modo recessivo, vale a dire si presenta in un bambino i cui genitori sono indenni dalla malattia.

Nei lattanti la diagnosi può essere rivelata da episodi di tosse o di intasamento ripetuto, dovuto a un'anomalia nella consistenza del muco bronchiale, molto viscoso. L'anomalia nella consistenza del muco è difatti condivisa da tutti gli organi dotati di secrezione propria, come il pancreas, il fegato, la pelle eccetera. D'altronde il carattere anormalmente salato della secrezione del sudore è alla base del test del sudore, uno degli esami principali che permettono di confermare la diagnosi.

I disturbi digestivi, come l'eliminazione tardiva del meconio (le prime feci del neonato), un'occlusione intestinale neonatale, una diarrea cronica o un ritardo nella crescita ponderale, sono sintomi che richiamano ugualmente la mucoviscidosi.

Il gene responsabile della mucoviscidosi è situato nel cromosoma 6. La più frequente delle mutazioni riscontrate si riferisce a più del 70% dei casi, anche se sono già stati identificati più di 500 tipi di mutazioni. È possibile formulare una diagnosi prenatale in occasione di un controllo ecografico in gravidanza, quando un caso di mucoviscidosi è diagnosticato in una famiglia in cui esistono segnali di richiamo.

Nonostante i recenti progressi, il trattamento non permette di assicurare la guarigione. Si associano la kinesiterapia respiratoria quotidiana, al fine di prevenire e limitare l'ostruzione bronchiale, la terapia antibiotica di episodi di sovrainfezione polmonare e un controllo nutrizionale precoce (regime ricco in calorie e proteine e supplementi di vitamine, che permettano una ripresa del peso e una normalizzazione delle feci).

Mughetto

Il mughetto è una micosi provocata da un fungo microscopico, *Candida albicans*. Si manifesta nella bocca sotto forma di placche bianche.

Il vostro lattante ha uno strato biancastro sulla lingua, sul lato interno delle guance o sul palato. Queste placche sono aderenti, circondate da un alone infiammatorio più rosso e talvolta doloroso. Il bambino non ha febbre, ma mangia con difficoltà. Ha poco appetito e rigurgita facilmente. Può avere anche un eritema ai glutei, localizzato nelle pieghe della pelle o attorno all'ano. Il fungo responsabile si sviluppa nella bocca e nell'intestino, dove è normalmente presente. Se una cura antibiotica, prescritta per una malattia, distrugge la flora intestinale, il fungo si moltiplica in eccesso e provoca la comparsa del mughetto.

Se il bambino ha il mughetto, puliteglì regolarmente la bocca con acqua e bicarbonato. Il vostro medico vi prescriverà una terapia antimicotica, che sarà efficace entro qualche giorno. Non di meno rispettate scrupolosamente la durata di questa cura, che è di almeno 5 giorni, perché il mughetto può ricomparire rapidamente.

Nosocomiale (infezione)

Un'infezione è detta "nosocomiale" se contratta in ospedale e non legata direttamente alla patologia per la quale la persona è stata ricoverata. La frequenza di questo tipo di malattia è stata per lungo tempo sottostimata.

Un'infezione nosocomiale può essere il riflesso di un'epidemiologia comunitaria, vale a dire riscontrata nella generalità della popolazione. Così l'introduzione di un virus in ospedale può provocare delle epidemie invernali (bronchiolite o gastroenterite, per esempio) sugli stessi pazienti, sul personale o anche sui visitatori. La restrizione del numero di visite e le misure di igiene (lavarsi le mani, indossare una vestaglia, portare una mascherina) destinate al personale, ma anche ai familiari, dovrebbero diminuire l'incidenza delle infezioni nosocomiali.

La trasmissione di un'infezione può avvenire a seguito di un'azione medica a scopo diagnostico o terapeutico (cateterismo, fibroscopia, perfusione, sondaggio, intervento chirurgico...), soprattutto su persone a rischio, rese deboli dalla malattia, o che presentino, o meno, un deficit immunitario. Solo misure di prevenzione continua (lavaggio delle mani, isolamento, asepsi chirurgica, materiale monouso) possono spezzare definitivamente la catena infettiva.

Infine la trasmissione di agenti patogeni può avvenire tramite prodotti di origine umana (trasfusioni di sangue, trapianti), come è stato il caso del virus dell'epatite B e C e per il virus dell'AIDS. L'identificazione di questi pericoli, eseguita per mezzo di test diagnostici specifici sui donatori di sangue, ha permesso di migliorare la sicurezza trasfusionale, ma il rischio, anche se è divenuto esiguo, non può essere considerato come nullo. Si propone generalmente la vigilanza post-trasfusionale (controllo a distanza della sierologia virale).

Obesità

L'obesità corrisponde a un aumento eccessivo della massa grassa dell'organismo, in proporzioni tali da avere un'influenza sullo stato di salute. L'obesità si definisce per mezzo dell'indice di massa corporea sopra la curva del 97% percentile.

Oggi più del 12% dei bambini italiani è considerato obeso. Le cause sono molteplici: un regime alimentare squilibrato (da cui l'importanza di un'alimentazione equilibrata fin dalla più giovane età), insufficienza di esercizio fisico, predisposizione familiare...

Solo l'1% dei casi di obesità è legato a una malattia endocrina, genetica o metabolica.

Oltre alle difficoltà di ordine sociale (prese in giro, esclusione), l'obesità è un fattore di rischio considerevole per le complicazioni cardiovascolari, per il diabete, per le malattie in genere (morbilità) e per la mortalità in età adulta.

Il medico saprà ricostruire la curva di crescita staturo-ponderale del vostro bambino e, in modo particolare, la curva della sua massa corporea. Saprà guidarlo al meglio verso una terapia personalizzata, che associ, oltre a una terapia nutrizionale, studiata con un dietista, una vigilanza medica e una terapia psicologica, se del caso.

Occlusione intestinale

L'occlusione intestinale è un'ostruzione parziale o completa dell'intestino tenue o crasso che rende impossibile l'evacuazione delle feci.

Se il vostro bambino rifiuta il biberon o non può più bere, e vomita tutto quello che inghiottisce, può essere colpito da un'occlusione dell'intestino tenue. Se ha l'addome gonfio, se non va di corpo e non emette gas, si può trattare di un'occlusione del colon (intestino crasso). In ogni caso consultate il vostro medico.

> **Il neonato.** L'occlusione intestinale del neonato è generalmente dovuta a una malformazione del tubo digerente e si rivela nelle ore che seguono la nascita. L'intestino si può torcere su se stesso, come un nodo (*volvulus*) che blocca il transito intestinale.

> **Il lattante.** Un'occlusione intestinale, che si riveli immediatamente, può provenire da un'invaginazione intestinale acuta (ritiro di una parte dell'intestino tenue su se stesso) oppure di un'ernia strozzata, individuabile esaminando l'inguine o lo scroto.

> **Il bambino.** Nel bambino l'occlusione intestinale può essere provocata da un'appendicite.

VEDI: INVAGINAZIONE INTESTINALE

Oggetto transizionale

Nel corso della prima infanzia, numerosi bambini (ma non tutti) succhiano il pollice o si affezionano a un giocattolo o a un particolare oggetto. È abbastanza normale e si devono rispettare questi atteggiamenti.

Molti lattanti o i bambini piccoli succhiano il pollice quando si addormentano o talvolta nei momenti di noia, di inattività o di tristezza. I genitori conoscono il valore rassicurante di questo gesto. Altri bambini cercano di tenersi vicino, prima di coricarsi (ossia prima di separarsi dai genitori), un orsetto, un animale di peluche, un pezzo di stoffa, una copertina, un indumento, che li rassicuri e la cui funzione simbolica sia quella di mantenere un legame con l'ambito familiare.

Gli psicologi li chiamano "oggetti di transizione", perché aiutano la transizione fra lo stato di "fusione" affettiva del piccolo con la mamma e la relazione che subentra, qualche mese più tardi, dopo aver preso coscienza che si tratta di una persona al di fuori e separata da lui. Il valore simbolico dell'oggetto di transizione aiuta il bambino a strutturarsi. Non si tratta quindi di un'abitudine infantile regressiva da combattere.

Al contrario, questo oggetto di transizione deve essere rispettato; l'evoluzione naturale del bambino e la sua maturazione psichica fanno sì che lo abbandoni poco a poco, generalmente verso gli 8 o i 10 anni. La persistenza di un attaccamento eccessivo oltre questa età è generalmente un segnale, un sintomo di difficoltà di ordine psicologico che deve essere preso in considerazione.

Orecchio (anomalie del padiglione)

L'orecchio può presentare una consistenza molle alla nascita o uno scollamento nel corso dei primi anni.

> Consistenza molle. I neonati prematuri possono avere delle orecchie in cui la cartilagine del padiglione è ancora molle. Queste orecchie piegate corrispondono nella maggior parte dei casi a una maturazione non completa, ma in corso di sviluppo.

> Orecchie scollate (a sventola). Lo scollamento delle orecchie appare nel corso dei primi anni. Può essere facilmente corretto con un intervento chirurgico.

Avere le orecchie a sventola può essere causa di prese in giro a scuola. È inutile che proviate a restringere le orecchie del vostro bambino con un cerotto o facendogli portare una fascia. Consultate piuttosto un chirurgo specialista in interventi estetici.

L'età ottimale per questa operazione è compresa fra gli 8 e i 10 anni, perché bisogna tenere conto della crescita dell'orecchio.

Orecchio (corpi estranei nell')

È raro che un piccolo oggetto, introdotto nell'orecchio, provochi una lesione al timpano. Infatti, sono i tentativi maldestri di estrazione che rischiano di ferire il condotto uditivo o il timpano.

Se un insetto si introduce nell'orecchio, inclinate di lato la testa del bambino e versate un po' di acqua tiepida nell'orecchio, per farlo risalire in superficie. In tutti gli altri casi, non cercate voi stessi di togliere l'oggetto, perché rischiereste di sprofondarlo ancora di più. Consultate subito un medico ORL o portate il bambino al pronto soccorso dell'ospedale più vicino. L'oggetto estraneo sarà estratto con pinze adatte che non feriranno l'orecchio del bambino.

Orecchioni

Questa malattia contagiosa di origine virale colpisce le ghiandole salivari principali, le parotidi, situate davanti e sopra il padiglione dell'orecchio.

Il bambino sente male quando inghiotte. Ha la bocca secca. È stanco e ha la febbre. Ha poi il contorno delle orecchie che si gonfia, dando al viso una forma di pera. Non ha brufoli sulla pelle, ma può avere dei rossori in bocca, di fronte ai premolari, nel punto in cui passa il canale di Stenone, che conduce la saliva dalle ghiandole salivari verso la bocca.

L'incubazione degli orecchioni dura circa 3 settimane. Il malato è contagioso alcuni giorni prima della comparsa dei sintomi e per circa 10 giorni. Il virus si propaga per mezzo dello sputo delle persone contaminate. La maggior parte delle infezioni si contrae a scuola o è trasmessa da un membro della famiglia.

Offrite al malato un'alimentazione semiliquida (zuppe, purea, latticini, creme). Non esiste alcuna terapia particolare, ma il vostro medico prescriverà al bambino dei farmaci per attenuare la febbre e il dolore.

La tumefazione delle ghiandole salivari è riassorbita in una settimana. Il bambino non deve ritornare a scuola prima della scomparsa dei sintomi.

Talvolta la malattia può essere complicata da una meningite o da una pancreatite che provocano mal di stomaco e vomito. Per questa ragione la vaccinazione contro gli orecchioni è fortemente consigliata, anche se non obbligatoria. Questa vaccinazione è associata spesso al vaccino contro la rosolia e il morbillo, ma può essere anche praticata separatamente (vedi pag. 93).

Il rischio di orchite (infiammazione di un testicolo che diviene grosso e doloroso) non interviene nei ragazzi che dopo la pubertà. Contrariamente a un'idea largamente diffusa, l'orchite non comporta mai la sterilità.

Ormone della crescita

L'ormone della crescita è prodotto dall'ipofisi, che stimola la crescita e il normale sviluppo dell'organismo, modificando l'attività chimica delle cellule.

L'ormone della crescita agisce sulle cartilagini di crescita, dette anche "cartilagini di coniugazione", situate all'estremità delle ossa lunghe degli arti, ma presenti in tutte le ossa. Questo ormone stimola non solo la moltiplicazione delle cellule cartilaginee, ma anche la loro crescita e la loro trasformazione in cellule ossee.

Se il vostro bambino cresce male o se il medico constata un rallentamento della sua crescita, può darsi che questo ritardo sia dovuto a un'insufficienza dell'ormone della crescita. Un ricovero ospedaliero di alcune ore (day-hospital) permette di eseguire un'esplorazione completa, comprendente, in modo particolare, un test di stimolazione della secrezione di questo ormone.

Ormoni

Un ormone è una sostanza chimica liberata, nel circolo sanguigno, da una ghiandola o da un tessuto. Trasportato in un organo, lo stimola o lo inibisce secondo i casi.

Gli ormoni governano numerose funzioni, in modo particolare la crescita, lo sviluppo sessuale, le reazioni del corpo allo stress e alla malattia.

Le ghiandole che secernono questi ormoni formano il sistema endocrino: queste sono l'ipotalamo, l'ipofisi, la tiroide, le paratiroidi, il pancreas, le ghiandole surrenali, le ovaie o i testicoli, la placenta nelle donne incinte. I reni, l'intestino, il cervello e altri organi secernono anch'essi degli ormoni.

Nei bambini, le irregolarità del sistema endocrino portano molto spesso a una diminuzione della secrezione ormonale (molto più raramente al suo aumento). Oggi esistono ormoni naturali o di sintesi che possono servire come sostituto degli ormoni mancanti, e permettono quindi di curare la maggior parte delle malattie endocrine.

> Il cortisone o gli ormoni corticosteroidi. Sono secreti dalle ghiandole surrenali, contribuiscono all'equilibrio del metabolismo e svolgono fra l'altro un'azione antinfiammatoria.

> **Gli ormoni sessuali.** Gli estrogeni secreti dalle ovaie, il testosterone secreto dai testicoli sono indispensabili allo sviluppo sessuale rispettivamente della donna e dell'uomo, come pure al funzionamento del sistema riproduttivo.

> **L'insulina.** Secreta dal pancreas, regola il tasso di glucosio nel sangue e viene somministrata ai diabetici insulino-dipendenti.

> **L'adrenalina.** È secreta dalle ghiandole surrenali e prepara e adatta l'organismo allo stress.

> **Gli ormoni tiroidei.** Essi provengano dalla ghiandola tiroide. Nei bambini questi ormoni sono indispensabili a una buona crescita fisica e a un normale sviluppo mentale.

Orticaria

L'orticaria è un'eruzione cutanea, sovente più impressionante che grave.

Il bambino ha delle pustole rosate o delle placche a contorno irregolare, un po' bombate, che provocano un forte prurito. Questa eruzione può essere localizzata, come dopo una puntura di ortica, oppure presentarsi su tutto il corpo, come fosse la conseguenza di un'infezione, dell'ingestione di certi alimenti o ancora dell'assunzione di un farmaco.

Per calmare il prurito, il vostro medico prescriverà un trattamento antistaminico. Verificherà inoltre che il bambino non presenti un edema sul viso o un gonfiore laringeo, che provochi una carenza respiratoria, per la quale prescriverà una terapia corticoide per iniezione.

Se queste crisi di orticaria si ripetono, il vostro bambino può essere allergico oppure presentare un terreno atopico. È talvolta difficile determinare i fattori che scatenano queste allergie. Se l'allergene in questione è identificato, il modo migliore per evitare questa reazione è di non esporvi il bambino.

Certi farmaci, come gli antibiotici, sono spesso sospettati di essere all'origine dell'orticaria, ma questa eruzione cutanea può derivare senz'altro anche dalla malattia infettiva, più spesso virale o batterica, per la quale questi farmaci sono stati prescritti.

Ortodonzia

L'ortodonzia è la tecnica che mira a prevenire o curare le malformazioni dentali, in particolare le posizioni irregolari dei denti definitivi al momento dell'eruzione al tempo della crescita.

L'ortodontista realizza degli apparecchi che esercitano, sui denti mal posizionati, delle pressioni o delle trazioni, per modificarne l'orientamento. Questi apparecchi permettono anche di correggere l'occlusione mandibolare, che, in caso di anomalia, può essere all'origine di difetti nel linguaggio.

Distinguiamo:
- apparecchi ortodontici mobili ed esterni: permettono con sistemi di archetti, di molle e di elastici di esercitare le forze richieste. Il bambino può levare e rimettere da solo l'apparecchio e questo, per esempio, è un vantaggio quando l'uso è unicamente notturno;
- apparecchi ortodontici fissi e interni: sono montati su piccoli anelli fissati ai denti con dell'adesivo. Sono permanenti e per questo più efficaci degli apparecchi rimovibili.

Orzaiolo

L'orzaiolo è un piccolo foruncolo doloroso situato alla radice delle ciglia, sul bordo della palpebra. È provocata da un batterio, lo stafilococco aureo. Se il vostro bambino ha una tumefazione rossa sul bordo della palpebra, se c'è gonfiore ed è doloroso, si può trattare di un orzaiolo in formazione.

Il trattamento è essenzialmente locale; il vostro medico prescriverà una pomata antibiotica che dovrà essere applicata per un tempo sufficiente a evitare che l'infezione si propaghi o si ripeta.

Ossiuriasi

VEDI: VERMI INTESTINALI, VULVITE

Otite

L'otite è un'infiammazione dell'orecchio esterno (timpano e condotto uditivo), interno (labirinto) o medio (cassa del timpano e ossicini). È l'otite dell'orecchio medio che colpisce più particolarmente i bambini.

Il bambino che soffre di otite ha generalmente la febbre. Può vomitare, non ha appetito e non cresce. L'otite dell'orecchio medio può essere sia acuta (comparsa di dolori violenti), sia cronica (persiste in maniera indolore per un lungo periodo).

All'esame medico, il timpano può essere arrossato (otite congestiva) o bianco giallastro (otite purulenta). Talvolta appare uno scolo di pus (otorrea) che indica la perforazione spontanea del timpano.

> **Origine.** L'otite è la conseguenza di più fenomeni successivi. Spesso una rinofaringite provoca l'ostruzione delle trombe di Eustachio, che permettono l'aerazione della cassa del timpano a partire dalle fosse nasali, e questa ostruzione scatena un'otite. In effetti, la cattiva aerazione della cassa del timpano provoca un aumento delle secrezioni locali, che divengono sempre più viscose e si accumulano, provocando un'otite sierosa, i cui sintomi sono meno apparisccenti di quelli dell'otite acuta. L'otite acuta purulenta proviene da una sovrainfezione all'interno di questa cavità divenuta chiusa.

> **Terapia.** In caso di otite congestiva il medico prescriverà una terapia intesa a curare i sintomi: degli antipiretici e degli antalgici per contrastare la febbre e il dolore.

La terapia dell'otite purulenta richiede spesso l'utilizzo di antibiotici. La necessità di praticare una paracentesi (drenaggio delle secrezioni contenute nella cassa del timpano) dipende dall'aspetto del timpano. In tutti i casi, la vigilanza sull'evoluzione della malattia da parte del medico è indispensabile fino alla guarigione.

> **Otite recidivante.** Questa è fonte di inquietudine e di ansia da parte di genitori, e di scoraggiamento. I principali fattori di rischio riconosciuti sono l'età – fra 6 e 18 mesi – con la comparsa precoce, prima dei 6 mesi, del primo episodio, e certi fattori ambientali (soggiorno in asili nido, esposizione al tabagismo passivo).

La necessità di una diagnosi complementare sarà discussa in funzione degli effetti locali (otite persistente, abbassamento dell'acuità uditiva) o generali (otiti purulente, stasi nella crescita ponderale).

L'informazione dei genitori permette di giocare sui fattori ambientali importanti citati più sopra. Le terapie con farmaci "immunostimolanti" non sono mai state oggetto di studi controllati, mostrando prova della loro efficacia, e così pure i farmaci antiallergici e certi antistaminici.

Il trattamento chirurgico – l'asportazione delle adenoidi (adenoidectomia) – deve essere discusso e l'indicazione confermata, dopo l'età di un anno, in caso di fallimento delle terapie mediche, principalmente in neonati i cui timpani non ridivengono normali dopo 2 episodi. L'installazione di un aeratore transtimpanico (detto anche DDT) è una misura spesso usata per non dover drenare l'otite sierosa, ma ristabilire l'aerazione difettosa della cassa del timpano.

VEDI: PARACENTESI

Pallore
Certi bambini biondi o rossi hanno la pelle naturalmente bianca e questo pallore non deve inquietarvi. D'altra parte, se un bambino diventa pallido all'improvviso o in modo progressivo e durevole, molti sono i fattori che possono esserne la causa.

> **Pallore improvviso.** Il vostro bambino può essere turbato da un'emozione, un trauma o molto semplicemente soffre il freddo. Basterà che lo rassicuriate o lo riscaldiate e riprenderà subito i suoi colori.

> **Pallore persistente.** Dopo aver esaminato il bambino, il medico prescriverà un esame del sangue. Se questo rivelerà un tasso di emoglobina insufficiente, ciò significa che è anemico, ossia ha una carenza di ferro. Il vostro medico gli prescriverà i farmaci adatti.

> **Pallore con pelle marezzata, in caso di infezione.** Può essere che il vostro bambino presenti una cattiva tolleranza cardiovascolare all'infezione. Consultate appena possibile il vostro medico.

> **Accesso di pallore.** Può accadere che il vostro lattante divenga molto pallido senza ragione apparente. Il vostro medico vi proporrà un'osservazione in ambito ospedaliero, allo scopo di determinare l'origine di questi attacchi di pallore.

Pancia (mal di)
I dolori addominali sono frequenti nel bambino. Più sovente sono senza gravità, ma possono anche rivelare una malattia intestinale o un'affezione che richieda un intervento chirurgico. Quando il dolore si presenta in modo più o meno improvviso, dovete consultare il medico e segnalare se è accompagnato da febbre, da vomito oppure, nei lattanti, da un rifiuto del biberon o da un transito intestinale anormale (stitichezza, diarrea, tracce di sangue nelle feci), da un arresto del peso o da un dimagrimento.

> **Dolori addominali acuti.** Possono rivelare un'invaginazione intestinale acuta, un'appendicite o un'ernia strozzata, tutti fenomeni che richiedono di ricorrere a un intervento chirurgico. Questi dolori acuti possono anche essere dovuti a una gastroenterite, a un'affezione del colon, come pure a un'infezione urinaria, all'influenza o a un inizio di epatite. Se è il caso, il vostro medico prescriverà degli esami complementari o proporrà un'osservazione in ospedale, al fine di precisare la diagnosi.

> **Dolori addominali recidivanti.** I dolori addominali che si ripetono, ma rimangono isolati senza altri segnali, possono rivelare dei problemi psicoaffettivi legati a difficoltà personali o relazionali. Se sono state escluse tutte le cause organiche, il medico potrà proporre una psicoterapia di sostegno per aiutare il bambino a superare questi disagi.

Paracentesi
La paracentesi è un'operazione che consiste nel drenaggio delle secrezioni contenute nella cassa del timpano per mezzo di un ago sottile. Questo drenaggio viene prescritto in occasione di otite purulenta per estrarre il pus.

Nel corso di una rinofaringite o otite acuta, il vostro bambino appare più affaticato del solito e più scontroso. Ha la febbre e si lamenta di dolori alle orecchie. Il vostro medico, all'esame, constata un gonfiore del timpano, alla pressione, perché contiene pus o altre secrezioni.

Questa tensione è all'origine dei dolori che sente il bambino. La paracentesi è effettuata sotto anestesia locale da un medico ORL (otorinolaringoiatra). Questi incide il timpano con uno stiletto, controllando l'operazione con un otoscopio (strumento munito di illuminazione e di lente per esaminare il timpano). Questa operazione permette al pus di fuoriuscire e calma molto rapidamente il dolore, spesso sottostimato in un lattante "troppo pacifico". Per curare l'otite sarà prescritto un trattamento antibiotico.

La paracentesi può essere ugualmente eseguita in caso di perforazione spontanea ma insufficiente del timpano. L'otorrea (fuoriuscita di liquido dall'orecchio) si effettua allora in condizioni ottimali. L'otorino controllerà ugualmente lo stato del timpano con il suo otoscopio.

Pelata
VEDI: CAPELLI (CADUTA DEI)

Perdita di coscienza
In caso di perdita di coscienza, la persona svenuta non perde solo coscienza, ma, in più, vede scomparire la sensibilità e la capacità di movimento. Questo stato dà un'impressione di morte imminente che preoccupa i presenti.

In generale il ritmo cardiaco e respiratorio non sono rallentati. Tuttavia se il vostro bambino sviene, verificate che queste due funzioni vitali non si siano interrotte. Se ciò avviene, si deve tentare di ristabilirle immediatamente, praticando la respirazione bocca a bocca e, se necessario, anche il massaggio cardiaco. La perdita di coscienza può avere più origini.

> **Convulsioni.** Che sia accompagnata o meno da febbre, una crisi convulsiva comporta molto spesso una perdita di coscienza. Se si prolunga o si ripete, richiede una terapia d'urgenza.

> **Malattie infettive.** Talvolta una malattia infettiva, già accertata, può provocare una perdita di coscienza, preceduta o accompagnata da disturbi di vigilanza (il bambino parla in modo incoerente e si agita, ma apre gli occhi, se lo si chiama). Questo è un segno di evoluzione sfavorevole della malattia. Il medico deve essere chiamato d'urgenza ai primi disturbi.

> **Malessere del lattante.** Nel corso di un malessere dovuto a reflusso gastroesofageo, associato a un'ipertonia vagale, può intervenire una perdita di coscienza.

> **Trauma cranico.** Una perdita di coscienza, anche breve, dovuta a uno shock o a una caduta, deve indurvi a portare il bam-

bino al pronto soccorso dell'ospedale più vicino; può essere necessaria una vigilanza medica, perché il bambino può presentare, nelle ore o nei giorni successivi, dei disturbi neurologici provocati da un'emorragia intracranica.

> **Spasmo da singhiozzo.** Una caduta non grave, un rimprovero o una delusione possono a volte far piangere il vostro bambino. I suoi pianti violenti possono provocare in lui degli arresti respiratori (spasmo da singhiozzo) e la perdita della coscienza.

VEDI: CADUTE, COMA, CONVULSIONI, IPERTONIA VAGALE, PALLORE, SPASMO DA SINGHIOZZO

Pertosse

La pertosse è una malattia contagiosa causata da un batterio: la *Bordetella pertussis*. La tosse intensa, che la caratterizza, mette sempre a dura prova il neonato, perché provoca delle pause respiratorie (apnee), che sono fonte di asfissia.

Il vostro bambino ha una rinofaringite con un po' di febbre (38-38,5 °C) o una bronchite. Tossisce violentemente, in maniera ripetuta. Questa tosse è talvolta seguita da vomito, ma anche da malori. Il suo colorito diviene bluastro (cianosi).

Se il vostro bambino è ancora piccolo, consultate il medico. Soprattutto non dategli dei calmanti contro la tosse. Sono inefficaci e potrebbero essere di disturbo alla respirazione. Dategli da bere regolarmente per evitare la disidratazione e dategli da mangiare spesso, ma in piccole quantità, fra gli accessi di tosse.

Se il bambino non è ancora vaccinato contro la pertosse (vedi pag. 93) e se il suo viso diviene bluastro a ogni accesso di tosse, portatelo all'ospedale, dove sarà tenuto in osservazione per qualche giorno. Un'équipe medica gli presterà delle cure adatte (disostruzione nasale, aspirazione del muco, ossigenazione). La pertosse ha un corso di evoluzione di 2 o 3 settimane e non lascia alcuna conseguenza respiratoria o bronchitica.

Un bambino affetto da pertosse non deve andare a scuola per 30 giorni a partire dai primi accessi di tosse. I bambini inferiori ai 6 mesi, che fanno parte della cerchia di una persona affetta da pertosse, possono essere trattati con antibiotici per evitare il contagio.

L'immunità che porta la vaccinazione non dura tutta la vita. Per questa ragione, ai bambini e agli adolescenti, è proposta la vaccinazione di richiamo, con un vaccino molto ben tollerato.

Pidocchi

I pidocchi sono parassiti che assomigliano a minuscoli ragni grigiastri, visibili a occhio nudo. Le uova dei pidocchi, dette lendini, hanno l'aspetto di granelli arrotondati di circa 1 mm di diametro, di colore grigiastro, e si attaccano ai capelli.

Anche se voi lavate regolarmente i capelli al vostro bambino, può essere lo stesso contagiato a scuola, soprattutto in inverno, quando si possono scambiare facilmente i berretti e le sciarpe.

In generale il prurito provocato da questi parassiti è il segno rivelatore della pediculosi (lesioni della pelle dovute ai pidocchi). Applicate sui capelli una lozione pediculicida; lasciatela agire per una decina di minuti e quindi lavatela con uno shampoo speciale, preso in farmacia. Pettinate infine i capelli con un pettine a denti fini per eliminare i pidocchi e le lendini morte.

Tutti i membri della famiglia devono subire lo stesso trattamento lo stesso giorno, per evitare la contaminazione. È anche necessario lavare nello stesso tempo la biancheria da bagno, le lenzuola e i vestiti della famiglia e ripetere il trattamento una settimana dopo per evitare che i pidocchi ritornino.

VEDI: ALLONTANAMENTO SCOLASTICO

Piede (deformazioni del)

Le deformazioni congenite del piede sono abitualmente constatate alla nascita. Eccezionalmente queste deformazioni possono rivelare una malattia neurologica o neuromuscolare costituzionale o svilupparsi durante la gravidanza. Molto spesso sono la conseguenza delle costrizioni meccaniche subite dal feto nell'utero, particolarmente in caso di gravidanza gemellare o multipla, di presentazione podalica, di anomalie uterine o di mancanza di liquido amniotico.

> **Piede torto.** Questo termine indica tutte le deformazioni del piede che non gli permettono di prendere contatto con il terreno nei punti di appoggio abituali. Nel linguaggio corrente un piede torto è una deformazione irriducibile del piede con iperestensione e con una rotazione verso l'interno, chiamata anche piede varo equino. Questa deformazione che si presenta in un neonato su 1.000 circa, necessita di una terapia ortopedica.

Il trattamento è lungo e ha inizio con l'applicazione di una serie di ingessature riduttive che riportano progressivamente il piede in posizione corretta, quindi da un tutore di immobilizzazione o un'ingessatura posturale, il tutto associato a sedute quotidiane di kinesiterapia.

Se il risultato non è soddisfacente, si eseguono uno o più interventi chirurgici. In ogni caso, il controllo ortopedico è indispensabile finché il bambino è in periodo di crescita. Queste costrizioni possono apparire pesanti, ma permettono al bambino di camminare senza zoppicare e di praticare uno sport in condizioni normali.

> **Piede che gira.** Queste deformazioni meno gravi del piede possono essere messe in evidenza al momento dell'esame neonatale o in seguito, durante le visite dei primi mesi. La deformazione più frequente fra queste, è il piede talo, provocata da una pressione diretta della parete dell'utero sul piede del feto. Il piede, avendo conservato una flessione dorsale forzata sulla gamba, non appoggia al suolo che sul tallone. Camminare sulle punte dei piedi è impossibile. Se la pianta è all'infuori (valgo), oppure guarda verso l'interno (varo), è necessario effettuare manipolazioni quotidiane che il kinesiterapeuta potrà insegnarvi. In generale, i piedi si rimettono progressivamente in posizione normale, senza che sia necessario ricorrere a un trattamento ortopedico.

D'altro lato, quando è l'asse del piede che gira verso l'interno, è necessario immobilizzare il piede con un nastro adesivo o delle piccole stecche. Anche in questo caso i risultati sono eccellenti.

> **Piedi piatti.** Quando il bambino impara a camminare, può darsi che l'aspetto piatto e fermo della volta plantare vi preoccupi. Tuttavia questo piede piatto dipende solo dalla posizione eretta. Il piede non presenta altre deformazioni, come la deviazione del tallone verso l'esterno.

Non è necessario far portare al bambino delle calzature con rinforzi interni o solette ortopediche, ma al contrario si deve invitarlo a camminare a piedi nudi, il più spesso possibile sulla sabbia, e, quando sarà più grande, a praticare attività (danza, bicicletta, salto alla corda) che rinforzino la muscolatura della pianta del piede.

Piede d'atleta

Il piede d'atleta è una micosi che provoca prurito fra le dita del piede.

Anche se il vostro bambino si lava i piedi regolarmente, può essere colpito da questa infezione cutanea. La pelle fra le dita del piede è biancastra. Non è raro che ciò scompaia e che appaiano poi delle screpolature dolorose, degli arrossamenti o delle vescicole.

Il piede d'atleta è dovuto a un fungo. La traspirazione e la macerazione del piede nelle calzature favoriscono questa micosi. Le persone che praticano uno sport sono sovente soggette a questa infezione, il che spiega la denominazione data a questa micosi. Questa macerazione diventa ancora più importante, se il vostro bambino porta delle calzature in materiale sintetico o delle calze in fibra acrilica che impediscono una buona aerazione.

Le creme, le polveri o gli aerosol antimicotici permettono generalmente la guarigione. Il piede d'atleta ha la tendenza a riapparire spesso, senza estendersi tuttavia ad altre regioni del piede, né provoca complicazioni. Il camminare a piedi nudi o portare sandali infradito o zoccoli attiva la guarigione.

Poliomielite

La poliomielite è dovuta a un virus. Divenuta eccezionale in Italia grazie alla vaccinazione obbligatoria, essa si manifesta con una paralisi dolorosa degli arti.

La vaccinazione, molto efficace, si effettua normalmente nei lattanti a partire dal 3° mese (associata ad altri vaccini), in 3 iniezioni, a 3, 5 e 11 mesi. Un richiamo a 5-6 anni e in seguito ogni 5 anni è necessario fino all'età adulta (vedi pag. 93).

L'infezione è provocata dall'assorbimento di acqua inquinata dal virus. I disturbi che seguono sono caratterizzati da tonsillite, rinofaringite o gastroenterite. In certi casi imprevedibili, il virus passa nel sangue e colpisce il sistema nervoso. L'attacco al midollo spinale provoca delle paralisi dolorose, più o meno estese agli arti, ma talvolta anche con difficoltà di deglutizione o disturbi respiratori.

Non esiste una terapia efficace contro la poliomielite. È quindi indispensabile controllare la validità della vaccinazione prima di recarsi nei Paesi del terzo mondo, dove la malattia è più frequente, e fare un richiamo, se necessario. Se temete di essere contaminati, voi o il vostro bambino, senza essere stati protetti, la vaccinazione deve essere effettuata entro il periodo dell'eventuale incubazione (8 giorni), il che permette spesso di evitare la malattia.

Polmoni (malattie dei)

Ogni affezione, generalmente di origine infettiva (più spesso virale che batterica), riferita ai polmoni, è chiamata pneumopatia.

Quando una malattia interessa i polmoni, il bambino tossisce e la sua respirazione accelera, in modo improvviso o talvolta progressivamente nel corso di qualche giorno. Spesso contemporaneamente ha febbre e il suo stato generale è alterato.

Un esame medico e una radiografia ai polmoni permettono di determinare l'origine della malattia. Una terapia adatta, a base di antipiretici (farmaci contro la febbre), associata a sedute di kinesiterapia, guarirà il bambino. Gli antibiotici saranno ugualmente indicati se si sospetta un'infezione batterica.

In ogni caso è necessario sorvegliare l'evoluzione, mediante esami medici e radiologici, fino alla guarigione. In effetti, una pneumopatia che si prolunghi oltre le 2 o 3 settimane potrà far sospettare, secondo i casi, fattori diversi dall'infezione, per esempio un corpo estraneo non rilevato, un reflusso gastroesofageo oppure una malattia come la tubercolosi.

Talvolta i lattanti sopportano male le pneumopatie (la bronchiolite, per esempio). In questo caso vanno ricoverati in osservazione e trattati al meglio con la cura più adatta.

Porpora

La porpora indica delle tacche cutanee rosse o bluastre, che non si scolorano alla pressione, e appaiono in occasione di certi disturbi o di certe malattie.

Queste tacche sono dovute a una piccola emorragia sotto la pelle.

Quando questa eruzione interviene nel corso di un'infezione, accompagnata da febbre, può indicare un'infiammazione della parete dei vasi sanguigni (vasculite) o essere il segnale di sindrome meningitica, spesso provocata dal meningococco.

Chiamate immediatamente il vostro medico o accompagnate subito il bambino all'ospedale più vicino. La porpora può essere provocata da una mancanza di piastrine, che sono cellule del sangue che favoriscono la coagulazione. La porpora può essere associata a perdita di sangue dal naso e/o dalle gengive, o alla presenza di sangue nelle urine o a livello degli organi più profondi. In ogni caso il medico, dopo aver esaminato il bambino, farà eseguire un'analisi del sangue, per determinare il tipo e la causa della porpora. Secondo i risultati, prescriverà una terapia adatta.

> **Porpora reumatoide.** Questa affezione benigna è caratterizzata da un'eruzione a livello delle caviglie o delle natiche, accompagnata da ingrossamenti, talvolta dolorosi, delle articolazioni, da mal di pancia, da vomito o da rifiuto di mangiare. La porpora reumatoide interviene spesso in periodo di infezione virale o spontaneamente, senza una ragione nota. Anche se porta il nome di porpora, questa patologia non è dovuta a un difetto di coagulazione o a una mancanza di piastrine nel sangue; è invece dovuta a un'infiammazione della parete dei vasi sanguigni (vasculite).

È comunque necessaria una vigilanza medica, anche oltre la guarigione, perché la porpora può riapparire. In ogni caso, non rimane alcuna conseguenza, nemmeno a livello delle articolazioni. Il bambino può presentare però dei disturbi renali, che si manifestano tardivamente con un'albuminuria (albumina nelle urine) o un'ematuria (sangue nelle urine).

Il medico prescriverà una cura che mira a guarire i sintomi e sorveglierà attentamente l'attacco renale per più settimane, prescrivendo degli esami complementari in caso di evoluzione o in presenza di segnali di aggravamento.

Prematurità

Per definizione è considerato prematuro il bambino nato prima della 37ª settimana di amenorrea (dalla data dell'ultima mestruazione). In Italia le nascite premature costituiscono circa il 10% del totale.

Si definiscono "grandi prematuri" i bambini nati prima della 28ª settimana e si parla di "grande prematurità" fra le 28 e le 32 settimane e di "prematurità" fra le 32 e le 37 settimane di amenorrea.

La problematica medica relativa al bambino prematuro è quella della nascita di un bambino la cui maturazione nell'utero non è arrivata a termine: si tratta quindi di un bambino che non è ancora adatto alla vita extrauterina. Questo mancato adattamento sarà tanto più grande quanto più il bambino sarà in anticipo.

Il significato fisico di questo mancato adattamento è particolarmente marcato nell'ambito polmonare, neurologico e digestivo. I polmoni del bambino prematuro non sono maturi e sono privi di una sostanza necessaria all'autonomia respiratoria: i tensioattivi o surfactanti che tappezzano le cellule del polmone. Questa è la causa della malattia da membrane ialine del prematuro. Oggi è possibile dare dei tensioattivi artificiali, ma spesso è necessario aiutare temporaneamente il neonato a respirare mediante tecniche di ventilazione artificiale.

Anche il sistema nervoso centrale è ancora molto fragile; certe complicanze sono particolarmente sorvegliate durante questo periodo. Il tubo digerente del bambino prematuro spesso non è pronto a una digestione corretta del latte e talvolta è necessario sopperire a questa immaturità con un'alimentazione artificiale. Pure il sistema di regolazione termica del bambino è immaturo e, per questo, deve rimanere in incubatrice fino a che non raggiunge l'autonomia.

La sorveglianza di un bambino prematuro deve essere fatta presso un'unità specializzata di neonatologia o di rianimazione neonatale. I rischi legati alla prematurità sono associati alla separazione madre-bambino che comporta un periodo molto doloroso per i genitori. Oltre ai progressi nella rianimazione neonatale, gli sforzi sono oggi anche indirizzati alla prevenzione e al trasferimento delle donne che hanno una gravidanza a rischio verso unità di maternità altamente specializzate.

Pressione arteriosa

La pressione arteriosa viene misurata in modo diverso secondo l'età e la corporatura del bambino. Questo esame deve essere praticato regolarmente, come del resto per l'adulto.

Il rilevamento della "tensione" arteriosa corrisponde alla valutazione della "pressione", termine più appropriato che regna nel sistema arterioso dell'individuo. Questo rilevamento riflette il buon funzionamento del cuore e conferma anche la corretta vascolarizzazione e ossigenazione dell'organismo. Questo è anche il mezzo per valutare il tono delle arterie. Raramente la pressione arteriosa è elevata nel bambino (ipertensione arteriosa).

Nel bambino il rilevamento della pressione arteriosa si esegue con un bracciale adatto alla sua taglia e alla sua corporatura. Questa misurazione diviene difficile nel bambino molto piccolo, che spesso non riesce a rimanere sufficientemente calmo a lungo. Si può allora praticare la misurazione mediante un bracciale a gonfiaggio automatico.

La presenza di mal di testa, disturbi visivi, ma anche di una crescita anormale nel lattante, deve portare a misurarne la pressione arteriosa. In caso di ipertensione, il medico prescriverà degli esami per determinarne l'origine (cardiaca, renale) e indicarne il trattamento.

Prolasso

Nel bambino il prolasso (o discesa di un organo) non può concernere che il retto, la parte terminale dell'intestino crasso. Il prolasso è caratterizzato da un cuscinetto rossastro ai bordi dell'ano. Molto spesso sparisce, quando il bambino smette di spingere, ma talvolta è necessario rimetterlo a posto con la mano, cosa che si realizza molto facilmente. La comparsa di un prolasso è dovuta a un'insufficienza muscolare del perineo, frequente nei lattanti, associata alla stitichezza.

È raro dover fare ricorso a un intervento chirurgico, perché il prolasso sparisce gradualmente con la cura della stitichezza e con la crescita del bambino. In casi rari il prolasso può rivelare una mucoviscidosi, poiché la consistenza delle feci obbliga il bambino a fare degli sforzi per evacuarle. Il prolasso è favorito dai problemi alimentari, associati a questa malattia, ma, anche in questo caso, scompare spontaneamente.

Pronazione dolorosa

La pronazione dolorosa è una lussazione della testa del radio, osso dell'avambraccio, fuori dalla sua articolazione.

Nei bambini piccoli di meno di 5 anni, i legamenti che concorrono alla coesione di un'articolazione sono spesso molto laschi. Questo è in particolare il caso dell'articolazione del gomito. Succede talvolta che, a seguito di un movimento maldestro, l'articolazione si lussi: l'esempio tipico è quello del bambino che si tiene per un braccio, per esempio per attraversare la strada, e che a un tratto si mette a urlare con il braccio penzoloni e il dorso della mano aderente al corpo. Tutti i tentativi di manipolazione provocano pianti di dolore. La diagnosi è in generale facile da stabilire, grazie alle circostanze descritte e a un accurato esame medico. Il trattamento consiste in una manovra semplice per rimettere a posto l'articolazione. È necessario un consulto medico e l'evoluzione del caso sarà tanto più semplice quanto più presto sarà diagnosticata e curata la pronazione dolorosa.

Protossido di azoto

In circostanze d'urgenza, prima di un intervento doloroso, diagnostico o terapeutico, al vostro bambino può essere praticata un'analgesia con protossido d'azoto, un gas anestetico, mescolato a ossigeno e somministrato per mezzo di una maschera.

Utilizzato per molto tempo nel corso dei parti, fa parte attualmente dell'arsenale terapeutico antidolorifico di uso quotidiano. L'utilizzo si può fare con la somministrazione classica, come pure con somministrazione automatica per il bambino, per mezzo di valvola di flusso autoregolante. Si tratta di un gas incolore e quasi inodore, miscelato in parti uguali con ossigeno (il bambino rimane sempre cosciente), che induce l'anestesia nel corso di qualche decina di secondi, per raggiungere l'efficacia massima entro un tempo da 3 a 5 minuti, con diminuzione dell'ansia, della sensibilità del tatto, dell'udito, del gusto e dell'odorato, senza alterazione dei riflessi laringei (nessun rischio di "andare di traverso"), con comparsa di una certa euforia e di amnesia.

La tolleranza è buona, ma si possono notare talvolta nausea e vomito, eccitazione o sensazione di panico di fronte all'effetto di "sentirsi partire". La rapidità d'azione del prodotto è associata alla sua reversibilità, quasi immediata con l'arresto della somministrazione.

Questo prodotto viene somministrato anche prima della puntura del midollo spinale (lombare) o del midollo osseo (midollare), per suture cutanee, l'applicazione o l'asporto di drenaggi, la riduzione di certe fratture e lussazioni. Esistono precauzioni per l'impiego, come pure delle controindicazioni, che possono portare a proporre altre alternative analgesiche o antalgiche, adatte al bambino.

Prurigine
La prurigine indica un prurito intenso, associato a reazioni cutanee provocate dalle punture di insetti o di aracnidi.

Durante l'estate, sulle gambe del vostro bambino possono apparire delle papule arrotondate, di qualche millimetro di diametro. Sono spesso bombate, simili a piccoli granelli molto duri. Queste lesioni sono le reazioni a delle punture di insetto o di aracnide (acaro). Il bambino non può fare a meno di grattarsi, talvolta fino a sanguinare. Queste lesioni si possono infettare e si disseminano su altre parti del corpo.

Se il bambino ha la febbre e non presenta altri disturbi, applicate una lozione antisettica sulle parti colpite. Il vostro medico potrà prescrivere eventualmente degli antistaminici per attenuare il prurito. Le lesioni scompaiono generalmente nel giro di una settimana.

Prurito
Il prurito è una sensazione di solletico o di irritazione, che scatena il bisogno di grattarsi.

Un gran numero di eruzioni cutanee o di malattie della pelle provoca il prurito. Prima dei 4 mesi il neonato non sa grattarsi e il prurito provoca allora un'agitazione o un malessere diffuso.

Il bambino più grande allevia il prurito grattandosi, ma facendolo può aggravare l'eruzione con delle lesioni dette "da grattamento" (graffi, sanguinamento, croste) e renderla fonte di infezione (impetigine).

Questo prurito può essere provocato da un'allergia, dall'eczema, dall'orticaria, da prurigine o da malattie come la varicella o la scabbia. Se il prurito è localizzato attorno all'ano, il bambino può avere un'ossiuriasi, malattia parassitaria provocata da vermi intestinali.

Il vostro medico determinerà la causa esatta di questo prurito e vi prescriverà un trattamento specifico, adatto alla malattia individuata. Per calmare il prurito esistono parecchie creme.

VEDI: CAPELLI (CADUTA DEI), COLPO DI SOLE

Pulizia
Il bambino pulito sa controllare il suo bisogno di urinare e di andare di corpo. Si suppone che sia in grado di controllare i suoi sfinteri (muscoli circolari che servono a chiudere l'ano o la vescica).

L'acquisizione del senso di pulizia è variabile da un bambino all'altro. Tuttavia il bambino non sarà pulito in modo durevole, finché non sarà abbastanza maturo, sia sul piano fisico, neurologico e affettivo, da sapersi trattenere volontariamente, fino a quando non trovi una situazione tale da poter soddisfare la necessità di urinare o di andare di corpo. I bambini controllano abitualmente il loro intestino prima dell'età di 3 anni. E controllano totalmente la vescica, di notte come di giorno, qualche mese più tardi (di solito verso i 4 o 5 anni).

L'enuresi indica la mancanza di controllo della vescica. Questa riguarda circa il 15% dei bambini, con un netto predominio dei maschietti. L'enuresi si ha di notte, durante il sonno. Se il bambino continua a fare pipì nelle mutande durante il giorno, oltre i 5 anni, il medico si assicurerà innanzitutto che non sia affetto da un'infezione urinaria, oppure da una malformazione delle vie urinarie. L'enuresi è detta primaria fino a quando non si è constatata l'acquisizione del controllo notturno. Certamente questa enuresi può essere favorita da una predisposizione familiare o da un ritardo nella maturazione dello sfintere, anche se i disturbi psicoaffettivi possono essere all'origine del problema.

L'enuresi secondaria è definita come la ricomparsa di una forma di incontinenza ad almeno 6 mesi da quando il bambino ha cominciato a tenersi pulito. Un evento particolare, una separazione o un trauma affettivo possono esserne all'origine.

L'encopresi è una mancanza di controllo dell'intestino oltre i 3 anni. Il vostro medico verificherà che il bambino non soffra di disturbi digestivi o di disturbi neurologici che provochino un'anomalia nel controllo dello sfintere. L'encopresi è spesso legata alla stitichezza. L'accumulo delle feci nella parte terminale del colon provoca una distensione del retto. Per questa ragione il bambino non sente il bisogno di andare di corpo. La cura della stitichezza è di solito sufficiente a far scomparire l'encopresi. Questa può essere dovuta anche a disturbi psicoaffettivi. Una separazione, l'inizio della scuola, esigenze eccessive da parte dei genitori possono provocare questa mancanza di controllo.

Puntura lombare
La puntura lombare permette di analizzare il liquido cefalorachidiano allo scopo di individuare l'origine di un'eventuale meningite. Questa non è né dolorosa né pericolosa, ma preoccupa spesso la famiglia perché può far sospettare un caso di meningite.

> **Nei neonati o nei lattanti.** Se l'infezione rimane indeterminata, in mancanza di segni visibili la puntura lombare permette di confermare o meno una meningite, che sarebbe drammatico non identificare.

> **Nel bambino.** La meningite si manifesta con febbre, mal di testa, rigidità della nuca. La puntura lombare permette di determinare l'origine della meningite e di prescrivere la terapia adatta. L'efficacia dell'antibiotico, in caso di meningite purulenta, può essere controllata con una puntura lombare in corso di trattamento. Talvolta la puntura si esegue per stabilire una diagnosi in presenza di disturbi nervosi o di coscienza. L'applicazione di una crema anestetizzante sulla regione della puntura permette di diminuire il dolore e di calmare l'apprensione del bambino.

Dopo una puntura lombare si raccomanda di rimanere distesi per qualche ora, allo scopo di evitare mal di testa, talvolta violento, o l'insorgere transitorio di disturbi alle meningi (sindrome post puntura lombare), dovuta a una piccola fuga, senza importanza, del liquido cefalorachidiano.

VEDI: MENINGITE

Punture di insetti
Al contrario degli insetti dei Paesi tropicali, quelli dei luoghi a clima temperato trasmettono solo eccezionalmente malattie infettive o parassitarie. Tuttavia le punture delle zanzare, delle zecche o delle api provocano spesso dei pruriti e possono essere all'origine di infezioni locali.

> **Zanzare.** Le loro punture provocano una papula, di aspetto rosso e infiammato, talvolta bombato e duro, che provoca prurito. Se il vostro bambino si gratta di frequente,

applicate una lozione antisettica sulle punture ed eventualmente una pomata antistaminica calmante.

> **Ragni.** Le loro punture sono più dolorose e possono provocare un piccolo malessere benigno e di breve durata.

> **Zecche.** Questi parassiti, provenienti di solito dai cani, devono essere estratti accuratamente (per mezzo di una pinzetta leva-zecche) in modo da evitare di lasciare il pungiglione nella pelle. Questo potrebbe, in effetti, provocare una sovrainfezione o anche un ascesso. In certe regioni le zecche possono trasmettere una malattia infettiva: la malattia di Lyme.

> **Api, vespe, calabroni.** Le loro punture provocano un edema. Il pungiglione delle vespe e calabroni, che rimane generalmente conficcato nella pelle, non è facile da togliere, tanto più che la manipolazione rischia, liberando il veleno, di aumentare il dolore e l'infiammazione locale.

Se il vostro bambino presenta più punture, oppure se è stato punto in zone molto sensibili (collo, viso, bocca), un edema importante rischia in certi casi di avere conseguenze gravi; deve essere visitato subito da un medico o portato d'urgenza all'ospedale più vicino. Se la puntura è situata sulla bocca o sulle labbra, fate succhiare al bambino dei ghiaccioli, in attesa del soccorso, per evitare un edema con gonfiore della lingua che potrebbe farlo soffocare.

Eccezionalmente, in bambini allergici o che hanno acquisito un'ipersensibilità a causa di punture precedenti, può intervenire un malore grave, con pallore, accelerazione della frequenza cardiaca, vomito e difficoltà respiratorie. Si deve chiamare subito il 118 o portare d'urgenza il bambino all'ospedale più vicino.

Quoziente di sviluppo

Il quoziente di sviluppo, o QS, è un adattamento, nella valutazione del quoziente intellettivo QI, a persone che non sanno né scrivere né esprimersi correttamente, in rapporto alla loro età e al loro handicap.

La valutazione dello sviluppo del lattante si basava un tempo sulle sue capacità motorie. Poco a poco, questa valutazione è stata affinata per mezzo di differenti test (Gesell, Brunet e Lezine), che introdussero altri riferimenti di sviluppo. Il QS, come il QI, è una "fotografia relativa" e non valuta le capacità di evoluzione del bambino. Tuttavia, se ripetuta più volte in un determinato periodo, permette di valutare i progressi compiuti.

Sono possibili anche altri test psicologici, ma è soprattutto l'osservazione del bambino nel suo ambiente di vita (familiare, scolastico, istituzionale) che permette di studiare il suo comportamento in caso di handicap e di proporre delle misure ben armonizzate (terapia o rieducazione).

Quoziente intellettuale

Il quoziente intellettuale, o QI, è una misura, stabilita per mezzo di differenti test, per valutare lo sviluppo psicointellettuale di una persona, sia essa bambino o adulto.

Elaborato al principio del XX secolo, il QI era un nuovo elemento di valutazione delle possibilità intellettuali di una persona, ma il carattere normativo e riduttivo di un risultato numerato in percentuale ha portato a errori di valutazione. Il cattivo utilizzo del test ha, in effetti, fatto scomparire la valutazione della capacità di apprendimento.

Il test del quoziente intellettuale è stato molto criticato, perché tiene conto dell'espressione verbale, che penalizza le persone che non sanno né leggere né scrivere o che presentano dei disturbi di linguaggio. Le nuove prove, dette "di prestazione", hanno attenuato questa ineguaglianza, ma la disparità dei risultati ottenuti su differenti test limita l'affidabilità del QI come mezzo di valutazione complessivo.

Il QI permette nondimeno, con altri test, di valutare un ritardo psicomotorio. Non permette di valutare le capacità di apprendimento di una persona, ma può essere utilizzato per misurare i progressi che uno fa gradualmente seguendo delle istruzioni.

Raffreddore

Il raffreddore è un'infiammazione della mucosa nasale dovuta a un virus. Il vostro bambino ha "il naso che cola". Il muco può essere chiaro o formato da secrezioni più o meno purulente. La disinfezione rinofaringea e un farmaco contro la febbre sono in genere sufficienti a curare il raffreddore.

L'immunità del lattante o del bambino è più debole di quella dell'adulto, il che spiega la frequenza dei raffreddori durante la prima infanzia. Infatti, questi raffreddori a ripetizione nei bambini piccoli indicano il necessario addestramento del loro sistema immunitario.

Reumatismo

Il reumatismo è caratterizzato da una sindrome infiammatoria o degenerativa a una o più articolazioni.

> **Dolori articolari.** Nel corso di un'infezione di origine virale, il vostro bambino può soffrire di dolori alle articolazioni, ma l'esame non rivela alcun segno di infezione o infiammazione locale. In questo caso non si può parlare di reumatismo. Abitualmente queste manifestazioni non durano e guariscono senza conseguenze.

> **Reumatismo articolare acuto.** Divenuto oggi assolutamente eccezionale, il reumatismo articolare acuto (RAA) è caratterizzato da un'affezione febbrile dovuta a uno streptococco. Questa malattia infiammatoria, di natura post infettiva, colpisce successivamente le grandi articolazioni e talvolta il cuore, e questa una volta era la conseguenza più grave. Grazie all'efficacia dei trattamenti preventivi (prescrizione sistematica di antibiotici, in caso di tonsillite), il RAA è oggi molto raro.

> **Artrite cronica.** Accade eccezionalmente che il bambino sia colpito da artrite cronica. Questa si manifesta con una diminuzione progressiva della mobilità o anchilosi. In questo caso il bambino deve essere preso in cura da un'équipe specializzata e seguire una terapia antinfiammatoria per tenere sotto controllo l'evoluzione della malattia. Le sedute regolari di kinesiterapia diminuiscono il rischio di anchilosi e di limitazione della mobilità delle articolazioni.

Rh
VEDI: GRUPPI SANGUIGNI

Ricovero ospedaliero

Il vostro bambino può aver bisogno di seguire una terapia in ospedale o di essere sottoposto a degli esami medici che richiedono un soggiorno più o meno lungo. Tuttavia il ricovero ospedaliero non è sempre programmato; esso si svolge talvolta in un clima d'urgenza e di inquietudine, imposto da un incidente o da una malattia.

Il ricovero ospedaliero comporta per il vostro bambino un cambiamento violento di ambiente. Egli non ha più gli stessi riferimenti e generalmente non sa quale cura andrà a ricevere, né perché, né per quanto tempo.

Come genitori, voi avete un ruolo importante da svolgere per rassicurarlo, stabilire un clima di confidenza fra i medici e lui e per circondarlo con la vostra tenerezza. Durante questo soggiorno dategli i suoi giocattoli preferiti e soprattutto il suo pupazzo preferito (orsetto, peluche o pezzetto di stoffa) che lo accompagna sempre, in modo che sia circondato da oggetti familiari. Spiegategli (con parole adatte alla sua età) le cure o l'intervento chirurgico cui sarà sottoposto.

In molti ospedali oggi è possibile rimanere vicino al proprio bambino per gran parte della giornata e anche dormire accanto a lui. Questa presenza permanente del padre o della madre rassicura il bambino e crea un clima in grado di favorire la sua guarigione.

VEDI: ANESTESIA, DOLORE, INTERVENTO CHIRURGICO

Rigurgiti

Nel corso di una poppata, o quando gli date il biberon, il vostro bambino può fare un rutto che provoca un ritorno di latte, un rigurgito. Questo piccolo disturbo non deve inquietarvi quando si presenta subito dopo la poppata o dopo aver succhiato il biberon.

D'altra parte, la ripetizione del fenomeno o la sua comparsa molto tempo dopo il pasto, o un certo pallore sono segni di un cattivo funzionamento della zona di congiunzione dello stomaco con l'esofago. Può trattarsi allora di reflusso gastroesofageo, che necessita talvolta di una cura adatta, prescritta dal vostro medico.

Rinite allergica

La rinite allergica è un'infiammazione delle fosse nasali, provocata da allergeni come i pollini, la polvere di casa, gli acari… Essa si presenta come un raffreddore, con muco nasale chiaro.

Il vostro bambino può essere regolarmente colpito da riniti e presentare muco trasparente (coriza, raffreddore da fieno) e starnuti frequenti. Ha il "naso tappato" e respira difficilmente. Le mucose che rivestono le fosse nasali e i bronchi sono, in effetti, identiche e reagiscono all'irritazione nello stesso modo, sia essa dovuta a un'allergia o a un'infezione. Se questa rinite è dovuta a un'allergia, può presentarsi in una stagione precisa (polline in primavera, per esempio).

Per quanto possibile, cercate di evitare al vostro bambino di rimanere in presenza degli allergeni cui è sensibile. Il vostro medico potrà prescrivere degli antistaminici o degli antinfiammatori. Le crisi d'asma sono spesso precedute da raffreddore a muco chiaro. Quando appaiono questi segnali, iniziate al bambino il trattamento con il broncodilatatore prescritto dal vostro medico, per evitare la crisi.

Ritardo di crescita

La sorveglianza della crescita di un bambino, in statura e in peso (sviluppo staturo-ponderale), fa parte integrante della sorveglianza medica di un bambino.

Il ritardo della crescita può essere legato a una malattia cronica o provocato da una malattia endocrina. Esistono variazioni nella statura fra individui, anche in seno alla stessa famiglia. La misurazione regolare e ripetuta del peso e della statura, con lo statimetro e le bilance specifiche, fin dal 1° esame (in maternità), in occasione dei bilanci di salute o di un consulto, permette al medico di stabilire la curva di crescita del bambino. Questa viene confrontata con la curva di riferimento (stabilita in funzione dell'età e del sesso) che permette di rilevare una variazione del ritmo di crescita (rallentamento, accelerazione) tenendo conto del fatto che la crescita non è costante per tutta la durata dell'infanzia.

Può darsi che il vostro bambino sia più piccolo di quello che vi aspettate, ma che in realtà cresca regolarmente e a una "velocità" normale. D'altronde, viene rilevata una statura più bassa alla nascita, come anche durante il controllo in gravidanza. L'anomalia è dovuta quindi a un ritardo nella crescita intrauterina, la cui origine e prognosi sono variabili.

Il rallentamento, o ritardo, della crescita può essere la conseguenza (è uno dei sintomi) di una malattia cronica (respiratoria, digestiva…). Può essere collegato anche a determinate terapie prolungate (corticoterapia). La guarigione dalla malattia in questione oppure un miglior controllo terapeutico permettono in questo caso la correzione del ritardo.

È raro che una malattia endocrina sia all'origine del ritardo di crescita. L'età in cui avviene e i sintomi dipendono dal disturbo responsabile (insufficienza tiroidea, deficit dell'ormone della crescita, anomalie della pubertà…). L'esame clinico e l'andamento della curva del peso e della statura orientano verso esami complementari (dosaggio ematico, test di stimolazione, risonanza magnetica…) necessari per individuare l'origine del disturbo e stabilire una terapia.

Ritardo nel linguaggio

Il bambino che presenta un ritardo nel linguaggio distorce le parole in maniera costante e possiede un vocabolario limitato in rapporto ai bambini della sua età, o ancora costruisce maldestramente le sue frasi.

Il bebè di 3 mesi che cresce normalmente comincia a balbettare (cerca di "rispondere" a sua madre) e, verso la fine del 1° anno, dimostra una buona comprensione (mostra le dita, indica, osserva). Pronuncia allora le sue prime parole e le collega, a poco a poco, fra loro. Verso i 2 anni e mezzo, il bambino comincia a dire la parola "io".

Durante gli esami di routine il medico valuta lo sviluppo psicomotorio e verifica l'integrità delle funzioni uditive (test audiometrico) del bambino. Se rileva un problema, o se i genitori lamentano un ritardo nel linguaggio, potrà prescrivere un esame ortofonico.

In effetti, in numerosi casi si può aiutare il bambino a recuperare il ritardo nel linguaggio con sedute di rieducazione ortofonica. Prima inizieranno, più opportunità avrà il bambino di progredire: prima dei 6 anni, la maggior parte dei disturbi del linguaggio è reversibile. Più raramente i disturbi del linguaggio si imputano a un problema di handicap, presente alla nascita o conseguente a una malattia. Questi disturbi sono talvolta legati a difficoltà di sviluppo della personalità.

Il "mutismo" infantile può essere conseguenza di una mancanza di stimolo verbale da parte dei genitori o del gruppo familiare. Se il bambino non presenta altri difetti, fisici o psicologici, e se la sua comprensione e il suo sviluppo generale sono normali, i suoi genitori dovrebbero allora provocare in lui il "bisogno" di esprimersi con parole e non più con gesti, al fine di farsi comprendere e di farlo comunicare con l'esterno.

VEDI: DISLESSIA

Rosolia

La rosolia è un'infezione dovuta a un virus. È caratterizzata da un'eruzione sul viso, sul tronco e sugli arti. È benigna nel bambino, ma è grave in una donna incinta, perché il feto rischia di essere contaminato e di sviluppare varie anomalie (rosolia congenita).

I primi segni di rosolia si manifestano con febbre leggera ed eruzione cutanea sul viso che si estende al tronco e agli arti. Questa eruzione è però troppo poco caratteristica per assicurare una diagnosi di rosolia. Possono però aiutare altri segni: il bambino può presentare dei linfonodi sulla nuca e provare dolori articolari, principalmente alle dita. Il medico prescriverà un trattamento antipiretico.

La vaccinazione è consigliata fra i 12 e i 15 mesi (in associazione a quella del morbillo e degli orecchioni, vedi pag. 93), allo scopo di far scomparire la malattia e tutti i rischi di infezione su donne incinte.

Russare

Il russare del bambino è provocato spesso da una rinite o da una rinofaringite, che tappando il naso, impedisce all'aria di passare.

> **Il lattante**. Dovete pulire regolarmente il naso con soluzione fisiologica, perché il bambino è incapace di respirare con la bocca fino all'età di 3 o 4 mesi.

> **Il bambino.** Se dormendo russa, può essere che le adenoidi, situate presso le fosse nasali, siano troppo voluminose e per questo fatto impediscono all'aria di passare. Questa ipertrofia delle adenoidi è provocata da rinofaringiti ripetute. L'otorinolaringoiatra verificherà l'assenza di otite sierosa e prescriverà la cura adatta. In certi casi proporrà l'ablazione delle adenoidi (adenoidectomia).

[S]

Sangue dal naso

Il sangue dal naso (o epistassi) può essere provocata da una caduta, un urto o anche manifestarsi spontaneamente. L'epistassi è un sintomo generalmente benigno, frequente nei bambini, ma se si ripete, è preferibile consultare il medico.

> **Emorragia in caso di urto**. È rara nel bambino, perché il suo naso è costituito essenzialmente da cartilagine, ma una frattura del naso può essere all'origine dell'emorragia. Se l'urto non è avvenuto direttamente sul naso e, ciò nonostante il bambino sanguina dal naso, portatelo al pronto soccorso, perché l'emorragia può rivelare una frattura del cranio.

> **Emorragia spontanea.** L'emorragia è spesso legata alla fragilità dei vasi o della mucosa nasale. Voi potete arrestare facilmente l'emorragia, facendo prima soffiare il naso al bambino con delicatezza e poi comprimendo il setto nasale con il pollice per 4 o 5 minuti. Se l'emorragia persiste o è recidiva, consultate l'otorinolaringoiatra. Se questi diagnosticherà una particolare fragilità dei piccoli vasi del naso, li cauterizzerà.

> **Emorragie ripetute**. In caso di emorragie ripetute, il medico farà effettuare un controllo dell'emostasi (coagulazione del sangue). Se viene rilevato un disturbo nella coagulazione del sangue, prescriverà una cura adatta.

Saturnismo

Il saturnismo è l'intossicazione cronica da piombo. Nel caso del bambino, avviene in circostanze specifiche. Il piombo, come tutti i metalli pesanti, viene eliminato male dall'organismo umano, in cui tende ad accumularsi.

Fortunatamente le condizioni in cui l'assorbimento del piombo può avvenire in quantità pericolose sono rare e sono oggetto di misure di protezione (fumi industriali, scappamento di veicoli a motore...).

Casi di saturnismo sono ancora diagnosticati in circostanze particolari, legate all'ingestione da parte del bambino di scaglie di vecchie pitture al piombo (cerussite) in abitazioni vetuste. I segni principali (ma non specifici) del saturnismo sono dei dolori addominali associati a stitichezza, come anche una tenace anoressia. L'aspetto radiologico dell'addome permette molto spesso di individuare la diagnosi, confermata da dosaggi del sangue e dell'urina.

La cura di questa intossicazione consiste nell'arrestare l'apporto anomalo di piombo e, talvolta, nella somministrazione di farmaci che "fissino" il piombo e ne permettano così l'eliminazione con le urine.

A titolo preventivo, è importante eliminare nelle vecchie case i tubi in piombo, che possono originarne un apporto nell'acqua del rubinetto.

Scabbia

La scabbia è una malattia della pelle provocata dal sarcopte, parassita della famiglia degli acari, insetti invisibili a occhio nudo e presenti nella polvere di casa. Questa malattia contagiosa è divenuta molto frequente.

La scabbia provoca dei pruriti, soprattutto di notte. Se il bambino ha meno di 2 anni, le pustole risultano situate piuttosto sull'addome, sulle pieghe dell'inguine, sotto le braccia, sulle palme delle mani e sulle piante dei piedi. Se il bambino è più grande, le lesioni si localizzano soprattutto fra le dita o a livello dei polsi. Queste minuscole vescicole perlate e grigiastre sono provocate dalle femmine dei sarcopti che scavano cunicoli sotto la pelle dove depongono le loro uova (2 o 3 al giorno). Le larve divengono adulte nel giro di 2 o 3 settimane. Più tardi compaiono delle pustole rossastre che provocano prurito. Ma il bambino, grattandosi, provoca la formazione di croste e di abrasioni che si infettano a loro volta, assomigliando all'impetigine.

Il medico vi prescriverà delle soluzioni insetticide (spray benzilico), sotto forma di lozione o di pomata. Applicate questi prodotti su tutto il corpo del vostro bambino (tranne la testa), dopo il bagno. Se ha meno di 2 anni, queste soluzioni non dovrebbero rimanere sulla sua pelle oltre le 12 ore. Malgrado la distruzione dei parassiti, il prurito può persistere per 2 settimane. Voi e la vostra famiglia dovete sottoporvi contemporaneamente al trattamento, perché potreste essere contaminati senza saperlo. Per tutta la durata del trattamento lavate gli abiti e la biancheria da letto ogni giorno a 60 °C; fate disinfettare tutto quello che non potete lavare (coperte ecc.).

Finché non è guarito, il bambino non è ammesso a scuola, perché la scabbia è molto contagiosa.

Scarlattina

La scarlattina è una malattia infettiva dovuta a un batterio, lo streptococco. Colpisce tutti bambini, ma oggi è sempre più rara.

Di solito è nel corso di una banale tonsillite, caratterizzata da mal di gola, febbre elevata e linfonodi del collo ingrossati (adenopatia), che si presenta un'eruzione, che può far diagnosticare la scarlattina. Sul collo, le ascelle e nelle pieghe dell'inguine appare una serie di piccoli punti rossi. La lingua si copre di uno strato bianco, che al 5° giorno diviene rosso vivo e granuloso ("a fragola").

Il medico prescriverà una terapia antibiotica allo scopo di evitare delle complicazioni come il reumatismo articolare acuto. È necessario sorvegliare la presenza di proteine nelle urine, nel mese che segue la scarlattina, come dopo tutte le angine dovute a uno streptococco. Allo scopo di evitare questi rischi propri della scarlattina, le angine virali batteriche oggi sono trattate sistematicamente con antibiotici, poiché i prelevamenti faringei forniscono troppo tardi i risultati sull'origine della tonsillite.

Solo lo stato del bambino permette di stabilire se può andare a scuola o meno, perché, a partire dal momento in cui la malattia è trattata con antibiotici, non presenta più il rischio del contagio.

VEDI: ALBUMINURIA

Scoliosi

La scoliosi è una deviazione laterale della colonna vertebrale.

Il vostro bambino "ha una cattiva posizione", soprattutto quando è seduto al suo tavolino o quando rimane in piedi per molto tempo. All'esame, il vostro medico non riscontra alcuna rotazione del bacino, né anomalie alla colonna vertebrale e neppure una lunghezza anomala degli arti. Questa posizione può essere facilmente raddrizzata se il bambino fa lo sforzo di tenersi diritto, e non corrisponde a un'effettiva scoliosi, ma a un "atteggiamento scoliotico". Fate comunque sorvegliare la colonna vertebrale per tutto il periodo di crescita, perché è prima della pubertà che si può rivelare una scoliosi.

> **Nel lattante.** La scoliosi può segnalare un'anomalia della colonna vertebrale. Questa potrà essere legata a un handicap o a una malformazione vertebrale e sarà curata nel quadro di una terapia generale del lattante.

> **Nel bambino.** La scoliosi colpisce le bambine in 8 casi su 10 e spesso non trova spiegazioni. È caratterizzata da una deformazione della colonna vertebrale, che assume un aspetto sinuoso che il bambino non riesce a raddrizzare; inoltre, quando si chiede al bambino di piegarsi in avanti, sulla spina dorsale appare una gobba. L'esame clinico e radiologico permette al medico di prescrivere un trattamento specifico. Si tratta sia di un presidio ortopedico (il bambino deve portare talvolta un corsetto), sia, nelle forme più gravi, di una correzione chirurgica.

Seni (sviluppo precoce dei)

I seni possono svilupparsi temporaneamente, nei giorni che seguono la nascita, indipendentemente dal sesso del neonato.

> **Nel neonato.** Lo sviluppo del seno, dopo la nascita, inquieta spesso i genitori, soprattutto per i maschi, ma questo tuttavia non segnala affatto l'ambiguità sessuale. Questo rigonfiamento, nei maschi e nelle femmine, è provocato dalla caduta violenta del tasso degli ormoni progestativi dopo la nascita. Questa diminuzione di ormoni stimola la ghiandola mammaria, come nella madre, e può addirittura provocare una piccola secrezione lattea temporanea. Queste manifestazioni non hanno nulla di anormale e scompaiono in qualche giorno senza cure particolari.

> **A qualche mese.** Anche le bambine piccole possono presentare uno sviluppo mammario, talvolta unilaterale. Alla palpazione, si percepisce un piccolo nodulo, sodo e sensibile. Se non appaiono altri segni di pubertà (peli sul pube o accelerazione della crescita) e se il medico non nota né un'accelerazione della crescita, né una precocità rispetto all'età ossea, questo sviluppo dei seni indica un'eccessiva sensibilità ai deboli tassi di ormoni che circolano nel corpo e non è richiesto alcun trattamento particolare.

Sesta malattia

La *Roseola infantum* è una malattia infettiva chiamata anche esantema improvviso o sesta malattia; è causata da un virus del gruppo Herpes. È caratterizzata da una febbre elevata, seguita da un'eruzione transitoria.

La roseola si presenta soprattutto nei lattanti. Dopo un'incubazione di durata variabile, in cui non si manifesta alcun segno particolare, appare la febbre. Spesso alta (39-40 °C), resiste talvolta anche ai trattamenti antipiretici. Essa scende tuttavia nel giro di 4 o 5 giorni e lascia il posto a una breve eruzione di macchie rosa pallido a livello del tronco, senza interessare gli arti.

Questa affezione virale può originare delle convulsioni febbrili, che necessitano di una cura adatta, ma, come la maggior parte delle convulsioni ipertermiche, ha una prognosi benigna.

Singhiozzo

Il singhiozzo è una contrazione brusca del diaframma, accompagnata da un suono caratteristico involontario.

Il singhiozzo capita ai lattanti quando succhiano il biberon o subito dopo. Da che cosa proviene questo singhiozzo? Il diaframma del bambino si contrae in modo ripetitivo e le vibrazioni della glottide, trasmesse alle corde vocali, provocano questo piccolo suono acuto. In generale il singhiozzo ha inizio quando il bambino beve troppo velocemente e ingoia dell'aria. Lo stomaco, gonfiandosi, stimola il diaframma e provoca il riflesso. Questo singhiozzo è molto comune, ma non ha nulla di inquietante. Aspettate solo che passi, facendo delle pause durante la poppata.

Per facilitare il rutto, tenete il bambino diritto fra le braccia.

Se il bambino rigurgita spesso, a seguito o nel corso di un singhiozzo (reflusso gastroesofageo), parlatene al medico.

Eccezionalmente, il singhiozzo, associato ad altri sintomi (cattiva presa del biberon, rigurgiti, contorsioni, mediocre curva del peso), può talvolta rivelare un'infiammazione all'esofago.

Sinusite

La sinusite è l'infiammazione dei seni frontali. Si manifesta con una rinite ostruttiva che perdura, oppure con una febbre persistente con mal di testa.

La sinusite non interviene che nei bambini di più di 5 anni, perché la crescita dei seni mascellari è progressiva fino a questa età. Per quanto riguarda i seni frontali, non possono essere colpiti, per la stessa ragione, prima dei 6 o 7 anni.

Talvolta, nel corso di una banale rinofaringite, compare un edema molto doloroso all'angolo interno dell'occhio: si tratta spesso di un'infiammazione della parte superiore dell'osso nasale (o etmoidite). In questo caso si deve ricorrere rapidamente a una terapia antibiotica.

Soffio al cuore

Il soffio cardiaco è un suono anormale del cuore che si percepisce all'auscultazione.

Se, in assenza di altri segni di malattia, il vostro medico percepisce all'auscultazione un suono anormale, questo soffio al cuore segnala una turbolenza nella circolazione sanguigna a livello di una cavità cardiaca o di un grosso vaso, senza che si tratti necessariamente di un'anomalia strutturale o una malformazione. Tuttavia il medico deciderà di far eseguire eventualmente un'ecocardiografia, allo scopo di eliminare con certezza ogni sospetto di anomalia cardiaca. Se l'esame si rivela normale, non c'è da prevedere nessuna cura. La maggior parte di questi soffi, detti "funzionali", scompaiono spontaneamente.

Il soffio al cuore in un neonato segnala spesso una malformazione del cuore. Certe malattie cardiache possono essere scoperte più avanti, in presenza di determinati segnali: affaticamento sotto sforzo, respirazione rapida, cianosi eccetera.

VEDI: CUORE (ANOMALIE DEL)

Sole (esposizione al)

L'esposizione al sole, con una protezione solare adatta, può dare benefici, in modo particolare per la sintesi della vitamina D, essenziale nella crescita.

L'esposizione al sole non deve essere eccessiva, perché un abuso può provocare delle ustioni alla pelle (colpo di sole), oppure dei disturbi neurologici (insolazione). La temperatura elevata inoltre può aumentare le perdite di acqua e provocare una disidratazione nel bambino, il cui bisogno di acqua è importante. Oltre a questo, il rischio del colpo di calore è reale se il bambino rimane esposto a una temperatura elevata in ambiente chiuso, in automobile o in appartamento, anche solo per pochi minuti.

Sulla spiaggia fate in modo che il vostro bambino non sia esposto direttamente al sole. Mettetelo sotto un ombrellone e copritegli la testa con un cappello.

Al sole proteggetegli la pelle, tanto più se ha una pelle chiara (è biondo o rosso di capelli) o se ha la pelle fragile. Per questo utilizzate delle creme di protezione solare con indice adatto a ciascun caso. Ripetete l'applicazione ogni 2 ore e dopo ogni bagno. Coprite il lattante con magliette a maniche lunghe.

Sonnambulismo

Il bambino sonnambulo si alza rimanendo addormentato. Può camminare o giocare in uno stato di automatismo, che impressiona l'ambiente familiare.

Il sonnambulismo effettivo è, di fatto, molto raro. Si deve distinguere il bambino che si alza di notte più o meno addormentato e va nella camera dei genitori oppure reclama la loro presenza.

Il sonnambulismo, spesso occasionale, riguarda dal 15 fino al 20% dei bambini fra i 5 e i 12 anni. La manifestazione di sonnambulismo avviene essenzialmente nella prima parte della notte o, più raramente, è caratterizzata dal fatto che il bambino si alza in uno stato di panico simile a quello del terrore notturno.

In ogni caso consultate il vostro medico, che esaminerà il bambino e richiederà degli esami complementari o una terapia adatta al suo caso.

Sordità

Il fatto di sentire male (ipoacusia) o di non sentire affatto (sordità), disturba l'apprendimento del linguaggio, ma anche lo sviluppo della personalità. È quindi importante individuare queste anomalie il più presto possibile.

Diagnosticare un deficit uditivo non è sempre facile nel piccolo lattante. Sappiate nondimeno che i precedenti familiari, una malattia infettiva durante la gravidanza (in particolare la rosolia), un parto prematuro, un basso peso alla nascita, sono fattori di rischio riconosciuti. Se il vostro bambino reagisce al rumore, alla voce sussurrata, se localizza l'origine dei suoni, non c'è ragione di preoccuparsi. Non esitate però a ripetere queste prove regolarmente, perché la qualità della sua capacità uditiva può evolversi.

> **Sordità congenita**. Questo tipo di sordità è detta "di percezione", perché sono stati colpiti sia la coclea (detta anche "chiocciola", situata nell'orecchio interno) sia il nervo acustico. Il medico svolgerà al più presto un esame approfondito per individuare l'apparecchiatura più adatta.

> **Sordità di trasmissione.** Questa forma di sordità è acquisita e dovuta a un disturbo dell'orecchio medio. Essa è dovuta molto spesso a un'otite sierosa, ma può essere stata provocata anche da un trauma o da determinati trattamenti.

La sordità può evidenziarsi nel corso di una sovrainfezione (otite purulenta), ma essere conseguente anche a un abbassamento dell'udito, a difficoltà di concentrazione e rispettivamente a difficoltà scolastiche. Consultate rapidamente un otorinolaringoiatra che stabilirà una diagnosi e vi indicherà pure la prassi terapeutica da seguire.

Spasmo da singhiozzo

Lo spasmo da singhiozzo è caratterizzato da un arresto respiratorio temporaneo, che sopravviene durante una crisi di pianto importante.

Nel corso di una grande collera, il viso del bambino diventa rosso e la respirazione irregolare. Quando i pianti sono veramente violenti e spasmodici, il colore del viso diventa blu (cianosi) e l'inspirazione è così prolungata che il bambino può svenire per qualche istante. Diviene fiacco, senza forze, gli occhi si girano e ha delle contrazioni muscolari involontarie (spasmo clonico).

Anche se impressionante, questa sindrome chiamata "spasmo da singhiozzo" ha esito benigno perché, nel giro di qualche secondo, il bambino riprende a respirare e torna cosciente. Queste crisi, che possono ripetersi, sono sempre provocate da una sgridata, da una frustrazione, da uno spavento o da uno shock (caduta o trauma cranico frontale, per esempio).

Se l'esame del bambino da parte del medico è normale, soprattutto sul piano cardiovascolare e neurologico, questi spasmi da singhiozzo sono del tutto benigni e non richiedono alcun esame complementare. Essi rivelano talvolta un'ipertonia vagale. Molto spesso segnalano un'eccessiva dipendenza del piccolo, incapace di superare una contrarietà; i genitori si inquietano e la loro inquietudine rischia di far aumentare o di prolungare lo spasmo da singhiozzo. Il medico proporrà un aiuto (psicologico) inteso a identificare e sdrammatizzare i conflitti, allo scopo di far scomparire progressivamente gli spasmi da singhiozzo.

VEDI: IPERTONIA VAGALE

Stenosi del piloro
VEDI: VOMITO

Stitichezza
Il vostro bambino è stitico se le sue feci sono dure e poco frequenti, ma il transito intestinale è molto variabile da un bambino all'altro e a ciascuna età corrisponde una regola differente.

Si può considerare che un bambino, sino all'età di un anno, è stitico se va di corpo una volta al giorno; fra uno e 4 anni, se va una volta ogni 2 giorni; a più di 4 anni, se va di corpo 3 volte la settimana.

> **Se il bambino è allattato al seno.** Certamente va di corpo spesso, in generale una volta per ogni poppata, ma non è nemmeno raro che certi lattanti vadano di corpo una volta al giorno, con feci di consistenza molle, o anche ogni 2 giorni, senza dolori né rigonfiamenti, crescendo regolarmente. In questo caso il latte materno è totalmente assorbito e non lascia alcun residuo. Si parla allora piuttosto di "falsa" stitichezza.

> **Se il bambino è allattato al biberon.** Se vi sembra stitico dovete prendere innanzitutto qualche semplice precauzione: verificate la corretta diluizione del latte (un misurino di latte in polvere per 30 ml d'acqua) e utilizzate un'acqua minerale leggermente lassativa. L'intestino si regolarizzerà naturalmente. Non è il caso di ricorrere a medicine, mentre le supposte sono inutili a questa età.

> **Nei bambini più grandi.** Ai bambini piacciono la carne, la pasta e i farinacei, ma questo tipo di alimentazione riduce il bolo fecale e porta spesso alla stitichezza. Dovete dare quindi al vostro bambino dei legumi e della frutta e farlo bere regolarmente.

Altre situazioni possono essere però all'origine della stitichezza: voi desiderate che divenga presto indipendente (in modo che possa andare a scuola, per esempio), ma questo apprendimento gli sembra difficile; non si sente a proprio agio nella toilette della scuola e si trattiene; lo stesso vale se deve fare un viaggio, o soggiornare lontano dalla famiglia.

Il suo transito intestinale si ristabilirà rapidamente se risolverete uno di questi problemi.

Nell'attesa il vostro medico prescriverà un prodotto antispastico per limitare i dolori addominali, come pure dei prodotti destinati a idratare le feci.

VEDI: COLON IRRITABILE

Stomatite
La stomatite è un'infiammazione della mucosa della bocca, provocata molto spesso da un virus.

Il vostro bambino può rifiutarsi di mangiare, perché prova dei dolori vivaci alla lingua e in bocca e un esame rivela la presenza di piccole tacche biancastre. Queste si localizzano soprattutto nelle zone fra le gengive e le guance e, sviluppandosi, possono sanguinare. Il bambino può avere nello stesso tempo una febbre elevata (39-40 °C), il che richiama l'origine erpetica.

Un trattamento locale con sciacqui alla bocca con un prodotto antisettico evita i rischi di sovrainfezione. Se il bambino soffre troppo, nell'inghiottire gli alimenti abituali, dategli dei cibi liquidi, dello yogurt, delle creme fredde o dei dessert che non impegnino la masticazione. Un trattamento antalgico locale attenuerà i dolori. La guarigione avviene generalmente nel corso di una settimana, senza una cura specifica per abbreviare l'evoluzione della stomatite. Può accadere che il medico proponga il ricovero del bambino per qualche giorno, per fargli delle perfusioni in caso di difficoltà di alimentazione.

Anche il fatto di succhiarsi le dita, di mettersi degli oggetti in bocca o di succhiare di continuo un succhietto può provocare lesioni del genere, ma localizzate e senza comparsa di febbre.

Strabismo
Il bambino è affetto da strabismo evidente. Lo strabismo è un difetto di parallelismo degli assi ottici che provoca un disturbo della visione binoculare.

> **Fino a 6 mesi.** L'apprendimento della visione nei lattanti attraversa un periodo di strabismo detto "di accomodazione". Lo strabismo di accomodazione è intermittente, mentre ogni forma di strabismo permanente è, invece, anormale.

> **Nel bambino più adulto.** Lo strabismo dovuto a una deviazione dell'asse degli occhi costituisce un disturbo della visione binoculare e richiede un esame oftalmologico. Il medico ricerca all'inizio un'ambliopia, vale a dire una diminuzione importante dell'acuità visiva di un occhio e talvolta di entrambi. Una diagnosi precoce, prima dei 2 anni, lascia sperare una percentuale di recupero significativa, mentre è praticamente nulla dopo i 6 anni. Si sospetta un'ambliopia nel bambino di meno di 2 anni quando, mascherando l'occhio "buono", il bambino piange o si agita. Dopo i 2 anni, ci sono test che permettono di eseguire una diagnosi più precisa.

La cura comporta 2 fasi: la correzione ottica, per 6 mesi, se necessario, applicando un adesivo traslucido su una lente per obbligare l'occhio insufficiente a "sforzarsi"; fra i 2 e i 6 anni, la ginnastica oculare (rieducazione ortottica), che, se associata agli occhiali, costringe il bambino a utilizzare entrambi gli occhi. Il ricorso alla correzione chirurgica è piuttosto raro.

Stridore inspiratorio
Lo stridore è un rumore acuto che si percepisce durante l'inspirazione.

Può accadere che un neonato produca un rumore respirando, durante i primi giorni o settimane di vita. Ciò può essere dovuto al naso tappato. Si deve liberare il naso con l'instillazione di soluzione fisiologica, seguita da pulizia delle narici con uno stoppino di cotone.

Tuttavia questo piccolo rumore può diventare più acuto, particolarmente negli sforzi di inspirazione o nell'attacco al biberon. L'otorinolaringoiatra esaminerà il bambino e procederà eventualmente a un esame della laringe con un fibroscopio (laringoscopio), per individuare la causa precisa.

Lo stridore può essere dovuto a una consistenza anormalmente molle della cartilagine della laringe. Questa nell'inspirazione si restringe o si appiattisce. In genere questa anomalia scompare spontaneamente durante il 1° anno.

Altre anomalie anatomiche possono provocare lo stridore ed essere individuate per mezzo della laringoscopia. Può risultare allora necessario un trattamento chirurgico.

Suture craniche

Fra le 2 fontanelle principali del lattante (anteriore e posteriore) esiste una linea leggermente sopraelevata, detta sutura sagittale, che corrisponde al punto di giunzione fra le ossa del cranio che, in questo modo, possono trovare lo spazio che è loro necessario a crescere. Questa sutura è quella più facile da osservare, ma ne esistono delle altre.

Il cervello alla nascita non ha finito la sua crescita e continua a svilupparsi nel 1° mese di vita, il che comporta un aumento di volume del cranio. La circonferenza e la crescita del cranio sono analizzati regolarmente dal medico, in modo da individuare la minima anomalia dello sviluppo. In caso di saldatura prematura, rara, di una o più suture (craniostenosi), il cranio si deforma. Se questa deformazione non è curata per tempo, può provocare un'ipertensione intracranica. È solo progressivamente, nel corso dell'infanzia e dell'adolescenza, che le suture si saldano, finché la crescita del cranio si arresta. Le suture, che sono ben visibili sulle radiografie del cranio, formano dei sottili solchi sinuosi che vanno poi a "scomparire" definitivamente.

Svenimento
VEDI: PERDITA DI COSCIENZA

Temperatura (variazioni di)

Indipendentemente dalla febbre, la temperatura del corpo può divenire superiore (ipertermia) o inferiore (ipertermia) alla media, che varia fra 36,5 e 37,5 °C.

La febbre è un fattore di difesa contro le infezioni, poiché limita la proliferazione dei microbi (virus e batteri) quando arriva a 38-39 °C, ma non è priva di rischi per il piccolo. Può provocare, infatti, disturbi neurologici o metabolici.

> **Ipertermia.** L'ipertermia non è un sintomo di febbre. Essa corrisponde infatti a un'elevazione della temperatura corporea provocata da un calore eccessivo o da una saturazione dell'umidità dell'aria: Si deve considerare, infatti, che il bambino autoregola la sua temperatura meno facilmente dell'adulto. Per evitare questa ipertermia, non esponete il bambino a un calore eccessivo, particolarmente in inverno (riscaldamento troppo alto, vestiti troppo caldi); non lasciatelo mai in locali piccoli e poco arieggiati e aerate le stanze frequentemente; evitate gli ambienti umidi e caldi come quello della stanza da bagno.

> **Ipotermia.** L'ipotermia è caratterizzata da una temperatura rettale inferiore ai 36,5 °C, che può verificarsi temporaneamente durante un'affezione di origine virale. È senza gravità, ma può richiedere di interrompere il trattamento antifebbrile, divenuto inutile. Coprite semplicemente un po' di più il bambino.

In inverno o ad altitudini elevate, il bambino può raffreddarsi molto velocemente, soprattutto se non fa attività fisica, anche se è ben coperto.

> **Nel neonato.** Il neonato sopporta male le basse temperature. Per questa ragione, nei reparti maternità, la rampa riscaldata in sala parto e/o l'incubatrice permette di tenere il neonato al caldo in caso di nascita prematura, ipotrofia o ipotermia.

Terrori notturni

A differenza degli incubi, i terrori notturni sono espressioni di illusioni o di allucinazioni incoscienti che non risvegliano il bambino.

I terrori notturni sono certamente fra i disturbi del sonno più impressionanti, non tanto per il bambino, che non ne conserva alcun ricordo, ma per il gruppo familiare che ne è testimone. Questi terrori non vi devono inquietare oltremisura. Tuttavia questi possono essere favoriti da un ambiente perturbato (ansietà, separazione o tensioni familiari, per esempio).

VEDI: INCUBI

Testicoli non discesi

Alla nascita, l'esame medico del neonato di sesso maschile consente di verificare se i testicoli sono nello scroto.

Dovete sapere che talvolta, durante l'esame, per il freddo o l'ansia, i testicoli possono risalire nel canale inguinale, dove rimangono palpabili.

Se verso i 6-7 anni, uno o entrambi i testicoli non sono ancora scesi nello scroto, è necessario che il bambino segua una cura medica o che subisca un intervento chirurgico.

Tetania

La tetania è caratterizzata da crisi di contrazioni muscolari spasmodiche. Se respira in modo troppo ampio o troppo rapidamente, il bambino può percepire formicolio alle mani e manifestare contrazione delle dita o delle mani e, spesso, sensazione di soffocamento o di oppressione toracica.

Queste manifestazioni sono dovute a un'eccessiva diminuzione del tasso di anidride carbonica nel sangue. Le tensioni e le emozioni (paura, terrore, timore) possono provocare questi disturbi nelle persone emotive e possono anche provocare un breve svenimento.

Per verificare lo stato generale del bambino è opportuno che venga fatto un esame completo, soprattutto cardiologico e neurologico.

> **Nel lattante.** La tetania è legata a un'ipocalcemia che va curata d'urgenza.

> **Nei bambini.** La ripetizione di crisi di tetania caratterizza la spasmofilia, che si riscontra più frequentemente nelle bambine. In generale, non fa osservare alcun disturbo metabolico e uno psicologo potrà dare al bambino un valido aiuto per superare queste angosce.

Tetano

Il tetano è una malattia infettiva molto grave provocata da un bacillo che si può trovare nella terra. Nei Paesi in cui la vaccinazione si effettua sistematicamente e in giovane età, il tetano è praticamente scomparso.

Questa malattia grave, a volte fatale, si manifesta all'inizio con contrazioni muscolari dolorose, in particolare al viso. Solo le persone non vaccinate possono essere colpite dal tetano. La vaccinazione si effettua con 3 iniezioni intradermiche, a 3, 5 e 11 mesi (vedi pag. 93), un richiamo a 5-6 anni e uno a 15. Il vaccino, non pericoloso, assicura una protezione del 100%.

Controllate che la vaccinazione antitetanica del vostro bambino sia aggiornata. Se risale a oltre 5 anni e il bambino si è ferito con un oggetto sporco (scheggia, spina, chiodo ecc.) o è stato morso da un animale o punto da un insetto, andate il più rapidamente possibile da un medico, o all'ospedale più vicino, perché sia effettuato un richiamo della vaccinazione.

Tic

I tic sono contrazioni brusche e rapide di certi muscoli, soprattutto del viso, e sono involontarie e stereotipate.

I tic si manifestano spesso quando il bambino si stropiccia gli occhi, annusa o scrolla le spalle in modo incontrollabile. Possono manifestarsi in maniera apparentemente spontanea dopo un trauma psichico o una malattia.

Scompaiono in generale nel corso dell'infanzia, ma durano talvolta fino all'età adulta. Possono essere dovuti a mancanza di fiducia in se stessi, oppure essere associati a disturbi del sonno, all'enuresi, alla balbuzie o a difficoltà di apprendimento. L'impazienza manifestata dalla cerchia familiare non ne facilita la scomparsa. Il medico proporrà eventualmente un trattamento farmacologico. Può rivelarsi necessario un sostegno psicologico.

Tigna
VEDI: CAPELLI (CADUTA DEI)

Tomografia (TAC)

La TAC è un procedimento radiologico che permette di ottenere delle immagini in sezione del tessuto o degli organi, per mezzo di un apparecchio, il tomodensitometro. Questo emette dei raggi X in fasci molto sottili.

L'assorbimento di questi raggi varia in funzione della densità del tessuto attraversato. Il tomodensitometro ha permesso di studiare la struttura interna di organi difficilmente accessibili come il cervello, ma questa tecnica si è oggi evoluta per studiare il corpo intero, in particolare le strutture mobili come il torace e l'addome. Se il paziente necessita di controlli ripetuti, si può proporre la RM (risonanza magnetica), perché non è soggetto a rischi di irradiazione (ma non è lo stesso esame).

Tuttavia la tomografia ha il vantaggio di fornire delle immagini in qualche secondo, il che è apprezzabile per il bambino, perché non è necessario ricorrere all'anestesia generale; risulta necessaria solo una leggera premedicazione anestetica.

VEDI: RM

Tonsille

Le tonsille sono visibili al fondo della gola, da entrambi i lati della volta del palato (tonsille palatine) e alla base della lingua (tonsille linguali). Assieme alle adenoidi formano una protezione contro i microbi che penetrano nell'organismo attraverso il naso o la bocca.

Le tonsille si possono individuare veramente solo fra i 18 mesi e i 2 anni. Possono svilupparsi esageratamente ed essere all'origine di un'infezione (tonsillite). L'estensione dell'infezione alla faringe determina la tonsillite, spesso di origine batterica, dopo i 2 anni, che giustifica il ricorso sistematico a un trattamento antibiotico.

L'asportazione chirurgica delle tonsille palatine (tonsillectomia) può essere prevista in caso di complicazioni, come il flemmone (o ascesso) provocato da un'infezione, quando le tonsille sono troppo grosse e ostruiscono le vie respiratorie.

VEDI: TONSILLITE

Tonsillite

La tonsillite è un'infezione delle tonsille che si estende generalmente alla volta del palato e alla faringe.

Se il vostro bambino ha difficoltà a deglutire, febbre, le tonsille arrossate o con placche bianche e i linfonodi del collo sono ingrossati e sensibili, è affetto certamente da tonsillite, che è detta eritematosa se la gola è rossa e poltacea se è bianca. A causa della difficoltà di distinguere tra la tonsillite di origine virale (che guarisce spontaneamente) e quella di origine batterica (che può portare a complicazioni), i medici prescrivono quasi sistematicamente la terapia antibiotica.

> **Tonsillite virale.** È la più frequente. Quasi tutti i bambini hanno subito questa malattia. L'organismo del bambino deve imparare a difendersi contro i virus. L'infezione si evolve spontaneamente verso la guarigione e tutti i sintomi scompaiono nel corso di una settimana.

> **Tonsillite batterica.** Questa forma di angina è causata principalmente da un batterio, lo streptococco B emolitico. Questo germe, in assenza di trattamento, può provocare un reumatismo articolare acuto (RAA) o una malattia infiammatoria dei reni (glomerulonefrite), che giustifica il trattamento antibiotico di tutte le angine.

Se il vostro bambino si ammala di tonsillite che tende a ricadute e le tonsille, divenute voluminose, gli impediscono di respirare bene, il vostro medico prolungherà il trattamento e, in certi casi, proporrà l'asportazione delle tonsille.

VEDI: TONSILLE, MONONUCLEOSI INFETTIVA, REUMATISMO

Torcicollo

Il torcicollo è una contrattura dolorosa unilaterale, che provoca un portamento asimmetrico della testa. Le cause sono molteplici. Nel bambino, il torcicollo è provocato spesso da una cattiva posizione durante il sonno. In questo caso scompare dopo qualche giorno.

Il medico prescriverà un trattamento antidolorifico, abbinato se necessario a un collare. Se il torcicollo dura più di 5 giorni, consultate di nuovo il medico.

Torcicollo congenito

Il torcicollo congenito, visibile alla nascita, si manifesta con una deviazione laterale permanente della testa. Il neonato non presenta nessun altro disturbo.

Questo torcicollo congenito è provocato da una cattiva posizione del feto nell'utero, che ha provocato sia un ematoma, sia la retrazione di un muscolo del collo, lo sternocleidomastoideo. Questa retrazione provoca un'inclinazione permanente della testa, con il mento girato dal lato opposto.

Delle sedute di kinesiterapia permettono di rimettere la testa in posizione normale. Prima si effettuano, più sono efficaci e durature.

Tosse

La tosse è provocata da un'espirazione forzata, brusca e improvvisa. Può essere volontaria (evacuazione delle secrezioni dei bronchi), ma è per lo più incontrollata e scatenata da un alimento che "va di traverso" o dall'irritazione delle vie respiratorie.

> **Tosse violenta.** Se il vostro bambino si mette a tossire improvvisamente, senza essere colpito altrimenti da un'infezione, gli può essere andato qualcosa di traverso o essere vittima di un reflusso gastroesofageo. Consultate il medico per verificare l'assenza di complicazioni e per iniziare una cura, se necessario.

> **Tosse irritante.** L'infiammazione dei bronchi può essere dovuta a un'influenza o a una malattia polmonare provocata da un virus. La tosse che si scatena è spasmodica, ma irrita essa stessa i bronchi. In questo caso, oltre alla cura della malattia, il vostro medico prescriverà talvolta dei sedativi per la tosse, anche se gli sciroppi contro la tosse vanno utilizzati con molta prudenza nei lattanti e nella prima infanzia.

> **Tosse grassa.** Questa tosse è molto utile, perché provoca l'espulsione delle secrezioni dei bronchi. Un fluidificante e degli esercizi di kinesiterapia respiratoria permettono di espellere più facilmente queste secrezioni. Gli sciroppi contro la tosse non devono essere utilizzati che sotto prescrizione medica, soprattutto nei lattanti.

> **Tosse ripetitiva.** Questa forma di tosse, se si presenta di frequente, può rivelarsi asmatica. Il medico ne ricercherà la causa per curare la malattia e non solo la tosse.

Trapianto

Il trapianto di un organo può essere eseguito sul bambino nei primi giorni di vita. Si prende in considerazione un trapianto quando nessuna terapia può assicurare la guarigione da una malattia o assicurare uno stato di salute compatibile con lo sviluppo e la qualità di vita, che si ha il diritto di aspettarsi per un bambino. Tuttavia, se il suo aspetto tecnico è sotto controllo, il trapianto pone due problemi principali:
• la donazione di un organo umano, che risulta tra le esigenze negli elenchi delle persone in attesa di trapianto. Ciò è particolarmente vero per il bambino, le cui dimensioni fisiche richiedono una concordanza dimensionale fra gli organi del donatore e quelli del ricevente. Tuttavia, in certe situazioni (trapianto di midollo osseo, trapianto renale) e grazie al miglioramento delle tecniche operatorie (trapianto di una parte di fegato), questo problema non si pone o è meno critico;
• il mantenimento della tolleranza dell'organo riconosciuto come "estraneo" da parte del sistema di difesa immunitaria del ricevente. Ciò richiede il ricorso a un trattamento "antirigetto", che diminuisce le difese immunitarie e può, per questo, essere fonte di complicazioni.

La ricerca della massima compatibilità dei gruppi tissutali (gruppo HLA) è un fattore migliorativo di questa tolleranza. Ciò porta talvolta a prendere in esame la donazione di organi in ambito intrafamiliare.

Trauma cranico

Il trauma cranico è generato da uno shock, che può provocare una lesione del cranio o del cervello. Le conseguenze possono essere gravi e richiedono tutta la vostra attenzione.

Un bambino, dopo una caduta o un colpo sulla testa, può perdere coscienza per qualche istante, per poi riprenderla rapidamente. Se il suo comportamento è normale, l'incidente non è senza dubbio grave. Portatelo però lo stesso dal medico per un esame. D'altro lato, se la perdita di coscienza si prolunga o compare nelle ore o nei giorni che seguono lo shock, dovete chiamare d'urgenza il 118 o il medico, o portare il bambino al pronto soccorso dell'ospedale più vicino. Molto spesso il bambino oggetto di trauma cranico lamenta un mal di testa persistente e dei disturbi digestivi (nausea, vomito) che rivelano una commozione cerebrale, da accertare con un esame neurologico. Verrà praticato un esame radiologico (TAC cerebrale) per ricercare una frattura o una complicazione (contusione cerebrale, emorragia, ematoma extradurale).

Nei lattanti è necessario controllare la circonferenza cranica nelle settimane che seguono l'incidente. Un aumento eccessivo indica la formazione di un ematoma sottodurale (versamento sanguigno a carattere lento), provocato da sanguinamento venoso. In questo caso il bambino deve essere curato in una struttura specializzata.

Trisomia 21

La trisomia 21, detta anche mongolismo, indica un'anomalia cromosomica (3 cromosomi anziché 2 nella 21ª coppia). Un bambino trisomico soffre di un handicap mentale e ha un aspetto fisico caratteristico.

Il bambino trisomico è riconoscibile da diversi segni: viso arrotondato e piatto, testa piccola (microcefalia), arti corti, mani larghe e corte, con una sola piega in mezzo al palmo, occhi obliqui inclinati verso l'alto, lingua grossa (fuoriuscente spesso dalla bocca). La maggior parte dei bambini trisomici presenta un ritardo di crescita intrauterina e un basso tono muscolare.

Lo studio dei cromosomi, condotto su un prelievo di sangue (cariotipo) effettuato sul neonato, permette di confermare la diagnosi.

Il fattore principale che favorisce la comparsa della trisomia è l'età della madre: dal punto di vista statistico il rischio di avere un bambino trisomico è di 1/2.000 prima dei 25 anni e di 1/70 a 40 anni. Ciò è dovuto probabilmente all'invecchiamento degli ovuli, che sono presenti dalla nascita nelle ovaie delle bambine. Per questa ragione, nelle donne incinte a partire dai 38 anni, può essere proposta una diagnosi per esaminare il cariotipo fetale prelevato per amniocentesi.

Circa il 25% dei bambini trisomici presenta una malformazione cardiaca alla nascita. Certi soffrono di anomalie digestive. I rischi di ordine infettivo, o relativi a malattie del sangue (leucemia), sono superiori alla media. L'handicap più importante è però quello legato all'insufficiente sviluppo intellettuale. Queste difficoltà richiedono spesso una terapia specializzata (istituti medico-pedagogici e dopo, in età adulta, medico-professionali) e nella maggior parte dei casi non permettono di condurre una vita adulta autonoma.

Tubercolosi

La tubercolosi è una malattia infettiva contagiosa, dovuta al bacillo di Koch.

La tubercolosi è molto meno frequente nei Paesi in cui la vaccinazione con BCG è o è stata sistematica. Ciò nondimeno, se questa vaccinazione protegge dalle forme rapidamente evolutive della malattia, non offre invece una protezione assoluta.

Quando un bambino è colpito da una malattia polmonare che persiste oltre una quindicina di giorni, se tossisce, se ha febbre, se è stanco, consultate di nuovo il medico. Questi, dopo la visita, farà eseguire una radiografia dei polmoni del bambino per verificare che non ci sia la persistenza di un focolaio polmonare o di un'anomalia che possa far pensare alla tubercolosi. Un test alla tubercolina verificherà l'immunità del bambino a fronte del batterio responsabile.

In caso di tubercolosi accertata, si devono esaminare i vari membri della famiglia e individuare la persona che è all'origine dell'infezione. La terapia consiste nella somministrazione di più antibiotici per un periodo molto lungo (almeno 3 o 4 mesi).

[U-Z]

Udito (disturbi dell')
Se il vostro lattante non sembra reagire alla voce e ai rumori, se non balbetta all'età di 9-10 mesi, ripetendo le sillabe (ba-ba, da-da) può essere che senta male. Questo calo uditivo è chiamato ipoacusia.

È molto importante individuare il minimo disturbo uditivo il più presto possibile, perché capire bene è indispensabile per comunicare con gli altri e per imparare a parlare normalmente. Uno specialista ORL eseguirà dei test adatti all'età del bambino per verificare se sente bene.

Certi fattori di rischio sono conosciuti: il bambino è nato prematuro? Ha trascorso un periodo in un servizio di rianimazione neonatale? Sorvegliate il suo udito nei primi anni facendogli fare regolarmente degli audiogrammi. Se il bambino si esprime male all'età in cui entra alla scuola materna, i test di individuazione effettuati in occasione della visita di ammissione dovrebbero attirare la vostra attenzione. Più tardi, delle difficoltà di concentrazione e un disadattamento scolastico possono essere dovuti a un difetto di udito non rilevato.

Un esame audiometrico e dei test permetteranno di valutare il suo handicap in modo più dettagliato e di prendere in considerazione un trattamento.

VEDI: CERUME, OTITE, SORDITÀ

Unghie (lesioni da grattamento)
I bambini che hanno dei pruriti dovuti a un'eruzione cutanea, possono graffiarsi involontariamente.

Il bambino o il lattante è colpito dall'eczema, dall'orticaria o da altra affezione della pelle. Non gli si può impedire di grattarsi per calmare il prurito. Questo grattamento può provocare però a sua volta dei graffi o delle lesioni cutanee che sono fonte di sovrainfezione batterica.

Certamente potreste tagliargli le unghie corte in modo da minimizzare le conseguenze del grattamento, oppure mettergli dei guanti; ma queste misure non eliminano il disagio del bambino. Abbiate cura solamente di far curare, senza tardare, l'allergia o la malattia infettiva di cui è affetto.

Ustioni
Le ustioni sono lesioni accidentali prodotte sulla pelle per il versamento di un liquido caldo o bollente, il contatto con un apparecchio riscaldante (forno, ferro di stiro, tostapane…) o con una presa elettrica non protetta.

Anche prodotti per la pulizia di casa possono essere causa di ustioni (chiamate d'urgenza il centro antiveleni della vostra zona).

In caso di ustione grave, chiamate il medico (o il centro antiveleni). Per diminuire il bruciore reale della pelle, levate rapidamente i vestiti nella zona ustionata, salvo che non siano in tessuto sintetico e che si siano fusi. Se potete, eseguite un lavaggio prolungato con acqua fredda, lasciando colare un leggero filo d'acqua sulla zona ustionata a una distanza di 20 cm, per 5-10 minuti. Non applicate nessuna sostanza sulla pelle prima di un'indicazione da parte del medico.

Se l'ustione è superficiale, il medico prescriverà un trattamento antisettico locale, da applicare sotto garza sterile (che all'inizio andrà rinnovata più volte al giorno).

Si consiglia un ricovero ospedaliero nei seguenti casi: ustione estesa (più del 10% della superficie totale del corpo), anche se sembra superficiale; ustione elettrica; ustioni localizzate sul viso in prossimità degli occhi, della bocca o dell'ano, nelle pieghe del corpo o sulle mani.

Semplici misure preventive permottano di evitare questo infortunio: girare i manici delle pentole verso l'interno della cucina, controllare la temperatura del biberon, non prendere in braccio un bambino mentre si manipola un recipiente pieno di liquido bollente.

Varicella
La varicella è una malattia provocata da un virus, contraddistinta da un'eruzione di vescicole caratteristiche, che scompaiono in una decina di giorni.

Si fa una diagnosi di varicella quando appaiono, alla radice dei capelli, delle vescicole da 2 a 5 mm di diametro. Successivamente, spesso l'irruzione si estende. Il bambino ha febbre moderata. Nel corso di quarantott'ore, le vescicole si rompono e lasciano il posto a una crosta che cade in una settimana. Può persistere per parecchi giorni una cicatrice arrotondata e biancastra. Possono succedersi più eruzioni.

Il medico confermerà o meno questa diagnosi. Prescriverà una terapia sintomatica, basata sull'applicazione cutanea di un prodotto antisettico, per evitare la sovrainfezione provocata dal prurito. Il prurito può essere attenuato da una cura antistaminica.

Il bambino con la varicella non può andare a scuola o all'asilo, se non dopo la guarigione. In generale la malattia non lascia conseguenze, ma possono intervenire alcune complicazioni neurologiche (sensazione di vertigine), che sono senza gravità e passeggere.

Vermi intestinali
I vermi intestinali sono dei parassiti, visibili attorno all'ano o nelle feci.

I vermi si propagano molto facilmente, poiché le uova che provocano direttamente l'infezione sono facilmente trasmesse dalle mani alla bocca, soprattutto nei bambini piccoli. Esistono principalmente 3 tipi di vermi intestinali in Europa.

> **Gli ossiuri.** Il bambino ha dei pruriti attorno all'ano (ossiuriasi), sovente la notte. Osservando l'ano, si riscontra la presenza di piccoli vermi bianchi di qualche millimetro di lunghezza. Il medico prescriverà una cura semplice, che dovrete dare a tutta la famiglia, a titolo preventivo. Lavate le lenzuola e pulite i materassi per evitare la contaminazione.

> **L'ascaride.** Questo verme può provocare dolori addominali e vomito. Può anche essere all'origine di reazioni allergiche. È raro che si presenti l'ascaride, che è un verme di grosse dimensioni, spesso superiore ai 10 centimetri. L'esame del sangue (eosinofilia) e delle feci permette di precisare la diagnosi e di adottare la cura.

> **La tenia.** Gli anelli terminali di questo parassita si presentano come dei piccoli anelli biancastri di 2 o 3 mm di larghezza per 1 o 2 cm di lunghezza, che vengono evacuati dall'ano, ma fuori dalle feci. Questo parassita viene trasmesso essenzialmente per mezzo della carne bovina o suina mal cotta. Il medico prescriverà un trattamento molto semplice, ma l'igiene deve essere rigorosa al fine di evitare le recidive.

Verruche

Le verruche sono delle piccole escrescenze cutanee, compatte e ruvide, che si formano principalmente sulla pelle delle mani.

Questi tumori benigni della pelle sono provocati da un gruppo di virus (papovavirus) che rendono le verruche contagiose e ne facilitano la diffusione sul bambino già colpito e su coloro che lo circondano.

Anche se possono scomparire spontaneamente, è preferibile, per evitarne la diffusione, curare le verruche con l'applicazione di soluzioni specifiche. Se questa cura locale non avrà effetto o se le verruche ricompaiono, un dermatologo praticherà la distruzione con il freddo, applicando dell'azoto liquido sulle escrescenze.

> **Verruche plantari.** Nel bambino, è frequente scoprire sulla pianta dei piedi una massa biancastra sul derma, dolorosa alla pressione. La cosa più semplice è ricorrere subito all'applicazione dell'azoto liquido, che si fa spesso in 2 o 3 applicazioni, con una o 2 settimane di intervallo. Se necessario si possono togliere definitivamente queste verruche con un piccolo intervento chirurgico.

Virus

Il termine virus indica un certo numero di agenti patogeni, che per svilupparsi, a differenza dei batteri, hanno bisogno di cellule viventi, di cui perturbano il funzionamento.

Un virus contiene del materiale genetico costituito da una molecola più o meno lunga di acido desossiribonucleico (DNA) o di acido ribonucleico (RNA). Solo l'acido nucleico penetra nella cellula infettata dal virus e si integra direttamente nel materiale genetico di essa. Il virus altera il metabolismo della cellula, per costruire solo i componenti necessari alla propria moltiplicazione. Così una cellula infettata, prima di essere distrutta, produce centinaia di migliaia di nuove particelle virali.

Visione (esame della)

L'apprezzamento della visione può avvenire nel neonato nelle prime ore dopo la nascita, perché è capace, in una stanza dove la luce è attenuata, di avere degli scambi sensoriali con l'ambiente.

Il neonato è attirato dai visi, in particolare da quello di sua madre, tanto più se lei parla nello stesso tempo. Dirige ugualmente lo sguardo verso una luce tenue o degli oggetti brillanti o sufficientemente contrastati (fasce nere e bianche). Nei primi giorni dopo la nascita, il neonato può spostare lo sguardo di alcune decine di gradi.

Se, in occasione di più esami successivi, il lattante non fissa più o muove lentamente lo sguardo, può soffrire di ambliopia (deficit visivo). Comunque, il bambino che continuerà a essere strabico dopo i 7 mesi, deve essere fatto visitare dal medico perché questo strabismo può essere segno di turbe visive. L'acuità visiva, che varia da 4 a 5/10 alla fine del 1° anno, raggiunge i 9/10 fra i 3 e i 5 anni, periodo in cui vengono effettuati i test diagnostici durante le visite scolastiche. Mal di testa o difficoltà di accomodazione possono essere segnali di difetti visivi.

Vitamine

Le vitamine sono delle sostanze necessarie alla vita e allo sviluppo dell'organismo.

Alla nascita viene data al neonato un'integrazione di vitamina K. In effetti questa vitamina, che gioca un ruolo essenziale nella produzione del fattore di coagulazione, non attraversa la placenta: il neonato ne è quindi sprovvisto per qualche giorno, prima che ne inizi la sintesi da parte dei batteri dell'intestino.

La maggior parte delle vitamine è apportata dall'alimentazione: il latte materno o il latte artificiale per i lattanti, poi, soprattutto vegetali (frutta e legumi) che diversificano l'alimentazione. Un'alimentazione equilibrata, e quindi variata, è la garanzia di un apporto vitaminico sufficiente. Non c'è ragione di dare dei supplementi vitaminici a un bambino in buona salute. D'altro lato, in certi casi (infezioni, malattie croniche), può essere necessario un apporto complementare prescritto dal medico.

Al di fuori di tutte le malattie, solo la vitamina D deve considerarsi un supplemento farmacologico. Ciò è dovuto a un apporto alimentare limitato nei lattanti, legato a una produzione insufficiente in questi piccoli, soprattutto in caso di mediocre esposizione al sole (la sintesi delle vitamine D da parte dell'organismo avviene sotto l'effetto del sole e, nei bambini, la superficie cutanea esposta è limitata).

Voglia di vino
VEDI: ANGIOMA

Vomito

Il vomito è frequente nei lattanti e anche nei bambini. Può essere occasionale o segnalare una malattia digestiva.

Associato a diarrea, ed eventualmente a febbre, il vomito è dovuto in generale a una gastroenterite.

Se il vostro bambino, già colpito da un'infezione, vomita brutalmente, consultate subito il vostro medico. Questo vomito può rivelare, in effetti, una meningite o un'infezione all'orecchio o urinaria. Il vomito bilioso è verde e può essere un segnale di occlusione intestinale. La presenza di strisce di sangue nel vomito segnala lesioni allo stomaco o all'esofago. Una fibroscopia digestiva permetterà di individuare l'origine e di adattare la cura.

Il vomito isolato (o un episodio di vomito successivo), in assenza di febbre, di diarrea e di alterazione dello stato generale, si considera come occasionale ed è generalmente benigno. Tuttavia si deve pensare sempre a una causa alimentare (intossicazione).

La stenosi – restringimento – del piloro (anello muscolare che separa lo stomaco dal duodeno) può essere all'origine del vomito in un lattante di meno di 3 mesi. In questo caso è necessario un intervento chirurgico benigno.

Il vomito va distinto dal reflusso gastroesofageo, che corrisponde a un reflusso passivo del contenuto dello stomaco, dovuto a una cattiva chiusura dell'angolo superiore, che permette di otturare lo stomaco.

Il vomito può provocare una disidratazione anche grave, soprattutto se il bambino si rifiuta di mangiare. In questo caso, è essenziale determinarne la causa entro breve tempo.

Vulvite

La vulvite, o infiammazione della vulva, si traduce nelle bambine in un arrossamento degli organi genitali esterni e in un dolore o un prurito quando urinano. È eccezionale che una bambina abbia una vaginite (infiammazione della vagina) prima della pubertà. Può darsi che abbia subito un trauma o che un corpo estraneo le sia stato introdotto nella vagina.

L'irritazione degli organi genitali esterni può essere provocata dalla masturbazione, che è innocua. Può anche provenire dalla presenza di vermi, gli ossiuri, passati inosservati fino a quel punto (ossiuriasi). Il medico prescriverà una cura locale poco aggressiva, al fine di non provocare una nuova irritazione. In caso di ossiuriasi, verrà dato un farmaco specifico.

Spesso la vulvite è dovuta a un problema di igiene, soprattutto quando la bambina impara a farsi da sola la toilette. È importante insegnare alle bambine ad asciugarsi davanti e dietro, dopo essere state al gabinetto e non, come sembrerebbe più facile, da dietro in avanti.

VEDI: VERMI INTESTINALI

Zecche
VEDI: ANIMALI DOMESTICI

Zoppia

In seguito a una caduta o a un urto recente, il vostro bambino cammina in modo asimmetrico, inclinando il corpo più da un lato che dall'altro, e lamenta dei dolori: il bambino zoppica.

Dopo gli esami, il medico valuterà le cause di questo claudicare. Se si è presentato in seguito a un colpo, ma alla radiografia non è stato constatato alcun trauma serio, un trattamento antinfiammatorio e di riposo farà scomparire il dolore.

Una zoppia o un rifiuto a camminare può anche risultare da un trauma passato inosservato, da un'infezione dell'osso (osteite o osteomielite) o di un'articolazione (osteoartrite), da un'infiammazione dell'articolazione dell'anca chiamata raffreddore dell'anca (più frequente soprattutto nei bambini da 3 a 5 anni). Degli esami medici preciseranno queste patologie.

VEDI: FRATTURA, HANDICAP

Curare con l'omeopatia

Sia nella prevenzione sia nella cura, l'omeopatia privilegia un approccio globale e personale con il paziente. Essa tiene conto dei sintomi, ma anche del carattere e delle abitudini di vita del paziente e, per questa ragione, i genitori la adottano sempre più spesso in maniera scrupolosa e regolare per curare i loro bambini.

Che cos'è l'omeopatia?

Già nell'antichità, l'opera di Ippocrate (dal 460 al 377 a.C.) si ispira al principio di similitudine che è il concetto fondamentale dell'omeopatia. Fu però Christian Friedrich Samuel Hahnemann (1755-1843) a gettare, in realtà, i fondamenti teorici e pratici dell'omeopatia.

L'origine

Medico di formazione tradizionale, abbandonò abbastanza rapidamente l'esercizio della professione, deluso dai mezzi diagnostici e dalle terapie proposte dalla medicina del suo tempo. Allora la medicina si basava, infatti, sulla classificazione di Galeno, secondo la quale le malattie sono dovute a eccessi di calore, freddo, umidità o secchezza.

I rimedi erano elaborati secondo le stesse categorie sommarie. Hahnemann decise, quindi, di dedicarsi alla ricerca e allo studio, traducendo numerose opere mediche e apponendo ricche annotazioni alle traduzioni, quando non si trovava d'accordo con l'autore.

Gli esperimenti e la *Materia medica pura*

Fu così che, nel 1790, Hahnemann prese le distanze dalla posizione di Cullen, il medico di cui aveva tradotto un trattato di medicina. Cullen pensava che la china (fonte del chinino) fosse da raccomandarsi nella cura delle febbri intermittenti, poiché agisce sullo stomaco e lo fortifica. Per confutare questa ipotesi, Hahnemann assunse personalmente alcune dosi di china e, in breve tempo, si ammalò e cominciò a presentare tutti i sintomi della febbre intermittente. Da qui, dedusse l'ipotesi secondo cui un rimedio provoca in un soggetto sano i sintomi che lo stesso rimedio cura in un soggetto malato. La prova, a quel punto, era dimostrare l'efficacia della cura per affinità. Hahnemann continuò successivamente a testare su se stesso e sui suoi parenti le proprietà di un'ampia gamma di sostanze. Nel 1821 pubblicò la *Materia medica pura*, nella quale dichiarava le proprietà curative dei rimedi testati. Sviluppata considerevolmente nel corso degli anni e con gli esperimenti, la *Materia medica pura* è oggi impiegata dagli omeopati per la sua forma concisa e grazie ai repertori sintomatologici per l'orientamento della prescrizione.

La formazione dei professionisti

L'omeopatia non è una specialità, bensì un orientamento terapeutico per il quale i medici, durante o dopo i loro studi universitari, possono scegliere di formarsi. Questi medici possono, quindi, anche prescrivere un trattamento allopatico, ove ritengano sia il caso. Per trovare il nome di un medico omeopata, cercate alle voci "Medicina generale, orientamento omeopatico" o "Pediatria, orientamento omeopatico".

Come funziona?

L'omeopatia si fonda su 3 grandi princìpi terapeutici: la similitudine, l'individualizzazione e la globalità.

La similitudine

Come mostra l'esempio della china, per essere efficace ogni rimedio deve provocare sul soggetto sano gli stessi sintomi che si riscontrano sul paziente malato. Lo stesso termine omeopatia ne riflette il concetto, in quanto formata dal greco *homoios* (simile) e *pathos* (sofferenza). Pertanto, maggiore è la somiglianza dei sintomi, più efficace sarà il rimedio; è per questo che, per l'omeopatia, è essenziale conoscere con la massima precisione i possibili sintomi del paziente.

L'individualizzazione

L'osservazione mostra che, per uno stesso disturbo, ciascun paziente presenta sintomi personali. Due bambini punti da un insetto non reagiscono necessariamente allo stesso modo. Uno presenta, per esempio, un edema rosato e prova una sensazione di irritazione; l'altro sente solo una sensazione di bruciore e prurito. L'omeopata prescrive allora, nel primo caso, *Apis mellifica* e, nel secondo, *Urtica urens*.

Ogni paziente sviluppa, quindi, una forma personale di malattia riconoscibile da sintomi comuni, ma che si esprime anche mediante singoli sintomi, propri di ciascun individuo. Per questo l'omeopata dedica particolare attenzione ai minimi dettagli che gli permettono di affinare quanto più possibile la prescrizione.

La globalità

Per applicare al meglio il principio di similitudine e trovare i rimedi più adatti alla patologia del paziente, l'omeopata deve prendere in considerazione tutti i disturbi, ivi compresi quelli che possono sembrare slegati dalla malattia principale. Quindi, durante una visita per un raffreddore, l'omeopata ricerca tutti i sintomi: naso che cola, febbre, mal di testa, ma anche, per esempio, grande irritabilità, dolore associato a certi movimenti eccetera.

L'omeopata ricerca, poi, i rimedi a tutti i sintomi che rileva. Sono possibili, quindi, due scelte: la scelta "unicista", per la quale il medico ricerca un solo rimedio che copra tutti i sintomi, oppure la scelta "pluralista", che combina più rimedi. In ogni caso, lo scopo è quello di guarire il malato, più che la malattia. L'omeopata cerca sempre di ripristinare l'equilibrio globale del suo paziente.

Il rimedio omeopatico

Nel corso delle sue prime esperienze, Samuel Hahnemann constatò che la terapia con i simili comportava, in un primo momento, un aggravamento dello stato del malato, seguito poi da miglioramento. Egli concluse che l'azione del rimedio si assomma inizialmente alla malattia e che il corpo reagisce poi a questo assommarsi, riuscendo a guarire.

Infinitesimalità e dinamizzazione

Allo scopo di evitare fenomeni tossici, Hahnemann cominciò a diminuire progressivamente le quantità dei rimedi che somministrava ai malati. Diluì una quantità di rimedio in 99 parti d'acqua o lattosio, la cosiddetta "diluizione centesimale di Hahnemann" (CH). Per diluizioni successive, arrivò alle dosi infinitesimali che si impiegano ancora oggi. Ciascuna diluizione è seguita da una fase di "dinamizzazione", durante la quale la soluzione viene agitata energicamente. Questo stadio è essenziale poiché, senza questo, il rimedio perde le sue proprietà terapeutiche.

Questo modo di preparazione rappresenta la principale fonte di critica da parte dei detrattori dell'omeopatia. A partire da 6 o 7 CH, il medicamento non può, infatti, più esercitare un'attività farmacologica in senso classico; a partire da 11 CH, non può più contenere, come principio, molecole della sostanza di base. La modalità d'azione dei rimedi omeopatici è, quindi, sostanzialmente diversa da quella dei farmaci allopatici.

Un rimedio particolarmente adatto al bambino

La caratteristica dei rimedi omeopatici è quella di essere particolarmente sicuri e di facile impiego e somministrazione da parte dei genitori.

La diluizione del principio attivo rende il medicamento omeopatico atossico, anche se il vostro bambino dovesse ingoiarne accidentalmente una quantità eccessiva o addirittura un tubetto intero.

Per il gusto zuccherino e le piccole dimensioni, i granuli e le capsule sono bene accettati dal bambino. Le altre preparazioni disponibili (sciroppi, gocce, pomate, supposte) sono comunque facili da somministrare.

Come somministrare il rimedio?

Per i neonati allattati al seno, è la madre a prendere il rimedio in ragione di 6 somministrazioni al giorno, in quanto esso passa nel latte materno.

Per il bebè nutrito al biberon, diluite il rimedio in un piccolo biberon d'acqua e dategli qualche sorso nel corso della giornata. Prima di ogni dose, scuotete energicamente il biberon e tenetelo nel frigorifero fra una dose e l'altra.

Per i bambini più piccoli, fate sciogliere i granuli fra la guancia e la gengiva. Dai 3 anni, mettete i granuli sotto la lingua del bambino, dicendogli di lasciarli sciogliere.

La visita

La visita da un omeopata è diversa dalla visita classica. Dura a lungo, soprattutto se è la prima.

Descrizione dei sintomi

Il vostro medico omeopata, a ogni visita, cerca di definire il rimedio più adatto allo stato di salute del vostro bambino. Per questo ha bisogno di tutte le informazioni possibili, allo scopo di stabilire al meglio l'insieme dei sintomi. Per il neonato, o il bambino, la descrizione dei sintomi si basa sulle osservazioni fatte dai genitori. Sarà, quindi, vostro compito essere il più precisi possibile; per questo, osservate attentamente il vostro bambino e, nel corso della visita, descrivete uno a uno tutti i sintomi che vi hanno portato dall'omeopata. Precisate le cause che possono essere all'origine dei sintomi o gli avvenimenti accaduti prima della loro comparsa (viaggio, separazione, episodi di freddo particolarmente intenso ecc.).

Segnalate tutto quello che avete notato che allevia oppure aggrava il malessere del bambino (massaggio, passeggiata, poppata ecc.).

Evidenziate, comunque, tutte le reazioni che avete osservato nel vostro bambino, comprese quelle che vi sembrano secondarie: è particolarmente abbattuto? Piange più, o meno, del solito? Il suo ritmo generale vi sembra cambiato rispetto al normale?

Durante la visita, sarà l'omeopata stesso a osservare il comportamento del bambino: agitazione, febbre, pianto...

L'approccio globale al bambino

La descrizione dei sintomi puntuali del bambino non è però sufficiente all'omeopata. Nel quadro di un monitoraggio pediatrico completo, il medico adotta sempre un approccio globale al bambino e ha quindi bisogno di conoscere anche le sue abitudini, le sue reazioni generali, la qualità del sonno, la costanza dell'umore eccetera.

Per i bambini molto piccoli, l'omeopata può chiedere anche informazioni sulla gravidanza e sul parto. Il modo in cui il bambino è venuto al mondo e i fattori ereditari sono molto importanti per comprendere le sue reazioni. La gravidanza può influire, infatti, sul ritmo di vita dei bambini. Tutte queste informazioni sono indici che permettono al medico di affinare la scelta del rimedio più adatto al vostro bambino e non solamente per curare la malattia, ma anche per favorire un equilibrio globale della sua salute.

La prescrizione

La prima visita dall'omeopata è lunga perché permette di configurare il "profilo" del vostro bambino. In generale, il controllo omeopatico nella prima infanzia permette di aprire una cartella che seguirà il bambino e si arricchirà, man mano, di tutti gli episodi della sua vita. Questo sarà il modo migliore per completare ed estendere la sua terapia e permettere all'omeopata di prescrivere i rimedi più adatti alle sue esigenze.

L'omeopata può fare ricorso a rimedi di diverso livello. La prescrizione sintomatica si lega al trattamento, appunto, dei sintomi della malattia per la quale lo avete consultato. Quando il medico conoscerà meglio il vostro bambino, potrà proporre un "trattamento di base". In questo caso, la malattia, acuta o cronica che sia, è considerata come l'espressione di un "terreno" perturbato che comprende caratteristiche fisiche, ma anche psicologiche ed emozionali del bambino. L'omeopata ricerca allora il rimedio "simillimum" di alto livello, che sarà in grado di ripristinare l'equilibrio globale.

Sull'altro versante, sarà bene informare dei trattamenti omeopatici prescritti il medico o il pediatra di base che segue il vostro bambino.

SPINTA DENTALE E FEBBRE FINO A UN ANNO

Disturbi	Descrizione dei sintomi	Rimedi
SPINTA DENTALE	• Dolore acuto che si calma solo quando il bambino viene preso in braccio	• *Chamomilla vulgaris*
	• Edema alle gengive; il dolore si calma premendo sulla gengiva	• *Apis mellifica, Bryonia alba, Magnesia carbonica, Phytolacca decandra*
	• Dolori violenti, attenuati dall'acqua fredda	• *Coffea cruda*
	• Ritardo nell'eruzione dei denti	• *Calcarea carbonica, Calcarea phosphorica, Ferrum metallicum, Fluoricum acidum ou Silicea*
	• Spinta dentale accompagnata da grande irritabilità	• *Staphysagria*
FEBBRE	• Febbre improvvisa e violenta, conseguente a un colpo di freddo o a uno spavento	• *Aconitus napellus*
	• Febbre conseguente a un'esposizione all'umidità	• *Dulcamara*
	• Febbre accompagnata da arrossamento e/o delirio	• *Belladonna*
	• Febbre serale, preceduta da tremito e sensazione di sete intensa	• *Bryonia alba*
	• Febbre con eruzione, debolezza senza tremito	• *Gelsemium sempervirens*

Le buone abitudini

La scelta saltuaria o regolare dell'omeopatia come mezzo terapeutico è una buona occasione per adottare una corretta igiene di vita. L'omeopata vi chiederà sistematicamente notizie circa l'alimentazione del vostro bambino, il sonno, il suo ambiente ecc. e potrà consigliarvi di adottare abitudini di vita più sane.

L'omeopatia fino a un anno

Per i piccoli disturbi della vita di ogni giorno, potete fare ricorso all'automedicazione, somministrando i rimedi che il vostro omeopata avrà già prescritto al bambino. Consultatelo se non ci sono segni di miglioramento entro 48 ore. Non vi è alcuna controindicazione al trattamento omeopatico del neonato.

I disturbi della dentizione

Quello della spinta dentale è, in generale, un periodo abbastanza difficile per il lattante. Il dolore è sopportato bene da certi bambini, ma la maggior parte soffre molto e il male può essere ridotto efficacemente da una terapia omeopatica appropriata. In base ai sintomi e ai fattori di miglioramento o aggravamento, con il consiglio del vostro omeopata potrete dare al bambino uno dei rimedi presenti nella tabella dei sintomi della pagina precedente.

La febbre

La febbre non è una malattia, bensì una reazione dell'organismo a un'aggressione. Tuttavia, può essere pericolosa nel lattante già a partire dai 38,5 °C. Se il vostro bambino ha una febbre alta o persistente, dovete assolutamente consultare il medico. In attesa del pediatra, potrete cercare di abbassare la temperatura del bambino svestendolo e facendogli un bagno tiepido. Fatelo anche bere molto per evitare il rischio di disidratazione.

Fra i 400 rimedi omeopatici prescritti in caso di febbre, i più utilizzati sono riportati nella tabella sintomatologica riportata nella pagina precedente.

I disturbi digestivi

I principali rimedi omeopatici per questi disturbi sono riportati nella tabella qui a fianco.

IL SINGHIOZZO • È un meccanismo riflesso normale che non deve preoccupare, salvo nel caso si prolunghi e diventi insopportabile per il bambino.

IL RIGURGITO • È segno di una digestione difficile. Il trattamento omeopatico può completare un regime a base di latte antirigurgito e addensanti.

LA STITICHEZZA • Le feci sono dure e vengono espulse meno di una volta al giorno, con difficoltà. La stitichezza deve essere trattata rapidamente.

LA DIARREA • Le feci sono molli e maleodoranti. Dovete consultare il medico con una certa urgenza per evitare il rischio di disidratazione.

LE COLICHE • Sono dolori spasmodici dovuti alla distensione del tubo digerente per reazione a una situazione di digestione anormale.

L'omeopatia per il bambino da uno a 3 anni

Questo è il momento migliore per iniziare, ove necessario, il trattamento preventivo atto a rinforzare le difese del vostro bambino in previsione del suo ingresso all'asilo o a scuola e della sua esposizione al contatto con infezioni esterne alla cerchia familiare.

Il raffreddore

Il raffreddore è un'infiammazione della mucosa delle fosse nasali. È generalmente benigno, ma deve essere controllato nel caso non si riscontri una guarigione completa nel giro di qualche giorno. La persistenza dei sintomi può rivelare un terreno propizio alle infezioni che l'omeopata può curare con un trattamento di base.

I rimedi principali che potrete dare al bambino sono riassunti nella tabella sintomatologica a pag. 468.

L'otite

È un'infiammazione dell'orecchio esterno o dell'orecchio medio. Le otiti dell'orecchio medio sono frequenti nei bambini e devono essere curate adeguatamente, per evitare recidive e complicazioni. In caso di otite recidivante, il vostro omeopata si orienterà verso un trattamento globale che miri a trattare nel lungo termine un terreno squilibrato e ripristinare delle buone difese contro l'infezione.

I rimedi possibili sono, fra gli altri *Belladonna, Aconitum napellus, Arsenicum album, Ferrum phosphoricum*...

La rinofaringite

È un'infiammazione della mucosa delle fosse nasali e della faringe. Si accompagna spesso all'otite, provocando l'ostruzione della tromba d'Eustachio.

I rimedi raccomandati sono, secondo i sintomi: *Aconitum napellus, Arsenicum album, Belladonna, Calcarea carbonica, Calcarea sulfurica, Capsium annuum, Chamomilla vulgaris, Mercurius solubilis* eccetera.

I DISTURBI DIGESTIVI FINO A UN ANNO

Disturbi	Descrizione dei sintomi	Rimedi
SINGHIOZZO E RIGURGITO	• Singhiozzo	• *Teucrium marum*
	• Rigurgito (secondo i sintomi)	• *Arsenicum album, Asa foetida, Bryonia alba, Bismuthum, Cadmium sulfuratum, Zincum metallicum.*
STITICHEZZA E DIARREA	• Stitichezza durante l'allattamento al seno	• *Alumina, Apis mellifica, Bryonia alba, Nux vomica, Opium, Veratrum album*
	• Stitichezza nel neonato	• *Crocus sativus, Nux vomica, Opium, Sulfur, Zincum metallicum*
	• Diarrea associata a intolleranza al latte	• *Aethusa cynapium*
	• Diarrea con bruciore all'ano, spesso in bambini nutriti al seno	• *Arundo mauritanica*
	• Diarrea calda, giallo-verdastra, fetida, accompagnata da coliche, che si presenta durante la dentizione	• *Chamomilla vulgaris*
COLICHE	• Coliche neonatali: il bambino si piega in due	• *Colocynthis*
	• Coliche neonatali: il bambino soffre di forti crampi al pancino	• *Cuprum metallicum*

Le punture di insetto

Le punture di insetto provocano reazioni cutanee superficiali. Anche se fastidiose, sono benigne nella maggior parte dei casi, ma possono provocare reazioni allergiche. Nel caso di puntura, non esitate a rivolgervi al vostro medico, se l'edema diventa troppo importante. Nei casi meno gravi, fate riferimento alla tabella sintomatologica riportata alla pagina che segue.

I piccoli traumi

Per "piccoli traumi" si intendono i lievi inconvenienti della vita quotidiana, molto frequenti nei bambini. Cadute, colpi e ferite si moltiplicano soprattutto nel periodo in cui imparano a camminare e cominciano a scoprire il mondo che li circonda. Il bambino ha ancora un equilibrio precario e le occasioni di caduta sono frequenti. A mano a mano che la sua autonomia di spostamento aumenta, le esplorazioni possono concludersi spesso con una "bua".

Provvedete a rendere più sicuri i punti generalmente più pericolosi della casa (cucina, scale, finestre...) e tenete di riserva qualche rimedio contro i piccoli traumi, come quelli raccomandati nella tabella sintomatologica riportata alla pagina seguente.

L'omeopatia per il bambino dopo i 3 anni

A partire dai 3 anni, la scuola diventa il secondo luogo di vita del vostro bambino. Qui passa gran parte del suo tempo e impara a vivere in comunità. Qui è, però, molto più esposto alle infezioni più diverse, che si trasmettono facilmente da un bambino all'altro.

L'omeopatia permette una buona azione preventiva nonché la cura della costituzione della persona e delle cause profonde della malattia, evitandone anche la ricomparsa. Essa permette anche di risolvere le ansie e i piccoli disagi emozionali che possono insorgere al momento dell'ingresso a scuola.

I PICCOLI DISTURBI DEL BAMBINO DA UNO A 3 ANNI

Disturbi	Descrizione dei sintomi	Rimedi
RAFFREDDORE	• Aggravamento al freddo	• *Mercurius solubilis, Phosphoricum acidum*
	• Aggravamento al caldo	• *Allium cepa, Mercurius solubilis*
	• Aggravamento all'aria aperta	• *Nitricum acidum, Pulsatilla*
	• Bambino con naso tappato e respiro rumoroso	• *Antimonium tartaricum*
PUNTURE DI INSETTO	• Edema rosa pallido e dolore del tipo da puntura che migliora con impacco freddo	• *Apis mellifica*
	• Edema, bruciore e prurito, aggravati dal bagno e dal caldo	• *Urtica urens*
	• Piaga fredda e chiazzata, fitte persistenti	• *Ledum palustre*
PICCOLI TRAUMI	• Ustione di 1° grado	• *Cantharis vesicatoria, Arsenicum album* si la douleur persiste
	• Colpo, caduta senza ferita aperta	• *Arnica montana* en pommade ou compresses imprégnées
	• Colpo, caduta con leggera ferita	• *Calendulla officinalis* en compresses imprégnées
	• Colpo, caduta con ecchimosi	• *Arnica montana*
	• Ferita con pelle lacerata	• *Calendula officinalis*
	• Ferita da corpo appuntito	• *Ledum palustre*
	• Sanguinamento	• *China officinalis*

L'enuresi

Il bambino che soffre di enuresi fa pipì a letto. Si parla di "enuresi primaria" quando il piccolo non ha mai acquisito il controllo. Ciò può essere dovuto a un difetto di maturazione delle vie urinarie, a un'infezione urinaria o disturbi di ordine psicologico o emozionale. In caso di enuresi secondaria, il bambino si rimette a fare pipì a letto dopo un periodo nel quale si controllava. Questa forma di enuresi è spesso legata a uno shock emotivo (ingresso a scuola, separazione, trasloco ecc.). In base alla causa dell'enuresi, il vostro omeopata prescriverà un trattamento adatto, che potrà rivelarsi lungo.

I disturbi del sonno

I disturbi del sonno possono comparire già alla nascita, con un'evidente difficoltà a sincronizzare il ritmo giorno-notte. Questo genere di disturbi può essere trattato con il *Luesinum*.

Se i disturbi del sonno compaiono più tardi, sono solitamente dovuti a un fattore scatenante che converrà identificare. Se il bambino è molto agitato la sera e ciò gli impedisce di addormentarsi, ricercate la ragione di questa eccitazione: ansia di separazione, pasti troppo abbondanti, camera surriscaldata eccetera. Se il bambino si sveglia in piena notte, potrebbe aver avuto un incubo. Il terrore notturno e gli incubi sono frequenti, attorno ai 4 anni. Essi rivelano una certa difficoltà nel passare dal sonno profondo a quello paradossale e scompaiono solo quando il ritmo del sonno si stabilizza. Un trattamento omeopatico può prevenire la loro ricomparsa.

I disturbi del carattere e del comportamento

Il carattere del vostro bambino può essere rappresentato da una serie di parametri che determinano il suo profilo omeopatico. I disturbi del comportamento rivelano, dunque, un trattamento di base, nel quadro del quale l'omeopata cerca di ottenere un risultato globale. Questi trattamenti sono sempre di lungo respiro.

I rimedi scelti tengono conto di un grande numero di tratti caratteriali e abitudini di vita del bambino. Si tratta di un fatto assolutamente personale, che solo un professionista può determinare. A titolo di esempio, se il vostro bambino è molto geloso può essere trattato con *Hyoscyamus niger*, *Lachesis mutus* oppure *Nux vomica*.

Curare con l'osteopatia

La pratica dell'osteopatia si sta diffondendo. Ora, molti medici pediatri la raccomandano, in aggiunta o in parallelo alla medicina convenzionale, per trattare alcune patologie del bambino. Il successo che riporta in molti settori e la dolcezza della cura spiegano la crescente attrattiva che essa esercita sui genitori.

Che cos'è l'osteopatia?

L'osteopatia è un modo di pensare e di curare. Il campo delle sue applicazioni è molto ampio e non si limita al trattamento del mal di schiena o dei dolori articolari.

La fisiologia del corpo sano

L'osteopatia si fonda sullo studio approfondito della fisiologia del corpo umano. Questo studio permette di conoscere con precisione il modo di funzionamento del corpo sano. L'osteopatia stabilisce il modo con cui gli organi, le ossa e i tessuti si articolano fra loro. Per questo si parla comunemente di "osteopatia articolare", ma ciò non vuol dire che questa pratica si limiti alle articolazioni ossee.

La patologia

Le patologie che l'osteopata può trattare sono quelle che si esprimono con una disfunzione fisica che si traduce in una diminuzione o perdita di un movimento, che è invece possibile quando il corpo è sano. Questa disfunzione può essere di origine traumatica (una caduta, un incidente, un colpo), psichico-emozionale (una separazione, un decesso, un'angoscia) oppure chimica (un'intossicazione). L'osteopatia non tratta, invece, le malattie infettive (influenza) o degenerative (cancro), ma è in grado di contribuire a migliorare lo stato di benessere del malato e può trattare determinati effetti secondari di una cura allopatica forte.

L'osteopatia può anche accelerare la guarigione di un convalescente ed evitare la ricaduta di molte malattie.

La terapia

L'osteopatia mira a eliminare la disfunzione, ripristinando il buon funzionamento del corpo. Agisce sulla mobilità dei tessuti e degli organi, rilassando i movimenti naturali dei sistemi del corpo. Lo scopo è aiutare il corpo a ritrovare il funzionamento ottimale di cui è capace. L'osteopata può agire su differenti sistemi del corpo umano, a livello articolare, circolatorio, cranico, respiratorio o viscerale.

La formazione degli osteopati

In Italia gli osteopati ricevono un insegnamento privato non riconosciuto dallo Stato. La formazione mira a dare loro un'ottima conoscenza della fisiologia del corpo umano. L'apprendimento della biomeccanica, della clinica medica e osteopatica, permette loro di diagnosticare le disfunzioni e di trattarle mediante la manipolazione dolce.

La visita

Molti genitori consultano l'osteopata a seguito di ripetuti insuccessi con le terapie convenzionali. Tuttavia, l'osteopatia non è una sorta di "ultima spiaggia", ma è complementare alle varie terapie mediche possibili.

Perché consultare un osteopata?

Per trattare il vostro neonato, o bambino, l'osteopata agisce sempre nel quadro del controllo pediatrico obbligatorio. Nel trattamento dei difetti visivi, per esempio, l'osteopata può contribuire al progresso del piccolo paziente in parallelo a un trattamento oculistico. Questo approccio pluridisciplinare è, quindi, spesso molto vantaggioso.

Come avviene la visita?

La diagnosi dell'osteopata si basa sulle domande fatte ai genitori e sull'esame del bambino. Il terapeuta si informa sui sintomi osservati e sull'origine dei disturbi. L'esame del bambino permette di individuare le disfunzioni che sono all'origine dei disturbi che si manifestano con blocchi o perdite di mobilità dei tessuti.

Gli strumenti di lavoro dell'osteopata sono le sue sole mani. Per le mobilizzazioni, egli tratta le disfunzioni rilevate dalla dignosi e cerca di ripristinare la mobilità iniziale per ristabilire la funzione normale del corpo sano. La terapia osteopatica si attua secondo un approccio globale alla persona e considera l'equilibrio del corpo del bambino nel suo insieme.

L'osteopatia nel 1° anno

Alcune patologie del lattante possono essere trattate dall'osteopatia. Il terapeuta può accompagnare il bambino durante il 1° anno di vita e contribuire all'equilibrio e alla salute del futuro adulto.

La prima visita

Genericamente, e anche in assenza di patologie visibili, potrete far esaminare il vostro neonato da un osteopata, già immediatamente dopo la nascita. Questa prima visita, da collocare idealmente prima dei 3 mesi di età, corrisponde alla prima visita obbligatoria dal pediatra e permette di verificare la salute del bambino e individuare ogni eventuale problema. Sarà anche l'occasione per aprire a suo nome una cartella osteopatica che seguirà il vostro bambino per tutta la vita.

Le disfunzioni craniche

Sono spesso visibili già osservando la forma del cranio: il bambino può presentare delle deformazioni, come per esempio una bozza o una spianatura particolarmente rilevanti. Potreste anche allarmarvi per un'asimmetria evidente della testa o del viso, anche se in un parto normale è raro che il cranio presenti deformazioni, che si verificano piuttosto quando avviene con l'uso di forcipe, ventosa o con taglio cesareo. Queste deformazioni possono risolversi spontaneamente già nei primi mesi di vita, ma spesso richiedono anche un intervento di terapia osteopatica. La disfunzione cranica può, infatti, provocare patologie di natura secondaria, ma comunque importanti, come per esempio un ritardo della crescita o disturbi del sonno che possono compromettere in modo rilevante lo sviluppo.

Il ritardo dello sviluppo psicomotorio

Il vostro bambino non sembra presente a se stesso e alle persone che lo circondano. Non si apre alla relazione con suo padre come fa con la madre e nemmeno con gli altri adulti e bambini che lo circondano. Non si trova a proprio agio nei movimenti e, più avanti, negli spostamenti. Questi problemi di natura psicomotoria possono derivare da una disfunzione cranica.

I disturbi del sonno

Il vostro bambino tende a non sincronizzare i periodi di sonno con il giorno e la notte. Il suo ritmo di sonno non è regolare e ha difficoltà ad addormentarsi. È molto agitato. I problemi di regolazione del sonno sono molto spesso dovuti a una disfunzione cranica legata al parto.

Il torcicollo congenito

Il bambino ha la testa che pende sempre da un lato. Provocato da una cattiva posizione del feto all'interno dell'utero, il torcicollo congenito è trattato dall'osteopatia con ottimi risultati. L'osteopata rimette in posizione normale la testa del bambino e ciò tanto più efficacemente, quanto prima viene avviata la terapia.

Disturbi digestivi

Il bambino rigurgita in modo anormale. I rigurgiti si dicono "anormali" quando sono frequenti e avvengono molto tempo dopo la poppata, al seno o al biberon, e sono accompagnati da dolori. Il bambino piange molto, rifiuta di allattare o di prendere il biberon e soffre di coliche. La difficoltà digestiva può essere dovuta a una cattiva articolazione degli organi dell'apparato digerente. Con manipolazioni non invasive, l'osteopata è in grado di ripristinare la digestione normale.

L'ADATTAMENTO POSTNATALE

> Molti disturbi del neonato riflettono l'adattamento della sua fisiologia dopo la nascita e scompaiono grazie a una terapia adatta. Questo è il caso della maggior parte dei disturbi di regolazione del sonno e dello strabismo accomodativo. La persistenza di questi sintomi, invece, o il loro aggravamento, devono essere motivo di consultazione medica.

L'osteopatia per il bambino da uno a 3 anni

Il periodo da uno a 3 anni è ricco di evoluzioni di ogni tipo: il passaggio alla deambulazione eretta, l'acquisizione della parola, la socializzazione eccetera. Durante questo periodo possono rivelarsi una serie di malattie che possono essere diagnosticate e trattate dall'osteopata.

Il ritardo della crescita

Il ritardo si manifesta quando la statura e il peso del bambino non seguono le curve medie di riferimento. Ciò può essere dovuto a tensioni a livello del cranio causate da un parto difficile, ma anche a una caduta del bambino oppure a un trauma cranico.

La mancanza di equilibrio

Il bambino perde frequentemente l'equilibrio e cade spesso. Non si trova a proprio agio in nessuna posizione e si sposta in maniera esitante e maldestra. La mancanza di equilibrio può essere dovuta a un blocco nel cranio e può essere anche accentuata dalle cattive abitudini: se coricate sistematicamente il vostro bambino nella stessa posizione, non lo abituate a variare il suo punto di vista, rischiando così di provocare uno squilibrio nella sua struttura corporea. È quindi importante variare spesso la posizione per evitare la comparsa di asimmetrie. Fra l'altro, finché lo squilibrio non è stato completamente riassorbito dal trattamento osteopatico, assicuratevi sistematicamente che il bambino non subisca traumi o cadute.

La stitichezza e le coliche

Il bambino soffre di episodi di costipazione o coliche frequenti e a ha spesso il pancino gonfio. Come per il lattante, questi problemi derivano da disfunzioni dell'apparato digerente. L'osteopata cerca, in questi casi, di ripristinare il buon funzionamento dell'apparato digerente.

I disturbi otorinolaringei

Il bambino soffre di otiti e rinofaringiti frequenti che richiedono un trattamento allopatico. L'osteopata può migliorare lo stato del bambino e limitare le recidive con manipolazioni leggere del cranio e delle vertebre, che favoriscono il buon funzionamento di tutta la zona orecchio-naso-gola.

I disturbi della vista

Il bambino soffre di strabismo (ha lo sguardo "incrociato"). Nei primi mesi è normale che sia strabico in modo intermittente, segno che sta imparando a controllare la direzione del suo sguardo.

Lo strabismo di accomodamento non è cronico né duraturo, ma quello permanente è anormale, poiché dovuto a una deviazione dell'asse oculare. Il trattamento osteopatico permette di sostenere i progressi del bambino, a complemento di un trattamento oculistico.

L'osteopatia per il bambino dopo i 3 anni

Fra i 3 e i 6 anni il vostro bambino inizia ad abituarsi alla vita scolastica. Le esigenze della vita di gruppo possono rivelare disturbi del comportamento o ritardi psicomotori non rilevati nella cerchia familiare. Durante questo periodo di adattamento, alcuni segnali possono rivelare disfunzioni che l'osteopata può trattare con successo.

Enuresi

Il bambino che soffre di enuresi fa la pipì a letto. Nel caso di enuresi primaria (il bambino non si è mai controllato), dovuta a una disfunzione della fascia del bacino o del cranio, che turba il segnale nervoso fra il cervello e la vescica, il trattamento osteopatico ottiene risultati rapidi e duraturi.

Irritabilità e aggressività

Il bambino è irritabile e spesso brontolone. In gruppo si comporta in modo aggressivo, alle volte violento. Si oppone sistematicamente alle regole dettate dai genitori e dalla scuola. Questi disturbi possono essere legati a disfunzioni del sistema cranico che impediscono l'acquisizione di una socialità normale.

La difficoltà di concentrazione

Il bambino ha difficoltà a concentrarsi. Si annoia rapidamente e si lascia distrarre con molta facilità. Questi problemi possono essere legati a una disfunzione cranica che gli impedisce di mantenere l'attenzione.

Formalità pratiche

La nascita di vostro figlio vi dà diritto ad alcuni aiuti e sovvenzioni. Per ottenerli, dovrete adempiere a una serie di formalità amministrative e legali (certificato di nascita, bilanci di salute, vaccinazioni obbligatorie ecc.) e dovrete anche decidere a chi vorrete affidare il bambino durante il giorno (asilo nido, baby-sitter ecc.). Poi verrà il momento di iscrivere il piccolo a scuola... Come affrontare tutte queste situazioni nuove? In queste pagine troverete alcuni consigli utili per orientarvi al meglio.

FORMALITÀ

I BILANCI DI SALUTE
Sono previsti qualche giorno dopo la nascita, una volta al mese fino a 6 mesi e poi a 9, 12, 15-18, e 24 mesi. Successivamente, si effettua un bilancio di salute all'anno fino al 6°, poi a 8, 10, 12 e 14 anni.
Il libretto sanitario del bambino indica gli esami e le vaccinazioni da effettuare.
Queste visite possono essere effettuate nei centri di assistenza materna e infantile dell'ASL di riferimento e dal pediatra scelto, sia quello di base sia quello privato.

LE VACCINAZIONI OBBLIGATORIE E RACCOMANDATE
Le vaccinazioni contro difterite, tetano, pertosse, epatite virale B e poliomielite sono obbligatorie. La vaccinazione BCG (antitubercolotica) non è più obbligatoria, ma è vivamente consigliata per i bambini comunque a rischio.
Il vaccino MMR (morbillo, parotite, rosolia) non è obbligatorio, ma è raccomandato e ampiamente usato. Le vaccinazioni contro le forme invasive dell'infezione da *Haemophilus influenzae* di tipo B sono raccomandate a tutti i bambini.
Le vaccinazioni obbligatorie e raccomandate sono eseguite presso i centri di assistenza materna e infantile (a pag. 93 è riportato il calendario vaccinale).

L'ASSISTENZA SOCIALE DEL BAMBINO
Al momento della denuncia di nascita all'anagrafe, viene consegnata la tessera sanitaria del bambino, mentre se la denuncia è fatta nell'ospedale o nella casa di cura dove è avvenuto il parto il tesserino va richiesto all'Agenzia delle Entrate competente per territorio.

IL SUSSIDIO FAMILIARE
Se il reddito familiare complessivo non supera una determinata cifra, stabilita di anno in anno, e se almeno il 70% di questo reddito è costituito da lavoro dipendente, l'INPS eroga un assegno per il nucleo familiare, che può essere richiesto per i figli minorenni e per i figli disabili anche se maggiorenni.
L'importo mensile, che varia di anno in anno, viene versato al lavoratore dipendente dal datore di lavoro; nel caso in cui il richiedente sia pensionato, disoccupato, operaio agricolo, addetto ai servizi domestici e familiari ecc., il pagamento viene effettuato direttamente dall'INPS.
Per ottenere il pagamento dell'assegno si deve presentare domanda utilizzando l'apposito modulo che può essere scaricato dal sito www.inps.it o reperito presso qualsiasi sede INPS. Va presentato al datore di lavoro nel caso di lavoratori dipendenti, alla sede INPS di competenza in tutti gli altri casi.

Il bonus alla nascita o all'adozione
Grazie a un accordo fra il Dipartimento per le politiche della famiglia e l'Associazione Bancaria Italiana, è stato istituito il cosiddetto "bonus bebè", una sorta di un prestito a tasso agevolato per far fronte alle nuove spese, finanziabile fino a 5.000 euro da restituire in 5 anni; non vi è un limite di reddito e non si fa distinzione fra figli naturali e figli adottivi. In molti casi, essendo un contributo ai nuovi nati erogato dalle istituzioni locali, è bene informarsi sui siti del proprio comune o della provincia di appartenenza.
Molte regioni prevedono un piccolo sussidio per ogni neonato: Per esempio, il Piemonte mette a disposizione delle famiglie dei voucher del valore complessivo di 250 euro per ogni nuovo nato, da usare nelle farmacie e nei supermercati per l'acquisto di prodotti per l'igiene e per l'alimentazione della prima infanzia.

IL SUSSIDIO SCOLASTICO PER I BAMBINI DIVERSAMENTE ABILI
L'articolo 12 della legge 104/92, Diritto all'educazione e all'istruzione, sancisce il diritto all'educazione e all'istruzione per tutti i disabili, garantendo l'inserimento all'asilo nido, nella scuola materna, e stabilendo l'obiettivo dell'integrazione scolastica.
Il servizio di integrazione scolastica si rivolge a bambini e giovani con disabilità o in situazione di disagio, per i quali sono realizzati progetti di integrazione in collaborazione con i servizi socio-sanitari e le scuole. Il servizio fa capo ai Servizi Istruzione Comunali, e realizza anche attività informative e formative rivolte alle famiglie. Gli interventi di sostegno possono essere a carico del Comune o dell'Azienda sanitaria locale, ai quali dovrete rivolgervi per tutte le informazioni.

L'ADOZIONE
Nel caso di adozione, il bambino perde ogni legame con la famiglia d'origine e ottiene, presso la famiglia adottiva, lo stesso stato di un figlio legittimo. Nell'affidamento, invece, non interrompe ogni legame con la famiglia biologica e i suoi diritti ereditari permangono. L'adozione semplice è revocabile e non richiede alcun contratto.

LE CONDIZIONI
La legge prevede la possibilità di adottare un minore sul territorio nazionale (adozione nazionale) o in uno stato estero (adozione internazionale) aderente alla Convenzione dell'Aja per la tutela dei minori e la cooperazione in materia di adozione internazionale, o

con un Paese con cui l'Italia abbia stabilito un patto bilaterale in materia di adozione.
I requisiti fondamentali per richiedere un'adozione sono i seguenti:
- La differenza di età tra gli adottanti e l'adottato deve essere compresa tra i 18 e i 45 anni, ma uno dei due coniugi può avere una differenza superiore ai 45 anni a patto che sia comunque inferiore ai 55;
- gli adottanti devono essere sposati da almeno 3 anni e non deve sussistere separazione personale neppure di fatto; il periodo dei 3 anni può essere raggiunto contando anche un eventuale periodo di convivenza pre-matrimoniale.
- devono essere idonei ad educare, istruire e in grado di mantenere i minori che intendono adottare. Questo punto viene verificato dal Tribunale per i minorenni di competenza tramite i servizi socio-assistenziali degli enti locali.

LE PRATICHE

Le coppie italiane che decidono di adottare devono seguire una procedura di adozione molto complessa, che deve garantire l'interesse del minore, mentre l'interesse dei coniugi di costituire una famiglia, è considerato secondario rispetto all'interesse del minore.
La procedura per l'adozione nazionale e per quella internazionale sono diverse, in quanto nella seconda attore preponderante è l'autorità del Paese del minore, rispetto al quale operano gli enti autorizzati, che svolgono la funzione di fornitore di servizi per la coppia italiana che intende adottare e di garante dell'applicazione delle disposizioni dell'autorità estera in Italia.

I CONGEDI D'ADOZIONE

Per preparare al meglio l'arrivo del bambino, i genitori adottivi possono beneficiare di un congedo di adozione complessivo di 5 mesi, fruibili anche prima dell'arrivo del minore in famiglia, se si rendono necessari dei viaggi nel Paese del minore. Si può inoltre usufruire di un congedo parentale parzialmente retribuito per un massimo di 6 mesi, suddiviso tra i due genitori.

I SUSSIDI

Il bambino adottato è considerato come figlio legittimo. I genitori adottivi beneficiano, quindi, delle stesse prestazioni degli altri, per esempio gli assegni per il nucleo familiare e il bonus bebè. Inoltre, il bambino adottivo ha diritto all'assistenza sanitaria alla pari dei figli naturali.

CRESCERE UN FIGLIO DA SOLI

Molti Comuni prevedono un contributo per nuclei monogenitoriali con uno o più figli minori conviventi, il cui importo è variabile a seconda delle condizioni economiche della famiglia.

LA SCUOLA

L'ISCRIZIONE A SCUOLA

Obbligatoria a partire dai 6 anni di età; si può scegliere tra una struttura pubblica o privata. In questo secondo caso, l'ammissione dipende dal numero dei posti disponibili le formalità burocratiche variano secondo i casi.

ALLA SCUOLA MATERNA

La scuola materna non è obbligatoria, l'iscrizione è quindi soggetta alla competenza dei Comuni, secondo l'effettiva disponibilità di posti. I bambini devono compiere 3 anni nell'anno solare di ingresso.

I documenti da fornire sono: domanda di iscrizione, autocertificazione contenente i dati anagrafici, certificazione delle vaccinazioni obbligatorie (vedi pagg. 92-93), da richiedere all'ASL, codice fiscale del bambino e dei genitori, eventuale certificazione di disagio fisico o sociale o di altre situazioni particolari, se presenti.
Il Comune vi indicherà la scuola materna del vostro quartiere; se preferite un'altra situazione, potrete indicare un ordine di preferenza.
Dovrete specificare nella domanda l'orario di frequenza gradito: informatevi in precedenza sulle possibilità offerte dalle scuole materne della vostra zona. Generalmente l'orario è di 40 ore settimanali (8 al giorno), ma si può scegliere l'orario ridotto (25 ore) o prolungato (50 ore).
L'iscrizione è rinnovata automaticamente ogni anno, salvo diversa indicazione da parte vostra (trasloco, cambio scuola ecc.). Può accadere che queste regole differiscano leggermente da un comune all'altro. Informatevi presso il vostro municipio o l'ufficio scolastico regionale.

I CENTRI PER L'INFANZIA

I centri per l'infanzia accolgono i bambini (a partire dai 3 anni) durante le vacanze scolastiche; gli orari sono generalmente gli stessi della scuola. Diretti da personale qualificato (puericultrici, infermiere ecc.), sono organizzati in modo da permettere una prima esperienza di socializzazione ai bambini che non sono mai stati all'asilo nido o con una baby-sitter. I posti sono spesso limitati, per cui è buona norma iscriversi con molto anticipo. Per ogni informazione, contattate il Comune o gli assistenti sociali del servizio scolastico per l'infanzia del vostro Comune.

Indirizzi utili

Ministero della Salute
Viale Giorgio Ribotta, 5
00144 Roma
Tel. 06 59941
www.salute.gov.it

Sul sito del Ministero della Salute è reperibile l'elenco completo delle ASL e delle strutture ospedaliere pubbliche italiane (www.salute.gov.it/infoSalute/atlanteHome.jsp?menu=atlante)

Consiglio Superiore di Sanità
Viale Giorgio Ribotta, 5
00144 Roma
Tel. 06 5994 28132934
www.salute.gov.it

Istituto Superiore di Sanità
Viale Regina Elena 299
00161 Roma
Tel. 06 49901
www.iss.it

Agenzia Italiana del Farmaco
Via del Tritone, 181
00187 Roma
Tel. 06 5978401
www.agenziafarmaco.gov.it

Agenzia Nazionale per i Servizi Sanitari Regionali
Via Puglie, 23
00187 Roma
Tel. 06 427491
ww.agenas.it

Federazione Italiana Medici Pediatri
C.so Lucci, 121
80142 Napoli
Tel. 081 5633030
www.fimp.org

Società Italiana di Neonatologia
Via Temolo, 4 (Torre U8)
20126 Milano
Tel. 02 45498282
www.neonatologia.it

Società Italiana di Pediatria
c/o Biomedia srl
Via Temolo, 4
20126 Milano
Tel. 02 45498282
www.sip.it

Società Italiana di Pediatria Preventiva e Sociale
Via Di Giacomo
81031 Aversa (CE)
Tel. 02 45498282
www.sipps.it

Società Italiana di Medicina Perinatale
Via Temolo, 4 (torre U8)
20126 Milano
Tel. 02 45498282
www.simponline.it

Società Italiana di Ginecologia ed Ostetricia
Via dei Soldati, 25
00186 Roma
Tel. 06 6875119 - 6868142
www.sigo.it

AssociazioneOstetrici Ginecologi Ospedalieri Italiani
Via Abamonti, 1
20129 Milano
Tel. 02 29525380
www.aogoi.it

Società Italiana di Psicoprofilassi Ostetrica
c/o Alfa congressi
Viale delle Milizie, 34
00192 Roma
tel. 06 3701121
www.sippo.it

Federazione Nazionale Collegi delle Ostetriche
Piazza Tarquinia, 5/d
00183 Roma
Tel. 067000943
www.fnco.it

Federazione Nazionale Collegi Infermieri professionali, Assistenti sanitari, Vigilatrici d'infanzia
Via Depretis, 70
00184 Roma
Tel. 06 46200101
www.ipasvi.it

Ministero delle Pari Opportunità
Tel. 06 67791 - 6779 2435 - 67792612
www.pariopportunita.gov.it

Ministero del Lavoro e delle Politiche Sociali
Via Vittorio Veneto, 56
00187 Roma
Tel. 06 481611
Numero verde 800 196 196
www.lavoro.gov.it

Ministero dell'Istruzione, dell'Università e della Ricerca
Viale Trastevere, 76/a
00153 ROMA
tel. 06.58492377 - 2379 - 2755 - 2796 - 2803
www.istruzione.it

Istituto Nazionale Previdenza Sociale (INPS)
Via Ciro il Grande, 21
00144 Roma
Tel. 803164 (numero verde)
www.inps.it

www.disabili.com
Su questo sito è possibile reperire l'elenco delle strutture pubbliche e delle associazioni che si occupano dei bambini disabili

Indice

I numeri in grassetto rinviano alle voci del dizionario medico.

A

acari 235, **408**
    allergie agli 211
acetone (crisi d') **408**
acne del lattante 51
adenoidi **460**
adozione 158-161, 344
aereo 178
affidamento in residenza alternata 326
afta 51, **413**
aggressività 298, 364, 409
agitazione **409**
AIDS **455**
albuminuria **409**
alcolismo fetale **409**
alcool (allattamento e) 85
alimentazione 198, 264-265, 286-287, 316-317, 370, 372-373, 379
    allergie 210, 211
    bambino prematuro e 60
    della madre che allatta 85-86
    igiene alimentare 202
    giocare con la pappa 282
    nuovi gusti 228-229
    passaggio ai cibi solidi 141
    rifiuto del biberon 253
    ritmo del sonno e 124
    seggiolone 154-155
    sfarinati per biberon 149
    svezzamento 200-204
allattamento 26-29, 84-87
    avviamento 26-27
    ciuccio e 77
    disturbi e complicazioni 87
    durata e frequenza 29
    omeopatia e 152
    padre e 140
    prevenzione delle allergie alimentari e 211
    sonno e 149
    posizioni corrette 28, 105
    professione e 122-123
    vantaggi 26
    vomito e 51
allergie 177, 210-211, 371, **409-410**
    alle vaccinazioni 93
altalena 274
ambiguità sessuale **410**
ambliopia 319
amigdale **410**
analgesici 208
anca (lussazione dell') 52
anemia **410**
anestesia **411**
angioma 51, **411**
animali 322
animali da compagnia 217, 338-339, **411-412**
annegamento 214, **444**
anoressia **412**
ansia 376
    della madre 69
    di separazione **411**
antalgici 129, 208
antibiotici 94-95, 176-177, **412**
    eritema da pannolino e 45
antidolorifici 208
antinfiammatori 208
antipiretici 94, 129, **412**
apnea del lattante 91, **413**
apparecchi elettrici 245
appendicite 381, **413**
appetito 82, 317
aptonomia 153
AREA-Genitoricontroautismo 352
armadietto medicine 179, 272
ascesso **408**
    al seno 87
asilo nido 313
    bambino prematuro e 237
    collettivo 132
    cooperativo 134
    familiare 133
    gemelli e 184
    primi giorni all' 136
ASL 38, 40, 349, 354, 405, 472, 473
asma 210, 273, **413**
    bambino prematuro e 61
aspirina 94, 129, 371
assistente sociale 349
assistenza materna 132, 133-134
Associazione Genitori Soggetti Autistici 353
    in ospedale 238
Autismo Italia 353
Associazione Gioco e studio
    in ospedale 238
attaccamento ai genitori 163
attività culturali 314-315, 390
attività fisica 369, 390
attività professionale
    maternità e 69
    paternità e 71
autismo 350-353, **414**
automedicazione 152, 209
automobile 108-109, 178, 217
autonomia 194, 224, 284, 332, 362-363
autorità genitoriale 178, 399
avvelenamento (rischi d') 243

B

Babbo Natale 382
baby blues 69
baby-pullman 105, 170
    scelta del 62
baby-sitting 134-135
baby-sitting 132-135, 237
    a domicilio 134-135
    presso un parente 136-137
bagnetto 96-97, 214
    del neonato 46-47
    giochi per il 213, 262
    pianto e 48
    precauzioni di sicurezza
    raffreddore e 126
    seggiolino da bagno 156
balbuzie 361, **415**
«bambinese» 80, 118, 226
bambino adottato *vedi* adozione
bambino disabile 346, 348-349
    scolarizzazione del 354-355
bambino prematuro 60-61
    percorso medico del 236-237
    test diagnostici 61
    vaccinazioni del 92
barbecue 274
batteri **414-415**
bavaglino 101
BCG (vaccino) 92, 150, **415**
biancheria letto (scelta della) 55
biberon 30-31, 122
    allattamento e 28
    dare il 34
    conservazione del 35
    dopo i 3 anni 358
    farmaci e 177, 209
    integrazione 84
    istinto di suzione e 76
    padre e 141
    praparazione del 32
    posizioni corrette per quantità di latte 32, 33
    scelta del 31
    sfarinati 149
    sterilizzazione del 31, 33, 35
    rifiuto del 253
    sonno e 149
    uscite e 63
bibite 229, 267
biblioteche 314
bicicletta 390
bilanci di salute 39
bilinguismo 254
borsa per il cambio 154
borsa per la toilette 96
bozza siero-ematica del neonato **416**
braccialetto identificativo 20
Brazelton (T. Berry) 358
bronchiolite 92, 128, 237, **416**
bronchite 128, 176, **416**
buone maniere 306, 365

C

caffè (allattamento e) 86
carrozzina 63, 105
cadute 256, **418**
calendario delle vaccinazioni 93
calmanti **416-417**
cane 322, 338
cambio del pannolino 42-45, 96
cameretta 54-55, 88-89
    bambino prematuro e 60
    condivisione della 241
    materiale 154-157
    ordine in 362
    prevenire l'allergia agli acari 211
    sicurezza in 217
    sistemazione in 124
camminare (imparare a) 193, 256-259
cancelletti di sicurezza 157, 217
canto 313, 332
capelli (caduta dei) **418**
carie 292, **417**
cariotipo **417**
carne 228, 266, 372
castrazione (angoscia di) 392
cefaloematoma **417**
centri infanzia e di animazione 371, 308, 366
cereali 201
cerume **417-418**
cervello 172-173
    esame neurologico 350
cesareo (taglio) 21
cesta 55, 88, 106
cianosi **422-423**
circoncisione **418**
circonferenza cranica 16, 17, 422
ciuccio 358
    scelta del 30, 77, 84

Indice

allattamento e 28
  sonno del noenato e 36
  sterilizzazione 76
civetteria 401
classi speciali 354
codeina 208
cuore (anomalie del) **419**
coliche del lattante 53, **419**
colon irritabile **419**
colostro 26
colpo di calore 179, **421**
colpo di sole **421**
colpi 272
coma **419**
compleanno 252
complesso di Edipo 396-397
complimenti 398
computer 389
comunicazione con il bambino
  80-81, 146-147, 162-163, 332;
  vedi anche linguaggio
congedo di adozione 158
congedo di paternità 64
congiuntivite 319, **420**
console da gioco 389
coppette assorbilatte 27, 123
coppia 65, 125, 130, 166-167, 175,
  247, 325, 326
coscienza (stati di) 91, 194
costipazione 52, 53, **420**
  falsa ~ 321
consulenza genetica 347, 352
contatto tattile con il neonato 22
contraccezione
  allattamento e 86
convalescenza **420**
convulsioni **420**
  febbrili 95, 234
  dopo una vaccinazione 93
cordone ombelicale (cura) 45, 46
corticoidi **421**
crescita 232, **421-422**
  ritardo della **452**
crisi
  di collera 276, 278-279, 298
  di pianto del neonato 23
crosta lattea 51, **422**
crudità 201
cucina 317, 384
  pericoli in 242
  sicurezza in 244
culetto
  irritazione del 45, 51,
  eritema da pannolino **427**
culla 88, 106
  scelta della 55
cure

borsa per la toilette 96
  dopo il bagnetto 48
  del neonato 45, 46-57
curiosità sessuale 402

D

daltonismo **423**
danza 313, 390
deficit dell'attenzione 333
deficit immunitario **423**
dentaruolo 206
denti 203, 292-293
  carie 292, **417**
  ciuccio e 77
  digrignare i 337, **431**
  primi denti 171, 206, **423**
dentista (prima visita dal) 292
depressione post-partum 69
  massaggio del lattante e 98
dermatosi 235, **423**
destro 332
detersivo per il bucato del
  neonato 100, 103
diabete 346, **424**
diarrea 50, 53, 82, 177, 206,
  235, **424**
difterite 92, **425**
digrignare i denti 337, **431**
diritto di visita 326
disegno 285, 313, 332
disidratazione del neonato
  51-52, **424**
dislessia **425**
disturbi
  della crescita 350
  della vista 233
  del linguaggio 360, 361
  del sonno 288, 380
  dell'udito 233, 378
  digestivi 235, 381
  urinari 235
dolore **425**
  dentizione 206
  intestinale nel neonato 50
  ricovero in caso di 239
  al seno 87
  sollievo dal 207-209
dondolo 154, 156
DTCP (vaccino) 92, 150, 151
DTCPH (vaccino) 93, 151
DVD 314
divorzio 326, 403

E

ecografia 238, **425-426**
eczema 234, **426**
Edipo (complesso di) 396-397
educazione 112-113

abituarsi al «no» 244
accordo dei genitori 325
autodisciplina 364
disobbedienza 334
imparare i divieti 248
imparare i pericoli 259
istruzioni semplici 227
litigi 295
porre i primi limiti 221
emicrania 381, **441**
emofilia **432-433**
emorragia **433**
emozioni 81, 196, 277
encefalite **426**
enuresi 377, **450-451**
epatite virale **433**
  epatite B 150
  prevenzione 235
  vaccino contro l' 92, 93
epilessia **427**
eritema da pannolino 45, 51, **427**
ernia 53, **433**
  nel bambino prematuro 61
eruzione cutanea **427**
età del «perché?» 362, 402
età "terribile" 302

F

fame
  (pianto per) 83, 213
famiglia
  omogenitoriale 341
  monogenitoriale 340
  numerosa 72
  allargata 341
farmaci 177, 179, 208-209
  allattamento e 85
  difficoltà del sonno e 289
  sicurezza e 258
  somministrare i 129, 209
farmacia 179, 272
fasciatoio 42, 96
febbre 82, 94-95, 177, 179,
  291, **428-429**
  farmaci antipiretici 129
  nel bambino prematuro 61
  primi dentini e 206
  per reazione a un vaccino 93
feci vedi anche pulizia
  esame delle **455**
Federazione delle Associazioni
  Nazionali a Tutela delle Persone
  con Autismo e Sindrome di
  Asperger 353
Federazione Nazionale Collegi
  Ostetriche 69, 134
fenilchetonuria **447**
fluoro (integratore al) 206, **429**

farinacei 266, 372
fascia (porta-bébé) 62
favole 382
febbricola 94
ferite 272, **448**
ferro (carenza di) 380
feste 386
figlio unico 297
filiazione 342-343
fimosi **447**
fontanelle 16, **429**
foruncoli **429**
fototerapia
fratellanza 240, 294
  bambino disabile
  o malato 348
fratelli maggiori 240
  adozione e 160
  gelosia 294
  gemelli 58
frattura **429**
formaggio 200, 264
Freud (Sigmund) 396
frutta 202, 219, 266, 372
frustrazione 302

G

gambe arcuate 257
gas intestinali **431**
gastroenterite 52, 235, **430**
gatto 322, 338
gelosia
  del bambino 294-295
  della madre 115, 167
gemelli 58-59, 184-185
genitore assente 340
genitori acquisiti 341
genitorialità intuitiva 80
giardini d'infanzia 309
giardino 274-275
ginocchia che si toccano **431**
giocattoli 191, 217, 218
  microbi e 120
  prestito tra bambini 297
  rischi 77
  scelta dei 120-121,
    260-262
gioco 147, 191, 194, 195,
  218-219, 225, 262,
  310-311, 371, 384-386
  all'aria aperta 274
  di gruppo 386
  immaginazione e 312
  mondo immaginario e 382
  sesso e 310
  solitario 386
  tra bambini 296-297
girello 157

glutine **431**
grandi prematuri 61, 237
grasping reflex 120
gruppi di parole 349
gruppi sanguigni **432**
Gruppo Asperger 353
guardia medica 40
    quando rivolgersi alla 95

H

Haemophilus influenzae
    92, 150, 151; 381, **414**
handicap 346, **432**
herpes 51, **433-434**
herpes zoster **462**
HIV **461**

I, K

ibuprofene 94, 129, 291
identità sessuale 325, 341,
    392-393, 400-401
idrocefalia **435**
idrocefalo **435**
igiene 235; *vedi anche* cura
    alimentare 202
    dentale 207
    lavarsi da solo 362
igiene dentale 207
imitazione 303, 306, 396
immaginazione 312, 382
impetigine **436**
incidenti domestici 242-243,
    272-273, **408**
incubazione
    di malattia **436**
incubi 252, 288, 376, 383, **417**
indice di massa corporea (IMC)
    374
infezione 94
    nosocomiale **443**
    urinaria **436-437**
influenza **431-432**
    vaccino antinfluenzale 92, 237
ingorgo mammario 87
INPS 132, 472
insegnante di sostegno 354
insolazione **437**
interfono 54
intervento chirurgico 239, **437**
invaginazione intestinale **437**
iperattività 333, **409**
ipermetropia 319
ipertonia vagale **435-436**
ipospadia **436**
irritazione delle natiche 45
IRM 238, **437**
Isofix (sistema) 108

Istituto Gaslini Genova 238
istituto medico-educativo 352,
    355
istituto medico-professionale
    355
ittero **437**
    del neonato 16, **436**
kinesiterapia 237, **438**

L

labbro leporino **415**
laboratori creativi 390
Lacan (Jacques) 195
lallazione 81
laringite 126-127, **438**
latte
    adattato 30
    artificiale 30-31
    conservazione del 122
    di proseguimento 30
    di soja 374
    insufficienza del 84
    intolleranza al 210, **438**
    materno 26
    per la crescita 31, 264
    per lattanti 200
    prima infanzia 30
    vaccino 200
latticini 200, 372
lavoro *vedi* vita professionale
legami affettivi tra madre
    e neonato 20, 21
lenti a contatto 379
lettino
    scelta del 55, 88
    dormire con i genitori 89
    senza sbarre 332
    da viaggio 154
lettura 314, 384-385
leucemia **438-439**
libretto sanitario 40, 177, 182,
    318
libri 227, 262, 303, 314, 384, 401
linfagite 87
linfonodi **430**
lingua (frenulo della) **438**
linguaggio
    80-81, 118, 173, 226-227,
    254-255, 304-305, 313,
    360-361, 369, 371, 378,
    401, 405
    prime sillabe 191
    ritardo del **452**
    violenza del 365
lividi **415**
logopedista 237, 360, 405
lussazione congenita dell'anca
    52, **439**

M

macchia
    mongolica **457**
    voglia di vino 51, **441**
macrocefalia **439**
madre single 57
malattia 126-127, 150, 221,
    290-291;
    vedi anche
    Dizionario medico 408-**462**
    cronica 346
    asilo durante una 135
    eccesso di sonno e 377
    infantile 290-291
    pianto e 82, 83
mal d'auto **439**
mal di testa **439**
malessere del lattante 41, 91,
    439-440
maltrattamenti **440**
mammella
    ipersensibilità della 87
    ragadi alla 87
mancino 332, **430**
marionette 314
massaggio
    del lattante 98-99, 138
mastite 87
mastoidite **440**
masturbazione **440**
materasso
    scelta del 55
materna *vedi* scuola materna
medicina dolce 39, 152-153
medico
    scelta del 38-39
    visita in caso di febbre 95
    omeopatia 153
memoria 172, 305
meningite 150, 290, 381, **440**
menù
    (esempi di) 267
micosi **443**
    della bocca 51
microcefalia **441**
mimetismo 306
mimica del neonato 19
mini-nuoto 123, 323, 390
miopatia **443**
miopia 319
molluscum contagiosum **441**
monitoraggio **441**
mononucleosi infettiva **441**
montata lattea 27, 87
morbillo 150, 290, **453**
    prevenzione del 234
morsi 249, 339, **442**
morte improvvisa

    del lattante
    91, 204, **442**
    prevenzione della 88
    vaccino DTCP e 92
movimenti anormali **442**
mucoviscidosi **442-443**
mughetto 51, **443**
musica 146-147, 219, 313, 390

N

nævus flammeus 51
nanna 148, 175, 269
naso
    pulizia con raffreddore 127
    sangue di **454**
    cura del 49, 215
neonato scosso
    (sindrome del) 25
nonni 180, 182-183
nutrice
    (impiego di una) 134

O

obesità 374, 375, **444**
occhiali 232, 379
occhio *vedi anche*
    vista del neonato 18
    cura neonatale degli 48, 49
occlusione intestinale **444**
oculista 319, 378-379
oggetto transizionale 197, **444**
olio 228
omeopatia 129, 152, 206, 273,
    289, 380
operazione chirurgica 239, **437**
ormoni **434-435**
ossitocina 28
ordine (mettere in) 310, 384
orecchio
    anomalie del padiglione **445**
    cerume **417**
    corpi estranei nell' **445**
    cura dell' 49, 215
orecchioni (parotite)
    150, 290, **445**
orticaria **460**
ortodonzia **445**
orzaiolo **445**
osteopatia 152
ostilità verso i genitori 241
ossiuriasi 235, **461**
otite 126, 150, **445-446**
ovetto (seggiolino) 108

P-Q

padre 70-71, 398-399
    depressione postnatale
    della madre e del 69

Indice

effetto calmante del 82
importanza del 138-139
gelosia del 115
gemelli e ruolo dei 58
giochi e 220-221
lattante e 64-65
«nuovi padri» 164
nutrizione del bebè e 114
partecipazione in casa 56
single 57
visite mediche e 221
pagella 368
palestrina neonato 156-157
pallore **446**
pancia (mal di) **460**
pane 372
pannolini
    lavabili 45
    scelta dei 42
    smaltimento dei ~ usati 96
paracapezzoli 84
paracentesi 126, **446**
paracetamolo 94, 129, 206, 208
parolacce 360
passeggino 63, 105
pasta 201
pasta di sale 285
pasti 230; 252; 265-267, 286-287, 316-317, 370, 372-373, 379
paternalità 66, 164
paternità 67, 70-71
paura 303
    degli estranei 198
    della notte 282
    d'essere «cattivo» 383
    di andare a letto 376
    di crescere 320
    pianto e 197
pediatra 318, 404
    adozione e 160, 161
    scelta del du 38-39
pelle 51
    allergie 210
    cura della 48
    problemi della 234
pensiero pre-logico 402
PEP (progetto educativo personalizzato) 354
perdita di conoscenza **446-447**
pertosse 53, 93, **421**
pesce 228, 372
peso 16, 17, 170, 233, 252, 318
    allattamento e 84
    del bambino prematuro 60
Piaget (Jean) 195
piante 217, 243, 275
pianto 82-83
    addormentamento e 205
    ciuccio e 77

dopo una vaccinazione 93
difficoltà a dormire e 148
fine del pianto per fame 213
nel neonato 22, 24-25
separazione e 196
spasmo di singhiozzo 278, **456**
piattole 380
pidocchi 380, **449**
piede
    d'atleta **448**
    deformazione del **447-448**
    «piedi piatti» 379
pipetta 129
piscina 275, 323, 390
pittura 285, 313
pneumococco (vaccino anti) 237
poliomielite 93, **449**
pollice (succhiare il) 76
polmone (malattie del) **449**
pompetta aspiramuco 127
poppata 29; vedi anche allattamento
    ritmo di 26
    sonno e ultima ~ 175
porpora 51, **451**
posizione 104-107, 170
    eretta 145
    schiena o pancia 119
    seduta 188, 189
precocità intellettiva 371
prematuri 60-61, **449-450**
pressione arteriosa **450**
primi contatti tra mamma e bambino 21
primo amore 394
primo dente 206-207
primogenito
    accogliere il fratellino 72-73
    arrivo di un fratellino 328
primo sorriso 76
procreazione assistita 342
prodotti pericolosi 243
progetto educativo personalizzato (PEP) 354
prolattina 28
prolasso **450**
pronomi personali (uso dei) 304, 361
pronto soccorso 217; 272
pronuncia delle parole 304
proteine 231
protossido d'azoto **451**
prurigine **451**
prurito **423**
psichiatra infantile 351, 404
psicologo 404, 405
psicomotricista 405
pudore 393, 400
pulizia 283, 320-321, **450**

pipì a letto 377, 380
prova delle scale 282
punizione 296, 306
    sculacciata 335
punizioni corporali 334-335
puntura lombare **449**
pupazzo preferito 197-198, 213, 358, 371
puzzle 310
quoziente
    di crescita **451**
    intellettivo **452**

R

raffreddore 126, 235, **453**
    vaccinazione e 93
ragadi al seno 87
ragionamento 305
rapporti sessuali
    presenza del bambino e 125
reflusso gastro-esofageo 41, 52-53
    bambino prematuro e 61
reidratazione del neonato 52
relazioni
    fratelli-sorelle 240-241
    genitori-figli 110, 112-113, 163, 220-221, 246-247
    genitori-nonni 182
    madre-figlio 20, 21, 81, 68-69, 139, 163, 298
    maschi-femmine 394-6
    padre-bambino 66, 82, 114-115, 139, 324-325
    padre-figlia 400
    padre-figlio 400
    primogenito-lattante 73
    tra bambini 296-297, 311
respirazione 82
    allergie 210
    apparato respiratorio 128
    malattie polmonari **449**
    spasmo di singhiozzo 278
reumatismo **452**
Reye (sindrome di) 129, 291
rialzo-tavola 155
ricovero ospedaliero 238-239, **435**
    diurno 352
    infezione nosocomiale **443**
    scuola e 354
riflesso di prensione (grasping reflex) 120
rigidità del collo 95
rigurgito 34, 50-51, **452**
rinite allergica **452**
rinofaringite 126, 176, 291
riposino 144, 204, 371

riso 201
ristorante 317
risveglio notturno 36, 174, 288
ritardo
    della crescita **452**
    del linguaggio **452**
ritmo del sonno nel neonato 36-37
rito della nanna 124, 174, 205, 269, 288, 337
ROR (vaccino) 93, 151, 235
rosolia 234, **453**
rumore, sensibilità del lattante al 77
russare **453**
ruttino 51, 85
    biberon e 34
    poppata e 28

S

sale 231
saturnismo **454**
scabbia **430**
scarabocchi 285
scarlattina 291, **454**
scarpe
    allacciarsi da solo le 362
    scelta delle prime 257
sciroppo 36, 82
scivolo 274
scolarizzazione 308-309
    del bambino disabile 354-355
scoliosi **454-455**
scopertura del glande 214
scosse elettriche **426**
sculacciata vedi punizioni
scuola materna 308, 366-367, 368-369, 370-371, 380
    gemelli alla 185
seggiolino da bagno 214
seggiolino per l'auto 108-109
seggiolone 154-155
semolino 201
seno
    ascesso al 87
    sviluppo precoce del **455**
    ingorgo mammario 87
separazione
    ansia di 196
    del bambino dai genitori 136-137
servizio sanitario nazionale 38, 92, 93, 405
sessualità 392-395, 400-401, 402
sesta malattia 150, 290-291, **453-454**
sfarinati per biberon 149

shampoo 48, 214
sicurezza 242-243, 252
    animali 322, 338-339
    automobile 108-109
    bagnetto 214
    cameretta e 55
    giardino 274-275
    gite in campagna 322
    imparare a camminare in 258
    incapacità di riconoscere il materiale per la 154-157
    pericolo 303
    posizioni durante il sonno 204
    prime misure di 216-217
    scelta dei giocattoli 260
    uscite in città 322
sindrome della morte improvvisa del lattante *vedi* morte improvvisa del lattante
sindrome di Reye *vedi* Reye
singhiozzo neonatale 35, 53
sinusite **455**
sistema nervoso 112, 172
soffio al cuore **456**
soffocamento (rischio di) 265
sole (esposizione al) 179, **456**
sonnambulismo 377, **456**
sonniferi 36, 82
sonno 88-89, 118, 124-125, 144, 148-149, 174-175, 204-205, 252, 268-271, 288-289, 336-337, 369, 376-377; *vedi anche* rito della nanna
    agitato 91
    calmo 91
    cicli del 270
    ciuccio e 77
    del neonato 36-37
    mettere a nanna il bebè 106
    poppata e 37
    rifiuto di addormentarsi 289
    scelta della posizione 100
    viaggi e 109
sonnolenza 91
    dopo una vaccinazione 93
sordità 233, **457**
sorriso
    del lattante 76
    primo ~ del neonato 19
sovrappeso 374
spasmo di singhiozzo 278, **456**
spazzolino da denti 292, 293

specchio (esperienza dello) 195
spettacoli 314, 390
sport 323, 390
stanchezza 380, **428**
    allattamento e 86
    dei genitori 56
    pianti e 82, 83
    postnatale 56
stanza da bagno 245
statura 16, 17, 170, 233, 252, 318
sterilizzazione del biberon 31, 33, 35
stomatite **456**
storie (raccontare) 303, 305, 306, 385
strabismo 232, 319, **456-457**
    congenito 144
strangolamento (rischio di) 78
stridore respiratorio **457**
strisciare 192, 193
succo di frutta 202
sussidio per l'educazione specializzata 348
suzione
    degli oggetti 191
    pollice, dita o polso 120
supposte 129
surgelati 229
suture craniche **457**
svezzamento 175
    parziale 122
    totale 123
sviluppo 76, 112, 172-173, 188-198, 218-219, 224-225, 252-253, 305
    del bambino prematuro 236
Synagis (anticorpi) 237

T

tabacco 109, 138
TAC 238, **454**
tatto 121
té (allattamento e) 86
televisione 314, 388, 389, 403
temperamento 162-163, 395
temperatura **457-458**
    misurazione della 94
tempo (nozione del) 363
tenere in braccio il bebè 104-107
terrore notturno 288, 376, **458**
testa (sostegno della) 47, 76, 104 , 119
testicoli non discesi **458**
tetania **458**
tetano 93, **458**
tettarella 28
tic **458**
timidezza 299
tiralatte 87, 123
tisane 289
toilette 214-215; *vedi anche* cura genitali e culetto 43
    borsa da 96
tonsillite 176, 291, **411**
torcicollo **458**
tosse 82, 127-128, **459**
transat 97, 118
trapianto **459**
trauma cranico **459**
triciclo 333, 390
trisomia 21, **459**
tubercolosi 150, **460**

U

udito 233, 319, 361, 378, **413-414**
    del bambino prematuro 237
ultimogenito 241
unghie
    lesioni da grattamento **445**
    tagliare le 215
uova 228, 266, 372
uscite 62-63, 174, 191, 213
    del bambino prematuro 237
ustioni 272, **416**

V

vacanze 178-179, 213, 371
    ritmo di sonno e 269
vaccini 40, 92-93, 150-151, 177
    calendario delle vaccinazioni 93
    falsi miti sui 151
    rischi e benefici 151
varicella 129, 291, **460**
vaschetta (scelta della) 97
vasino (scelta del) 320
vegetariana (dieta) 228
veglia (stato di) 91
verdura 201, 219, 266, 316, 372
vermi intestinali **461**
verruche **461**
vestiti
    civetteria 401

per la scuola materna 366
scelta dei 100-101, 103 217
vestire in bebè 102
vestirsi da solo 302, 332, 362
viaggi e 109
viaggi 178-179
    attrezzatura 154
    mal d'auto **439**
videogiochi 389
virus **461**
vita professionale
    adozione e ripresa della 161
    allattamento e 122-123
    maternità e 69
    paternità e 71
    ripresa della 130-131
visite alla maternità 57
    fratelli maggiori 72
vista 118
    controllo della 318, 378, **461**
    daltonismo **423**
    del bambino prematuro 237
    problemi della 233
visite mediche
    bilancio dei 2 anni 318-319
    bilancio del 9° mese 232, 233
    della 1ª settimana 40-41
    del prematuro 61
    diagnosi di un'allergia 211
    diagnosi di autismo 352
    in caso di ricovero 238
    neurologica 350, 352
    prima della materna 378
    test diagnostici nel bambino
    visita del 1° mese 40-41
vista
    controllo della 318, 378, **461**
    del neonato 18
    problemi della 233
vitamine 292, **461-462**
    vitamina D 41, 380
    vitamina K 41
vomito 50-51, 82, 177, 179, **462**
vulvite **462**

W, Y, Z

Winnicott (Donald W.) 18, 20, 66, 68, 197
yogurt 264, 286
zoo 322
zoppia **415**
zucchero 200, 231, 264, 372, 374